CHRISTENTUM

2000 Jahre Kulturgeschichte

CHRISTENTUM

2000 Jahre Kulturgeschichte

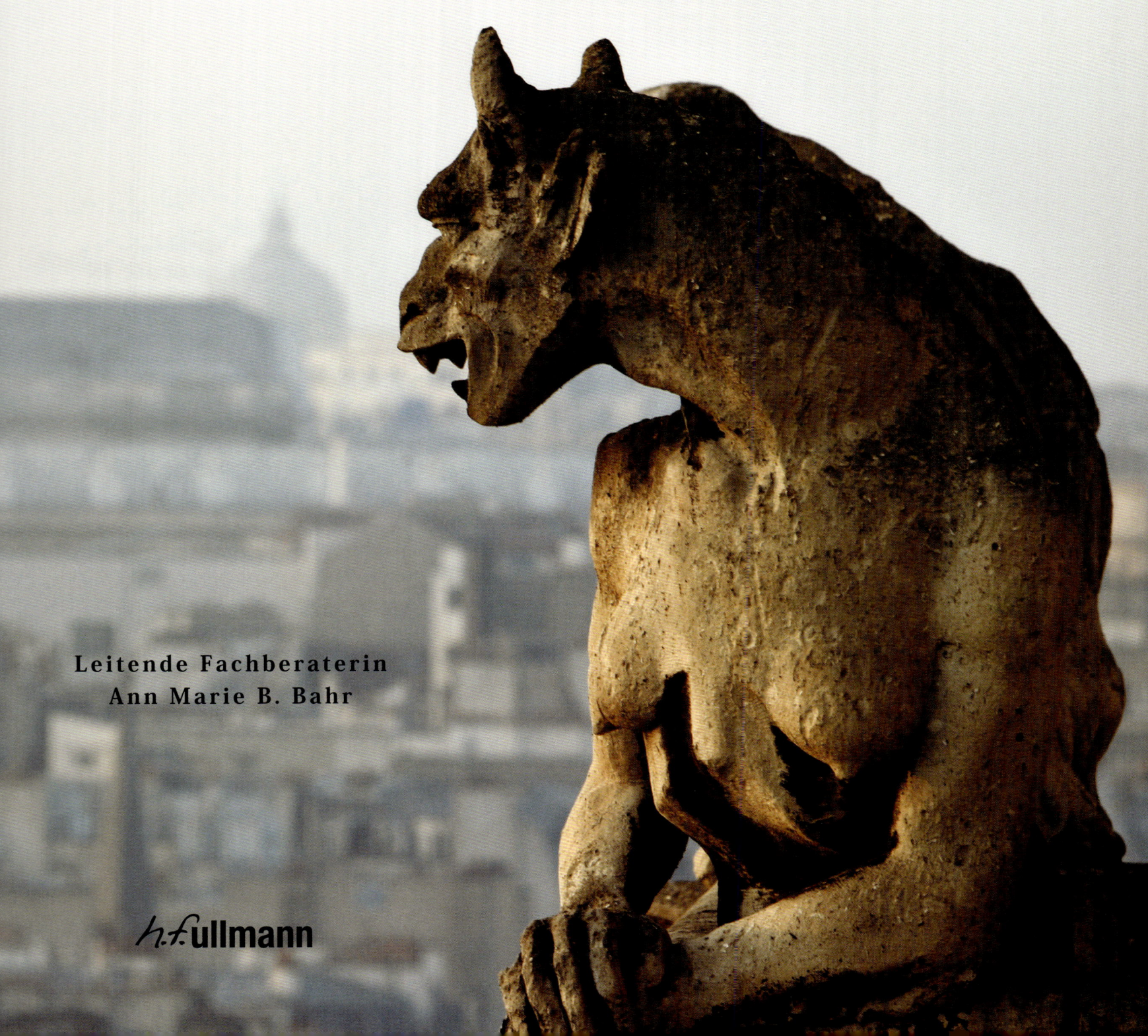

**Leitende Fachberaterin
Ann Marie B. Bahr**

h.f.ullmann

© Millennium House Pty Ltd 2009
52 Bolwarra Road
Elanora Heights NSW 2101
Australia
www.millenniumhouse.com.au

Originaltitel: *Christianity*
ISBN 978-1-921209-36-9

Text © Millennium House Pty Ltd 2009
Karten © Millennium House Pty Ltd 2009

© 2010 für die deutsche Ausgabe: Tandem Verlag GmbH
h.f.ullmann ist ein Imprint der Tandem Verlag GmbH

Projektkoordination: Frederik Kugler
Übersetzung aus dem Englischen: Jacqueline Dubois, Berlin
Lektorat: Sonja Hampel, Harald Weinrich
Produktion und Satz: Ina Friedrich, Saarbrücken
Umschlaggestaltung: Simone Sticker

Gesamtherstellung: h.f.ullmann publishing, Potsdam

Printed in China

ISBN 978-3-8331-5312-9

10 9 8 7 6 5 4 3 2 1
X IX VIII VII VI V IV III II I

Um sich über Neuerscheinungen von h.f.ullmann zu
informieren, fordern Sie bitte unseren Newsletter unter
www.ullmann-publishing.com an.
h.f.ullmann, Birkenstraße 10, 14469 Potsdam, Deutschland
newsletter@ullmann-publishing.com

Fotos auf den Einleitungsseiten:
S. 1: Trypichon: *Madonna und Gotteskind mit Engeln und
Heiligen* von Orcagna.
S. 2–3: Ein Wasserspeier vor der Kathedrale Notre-Dame,
Paris, Frankreich.
S. 4–5: *Annunciation* von Benvenuto Tisi da Garafalo.
S. 6–7: Christusstatue, Rio de Janeiro, Brasilien.
S. 8–9: *Die vier Väter der lateinischen Kirche* von
Jakob Jordaens.
S. 10–11: Russisch-orthodoxe Ikone, Moskau, Russland.

Herausgeber
Gordon Cheers

Mitherausgeberin
Janet Parker

Künstlerischer Leiter
Stan Lamond

Projektleiterin
Marie-Louise Taylor

Leitende Fachberaterin
Ann Marie B. Bahr

Sonderberater
Roland Boer

Redaktion
Monica Berton
Catherine Etteridge
Heather Jackson
Anne Savage
Marie-Louise Taylor
Dannielle Viera

Leitende Designerin
Jacqueline Richards

Designer
Ingo Voss

Kartendesigner
Warwick Jacobson

Bildrecherche
Kathy Lamond
Michael van Ewijk

Register
Tricia Waters

Produktion
Simone Coupland
Bernard Roberts

Produktionsassistentin
Michelle Di Stefano

MITWIRKENDE

LEITENDE FACHBERATERIN

Ann Marie B. Bahr ist Professorin für religiöse Studien an der South Dakota State University, USA. Sie arbeitete als Fachlektorin an der elfbändigen Reihe *Religions of the World* und schrieb zwei Bände selbst: *Christianity* (2004) und *Indigenous Religions* (2005). Ihre Artikel sind in *Annual Editions: World Religions* (2002), *Encountering Faith in the Classroom* (2008), *Chronicle of Higher Education* sowie im *Journal of Ecumenical Studies* erschienen. Bahr ist Mitglied von Phi Beta Kappa, der American Academy of Religion und der Society of Biblical Literature.

BERATUNG

Roland Boer ist Forschungsprofessor an der University of Newcastle, Australia. Er hat vier Abschlüsse in klassischer Philologie und Theologie von den Universitäten Newcastle und Sydney in Australien sowie McGill in Kanada (Bachelor of Arts, Bachelor of Divinity with Hon. and University Medal, Master of Theology with First Class Hons. sowie einen Doktortitel mit Dean's Honours List). Er verfasste Artikel und Bücher über Theologie, Bibelstudien und politische Philosophie, z.B. *Political Myth: On the Use and Abuse of Biblical Themes* (2009), *Political Grace: The Revolutionary Theology of John Calvin* (2009) und *Criticism of Religion* (2009).

MITWIRKUNG

Rev. Dr. Kyo Seong Ahn, ein ehemaliger Missionar in der Mongolei, hat vor Kurzem seine Doktorarbeit an der University of Cambridge, England, beendet. Er lehrte am Mongolian National Foreign Language Institute, der Ulaanbaator University und dem Union Bible College in der Mongolei und unterrichtet zurzeit am Presbyterian College and Theological Seminary in Seoul, Korea. Er verfasste *The Church Which Lost the Disabled* sowie mehrere Artikel über das koreanische und das asiatische Christentum, die Kirchen- und Missionsgeschichte, die Ökumene sowie über Bibelübersetzungen.

Austin Bennett Amonette, Ph. D., ist Assistenzprofessor für Kirchengeschichte und Theologie an der Houston Graduate School of Theology in Texas, USA. Sein Spezialgebiet ist das amerikanische Christentum, insbesondere der Evangelikalismus im 19. und 20. Jh. Seine Beiträge findet man im *Stone-Campbell Journal* und in *Baptist Identities: International Studies from the Seventeenth to the Twentieth Centuries* (2006).

Andreas Andreopoulos ist Dozent für christliche Theologie an der University of Wales in Lampeter, wo er das Doktorandenprogramm in orthodoxer Theologie gründete. Er verfasste Schriften über orthodoxe Theologie, die griechischen Väter und christliche Semiotik. Zu seinen Werken gehören z. B. *The Sign of the Cross: The Gesture, the History, the Mystery* (2006) und *Art as Theology: From the Postmodern to the Medieval* (2007).

Colin Barr ist Assistenzprofessor und Lehrstuhlinhaber für Geschichte an der Ave Maria University in Florida, USA. Der Cambridge-Absolvent ist Mitglied der Royal Historical Society und Autor von *Paul Cullen, John Henry Newman, and the Catholic University of Ireland, 1845–65* (2003). Seine Artikel sind im *The English Historical Review, The Historical Journal, The Proceedings of the British Academy* und im *Journal of Ecclesiastical History* erschienen.

Carlos F. Cardoza-Orlandi ist Professor für World Christianity am Columbia Theological Seminary in Decatur, Georgia, USA. Seine Forschungen, Schriften und Arbeiten konzentrieren sich auf Geschichte und Theologie der nichtwestlichen Welt sowie auf interkulturelle und interreligiöse Studien. Zu Cardoza-Orlandis jüngsten Arbeiten gehört *A todas las naciones: una historia del movimiento misionero cristiano*, das er zusammen mit Justo L. Gonzalez schrieb, sowie „The Future of Christian Mission in an Age of World Christianity", ein Kapitel in *Chalice Introduction to Disciples Theology* (2008). Sein Werk *Mission: An Essential Guide* (1999) ist in Englisch, Spanisch und Koreanisch erhältlich. 2008 erhielt Cardoza-Orlandi den Building Bridges Award des Islamic Speakers Bureau, Atlanta, USA.

Howard Culbertson ist Professor of Missions an der Southern Nazarene University in Oklahoma City, USA. Er ist Co-Autor von *Discovering Missions* (2007) und Autor von z. B. *Rookie Notebook* (1976); *Pasta, Pizza, and Pinocchio* (1980); *Mr. Missionary, I Have a Question* (1987); *The Kingdom Strikes Back* (1990) sowie von *Our Balanced Attack* (1991). Er schrieb Kapitel für *Living Out of the Mold* (1982) und *I Believe: Now Tell Me Why* (1994). Seine Artikel über globale Missionsarbeit sind in mehreren Magazinen, z.B. in *Conquest, World Mission* und *Holiness Today* erschienen. Culbertson ist Mitglied der American Society of Missiology, der Evangelical Missiological Society und der Midwest Fellowship of Professors of Missions.

Dr. Terence J. Fay ist ein Jesuitenpater, der *A History of Canadian Catholics: Gallicanism, Romanism, and Canadianism* (2002) schrieb. Er ist Mitarbeiter der Toronto School of Theology an der University of Toronto, ehemaliger Präsident der Canadian Catholic Historical Association und zurzeit Mitglied der Direktion, Mitglied des Executive Council of the American Catholic Historical Association sowie der Historical Commission der Diözese Pembroke für die Seligsprechung Catherine de Hueck Dohertys. Er hat Artikel in Asien, Kanada, Irland, Italien, in den USA, Großbritannien und Australien veröffentlicht. Sein neuestes Buch ist *The Unique Stories of Catholic Asians in Canada* (2009).

Lynda Garland ist außerordentliche Professorin an der School of Humanities, University of New England, Australien. Sie ist Vorstandsmitglied der Australian Association for Byzantine Studies (home.vicnet.net.au/~byzaus/) und arbeitet an *De Imperatoribus Romanis*, einer Online-Enzyklopädie über römische Herrscher und deren Familien (www.roman-emperors.org).

Gerard V. Hall ist außerordentlicher Professor für Theologie am St. Paul's Theological College, Australian Catholic University, Brisbane. Er ist Gründer und Herausgeber des *Australian eJournal of Theology*, Mitherausgeber von *Foundations of Christian Faith* sowie Autor von Artikeln über christliche Theologie, religiösen Pluralismus und den interreligiösen Dialog. Zu seinen akademischen Mitgliedschaften gehören die International Academy of Practical Theology, die Association of Practical Theology in Oceania (Präsident) sowie das Asia-Pacific Centre for Interreligious Dialogue. Er hat vor Kurzem am internationalen Projekt „Spirit of Religion" *(Foundazione Arbor)* mitgearbeitet, das von Raimon Panikkar geleitet wurde.

Dr. Erica C.D. Hunter ist Dozentin für das östliche Christentum und Lehrstuhlinhaberin am Centre of Eastern and Orthodox Christianity im Department for the Study of Religions, School of Oriental and African Studies, University of London. Sie hat enge Verbindungen zu den christlichen Gemeinden im Irak und gab vor Kurzem *The Christian Heritage of Iraq* (2009) heraus. Zurzeit hält sie ein Stipendium des Arts and Humanities Research Council (2008–2011) für ihr Projekt „Die christliche Bibliothek von Turfan" inne, bei dem die Verbindungen zwischen dem Patriarchat in Bagdad und Zentralasien zu Beginn des Mittelalters untersucht werden.

Vivian Ibrahim machte ihren Ph.D. an der School of Oriental and African Studies, University of London, wo sie zurzeit Fellow in Middle Eastern History ist. Sie konzentriert sich auf die politische, soziale und religiöse Mobilisierung der Kopten in der nationalistischen Epoche in Ägypten. Sie ist zudem Kulturredakteurin des Journals *Studies in Ethnicity and Nationalism* sowie Vorsitzende der Abteilung Seminare und Konferenzen der Association of Studies in Ethnicity and Nationalism. Ibrahim ist Mitglied der British Royal Historical Society und der North American Middle East Studies Association.

Misoon Im ist außerordentliche Professorin am Memphis Theological Seminary, Tennessee, USA. Ihre Forschungsfelder sind die Geschichte des Christentums in Korea, die Geschichte der Missionen sowie der Buddhismus. Im ist Mitglied der Association of Professors of Mission.

Rev. Daniel Jeyaraj, Dr. theol. habil., Ph.D., D.D. (h.c.), ist Professor of World Christianity und Direktor des Andrew Walls Centre für das Studium des afrikanischen und asiatischen Christentums an der Liverpool Hope University, England. Er ist einer der führenden Gelehrten auf dem Gebiet der Interaktion zwischen europäischen Missionaren und den Völkern Südindiens im frühen 18.Jh. Jeyaraj hat mehrere Forschungsanalysen und Abhandlungen in Indien, Deutschland, Großbritannien und den USA veröffentlicht. Zudem ist er Chefredakteur von *Dharma Deepika*, einem südasiatischen Missionsmagazin.

Steven Kaplan ist Professor für Afrikastudien und vergleichende Religion an der Hebräischen Universität Jerusalem. Er befasst sich mit der Religions- und Sozialgeschichte im traditionellen Äthiopien und schrieb ausführlich über das orthodoxe Christentum, das Missionswesen und die Dynamik der Bekehrung. Außerdem ist er anerkannter Experte für äthiopische Juden und hat mehrere Bücher und Artikel über ihre Geschichte in Äthiopien und ihre Eingewöhnung in Israel verfasst.

Anthony J. Kelly ist Professor für Theologie an der Australian Catholic University, katholischer Priester und Mitglied der Redemptoristen. Er ist Autor vieler Bücher und Artikel, z. B. *Eschatology and Hope* (2007) und *The Resurrection Effect* (2008). Der in Canberra ansässige Kelly wurde 2004 von Papst Johannes Paul II. in die Internationale Theologenkommission berufen.

Ábrahám Kovács ist außerordentlicher Professor für Dogmatik und historische Theologie an der Reformierten Universität in Debrecen, Ungarn. Er ist Absolvent der Universitäten von Debrecen, Princeton (USA) und Edinburgh (UK). Seinen Doktor machte er in Edinburgh; zudem studierte er an der Universität Tübingen. Er hat Abschlüsse in Geschichte, Theologie und vergleichender Religion. Zurzeit ist er Generalsekretär der ungarischen Vereinigung zum akademischen Studium der Religion. Seine Interessen liegen in der vergleichenden Theologie, im interreligiösen Dialog, in der Eschatologie sowie in der jüdisch-christlichen Geschichte Mitteleuropas.

Alastair Logan trat vor Kurzem als Dozent für christliche Doktrin an der University of Exeter zurück. Der Gnostizismusexperte schrieb *Gnostic Truth and Christian Heresy* (1996) und *The Gnostics: Identifying an Early Christian Cult* (2006) sowie mehrere Artikel. Zudem verfasste er Artikel über Origenes, Arius und Marcellus von Ancyra, von denen einige im *Journal of Theological Studies* veröffentlicht wurden. Zurzeit untersucht er die frühchristliche Kunst und Architektur in Rom. Er ist Mitglied der Society for the Study of Theology.

Andrew McGowan ist Leiter des Trinity College und Principal Research Fellow in Historical Studies an der University of Melbourne, Australien. Er ist Autor von *Ascetic Eucharists: Food and Drink in Early Christian Ritual Meals* (1999) sowie von Artikeln über die eucharistischen Ursprünge und weitere Aspekte der frühchristlichen Geschichte und Mitherausgeber von *God in Early Christian Thought* (2009). McGowan hat an der University of Notre Dame, Australien, der Episcopal Divinity School in Cambridge, Massachusetts, und an der United Faculty of Theology der University of Melbourne gelehrt.

Felicity Harley McGowan ist Research Fellow in der Abteilung für Kunstgeschichte der University of Melbourne, Australien, und außerordentliche Professorin an der United Faculty of Theology. Sie hat Arbeiten über Aspekte der Entwicklung der christlichen Kunst in der Spätantike verfasst und Vorlesungen über frühchristliche, frühbyzantinische und frühmittelalterliche Kunst gehalten. Zurzeit arbeitet sie an einem Buch über die frühesten Darstellungen der Kreuzigung.

Janice McLean hat gerade ihren Doktor an der School of Divinity, University of Edinburgh, UK, gemacht. Bei ihrer Arbeit konzentriert sie sich auf den Aufbau der ethnischen und religiösen Identitäten unter karibischen Immigranten in New York City und London. Sie erforscht zudem den Ausdruck von Missionsparadigmen in den Hauptmissionskirchen innerhalb der Diaspora. McLean ist Mitglied der American Academy of Religion und der International Sociological Association.

Saneta M. Maiko ist außerordentlicher Professor für afrikanische Geschichte und Religion an der Indiana University–Purdue University Fort Wayne, USA. Seine Artikel wurden im *Journal of Youth Ministry* und im *Journal of Youth and Theology* veröffentlicht. Maiko ist Mitglied der American Academy of Religion, der Association of Third World Studies sowie der Association of International Youth Ministry.

Peter Matheson begann seine akademische Karriere als Historiker des katholischen Reformers Kardinal Contarini. Er ist Herausgeber von *The Collected Works of Thomas Müntzer* (1988) und *Argula von Grumbach: A Woman's Voice in the Reformation* (1995) sowie Autor von *The Rhetoric of the Reformation* (1998) und *The Imaginative World of the Reformation* (2001). Vor Kurzem gab er *Reformation Christianity* (2006) heraus – einen Teil der Serie *A People's History of Christianity*. Er ist Principal Emeritus der Theological Hall der Uniting Church, Melbourne, Australien, und Fellow der Abteilung für Theologie an der University of Otago, Neuseeland.

Frank Mobbs, Ph.D. (Syd.), M.A. (Oxon.), M.Th. (Birmingham, UK), M.Litt. (UNE, Australien) setzte sich nach 24-jähriger Lehrtätigkeit in Geschichte, Philosophie und Theologie an Hochschulen in England, Kanada, Australien und Papua-Neuguinea zur Ruhe. Er veröffentlichte 64 Artikel und zwei Bücher.

Fr. Stelyios Muksuris, B.A., M.Div., M.Litt., Ph.D., ist unabhängiger Gelehrter für liturgische Theologie und Geschichte. Er ist Mitglied fünf akademischer Vereinigungen – inklusive der internationalen *Societas Liturgica* und *Societas Orientalium Liturgiarum* – und hält als Gastprofessor Vorlesungen bei Konferenzen und an Universitäten. Er hat Artikel in akademischen Zeitschriften veröffentlicht und arbeitet zurzeit an einem Buch. Da er mehrere Sprachen fließend spricht, arbeitet er zudem als Verwaltungsassistent des Metropoliten von Pittsburgh, der griechisch-orthodoxen Erzdiözese in Amerika.

Thomas O'Loughlin ist Professor für historische Theologie an der University of Nottingham, UK. Er hat Arbeiten darüber geschrieben, wie sich der Wandel von der griechisch-römischen, mediterran geprägten Zeit zum westeuropäisch-lateinisch geprägten Mittelalter auf das christliche Verständnis und die Theologie ausgewirkt hat. Zudem ist er Autor von 18 Büchern und über 100 Artikeln in akademischen Magazinen sowie Herausgeber der Monografieserie *Studia Traditionis Theologiae*.

Rev. Dr. James Dudley Perera, L.Ph., L.Th., L. S.S. (Rom); M.Th. (New York); Ed.D., ist seit 35 Jahren Professor für Bibelstudien am Catholic National Seminary in Ampitiya, Sri Lanka. Zudem ist er Dozent für Bibelstudien am Protestant Theological College in Pilimatalawa, Sri Lanka, sowie außerordentlicher Professor der Abteilung für Religionsstudien an der Universität De La Salle, Manila. Perera verfasste Artikel über theologische und biblische Themen für das führende Journal für Theologiestudien in Indien, *Vidyajyoti*.

Barbara Reeves-Ellington ist Assistenzprofessorin für Geschichte am Siena College, Loudonville, New York, USA. Sie ist Autorin von „A Vision of Mount Holyoke in the Ottoman Balkans" (*Gender & History*, 2004) und „Gender, Conversion, and Social Transformation" in *Converting Cultures: Religion, Ideology, and Transformations of Identity* (2007). Zusammen mit Kathryn Kish Sklar und Connie Shemo ist sie Herausgeberin von *Competing Kingdoms: Women, Mission, Nation, and the American Protestant Empire, 1812–1960*.

Dr. Noel Keith Roberts, B.A., B.D., B.Sc. (Hons), Ph.D., wurde in Westaustralien geboren und ausgebildet. Er hat Abschlüsse in Wissenschaft, Wirtschaft und Philosophie an der University of Western Australia und ging an die University of Tasmania, wo er seinen Doktor in physikalischer Chemie machte und zum außerordentlichen Professor aufstieg. Zudem studierte er in Oxford und München. Roberts ist stolzer Vater von sieben Kindern. Nach seiner Pensionierung machte er einen Abschluss in Theologie und lehrte neutestamentarisches Griechisch und Hebräisch. Zu seinen vielen Publikationen gehört auch *From Piltdown Man to Point Omega: The Evolutionary Theory of Teilhard de Chardin* (2001).

Patricia M. Rumsey lehrt Mönchstum, keltisches Christentum, Liturgie und franziskanische Studien an der University of Wales, Lampeter. Zu diesen Themen hat sie Artikel in *Worship*, *American Benedictine Review*, *New Blackfriars*, *Anaphora* und im *Irish Theological Quarterly* veröffentlicht. Ihre jüngste Publikation ist *Sacred Time in Early Christian Ireland* (2007). Rumsey hat bereits in England, Irland und Skandinavien gelehrt.

Angel Santiago-Vendrell ist Assistenzprofessor für Missionsstudien am Memphis Theological Seminary, Tennessee, USA. Seine Artikel sind im *International Review of Mission Studies*, in *The Journal of Pentecostal Theology*, *Perspectivas*, *El Interprete* und in *Apuntes: Reflexiones Teológicas desde el Margen Hispano* erschienen. Santiago-Vendrell ist Mitglied der American Academy of Religion, der Association of Missiology und der Association of Professors of Mission.

Karen E. Smith lehrt Kirchengeschichte und christliche Spiritualität am South Wales Baptist College und an der Cardiff University, Wales, UK. Sie hat mehrere Artikel sowie Beiträge zu Büchern verfasst und ist Autorin von *Christian Spirituality* (2007) der Serie *SCM Core Text*.

Susan Smith ist außerordentliche Mitarbeiterin an der School of Theology an der University of Auckland, Neuseeland. Sie hat drei Accent-Publikationen mit herausgegeben: *He Kupu Whakawairua Spirituality in Aotearoa New Zealand: Catholic Voices; Land and Place, He Whenua, He Wahi: Spiritualities from Aotearoa New Zealand* und *Nourished by Eucharist: New Thoughts on an Ancient Theme*. 2007 erschien ihr Buch *Women in Mission*. Sie ist Mitherausgeberin von Mission Studies und Mitglied der International Association of Mission Studies.

Dr. Scott W. Sunquist ist Professor für World Christianity am Pittsburgh Theological Seminary, Pennsylvania, USA. Er ist Herausgeber von *A Dictionary of Asian Christianity* (2001), hat mit Dale Irvin *History of the World Christian Movement* (2001) geschrieben und mit seiner Tochter Caroline Becker *A History of Presbyterian Missions* (2008) herausgegeben. Früher lehrte er am Trinity Theological College in Singapur.

Dr. Emma Wild-Wood ist Direktorin des Henry Martyn Centre für Missionsstudien und World Christianity in Cambridge. Sie lehrte an anglikanischen Colleges in Kongo und Uganda und hat Arbeiten über das Christentum in Ost- und Zentralafrika verfasst, darunter „Saint Apolo from Europe or What's in a Luganda Name?" in *Church History* 77 (2008) über einen ugandischen Priester und Evangelisten der Church Missionary Society (CMS). Ihr jüngstes Buch, *Migration and Christian Identity in Congo (DRC)*, kam 2008 heraus.

INHALT

DIE CHRISTLICHE WELT

DIE CHRISTLICHE WELT

Vorige Seiten: Im Auftrag für *Die Krönung Mariä* (1454) des französischen Malers Enguerrand Charonton wurde festgelegt, dass ein gleich aussehender Gott und Jesus als Verkörperung der *Filioque*-Doktrin die Jungfrau krönen sollten.

Unten: In diesem Altarbild, das Albrecht Dürer 1511 schuf, sieht man, wie Propheten, Könige, Märtyrer, Geistliche und gewöhnliche Menschen der Dreifaltigkeit – inklusive des als Taube dargestellten Heiligen Geists – huldigen.

Dieses Buch erzählt die Geschichte des Christentums anhand fantastischer Bilder und interessanter Berichte. Die Erzähler aus allen Teilen der Welt bieten einen wahrlich globalen Überblick über 2000 Jahre christlicher Geschichte.

Ausgehend von Jerusalem verbreitete sich die Nachricht, dass Jesus von Nazareth der Heiland war, der die Erlösung brachte, in alle Richtungen – von Stadt zu Stadt, von Land zu Land, von Kontinent zu Kontinent –, bis sich einer von drei Menschen zum Christentum bekannte und Christen überall auf der Welt lebten.

Obwohl alle Christen grundsätzlich den gleichen Glauben teilen, ist das Christentum eine der vielfältigsten Weltreligionen mit z. T. erheblichen Unterschieden zwischen einzelnen Glaubensrichtungen. In diesem Buch erfahren Sie alles über die theologischen und politischen Machtkämpfe innerhalb und zwischen den verschiedenen Gruppen von Christen, ebenso wie über die Auseinander-setzungen zwischen Chronisten und Andersgläubigen. Zudem schildern wir die Ideale und die Fehler des Christentums im Detail. Wir stellen Ihnen die normalen Menschen und allzu menschlichen Institutionen vor, die der Welt von der Liebe und der Macht des Christentums erzählten – einer liebenden Macht, in deren Zentrum für die Christen Jesus Christus steht.

Das göttliche Geheimnis

Das Christentum hat eine einzigartige Vorstellung vom göttlichen Wesen. Der Ausdruck des Glaubens in einem überweltlichen, aber dennoch persönlichen Gott, der sich selbst und sein Ziel den Menschen im Lauf ihrer Geschichte enthüllt hat, wird von Juden, Muslimen und Christen geteilt. Der große, wesentliche Unterschied für alle Christen weltweit beruht jedoch auf dem Glauben, dass der eine wahre Gott eine perfekte und ewig währende Einheit aus Vater, Sohn und Heiligem Geist ist – bekannt als die Heilige Dreifaltigkeit.

Gott existiert dementsprechend als ein Wesen, nicht als drei, aber alle drei Facetten teilen die gleiche göttliche Essenz. Jede Person weilt in den anderen beiden, sie werden jedoch nicht miteinander verwechselt. Sie sind in pefekter Liebe miteinander verbunden. Als „Gemeinschaft" von Menschen – gleichwertig und ewig – ist die Dreifaltigkeit das höchste Modell wahren Menschseins. Es gibt uns die Freiheit, stets in Verbindung zum geschaffenen Kosmos zu leben und zu handeln.

Für Christen hat sich der dreieinige Gott in der Schöpfung und im Lauf der Menschheitsgeschichte immer wieder gezeigt, wie es sowohl in der jüdischen Bibel als auch im Neuen Testament steht. Er ist der Schöpfer und Bewahrer des Universums, der körperlichen und geistigen Gefilde. Gemäß der Heiligen Schrift offenbarte sich Gott zuerst den Juden und ging eine Beziehung mit ihnen ein und durch sie schließlich mit dem Rest der Welt – in Person des so lang ersehnten Messias. Für die Christen ist dieser Messias niemand anderes als Jesus Christus, der Sohn Gottes. Jesus stellt den Eckpfeiler des Christentums dar.

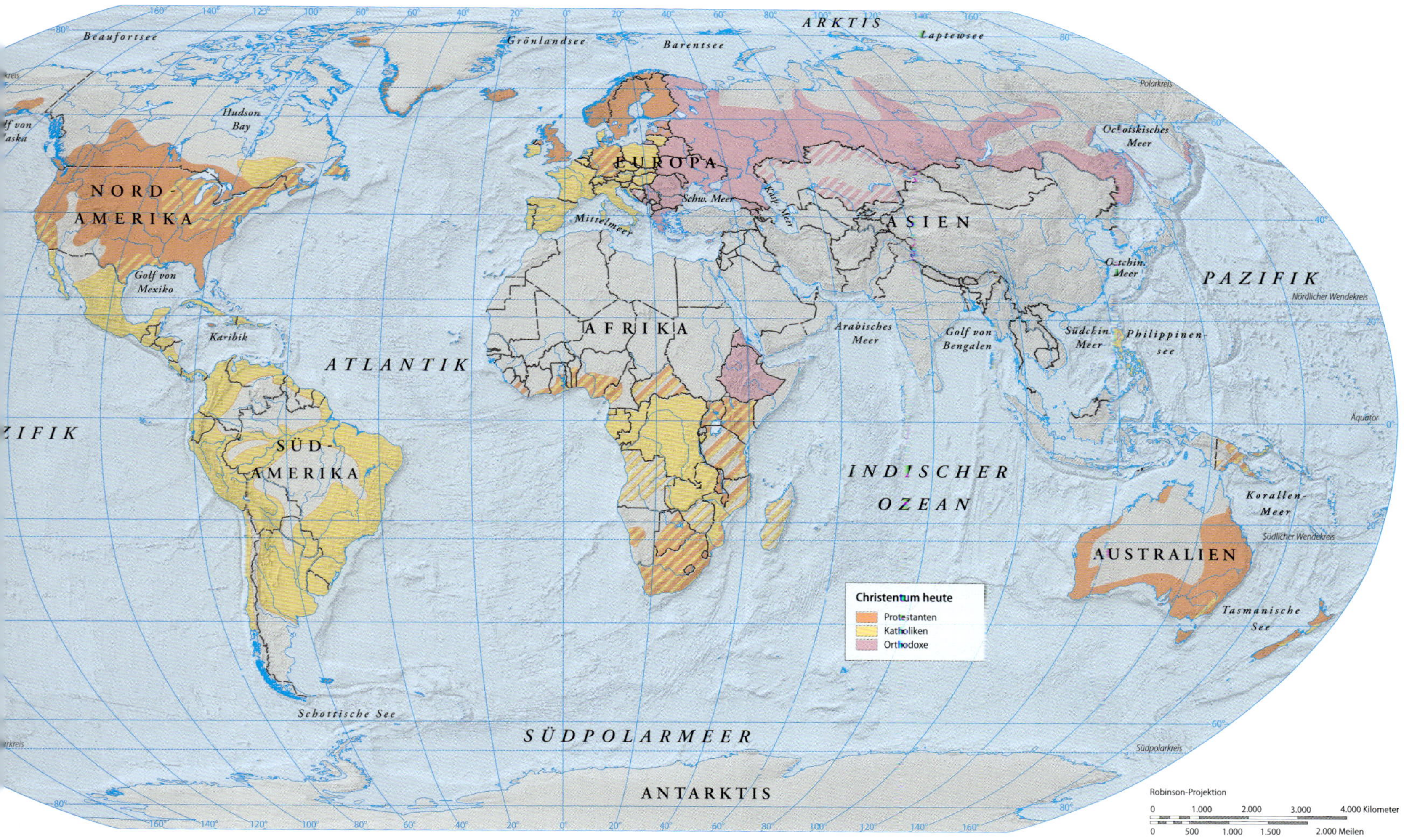

Map labels: Beaufortsee, Hudson Bay, NORD-AMERIKA, Golf von Mexiko, Karibik, ATLANTIK, SÜD-AMERIKA, ZIFIK, Schottische See, Grönlandsee, Barentsee, ARKTIS, Laptewsee, EUROPA, Mittelmeer, Schw. Meer, AFRIKA, Arabisches Meer, Golf von Bengalen, ASIEN, Ostchinisches Meer, PAZIFIK, Nördlicher Wendekreis, Südchin. Meer, Philippinensee, INDISCHER OZEAN, Äquator, Korallen-Meer, AUSTRALIEN, Tasmanische See, Südlicher Wendekreis, SÜDPOLARMEER, ANTARKTIS, Polarkreis, Südpolarkreis, Golf von Alaska, Ochotskisches Meer

Christentum heute
- Protestanten
- Katholiken
- Orthodoxe

Robinson-Projektion
0   1.000   2.000   3.000   4.000 Kilometer
0   500   1.000   1.500   2.000 Meilen

Im Anfang: die Schöpfung

Im Christentum besteht der Glaube an die Schöpfung *ex
nihilo*, d. h., das Universum entstand aus dem Nichts. Es
gab keine Materie, die von Gott „bearbeitet" wurde. Mehr
noch: Die Schöpfung, die vollkommen von Gott abhängig
ist, war ein selbstloser Ausdruck von Gottes Willen und
seiner Liebe und keineswegs das Ergebnis zufälliger, unkon-
trollierter kosmischer Vorgänge. Die christliche Schöpfungs-
lehre befasst sich nicht mit der Entstehung der Schöpfung,
sondern konzentriert sich auf die Bestätigung ihres Ursprungs in und auf die Abhängigkeit von Gott.

Als absolute *summum bonum* – oder „höchste Güte" –
füllt Gott den von ihm geschaffenen Kosmos mit seiner
Güte. In 1. Mose 1,31 heißt es: „Gott sah alles an, was er
gemacht hatte; und siehe da, es war sehr gut." Diese
natürliche Güte der Menschheit wird durch den christlichen Glauben ergänzt, dass die Menschheit nicht nur als
Ebenbild Gottes geschaffen wurde, sondern auch stets von
dem Bedürfnis angetrieben wird, sein Potenzial zu verwirklichen (siehe 1. Mose 1,26). Folglich existieren die
Menschen gemäß des christlichen Glaubens nicht als
Einzelwesen, sondern in Einheit mit Gott. Außerdem sollen
sie mit seiner Schöpfung vernünftig umgehen, sie nicht
ausbeuten und sie auf ihre Rückkehr – theologisch gesehen
ihre „Weihe" und „Erlösung" – zu Gott vorbereiten.

Das Problem: die Sünde und das Böse

Eine Schlüsseleigenschaft, welche die Menschen mit Gott
teilen – und die letztlich zu ihrem Sturz geführt hat –, ist

der freie Wille – die Möglichkeit, Entscheidungen ohne
Druck oder Einflussnahme von außen zu treffen. Genau
dies ist so paradox: Gott schuf den freien Menschen, und
das beinhaltete die Möglichkeit, falsche Entscheidungen zu
treffen, aber Gott gab uns diese Freiheit aus Liebe. Das
Christentum lehrt, dass die Menschheit weder von Natur
aus schlecht noch eine Quelle des Bösen ist. Das Auftauchen des Bösen hat seinen Ursprung in einer doppelten

Unten: Frauen beten an der
fünften Station der Jerusalemer
Via Dolorosa in einer Kirche zu
Ehren Simons von Kyrene, der
Jesus half, sein Kreuz zu tragen.

Rebellion gegen Gottes Gesetz in der Welt der Engel und der Menschen – auf beiden Ebenen wurde der freie Wille missbraucht. Die Sünde ist eine bewusste Abkehr und Ablehnung von Gott. Dies setzt kosmische Kräfte in Bewegung, die im Universum für Unordnung, Korruption und Zerstörung all dessen verantwortlich sind, was Gott als „sehr gut" ansieht. Das Böse ist keine Realität, sondern die Abwesenheit Gottes aufgrund von Sünde – eine Verzerrung des Guten, ein parasitärer Zustand, der auf dem bewussten Missbrauch des freien Willens durch ein vernunftbegabtes, freies Wesen beruht.

Im Christentum nennt man dies den „Sündenfall" und bezeichnet den freiwilligen Akt des Widerstands gegen Gott als Erbsünde. Alle Generationen, die auf Adam und Eva folgen, erben diesen Zustand, sind befleckt durch körperlichen und moralischen Verfall in Form von Tod, Angst, Krankheit, Schmerz, Misstrauen, Entfremdung und Einsamkeit. Von auf Gott gerichteten Bewahrern der Schöpfung verwandelten sich die Menschen in die Ursachen von Trennung und Ausbeutung. Sie werden von Gott und voneinander getrennt, sind aber auch im Inneren zerbrochen und unvollständig.

Die Menschen – gleichzeitig Täter und Opfer – hätten allein ihre Beziehung zu Gott nicht retten oder erneuern können. Diese Tatsache führte zur Ankunft Gottes selbst auf Erden, und zwar in Form der zweiten Person der Dreifaltigkeit: Jesus Christus.

Die Lösung: Fleischwerdung, Sühne und Wiederauferstehung

Die Maßnahme Gottes zur Überbrückung der Kluft zwischen sich und der Menschheit nennt man Fleischwerdung. Danach nimmt Gott, der Sohn, eine menschliche Gestalt mit all ihren charakteristischen Eigenschaften an – mit Ausnahme der Sünde. Als perfekter Gott bleibt Jesus sein Leben lang auch ein perfekter Mann und wird so zum Paradebeispiel für eine gute, anständige Art zu leben. Seine jungfräuliche Geburt durch Maria und den Heiligen Geist kennzeichnet nicht nur eine echte, menschliche Geburt, sondern auch den Ursprung Christi als Gott. Es wurde also kein „neues" Wesen geboren – stattdessen „materialisierte" sich Gott.

Jesu Lehren auf Erden bereiteten seine Anhänger auf seinen Akt der Selbstaufopferung – die Sühne – vor, durch die Gott den Menschen ihre Sünden vergibt und sie vom Bösen befreit. Jesus starb deshalb am Kreuz einen echten Tod als sterblicher Mensch. Sein Opfer wird von der christlichen Kirche als ultimativer Akt der Liebe und Vergebung in einer gefallenen Welt betrachtet.

Laut der christlichen Theologie führt der unwürdige Hinrichtungstod die Seele Christi in die Hölle – in die Abwesenheit Gottes, die von Satan und seinen Dämonen „bewohnt" ist. Hier identifiziert sich Jesus mit menschlicher Pein und der Entfremdung von Gott. Indem er den sündigen Zustand der Menschheit voll und ganz annimmt, heilt er ihn gleichzeitig und baut die Vereinigung zwischen Gott und Mensch in ihrem Urzustand wieder auf – wie er zu Zeiten der Schöpfung war.

Unten: Der Erzengel Michael wird in religiösen Kunstwerken oft dabei gezeigt, wie er Satan besiegt – meist mit einem Schwert –, weil er im Christentum traditionell als mächtigster Gegner Satans gilt.

Die körperliche Wiederauferstehung Jesu am dritten Tag nach seinem Tod ist der Prüfstein des christlichen Glaubens (1. Korinther 15,14). Sie bestätigt den Triumph von Gottes Liebe über das Böse und die Sünde. Christen glauben, dass sie – so wie Christus – am Ende der Zeit wiederauferstehen und mit ihrem Körper wiedervereint werden, aber nicht mit dem verderbten Körper ihrer weltlichen Existenz, sondern mit einem verwandelten, von Gottes Güte durchdrungenen Körper, der nie wieder Leiden und Tod unterworfen ist. Der Tod und die Wiederauferstehung Jesu bedeuten nicht, dass wir Leiden vermeiden können, sondern geben dem Leiden einen Sinn. Christus zeigt uns einen Weg nicht um das Leiden herum, sondern durch es hindurch. Der Sieg Christi ist der Sieg der Christen, und das Christentum ist der Ausdruck der Freude an Gott.

Das Ende der Welt: die Parusie und das Endzeitalter

Nach Christi Auferstehung und Himmelfahrt feierten die ersten Christen Pfingsten, den offiziellen „Geburtstag" der Kirche, als den Augenblick, in dem der Heilige Geist zu den Jüngern Jesu herabkam, sie zu Aposteln machte und sie dazu ermächtigte, bis ans Ende aller Tage die Botschaft der Liebe zu verbreiten.

Christen glauben, dass der Heilige Geist noch immer unter den Gläubigen und den Kirchengemeinden auf der ganzen Welt weilt und der Menschheit vergibt, sie heilt, erleuchtet und errettet. Diese Akte der Gnade vereinen uns mit Gott und lassen uns am göttlichen Leben teilhaben. Ganz verwirklicht werden sie am Ende der Zeit in Gottes ewigem Königreich. Mit dem Heiligen Geist eröffnet Christus uns das Königreich Gottes, aber nicht als Ort,

sondern als Zustand Gottes ständiger Anwesenheit in unserem Leben, der perfekte Freude und Frieden ausstrahlt.

In gewisser Weise läutet Pfingsten auch das Endzeitalter ein, was man auf zweierlei Weise begreifen kann: als das historische Zeitalter des tatsächlichen Untergangs des Kosmos oder als die Schaffung von Gottes Herrschaft im Universum, die auf das Ende der Welt folgt. Das Ende der Zeit beinhaltet die Parusie, in der Christus glorreich auf die Erde zurückkehrt. Dieses so außerordentliche Ereignis umfasst die endgültige Beurteilung der Menschheit vom Augenblick der Schöpfung an, den endgültigen Sieg über die Mächte des Bösen sowie die Erlösung und Vergöttlichung der gesamten Schöpfung – ganz durchdrungen von der Anwesenheit des dreifaltigen Gottes.

Oben: Die Verkündigung ist die Offenbarung an Maria, dass sie bald Jesus, den Sohn Gottes, zur Welt bringen würde: „Der wird groß sein und ein Sohn des Höchsten genannt werden" (Lukas 1,32).

Unten: Diese *Mola* (traditionelles Kostüm) einer Kuna-Indianerin aus Panama zeigt Adam und Eva. Die spanischen Konquistadoren brachten das Christentum im 16. Jh. nach Panama.

DIE BIBEL

Oben: Die aus 250 Seiten Pergament bestehende Schrift von Lindisfarne ist eine bebilderte Handschrift von etwa 698 n. Chr. Sie wurde von Eadfrith, dem Bischof von Lindisfarne, zu Ehren des heiligen Cuthbert geschrieben.

Unten: Ursprünglich hatten weder die Juden noch die Christen feste Richtlinien für die Bücher der Bibel. Diese wurden wahrscheinlich erst gegen Ende des 4. Jh. festgelegt.

✝ Das Wort „Bibel" stammt von *biblion*, dem griechischen Wort für Buch. Die Bezeichnung „Buch" ohne weitere Zusätze zeigt deutlich, welche Bedeutung die Bibel in der jüdischen und christlichen Tradition hat. Es deutet aber auch darauf hin, dass die Bibel eine Sammlung oder Anthologie ist, eine Art Bibliothek, und tatsächlich besteht sie aus vielen verschiedenen Literaturformen, inklusive Poesie, Erzählungen, Geschichte und Dichtung. Die Bücher der Bibel werden oft als „heilige" Schriften bezeichnet, was andeutet, dass sie unter göttlicher Führung geschrieben wurden. Man nennt sie auch „kanonisch", d. h., sie sind Teil einer offiziellen Liste heiliger Bücher, dem Kanon (in jüdischer und christlicher Tradition).

Unterschiedliche Bücherzahl

Die jüdische Bibel, der Tanach, wird auch die hebräische Bibel genannt, weil die 24 Bücher in den drei Teilen – das Gesetz, die Prophetie und die Schriften – in Hebräisch geschrieben waren. „Tanach" ist ein Akronym für Tora (Gesetz), Nevi'im (Propheten) und Ketuvim (Schriften). Das Alte Testament der Christen enthält alle Bücher der hebräischen Bibel, aber da der Tanach oft mehrere Schriften in einem Buch zusammenfasst, enthält das Alte Testament 39 Bücher, der Tanach aber nur 24.

Die christliche Bibel beinhaltet also die Bücher der hebräischen Bibel, die etwa zwischen dem 11. und 2. Jh. v. Chr. verfasst wurden, wie das Alte Testament, und die

spezifisch christlichen Bücher, die im 1. und 2. Jh. n. Chr. entstanden, wie das Neue Testament. Zu den 27 Büchern des Neuen Testaments gehören vier Evangelien, 20 Briefe, ein Geschichtsbuch, eine Predigt (Hebräer) und die Offenbarung des Johannes.

Auch die drei großen christlichen Strömungen – katholisch, orthodox und protestantisch – sind sich in Bezug auf die Anzahl der Bücher des Alten Testaments nicht einig. Protestantische Bibeln enthalten die gleichen Schriften wie die jüdische Bibel, jedoch in anderer Reihenfolge. Die katholische und die orthodoxe Tradition folgen der Septuaginta – der ältesten griechischen Übersetzung der hebräischen Bibel, die zwischen dem 3. und 1. Jh. v. Chr.

drei und zehn zusätzliche Bücher – je nachdem, welcher Zweig der orthodoxen Kirche betroffen ist.

Interpretationsunterschiede

Die Geschichte der christlichen Interpretationen begann mit Paulus von Tarsus, der allegorische Interpretationen der jüdischen Schriften in seinen Briefen verwendete. So las Paulus z. B. im Galaterbrief 4,21–26 die Geschichte von Sarai und Hagar (1. Mose 16) als die Geschichte zweier Abkommen. Das ganze Neue Testament hindurch wird das Alte Testament als Hinweis auf ein Ereignis im ersten Jahrhundert gelesen. Diese Interpretationsform nennt man Typologie.

In der patristischen Epoche (etwa die ersten fünf Jahrhunderte) favorisierte die alexandrinische Schule die symbolische Interpretation. Ihr Rivale, die Schule von Antiochia, bevorzugte eine historische, wörtlichere Auslegung. Ein dauerhafter Interpretationsstil, der in der Patristik begann und sich bis heute fortsetzt, umfasst vier Bedeutungsebenen: wörtlich, allegorisch, tropologisch (moralisch) und anagogisch (eschatologisch). So war Jerusalem zwar eine echte Stadt, aber im biblischen Sinn konnte es auch eine Allegorie auf die Gemeinschaft der Gläubigen (die Kirche) sein. Im tropologischen Sinn war Jerusalem vielleicht die einzelne menschliche Seele auf ihrem Weg durch das Leben. Im anagogischen Sinn schließlich verweist Jerusalem auf die Gemeinschaft der Gesegneten im Himmel.

In der Neuzeit entwickelten sich zwei weitere Interpretationsstile: Die historisch-kritische Methode analysiert die Entstehung eines Texts in seinem historischen Kontext, um ihn so besser zu verstehen. Der Text wird zu einem Fenster in die Geschichte und Denkweise der Zeit, in der er verfasst wurde. Fundamentalistische Auslegungen gehen davon aus, dass die Bibel wissenschaftliche und historische Fakten enthält und versuchen, die Genauigkeit der auf diese Art interpretierten biblischen Aussagen zu beweisen.

Oben: Die zusätzlichen Bücher der hebräischen Bibel, die in der griechischen Septuaginta enthalten sind und von den jüdischen Behörden nicht anerkannt werden, nennt man deuterokanonisch (zweiter Kanon).

in Alexandria entstand. Die Übersetzung wurde in Auftrag gegeben, weil die Nachkommen vieler Juden, die Palästina verlassen und sich rund um das Mittelmeer niedergelassen hatten, kein Hebräisch mehr sprachen und ihre Bibel entsprechend nicht mehr nutzen konnten. Da einige der Bücher der Septuaginta nicht im Kanon der hebräischen Bibel enthalten waren, haben die orthodoxe und die katholische Bibel mehr Bücher als die protestantische.

Der protestantische Kanon umfasst 66 Bücher (39 im Alten und 27 im Neuen Testament). Die römisch-katholische Kirche erkennt sieben weitere Bücher sowie Zusätze zu Ester und Daniel an. Die orthodoxe Kirche akzeptiert alle Bücher des römisch-katholischen Kanons sowie zwischen

Mitte: Ein Mönch aus einem der 20 Klöster von Bahir Dar liest eine Bibel auf Amharisch, einer uralten Sprache. Die Klöster von Bahir Dar liegen auf den heiligen Inseln des Tanasees.

ORTHODOXE UND ÖSTLICHE CHRISTEN

Oben: Die orthodoxe Weihnachtsfeier in der Geburtskirche in Bethlehem am 7. Januar zieht jedes Jahr Hunderte Gläubige an. Die Kirche wurde angeblich an der Stelle gebaut, wo Jesus geboren wurde.

Die große Trennung zwischen der orthodoxen und anderen östlichen Kirchen fand während einiger Allgemeiner Konzile zwischen dem 1. und 7. Jh. statt. Die meisten Probleme entstanden aufgrund von Diskussionen, die sich um die linguistischen Missverständnisse in der komplexen und nur schwer verständlichen Doktrin drehten.

Die Ostkirchen

Beim dritten Allgemeinen Konzil in Ephesos im Jahr 431 wurde über die Einheit Christi als Mann und Gott debattiert. Während die alexandrinische Schule auf die Bedeutung dieser Einheit hinwies, argumentierte die antiochenische Schule, dass dies seine menschliche Natur zu wenig betonte. Sie bestand darauf, dass es wichtig sei, das Menschsein Christi aufrechtzuerhalten, und stand jeder Sichtweise, bei der diese in seiner Gottheit unterging, misstrauisch gegenüber. Dieser theologische Bruch wurde dadurch verstärkt, dass sich die antiochenische Schule im Persischen und nicht im Oströmischen Reich befand. Das führte zur Entstehung der Ostkirche, deren Mitglieder auch

als syrische Christen (Assyrer, Chaldäer und Nestorianer) bezeichnet werden. Die Kirche, deren Gebiet ursprünglich von den Flüssen Euphrat und Tigris eingerahmt wurde, breitete sich bis zum 7. Jh. bis nach China aus. Heute hat die Kirche nur noch 50.000 Mitglieder. In den letzten Jahren wurden die assyrische und die chaldäisch-katholische Kirche, die bis zu 300.000 Anhänger haben, im Irak immer wieder angegriffen. Daraufhin flohen viele Gläubige ins benachbarte Syrien.

Die altorientalischen Kirchen

Die Trennung zwischen den orthodoxen Christen und den altorientalischen Kirchen fand während des Konzils von Chalkedon 451 statt. Es gab Meinungsverschiedenheiten über die Frage, ob anerkannt werden sollte, dass Christus zwei Naturen in einer Person vereinigte. Diejenigen, die diesen Diskurs ablehnten, wurden als Mono- oder Miaphysiten bezeichnet. Sie folgten der Lehre Kyrill von Alexandrias, nach der Christus „eine Natur" besitzt, die gleichzeitig göttlich und menschlich ist. Heute gibt es fünf monophysitische Kirchen, die aber meist als altorientalische

Links: Das im 17. Jh. gegründete Kloster von Ostrog in Montenegro ist ein Ziel für Pilgerfahrten der Anhänger der serbisch-orthodoxen Kirche.

Kirchen bezeichnet werden. Die koptische Kirche Ägyptens ist die größte christliche Kirche des Landes und hat zwischen sieben und elf Millionen Mitglieder. Die meisten Kopten leben in Ägypten, obwohl die Kirche auch etwa eine Million Diaspora-Mitglieder in Australien, Großbritannien und Nordamerika hat. Die äthiopisch-orthodoxe Tewahedo-Kirche, die seit 1959 autonom ist, hat allein in Äthiopien etwa 38 Millionen Anhänger. Die syrisch-orthodoxe Kirche – auch Jakobiten genannt – hat etwa 300.000 Mitglieder in Nahost und weitere 50.000 in Amerika. Die indischen Thomaschristen unterstellten sich im 17. Jh. der syrisch-orthodoxen Kirche und haben heute etwa eine Million Mitglieder. Die armenisch-apostolische Kirche schließlich hat drei Millionen Anhänger in Nahost und eine weitere halbe Million in Amerika.

Die orthodoxen Kirchen

Wie die altorientalischen Kirchen glaubt auch die orthodoxe Kirche, dass sie der Nachfolger der wahren Kirche ist, während die anderen der Ketzerei verfallen sind. Das Wort „orthodox" stammt von den griechischen Wörtern *orthos* und *doxa* ab, was wörtlich übersetzt „richtiger Glaube" bedeutet. 1054 kam es zum Großen Schisma, das zur Aufspaltung in die West- und die Ostkirche führte. Die orthodoxe Kirche repräsentiert die Mehrheit der östlichen Christen und ist im Vergleich zum westlichen Christentum mystischer und weniger legalistisch geprägt. Heute liegt der Hauptunterschied im Verhältnis der Kirche zum Staat. Die meisten orthodoxen Kirchen konnten es sich nicht leisten, Regierungen herauszufordern, obwohl sie oft große Macht besaßen. Der nominelle Kopf der orthodoxen Kirche ist der Patriarch von Konstantinopel, obwohl er nur der „Erste unter Gleichen" ist und keine echte Autorität über die Kirchen hat – mit Ausnahme seiner eigenen griechisch-

orthodoxen Kirche von Konstantinopel. Die orthodoxe Kirche umfasst 15 autokephale Kirchen, die eine Einheit bilden und weltweit zwischen 226 und 300 Millionen Mitglieder haben. Ein Großteil dieser Kirchen befindet sich in den ehemaligen Ostblockstaaten. Zu ihnen gehören die orthodoxen Kirchen Russlands, Serbiens, Rumäniens, Bulgariens, Georgiens, der Tschechei, der Slowakei, Polens, Albaniens, Griechenlands und Zyperns sowie die Patriarchate von Konstantinopel, Alexandria, Antiochia und Jerusalem.

Der Patriarch von Konstantinopel gilt als Erster unter Gleichen, aber gelegentlich gibt es immer noch Streit um die Jurisdiktion – in letzter Zeit besonders in Bezug auf Estland sowie auf die orthodoxe Kirche in den USA.

Oben: Ein Priester der koptisch-orthodoxen Kirche in Kairo, Ägypten, mit seinem traditionellen Kopfschmuck. Frauen können in der koptischen Kirche keine Priesterweihe empfangen.

Unten: Äthiopische Frauen folgen ihren Männern in einer Prozession durch den frühmorgendlichen Nebel, um vor dem Jahrtausendwechsel eine Messe in der orthodoxen Kirche der nordäthiopischen Stadt Axum zu feiern.

DER KATHOLIZISMUS

Rechts: Eine große Menschenmenge begrüßt Papst Johannes Paul II. im Jahr 1982 in Nigeria. Vor der Wahl Benedikts XVI. 2005 galt der nigerianische Kardinal Francis Arinze als möglicher Nachfolger Johannes Pauls II.

Jesus von Nazareth versammelte eine Gruppe von Anhängern um sich, die mit ihm reiste, seine Taten sah und seine Lehren hörte. Ihre kollektive Erinnerung findet man in den vier Evangelien, die Zeugnis darüber ablegen, dass Jesus nicht nur Gottes Bote war, sondern auch eine vollkommene Einheit mit Gott bildete. Zweimal wird in den Evangelien eine *Ekklesia* (griechisch für „Versammlung") ohne Erklärung ihrer Natur erwähnt.

In seinen letzten Tagen auf Erden befahl Jesus, jeder der zwölf Apostel solle ausziehen und in seinem Namen predigen. Aber wie lang? Darauf gab er nie eine eindeutige Antwort, doch seine Jünger verstanden bald, dass er ihnen aufgetragen hatte, auch alle zukünftigen Generationen zu unterweisen.

Nach dem katholischen Glauben formten diese Jünger und ihre Nachfolger in den folgenden Generationen gemeinsam die katholische Kirche. Sie existiert also seit Jesu Zeiten und ist die einzige von ihm autorisierte Kirche. Die Bezeichnung „katholisch" erhielt sie vom heiligen Ignatius etwa 107 n. Chr. Es war üblich, den großen Kirchen einen Namen zu geben, um sie von Sekten zu unterscheiden.

Der Glaube

Unten: Der von der katholischen Kirche verehrte heilige Stephanus wurde zum ersten christlichen Märtyrer, als er 35 n. Chr. fälschlicherweise der Blasphemie beschuldigt und zu Tode gesteinigt wurde, nachdem er in Jerusalem gepredigt hatte.

Die katholische Kirche glaubt, dass Gott in der Person von Jesus Christus die wichtigsten Wahrheiten über sich selbst und über seine Pläne mit der Menschheit offenbart hat. Er hat die Kirche damit betraut, diese Offenbarungen unter seiner „Führung" – damit keine falschen Lehren verbreitet werden – an zukünftige Generationen weiterzugeben.

Kardinal John Henry Newman drückt dies so aus: „Die Vernunft der Menschheit … spürt, dass die Idee einer Offenbarung die Anwesenheit eines Informanten und Führers andeutet … eines unfehlbaren … Eine Offenbarung geschieht nicht, wenn es keine Autorität gibt, die entscheidet, was offenbart wird." Die Offenbarung wird in der Bibel und in der Überlieferung weitergegeben; über den Inhalt können die Bischöfe entscheiden. Weiterhin lehrt die katholische Kirche, dass den Bischöfen die Macht erteilt wurde, die Christen zu regieren.

Von Zeit zu Zeit haben die Bischöfe eine Doktrin als in der Offenbarung verkündet definiert und Christen so dazu gezwungen, sie zu glauben. Diese Doktrinen finden sich in Entscheidungen ökumenischer Konzile, wie etwa des Konzils von Trient. Nach und nach wurde die Autorität des Bischofs von Rom (also des Papstes) anerkannt, obwohl

DER VATIKAN

Der Sitz der katholischen Kirche ist der Vatikan, eine winzige (44 ha), autonome Enklave in Rom. Gegründet wurde er 1929, und regiert wird er vom Papst, der dort auch wohnt. Die Wirtschaft wird durch Spenden von Gläubigen gestützt sowie durch den Verkauf von Publikationen, Briefmarken, Souvenirs und nicht zuletzt durch die Eintrittsgelder. Die Vatikanbank hat sogar einen Geldautomaten mit lateinischem Text. Der Heilige Stuhl unterhält diplomatische Beziehungen zu 177 Staaten.

sich die orthodoxen Kirchen, die von der Westkirche bis etwa zum Jahr 1200 als Katholiken angesehen wurden, Einwände hegten. Einige Teile des katholischen Glaubens wurden also vom Papst vorgegeben.

Organisation

Die katholische Kirche zeichnet sich durch ihre Einigkeit aus. Alle Mitglieder unterstehen einem Bischof. „Diejenigen, die Gott und Jesus Christus gehören – sie sind bei den Bischöfen", schrieb Ignatius um 110 n. Chr. Die Bischöfe schwören dem Papst die Treue. Das sichert Einigkeit, wenn auch nicht Einheitlichkeit.

Der Ist-Zustand

Die Einigkeit der katholischen Kirche trug dazu bei, dass sie zur weltweit größten Religion wurde. 1,2 Milliarden getaufte katholische Christen machen 17,2% der Weltbevölkerung aus. Jedes Jahr kommen ca. 15 Millionen neue Mitglieder hinzu, vor allem in Afrika. Etwa 50% der Katholiken leben in Südamerika. Die katholische Kirche besteht aus 23 Kirchen: aus den lateinischen Kirchen (der 98% der Katholiken angehören) sowie aus 22 Ostkirchen wie der ukrainisch-griechischen katholischen Kirche oder der maronitischen Kirche, die ihre eigenen Andachtsformen, Führungsweisen und Gesetze haben.

Ein Bischof führt die Mitglieder einer bestimmten Gegend oder Gruppe an. Es gibt etwa 2.800 Diözesen, die überwiegend in Gemeinden aufgeteilt sind, welche wiederum von einem der etwa 407.000 Priester geleitet

werden. Ungefähr 115.000 Menschen bereiten sich auf das Priesteramt vor. Viele sind Mitglieder religiöser Orden wie der Jesuiten oder Franziskaner. Zudem arbeiten ca. 55.000 Laienbrüder, 750.000 Nonnen, 29.000 Mitglieder sekulärer Institute und 33.000 Diakone für die katholische Kirche. Mit Ausnahme der Diakone nimmt die Mitgliederzahl in den anderen Kategorien in letzter Zeit dramatisch ab. Die Kirche betreibt mit 2,2 Millionen Schülern das weltweit größte, nichtstaatliche Schul- sowie ein umfangreiches Wohlfahrtssystem.

Oben: Priester werden in der 800 Jahre alten Kathedrale Notre-Dame in Paris geweiht. Jeden Tag steht ein Priester in der Kathedrale für Beichten oder spirituelle Hilfe zur Verfügung.

PROTESTANTISCHE CHRISTEN

Oben: Gideon Byamugisha von der anglikanischen Kirche Ugandas war der erste Priester Afrikas, der öffentlich bekannte, HIV-positiv zu sein. Er leitet das HIV/AIDS-Programm in der Diözese Namirembe.

Weltweit gibt es rund über 500 Millionen Protestanten in 233 Ländern. Die größten Gemeinden befinden sich in Mittel- und Nordeuropa, Nordamerika sowie in Teilen Südamerikas, in Südafrika, Australien, Neuseeland, auf Papua-Neuguinea, den pazifischen Inseln und in Südkorea.

Diese Vielfalt geht auf ein- und denselben europäischen Ursprung zurück: die Reformation im 16. Jh. Die wichtigsten Reformatoren waren der deutsche Mönch Martin Luther (1483–1546), der französische Anwalt Johannes Calvin (1509–1564) und der Schweizer Priester Ulrich Zwingli (1484–1531). Sie wollten die Kirche von innen reformieren und wieder zu dem machen, was sie als deren ursprüngliche Form ansahen. Dass sie damit eine Massenbewegung ins Rollen brachten, kam unerwartet.

Herausforderungen und Veränderungen

Woran genau glaubten die Reformatoren? Erstens: Der Weg zur Erlösung führt nur über den Glauben, der ein Geschenk Gottes ist. Da wir von Grund auf sündig sind, können wir nichts tun, um uns selbst zu retten. Gute Taten werden uns nicht ans Himmelstor bringen. Zweitens: Die einzige Autorität ist die Bibel, die man in seiner Muttersprache lesen sollte, und wer behauptet, ein Repräsentant Gottes zu sein, irrt. Drittens: Alle Gläubigen sind vor Gott gleich. Diese Grundsätze stellten die Kirche der damaligen Zeit auf das Schärfste infrage. Papst und Priester mussten um ihre Ämter fürchten, denn die Protestanten lehnten die Heiligenverehrung, das Mönchtum, das Zölibat, die Beichte, sakrale Kunst sowie die Bedeutung der Sakramente ab. Diese Kritik war zu umfangreich und zu grundlegend, um die Kirche von innen heraus zu verändern. So wurde der Protestantismus zu einer neuen Glaubensrichtung.

Hätten Luther, Calvin, Zwingli und die anderen Reformatoren 100 Jahre früher gelebt, wären sie rasch auf dem Scheiterhaufen gelandet. Im 16. Jh. jedoch war die Zeit reif für Veränderungen, zudem verfügten alle drei über mächtige Beschützer. Luther z. B. wurde in Wittenberg von Friedrich III. von Sachsen vor dem Schlimmsten bewahrt. Calvin fand seine Zuflucht in Genf, und Zwingli hatte den Stadtrat von Zürich auf seiner Seite. Auch einigen politischen Anführern, die das Potenzial in der Unabhängigkeit von fernen Oberherren erkannten, gefielen die Ideen der Reformation. In England etwa brach Heinrich VIII. 1529 mit dem Papst. Die Aussicht, das Staatssäckel mit den Reichtümern aus Klöstern und Kirchen zu füllen, tat ein Übriges. Die Reformatoren wendeten sich sehr geschickt an die herrschende Schicht und hatten damit großen Erfolg.

Radikale in den eigenen Reihen

Die Herrscher waren nicht die Einzigen, die sich der neuen Bewegung anschlossen. Die einfachen Leute sahen in der Reformation eine Herausforderung der Machthabenden.

Unten: Ein Panoramablick über Wittenberg, inklusive der beiden Türme der Marienkirche (14. Jh.), in der Martin Luther oft predigte.

Die Behauptung, dass jeder Mensch die Bibel selbst lesen und eine direkte Beziehung zu Gott haben sollte, war ein radikaler Bruch mit der Tradition. Jeder konnte nun die Bibel studieren und zu Gott beten – ob in einer Bauernhütte, auf dem Feld oder in einem Fischerboot. Diese Einfachheit wirkte sich auch auf die Gestaltung der Kirchen aus. Ohne Heiligenbilder, Gemälde, Statuen und andere Ablenkungen konzentrierten die Gläubigen sich ganz auf Gott. Vor allem aber die Vorstellung, dass selbst der höchste Herrscher – sogar der Papst oder der König – ebenso ein Sünder war wie der einfachste Bauer, sprach die Unterdrückten an. Große Veränderungen lagen in der Luft. Die Entwicklung des Kapitalismus begann, die Politik war in Aufruhr, und damit änderten sich auch die Ideen. Es kam zu Aufständen – der größte von ihnen war der Deutsche Bauernkrieg (1524–1525), angeführt von Luthers einstigem Schüler Thomas Müntzer. Der radikalen Gruppierung der sogenannten Wiedertäufer ging das alles noch nicht weit genug. Sie waren der Überzeugung, dass nur ein Mensch getauft werden konnte, der sich seines Glaubens bewusst war, also meinten sie Erwachsene, nicht Kinder.

WOHER STAMMT DER BEGRIFF „PROTESTANT“?

Der Name „Protestant“ stammt von der Aussage einer Minderheit der Reformationsdelegierten beim Reichstag zu Speyer 1529. Sie protestierten gegen die Position der römisch-katholischen Mehrheit, die Reformation wieder rückgängig zu machen, und erhielten dadurch ihren Namen.

Vielfalt und weltweite Macht

Zwei Merkmale des Protestantismus sind besonders bedeutsam: Das erste liegt darin, dass nun jeder die Bibel las und sich die Auslegung vom einen zum anderen unterschied, was bis heute zur Gründung einer Vielzahl protestantischer Splittergruppen führte – aktuell sind es mindestens 30.000. Zudem fanden sich Protestanten stets in Machtpositionen wieder, insbesondere in den USA. Dies war wiederum eine direkte Auswirkung der kolonialen Expansion durch die protestantischen Staaten Europas.

Unten: Eine amische Frau an ihrer Nähmaschine. Amische sind eine religiöse Splittergruppe der Mennoniten und Nachfolger der radikalen Wiedertäufer, denen die Ideale der Reformatoren nicht weit genug gingen.

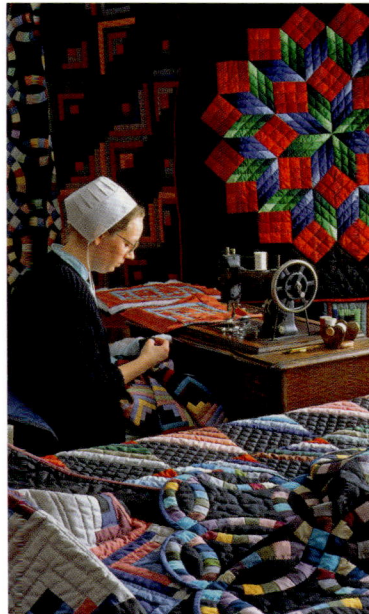

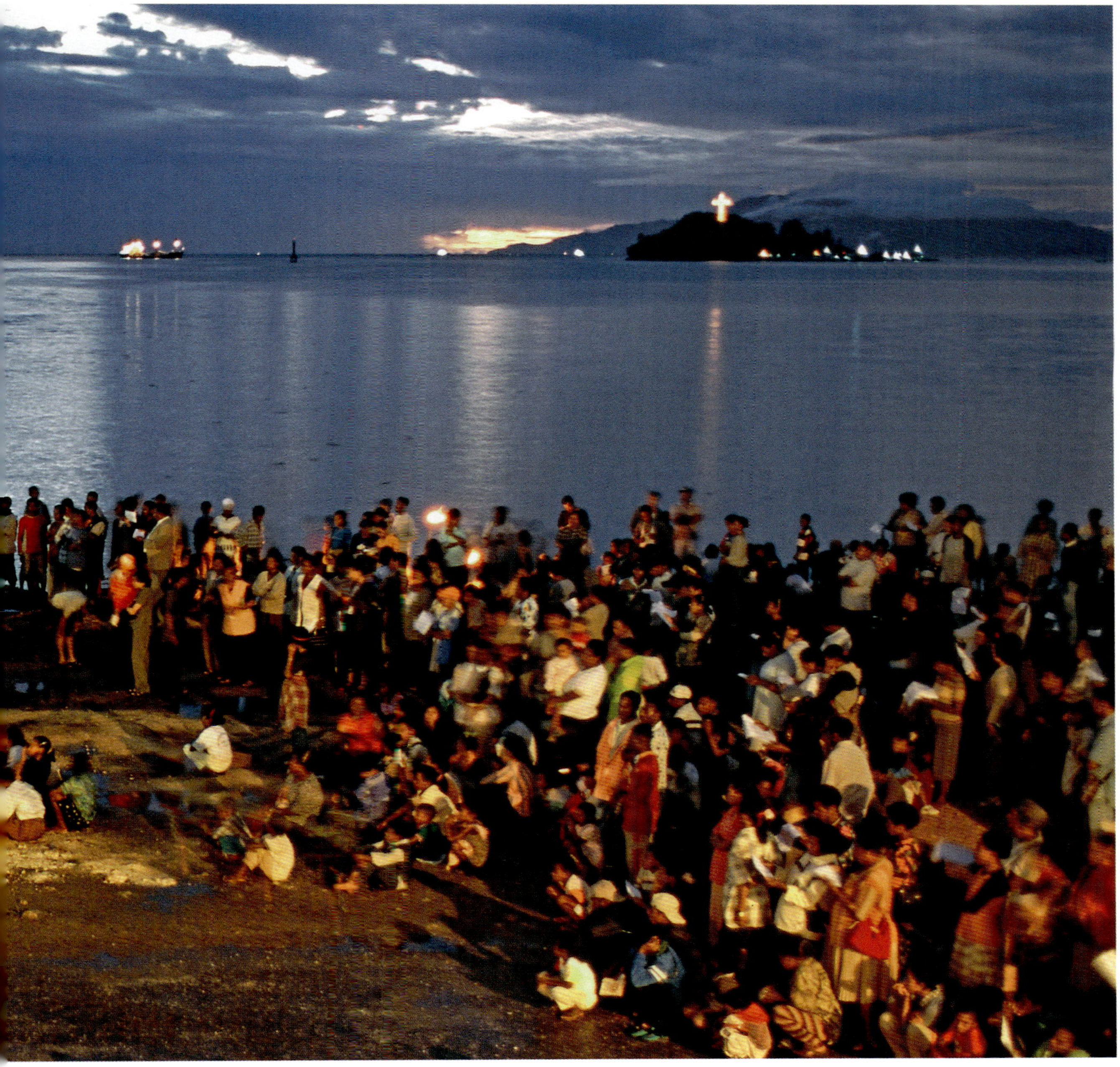

Links: Die Ostermesse der Church of Hope (Pengharapan), einer protestantischen Kirche in Jayapura, Indonesien, beginnt um 4.30 Uhr morgens. In den Vororten fangen einige Prozessionen bereits um 2 Uhr an.

NICHTKONFESSIONSGEBUNDENE BEWEGUNGEN

Oben: Eine rein weibliche Waldensergemeinde sitzt still in der Kirche des italienischen Dorfes Prali. Wie die meisten protestantischen Kirchen kennen auch die Waldenser nur zwei Sakramente: die Taufe und das Abendmahl.

Die Ausbreitung des Christentums erfolgte zu einem großen Teil – vor allem in Afrika, Südamerika und bei indigenen Völkern – durch nichtkonfessionsgebundene oder überkonfessionelle Bewegungen. „Nichtkonfessionsgebunden" bedeutet, die Bewegungen passen nicht in die herkömmlichen Glaubenskategorien, während „überkonfessionell" bedeutet, dass sie verschiedene Konfessionen vereinen. Die Anzahl der nichtkonfessionsgebundenen Christen zu beziffern ist schwierig, da man sie in vielen Kirchen findet. Insgesamt machen sie aber gut ein Drittel bis die Hälfte der zwei Milliarden Christen weltweit aus.

Muster der Erneuerung

Die nichtkonfessionsgebundenen Bewegungen entstanden im Rahmen der regelmäßigen Erneuerungen, die das Christentum von Beginn an geprägt haben. Erneuerungen haben religiöse (z. B. den Stillstand der Kirche), soziale (in Zeiten der Unruhe und des Aufbruchs) oder ökonomische Gründe. Religiöse Erneuerungen sind emotional aufgeladen und bescheren den Menschen lebendige, persönliche Erfahrungen mit Gott. Zudem verlaufen sie nach einem bestimmten Muster: Zuerst ist da der Bruch der Unzufriedenen und Desillusionierten mit der Kirche. Die Kirchenfürsten müssen diese dann entweder reintegrieren oder ausschließen. Bald kommt die intensive Phase der Erneuerungen aber zur Ruhe, und die alten Hierarchien etablieren sich erneut. Einige Bekehrte bleiben weg, andere schließen sich wieder ihrer Kirche an, und wieder andere gründen neue Gruppen, die sich zu einer Kirchengemeinde zusammenfinden – wie heute die Pfingstbewegungen und der International Circle of Faith (ICOF).

In Zeiten großer sozialer und wirtschaftlicher Unruhen führen die Erneuerungsbewegungen manchmal zu Revolutionen, die die soziale Ordnung bedrohen – so geschehen beim Deutschen Bauernkrieg 1524–1525.

Separatisten

Es gibt zwei Arten nichtkonfessionsgebundener Bewegungen: Die eine gründet eine neue Gruppe – meist um einen charismatischen Anführer herum –, die andere breitet sich innerhalb der bestehenden Konfessionen aus.

Die Separatisten waren und sind unter den buntesten Namen aktiv. Im Mittelalter gab es da z. B. die Waldenser

(12. Jh.), die heute noch im Piemont (Italien) ansässig sind. Sie glauben an ein Modell des christlichen Kommunismus, wie man es bei den zwölf Aposteln fand. Die Lollarden betonten den persönlichen Glauben, die göttliche Erwähltheit und die Bibel. Die Taboriten waren eine christliche Bewegung im 15. Jh. und wollten die Errichtung des Königreichs Gottes auf Erden mit Waffengewalt durchsetzen. Dann gab es noch die Böhmischen Brüder, die durch ihre Bibelübersetzungen die tschechische Literatur beeinflussten. Im England des 18. Jh. fand man die Herrnhuter Brüdergemeinde, die Seekers, die Universalisten, die Quäker, die Philadelphians, die französischen Kamisarden, die Glasites, die Hutchinsonians, die Siebenten-Tags-Adventisten, die Adamists, die Tryonists (Vegetarier), die Salmonists, die Children of the New Birth und die Muggletonianer. Oft bestanden diese Gruppen nur aus einer einzigen Gemeinde.

Konservativ und progressiv

Die zweite Art von Gruppen existiert innerhalb der gegebenen Strukturen. Sie fungiert als Brücke zwischen den Hauptkirchen und verbindet Gleichgesinnte miteinander. Heute gehört dazu z. B. die charismatische Erneuerung, deren Anhänger der Ansicht sind, die Macht des Heiligen Geists sei in der traditionellen Kirche vernachlässigt worden. Ihre Andachten beinhalten oft die Zungenrede, das Gesundbeten, Prophezeiungen und Handauflegen. Fundamentalisten findet man in den meisten Kirchen in

mehr oder weniger großer Zahl. Sie glauben an die Unfehlbarkeit der Bibel und hegen ein tiefes Misstrauen gegenüber der Wissenschaft und der modernen Erziehung bzw. Schulbildung, sofern diese der wörtlichen Auslegung der Bibel widerspricht. In einigen Ländern sind die Fundamentalisten zu einer mächtigen politischen Lobby aufgestiegen. Viele nichtkonfessionsgebundene Gruppen glauben an ein baldiges Ende der Welt und an die nahende Rückkehr Jesu.

Nicht alle jedoch sind konservativ. Der Ökumenismus (wörtlich: „die ganze bewohnte Erde") etwa versucht, die Verständigung und Zusammenarbeit aller christlichen Kirchen voranzutreiben. Diese Idee ist so alt wie das Christentum selbst – die frühen Kirchenzusammenkünfte wurden als ökumenisch bezeichnet –, stammt in ihrer modernen Ausprägung aber aus dem 20. Jh. und wird durch den Weltkirchenrat vertreten. Frühere Formen des Ökumenismus waren die Bibelübersetzungsgesellschaften, die sich inzwischen zum Wyclif e.V. und zur Bibelgesellschaft zusammengeschlossen haben, sowie die Missionsbewegungen, von denen die London Missionary Society die berühmteste war. Im Lauf des letzten Jahrhunderts kämpften viele Kirchen mit der Frage der Gleichberechtigung – sowohl bei der Kirchenmitgliedschaft als auch bei der Kirchenleitung. Noch neuer ist das Bewusstsein, dass die Bewahrung der Schöpfung und der Umweltschutz Hand in Hand gehen – und dass die Kirchen in diesem Bereich eine Führungsrolle übernehmen könnten.

Oben: 1937 besuchte Samuel Adenola II., Häuptling der Abeokuta in Nigeria, die Methodist Missionary Society in London. Moderne britische Missionare hatten in Nigeria einigen Erfolg.

Gegenüber: Menschen, in die der Heilige Geist gefahren ist, liegen bei einem Religionstreffen in Tulsa, Oklahoma (USA), auf dem Boden. 2008 gab ein Drittel der protestantischen Kirchen in den USA an, der charismatischen Bewegung anzugehören.

TEIL EINS

DER ANFANG
BIS 500 N. Chr.

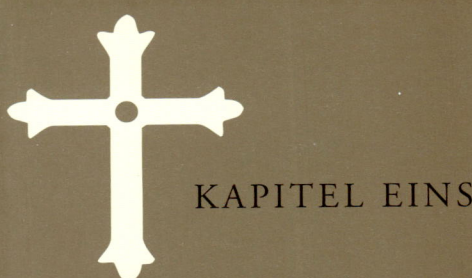

KAPITEL EINS

JESUS VON NAZARETH

Aufgrund des Matthäusevangeliums (Matthäus 2) glauben Historiker, dass Jesus etwa um 4 v. Chr. geboren wurde – dem Jahr, in dem Herodes der Große starb. Jesus wuchs in Nazareth, einem Dorf in Galiläa, auf. Über seine Kindheit ist wenig bekannt, aber als Erwachsener hatte er als umherziehender Lehrer und Heiler großen Erfolg. Das ging etwa drei Jahre gut, bis er durch seine Worte und Taten in Konflikt mit den Machthabern geriet. Er wurde von den römischen Behörden und den Anführern seiner eigenen Leute wegen der Anstiftung zum Aufstand gekreuzigt. Sein genaues Todesjahr ist nicht bekannt – gemäß den Evangelien lag es vermutlich zwischen 27 und 33 n. Chr. Innerhalb weniger Tage nach seinem Tod verbreiteten sich Gerüchte, er sei von den Toten auferstanden. Heute hat Jesus von Nazareth mehr Anhänger als jeder andere politische oder religiöse Anführer in der Geschichte.

Aber wer war dieser Jesus, der so jung einen so schrecklichen Tod starb und von dem heute so viele glauben, dass er nicht nur lebendig ist, sondern auch denjenigen, die an ihn glauben, ewiges Leben verleiht? Niemand hat diese Frage jemals zur Zufriedenheit aller beantworten können. Die frühe Kirche versuchte, Jesus – als Reaktion auf die Kontroversen, die ihn umgaben – durch Konzile und Glaubens-bekenntnisse zu definieren. Damit gelang ihnen zwar, den orthodoxen Glauben zu beschreiben, nicht aber Jesus selbst. Die christliche Erfahrung brachte immer wieder neue Erkenntnisse hervor, und im Lauf der Zeit war Jesus Opfer, König, Priester, Asket, Krieger des jüngsten Gerichts und vieles mehr. Jedes dieser Bilder passte zu einem bestimmten Zeitraum, war aber nicht für alle Zeiten und Orte gleichermaßen gültig.

Moderne Bibelgelehrte versuchen, aus der Literatur des Neuen Testaments ein historisch genaues Porträt Jesu zu erstellen, indem sie sich langsam rückwärts – sowie Schicht um Schicht – durch die Aussagen in der Bibel arbeiten. Dieses Unterfangen bildet die Grundlage der Darstellung Jesu in diesem Buch.

Vorherige Doppelseite: Martia Pretis Gemälde *Die Taufe Christi* stellt eines der bedeutendsten christlichen Sakramente dar. Mit der Taufe tritt ein neues Mitglied in die Gemeinde ein und wird von seinen Sünden „reingewaschen".

Rechts: Gemäß der jüdischen Tradition präsentieren Maria und Josef ihren erstgeborenen Sohn im Tempel von Jerusalem. Dort wird das Kind Gott geweiht.

RELIGION ZU JESU ZEITEN

Fast jeder in der römischen Welt glaubte an mindestens einen Gott, und viele glaubten an mehrere. Man war sich darin einig, dass die Götter in die Angelegenheiten der Menschen eingriffen und dass es Wunder gab.

Griechisch-römische Religionen

In den polytheistischen griechisch-römischen Religionen wurden die Götter durch Opfer gnädig gestimmt. Die Menschen glaubten an einen Zusammenhang zwischen einer friedlichen und geordneten Gesellschaft

und dem Wohlwollen der Götter. Rituale, Gebete und Opfergaben spielten eine große Rolle. Die Religionen befassten sich nicht mit dem Alltag der Menschen, da die Ethik das Fachgebiet der Philosophen war. Die Menschen übten ihre Religion nicht aus, um sich ein schönes Leben nach dem Tod zu sichern, sondern um den Segen der Götter für ihr diesseitiges Leben zu bekommen.

Judentum

Das Judentum teilte im 1. Jh. den griechisch-römischen Glauben an Wunder und die Einmischung des Göttlichen sowie die Ausübung von Ritualen,

Unten: Augustus' Altar der Laren (Schutzgötter). Roms erster Kaiser Augustus brachte den traditionellen Glauben zurück und behauptete, die Götter seien zornig, weil man sie vernachlässigt hatte.

Gebeten und Opferungen. Allerdings hatten die Juden nicht Hunderte von Göttern und Tempel. Das Judentum war streng monotheistisch – in einem damals beliebten Ausspruch hieß es: „Ein Tempel für einen Gott."

Das orthodoxe Judentum befasste sich nicht mit dem Leben nach dem Tod. Man glaubte nicht an den Himmel als Belohnung für ein gutes Leben. Stattdessen erwarteten die Juden ein neues Königreich Gottes auf Erden – Gott würde das Böse ausrotten, indem er sein Reich errichtete. Alle guten Juden, die bereits gestorben waren, würden auferstehen, um in dieses Königreich einzutreten.

Das Judentum war von Beginn an eine sehr ethische Religion, aber die Tora beinhaltete mehr als nur Ethik. Solange der Tempel in Jerusalem stand, waren die Rituale und Opferungen Mittelpunkt des jüdischen Lebens – sie waren ebenso Teil der Tora wie die zehn Gebote.

Die jüdische Denkschule

Zu Zeiten Jesu umfasste das Judentum vier Denkschulen: die der Sadduzäer, der Pharisäer, der Essener und der jüdischen Widerstandsgruppen, wie der Zeloten und Sikarier.

Die Sadduzäer waren die Traditionalisten. Sie bildeten die priesterliche Oberschicht in Jerusalem, stellten viele Hohepriester und hatten beträchtlichen politischen Einfluss. Sie akzeptierten nur die geschriebene Tora und glaubten deshalb nicht an die Auferstehung des Körpers, die Beurteilung des Menschen im Leben nach dem Tod sowie an Engel oder Geister.

Die Pharisäer waren die Erneuerer, die das Judentum für die Menschen zugänglich machten und unter ihnen arbeiteten. Sie argumentierten, dass es neben der geschriebenen Tora noch eine weitere gäbe, die mündlich überliefert werde. Die mündliche Tradition erlaubte Neuinterpretationen und Anpassung an unterschiedliche Situationen. Sie meinten, es sei wichtig, rein zu sein. Sie glaubten auch an die Auferstehung von den Toten, die Beurteilung im nächsten Leben, Engel und Geister, an die Freiheit des Menschen sowie an die göttliche Führung im Alltag.

Der essenische Glaube an eine reine, heilige Gemeinschaft war radikaler als derjenige der Pharisäer. Die Essener sonderten sich von der Gesellschaft ab und bildeten eine streng organisierte monastische Gemeinschaft bei Qumran. Sie waren eine endzeitliche Sekte, die glaubte, das Böse auf Erden werde von Gott gestürzt, wenn dieser sein Königreich errichtete.

Im 1. Jh. n. Chr. widersetzten sich in Palästina viele Gruppen der römischen Herrschaft mit Waffengewalt. Die bekannteste waren die Zeloten, die den Pharisäern zwar oft zustimmten, aber die Römer loswerden wollten. Die Sikarier versuchten, ihre Gegner zu töten, und hielten die Römer in der Schlacht von Masada (73 n. Chr.) in Schach. Nach dem Fall Jerusalems 70 n. Chr. war dies der letzte Ort jüdischen Widerstands. All diese Gruppen betrachteten Gott als ihren einzigen Herrn und Meister.

JESUS UND DAS JUDENTUM IM 1. JH.

Die Lehren Jesu entsprachen keiner der bekannten jüdischen Denkschulen, was wahrscheinlich zu seiner Anfälligkeit gegenüber denjenigen beitrug, die sich gegen ihn verschworen hatten. Glaubte Jesus, dass zu seiner Zeit das Böse die Welt beherrschte, dass Gott dieses aber stürzen und sein Königreich errichten würde? Die Evangelisten nutzten in ihren Lehren apokalyptische Symbolik, und der Sturz des Bösen sowie das kommende Königreich Gottes waren bereits zu ihren Zeiten im Gespräch.

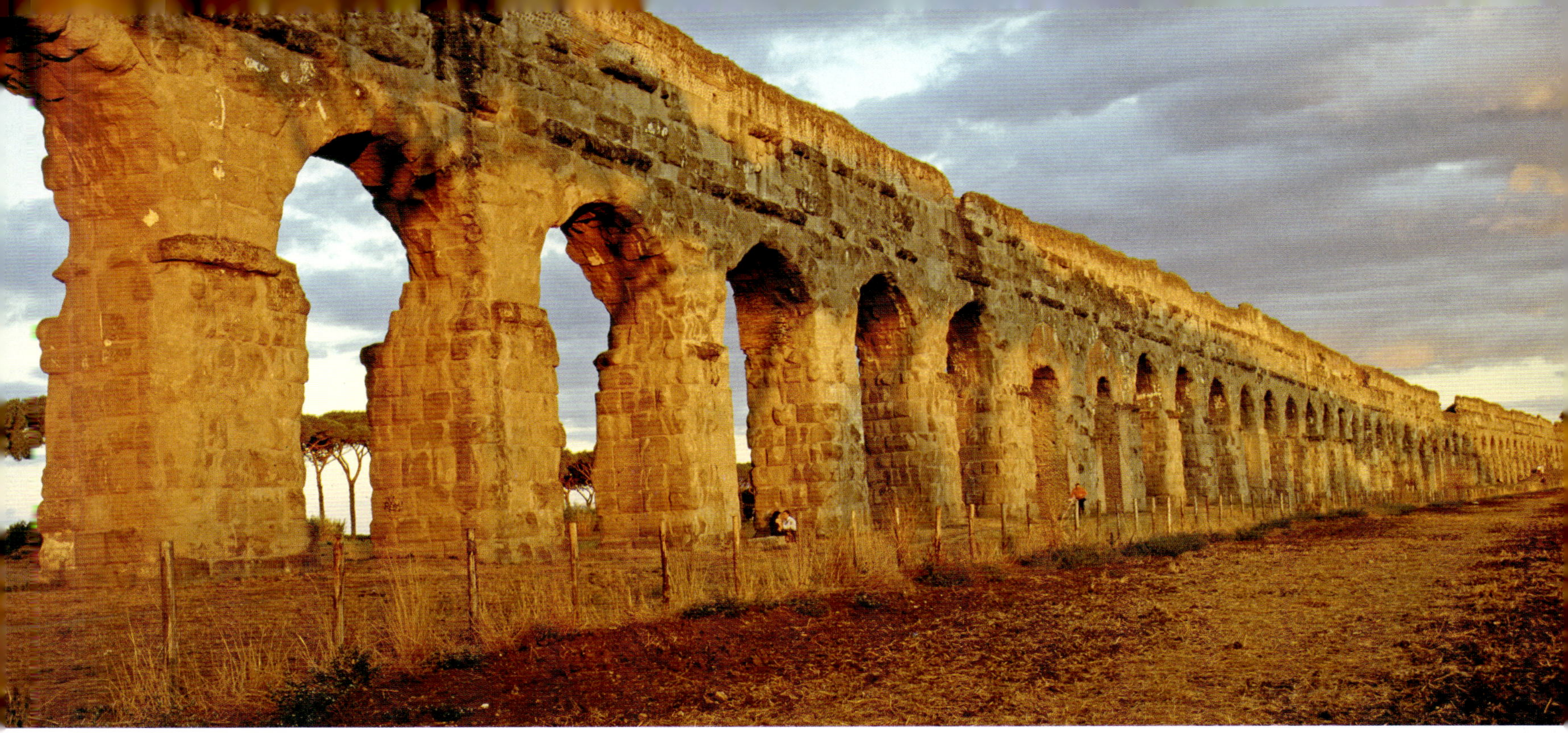

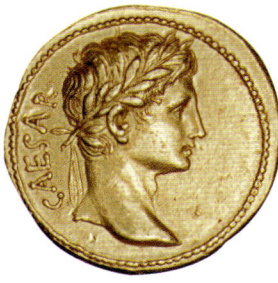

POLITIK

Oben: Die Menschen in Syrien und Judäa profitierten von den baulichen Errungenschaften der römischen Besatzung, z. B. von Straßen und Aquädukten. Die Aqua Claudia in Rom ist eines der größten Aquädukte der Römer.

Oben: Die römische Herrschaft in Judäa begann unter Kaiser Augustus – hier sein Porträt auf einer altrömischen Münze.

† 64 und 63 v. Chr. wurden Syrien und Judäa (Galiläa und Palästina) Teil des Römischen Reichs. Die drei wichtigsten Städte der Region waren Damaskus und Antiochia in Syrien sowie Jerusalem in Palästina. Unter der römischen Herrschaft verlief Jerusalems Geschichte ausgesprochen turbulent.

Die römische Herrschaft

Rom betrachtete die judäische Familie Herodes', die das Judentum praktizierte, wohlwollend. Die Herodianer stammten von keinem der Stämme Israels, sondern von den Edomitern aus der hebräischen Bibel ab. Da die Familie kulturell zu den Hellenisten neigte, kamen jedoch Zweifel an der Ehrlichkeit ihres Judentums auf. Herodes regierte Palästina 37–4 v. Chr. Er war ein gewalttätiger Mann, der seine Lieblingsfrau Mariamne I. – er war zehnmal verheiratet – und fünf Familienmitglieder aus Eifersucht tötete. Doch er war auch ein großer Baumeister und für die Entstehung von Caesarea, der Hauptstadt des römischen Palästinas, sowie für den Wiederaufbau des Tempels in Jerusalem verantwortlich.

Im Jahr 6 n. Chr. wurde Judäa unter römische Herrschaft gestellt und von Gouverneuren und Verwaltern regiert, zu denen auch Pontius Pilatus gehörte. Ein Sohn von Herodes, Herodes Antipas, herrschte in Galiläa.

Die römische Besatzung war überall zu erkennen: an Aquädukten und Bauprojekten, den Straßen und den Soldaten, die sie benutzten, an den Münzen mit dem Abbild des Kaisers, den Steuern – und an den Kreuzen, die vor den Stadttoren standen und an denen Aufwiegler gekreuzigt wurden. Diese Kreuze signalisierten die Unterwerfung Judäas, denn die Juden kreuzigten niemanden. Ihre Hinrichtungsmethode war die Steinigung.

Die Juden bewahrten ihre Identität durch Andachten im Tempel von Jerusalem und durch das Einhalten der Regeln der Tora. Der Tempel und die Tora waren die wichtigsten Autoritäten für die Juden des 1. Jh.

DER SANHEDRIN

Der Sanhedrin, der in Jerusalem zusammenkam, war der Hohe Rat der Juden und bestand aus 71 von Rom genehmigten Mitgliedern, die für einen Großteil der Innenpolitik in Judäa verantwortlich waren. Der Hohepriester berief den Rat ein und stand ihm vor. Er stammte aus der Oberschicht der Sadduzäer und wurde vom römischen Verwalter eingesetzt. Die Macht seiner Partei wurde jedoch von den Pharisäern, der anderen wichtigen Partei im Sanhedrin, beschränkt.

Rechts: Das Fresko von Fra Angelico zeigt den heiligen Stephanus bei der Predigt (links) und den Sanhedrin bei der Diskussion (rechts).

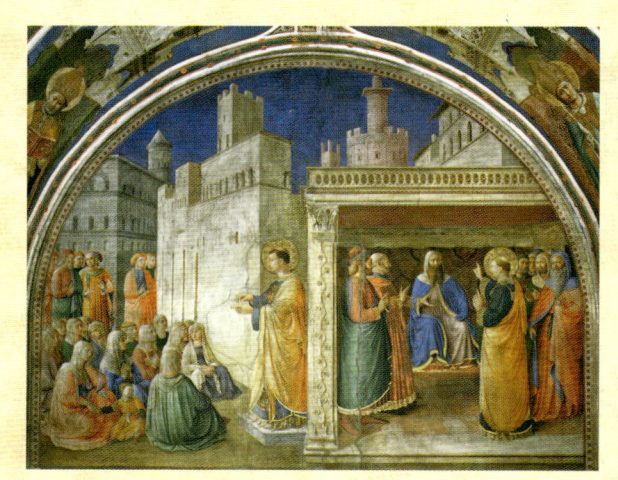

GESELLSCHAFT

Zu Zeiten Jesu war Palästina überwiegend ländlich geprägt. Bauern züchteten Schafe, Ziegen und Rinder und bauten Gemüse, Obst, Oliven, Datteln und Getreide an. Sie lebten in kleinen Dörfern und arbeiteten täglich auf den umliegenden Feldern. Fast die gesamte Landbevölkerung war jüdisch. In Städten wie Caesarea, gegründet von Herodes dem Großen, lebten unter der überwiegend jüdischen Bevölkerung aber auch Andersgläubige (Römer, Griechen usw.).

Besteuerung

Die jüdische Bevölkerung litt unter einer Doppelbesteuerung. Die Tora beinhaltete ein Zehntensystem zur Unterstützung der Priesterschaft, des Tempels und der Armen, das insgesamt etwa 20% der Produktion eines Bauern ausmachte. Auch Rom erhob Steuern, die noch einmal 15% betrugen. Dann rechneten die unbeliebten Steuereintreiber noch Geld für sich selbst dazu, da sie nach der Summe der eingetriebenen Steuern entlohnt wurden.

Rom konnte seine Steuern mit Gewalt eintreiben. Der Zehnte war zwar nicht freiwillig, der Tempel hatte aber keine Möglichkeit, seine Zahlung zu erzwingen. Wer es sich nicht leisten konnte, beides zu bezahlen, entschied sich meist für die römischen Steuern und wurde somit zum Nichtgläubigen. Obwohl Rom offiziell religiöse Toleranz übte, untergrub das römische Steuersystem die Beachtung der jüdischen Religionsgesetze.

In Anbetracht der politischen und ökonomischen Bedrohung ihrer religiösen Lebensweise reagierten die jüdischen Religionsführer mit einer Verstärkung der Kluft zwischen gläubigen Juden sowie den Heiden und Sündern. Die Reinheitsgesetze betonten einen Kodex der Heiligkeit, der die Gläubigen von allem abgrenzte, was sie unrein machte. Die Gesetze beherrschten im 1. Jh. die gesellschaftliche Struktur Palästinas. „Unreinen" Elementen der Gesellschaft wurde der Umgang mit „reinen" Mitgliedern untersagt. Die Rechtschaffenen mischten sich nicht mit den Sündern und Heiden, Männer nicht mit Frauen, und Kranke wurden aus der Gesellschaft der Gesunden ausgeschlossen.

Der Tempel war das administrative Zentrum dieses Reinheitssystems, die Priester dessen Überwacher. Jesus schien sowohl Pharisäer als auch Sadduzäer verärgert zu haben, da er sich weigerte, sich an das Reinheitssystem zu halten.

Unten: Dieses Modell zeigt Rom etwa im Jahr 300 n. Chr. Im Lauf von drei Jahrhunderten hatte sich das Christentum von einer Bewegung von Menschen, die einem Lehrer folgten, zur Staatsreligion des gesamten Römischen Reichs entwickelt.

JESUS ALS LEHRER

Rechts: *Lasset die Kindlein zu mir kommen* von Juan Urruchi. Der Titel des Gemäldes stammt aus dem Markusevangelium (10,13–14), in dem Jesus die Menschen auffordert, ihre Kinder zu ihm zu bringen, damit er sie segnen kann.

✝ Jesus wurde von Freund und Feind *Rabbi* („Lehrer") genannt. Obwohl er keine Ausbildung zum Rabbi hatte, waren nach dem Johannesevangelium sogar die Tempelwachen erstaunt von seinen Lehren: „Es hat nie ein Mensch geredet also wie dieser Mensch!"(Johannes 7,46).

Der Weisheitslehrer

Jesus sprach nicht wie die großen Propheten Israels. Seine Reden waren nicht mit dem formelhaften „sagt der HERR" gefüllt und enthielten keine Versprechen über politischen Segen oder Unglück. Jesus ahmte auch nicht den Stil der Pharisäer nach. Seine Lehren waren nicht mit Bibelzitaten gespickt. Die Sprichworte und Gleichnisse, die seine Lehren ausmachen, zeigen, dass er mit der einfachen Weisheit eines Lehrers vom Land lehrte.

Weisheitslehrer sprechen über ihre Erfahrungen und Beobachtungen. Jesus sprach über Schafe und Hirten, einen Bauern, der seine Saat ausbringt, reiche und arme Männer, Samariter und Leviten, Arbeiter und Landbesitzer, Kamele und Nadeln, Hefe und Brot. Seine Lehren malten ein Bild des alltäglichen Lebens. Man hat den Eindruck, dass Jesus den Einfluss Gottes dort deutlicher sah als in den Hallen der Mächtigen in Rom oder Jerusalem.

Der Kern der Lehre Jesu drehte sich um das kommende Königreich und wie man sich darauf vorbereitet. Seine Worte und Taten deuteten auf einen gütigen Gott hin, der Segen verteilt, ohne sich um den Wert des Empfängers zu kümmern. Wann immer Jesus sich um Menschen sorgte, dann deshalb, weil sie Fürsorge benötigten, weil sie krank oder hungrig oder orientierungslos waren – und nicht, weil sie es verdient hatten. Er verlangte keine Beichte, bevor er jemandem half, obwohl er später oft eine Vergebung aussprach. Die einzigen Sünden, die er anmahnte, waren die Heuchelei und die Sündigkeit derjenigen, die andere Menschen mit einer schweren Bürde belasteten und keinen Finger rührten, um ihnen zu helfen (Lukas 11,46). Eine

Unten: In diesem Gemälde aus dem 19. Jh. wird das Gleichnis vom verlorenen Sohn dargestellt. Jesu Parabeln sind in den Evangelien von Matthäus, Markus, Lukas und Johannes enthalten.

Gesellschaft unterteilt in „Gerechte und Heilige" auf der einen und „Sünder und Ausgestoßene" auf der anderen Seite – die soziale Ordnung, die im Heiligkeitsgesetz festgeschrieben wird – spiegelt das von Jesus beschrieben Königreich nicht wider, denn dort sind auch die „verlorenen Schafe" willkommen – sogar die verhassten Steuereintreiber.

Gnade und Großzügigkeit

Jesus zeigt auf Gott als Vorbild für seine Gnade. Es ist Gott, der die Vögel füttert sowie die Lilien auf dem Feld wachsen, die Sonne aufgehen und den Regen auf die Gerechten wie auf die Sünder fallen lässt. Auch einige der Gleichnisse deuten auf diese Großzügigkeit hin: der Bauer, der seine Saat ausstreut, ohne darauf zu achten, ob sie auf gute oder schlechte Erde fällt; der Vater, der seinen respektlosen, lasterhaften Sohn mit offenen Armen empfängt; der Winzer, der seinen Arbeitern einen vollen Tag Lohn bezahlt, obwohl sie nur wenige Stunden gearbeitet haben (Matthäus 20,1–16).

Die Geschichten Jesu folgten keinen moralischen Stereotypen. Zu seiner Zeit war ein „guter Samariter" ein Oxymoron. Die Samariter – Mitglieder einer jüdischen Sekte – waren so verhasst, dass die meisten Juden einen großen Bogen um sie machten. Größtenteils waren ihre Vergehen religiöser Natur: Sie beteten auf dem Berg Garizim statt in Jerusalem, was in jüdischen Augen ihren Kontakt zu Gott unterband. In der Parabel schuf Jesus jedoch das Bild eines Samariters, der das Richtige tat, sodass die Wörter „gut" und „Samariter" auf ewig verbunden waren.

In einer Gesellschaft, in der Reichtum als Zeichen der Gunst Gottes galt, erzählt Jesus die Geschichte eines reichen Mannes, der in die Hölle kommt, während ein armer Mann im Schoße Abrahams landet (Lukas 16,19–31). In einer anderen Parabel geht es um einen Bauern, der sehr reich geworden ist und beschließt, sich zur Ruhe zu setzen und die Früchte seiner Arbeit zu genießen (Lukas 12,16–20). In der gleichen Nacht stirbt er und untergräbt so die Annahme, dass harte Arbeit belohnt werden sollte. In vielen Geschichten Jesu siegen also die „Falschen".

Während viele seiner Anhänger einfache Menschen aus den umliegenden Dörfern waren, forderten seine Geschichten jeden auf, genau über die Natur Gottes, Ethik und Moral nachzudenken – eine Aufgabe, die sonst nur der religiösen Elite zukam. Jesus glaubte, dass jeder, ob Priester oder Bauer, zu moralischen Einsichten in der Lage war.

Oben: Die Samariter gehören einer alternativen Strömung des Judentums an. Heute gibt es nur noch etwa 700. Sie leben in Kiryat Luza (Bild) auf dem Garizim in der Nähe von Nablus (West Bank) sowie in Holon (Israel).

Oben: Ein Samariter hält während der Feierlichkeiten zu Pfingsten auf dem Garizim die Tora hoch. Hier soll Abraham Isaak als Opfer dargeboten haben (1. Mose 22,2–14).

JESUS ALS HEILER

Jesus war ein Heiler, und zwar laut der Evangelien ein so erfolgreicher, dass er ständig von unzähligen Menschen um Hilfe gebeten wurde. Er heilte sie mithilfe einer Kraft, die von ihm ausging (Markus 5,30). Diese Kraft war der Geist Gottes (Matthäus 12,28 und Lukas 4,18: „Der Geist des Herrn ist bei mir.").

Eine andere Weltsicht

Es wird erwähnt, dass Jesus Fieber, Aussatz, Lähmungen, ein abgetrenntes Ohr, eine verkümmerte Hand, einen Buckel, Blindheit, Taubheit, Stummheit und eine hartnäckige Blutung heilte – Leiden, die ohne moderne Medizin schwer zu kurieren sind. Einmal trieb er einen Dämon aus. Es wurden mehrere Vorfälle aufgezeichnet, bei denen er Tote zum Leben erweckte. Zusätzlich findet man in den Evangelien noch weitere Wunder wie die Vermehrung von Brotlaiben und Fischen, das Gehen auf dem Wasser und die Beruhigung eines Sturms. In einer Welt, in der alles eine wissenschaftliche Erklärung verlangt, mögen diese Dinge übertrieben wirken, aber damals stellten nicht einmal die Gegner Jesu ihre Wahrheit infrage. Gerade die Geschichten über die Heilungen sieht man am besten als Teil eines anderen Verständnisses der Welt, das alle teilten. Die Frage war deshalb nicht, ob sie geschahen, sondern welche Macht sie ermöglichten.

Im antiken Israel wurden Könige und Priester mit der Macht von Gottes Geist gesalbt. Propheten sprachen durch dieselbe Macht. Obwohl vom Geist erfüllte Menschen nicht als göttlich galten, wurden sie dennoch als Kanal betrachtet, durch den die Macht und Weisheit Gottes auf die Erde gelangt. Die Macht gehörte Gott, aber die Person

Unten: Zweimal speiste Jesus auf wundersame Weise große Menschenmengen: Beim ersten Mal reichten fünf Laibe Brot und zwei Fische für 5.000 Menschen, beim zweiten Mal sorgte er für 4.000 seiner Anhänger.

war von ihr erfüllt. Den Evangelien zufolge entsprach Jesus genau diesem uralten Verständnis.

In der hebräischen Bibel gibt es nur wenige Heiler. Von Gott erfüllte Menschen herrschten (David), opferten (Samuel) und prophezeiten (Jesaja), aber kein König, Priester oder Schriftprophet ist für seine Fähigkeiten als Heiler bekannt. Die einzigen Personen, die ähnliche Taten wie Jesus vollbrachten, waren Elija und sein Erbe Elischa, die beide mit der wundersamen Vermehrung von Nahrungsmitteln und der Erweckung von Toten in Verbindung gebracht werden. Es gab den hartnäckigen Glauben, dass Elija vor der Ankunft des Messias zurückkehren würde, und so hielten einige Jesus aufgrund der Ähnlichkeiten zunächst für Elija.

Jesus beleidigt die jüdischen Religionsführer

Die Wunderheilungen brachten Jesus den Unmut vieler religiöser Führer – Pharisäer, Saduzäer und anderer – ein. Sie merkten an, dass er am Sabbat geheilt hätte (Johannes 9,14; Matthäus 12,9–13). Während man am Sabbat zwar heilen durfte, um ein Leben zu retten, musste alles andere auf den nächsten Tag verschoben werden. Die Heilungen eines Gelähmten, eines Blinden und einer verkümmerten Hand fielen in letztere Kategorie. Außerdem hatte Jesus seinen Jüngern erlaubt, am Sabbat Getreide zu ernten (Matthäus 12,1–2), was von seinen Kritikern ebenfalls negativ vermerkt wurde. Essen, das am Sabbat verzehrt wurde, musste vorher zubereitet werden, da es verboten war, am Sabbat zu arbeiten, und die Ernte war ein Verstoß.

Auch in Bezug auf das Reinheitsgebot schien sich Jesus über die Gesetze hinwegzusetzen. So wurde er zu der Tatsache befragt, dass seine Jünger mit ungewaschenen Händen aßen (Matthäus 15,1–2; Markus 7). Jesus war dafür bekannt, diejenigen berührt zu haben, die als unrein galten – Aussätzige, Frauen, Leichen und Sünder –, und seinerseits erlaubt zu haben, dass sie ihn berührten. Ein ständig wiederkehrender Vorwurf war, dass er mit Steuereintreibern und Sündern speiste und außerdem mit Menschen sprach, die als inakzeptabel angesehen wurden, etwa mit Samaritern und Nichtjuden.

Taten wie diese brachten Jesus in Konflikt mit den religiösen und politischen Führern. Als er sich gegen das institutionelle Zentrum des Reinheitssystems auflehnte – den Tempel selbst –, indem er die Vorgänge dort infrage stellte (Matthäus 21,12–13; Markus 11,15–17; Lukas 19,45–46), unterstellte er quasi, dass das Zentrum der Reinheit unrein sei. So eine Herausforderung der religiösen und politischen Autoritäten konnte nur zur Katastrophe führen. Die Anschuldigungen gegen Jesus nahmen zu. Man behauptete, er würde Rom untergraben, sich den Steuern Cäsars widersetzen und sich als König ausgeben (Lukas 23,2). Jedes dieser Verbrechen galt als Verrat, und so hatte Pilatus weitere Gründe, Jesu Untergang zu arrangieren.

Oben: König David war der von Gott bestimmte zweite Herrscher der vereinigten Königreiche Juda und Israel. Jesus soll von diesem tapferen und gerechten König abstammen.

Unten: In Markus 8,22–26 wird erzählt, wie Jesus in Bethsaida einen Blinden heilt. Obwohl dieser Vorfall in den anderen Evangelien nicht erwähnt wird, heilt Jesus noch bei weiteren Gelegenheiten Blinde.

JESUS UND DIE FRAUEN

Der jüdische Weisheitslehrer Jesus Sirach lebte etwa zwei Jahrhunderte, bevor Jesus von Nazareth geboren wurde. Eine Sammlung seiner Sprichwörter (Ecclesiasticus) wurde erst in die Septuaginta und später in die römisch-katholische sowie in die meisten orthodoxen Bibeln aufgenommen. Außerdem ist sie eines der deuterokanonischen Bücher der protestantischen Bibel. Obwohl er nicht im jüdischen Tanach enthalten ist, drückte Sirach die typischen Ansichten über Frauen zur damaligen Zeit aus.

Unten: In Johannes 4 wird Jesu Reise nach Samaria beschrieben. An Jakobs Brunnen lernt er eine samaritische Frau kennen und bittet sie um ein wenig Wasser. In der Folge „wäscht" Jesus ihre Sünden hinfort.

Der traditionelle Platz der Frau

Sirach befürwortete die Angst vor Gott, Respekt vor den Eltern und Barmherzigkeit gegenüber Armen. Er warnte davor, sich mit Huren herumzutreiben, sich an der Schönheit einer Frau zu erfreuen oder sich mit einer verheirateten Frau an den Tisch zu setzen (Sirach 9,3–9). Wein und Frauen verderben die Vernunft eines Mannes (19,2). Obwohl er gute Ehefrauen kennt (26,1–49), verkörpern Frauen für ihn das Böse: Keine Verderbtheit kommt an die einer Frau heran (25,19). Da Frauen lüstern sind, bedeuten Töchter eine stete Sorge für einen Vater:

> „Mein Sohn, achte streng auf deine Tochter,
> damit sie dich nicht in schlechten Ruf bringt,
> kein Stadtgespräch und keinen Volksauflauf erregt,
> dich nicht beschämt in der Versammlung am Stadttor.
> Wo sie sich aufhält, sei kein Fenster,
> kein Ausblick auf die Wege ringsum."
> (Sirach 42,11)

Sirachs Ansichten über Männer, Frauen und ihre Beziehungen überlebten ihn. Im 1. Jh. n. Chr. hielten sich fromme jüdische Männer von allen Frauen fern, vor allem von Huren. Frauen wurden ausgesondert und unter strenge Aufsicht ihrer Väter oder Ehemänner gestellt, da man glaubte, dass ihnen moralische Disziplin und die intellektuelle Kapazität, diese zu lernen, fehlte. Im Johannesevangelium wird von einem Vorfall erzählt, bei dem Jesus allein mit einer Frau an einem Brunnen spricht. Dieses Verhalten sorgte für große Bestürzung bei seinen Jüngern (Johannes 4,27), da sich keusche Männer und Frauen anders verhalten sollten.

Jesus und die Reinheitsgesetze

Die Reinheitsgesetze beschränkten das Auftreten einer Frau in der Öffentlichkeit. Durch die Ausscheidung von Körperflüssigkeiten waren zwar beide Geschlechter unrein, aber Frauen waren aufgrund ihrer Menstruation häufiger unrein. Im 3. Buch Mose wurden sieben Tage als unrein festgelegt (3. Mose 15,19), und irgendwann ergänzten die Rabbis weitere sieben Tage nach Ende der Menstruation. Jeder, der unrein war, musste sich von anderen fernhalten, da die Unreinheit durch Berührungen weitergegeben wurde. Der Umgang, den Jesus mit Frauen pflegte, widersprach oftmals diesen Vorschriften.

Wir kennen keinen anderen jüdischen Lehrer oder Propheten, der weibliche Anhänger hatte. Jesus aber folgten Männer und Frauen (Lukas 8,2–3; Markus 15,40–41; Matthäus 27,55–56). Er besuchte sogar eine Frau zu Hause, obwohl nur sie und ihre Schwester da waren (Lukas 10,38); eine von ihnen lauschte andächtig seinen Lehren.

Eine der häufigsten Beschwerden bestand darin, dass Jesus mit Steuereintreibern und Sündern speiste (Markus 2,16; Lukas 5,30). Da Steuereintreiber oft mit Prostitution zu tun hatten, war es wahrscheinlich, dass bei einem solchen Essen auch Huren anwesend waren. Die Literatur

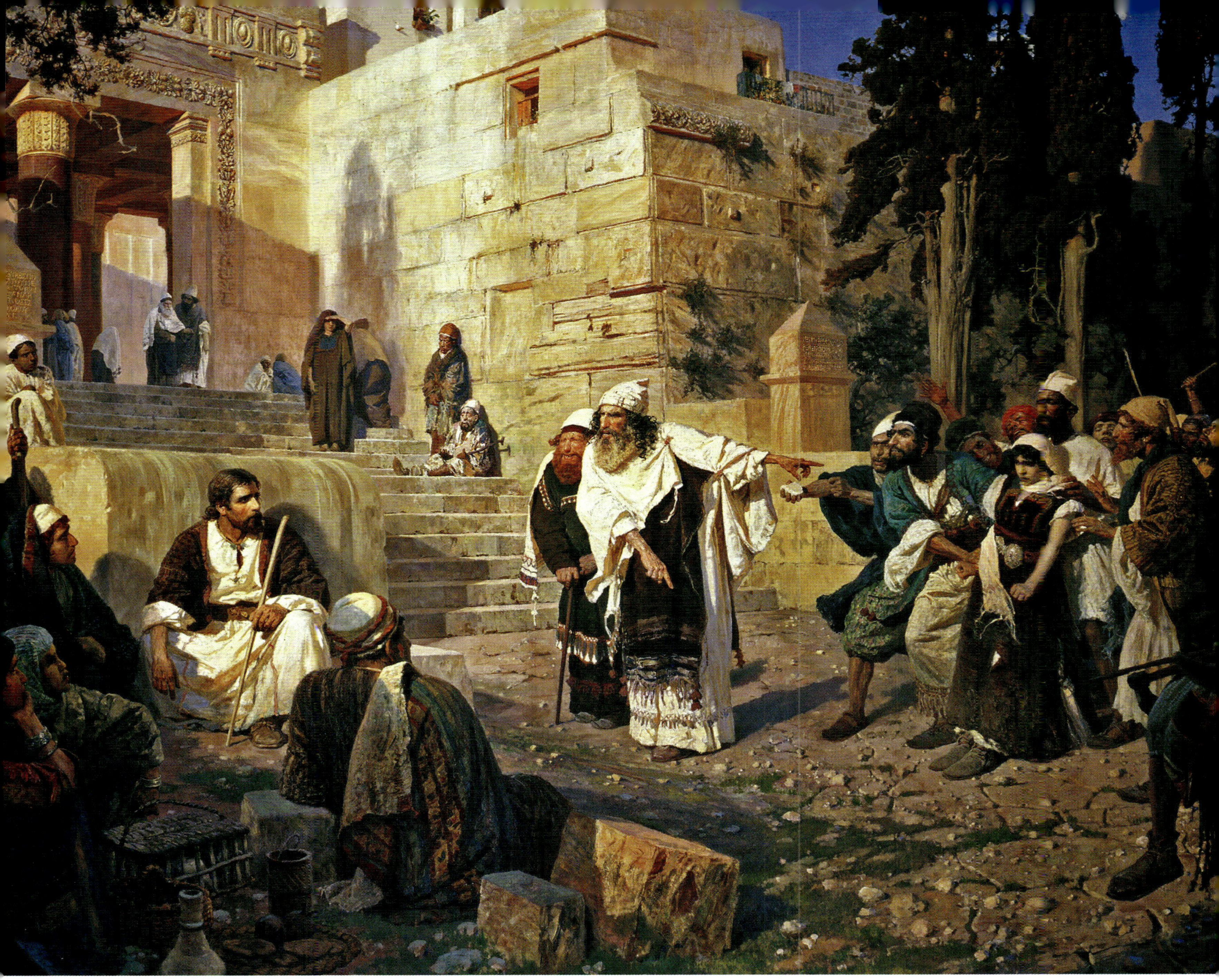

jener Zeit beschreibt Bankette, bei denen Huren Teil der Unterhaltung waren. Frauen, die sich an die Gesetze hielten, aßen meist separat. Aus diesem Grund wird oft angenommen, dass die Frau, die zu einem Essen ein Glas mit teurem Nardenwasser mitbrachte und es Jesus über den Kopf goss (Markus 14,3), eine Prostituierte war. In Lukas' Version des Vorfalls wird die Spannung zwischen dem Gastgeber, einem Pharisäer, und Jesus noch verschärft, als die Frau die Füße Jesu berührt (Lukas 7,36–40).

Dem Markusevangelium zufolge heilte Jesus mehrfach Frauen. Die Frau mit der Blutung (Markus 5,25–34) war ständig unrein. Da sie nach dem Gesetz niemand berühren durfte, schlich sie sich an Jesus heran und ergriff von hinten sein Gewand. Jesus hätte nun sofort seine Kleidung waschen, baden und bis zum Abend die Regeln für Unreine befolgen müssen (3. Mose 15,27). Er tat aber nichts davon. Stattdessen ging er weiter zu Jarius' Haus, ergriff die Hände dessen toter Tochter und befahl ihr, sich zu erheben (Markus 5,41). Eine Leiche zu berühren verstärkte seine Unreinheit zusätzlich und verschärfte die Beschwerden der Orthodoxen über ihn.

Oben: Als eine Ehebrecherin zu ihm gebracht wird, sagt Jesus zu ihren Anklägern: „Wer unter euch ohne Sünde ist, der werfe den ersten Stein auf sie.“ (Johannes 8,7).

Links: In diesem Ausschnitt aus einem Gemälde Fra Angelicos von 1435 küsst Maria Magdalena als Zeichen ihrer Buße die Füße Jesu.

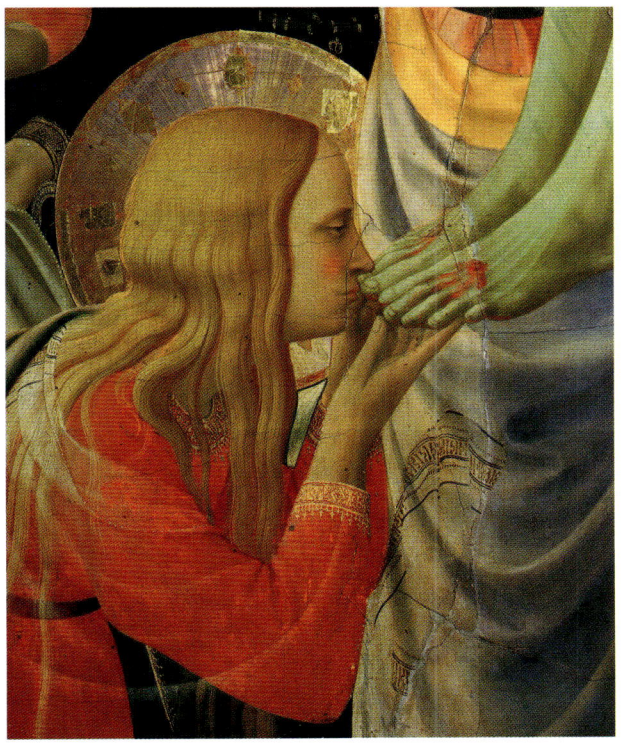

JESUS UND DIE HEIDEN

Mit dem Wort „Heiden" sind hier alle Nichtjuden gemeint. In den Evangelien pflegt Jesus den Umgang mit einigen Heiden, und er bezieht sich auch in seinen Sprichworten auf sie. An der Art, wie sie aufgezeichnet wurden, erkennen wir die Auswirkungen der späteren Erfahrungen von Christen im Umgang mit Heiden – inbesondere, als sich das Christentum von seiner Heimat im Judentum befreite und zur Religion der „Fremden" wurde. Diese Erfahrungen spiegeln sich in den Geschichten der Evangelien wider. Vermutlich dachten die Christen zunehmend positiv über Heiden, je mehr Heiden sich taufen ließen. Schließlich wurde das Christentum zu einer überwiegend „fremden" Religion und breitete sich im ganzen Römischen Reich aus.

Die Beziehungen zwischen Juden und Heiden

Zu Zeiten Jesu lebten in Galiläa viele Heiden. Einige von ihnen stammten wahrscheinlich aus dem Nahen Osten – aus Ägypten, Babylon, Syrien usw. Die Griechen und Römer wohnten in Palästina in Städten, die sich an den Städten in Griechenland orientierten. Diese Städte repräsentierten die Anwesenheit einer Invasions- und Besatzungsmacht: Rom. Im Oströmischen Reich, zu dem Galiläa und Judäa gehörten, war die dominante Kultur die griechische – inklusive der Sprache, die vor allem in den Städten gesprochen wurde.

Aufgrund der Vorherrschaft dieser hellenistischen Kultur war die jüdische Einstellung zu den Heiden im 1. Jh. von einer Mischung aus Angst und Verachtung geprägt. Dies können wir auch in den Evangelien nachlesen. Sowohl Matthäus als auch Markus und Lukas schreiben darüber,

dass die „weltlichen Fürsten herrschen" (Lukas 22,25; Matthäus 20,25; Markus 10,42), und sie haben Angst davor, den Heiden überlassen zu werden (Matthäus 20,19; Markus 10,30).

Jesu Kontakt zu den Heiden

In einigen Texten der Evangelien scheint Jesus diese Ansichten zu teilen. So haben die Heiden offensichtlich den Ruf, ohne Sinn zu reden (Matthäus 6,7–32). Jesus stellt die erniedrigende Frage: „Und tun nicht die Zöllner auch also?" (Matthäus 5,47) und assoziiert die Heiden mit Steuereintreibern (Matthäus 18,17). Diese Aussagen kann man als Widerstand gegen die Macht Roms und die hellenistische Kultur interpretieren. Trifft Jesus auf einzelne Römer, behandelt er sie jedoch stets anständig. So lobt er den Hauptmann, dessen Knecht schwerkrank ist, für das Vertrauen, das dieser in seinen Diener hat (Lukas 7,1–10; Matthäus 8,5–13).

Doch wann immer Jesus positiv über die Heiden spricht, erzählt er von denjenigen aus anderen Teilen der damals bekannten Welt. Er erwähnt „ein Zeichen des Propheten Jona" (Lukas 11,29–32; Matthäus 12,38–42) in Bezug auf eine Geschichte aus dem Alten Testament, in der die verhassten und gefürchteten Niniviten das Wort Gottes beachteten und Buße taten. Er spricht von der heidnischen „Königin von Mittag", um die Weisheit Salomons zu erfahren. In Lukas 13,22–29 stellt Jesus sich vor, wie Heiden aus allen Teilen der Welt durch die enge Pforte in das Königreich Gottes eintreten. Bei einer Predigt in der Synagoge von Nazareth weist Jesus darauf hin, dass Elija sein Wunder während der großen Hungersnot für eine Witwe aus Sidon vollbringt, nicht für eine Witwe aus Israel, und dass der Aussätzige, der von Elija gereinigt wurde, ein Syrer und kein Israelit war (Lukas 4,25–27).

Jesu Reise führt ihn über die Grenzen von Galiläa und Judäa hinaus zur Dekapolis (eine Ansammlung von zehn griechischen Städten am See Genezareth), nach Idumäa, Tyros, Sidon und „jenseits des Jordans". Wir erfahren auch, dass in all diesen Gebieten viele Menschen zu ihm kamen (Markus 3,8). Der Besessene, den Jesus heilte, war ein Heide (Markus 5,1–20; Lukas 8,26–39).

Vor allem im Matthäusevangelium spielen Heiden eine positive Rolle. Im Gegensatz zum üblichen jüdischen Stammbaum, bei dem nur Männer aufgeführt werden, sind in Matthäus' Stammbaum von Jesus (Matthäus 1,1–14) vier Frauen erwähnt: Tamar, Rahab, Ruth und „Urijas Weib" (Bathseba). Jede ist nach konventionellem Standard moralisch zweifelhaft: Tamar spielte die Prostituierte, während Rahab wirklich eine war, Ruth war eine Moabiterin, und Bathseba hatte eine Affäre mit König David. Dennoch nutzt Matthäus sie als Beispiele von Rechtschaffenheit. Überraschenderweise sind diese vier Vorfahren Jesu Heidinnen. Auch die Weisen, die Jesus besuchten, waren Heiden, genau wie sich der Ort, an dem Jesus vor Herodes versteckt wurde, in heidnischem Gebiet (Ägypten) befand.

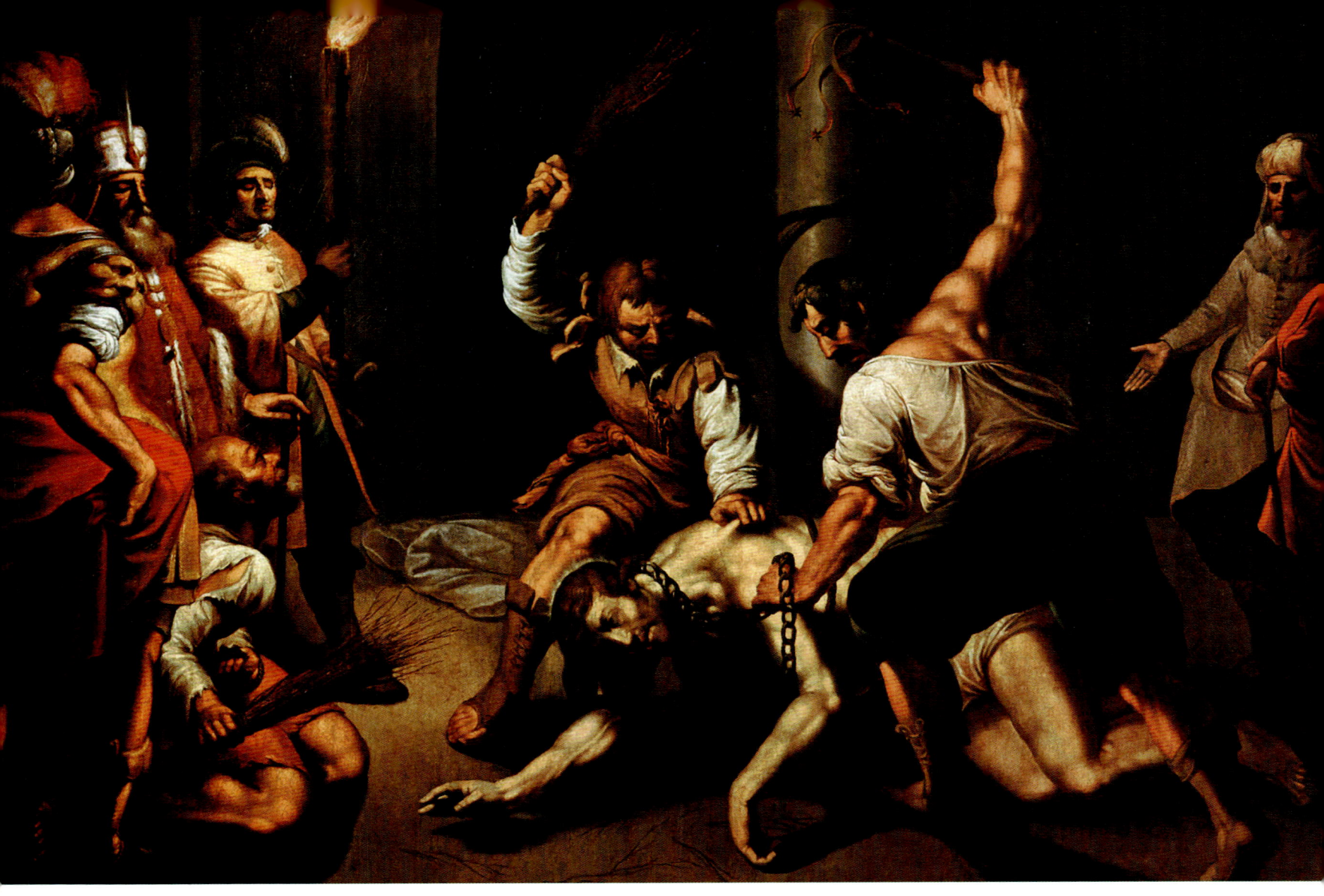

DER TOD JESU

Am Ende geriet Jesus gleichermaßen mit dem jüdischen Tempel und den römischen Herrschern in Konflikt. Der Hohepriester übergab ihn den Römern, die ihn als politischen Revolutionär kreuzigten. Vermutlich wurden die Lehren Jesu über das Königreich Gottes als Kritik an der jüdischen und römischen Macht gesehen.

Der Tod Jesu

Im Lauf der Zeit wurden verschiedene Begriffe zur Umschreibung des Todes Jesu verwendet. Die häufigsten sind das „Kreuz" oder die „Passion" (vom lateinischen *passio*, „leiden"). Ein sichtbares Symbol ist das Kruzifix. Das Kreuz hat viele Bedeutungen: Es kann für Leiden und Verzweiflung, Verlassenheit und Verlust, aber auch für Hoffnung und Liebe stehen. Im Christentum ist es paradoxerweise auch ein Symbol der Liebe, die Gott für die Menschen empfindet. Der Todestag Christi wird als „Karfreitag" (vom atlhochdeutschen *kara,* „Klage, Kummer, Trauer"), gemäß Martin Luther auch als „Guter Freitag" bezeichnet.

Die Kreuzigung war eine grausame Hinrichtungsmethode, die bei den Römern oft politischen Aufrührern vorbehalten war. Alles, wofür Jesus gelebt und gearbeitet hatte, endete in einem hoffnungslosen Versagen. Er wurde von den religiösen wie den weltlichen Behörden verdammt, von einem seiner Jünger verraten und von seinen eigenen Leuten abgewiesen. Im Markusevangelium wird die Isolation Jesu beschrieben. Derjenige, in dessen Namen er gekommen war und den er seinen „Vater" nannte, war verschwunden. In seiner Verzweiflung betete der sterbende Jesus: *„Eli, Eli, lama asabthani?"* – „Mein Gott, mein Gott, warum hast du mich verlassen?" (Markus 15,34). „Aber Jesus schrie laut und verschied." (Markus 15,37). Aus der Entfernung sahen mehrere der weiblichen Anhänger Jesu zu, darunter auch Maria Magdalena.

Am Ende wurde Jesus alles genommen, was von Bedeutung war. Eine Kreuzigung war grausam. Oft begann sie – wie auch bei Jesus – mit einer Auspeitschung, die manchmal bereits zum Tod führte (ein gnädig rasches Ende). Ziel der Kreuzigung war ein langsamer, öffentlicher Tod, der oft mehrere Tage dauerte. Meist wurden ganze Gruppen zusammen gekreuzigt. Einmal – nach dem von Spartakus angeführten Sklavenaufstand – säumten Kreuze die Straßen, die aus Rom herausführten. Menschen kamen, um zuzusehen und die Gekreuzigten zu verspotten. Der Tod trat meist durch Verdursten oder Verhungern ein. Damit sie sich nicht abstützen konnten, brachen die Soldaten den Gekreuzigten oft die Beine.

Die Interpretation des Kreuzes

Die Bedeutung, die der Tod Jesu für das Christentum hat, führte zu unzähligen Interpretationen. Wie empfinden Christen dieses schändliche Ende? In den Evangelien finden wir die ersten Interpretationen. So wird es als Zeichen gesehen, dass Jesus sich ganz auf Gott verlässt: „... doch nicht, was ich will, sondern was du willst." (Markus 14,36).

Laut anderer Interpretationen wird durch das Kreuz der Charakter Gottes enthüllt. Der Vater erscheint der Welt nur in Form seines gekreuzigten Sohns. Zudem steht es für Vergebung: So wie Jesus betet, dass seinen Peinigern vergeben werden soll, so soll allen vergeben werden.

Wir erfahren auch, dass das Kreuz Liebe symbolisiert: „Wie hatte er geliebt die Seinen, die auf der Welt waren, so liebte er sie bis ans Ende." (Johannes 13,1). Im Angesicht menschlicher Selbstsucht lädt das Kreuz die Gläubigen zu einem Leben voller aufopfernder Liebe ein: „Dass ihr euch untereinander liebet, wie ich euch geliebt habe, auf dass auch ihr einander lieb habet." (Johannes 13,34–35).

Reaktionen

Das Kreuz Christi schockierte die religiösen, philosophischen und politischen Empfindsamkeiten, indem es Gott laut dem heiligen Paulus „töricht" aussehen ließ. Den gekreuzigten Jesus zum Christus zu erklären, muss für die jüdische Bevölkerung, die auf einen in Herrlichkeit und Macht zurückkehrenden Messias wartete, ein Skandal gewesen sein. Auch für die Griechen war die Vorstellung, dass der allmächtige Gott sich in einem gekreuzigten Verbrecher offenbare, undenkbar (1. Korinther 23). Rom erschien alles subversiv: Die Christen predigten, dass Gott in einem Mann offenbart wurde, den die Autoritäten verurteilt und hingerichtet hatten. Dennoch bestand Paulus darauf, dass Gottes Weisheit und Macht durch das Kreuz offenbart werden: „Denn die göttliche Torheit ist weiser, als die Menschen sind; und die göttliche Schwachheit ist stärker, als die Menschen sind." (1. Korinther 25). Im Johannesevangelium steht: „Und ich, wenn ich von der Erde erhöht werde, will sie alle zu mir ziehen." (Johannes 12,32).

Oben: Eine Kreuzigung war ein langsamer, schmerzhafter Tod, der mit Blutverlust, Blutvergiftung und Austrocknung einherging. Am Ende wurde Jesus nur noch von seinem Glauben aufrechterhalten: „Vater, ich befehle meinen Geist in deine Hände." (Lukas 23,46).

Links: Nach der Kreuzigung wurde Jesus von Josef von Arimathea in dessen eigener Grabstätte beerdigt. Eine Reihe von Frauen, darunter auch Maria Magdalena, sahen aus der Ferne zu.

DIE WIEDERAUFERSTEHUNG

Ohne die Wiederauferstehung am Ostersonntag gäbe es keinen Grund, den Karfreitag („Guter Freitag") als gut oder den Karsamstag („Heiliger Samstag") als heilig anzusehen. Das Christentum wird durch den Tod und die Wiederauferstehung Jesu definiert – ohne sie gäbe es kein Christentum. Wie die Kreuzigung hat auch die Wiederauferstehung für viel Spekulation gesorgt, denn durch sie erscheint alles in einem anderen Licht. Der heilige Paulus betont, was auf dem Spiel steht: Die Wiederauferstehung zu leugnen hieße, Gott falsch darzustellen. Es gäbe keine Hoffnung für die Toten; Sünden würden nicht vergeben; Glaube wäre sinnlos, und die Prediger wären die bemitleidenswertesten Menschen von allen (1. Korinther 15,12–19).

Unten: Die Wiederauferstehung Jesu ist für die Christen ein Symbol der Hoffnung; indem er sich von den Toten erhob, setzte er die Rechte, die die Menschheit durch ihr sündiges Verhalten verloren hatten, wieder in Kraft.

Das Erscheinen des Wiederauferstandenen

Jesus erschien seinen Jüngern in dem Augenblick der Trauer und Desillusion, der auf seine Verurteilung und Hinrichtung folgte. All ihre Hoffnungen waren mit ihm begraben worden, und dennoch kam er zu ihnen zurück. In 1. Korinther 15,3–11 listet Paulus auf, wem sich Christus offenbarte, und die Evangelien (mit Ausnahme von Markus) berichten auf ihre eigene Art darüber, wie sich Jesus seinen Jüngern zeigte und von ihnen erkannt wurde.

Im Neuen Testament wird nicht versucht, die Wiederauferstehung als solche zu beschreiben, und niemand behauptet, sie gesehen zu haben. Beschrieben werden ein leeres Grab und der wiederauferstandene Jesus, der sich seinen Jüngern offenbart. Egal, wie groß die Verwirrung

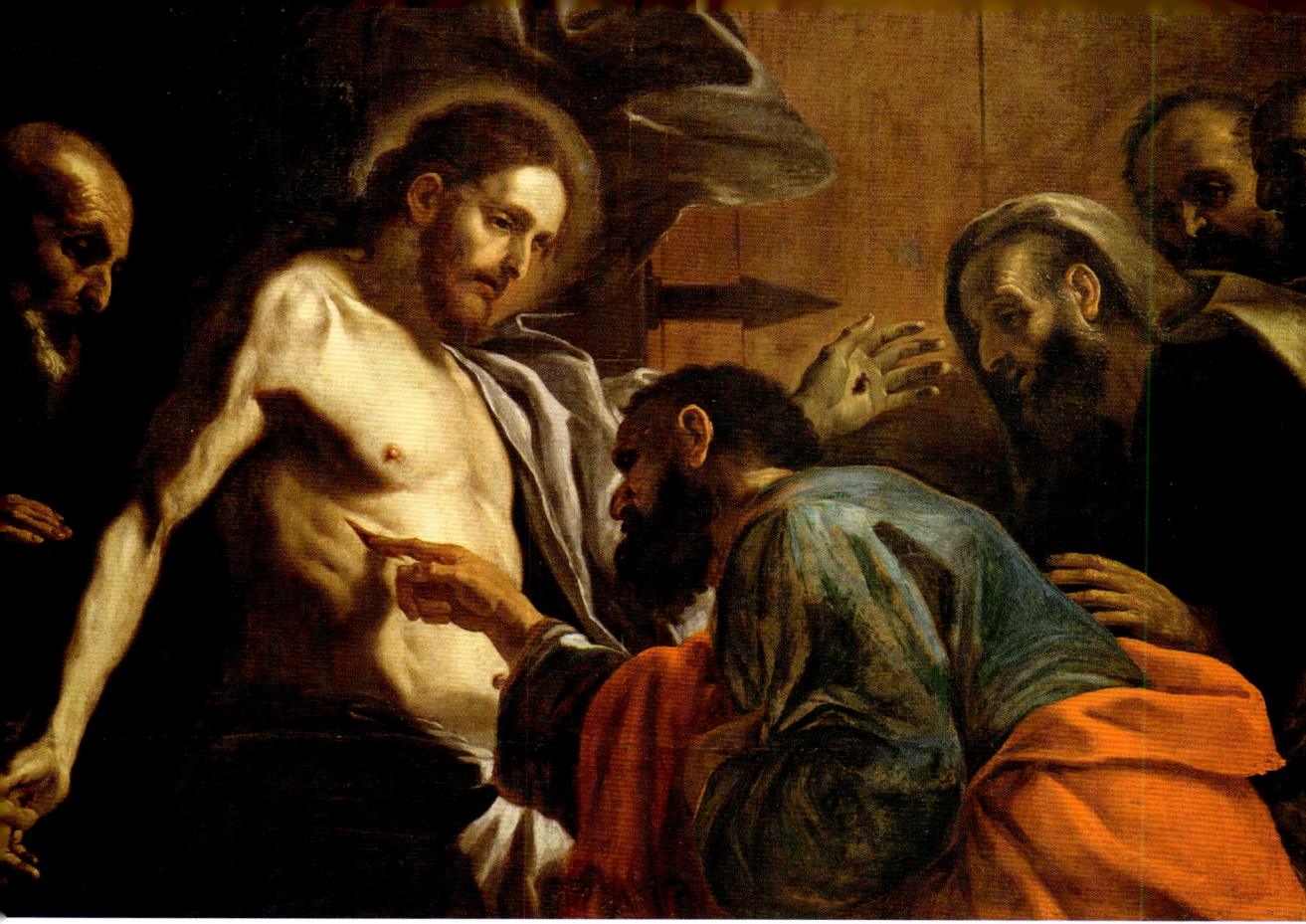

und Betroffenheit über Jesu Rückkehr zu seinen Jüngern auch gewesen sein mag, so waren die ersten Zeugen doch vollkommen sicher, dass er von den Toten zurückgekehrt war. Sie erfuhren ihn anders, als es in den Visionen, Träumen und den wundersamen Wiedererweckungen von Toten in anderen Teilen des Neuen Testaments beschrieben wird. Sie trafen keinen Geist und erfanden keinen Mythos (Lukas 24,36–40; 2. Petrus 1,16), sondern glaubten, dass etwas geschehen war, das alles verändert hatte – selbst wenn es schwer war, das in Worte zu fassen.

In den Evangelien wird immer wieder betont, dass Jesus tatsächlich der Wiederauferstandene ist; er trägt sogar die Narben der Kreuzigung. Dennoch ist er verwandelt – um zur Quelle und Versicherung des neuen Lebens für diejenigen zu werden, die an ihn glauben. In seiner wiederauferstandenen Gestalt offenbart er sich seinen Jüngern und überwindet so ihre Zweifel und ihr Zögern. Anschließend verehren sie ihn und drücken freizügig ihre Hingabe an ihn aus (Johannes 20,16 ff.; Matthäus 28,9 und 17).

Die Bedeutung der Wiederauferstehung ist vielschichtig. Sie scheint der Anfang einer neuen Phase in der Menschheitsgeschichte zu sein, und zwar eine so bedeutende, dass sich sogar unsere Zeitrechnung an Jesus orientiert. Die Wiederauferstehung verspricht uns, dass Gott den Tod und das Böse überwinden kann, dass es Hoffnung für die Welt gibt und dass das Leben am Ende triumphieren wird.

Das leere Grab

In jedem der Evangelien wird über das leere Grab berichtet. Niemand bezweifelt, dass es tatsächlich leer war, und immer wieder wird betont, dass es Frauen waren, die dies zuerst entdeckten. Was hat das leere Grab aber mit dem Glauben an die Wiederauferstehung zu tun? Feststeht, dass die überwältigende Erfahrung der Wiederauferstehung Jesu nicht einfach auf das Auffinden eines leeren Grabs

reduziert werden kann. Das wäre zu ungewiss, aber an der Überzeugung der Jünger, dass Jesus wiederauferstanden war und sich das Leben danach verändert hatte, gibt es keine Zweifel.

Andererseits hat die Leere ihren Platz in den Evangelien. Sie ist ein Zeichen der objektiven Realität der Wiederauferstehung und gibt den Christen echte Hoffnung, dass das Ganze mehr ist als eine nette Idee. An die Wiederauferstehung zu glauben ist nicht das Gleiche, wie an ein leeres Grab zu glauben. Und ein Grab mit seinem verwesenden Leichnam könnte kaum ein Zeichen der göttlichen Verwandlung oder des Triumphes Jesu über Tod und Sünde sein.

Das leere Grab ist also ein historisches Kennzeichen für die Tatsache, dass Gott gehandelt und den gekreuzigten Jesus wiedererweckt hat. Dies verhindert die Interpretation der Wiederauferstehung Jesu als eine simple Fortsetzung seiner Sache nach dem Tod. Der zentrale Anspruch des christlichen Glaubens ist die Wiederauferstehung Jesu von den Toten.

KAPITEL ZWEI

DAS NEUE TESTAMENT

Jesus von Nazareth war ein Wanderprediger. Es gibt keine Berichte darüber, dass er seine Lehren niedergeschrieben hätte – genauso wenig, wie es die Männer und Frauen taten, die ihm folgten. Jesus predigte, sie hörten zu und merkten es sich.

Nachdem Jesus fort war, gaben diejenigen, die an ihn glaubten, ihre Erinnerungen an ihn mündlich weiter. Diese Erinnerungen sorgten auch für die Basis der ersten Predigten, für Diskussionen mit Ungläubigen und für die Worte und Taten der Taufzeremonie und der Heiligen Kommunion. Diese Phase der mündlichen Überlieferung dauerte etwa 15–20 Jahre.

Das erste der 27 Bücher des Neuen Testaments, das aufgeschrieben wurde, war ein Brief Paulus von Tarsus' an eine Versammlung von Christen in Thessaloniki. 1. Thessalonicher wurden etwa im Jahr 50 niedergeschrieben. In der folgenden Dekade schrieb Paulus weitere Briefe, die später in das Neue Testament aufgenommen wurden: einen weiteren Brief an die Thessalonicher, Briefe aus dem Gefängnis an Philemon, an die Philipper, die Galater und die Korinther sowie schließlich – am Ende seines Lebens – an die Christen in Rom. Die restlichen Bücher wurden von anderen Autoren verfasst. Die meisten Gelehrten gehen davon aus, dass die letzten Schriften des Neuen Testaments um das Jahr 100 fertig gestellt wurden.

Die 27 Bücher des Neuen Testaments sind: Matthäus, Markus, Lukas, Johannes, die Apostelgeschichte, Römer, 1. Korinther, 2. Korinther, Galater, Epheser, Philipper, Kolosser, 1. Thessalonicher, 2. Thessalonicher, 1. Timotheus, 2. Timotheus, Titus, Philemon, Hebräer, Jakobus, 1. Petrus, 2. Petrus, 1. Johannes, 2. Johannes, 3. Johannes, Judas und die Offenbarung.

Rechts: Thomas, einer der zwölf Jünger, glaubte nicht an die Wiederauferstehung, bis er Jesu Wunden berührte: „... und lege meinen Finger in die Nägelmale und lege meine Hand in seine Seite, will ich's glauben." (Johannes 20,25).

DIE EVANGELIEN

Rechts: Obwohl nicht bekannt ist, wer die Evangelien schrieb, wird das Markusevangelium oft dem heiligen. Markus zugeschrieben, der im 1. Jh. n. Chr. lebte. Hier predigt Markus in Ägypten.

Nicht lang nach Paulus' Tod kam eine neue Schreibform auf: die Evangelien. Das Wort stammt vom griechischen *eu-angelion* ab. „Eu" bedeutet gut und *„angelion"* Nachricht oder Erklärung. Ein Evangelium ist also wörtlich eine „gute Nachricht".

Markus und Matthäus

Wenn man die Paulusbriefe als theologische Briefe mit einem seelsorgerischen Hintergrund betrachtet, so enthalten die Evangelien Theologie in Form von Geschichten. Es sind keine Biografien, auch wenn sie biografische Elemente enthalten. Die Lehren Jesu wurden nicht Wort für Wort wiedergegeben, auch nicht Augenzeugenberichte seiner Wundertaten, denn die Evangelien wurden über 30 Jahre nach seinem Tod verfasst. Zu diesem Zeitpunkt waren die Worte und Taten Jesu bereits durch die ständigen Nacherzählungen ausgeschmückt und interpretiert worden. Jedes der Evangelien gibt eine theologische Antwort auf die Frage nach der Identität Jesu.

Unten: In den Evangelien werden viele Details der Arbeit Jesu beschrieben, z. B. wie er Kranke, Verletzte und Besessene heilte.

Die Mehrheit der Gelehrten glaubt, dass das Markusevangelium zwischen 65–70 n. Chr. geschrieben wurde
und somit das erste der kanonischen Evangelien ist. Wie
auch bei den anderen drei bleibt der Autor anonym. Die
frühe Kirche gab den Evangelien die Namen Matthäus,
Markus, Lukas und Johannes, und aus praktischen Gründen
werden sie weiter benutzt. Im Markusevangelium wird Jesus
als starker Mann dargestellt, der Satan fesselte; die vielen
Teufelsaustreibungen in diesem Evangelium zeugen von
seinem Sieg über die Legionen des Bösen. In der ersten
Hälfte gewinnt Jesus durch seine faszinierenden Worte und
seine Fähigkeit zu heilen viele Anhänger. Später (8,22–
10,52) sagt er dreimal sein Leiden und seinen Tod voraus.
Geblendet von den ständigen Machtdemonstrationen
akzeptieren aber selbst seine Jünger diese Aussagen nicht.
Mit Ausnahme einiger Frauen, die aus der Ferne zusehen
(15,40), stirbt Jesus einsam und verlassen. Seine Anhänger
schweigen, verstecken und weigern sich, ihm zu folgen, als
er ans Kreuz tritt. Das erste Evangelium zeigt auf, dass die
Erlösung allgegenwärtig ist – in der Macht und im Leiden,
trotz der Blindheit selbst derjenigen, die glauben.

Im Matthäusevangelium ist Jesus ein Lehrer der Rechtschaffenheit. So fordert die Bergpredigt (Kapitel 5–7) die
Menschen z. B. auf, ein vollkommenes Leben zu führen
(5,48), während sie gleichzeitig diejenigen segnet, die am
unvollkommensten erscheinen (5,3–11). Jesus wird auch als
Verkörperung des Gesetzes dargestellt, da er sein Leben in
perfektem Gehorsam gegenüber dem Willen Gottes lebte.

Lukas und Johannes

Im Lukasevangelium scheint Jesus sehr auf Jerusalem konzentriert. In zehn von 24 Kapiteln ist er auf dem Weg dorthin (9,51–19,28). Nur in diesem Evangelium predigt er oft
im Tempel von Jerusalem. Nur dieses Evangelium beginnt
in Jerusalem mit der Geschichte von Zacharias und Elisabet,
den Eltern von Johannes dem Täufer. Hier wird den Jüngern
befohlen, den wiederauferstandenen Jesus in Galiläa zu treffen (28,7 und 10); während sie im Lukasevangelium in Jerusalem bleiben und Jesus im Umland (Kapitel 24) treffen.

Der Ort ist dabei weder historisch noch geografisch gemeint,
sondern vielmehr symbolisch, denn Jerusalem war sowohl
die gelobte Stadt, in der Gottes Versprechen erfüllt werden,
als auch die Stadt, die aufgrund der Sünde zerstört wird.
Es ist auch ein Ort des Opfers für Sünden. Jesus hatte stets
Jerusalem im Blick, weil Lukas ihn als Erfüller des heiligen
Schicksals der Stadt darstellte. Die Apostelgeschichte ist
die zweite Hälfte des Lukasevangeliums. Darin wird die
Verbreitung des Evangeliums beschrieben – ausgehend von
Jerusalem und endend mit Paulus in Rom.

Im Johannesevangelium wird Jesus beschrieben, wie er
vom Vater im Himmel herabsteigt (erste Hälfte) und zu ihm
zurückkehrt (zweite Hälfte). Jesus wird „das Wort" genannt,
und sein Hinabsteigen und seine Himmelfahrt sind an
Jesajas Beschreibung vom Wort Gottes angelehnt, das von
Gott ausgeht und nicht leer zurückkommt, sondern den
Zweck erfüllt, für den es ausgesandt wurde (Jesaja 55,11).

Oben: Die Evangelien beschreiben die gleichen Ereignisse aus
dem Leben Jesu jeweils leicht
unterschiedlich. Seine Ankunft
in Jerusalem wird in Markus 11,
Matthäus 21, Lukas 19 und
Johannes 12 erzählt.

KRISENLITERATUR

Das letzte Buch des Neuen Testaments – die Offenbarung –
wird oft als „Krisenliteratur" bezeichnet; als Literatur, die zu
Zeiten der Verfolgung durch die Römer geschrieben wurde.
Die Offenbarung enthält eine Fülle an symbolischem Material,
das von den Christen damals zwar leicht verstanden wurde,
knapp 2000 Jahre später aber nur schwer zu interpretieren ist.
Außerdem bot die Offenbarung den Christen, die für ihren
Glauben viele Leiden und sogar den Märtyrertod ertrugen,
Trost und die Hoffnung auf eine himmlische Belohnung.

Rechts: Der Evangelist Johannes diktiert Prochorus in seinem Exil auf
der Insel Patmos (im heutigen Griechenland) den Text für das Buch
der Offenbarung.

DIE PAULUSBRIEFE

Rechts: Paulus von Tarsus, auch bekannt als der heilige Paulus, Paulus der Apostel oder Saulus von Tarsus. Er selbst nannte sich auf seiner Evangelisierungsmission „Apostel der Heiden".

✝ Die ersten noch existierenden Beispiele christlicher Literatur stammen von Paulus von Tarsus. Paulus' Missionsreisen führten zur Gründung christlicher Siedlungen im Gebiet des heutigen Griechenlands und der Türkei. Natürlich bekamen einige dieser Siedlungen Schwierigkeiten – mit den Anführern, der Doktrin und der Disziplin –, aber aufgrund seiner Reisen oder gelegentlicher Gefängnisaufenthalte konnte Paulus nicht zurückkehren und die Konflikte selbst lösen. Stattdessen schickte er Boten mit Briefen, die sich mit den Problemen befassten und die in der Gemeinde vorgelesen und durchdacht wurden.

Strittige und unstrittige Briefe

Paulus werden 13 Briefe im Neuen Testament zugerechnet, es ist aber zweifelhaft, ob er wirklich alle schrieb. Sechs wurden wahrscheinlich nur in seinem Namen verfasst, vermutlich von Anhängern seiner Lehren, die eine Generation später lebten. Die meisten Gelehrten sind sich darüber einig, dass sieben Briefe – 1. Thessalonicher, 1. & 2. Korinther, Galater, Philipper, Römer und Philemon – zwischen 50–60 n. Chr. von Paulus geschrieben oder diktiert wurden. Diese gelten als unstrittige Briefe.

Die Briefe, die in seinem Namen geschrieben wurden, sind Kolosser, Epheser, 2. Thessalonicher, 1. & 2. Timotheus und Titus. Um herauszufinden, ob ein Brief von Paulus selbst oder von einem späteren Anhänger verfasst wurde, suchen die Gelehrten nach der An- oder Abwesenheit eines bekannten Themas (anhand der unstrittigen Briefe) und prüfen, inwieweit dieses Thema ausgearbeitet wurde. Außerdem achten sie darauf, ob die Themen in den Briefen die Zeit zwischen 50 und 60 oder eher eine spätere Zeit reflektieren. Zuletzt analysieren sie, ob der Schreibstil und das Vokabular mit denen der unstrittigen Briefe übereinstimmten.

Gegenüber: Nach seiner Bekehrung auf der Straße nach Damaskus unternahm Paulus drei große Reisen, um das Wort Jesu zu verbreiten. Auf seiner zweiten Reise besuchte er Athen und predigte dort.

Unten: Wenn er seine Botschaft nicht persönlich überbringen konnte, vertraute Paulus seine Briefe getreuen Boten wie Titus und Timotheus an.

Wiederkehrende Themen

Paulus' Briefe sprechen stets spezifische Themen an, welche die Situation in einer bestimmten Gemeinde betreffen. Dennoch kommen einige Themen in seinen Briefen immer wieder vor und erlauben uns, Paulus' Gedankengänge nachzuvollziehen. Paulus, dessen Gesetzestreue ihn einst gegen die Anhänger Jesu aufbrachte, kam zu dem Schluss, dass die Menschen eher einen Erlöser benötigen als einen Gott, der als Gesetzgeber, Richter und Henker fungiert. Die Welt in Rechtschaffene gegen Sünder, Jesus gegen Heiden, Reine gegen Unreine, Heilige gegen Gottlose zu unterteilen sei sinnlos, denn – so fragte Paulus – wer unter uns ist schon wirklich rechtschaffen, ein wahrer Sohn Abrahams, wirklich heilig? Falls Gott als Gesetzgeber, Richter und Henker in die Geschichte eingreift, sterben alle, denn in den Augen des Gesetzes sind alle Sünder.

Paulus glaubte, dass Jesus Gottes Vorkehrung für die Rettung seiner Schöpfung war, um sie erneut zu beleben, statt sie zu verdammen und zu zerstören. Er nannte diese neue Menschheit den „zweiten Adam" und die Erneuerung der Welt eine „neue Schöpfung".

Während der leibliche Körper Jesu in den Himmel aufgefahren war, lebte der gleiche Geist, der in Jesus war, nun in jedem einzelnen Gläubigen wie auch in der ganzen Gemeinde weiter und schweißte sie zusammen. Jesus hatte die Menschen von den Fesseln der Sünde befreit und ihnen erlaubt, so zu leben, wie Gott es vorgesehen hatte, d. h. im Gehorsam zum Willen Gottes, wie er im Gesetz ausgedrückt, aber vom Gesetz nicht erfüllt wird.

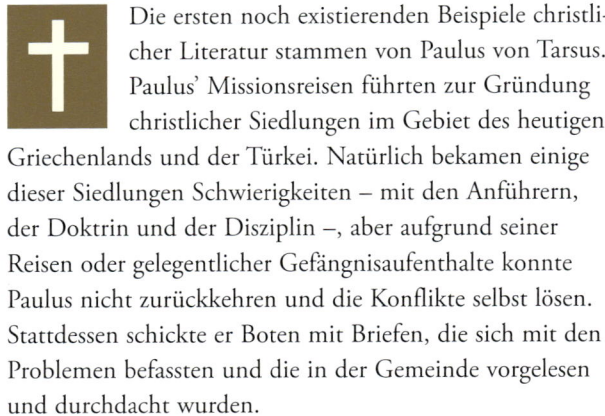

WEITERE BRIEFE

Neben den 13 Paulusbriefen enthält das Neue Testament vier weitere Briefe: Jakobus, Judas sowie 1. und 2. Petrus. Der Brief an die Hebräer, der einst Paulus zugeschrieben wurde, ist weder von ihm noch ein Brief, sondern eine wohlbegründete Predigt, deren wichtigste Behauptung lautet, dass Jesus Gottes Hohepriester ist – eine Aussage, die man sonst nirgendwo im Neuen Testament findet.

Reuerendus Pater D. Paulus Holzl, V. I. doctor Canonicus Brix inclit
et quondam A Dño Maximiliano Imp. reipublicæ Viennen gubernaculis
adiuitobus quo tellarebur. et suam in Christum pietatem simul et fidem
Paulum Athenis concionantem in hac tabella adpingi curauit. ḡ Christi
urbis magis graphice delineauit. quam potuit ulla artis docta manus
Uoluit aut et D. Florianu de Waldenstain I. V. doctorem Canonicus eiuis
illius pietatis consortem. simul ut summum in se tellarebur et illius.

DIE ERSTELLUNG DES KANONS

Rechts: Das Konzil von Trient fand in 25 Sitzungen zwischen 1545 und 1563 statt. Eines der Hauptziele war die Bestimmung der Bücher des Alten Testaments für die Katholiken.

Ein Kanon ist eine festgelegte Schriftsammlung. Die Texte, die von Jesus und seinen Anhängern als „Heilige Schrift" anerkannt wurden (Matthäus 21,42), waren die Bücher der hebräischen Bibel; die Christen sollten diese später als Altes Testament bezeichnen (Testament steht hier für „Beziehung zu Gott"). Die von Christen geschriebenen Bücher, die schließlich kanonisch wurden, bilden das Neue Testament. Die Begriffe „Neues Testament" und „Altes Testament" wurden aber erst Ende des 2. Jh. gebräuchlich.

Die Entstehung des Neuen Testaments

Innerhalb von Jahrzehnten nach der Wiederauferstehung reisten zahlreiche Prediger durch den östlichen Mittelmeerraum und erzählten Geschichten aus dem Leben Jesu. Die Geschichten wurden auf Griechisch niedergeschrieben und später als Evangelien bekannt. Paulus und andere Missionare schrieben Briefe an die Gemeinden, die sie gegründet oder besucht hatten, worin sie theologische Angelegenheiten klarstellten. In anderen Werken wurden die Reisen und Taten diverser Apostel beschrieben. Es gab auch Apokalypsen – Werke, die kosmische Ereignisse beschrieben, im Stil ähnlich den Offenbarungen. Anfangs war keines dieser Werke kanonisch. Sie zirkulierten in christlichen Gemeinden und wurden bei Versammlungen laut vorgelesen. Schon bald wurden einige dieser Schriften, z. B. die Paulusbriefe, als biblisch angesehen. Zum Kanon gehörten sie aber nicht, weil es keine festgelegte Liste kanonischer Werke gab.

Zur Erstellung einer solchen Liste wurden die Werke zuerst geordnet. Dies begann im 2. Jh. mit den Paulusbriefen. Auf den ersten Listen standen zehn Briefe. Später kamen 1. und 2. Timotheus, Titus und die Hebräer hinzu. Diese Liste war Ende des 2. Jh. weit verbreitet.

Unten: In vielen Teilen der Schriften, die heute das Neue Testament ausmachen, werden die Taten von Johannes dem Täufer beschrieben. In Matthäus 11,11 heißt es: „Der größer sei denn Johannes der Täufer."

Inzwischen waren so viele Evangelien entstanden, dass es schwer war, die gemeinsame Geschichte Jesu herauszufiltern. Im Jahr 170 versuchte Tatian, eine einheitliche Geschichte zu erstellen, indem er Matthäus, Markus und Lukas aufeinander abstimmte. Ende des 2. Jh. hatte sich auch das Johannesevangelium dazwischengeschoben – trotz der Zweifel, die über seine Popularität bei den Gnostikern bestanden. So wurden schließlich vier Evangelien anerkannt: Matthäus, Markus, Lukas und Johannes.

Die Paulusbriefe und die vier Evangelien waren Ende des 2. Jh. voll etabliert, aber über den Rest des Neuen Testaments herrschte weiterhin keine Einigkeit. 1. Petrus und 1. Johannes wurden im 2. und 3. Jh. kanonisch, während die anderen Johannesbriefe, Jakobus, 2. Petrus und Judas noch darum kämpften.

Im 4. Jh. tauchten unterschiedliche Listen auf. Auf einigen standen mehr Bücher als im heutigen Neuen Testament, während andere 2. und 3. Johannes, Hebräer, 2. Petrus, Judas und bzw. oder die Offenbarung wegließen. Einige Listen enthielten die gleichen 27 Bücher wie heute; sie wurden aber nicht überall anerkannt. Wann man sich endgültig einigte, ist nicht bekannt. Ende des 4. Jh. herrschte zwar weitgehende Einigkeit, aber die Offenbarung wurde im Osten z. B. erst im 10. oder 11. Jh. akzeptiert.

Wie umfangreich ist das Alte Testament?

Zu Zeiten Jesu gab es keine Einstimmigkeit über den Kanon der jüdischen Bibel. Bei den griechischsprachigen Juden am Mittelmeer gehörten auf Griechisch verfasste Texte sowie fünf Gesetzesbücher und die Bücher der Propheten

zu den Heiligen Schriften. Die griechisch-jüdischen Schriften (Septuaginta) enthielten 50 Werke, während es im Hebräischen nur 39 oder 40 (je nach Zählweise) gab. Nach dem Fall des Tempels von Jerusalem 70 n. Chr. entstand im Judentum eine Bewegung, die nach einer definitiven Festlegung der Werke des Kanons strebte. Die Behörden entschieden sich nur für die ursprünglich auf Hebräisch verfassten Schriften. Die griechischen blieben außen vor.

Aber die Christen verwendeten weiter die griechische Version, die länger war als der Kanon aus 24 Büchern, der sich bei den Juden herauskristallisierte. Im Jahr 382 beauftragte Papst Damasus I. seinen Sekretär, den Historiker und späteren Heiligen Hieronymus (345–420), eine neue lateinische Bibelübersetzung anzufertigen (die Vulgata), und zwar aus dem griechischen Neuen Testament und der Septuaginta. Hieronymus entschied sich, das Alte Testament weitestgehend aus dem Hebräischen zu übersetzen.

Als er auf die spätere jüdische Liste stieß, argumentierte er, dass dies die richtige Liste sein müsse. Seine Ansicht wurde von Augustinus (354–430) verworfen, welcher der Meinung war, dass nicht die Sprache eines Buchs, sondern seine langfristige Nützlichkeit für die Kirche über die Aufnahme in den Kanon entscheiden müsse. Trotz Hieronymus' Widerstand verwendete die lateinische Kirche den langatmigen Septuaginta-Kanon weiterhin. Der orthodoxe und andere orientalische Kanons sind noch länger. Tausend Jahre später entschieden sich die Reformatoren für Hieronymus' Position und lehnten alles ab, was nicht auf der nach 70 erstellten jüdischen Liste stand, während sich die Katholiken beim Konzil von Trient für die augustinische Position entschieden. Deshalb hat das Alte Testament der protestantischen Bibel heute 39 Bücher und das der katholischen 46; in der orthodoxen Bibel sind es 49 Bücher und in der äthiopisch-orthodoxen sogar 52.

Oben: Im Jahr 70 belagerten die Römer unter Titus Jerusalem. Sie machten den Tempel und viele andere Gebäude dem Erdboden gleich. Trotz dieses Rückschlags begannen die jüdischen Anführer, ihren Kanon aufzustellen.

KAPITEL DREI

KONZILE UND GLAU-BENSBEKENNTNISSE

Grundsätzlich ist der christliche Glaube die uneingeschränkte Akzeptanz von Gottes Selbstenthüllung in Jesus. Um dieses Ereignis zu erklären, griffen die frühen christlichen Prediger auf eine Vielzahl von Sprachen und bekannten Gedanken zurück. Die Bedeutung von Christi Leben, Sterben und seiner Wiederauferstehung musste in verschiedenen Situationen kommuniziert werden.

Das eindeutigste Beispiel ist die Komposition nicht eines, sondern gleich von vier Evangelien. Das einfachste christliche „Evangelium" oder die „gute Nachricht" – dass Gott den Menschen die Erlösung in Form von Jesus Christus anbot – wurde auf verschiedene Weisen erzählt. Wir kennen einzigartige Erzählweisen dieses Ereignisses in den kanonischen Evangelien Matthäus, Markus, Lukas und Johannes.

Das Markusevangelium, das sich wahrscheinlich nach einer Phase intensiver Verfolgung an die ersten Christen Roms wandte, betont die radikale Natur der Jüngerschaft. Das Matthäusevangelium unterstreicht die Fortsetzung zwischen dem Glauben Israels und dem der ersten Generation jüdischer Christen und betont die Rolle, die Jesus als Lehrer in dieser verwirrenden Zeit spielte. Es scheint, als solle das Lukas-evangelium dem Verlust der Überzeugung entgegenwirken, nachdem die erste Generation von Augenzeugen gestorben war. Es betont den weitreichenden Charakter der christlichen Berufung und die liebende Gnade Gottes. Das Johannesevangelium schließlich legt auf dramatische Weise Wert auf die die Selbstoffenbarung Gottes in Jesus Christus.

Während die frühen Christen die Evangelien lasen und über sie nachdachten, mussten sie die Bedeutung des Glaubens stets ausformulieren, um ihn weiterzugeben. Zwangsläufig kamen dabei Fragen zur Natur Gottes, zum menschlichen Schicksal, zu Anfang und Ende der Schöpfung, zur Natur des Bösen sowie zu Leiden und Hoffnung über den Tod hinaus auf.

Rechts: Dieses Fresko zeigt ein Ökumenisches Konzil – eine Versammlung in der frühen Kirchengeschichte, bei der die Bischöfe über Fragen der Kirchendoktrin diskutierten und entschieden.

DIE DEBATTE UM DIE DREIFALTIGKEIT

Grundsätzliche Fragen zur Anerkennung des wahren Gottes und der drei göttlichen Persönlichkeiten – Vater, Sohn und Heiliger Geist – kamen auf. Die frühchristlichen Pastoren und Theologen mussten das christliche Verständnis von der Dreifaltigkeit Gottes so formulieren, dass es der israelischen Anerkennung des einen wahren Gottes entsprach. Zudem mussten sie vermeiden, so zu klingen, als fielen sie in eine alte Form von mythologischem Polytheismus zurück, aus der die großen griechischen Philosophen auszubrechen versucht hatten.

Die Herausforderung bestand darin, die drei göttlichen Persönlichkeiten nicht auf temporäre Aspekte oder „Ausgaben" Gottes zu reduzieren, die zu verschiedenen Zeiten erschienen. Gleichzeitig durfte sich der orthodoxe Glaube nicht anhören, als deute das Konzept der Dreifaltigkeit auf drei Götter hin. Auch die normale philosophische Vorstellung von dem unendlich der Welt entrückten Gott

musste umgewandelt werden. Die Besonderheit des Glaubens lag in der bis dato unvorstellbaren Nähe zu Gott in Christus – bis hinab zum Durchleben des menschlichen Zustands von Leiden und Tod.

Eines der Probleme war die Echtheit der Menschlichkeit Jesu. Einige konnten nicht akzeptieren, dass der ewige göttliche *Logos* tatsächlich die Demütigung eines menschlichen Körpers mit all seinem Leiden und auch dem Tod annehmen könnte. Für sie war Jesus eher eine „Erscheinung" Gottes in menschlicher Form als ein echter Mensch. Diese Lehre nannte man Doketismus.

Glaube und Kultur

Die erste missionarische Expansion der Kirche fand in die griechisch-römische Welt statt, was den Christen Zugriff auf bedeutende intellektuelle Quellen verschaffte. Anhand des philosophischen Systems der griechisch-römischen Kultur gelang es der frühen Kirche, ihre grundlegenden Wahrheiten zu verdeutlichen und sich dabei von mythologischen Verzerrungen zu befreien. Unterstützt wurden sie von den beiden großen Literatursprachen Griechisch und Latein, die mit ihrem reichen und feinsinnigen Vokabular, den rhetorischen Traditionen und den logischen Fähigkeiten zur Klärung beitrugen.

Es sollte Jahrhunderte dauern, die Fragen bezüglich der Dreifaltigkeit und der Menschwerdung eindeutig zu beantworten. Dabei war der lebendige Glaube jener Zeit nicht auf die Lösung von Doktrinfragen beschränkt. Das blieb die Hauptaufgabe der frühen Kirchenkonzile (wie Nicäa 325, Konstantinopel 381, Ephesos 431 und Chalkedon 451). Gleichzeitig ging das christliche Leben weiter. Neue Generationen wurden im Namen des Vaters, des Sohnes und des Heiligen Geists getauft.

Der Weg zum Konzil von Nicäa

Die Klärung der Dreifaltigkeitsdoktrin gelang beim ersten Konzil von Nicäa 325 und war das Ergebnis eines langen, komplizierten Prozesses. Arius, ein alexandrinischer Priester, hatte gefragt: Ist Jesus Christus wirklich göttlich? Oder gehört er in den Bereich der Schöpfung? Arius schien eine unüberbrückbare Kluft zwischen dem endlosen, unveränderlichen Charakter Gottes und der veränderlichen, begrenzten Realität der Welt vorauszusetzen. Durch das Leiden Christi und seine Erfahrung der menschlichen Grenzen musste er in den geschaffenen Bereich gehören. So entstand ein Dilemma für die Kirche, bei dem es keinen Mittelweg gab: Ist Christus göttlicher Natur oder ein Mensch – wie nobel und vorbildlich auch immer?

Bevor das Thema durch Arius aufkam, hatten einflussreiche Denker sich bereits damit befasst – mit dem Ziel, den göttlichen Status Christi zu bestätigen, ohne den Glauben an den einen wahren Gott zu untergraben. Tertullian (gest. ca. 230) prägte eine präzise Formulierung der *trinitas* (Dreifaltigkeit) und der *tres personae* (drei Personen). Christus habe göttliche und menschliche Eigenschaften, die in seiner

Unten: Disputationen – formale theologische Debatten – über die komplexe Natur der Dreifaltigkeit beschäftigten Geistliche, Gelehrte und Philosophen über Jahrhunderte hinweg.

CONCILIVM
NICAENVM·I

S·SILVESTRO·PP·FL·CONSTANTINO·MAG·IMP·CHRIST·S·DEI·PATRI
CONSVBSTANTIALIS·E·CLARATVR·ARII·IMPIETA·CONDEMNATVR

Person vereint waren. Im Osten wählte der große Theologe Origen (gest. ca. 254) eine deutlich ausgefeiltere, philosophische Herangehensweise (Mittelplatonismus) und stellte sich abgestufte Ausstrahlungen von der einen obersten Quelle vor.

Zu Arius' Zeiten stand das Christentum nun vor einer Alternative. Die Grundfrage war diese: Ist Gott tatsächlich persönlich und leidenschaftlich an der Erlösung der Welt beteiligt oder hat er nichts mit uns zu tun und agiert nur durch einen geschaffenen Repräsentanten?

Die Antwort des Konzils von Nicäa

Die Antwort – eine frühe Form des nicänischen Glaubensbekenntnisses – lautete [mit Betonung]:

> Wir glauben an **einen** Gott, **den allmächtigen Vater**, den **Erschaffer** aller Dinge, sichtbar und unsichtbar. Und an den Herrn Jesus Christ, den gezeugten Sohn Gottes, **gezeugt nur** aus dem Wesen des Vaters, Gott aus Gott, Licht aus Licht, wahrer Gott aus wahrem Gott, **eingeboren, nicht geschaffen**, aus dem Wesen seines Vaters, **durch den alles geworden ist** … der wegen uns und **unserer Erlösung** herabgestiegen und Fleisch geworden ist, **Mensch geworden ist, gelitten hat und wieder aufgestiegen ist** …

Dieses Glaubensbekenntnis entschied, dass der Vater die kreative Quelle von allem außerhalb Gottes ist. Zusätzlich „zeugt" der Vater äußerlich den einzigen Sohn in Gott. Dies ist kein „Schaffen", sondern die Erzeugung des Sohnes durch den Vater, eine ewige Beziehung zwischen zwei Wesen innerhalb der Dreifaltigkeit. Der Begriff „aus dem Wesen" *(homoousion)* betonte, dass Jesus als Sohn Gottes in göttliche Gefilde gehört und dass es innerhalb der göttlichen Einheit eine Unterscheidung und Gemeinschaft von Personen gibt. Der Satz „durch den alles …" weist darauf hin, dass Jesus, indem er alles vom Vater erhält, die schöpferische Kraft des einen Gottes teilt. Der Kern der Antwort war, dass der wahre Gott tatsächlich in der Fleischwerdung, im Leiden, im Tod und in der Wiederauferstehung Jesu bei uns ist. Diese scheinbar abstrakte Definition und die (damals) neuen Begriffe sollten die Besonderheit des christlichen Verständnisses der Erlösung bewahren.

Oben: Das Konzil von Nicäa im Jahr 325 war das erste Allgemeine Konzil der christlichen Kirche. Neben der offiziellen Ablehnung des Arianismus nahm das Konzil eine Frühform des Glaubensbekenntnisses von Nicäa an.

Links: Dieses Gemälde aus dem späten 15. Jh. eines Malers der Nowgorod-Schule zeigt Kaiser Konstantin I. (reg. 306–337) im Mittelpunkt der Diskussionen beim ersten Konzil von Nicäa.

DAS EINZIGARTIGE MYSTERIUM CHRISTI

Oben: Das erste Konzil von Ephesos wurde in der Marienkirche abgehalten, von der heute nur noch eine Ruine steht. Das Gebäude wurde auch „Kirche des Konzils" genannt.

In diesen ersten Jahrhunderten wurden das Wort Gottes gepredigt, Taufen abgehalten und die Liturgie im christlichen Alltag gefeiert. In intellektuellen Kreisen tauchten jedoch neue Fragen auf. Diesen musste man sich stellen, wenn die Einzigartigkeit der christlichen Offenbarung erhalten werden sollte. Beim Konzil von Nicäa wurde das trinitarische Dogma geklärt. Das warf jedoch eine andere Frage auf: Wenn Christus wirklich „eins mit dem Vater" war, wie konnte er dann auch „eins mit uns" sein?

Verschiedene kulturelle Zusammenhänge

Um die Kernaussage des christlichen Glaubens zu artikulieren, musste eine neue Sprechweise her. Ein Problem bestand darin, dass sich verschiedene theologische Kulturen entwickelten – nicht nur zwischen dem lateinischen Westen und dem griechischen Osten, sondern auch innerhalb des Ostens selbst zwischen den großen Zentren Antiochia und Alexandria. Grundsätzlich neigte Antiochia dazu, das Menschsein Christi zu betonen (das mit dem göttlichen Wort verbunden war), während Alexandria die Göttlichkeit Christi betonte (die seine menschliche Natur verwandelte). Mehr noch – im Lateinischen waren die Wörter für „Person" und „Natur" gleich geblieben, im Griechischen war das aber nicht so. Es erwies sich als schwierig, Wörtern wie *hypostasis* („Person"), *prosopon* (auch „Person") und *ousia* („Natur" oder „Wesen") klare Bedeutungen zuzuweisen. So kam es immer wieder zu Verwirrung, wenn das Wort für „Person" für einige eher „Natur" bedeutete.

Zwei extreme Standpunkte

So entwickelten sich im Osten zwei extreme Standpunkte. Der erste wird im 5. Jh. Nestorius zugeschrieben, einem Patriarchen aus Konstantinopel. Aufgrund seines antioche-

Dann gab es noch die wilde Übertreibung am anderen Ende des Spektrums. Der Monophysitismus wird dem Archimandriten Eutyches von Antiochia zugeschrieben. Bei dieser extremen Sichtweise scheint die menschliche Natur Christi in der göttlichen absorbiert worden zu sein – wie ein Tropfen Wasser im Ozean. Man erhielt den Eindruck, die göttliche Natur sei die Seele der Menschlichkeit Christi, was wenig Platz für sein wahres Menschsein ließ.

Das Konzil von Chalkedon

Die tatsächlich Definition des Konzils von Chalkedon 451 sortierte sich zwischen diesen beiden Extremen ein und war in ihrer Ausgeglichenheit beispielhaft. Das Konzil war der Gipfel dessen, was mit der Wesensgleichheit des Konzils von Nicäa begonnen hatte, und umfasst auch den *Theotokos*-Begriff aus Ephesos. **Fett** gedruckte Teile zeigen eine Korrektur zum Nestorianismus an; *kursiv* gedruckte Teile zeigen die Korrektur zum Monophysitismus an:

> … **unser Herr Jesus Christus ist als ein- und derselbe Sohn zu bekennen,** *wahrhaft Gott und wahrhaft Mensch,* aus Vernunftseele und Leib, **wesensgleich** *dem Vater der Gottheit nach,* wesensgleich *uns derselbe der Menschheit nach,* in allem uns gleich außer der Sünde. *Vor Weltzeiten aus dem Vater geboren der Gottheit nach, in den letzten Tagen derselbe für uns und um unseres Heiles Willen geboren aus Maria,* der jungfräulichen Gottesgebärerin der Menschheit nach.

In der Erklärung heißt es weiter, dass die göttlichen und die menschlichen Naturen Christi weder durcheinandergebracht noch getrennt werden dürfen, „sodass die wahre Persönlichkeit jeder Natur erhalten wird, wenn sie in einer Person zusammenkommen." Obwohl dies sehr theoretisch klingt, liegt die Bedeutung des Konzils von Chalkedon darin, der Kirche eine Möglichkeit zu geben, vom einzigartigen Mysterium Christi – von Gott in uns – zu sprechen.

Oben: Kyrill von Alexandria (ca. 375–444) ehnte jede Abweichung vom orthodoxen Christentum vehement ab und wurde in seinem Kampf gegen die kontroversen Ideen des Nestoriu von Papst Coelestin I. unterstützt.

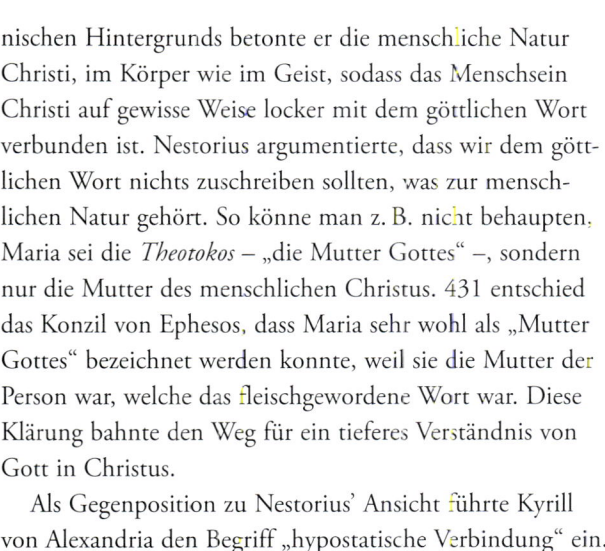

nischen Hintergrunds betonte er die menschliche Natur Christi, im Körper wie im Geist, sodass das Menschsein Christi auf gewisse Weise locker mit dem göttlichen Wort verbunden ist. Nestorius argumentierte, dass wir dem göttlichen Wort nichts zuschreiben sollten, was zur menschlichen Natur gehört. So könne man z. B. nicht behaupten, Maria sei die *Theotokos* – „die Mutter Gottes" –, sondern nur die Mutter des menschlichen Christus. 431 entschied das Konzil von Ephesos, dass Maria sehr wohl als „Mutter Gottes" bezeichnet werden konnte, weil sie die Mutter der Person war, welche das fleischgewordene Wort war. Diese Klärung bahnte den Weg für ein tieferes Verständnis von Gott in Christus.

Als Gegenposition zu Nestorius' Ansicht führte Kyrill von Alexandria den Begriff „hypostatische Verbindung" ein. Das bedeutete, dass es eine Verbindung der beiden Naturen in der einen Person des Christus gab *(hypostasis)*. Das Ziel war, ein Gefühl der vereinten Identität Christi zu erhalten, dieses fleischgewordenen göttlichen Worts, das wie ein Mensch handelt und leidet.

Links: Seit dem Konzil von Ephesos im Jahr 431 wird Maria *Theotokos,* wörtlich übersetzt „Gottesgebärerin", genannt. Üblicher ist die Bezeichnung „Mutter Gottes".

KLASSISCHE BEKENNTNISSE

Das „Nicäno-Konstantinopolitanum" (381) ist ein klassisches christliches Glaubensbekenntnis. In seiner ursprünglichen Form auf Latein und Griechisch (trotz des späteren Hinzufügens von *filioque,* „und dem Sohn") hat es eine lange Geschichte als Symbol der Einigkeit zwischen den West- und Ostkirchen. Heute ist es die Basis eines neuen Zeitalters christlicher Einheit, der Ökumene.

Frühere Formen

Es gab bereits andere, einfachere Bekenntnisse, die meist im Rahmen von Taufen verwendet wurden. Das bekannteste ist das apostolische Glaubensbekenntnis. Alle entspringen jedoch dem Bedürfnis, die Kernaussagen der christlichen Lehre kurz und eindeutig auszudrücken. Im Neuen Testament wird klar, dass „Kurzformeln" schon immer existierten. So konnte Paulus z. B. sagen, dass er das weitergab, was er empfangen hatte, nämlich, dass „Christus gestorben sei für unsere Sünden nach der Schrift und dass er begraben sei und dass er auferstanden sei am dritten Tage" (1. Korinther 15,3–4). Ein weiteres Beispiel:

Unten: *Die Beweinung Christi* (ca. 1800) von Antonio Canova ist eine neoklassizistische Darstellung der Heiligen Dreifaltigkeit. Theologen arbeiteten über Jahrhunderte an der Definition des Mysteriums.

Gott ist offenbart im Fleisch,
gerechtfertigt im Geist,
erschienen den Engeln,
gepredigt den Heiden,
geglaubt von der Welt,
aufgenommen in die Herrlichkeit. (1. Timotheus 3,16)

Diese frühen Formulierungen des Glaubens wurden entweder gesungen oder während der Andacht aufgesagt, bzw. wenn Konvertierte etwas über ihren neuen Glauben lernen sollten – und zwar lang, bevor die Schriften des Neuen Testaments verfasst wurden.

Die Ausarbeitung des nicänischen Bekenntnisses

Das nicänische Bekenntnis bekam seine Endform erst nach mehreren hundert Jahren theologischer Reflexion. Es trägt das Zeichen der Definition der christlichen Doktrin, die bei den Konzilen von Nicäa und Konstantinopel stattfand. Dass es auch 1600 Jahre später noch immer rezitiert wird,

Ganz links Engel kommen überall in der Bibel vor, meist als Boten Gottes. Im Hebräischen kann das Wort „Engel" aber auch für menschliche Boten gelten.

Links Das Konzil von Nicäa wurde von Kaiser Konstantin I. einberufen. Es war ein Versuch, ketzerische Theologien zu definieren und auszuräumen sowie eine Einigung über den christlichen Glauben zu erzielen.

zeugt von seiner Bedeutung. Verglichen mit anderen Bekenntnissen ist es eine komplexe, hochentwickelte Erklärung des christlichen Glaubens. Entsprungen aus endlosen Diskussionen über die Frage, wie man die Mysterien der Dreifaltigkeit und der Fleischwerdung am besten ausdrückt, ist es nicht nur die grundlegendste Aussage der christlichen Lehre, sondern repräsentiert auch die beachtliche Lernkurve, welche die Kirche in den ersten Jahrhunderten durchlaufen hat. Heute erscheint es uns wie eine Einigung, die nach langen, schwierigen Verhandlungen erzielt wurde.

Einige Kernpunkte

Das Bekenntnis beginnt mit dem Eingeständnis des „einen Gottes" und bezieht sich sofort auf den Vater, die Quelle nicht nur der Schöpfung, sondern auch des trinitarischen Lebens. Zudem verlangte der Glaube an „den Vater, den Allmächtigen", dass Gott tatsächlich der Schöpfer von allem ist – nicht nur der spirituellen Realität.

Gleichzeitig versicherte es sich gegen Arius (der den göttlichen Status Jesu Christi ablehnte), dass der Sohn Gottes „aus dem Vater gezeugt", „aus dem Wesen des Vaters" war. Er ist so wesensgleich mit dem Vater, dass er die gleichen Schöpfungskräfte teilt: „... durch den alles geworden ist." Die historische Realität seiner Existenz wird durch die Erwähnung zweier Namen angedeutet: Er wird von der Jungfrau *Maria* geboren und von *Pontius Pilatus* gekreuzigt. Nach der Erinnerung an den Tod und an die Wiederauferstehung Jesu erkennt das Glaubensbekenntnis dann an, dass er nun an der rechten Seite Gottes sitzt und in aller Herrlichkeit wiederkommen wird.

Im dritten Teil wird die Wahrheit der Dreifaltigkeit anerkannt und dass der Heilige Geist wahrhaft göttlich ist: „... der mit dem Vater und dem Sohn angebetet und verherrlicht wird." Er ist also nicht nur eine unpersönliche Kraft, wie einige als ketzerisch angesehene Strömungen vorgeschlagen hatten. Hier kam es nun aber zum Streit. Während das originale Bekenntnis vom Heiligen Geist sprach, „der aus dem Vater hervorgeht", wurde einige Jahrhunderte später im Westen der Satz „... und dem Sohn" hinzugefügt. Die Ostkirche lehnte die Veränderung ab, da sie die Einzigartigkeit des aus dem Vater stammenden Geists untergraben würde. Der Westen sah sie als Fortschritt an, da sie doch andeutete, wie sich der Heilige Geist vom Sohn unterschied und mit ihm verbunden war. Seit jeher versuchen Theologen, diese Vorgehensweisen in Einklang zu bringen, damit das Bekenntnis weiterhin in jeder Hinsicht als Zeichen von Eingkeit gelten kann.

BLEIBENDE DIFFERENZEN

✝ Die Konzile und Glaubensbekenntnisse, die aus den theologischen Debatten der ersten Jahrhunderte resultierten, definierten den Glauben für die westlichen und die byzantinischen Kirchen. Zwei wichtige christliche Gruppierungen im Osten, die Nestorianer und die Mia- bzw. Monophysiten, stimmten den Konzilen von Ephesos und Chalkedon nicht ganz zu. Diese Ostkirchen wurden daraufhin von den westlichen und byzantinischen Kirchen ausgegrenzt und als ketzerisch angesehen. Trotzdem leisteten sie wichtige Beiträge zum Christentum. So verbreiteten die Nestorianer, deren offizieller Name „assyrische Kirche des Ostens" lautet, z. B. das Christentum in Asien.

Die assyrische Kirche des Ostens

Gemäß der theologischen Position des Nestorianismus hat Jesus zwei getrennte Naturen – eine ganz menschliche und ein ganz göttliche. In den ersten Jahrhunderten wurden theologische Positionen oft mit geografischen Orten assoziiert. Die assyrische Kirche des Ostens akzeptierte die Nestorianer. Ihnen standen sowohl die Kirche von Alexandria als auch die byzantinische Kirche gegenüber.

Die Nestorianer lehnten die orthodoxe Doktrin der *communicatio idiomatum* – den „Austausch der Eigenschaften" –, bei der Begriffe zur Bezeichnung des Menschseins oder der Göttlichkeit Christi ausgetauscht werden konnten, ab. So konnte z. B. der *Logos* sowohl auf seine göttliche als auch auf seine menschliche Natur angewendet werden. Heute sind die Meinungen gespalten, inwieweit die Ideen der Nestorianer ketzerisch sind.

Die Exkommunikation von Nestorius, dem Patriarchen von Konstantinopel, beim Konzil von Ephesos 431 versetzte der nestorianischen Theologie den Todesstoß im gesamten Byzantinischen Reich. In den Gegenden östlich von Byzanz überdauerte diese Form der Theologie jedoch die Zeit und wurde sogar zur dominanten Theologie. 486 nahm die persische Kirche bei ihrer vierten Synode den Nestorianismus verbindlich an. Die byzantinischen und nestorianischen Christen waren aber auch politisch und kulturell entfremdet. Nestorianer kämpften in der persischen Armee gegen byzantinische Christen, als sich die beiden Reiche im Krieg befanden. Und während im Byzantinischen Reich Griechisch gesprochen wurde, sprach man in der assyrischen Kirche Syrisch.

Unten: Sowohl Nestorianer als auch Monophysiten existieren heute noch als christliche Kirchen. Diese äthiopisch-orthodoxen Christen tragen ein Porträt der Jungfrau Maria mit Kind.

Die nestorianische Theologie wurde in verschiedenen monastischen Einrichtungen im Norden Mesopotamiens gelehrt und breitete sich entlang der Seidenstraße nach Zentralasien und in weit entfernte Diözesen der assyrischen Kirche aus – sogar bis in die antike chinesische Hauptstadt Chang'an. Diese Theologie wurde auch in der Diskussion zwischen Timotheus I., dem Patriarchen der assyrischen Kirche, und dem Abbasidenkalifen Mahdi, die 781–782 in Bagdad stattfand, unterstützt.

Heute repräsentiert die assyrische Kirche des Ostens Christen im Irak, Iran, Syrien und Malabar (Indien) sowie eine große Diaspora in den USA und Australien.

Miaphysiten bzw. Monophysiten

Das Konzil von Chalkedon zielte darauf ab, ein geschlossenes, untrennbares Christentum zu erreichen. Tatsächlich geschah das genaue Gegenteil. Nach der Exkommunikation Kyrills von Alexandria trennten sich große Teile der Christen in Ägypten, Syrien, Armenien und Georgien von der byzantinischen Kirche und gründeten die monophysitischen Kirchen (die Kirchen selbst bevorzugen die Bezeichnung „Miaphysiten").

Die mia- bzw. monophysischen Gemeinden im Byzantinischen Reich waren ständig dem Druck und der Konkurrenz der griechischsprachigen orthodoxen Kirche ausgesetzt. Insbesondere Kaiser Justinian war entschlossen, in seinem Reich eine vereinte Kirche zu haben, um

Stabilität zu gewährleisten. Kaiserliche Agenten jagten nichtchalkedonische Geistliche als Staatsfeinde, und viele wurden unter Androhung der Todesstrafe gezwungen, in die byzantinische Kirche zurückzukehren. Miaphysitische Bischöfe – darunter auch Severus von Antiochia – wurden hingerichtet. Den unermüdlichen Bemühungen von Jacob Baradeus, der mithilfe von Theodora, der Ehefrau Justinians, die kränkelnde miaphysitische Kirche wachrüttelte, ist es zu verdanken, dass sie überlebte. Er ist der Grund, warum sie auch als „jakobitische" Kirche bezeichnet wird.

Immer wieder wurde versucht, die chalkedonische Kirche mit den miaphysitischen Ablegern zu vereinen. Das gipfelte im Henotikon der Kaisers Zenon aus dem Jahr 482, in dem die extremen Positionen beider Kirchen verurteilt werden. Der Erlass fand Unterstützung auf beiden Seiten, scheiterte aber an der Ablehnung Roms. In einem letzten Versuch stellte Herakleios 628 die Monothelitismuslehre auf, nach der Christus zwar zwei Naturen, aber nur einen Willen besitzt. Er bekam jedoch keine Unterstützung von Sophronius, dem Patriarchen Jerusalems.

Heute wird die mia- bzw. monophysitische Theologie von den Kopten in Ägypten, der äthiopisch-orthodoxen Kirche, den Armeniern und den syrischen Jakobiten vertreten. Mit 40–45 Millionen Anhängern ist die ägyptisch-orthodoxe Kirche die größte von ihnen. Die Kopten sind mit 8–18 Millionen Anhängern die größte christliche Gemeinde in Nahost.

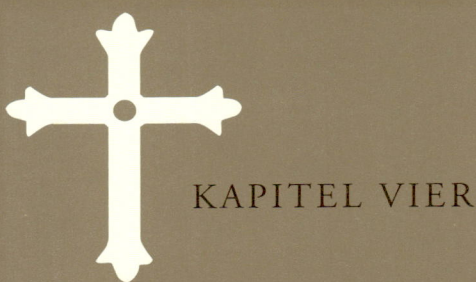

KAPITEL VIER

DIE ERSTEN CHRISTEN

Die Jerusalemer Urgemeinde, die von Jakobus dem Gerechten geführt wurde, war die erste christliche Gemeinde. Vor Ende des 1. Jh. hatten die ersten Missionare die Evangelien nach Damaskus, Edessa, Kleinasien, Griechenland, Rom, Ägypten, Indien und Armenien getragen. In den folgenden Jahrhunderten wurden Kirchen im westlichen Nordafrika, in Äthiopien, Gallien, Spanien, Britannien, Irland, Persien, Georgien und bei den germanischen Stämmen, die in das Römische Reich vorgedrungen waren, gegründet.

Märtyrer und Mönche – diejenigen, die bereit waren, Christus alles zu opfern – galten als Helden. Der Tod eines Märtyrers war ein öffentliches Ereignis, bei dem er über seine Feinde triumphierte, indem er sich weigerte, seinem Glauben abzuschwören. Sein Tod galt als Sieg, so wie der Tod Jesu im Neuen Testament als Sieg und nicht als Niederlage dargestellt wird. Auch Einsiedler und Mönche waren nach allgemeinem Verständnis Sieger.

Die wachsende Kirche brauchte ein System, um Andachten, Finanzen, Nächstenliebe, Missionsarbeit und die Unterweisung im Glauben zu organisieren. Geistliche – Bischöfe, Priester und Diakone – führten die liturgischen und verwaltenden Aufgaben aus. Ende des 3. Jh. wurde bereits deutlich zwischen ihnen und dem Rest der Gemeinde – dem Laienstand – unterschieden. Bischöfe begannen, ganze Gebiete anstelle einzelner Kirchen zu betreuen. In wichtigen Städten setzte man Metropoliten ein, und fünf Hauptbischofssitze für das Christentum (Jerusalem, Antiochia, Alexandria, Konstantinopel und Rom) wurden anerkannt. Im 4. Jh. erhoben die Bischöfe Roms erstmals Anspruch auf die weltweite Vormachtstellung unter den Bischöfen.

Östliche und westliche Christen entwickelten markante Architekturstile beim Bau von Kirchen sowie ihre eigenen, einzigartigen Liturgien. Ein christlicher Kalender, mit dem der Ereignisse im Leben Jesu, der Apostel und der Märtyrer gedacht wurde, entwickelte sich. Auch der Kult um Maria wurde immer beliebter und gipfelte schließlich im Jahr 431 beim Konzil von Ephesos in ihrer offiziellen Ernennung zur *Theotokos* (Mutter Gottes).

Rechts: Nach der Kreuzigung und Wiederauferstehung Jesu begaben sich seine Jünger auf Missionsreisen, um die Geschichte seiner Lehre und seines Opfers so vielen Menschen wie möglich nahezubringen.

JERUSALEM

Als Jesus geboren wurde, war Jerusalem die Hauptstadt Judäas und wurde vom berüchtigten Vasallenkönig Herodes dem Großen als Teil der römischen Provinz Syrien regiert. Herodes baute den Zweiten Tempel wieder auf, um die konservativen Juden durch seine Hingabe zu beeindrucken. Die Arbeiten waren aber erst im Jahr 62 abgeschlossen. Für Jesus, der in Galiläa aufwuchs, war Jerusalem die „heilige Stadt" (Jesaja 52,1) und das Zentrum der jüdischen Religion – der Ort, an dem Gott anwesend war.

In frühchristlichen Schriften wird berichtet, dass Jesus die Stadt mehrmals besuchte, sie beschrieben aber auch, dass er dort sein Schicksal erfüllen würde. In Jerusalem wurde er gekreuzigt, in der Nähe Jerusalems stieg er in den Himmel auf; hier kam der Geist über die Gemeinde, und hier fanden die ersten Predigten der Urgemeinde statt.

Die Jerusalemer Urgemeinde

Seit Jesu Tod war Jerusalem ein besonders wichtiger Ort, und die Zahl seiner Anhänger in der Stadt nahm zu. Jakobus, der im Neuen Testament „Herrenbruder" genannt wird, führte die Urgemeinde viele Jahre an. Laut dem jüdischen Historiker Josefus war Jakobus weithin für seine Frömmigkeit und seine strenge Einhaltung der Gesetze bekannt. Allein Letzteres machte Jakobus zur offensichtlichen Wahl als Anführer der Jerusalemer Urgemeinde, da ihre Mitglieder Christen jüdischer Herkunft waren, von denen sich viele sicherlich weiter als Juden betrachteten. Anscheinend flohen viele Christen aus der Stadt, bevor Titus sie im Jahr 70 zerstörte. Zum Zeitpunkt des Wiederaufbaus waren das Judentum und das Christentum bereits eigenständige Religionen.

Jerusalem als Symbol

Um die symbolische Macht zu verstehen, die Jerusalem für die frühchristlichen Gemeinden hatte, sehen wir uns das Lukasevangelium an. Jesu Leben beginnt (Lukas 2,25) und endet dort, die Stadt verbindet Jesus mit seinem jüdischen Erbe und ist der Ort seines Opfers. Von hier aus werden die Evangelien in alle Richtungen verbreitet (Apostel 1,8), und es ist der Ort, der die Verbindung zwischen allen Kirchen darstellt (Apostel 10,39). Jerusalem ist noch immer ein heiliger Ort für christliche Pilger, sowohl wegen seiner Verbindung zu Jesus als auch als wichtiges Symbol.

Unten: Das Mosaik von Madaba, ein byzantinisches Mosaik aus dem 6. Jh., wurde in der Georgskirche in Madaba, Jordanien, gefunden. Es enthält die älteste bekannte kartografische Darstellung Jerusalems.

Links: Im 4. Jh. beauftragte Basilius der Große die Anachoreten eine Gemeinde in Göreme in der heutigen Türkei zu gründen. Sie schlugen die Gebäude aus dem weichen Lavagestein der Gegend heraus.

KLEINASIEN UND GRIECHENLAND

Das Christentum wurde in der hellenistischen Welt, in den Regionen um das östliche Mittelmeer geboren – von Alexandria am Nil über Syrien durch Kleinasien (etwa die heutige Türkei) bis nach Europa hinein (die Länder, die wir als Balkan bezeichnen). Die griechische Sprache und urbane Kultur machten das Gebiet, das einst Teil des Imperiums Alexanders des Großen und nun Teil des Römischen Reichs war, zu einer Zone des einfachen wirtschaftlichen Handels und kulturellen Austauschs. Das förderte die Entwicklung einer kleinen religiösen Bewegung in Galiläa zur reichsumfassenden Religion mit in Kirchen organisierten Anhängern im gesamten Gebiet und kleinen, weiter entfernten griechischsprachigen Außenposten.

Ein wichtiger Teil der Lehre Jesu war es, die Liebe des Vaters der ganzen Menschheit zu offenbaren, deshalb wurden seine Botschaft und die neue christliche Lebensweise von Anfang an in alle Himmelsrichtungen verbreitet. In der griechischsprachigen Welt war das am einfachsten, und die ersten Anlaufstellen der Missionare waren die griechischsprachigen Synagogen Kleinasiens und Griechenlands. Die Bedeutung dieser Bewegung kann man daran ermessen, dass Jesus zwar auf Aramäisch predigte, alle frühchristlichen Dokumente aber auf Griechisch verfasst wurden.

Die Missionsreisen des Paulus

Der berühmteste Missionar in der griechischen Welt war Paulus, ein hellenisierter Jude und römischer Bürger aus

Tarsus in Kleinasien, der Kirchen in Galatien (im zentralen Hochland des heutigen Anatoliens in der Türkei), entlang der Westküste Kleinasiens sowie in Griechenland – vor allem in Korinth – gründete. Wir kennen heute einige der Briefe, die er zur Unterweisung und Ermutigung dieser Gemeinden schrieb. Ende des 1. Jh. stand ein Netzwerk von Kirchen in dieser Region miteinander in Verbindung. Wir wissen, wo sie sich befanden, weil Lukas in der Apostelgeschichte berichtet, dass sie alle von Paulus auf drei Missionsreisen gegründet wurden. Sieht man sich die von Lukas erwähnten Orte an, wird klar, wie gut das Christentum nur 50 Jahre nach der Wiederauferstehung Jesu in Griechenland und Kleinasien etabliert war.

Unten: Ab dem späten 9. Jh. wurden Kirchen in Göreme mit christlichen Fresken wie dieser geschmückt, die Maria zeigt.

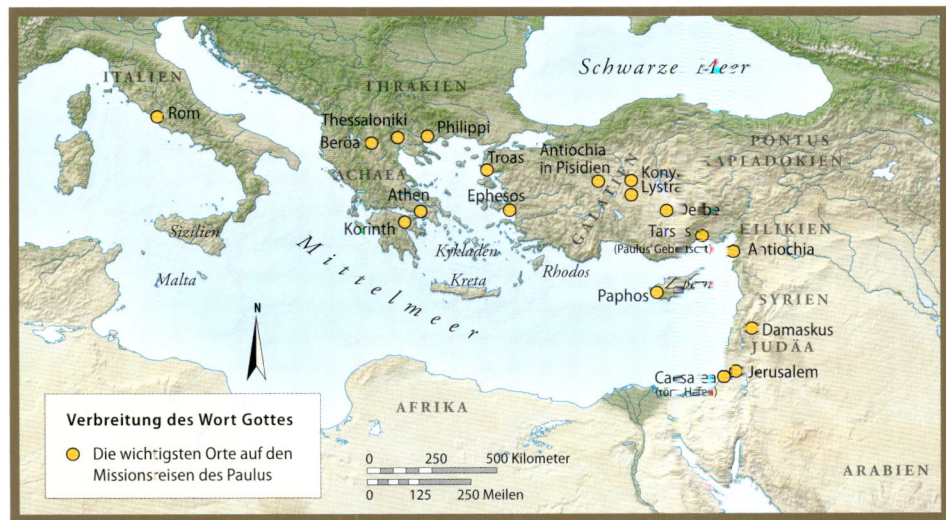

Verbreitung des Wort Gottes
○ Die wichtigsten Orte auf den Missionsreisen des Paulus

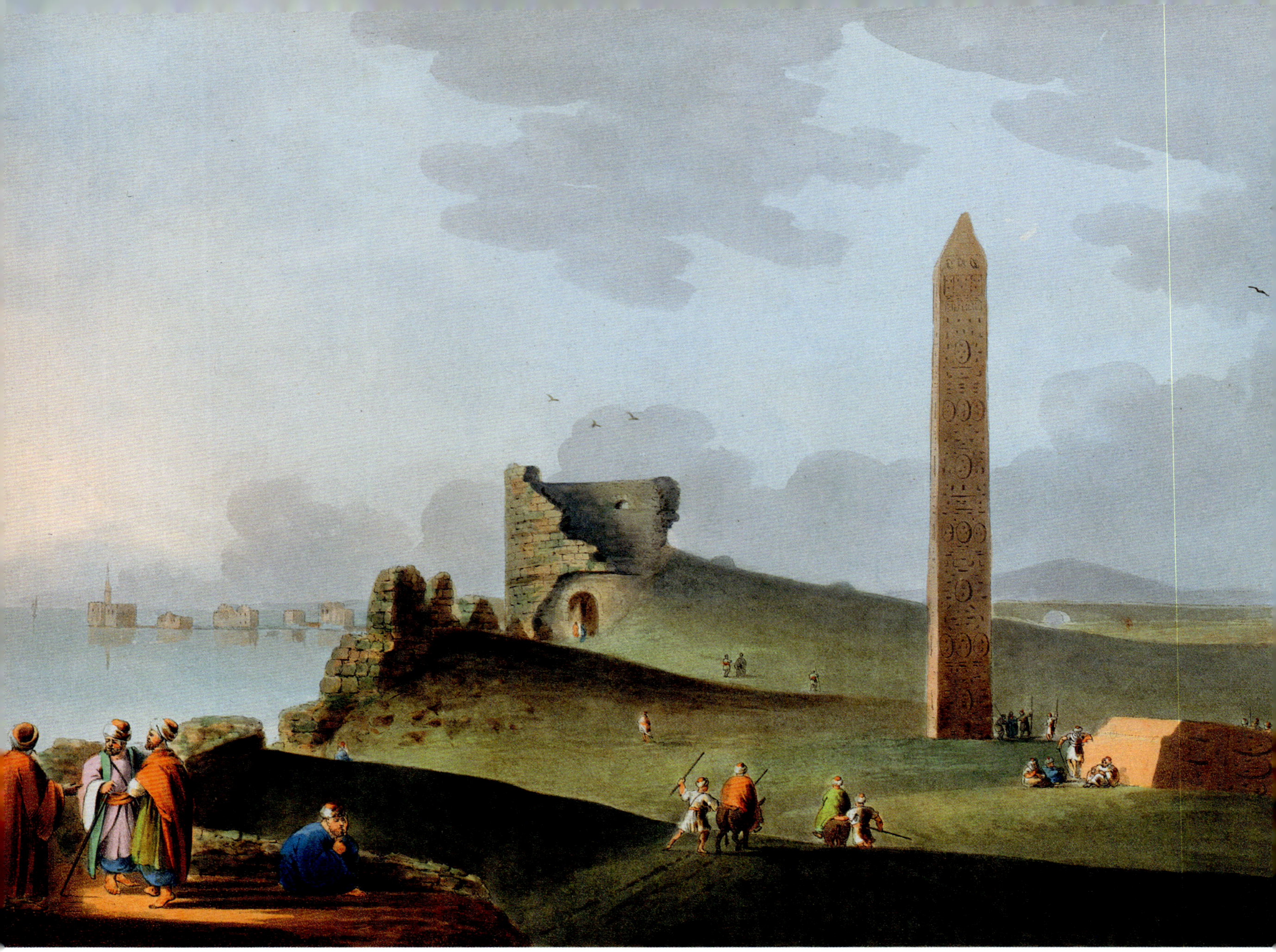

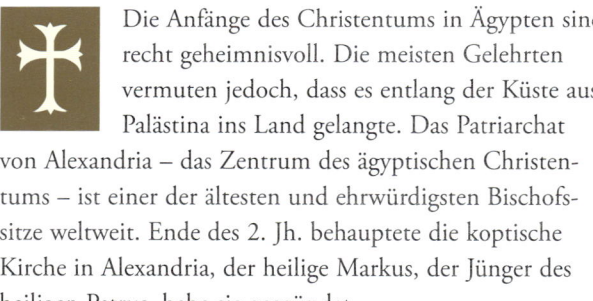

ÄGYPTEN

Die Anfänge des Christentums in Ägypten sind recht geheimnisvoll. Die meisten Gelehrten vermuten jedoch, dass es entlang der Küste aus Palästina ins Land gelangte. Das Patriarchat von Alexandria – das Zentrum des ägyptischen Christentums – ist einer der ältesten und ehrwürdigsten Bischofs-sitze weltweit. Ende des 2. Jh. behauptete die koptische Kirche in Alexandria, der heilige Markus, der Jünger des heiligen Petrus, habe sie gegründet.

Das Christentum, das sich in Ägypten entwickelte, war sehr markant und ist bis heute einzigartig. Noch immer vertritt die koptische Kirche eine monophysitische Position (sie glaubt, dass das Menschsein und die Göttlichkeit Christi in einer Natur vereint sind – ohne Trennung, Verwirrung oder Veränderung). Die römisch-katholische und die ortho-doxe Kirche betrachten die Kopten als Monophysiten – eine Position, die beim Konzil von Chalkedon 451 offiziell verurteilt wurde. Die Ägypter waren bei diesen Konzilen oft die Außenseiter, bewahrten sich aber ihre Unabhängig-keit und verteidigten ihre Lehre vehement.

Die Unabhängigkeit der koptischen Kirche

Die Unabhängigkeit des ägyptischen Christentums hat eine lange Geschichte. Einige der ersten Theologen, etwa Clemens (ca. 150–215) und Origenes (ca. 185–254), stammten aus Ägypten, und auch einige ketzerische Bewegungen, allen voran der Gnostizismus, hatten dort ihren Ursprung. Im 20. Jh. wurden in Nag Hammadi in Oberägypten gnostische Schriften entdeckt. Sie konzentrie-ren sich auf die böse Welt der Materie und das Verlangen nach Geheimwissen *(gnosis)* zur Erlösung. Eine der Schrif-ten, das Thomasevangelium, enthält eine Mischung aus gnostischen und nichtgnostischen Sprichworten. Man geht davon aus, dass einige von ihnen Originalaussagen Jesu sind, die nicht in den Evangelien des Neuen Testaments stehen.

Auch das Mönchstum kam in Ägypten auf, als im 3. Jh. einige Mönche in die Wüste zogen, um dort ein karges Leben – dem Gebet, der Armut, Keuschheit und Einkehr gewidmet – zu führen. Anfangs waren sie Einsiedler, aber im Jahr 305 gründete Antonius der Große die erste ein-fache Mönchsgemeinde am Nil.

NORDAFRIKA

✝ Afrika war in den ersten Jahrhunderten in vielerlei Hinsicht das Kraftwerk der christlichen Kirche. Einige der bedeutendsten Kirchenfiguren wie Tertullian (ca. 160–222) und Augustinus (354–430) stammten aus Nordafrika.

Karthago, das große Zentrum Nordafrikas, wurde von den berühmtesten Seeleuten der Antike gegründet: den Phöniziern. Entlang der nordafrikanischen Küste gab es gute Handelsrouten, sodass die ersten christlichen Missionare wahrscheinlich mit dem Schiff aus Palästina und Syrien anreisten.

Das Christentum verbreitete sich nach ihrer Ankunft rasch – so rasch, dass Tertullian im Jahr 200 schrieb: „Wir haben alles eingenommen, was ihr besitzt – Städte, Inseln, Kastelle, Dörfer, Versammlungssäle, sogar Militärlager, Stämme, Stadtverwaltungen und den Palast, den Senat und das Forum. Wir haben euch nichts gelassen außer den Tempeln." Innerhalb weniger Jahre hatte sich das Christentum durch ganz Nordafrika, das damals Teil des Römischen Reichs war, bis nach Numidien und Mauretanien (das heutige Algerien) ausgebreitet.

Das Dogma der Entbehrung

Die Form des Christentums, die in Nordafrika praktiziert wurde, war streng. Der heilige Augustinus präsentierte eine Sichtweise, bei der die Sünde von Geburt an allgegenwärtig ist und die Menschen ohne Gott nichts Gutes vollbringen können. Zuvor hatte Tertullian bereits für den Traduzianismus argumentiert – den Glauben, dass die Seele von den Eltern vererbt und nicht von Gott geschaffen wird, was schließlich zum Konzept der Erbsünde führte. Tertullian sympathisierte schließlich mit den Montanisten, einer Splittergruppe aus dem 2. Jh., die glaubte, dass das Ende nahe sei und man sich darauf mit strenger Selbstverleugnung vorbereiten müsse. Dies wurde später von der katholischen Kirche als Häresie angesehen.

Ein Hauptthema der nordafrikanischen Kirchen war in der Anfangszeit die Verfolgung. Sie vertraten die Meinung, dass man weder fliehen noch sich freikaufen durfte, die heiligen Schriften den Behörden übergeben sollte oder dass einem für den Abfall vom Glauben vergeben werden konnte. Dies gipfelte in den Donatisten des 4. Jh., die sich als einzig wahre Kirche ansahen. Sie wurden von der katholischen Kirche verfolgt und verschwanden bei den Bekehrungen zum Islam im 7. und 8. Jh. von der Bildfläche.

Oben: Als Student in Karthago führte Augustinus ein sündiges Leben, das er später bereute. Er kehrte dennoch nach Karthago zurück, um dort Rhetorik zu lehren.

Ägypten und Nordafrika

ÄTHIOPIEN UND ERITREA

Das Christentum soll durch einen königlichen Beamten, der von Philippus getauft worden war (Apostel 8,26–39), nach Äthiopien gekommen sein. Die meisten Gelehrten glauben jedoch, dass sich dies auf das nubische Königreich Meroë bezieht, und datieren die Christianisierung Äthiopiens auf den Zeitraum der Herrschaft Ezanas, der im 4. Jh. König von Aksum war.

Historisch gesehen war die äthiopisch-orthodoxe Kirche stets eng mit der Monarchie verknüpft. Der König war Oberhaupt der Kirche, gab Kirchenliteratur in Auftrag oder schrieb sie selbst und ließ Kirchen bauen. Die jeweilige Hauptstadt war auch ein wichtiges religiöses Zentrum. Die erste Hauptstadt – Aksum – war zudem die erste heilige Stadt, Standort der bedeutenden Kirche St. Maria von Zion und umgeben von mehreren angesehenen Klöstern. Ihr Nachfolger im 12. Jh., das im Hochland gelegene Lalibela, ist berühmt für seine in Fels gemeißelten Kirchen – ein Versuch, einen symbolischen Nachbau Jerusalems zu schaffen. Darauf folgte eine Zeit der Mobilität. Die Hauptstadt Gondar aus dem 17. Jh. ist ebenfalls für ihre Kirchen, aber auch für die königlichen Paläste bekannt.

Selbstverwaltung der Kirche

Seit ihrer Gründung im 4. Jh. bis 1959 war die äthiopisch-orthodoxe Kirche mit der ägyptischen (später koptischen) verbunden und wurde von einem durch das Patriarchat in Alexandria eingesetzten Geistlichen angeführt. Nach der Befreiung Äthiopiens von den italienischen Besatzern (1936–1941) bemühte sich Kaiser Haile Selassie I., die Autokephalie zu erreichen (d. h., die Kirche wird von der eigenen Synode regiert und bestimmt ihren eigenen Patriarchen). Sein Erfolg wurde 1950 voller Freude aufgenommen, aber die gewählten lokalen Patriarchen erwiesen sich politischen Unruhen gegenüber als verletzlich. Sowohl 1974 als auch 1991 führten Regierungsänderungen zum Austausch der jeweiligen Kirchenfürsten.

Kirche und Kultur

Traditionelle Ordensmitglieder bildeten die Vorhut des äthiopischen Christentums. Im ganzen Land gab es Tausende Klöster. Die gelehrten Geistlichen arbeiteten oft als Missionare, Schriftsteller, Künstler und Lehrer. Bis zum 20. Jh. fand fast die gesamte Ausbildung im Land unter Kirchenaufsicht statt.

Ein bemerkenswerter Aspekt der äthiopischen Kirche ist die Befolgung vieler Praktiken, die man als biblisch, hebräisch oder jüdisch beschreiben kann. Dazu gehören z. B. die Ablehnung von Schweinefleisch, die Beschneidung der Jungen am achten Tag und die Beachtung des Sabbats. Die Architektur der meisten äthiopischen Kirchen ahmt die des biblischen Tempels mit seiner räumlichen Dreiteilung nach.

Unten: In dieser äthiopischen Handschrift aus dem 17. Jh. wird der Aufstieg Jesu in den Himmel nach der Wiederauferstehung gezeigt. Das Bild ist von den leuchtenden Gelb- und Rottönen geprägt, die typisch für die religiöse Kunst Äthiopiens sind.

Im Inneren liegt das „Allerheiligste", in dem eine Lade
(tabot) steht, die der echten Bundeslade nachempfunden
ist. Menelik, Sohn des Königs Salomon und der Königin
von Saba, hatte sie nach Äthiopien gebracht.

Die heilige Sprache der äthiopischen Kirche war stets
Ge'ez, eine semitische Sprache, die in einer markanten
Silbenschrift geschrieben wird. Viele der in Ge'ez verfassten religiösen Texte, inklusive der Bibel, wurden aus dem
Griechischen und ab dem 13. Jh. aus dem Arabischen
übersetzt. Es gibt eine Vielzahl von Originalarbeiten äthio-
pischer Geistlicher, z. B. Hagiografien, Hymnen, Gedichte
und königliche Chroniken – wichtige Quellen, um die Verehrung ausländischer und örtlicher Heiliger, der Jungfrau
Maria und anderer heiliger Figuren zu verstehen. Viele der
Schriften werden an Fest- und Fastentagen gelesen. Die
höchsten dieser Festtage sind Mäsäl (Kreuzfest), Timkat
(Epiphanias), Fasika (Ostern) und Lidät (Weihnachten).

Die äthiopische Kirche leistete auch einen wichtigen
Beitrag zur Entwicklung anderer Künste. Kirchengebäude
gehören zu den wichtigsten architektonischen Monumen-
ten, insbesondere in Anbetracht der nur geringen Urbanisie-
rung. Die bildende Kunst mit ihren Wandgemälden, Ikonen
und Zeremonienkreuzen war entscheidend dafür verantwortlich, den Menschen in einer größtenteils analphabetischen
Gesellschaft den Glauben nahezubringen.

Die moderne äthiopische Kirche

Nach der Revolution von 1974 verlor die Kirche einen
Großteil ihres Einflusses, da das marxistische Militärregime,

das bis 1991 an der Macht war, die Rolle der Religion drastisch einschränkte. Nach den ersten paar Jahren gab es zwar
kaum noch eine aktive Verfolgung von Christen, aber die
Kirche hatte ihre Macht und – im Rahmen der Verstaatli-
chung von Ländereien – auch einen beträchtlichen Teil
ihres Landbesitzes verloren. Dennoch erhielt sie Unterstützung von der Basis. Nach dem Regierungswechsel 1991
kam es zu weiteren Unruhen, als ein neuer Patriarch gewählt wurde und sein Vorgänger ins Exil ging.

1993 erlangte die Provinz Eritrea nach langem Kampf
endlich ihre Unabhängigkeit und wurde zur Heimat der
eigenständigen eritreisch-orthodoxen Kirche. Über eine
Million Äthiopier, die ihr Land im 20. Jh. verließen, gründeten in ihren neuen Heimatländern Dutzende neuer
Kirchengemeinschaften.

Oben: Der äthiopische Kaiser
Haile Selassie I., dessen Name
„Macht der Dreifaltigkeit"
bedeutet, behauptete, ein
Nachkomme König Salomons
und der Königin von Saba zu
sein. Er wurde durch einen
Militärstreich 1974 abgesetzt.

Links: Die Dorfbewohner um
Äthiopiens alte Hauptstadt
Lalibela sind fast alle äthiopisch-
orthodoxe Christen – im Gegen-
satz zu anderen Regionen des
Landes, in denen auch nicht-
orthodoxe Christen und
Muslime leben.

ROM, SPANIEN, GALLIEN UND BRITANNIEN

Oben: Dieser Wandteppich verdeutlicht den Kampf, der in Westeuropa zwischen dem Christentum und dem Heidentum tobte. Die drei Figuren auf der rechten Seite läuten Glocken, um böse Geister und heidnische Götter zu vertreiben.

Die rasche Ausbreitung des Christentums in Westeuropa wurde durch vier Faktoren gefördert: Das Römische Reich bot politische Stabilität und Kontakt zwischen den Städten; entlang der Mittelmeerküsten konnte man leicht zu entfernten Städten reisen; es gab gute Straßen, und viele Städte hatten große jüdische Gemeinden, die der erste Anlaufpunkt für Missionare waren. Das Christentum war ein städtisches Phänomen. Es breitete sich entlang der Handelsrouten von Stadt zu Stadt aus. Tatsächlich galten die ländlichen Gebiete *(pagus)* dem christlichen Leben eher als feindlich gesonnen – deshalb wurden die Nichtchristen später als „pagani" (wörtlich „Bauern", übertragen „Heiden") bezeichnet.

Um das Jahr 49 gab es auch in der jüdischen Gemeinde Roms erste Christen, und im folgenden Jahrzehnt existierten bereits mehrere Kirchen, einige davon für die ärmere Arbeiterklasse. Die römische Gemeinde zog Menschen aus dem ganzen Reich an und hatte gute Kontakte zu den meisten Gebieten. Gegen Ende des 1. Jh. war sie – wie Jerusalem – ein wichtiges Zentrum des Christentums. Es existiert ein Brief aus dem Jahr 96 von Bischof Clemens von Rom an die korinthische Gemeinde; es gibt auch Briefe, die Bischof Ignatius von Antiochia im Jahr 110 verfasste, als er als Gefangener nach Rom gebracht wurde, um dort hingerichtet zu werden. Darin bat er die römischen Christen, ihn willkommen zu heißen und ihn mit ihren Gebeten zu unterstützen.

Das Christentum breitet sich nordwestwärts aus

Paulus hatte einst darüber nachgedacht, nach Spanien zu reisen und dort zu predigen, dies aber nie getan. Wann das Christentum in Spanien ankam, wissen wir nicht. Zuerst gelangte es nach Gallien, in die griechischsprachigen Synagogen im Rhônetal. Gegen Ende des 2. Jh. berichtete Bischof Irenäus von Lyon von vielen Kirchen in Gallien sowie von Christen in Spanien und Britannien. Diese nordwestliche Ausbreitung wird durch das Auftauchen der ersten lateinischen christlichen Dokumente unterstützt, denn Latein war damals die Alltagssprache im westlichen Teil des Römischen Reichs.

EDESSA, SYRIEN UND ARABIEN

Edessa und Damaskus waren wichtige Zentren christlicher Missionare. Von Edessa reisten sie nach Osten und bekehrten viele Gebiete im östlichen Mesopotamien und in Persien. Von Damaskus aus führten ihre Missionsreisen sie in alle Himmelsrichtungen. Auch Paulus von Tarsus nutzte die Stadt als seinen Ausgangspunkt.

Wie wurde Edessa bekehrt?

Wie Edessa, eine Stadt im nördlichen Mesopotamien (heutige Türkei), bekehrt wurde, ist Stoff für Legenden. Die bekannteste Geschichte stammt au Eusebius' *Kirchenge-schichte* aus dem 4. Jh.: König Abgar V. Ukhama, der Edessa 9–46 regierte, hörte von den Wunderheilungen Jesu. Kurz vor der Kreuzigung schrieb er Jesus mit der Bitte, ihn von einer chronischen Krankheit zu heilen. Da er von der jüdischen Feindseligkeit Jesus gegenüber wusste, bot er ihm sein Haus als sicheren Ort an. Eusebius berichtet, dass Jesus dem König antwortete und ihn in seinem Brief segnete, die Einladung jedoch ablehnte. Er versprach, dass nach seinem Tod und seiner Himmelfahrt einer seiner Jünger den König heilen würde.

So wurde Thaddäus nach Edessa geschickt, wo er König Abgar kurierte und ihn zum Christentum bekehrte. Laut anderer Quellen war es jedoch erst Abgar IX., der den christlichen Glauben annahm und das Christentum zur offiziellen Staatsreligion machte. Bis 190 war das Christentum in ganz Mesopotamien verbreitet, und bereits 197 wurden erste christliche Konzile in Edessa abgehalten.

Syrien und Arabien

Auch in Syrien gab es schon früh viele Christen. Das Predigtamt des Paulus hatte großen Einfluss auf die Einwohner von Damaskus, das zu einer christlichen Hochburg und zum Ausgangspunkt der zweiten Missionsreise Paulus' durch Kleinasien und nach Griechenland wurde.

Paulus von Tarsus und Bartholomäus (einer der zwölf Apostel) verbrachten beide einige Zeit in Arabien. Wir wissen nicht, ob sie dort christliche Gemeinden gründeten; sicher ist aber, dass es im 3. Jh. Christen im Norden und Süden Arabiens gab. Die nördlichen Gemeinden an der Ostgrenze des Römischen Reichs könnten auch durch normale Handelskontakte entstanden sein. Südwestarabien, die Heimat des Königreichs Himjar, unterhielt ebenfalls viele Handelsbeziehungen – und zwar mit Alexandria, einer Stadt mit vielen christlichen Bewohnern.

Im 5. Jh. konvertierten mehrere Könige der Himjaren zum Judentum. Als die jüdischen Herrscher versuchten, die Christen dazu zu zwingen, ihren Glauben aufzugeben und das Judentum anzunehmen, kam es zu einer Reihe von Massakern. Letztlich konvertierte die gesamte arabische Halbinsel zum Islam, obwohl es noch einige christliche Gemeinden in Najran gegeben haben soll, in denen laut dem arabischen Historiker Ibn-Isaq das Christentum ursprünglich in Saudi-Arabien Fuß gefasst hatte.

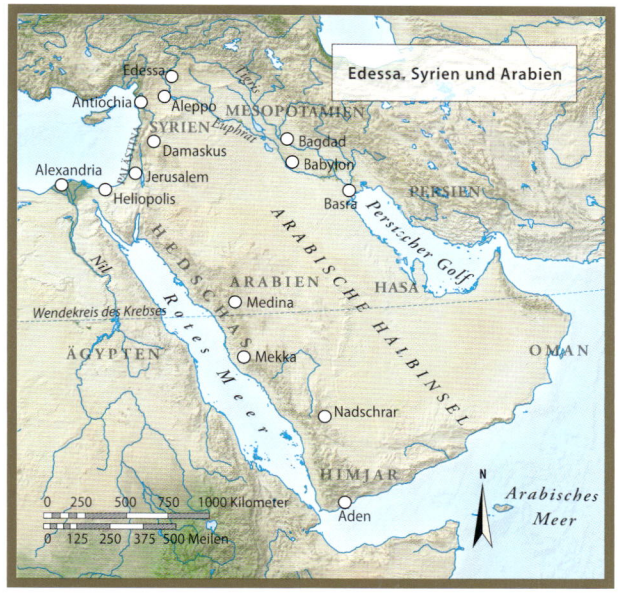

Edessa, Syrien und Arabien

Unten: Dieses Bild aus dem 8. Jh. aus dem Katharinenkloster auf der Sinaihalbinsel zeigt König Abgar, der das Mandylion oder Christusbild von Edessa hält – ein Tuch, auf dem das Gesicht Jesu zu sehen war.

PERSIEN UND INDIEN

In Apostel 2,9 werden Parther, Meder und Mesopotamier als Pfingstzeugen angegeben. Anfang des 3. Jh. war das Christentum in Persien mit Diözesen vom Euphrat bis zum Kaspischen Meer etabliert. Unter der Sassanidenherrschaft (226–651) erlebten Christen als mögliche Anhänger des Byzantinischen Reichs abwechselnd Phasen der Toleranz und Verfolgung. 424 reagierte die persische Kirche darauf mit der Erklärung, nun von einer eigenen Synode regiert zu werden und ihre eigenen Patriarchen zu bestimmen.

In Persien hatten Muslime Kontakt zu großen christlichen Gemeinden. Im 8. Jh. – unter den Abbasidenkalifen – waren syrischsprachige Christen aktiv an der Übersetzung philosophischer Texte des Aristoteles aus dem Griechischen ins Arabische beteiligt. Nachdem die Mongolen 1258 Bagdad einnahmen, mussten sich die Christengemeinden mit neuen Ideen und Kulturen befassen. Unter der türkisch-mongolischen Herrschaft Timur Lenks im 14. Jh. wurden sie auf eine Enklave in Kurdistan, nahe Urmia, reduziert.

Heute leben etwa 300.000 Christen im Iran, die Vertreter im *Madschlis* (Parlament) haben – zwei für die Armenier und einen für die Assyrer.

Unten: Der Nationalschrein der St.-Thomas-Kathedrale in Mylapore, südlich von Chennai (ehemals Madras), soll über dem Grab des Apostels gebaut worden sein.

Thomas bringt das Christentum nach Indien

Der Überlieferung nach brachte der Apostel Thomas das Christentum im Jahr 52 nach Indien. Er wurde zum Märtyrer, und Marco Polo besuchte sein Grab in Mylapore. Laut anderen frühen Quellen kam der heilige Thomas aus Mesopotamien, um im Punjab einen Palast für König Gondophares zu bauen. Entlang der Gewürzrouten aus Ägypten folgten ihm einige Missionare, einschließlich des heiligen Bartholomäus. Als Vasco da Gama 1498 an der Malabarküste landete, entdeckte er fest etablierte christliche Gemeinden, die viele Hindubräuche angenommen hatten, z. B. die Abstinenz von Rindfleisch. Im 16. Jh. versuchte die römisch-katholische Kirche, die „ketzerischen" Christen zu kontrollieren. Bei der Synode von Diamper (in Udayampur) 1599 verlangte sie die vollständige Unterwerfung und verbrannte die Bücher und Verwaltungsaufzeichnungen der Thomaskirche. Die Inquisition dauerte in Indien bis Mitte des 16. Jh. an.

Heute leben indische Christen vor allem in Kerala. So gibt es dort die syro-malabarische Kirche (eine unierte Kirche), die syrisch-orthodoxe Kirche (der Metropolit lebt in Thrissur), die syro-malankara-katholische Kirche und die Mar-Thoma-Kirche. Sie alle verwenden Syrisch in der Liturgie, während Malayalam die Umgangssprache ist.

ARMENIEN UND GEORGIEN

✝ Traditionell gelten der heilige Thaddäus und der heilige Bartholomäus als die ersten „Erleuchter" Armeniens. Bartholomäus kam im Jahr 60 nach Armenien und wurde acht Jahre später zum Märtyrer. Tiridates III., der mithilfe Diokletians 287 seinen Thron zurückeroberte, ließ vor seiner eigenen Konvertierung Christen verfolgen. 301 wurde das Christentum in Armenien zur offiziellen Religion und Gregor der Erleuchter zum ersten Patriarchen ernannt. 405 übersetzte man die Bibel unter der Führung Mesrops ins Armenische, um sie dem Volk nahezubringen. Dabei verwendete man ein Alphabet, das ca. 387 speziell zu diesem Zweck entwickelt wurde. Die Armenier waren nicht offiziell beim Konzil von Chalkedon vertreten, da sie vom Persischen Reich bedroht wurden. Bei der zweiten Synode von Dvin 551 wurden die Entscheidungen des Konzils von Chalkedon verurteilt, weil diese zu sehr an den Nestorianismus erinnerten. Während der Herrschaft der Osmanen kam es 1894–1923 zu mehreren Massakern an Armeniern. Heute gehören in Armenien 93% der Bevölkerung der armenisch-orthodoxen Kirche an. Zudem gibt es eine große Diaspora in den USA.

Die Mission der heiligen Nino

Nach Georgien kam das Christentum der Überlieferung zufolge durch die heilige Nino. Zuerst missionierte sie die Juden, die in dort lebten, dann heilte sie die georgische Königin Nana. Als es König Mirian III. gelang, einen Sturm abzuwehren, indem er Ninos Gott anrief, ließ er im Jahr 334 sich und 337 sein gesamtes Reich bekehren. Er baute die Swetizchoweli-Kathedrale in der Hauptstadt Mzcheta. 419 trafen sich die georgischen Bischöfe bei der Synode von Seleukia. In der zweiten Hälfte des 5. Jh. erhielt das Land sein eigenes Patriarchat und ein Jahrhundert später die ekklesiastische Unabhängigkeit. Bis Ende des 6. Jh. arbeitete das Christentum in Georgien Hand in Hand mit Armenien. Bei der dritten Synode von Dvin (ca. 608) kam es zum Streit zwischen dem georgischen und dem armenischen Patriarchen, woraufhin Ersterer exkommuniziert wurde. Die georgische Kirche wurde wieder in die Gemeinde der Chalkedonier aufgenommen, in der sie bis heute geblieben ist.

Ober: In diesem Ausschnitt aus einer armenischen Handschrift aus dem 14. Jh. sieht man die Hochzeit zu Kana, bei der Jesus seine „Herrlichkeit offenbarte", indem er Wasser in Wein verwandelte (Johannes 2,1–11).

GOTEN UND FRANKEN

✝ Im 3. Jh. zwangen germanische Stämme, allen voran die Goten, das Römische Reich in die Knie. Von da an waren sie stets präsent – manchmal kriegerisch, manchmal friedlich. Die Missionierungsarbeit begann nur langsam, nahm dann aber eine völlig unerwartete Wendung.

Der große Augenblick war die Bekehrung der Goten zum Arianismus durch Wulfila (ca. 311–383). Der später als Ketzer verurteilte Arius hatte argumentiert, dass Christus nur den zweiten Rang hinter Gott dem Vater einnahm, da er von ihm geschaffen worden war. Wulfilas Großeltern mütterlicherseits waren im 3. Jh. von den Goten verschleppt worden, und er wuchs unter ihnen auf. So kam er als Mitglied der gotischen Abordnung nach Konstantinopel. Kaiser Konstantin (317–361) war Arianer, wie auch sein Bischof Eusebius. Aufgrund ihres Einflusses wurde auch Wulfila Arianer und 341 zum Bischof ernannt. Er erhielt den Auftrag, bei den Goten in Moesia Secunda (dem heutigen Bulgarien) zu arbeiten, was er mit Begeisterung tat. Er entwickelte die gotische Schrift und verwandelte so eine gesprochene Sprache in eine Schriftsprache. Zudem übersetzte er die Bibel ins Gotische.

Die Goten wurden ihrerseits zu Missionaren anderer Stämme wie Westgoten, Wandalen, Sweben, Burgundern und Ostgoten. Sie alle konvertierten zum Arianismus, was sie deutlich von den katholischen Christen unterschied. Es war ein ethnisches und religiöses Kennzeichen: Barbarische Invasoren waren Arianer, Römer waren orthodox.

Die Franken erobern das römische Gallien

Einzig die Franken waren auf Anweisung ihres Herrschers Chlodwig I. (ca. 466–511) zum Katholizismus übergetreten. Nach seiner Konvertierung im Jahr 506 erhielt er Unterstützung von katholischen Bischöfen und römischen Behörden und konnte so einen Großteil der römischen Provinz Gallien erobern. 507 besiegte der als grausam, aber

effizient bekannte Chlodwig die arianischen Westgoten und erzwang ihren Übertritt zum Katholizismus. Von diesem Zeitpunkt an wurden auch aus den Burgundern und Sweben langsam, aber sicher Katholiken.

Viele andere blieben jedoch arianisch. Das Weströmische Reich befand sich damals unter der Kontrolle der Barbaren – mit einem ostgotischen Herrscher, der in Italien saß. Theoderich (ca. 455–526) war selbst Arianer, duldete während seiner langen Herrschaft aber sowohl das arianische als auch das katholische Christentum. So sollte es jedoch nicht bleiben, denn Justinian (ca. 483–565) vertrieb von Konstantinopel aus die arianischen Goten aus Italien.

Rechts: Chlodwig I., König der Franken, wurde in Reims vom heiligen Remigius getauft. Seine Bekehrung war dem Einfluss seiner Frau Chrodechild – einer Katholikin – zu verdanken.

Europa und der Nahe Osten, 6. Jh.

- ▨ Vandalen
- ▨ Westgoten
- ▨ Angeln u. Sachsen
- ▨ Hunnen
- ▨ Ostgoten
- ▨ Oströmisches Reich
- ▨ Franken

0 250 500 750 1000 Kilometer
0 125 250 375 500 Meilen

IRLAND

Irland war niemals Teil des Römischen Reichs, deshalb gelangte das Christentum auf anderen Wegen ins Land. Mit Irland war das Christentum nun auch zum ersten Mal aus dem römisch-mediterranen Bereich ausgebrochen, in dem es entstanden war.

Die ersten Christen, die nach Irland kamen, waren in Britannien gefangene Sklaven. 431 war die christliche Gemeinde bereits groß genug, sodass Papst Celestin einen ersten Bischof – Palladius – hinüberschicken konnte. Von seiner Arbeit sind jedoch keinerlei Spuren geblieben. Die frühen Gruppen müssen aber sehr erfolgreich gewesen sein, denn Mitte des 6. Jh. florierte die Kirche bereits, und es gab viele Klöster, von denen einige sogar Mönche in die von den Barbarenkönigen regierten Teile Europas entsandten. Columban arbeitete z. B. in Frankreich, der Schweiz und schließlich im italienischen Bobbio südlich der Alpen.

Der heilige Patrick und Palladius

Was geschah aber in der Zwischenzeit? Wir wissen es nicht. Heute existieren nur noch zwei kurze Schriften eines Bischofs mit Namen Patrick, der in Britannien geboren worden war. Er stammte aus einer Familie von Geistlichen und wurde mit 16 Jahren als Gefangener nach Irland gebracht. Später predigte er, wo noch keiner vor ihm gepredigt hatte. Wir wissen, dass er sich wegen seiner Ansichten mit den Christen um ihn herum zerstritt und dass er die christlichen Sklavenhändler verdammte. Als die Iren in den 680er-Jahren versuchten, die Geschichte derjenigen aufzuschreiben, die das Land bekehrt hatten, kannten sie nur zwei Namen – Palladius and Patrick –, und nur über Patrick gab es Berichte. Da sie jedoch einen angemessen großartigen Religionsgründer benötigten, wurde Patrick in einen großen Missionar verwandelt, der praktisch das ganze Land im Alleingang bekehrt hatte. So wurde er zu einem mächtigen Heiligen (und Palladius verschwand ganz aus der Geschichte). Patricks „Verwandlung" war so erfolgreich, dass man ihn zum großen Schutzheiligen Irlands ernannte – sein Festtag, der 17. März, wird heute auf der ganzen Welt als Feier der irischen Identität begangen.

Oben: Der Legende nach erfand der heilige Patrick das keltische Kreuz, indem er das heidnische Kreissymbol für Sonne und Mond mit dem lateinischen Kreuz kombinierte, um den Heiden zu zeigen, dass das Christentum das Heidentum ersetzt hatte.

Oben: Patrick wird eine Reihe von Taten zugeschrieben, die aber wahrscheinlich niemals geschehen sind. So soll er die Schlangen aus Irland verbannt haben und mit zwei mythischen Kriegern umhergereist sein.

DIE MÄRTYRER

Rechts: Kaiser Maximinus verurteilte die heilige Katharina von Alexandria zum Tod auf dem Rad, weil sie seine Christenverfolgung kritisiert hatte. Bei ihrer Berührung zerbrach das Rad jedoch. In der Folge wurde sie enthauptet.

✝ Sobald das Christentum als Religion und Sozialform in Erscheinung trat, stieß es auf Gegenwehr. Die Christenverfolgung nahm verschiedene Formen an – inklusive Gefangennahme und Folter –, und anfangs stand das Märtyrertum (vom griechischen *martys*, wörtlich „Zeuge") für jede Bekenntnis zum Glauben im Angesicht feindlicher Mächte.

Die ersten Märtyrer

Die ersten christlichen Märtyrer waren Stephanus, ein Anführer der hellenisierten Juden in Jerusalem, und der Apostel Jakobus. Obwohl das Märtyrertum die Spannungen zwischen Christen und (anderen) Juden sowie mit den römischen Behörden widerspiegelte, wurde es in der Folge vor allem zum Symbol der Spannung zwischen der wachsenden Kirche und dem heidnischen Reich.

Die Apostel Petrus und Paulus werden traditionell den Opfern des Christenmassakers durch Kaiser Nero zugerechnet, was ein Versuch war, die Schuld an dem großen Feuer, das Rom 64 teilweise zerstörte, abzuschieben. Trotz dieser vereinzelten Ausbrüche institutioneller Gewalt gab es in den ersten zwei Jahrhunderten keine groß angelegte oder systematische Gewalt gegen Christen. Es gab nur einige Dutzend Opfer, und viele von ihnen waren Anführer wie der alte Bischof Polykarp von Smyrna (gest. ca. 155) oder Bekehrte wie die ehrbare junge Mutter Perpetua (gest. 203), deren symbolische Bedeutung sie zu einem attraktiven Ziel für die Behörden machten, um ein Exempel zu statuieren und andere abzuschrecken.

Angeregt wurden diese Angriffe von der religiösen Exklusivität der Christen. Da sie sich weigerten, an städtischen Ritualen mit einem religiös-heidnischen Charakter

teilzunehmen, wirkten sie unsozial und zogen als Gemeinde den Unmut auf sich. Auf populistischer Ebene kamen Anschuldigungen über Kannibalismus, Hexerei und Perversion auf – wie es oft geschieht, wenn eine ausgeprägte ethnische oder religiöse Gruppe abgelehnt und ihre Praktiken nur schlecht verstanden werden. In einigen Fällen entluden sich diese Verdächtigungen in Mobgewalt, etwa bei den Märtyrertoden von Lyon im Jahr 177.

Erst Mitte des 3. Jh. gerieten die Christen im Römischen Reich ernsthaft in Gefahr, und zwar als Kaiser Decius (reg. 249–251) versuchte, offizielle heidnische Opferrituale einzuführen. Die neue Anordnung, die sich unter Valerian

Unten: Sant'Agnese in Agone auf der römischen Piazza Navona wurde am Ort des Märtyrertums der heiligen Agnes gebaut, die dafür sterben musste, dass sie Gott statt einer Zwangsheirat wählte.

253–260 fortsetzte, führte zu vielen Märtyrertoden und auch zur Apostasie sowie zu Abspaltungen innerhalb der Kirche, die Jahrhunderte andauerten. Zu den Opfern jenes Jahrzehnts gehörten der römische Bischof Fabianus sowie der afrikanische Bischof und Theologe Cyprian. 303 leitete Diokletian die große Verfolgungswelle ein, der Hunderte Christen insbesondere in den östlichen Provinzen des Reichs zum Opfer fielen, und deren Geschichten seitdem den Heiligenkalender füllen.

Mit der Thronbesteigung Konstantins, einem bekehrten Christen, zuerst als Herrscher des Westens und schließlich ab 324 als Gesamtherrscher endete die Christenverfolgung im Römischen Reich. Die neuerliche Beziehung der Kirche zum Reich wurde außerhalb der Reichsgrenzen jedoch misstrauisch beobachtet – z. B. in Persien, wo König Schapur II. 341 brutal gegen Christen vorging – und bot so weiterhin genug Möglichkeiten für Märtyrer.

Gedenken an die Märtyrer

Obwohl sie nicht sehr zahlreich waren, hatten die antiken Märtyrer große Bedeutung für die frühchristlichen Gemeinden. Während ihrer Gefangenschaft und bzw. oder Folterung galten sie als Quellen übernatürlicher Kräfte, als wären sie schon vor ihrem Tod Gott nahe. Ihre Vorbilder inspirierten viele, deren Ausübung des Christentums zwar gefährlich, aber nicht lebensbedrohend war. Entscheidend zum Verständnis des Märtyrertums waren dabei die Parallelen zu Jesus selbst, da diejenigen, die starben, ihren Herrn nachahmten und sein Schicksal teilten.

Die Ehre eines Märtyrers war für einige attraktiv, für andere – aus offensichtlichen Gründen – eher beängstigend. Christliche Anführer und Theologen rieten, einem Mittelweg zwischen der exzessiven Sehnsucht nach dem Märtyrertum und der Feigheit oder Apostasie zu folgen. Oftmals war die Wahl aber nicht einfach. Der Kirchenhistoriker Eusebius von Caesarea berichtete vom freiwilligen Märtyrertum christlicher Frauen in Antiochia, die durch ihre Verfolger eher den Verlust ihrer Keuschheit als ihres Lebens befürchten mussten.

Die Erinnerung an die Beispiele der Märtyrer wurden auf vielerlei Weise bewahrt. Über ihren Tod wurden Geschichten geschrieben und öffentlich vorgelesen; ihre Überreste wurden aufbewahrt und als kostbare Reliquien verehrt; der Jahrestag ihres Todes wird gefeiert. Hier liegt der Ursprung des Heiligenkults, wie er von der katholischen und der orthodoxen Kirche fortgesetzt wurde: Die Märtyrer waren im Grunde die ersten Heiligen.

EINSIEDLER UND ZÖLIBATEN

✝ Im 4. Jh. entstand in Palästina, Syrien und vor allem Ägypten eine asketische Form des christlichen Lebens. In der Wüste befreiten sich die Christen von den häuslichen, finanziellen und sozialen Zwängen des Reichs, genau wie von den Abgaben, der Kontrolle und der zunehmenden Komplexität des Kirchenlebens. Hier waren Männer und Frauen eher gleichberechtigt, und Autorität erhielten nur diejenigen, die sich als weise und heilig erwiesen. Letzten Endes wurde aber auch das Christentum in der Wüste der Kontrolle der Bischöfe unterstellt.

Zölibate Frauen waren von Anfang an im Christentum von Bedeutung. Indem sie sich weigerten, zu heiraten und Kinder zu bekommen, lehnten sie die Rolle ab, die ihnen die Gesellschaft zugestand. Da aber deren Fortbestand davon abhing, dass Frauen Kinder bekamen, war die Bedrohung der Ordnung eindeutig. Im Lauf der Zeit hörten Jungfrauen jedoch auf, Symbole der radikalen gesellschaftlichen Umwandlung zu sein, und wurden stattdessen zu Symbolen des perfekten Gehorsams gegenüber männlichen Autoritäten. Obwohl ihnen die kirchliche Macht der Priesterweihe versagt war, hatte die charismatische Macht ihrer Askese, ihrer Heiligkeit und ihrer Weisheit Bestand.

Nach und nach begannen sich Gemeinden Gleichgesinnter, um angeblich heilige Männer wie den heiligen Antonius, den heiligen Pachomios, die Wüstenväter Abba Moses (heilige Moses der Äthiopier), Abba Lot (heiliger Lot von Ägypten) und Abba Sisoes (heiliger Sisoes der Große) sowie um die Frauen der Wüste wie Amma Synkletike (heilige Synkletike aus der Wüste)und Amma Sara (heilige Sara die Einsiedlerin) zu versammeln.

Einflussreiche Mönche

Nach dem Tod seiner Eltern inspirierte die Heilige Schrift den heiligen Antonius (251–356), alles hinter sich zu lassen und Christus zu folgen. Nachdem er das Wohlergehen seiner jüngeren Schwester gesichert hatte, lebte er viele Jahre als Einsiedler. Dabei zog er immer tiefer in die Wüste, wenn sich die Kunde von seiner Heiligkeit und Weisheit verbreitete und die Menschen kamen, um Rat bei ihm zu suchen. Später freundete er sich mit der Idee an, andere zu lehren, und nahm diejenigen auf, die zu ihm kamen. Seine Weisheit zog viele an – sowohl ernsthafte Jünger als auch neugierige Besucher. Der Bericht, den Athanasius über sein Leben schrieb, beeinflusste die Verbreitung des monastischen Lebens über Generationen hinweg.

Der heilige Pachomios (ca. 286–346) konvertierte als junger Mann zum Christentum und lebte viele Jahre als Einsiedler, bevor auch er dem Ruf folgte, eine Gemeinde zu gründen. Er nutzte sein Talent als Organisator und Verwalter zum Aufbau einer monastischen Struktur für viele Mönche. Seine neun Klöster – sieben für Männer, zwei für Frauen – waren wie Kleinstädte, da dort mehrere Tausend Mönche und Nonnen lebten. Die Klöster waren in Häuser

Unten: Während seiner Zeit in der Wüste wurde der heilige Antonius mehrmals von Satan in Versuchung geführt, vom spirituellen Pfad abzuweichen, aber er blieb seinem monastischen Leben stets treu.

WAS IST EIN MÖNCH?

Das Mönchstum kam im späten 3. Jh. in Ägypten auf. Während es sich teilweise auf die Einsiedelei bezog, beschrieb es gleichzeitig aber auch das vollkommen auf Gott ausgerichtete Leben und die daraus resultierenden marginalen Beziehungen zur Außenwelt des Mönchs bzw. der Nonne. Auch das Zölibat wurde von Anfang an mit dem monastischen Leben der Männer und Frauen in Verbindung gebracht. Ein Mönch lebte in jeder Hinsicht allein – sei es als Einsiedler oder in der Gemeinschaft mit anderen Mönchen.

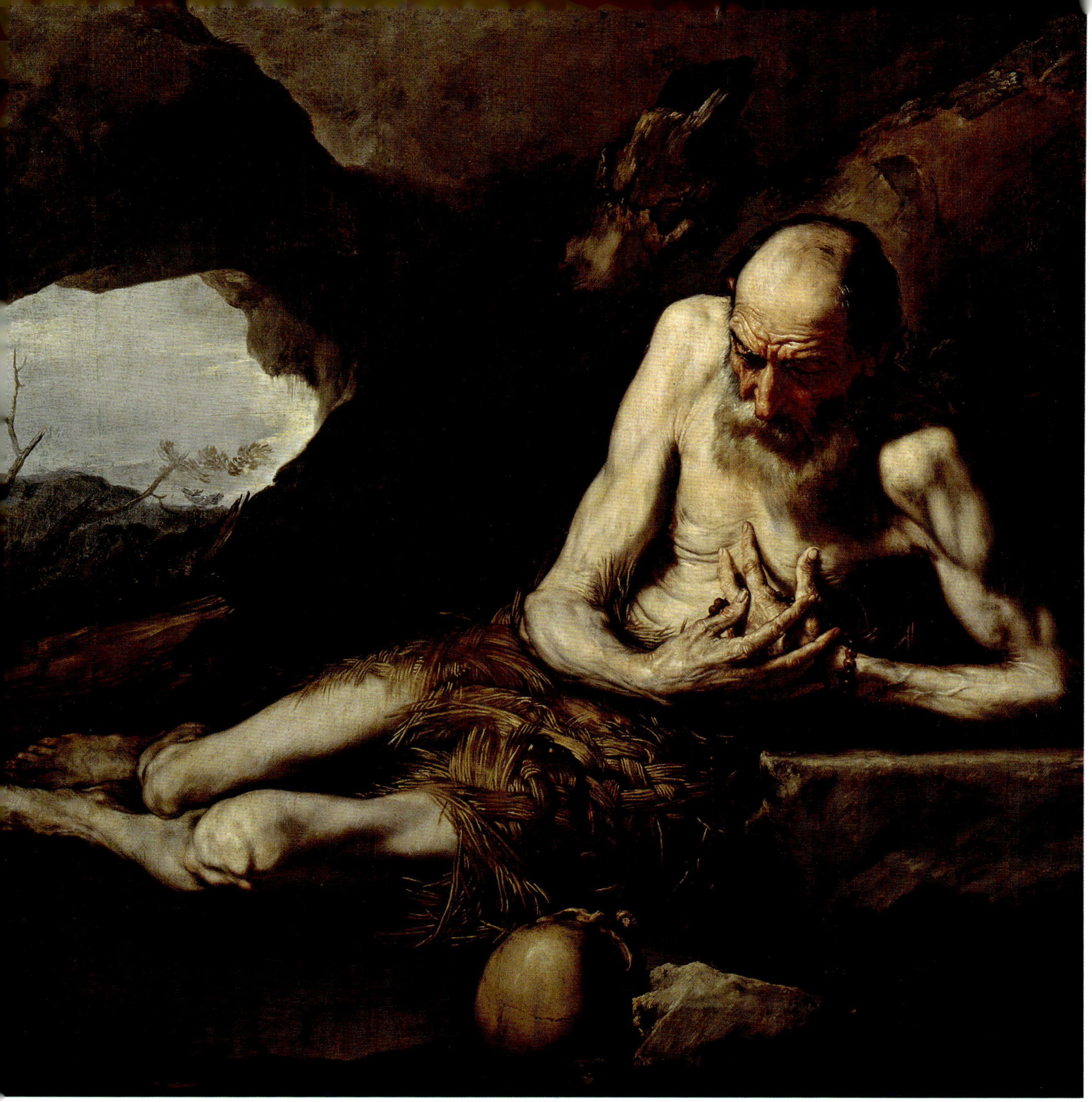

Links: Der hl. Paulus der Einsiedler entkam der Christenverfolgung durch Kaiser Decius, indem er sich bis zu seinem Tod mit 113 Jahren in einer Höhle in der thebanischen Wüste versteckte.

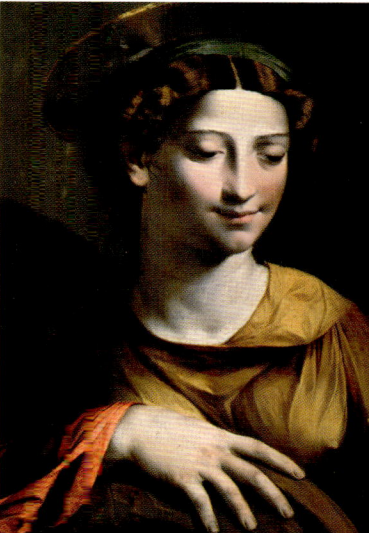

Oben: Die heilige Katharina von Alexandria war eine von vielen Frauen, die ihr Leben Gott widmeten. Ihre eloquenten Reden über christliche Frömmigkeit veranlassten viele ihrer Gegenspieler, zum Christentum überzutreten.

Links: Bethlehem, der heilige Geburtsort Jesu, war das Zentrum des Klosterlebens nach Hieronymus. Eines seiner wichtigsten Werke, *De viris illustribus,* verfasste er dort im Jahr 392.

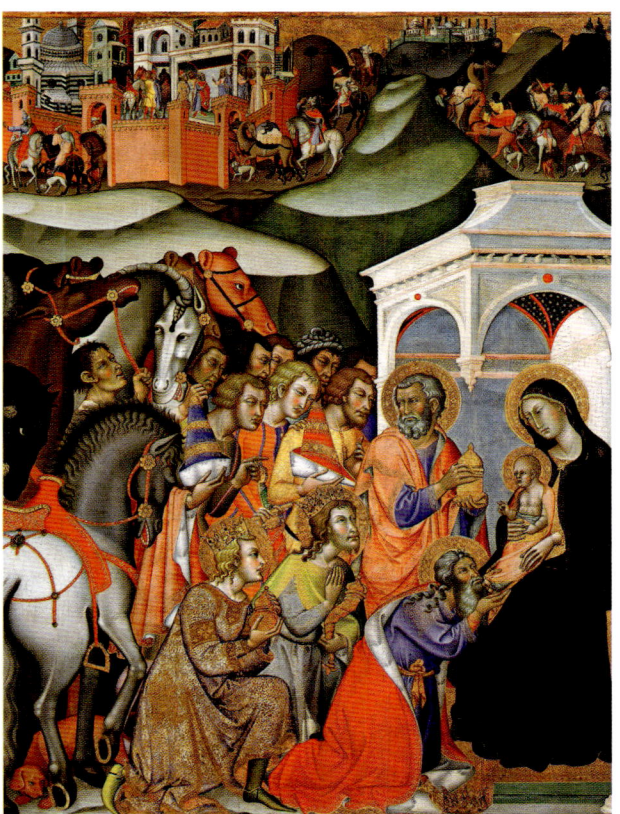

zu je 30 oder 40 Mönchen aufgeteilt, die ihren jeweiligen Berufen nachgingen. Die hergestellten Waren wurden dann über den Nil nach Alexandria gebracht. Mit dem Geld half man den Armen. Das Leben in den Klöstern war sehr beliebt, und die Ansprüche waren gering.

Der heilige Schenute (ca. 348–453) war charismatisch und konnte sich gut durchsetzen. Als Antwort auf Pachomios' moderaten Stil gründete er eigene Klöster, in denen es deutlich strenger zuging. Er erwartete von seinen Mönchen Bußfertigkeit und Gehorsam.

Der heilige Hieronymus (ca. 347–420) lebte als Mönch in Syrien und Bethlehem und war vor allem in Bethlehem für Nonnenklöster verantwortlich. Seine Schriften – allen voran *Vita Pauli* (über den heiligen Paulus von Theben) – trugen zur Verbreitung monastischer Ideale und Praktiken bei, und seine Übersetzungsarbeiten schufen eine weitere Verbindung zwischen der Schrift und dem Mönchstum.

Der heilige Johannes Cassianus (ca. 360–435) brachte die Gläubigkeit aus den Wüsten des Ostens in die Kirche des Westens. Etwa 415 kam er nach Marseille, wo er zwei Klöster gründete, für die er *De institutis* und *Collationes* über das Leben in den Wüstenklöstern schrieb. Sie wurden für Generationen von Klosterbrüdern zur Pflichtlektüre.

KIRCHENOBERHÄUPTER

Oben: Porträt eines alternden orthodoxen Protodiakons des russischen Malers Ilja Repin. Diese besonderen Diakone sind verheiratet und tragen deshalb eine burgundrote Skufia (weiche, randlose Kappe).

Gegenüber: Je wichtiger Bischöfe innerhalb der Kirche wurden, desto verzierter wurde ihre Kleidung. Am auffälligsten ist die Mitra (liturgische Kopfbedeckung), deren Form und Stil in den Ost- und Westkirchen unterschiedlich sind.

Unten: Fra Angelicos *Heilung des Diakons Justinian* zeigt zwei Heilige – Damian und Kosmas –, die Justinians krankes Bein amputieren und es durch das gesunde Bein eines verstorbenen Äthiopiers ersetzen.

Die ersten Anführer der christlichen Bewegung bezogen ihre Autorität von einer persönlichen Verbindung zu Jesus oder einer scheinbar direkten Inspiration von Gott. Viele orthodoxe Kirchen nennen einen der zwölf Apostel als ihren Gründer, z. B. Thomas in Indien, Philippus in Äthiopien, Bartholomäus in Arabien und Thaddäus in Armenien. Jakobus, der Bruder Jesu, schien die Jerusalemer Urgemeinde aufgrund seiner Familienbeziehung geleitet zu haben. Der Apostel Paulus ist der berühmteste der anderen Gruppe, der Nichtjuden, die kein Teil der ursprünglichen Bewegung waren, sich nach einem intensiven religiösen Erlebnis aber zu einer Mission in die römische Welt außerhalb des Judentums „berufen" fühlten.

Die ersten Kirchenführer

In den Paulusbriefen wird über eine ganze Reihe weiterer charismatischer Anführer aus den ersten zwei Jahrhunderten des Christentums berichtet: Apostel, Propheten, Lehrer und andere, die als von Gott ausersehen galten. Sie spielten eine entscheidende Rolle bei der Gründung christlicher Gemeinden rund um das Mittelmeer zur Mitte des 1. Jh., und ihre Aufgaben waren stets das Lehren und Verkünden. Inspirierende Reden waren ein wichtiger Teil christlicher Versammlungen, die zunächst in Form gemeinsamer Mahlzeiten (Eucharistie oder Agape) stattfanden, wie es für antike Vereinigungen üblich war.

Paulus' Schriften beziehen sich aber auch auf örtliche Anführer mit griechischen Titeln wie *Episkopos, Presbyteros* und *Diakonos* – Begriffe, die wörtlich „Aufseher", „Ältester" und „Diener" bedeuteten, die jedoch den Titeln „Bischof", „Priester" und „Diakon" zugrundeliegen. Die Titel weisen eher auf verwaltende Tätigkeit als auf inspirierende Lehren hin. Auch in jüdischen Synagogen und griechisch-römischen Vereinigungen gab es ähnliche Rollen. Diese Ämter blieben erhalten, während charismatischere Positionen im Lauf der Zeit wieder verschwanden. In der christlichen Tradition werden diese Änderungen oft als einfache

Übergänge präsentiert – Apostel wurden geweiht oder einfach zu den ersten Bischöfen ernannt –, in Wahrheit war es aber um einiges komplizierter.

Obwohl sich die Bezeichnung und die Aufgaben dieser Anführer in den ersten 50 Jahren unterschiedlich darstellten, waren *Episkopoi* („Aufseher") einzelne Anführer mit exekutiver Autorität, während die *Presybteroi* („Ältesten") beratende Funktionen hatten. Der Begriff *Diakonos* war nicht auf dienende oder niedere Arbeiten beschränkt, sondern diese „Diener" nahmen Aufgaben im Bereich der Finanzen, der Wohltätigkeitsarbeit und der Logistik wahr. Alle spielten wichtige Rollen bei der Leitung von Kirchenversammlungen. Frauen bekleideten charismatische, aber auch verwaltende Ämter. Im Neuen Testament wird von weiblichen Aposteln, Propheten und Diakonen berichtet. Im Lauf der Zeit wurden diese Ämter aber nur noch von Männern ausgeübt. Eine Ausnahme war die weibliche Version des Diakons, die in der Ost-, aber nicht in der Westkirche überlebt hat.

Entwicklung des Klerus

Mitte des 2. Jh. hatten sich Bischöfe (wie sie nun offiziell hießen) zu den Köpfen der christlichen Gemeinden in einer bestimmten Stadt oder Region entwickelt. Es gab aber noch immer verschiedene Untergruppen oder Gemeinschaften, die mit einem bestimmten Haushalt oder anderen Versammlungsorten verbunden waren, sodass sich die kirchliche Führungsstruktur weder gleichmäßig noch universal gestaltete. Lehrmäßige und andere Differenzen veranlassten einige Christengruppen (wie die Gnostiker), sich diese autoritären Strukturen vom Leib zu halten.

Es existierten aber auch noch andere Führungspositionen: „Katecheten" oder Lehrer waren in einer Bewegung, in der die eigenen Mitglieder und andere weiter in der Bedeutung des neuen Glaubens ausgebildet werden mussten, von großer Wichtigkeit. Während und nach den Christenverfolgungen wurden „Bekenner", die für ihren Glauben inhaftiert und gefoltert wurden, in einer Gruppe mit den Presbytern genannt. Auch bestimmte Gruppen von Frauen – Witwen und Jungfrauen – hatten gemeinsame Privilegien und Verantwortungen. Nach und nach entstanden weitere offizielle Positionen in Bezug auf Andacht und Verwaltung, etwa Vorleser und Türhüter.

Ab etwa dem 3. Jh. wurden Bischöfe, Presbyter und Diakone als gesonderte Gruppe – der Klerus – angesehen und so von den gewöhnlichen Kirchenmitgliedern – den Laien – unterschieden. Ihre Positionen wurden zu richtigen, teils auch bezahlten Berufen. Als die Kirche im 4. Jh. offiziell anerkannt wurde, erhielt der Klerus zum Teil Unterstützung vom Staat. Inzwischen waren auch die liturgischen Rollen der geweihten Personen klar definiert: Der Bischof führte die meisten Rituale an, obwohl oft auch Presbyter der Eucharistiefeier oder anderen Versammlungen vorstehen konnten. Diakone assistierten ihnen dabei und lasen der Gemeinde traditionell aus den Evangelien vor.

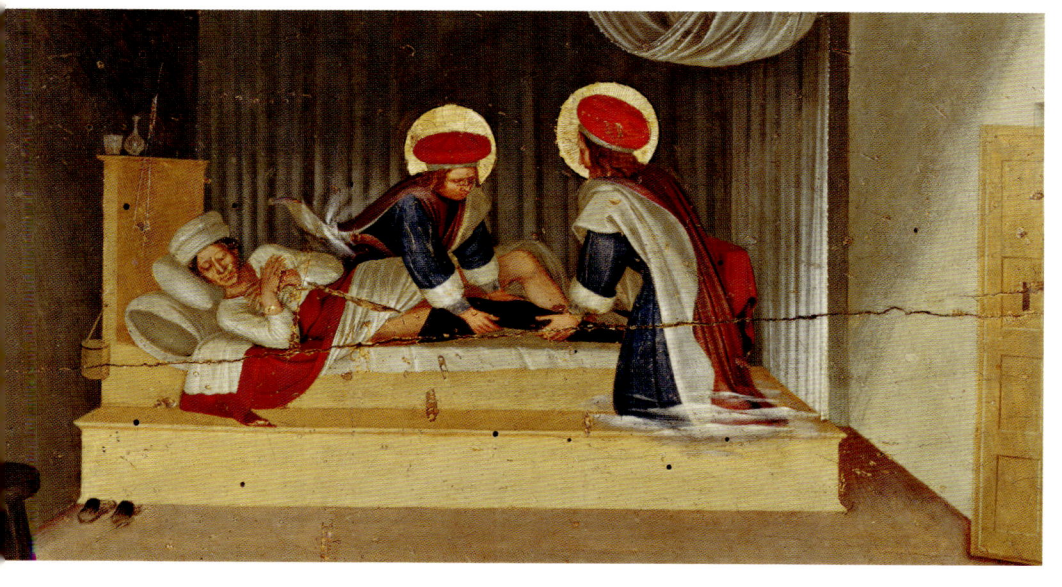

Verbreitung des frühen Christentums
Überwiegend christl. Bevölkerung (ca. 300 n. Chr.)
Einige christl. Bevölkerung (ca. 300 n. Chr.)

DAS RÖMISCHE REICH VOR KONSTANTIN

Unten: Plinius der Jüngere und seine Mutter beobachteten den Ausbruch des Vesuvs und den Untergang Pompejis. Jahre später ordnete Plinius als kaiserlicher Gouverneur *(Legatus Augusti)* Bithyniens die Hinrichtung einiger Christen an.

Einem von den römischen Behörden hingerichteten Anführer – Jesus – zu folgen, stellte für die junge christliche Bewegung eine Herausforderung dar. Einige Christen verteufelten das Römische Reich (wie der Autor der neutestamentarischen Offenbarung); üblicher und praktischer war es, die Autorität des Reichs als vorläufige soziale Ordnung anzuerkennen, welche die göttliche Vorsehung widerspiegelte. Eine Entwicklung in diese Richtung war bereits in den unterschiedlichen Berichten über den Prozess Jesu zu erkennen. Während der römische Gouverneur Pontius Pilatus im ältesten Evangelium (Markus) als Tyrann hingestellt wird, erscheint er im Johannesevangelium als eine Art tragischer Philosoph, der von den Juden manipuliert und dem die Verantwortung für die Kreuzigung Jesu unterstellt wurde.

Verbreitung der christlichen Botschaft

Die *Pax Romana*, eine Zeit des Friedens und der Stabilität unter der Herrschaft Roms im 1. und 2. Jh., schuf ein Umfeld, das der missionarischen Verbreitung des Christentums auf einzigartige Weise dienlich war. Die Infrastruktur, die zur Aufrechterhaltung des militärischen Netzwerks, des Handels und der Provinzverwaltung notwendig war, lieferte den Christen die nötigen Reisewege auf der Straße und über das Mittelmeer. Die Paulusbriefe spiegeln eine pragmatische, ja sogar positive Einstellung gegenüber den Vorteilen dieser Ordnung wider. Paulus' eigener Anspruch auf die römische Bürgerschaft (Apostel 22) zeigt, dass man einer auserlesenen Gruppe innerhalb dieser politischen und geografischen Struktur besondere Rechte zugestand.

Die Verbreitung der christlichen Botschaft wurde auch durch gesellschaftliche Netzwerke von Förderern und durch die Unterstützung adliger Bekehrter vorangetrieben. In Abwandlung heidnischer Praktiken stellten adlige Christen Versammlungsorte zur Verfügung und unterstützten die Gemeinden auch anderweitig. Einige Großgrundbesitzer bauten Gebäude zur liturgischen Nutzung. Privat errichteten sie Mausoleen und Hausaltäre, die sie mit christlichen Bildern schmückten.

Die Christenverfolgung

Während die griechisch-römische Kultur neuen religiösen Bewegungen gegenüber relativ tolerant war, erwartete sie, dass diese der Verehrung traditioneller Götter und der Beachtung religiöser Rituale mit bürgerlicher Bedeutung Platz ließen. Da das Christentum die Ablehnung der Götzenanbetung mit dem Judentum teilte, stellte es einen direkten Gegensatz zu dieser Erwartung dar. Während das Judentum aber als uralte und in seiner Ausbreitung eingeschränkte Religion toleriert wurde, war das Christentum neu und expansionistisch veranlagt und galt deshalb als potenzieller Unruheherd innerhalb des Imperiums.

Anfangs fanden Christenverfolgungen eher sporadisch als systematisch statt. Ein gutes Beispiel findet man in der Korrespondenz zwischen Kaiser Trajan und dem Staatsmann Plinius dem Jüngeren. Als Gouverneur der Provinz Bithynien in Kleinasien 111–113 sollte Plinius gegen die Christen vorgehen – aber nicht zu hart. Spätere Verfolgungen wie unter Decius im Jahr 250 und Diokletian 303 waren durch den Erfolg des Christentums bei der Anpassung an die Bedingungen im Reich provoziert worden.

Als Antwort entstand ein Genre christlicher Literatur, in dem versucht wurde, dem Reich die Praktiken und den Glauben der Kirche zu erklären. Kontroverse Themen wurden in Apologien oder Verteidigungsschriften theologisch betrachtet. Justin der Märtyrer verfasste Mitte des 2. Jh. ein Werk, das an Kaiser Antoninus Pius gerichtet war und in dem er sich auf die Philosophie als gemeinsame Basis des Verständnisses berief. Verschiedene Apologieautoren griffen den heidnischen Glauben an und versuchten gleichzeitig, die christliche Frömmigkeit und Tugend als natürliche und ordentliche römische Empfindsamkeiten darzulegen. Heidnische römische Intellektuelle wie Celsus beschuldigten umgekehrt die Christen, nur den „Bodensatz" der römischen Gesellschaft – Sklaven und ungelernte Arbeiter, aber auch Frauen und Kinder – anzuziehen.

Die Spannungen zwischen Heiden und Christen verschärften sich mit der Einführung des Kaiserkults, der oft zu Konflikten und Verfolgungen führte. Während die Bekehrung Kaiser Konstantins eine radikale Umkehr der Religionspolitik darstellte, war die Allianz zwischen Reich und Kirche letztendlich logisch. Die Christen hatten zahlenmäßig stark zugenommen und zahlreiche rituelle und organisatorische Merkmale im Einklang mit der römischen Gesellschaft angenommen. Das Reich hatte schon eine Weile nach einer vereinenden Religion gesucht, z. B. durch den Kaiserkult und die monotheistische Sonnenanbetung. Konstantins Glaube und seine Toleranz der Christen wurden zum nötigen Bindeglied, das beiden Institutionen erlaubte, aus der Rivalität eine Allianz zu machen.

Oben: Die Herrschaft des römischen Kaisers Antoninus Pius war für die Christen eine relativ friedliche Zeit. Nur wenige wurden wegen ihres Glaubens verfolgt und hingerichtet.

Unten: Vor Konstantins Übertritt zum Christentum praktizierten Römer im gesamten Reich eine polytheistische Religion. Um die Götter gnädig zu stimmen, wurden ihnen Opfer dargebracht.

DAS AUFKOMMENDE PATRIARCHAT

Der Titel „Patriarch" stammt aus dem 6. Jh.; gemeint sind damit die Bischöfe der fünf wichtigsten Bischofssitze des Christentums: Alexandria, Antiochia, Jerusalem, Rom und Konstantinopel. Die patriarchische Jurisdiktion war aber nicht nur auf die Städte beschränkt, sondern bezog sich auch auf die umliegenden Gebiete. Der Bischof von Antiochia etwa war für einen Großteil Kleinasiens verantwortlich. Zu seinen Aufgaben gehörten die Weihe der Metropoliten (Bischöfe, die einem Verbund von Bistümern vorstanden), die Überwachung von Einsprüchen und andere Urteile.

Die ersten Patriarchen

Rom beanspruchte die apostolische Autorität gleich doppelt für sich, nämlich in Form des heiligen Petrus und des heiligen Paulus. Petrus kam im Jahr 42 in Rom an. Um 58 gab es bereits eine große christliche Gemeinde in der Stadt. Zwischen Mitte des 4. und Ende des 5. Jh. nahm die

Autorität der Bischöfe in Rom ständig zu, was auch vom Kanon der Konzile von Ephesos 431 (drittes Ökumenisches Konzil) und Chalkedon 451 (viertes Ökumenisches Konzil) anerkannt wurde. Im 8. Jh. kam es aufgrund Roms aufkeimender Macht und seines wachsenden Anspruchs auf Vorherrschaft zu einen Konflikt mit Konstantinopel, der in der Erweiterung des nicänischen Glaubensbekenntnisses durch den *Filioque*-Zusatz („und der Sohn") im lateinischen Westen gipfelte. 1054 spitzte sich das Ganze trotz mehrerer Versöhnungsversuche zu, und beim Konzil von Ferrara-Florenz (1438–1445) wurde die Position Roms bestätigt. Als Konstantinopel 1453 an die Osmanen fiel, stand Rom als letztes Patriarchat nicht unter muslimischer Herrschaft.

Alexandria nahm im Römischen Reich den zweiten Platz hinter Rom ein. Der Tradition nach gilt der heilige Markus als der apostolische Gründer, aber den Höhepunkt ihrer Bedeutung erreichte die Stadt im 4. und 5. Jh., vor allem durch die Aktivitäten ihrer Bischöfe – Athanasius war ein

Unten: Konstantin der Große beschloss, die antike Stadt Byzanz zu seiner Hauptstadt zu machen, und taufte sie in Konstantinopel um. Heute heißt sie Istanbul und liegt in der Türkei.

DAS PATRIARCHAT VON SELEUKIA-KTESIPHON

Im Jahr 424 erklärte sich die Kirche in einem geschickten politischen Manöver im Gebiet des zoroastrischen Sassanidenreichs in Mesopotamien (dem heutigen Irak) als autokephal von der Pentarchie. So errichtete sie ein Patriarchat in der Hauptstadt Seleukia-Ktesiphon, das frei von byzantinischem Einfluss war. Dieses Patriarchat existiert heute noch als Teil der Ostkirche.

Trennung zwischen Chalkedoniern und Mia-/Monophysiten blieb bis 642 aufrecht, als die Stadt aus byzantinischer Kontrolle in die Hände der Araber fiel, was ihre Zugehörigkeit zum Mia-/Monophysitismus besiegelte. Im 10. Jh. nahm Alexandrias Ruf weiteren Schaden, als die Venezianer die Relikte des heiligen Markus plünderten und sie in ihre Stadt verschleppten. Auch heute noch wird der Papst der koptisch-orthodoxen Kirche als Patriarch von Alexandria bezeichnet.

Spätere Patriarchate

In Antiochia (der drittgrößten Stadt des Römischen Reichs) wurden die Jünger Christi um das Jahr 64 herum erstmals als „Christen" bezeichnet. Antiochias Anspruch auf apostolische Autorität begründet sich durch die Tatsache, dass der heilige Petrus der erste Bischof der Stadt war. Die historischen Ursprünge lassen sich bis ins 2. Jh. zurückverfolgen, z. B. in den Briefen des heiligen Ignatius. Im 4. Jh. stand der Bischof von Antiochia an dritter Stelle nach Rom und Alexandria. Im 5. Jh., nach den Konzilen von Ephesos und Chalkedon, begann der Stern der Stadt zu sinken. Dieser Vorgang wurde durch die muslimische Eroberung Syriens, wodurch die Stadt den Muslimen in die Hände fiel, noch beschleunigt. Das Amt des syrisch-orthodoxen Patriarchen umfasst heute auch Antiochia, sein Sitz ist jedoch Damaskus.

Im Jahr 381 erkannte das Konzil von Konstantinopel die neue Kaiserstadt als zweite Autorität nach Rom an. Den Status als Patriarchat erhielt Konstantinopel beim Konzil von Chalkedon. Dadurch wurde der 6. Kanon des Konzils von Nicäa verworfen, der auf die Aufrechterhaltung der Rechte und Privilegien der Bischöfe von Alexandria, Antiochia und anderen Provinzen gepocht hatte. Konstantinopels patriarchale Autorität war eng mit dem Byzantinischen Reich verflochten und begann, im Lauf der Jahrhunderte allmählich zu schwinden. Der ökumenische Patriarch der griechisch-orthodoxen Kirche hat seinen Sitz aber heute noch in Konstantinopel (Istanbul).

Der Bischofsstuhl von Jerusalem hingegen gewann erst im 4. Jh. nach dem Besuch Helenas, der Mutter Konstantins, im Jahr 326 an Bedeutung. Bis zum 5. Jh. war Jerusalem der Diözese Caesarea untergeordnet. Beim Konzil von Chalkedon wurde Jerusalem der Patriarchalstatus zugesprochen, aber obwohl es die Geburtsstadt des Christentums war, reichte es nie an das Prestige und die Autorität Roms, Alexandrias und Antiochias heran, die alle römische Städte waren. Während der fränkischen Besetzung Roms im 12. Jh. residierte der orthodoxe Patriarch in Konstantinopel.

Vorreiter im Kampf gegen die arianische Häresie, und Kyrill sorgte für die Exkommunikation von Nestorius. Während Alexandrias Position 325 beim Konzil von Nicäa (erstes Ökumenisches Konzil) unterstützt wurde, erlitt sie beim Konzil von Chalkedon ernsthaften Schaden, da ein Großteil der Bevölkerung Mia- bzw. Monophysiten waren. Die

Links: Im 5. Jh. hatte der Priester Lucian eine Vision über den Standort des verschollenen Grabs des heiligen Stephanus und enthüllte dies dem Patriarchat von Jerusalem.

Oben: Helena, die Mutter Konstantins des Großen, fand angeblich das Kreuz, an dem Jesus gekreuzigt worden war. Sie befahl, an dieser Stelle die Grabeskirche errichten zu lassen.

DER BISCHOF VON ROM

✝ In Rom setzte sich – im Gegensatz zu anderen christlichen Städten – ein einzelner Bischof erst spät im 2. Jh. durch. Der Erste, der Anspruch auf den Stuhl *(Cathedra)* des Petrus, der zusammen mit Paulus um das Jahr 64 unter Nero als Märtyrer in Rom gestorben sein soll, erhob, war Bischof Stephanus in der Mitte des 3. Jh. Später kamen aus dem Ausland Anfragen über die korrekte Doktrin an den Bischof von Rom, aber erst mit der Konvertierung Kaiser Konstantins (306–337) im Jahr 312 und der daraus folgenden Legalisierung und Befürwortung des Christentums kam es zur Umwandlung des Status des Bischofs von Rom zum Oberhaupt der Kirche. Konstantin baute die Lateranbasilika (San Giovanni in Laterano) für Bischof Miltiades (312–314). Konstantins Wahl von Miltiades als Vorsitzender eines Konzils in Roms war dazu gedacht, ein Schisma bezüglich der Doktrin mit der afrikanischen Kirche auszuräumen, scheiterte aber. Die Auswahl des Bischofs und der Stadt setzte jedoch ein wichtiges Zeichen.

Ende des 8. Jh. assoziierte die Kontantinische Schenkung fälschlicherweise Miltiades' Nachfolger Silvester I. (314–335) mit der Taufe Konstantins und dem Bau des Petersdoms. Vor allem aber übertrug Konstantin darin dem Bischof von Rom angeblich die geistlich wie auch politisch wirksame Oberherrschaft über Rom.

Der Beginn der Vormachtstellung

Tatsächlich war der energische Julius I. (337–352) für den Bau der Peterskirche über dem Grab des Heiligen verantwortlich. Er war es, der bei einem Streit mit dem Bischof von Alexandria darauf bestand, dass Rom als erste Instanz hätte angesprochen werden müssen. Damasus I. (366–384), der Rom als Erster als „Apostolischen Stuhl" bezeichnete, überredete im Jahr 378 die Herrscher des West- und Oströmischen Reichs dazu, Rom die Gerichtshoheit über die Kirche des Westens zuzuerkennen, den Bischof von Rom von der weltlichen Gerichtsbarkeit auszunehmen und so die Vormachtstellung Roms zu festigen.

Unten: Francesco Solimenas Gemälde zeigt das Treffen zwischen Leo dem Großen und Attila dem Hunnen. Neben Leos Überzeugungskraft trug anscheinend auch eine Goldzahlung dazu bei, die Hunnen von einem Angriff auf Rom abzuhalten.

Siricius (384–399) war der erste Bischof Roms, der Dekretale herausgab – Anweisungen im Stil kaiserlicher Edikte –, durch die er in Petri Namen Antworten auf Fragen zur Häresie, Kirchenordnung oder Disziplin gab.

Innozenz I. (401–417), der manchmal auch als erster Papst bezeichnet wird, festigte die Vormachtstellung Roms in religiösen und politischen Fragen, indem er Dekretale zu liturgischen und disziplinarischen Themen veröffentlichte, die darauf abzielten, römische Bräuche zur Norm zu machen, in östliche theologische Dispute einzugreifen und den Balkan im Einflussbereich Roms zu halten. Als die afrikanische Kirche sich bezüglich der Ketzerei des Asketen Pelagius an ihn wandte, bezog sich Innozenz auf die „uralte Tradition", dass Bischöfe Streitigkeiten in Glaubensfragen dem Stuhl des Petrus vortragen sollten, und verkündete damit das Prinzip der Oberherrschaft Roms. Innozenz' Versuch, beim Angriff Alarics und seiner Goten, der 410 zum Fall Roms führte, einen Waffenstillstand auszuhandeln, war zwar erfolglos, spiegelte aber den zunehmenden politischen Einfluss des Pontifikats wider.

Von Leo bis zu Gregor dem Großen

Leo I., auch bekannt als Leo der Große (440–461), war tief in religiöse und politische Dispute verwickelt. Er galt als

besonders strenger Verfechter der Vormachtstellung und universellen Autorität Petri und hielt die westlichen Bischöfe unter Kontrolle, indem er auf einer einheitlichen Praxis bestand. Als er von Flavian, dem Erzbischof von Konstantinopel, um Hilfe gebeten wurde, schrieb er seinen *Tomus* (Brief), in dem er die Lehre von den zwei Naturen Christi verteidigte, wie sie in der Definition des Konzils von Chalkedon festgeschrieben worden war. Ein Beispiel für die wachsende politische Macht des Pontifikats stammt aus dem Jahr 452, als Leo Attila den Hunnen, dessen Armee Norditalien verwüstete, davon überzeugen konnte, abzuziehen. 455 verhinderte er, dass der Vandale Gaiserich Rom in Brand steckte und die Bewohner abschlachtete.

Papst Gelasius (492–496) war für die „Zwei-Gewalten-Theorie" – die (überlegene) geistliche Macht des Papstes und die (unterlegene) weltliche Macht des Kaisers – verantwortlich. Die frühpäpstlichen Machtansprüche gipfelten in Gregor dem Großen (590–604), „dem Diener der Diener Gottes", der das Fundament für den Kirchenstaat legte und de facto der zivile Herrscher Italiens war, sich mit den Invasionen der Lombarden auseinandersetzte, eine effektive Aufsicht über die Westkirche einrichtete, England evangelisierte und dem Osten gegenüber den Anspruch auf päpstliche Vorherrschaft aufrechterhielt.

Oben: Die einfachen weißen Kuppeln der koptisch-orthodoxen Kirche in Assuan, Ägypten, neben sich strahlend vom blauen Himmel ab. Schon sehr früh beeinflussten die römischen Bischöfe die Doktrin der afrikanischen Kirche.

Links: In der orthodoxen Kirche wird Gregor der Große auch Gregor Dialogus genannt, da seine Schriften über das Leben der italienischen Heiligen den Titel *Dialogi de vita et miraculis patrum Italicorum* tragen.

PATRIARCH UND KAISER

Als Konstantin 313 die Religionsfreiheit verkündete („Mailänder Vereinbarung") und Konstantinopel 330 zur Hauptstadt seines Reichs machte, erhielten die Christen endlich Schutz und Unterstützung. Konstantin interessierte sich sehr für das Christentum und berief persönlich das Konzil von Nicäa ein, aber die Verflechtungen von Kirche und Staat führten zu neuen Problemen. Ende des 4. Jh. hatte die Kirche großen Reichtum angesammelt, und das Amt des Geistlichen war eine attraktive Karrieremöglichkeit mit Macht, Einfluss und Geld. Es war nicht mehr vergleichbar mit den Christenverfolgung und dem Asketismus nur knapp einhundert Jahre zuvor.

Unten: In seinen Zwanzigern lebte Johannes Chrysostomos zwei Jahre als Einsiedler, um sich ganz dem Studium und dem Auswendiglernen der Bibel zu widmen.

Die Patriarchen und der byzantinische Hof

Die durch den Reichtum, die Lasterhaftigkeit des byzantinischen Hofs und den moralischen Verfall der Gesellschaft verursachten Probleme spitzten sich in der Person des Johannes Chrysostomos (347–407) zu. 398 wurde er gegen seinen Willen zum Patriarchen von Konstantinopel gemacht. Mit großem Gespür für soziale Ungerechtigkeit begann er, die Stadt zu reformieren, die seiner Ansicht nach selbstgefällig und korrupt geworden war. Chrysostomos – „Goldmund" – war ein guter und beliebter Redner, aber mit seinen Predigten zog er sich den Unmut der Kaiserin Eudoxia zu, die diese als persönliche Kritik auffasste, und so wurde er abgesetzt. Obwohl man ihn kurz darauf wieder einsetzte, sorgten seine Feinde schließlich dafür, dass er endgültig verbannt wurde, weil er sich angeblich seine Ämter ungesetzlich angeeignet hatte. Trotz seiner Beliebtheit bei der Bevölkerung sowie der Unterstützung durch Papst Innozenz I. und der Westkirche wurde Chrysostomos zuerst nach Antiochia und anschließend nach Pontus verbannt. Er starb verarmt, aber sein Patriarchat hatte erstmals auf die sozialen Probleme im Byzantinischen Reich aufmerksam gemacht.

Photios (ca. 810–ca. 895) war noch Laie, als er 858 zum Patriarchen von Konstantinopel ernannt wurde, nachdem Kaiser Michael III. seinen Vorgänger Ignatius abgesetzt hatte. Als Ignatius sich weigerte, seinen Posten aufzugeben, schickten Photios und der Kaiser einen Abgesandten zu Papst Nikolaus I., mit der Bitte, den Streit durch eine Synode beizulegen. 861 setzten die Legaten des Papstes Ignatius ab, zwei Jahre später annullierte Nikolaus bei der Synode in Rom die Entscheidung. Ignatius wurde daraufhin erneut zum Patriarchen erklärt. 865 schrieb der Kaiser an Nikolaus I., der versprach, den Fall wieder aufzunehmen. Erst Ignatius' Tod im Jahr 877 sorgte dafür, dass Photios endgültig sein Amt antreten konnte. Die päpstlichen Legaten erkannten ihn beim Konzil von Konstantinopel 879–880 offiziell an. Photios trat 886 aufgrund interner Widerstände und der Thronbesteigung Kaiser Leos VI. von seinem Amt zurück. Seine kontroverse Karriere unterstrich den Konflikt zwischen dem Anspruch Roms, das Zentrum des Christentums zu sein, und dem griechischen Konzept von fünf gleichwertigen Patriarchaten und trug zur Verschlechterung der Beziehung zwischen Rom und dem Byzantinischen Reich bei.

Gennadios II. Scholarios

Als Konstantinopel 1453 an die osmanischen Eroberer fiel, entschied Sultan Mehmet II., dass er einen zuverlässigen Patriarchen für die griechischen Christen seines Reichs brauchte. Für dieses Amt wählte er Gennadios II. Scholarios (ca. 1405–1472). Der in Konstantinopel geborene und aufgewachsene Gennadios war einer der führenden Theologen seiner Zeit und nahm 1438–1439 am Konzil von Ferrara-Florenz teil, wo er die Wiedervereinigung von Konstantinopel und Rom unterstützte. Später vertrat er jedoch eine gegensätzliche Position. 1453 wurde er von den Osmanen gefangen genommen und zum Sklaven eines reichen Türken in Adrianopolis gemacht. Der Sultan befahl seine Freilassung, und im Januar 1454 wurde Gennadios Patriarch von Konstantinopel, das inzwischen Istanbul

hieß. Bei der Zeremonie in der Apostelkirche erhielt er von Mehmet II. Robe, Stab und Kreuz. So wurde eine Übereinkunft getroffen, die bis zum Jahr 1923 die Beziehungen zwischen den Osmanen und der orthodoxen Kirche regelte.

Der Patriarch war nun der theokratische Kopf der christlichen Gemeinden im Osmanischen Reich und als solcher für deren Ordnung und Wohlverhalten verantwortlich. Während die Christen ihr eigenes Wohlfahrts- und Schulsystem hatten, erlegte er ihnen im Namen der Osmanen Steuern auf. Von oberster Wichtigkeit war aber die absolute Treue der christlichen Untertanen zum muslimischen Sultan. Gennadios musste hart dafür arbeiten, die Interessen der Christen gegenüber den Osmanen zu verteidigen. Nach zwei Jahren trat er zurück und ging in ein Kloster, wo er eine Verteidigung der aristotelischen Philosophie schrieb und die Werke Thomas von Aquins in Griechische übersetzte. Er blieb weiter mit dem Sultan in Kontakt, der ihn mehrmals anwies, sein Amt wieder aufzunehmen, was er zögerlich tat, wenn auch nur für kurze Zeit.

Oben: Sultan Mehmet II hatte viel Respekt vor Nichtmuslimen. Er ließ christliche Texte ins Türkische übersetzen und sich von dem italienischen Maler Gentile Bellini porträtieren.

Links: Beim Konzil von Nicäa wurden mehrere neue Kanons entworfen, von denen einer die Vorherrschaft der Bischofsstühle von Alexandria und Jerusalem in ihren jeweiligen Regionen festlegte.

DIE KIRCHENARCHITEKTUR

Unten: Giovanni Battista da Novara Riccis Fresko aus dem 17. Jh. lässt das Mittelschiff und die Gänge der antiken Basilika Alt-St. Peter in Rom wieder aufleben, die Riccis Lebzeiten bereits in Trümmern lag.

Die West- und Ostkirchen entwickelten eigene, charakteristische Formen der Kirchenarchitektur. Hinter dem Wort „Kirche" steckt der griechische Begriff *Ekklesia* (Versammlung), den man vor allem in den Paulusbriefen findet. Er bezieht sich auf lokale Gemeinden, inklusive Hauskirchen, aber auch auf die universelle Kirche. Nur ein unbestrittenes Beispiel der frühen Hauskirchen wurde jemals gefunden, in Duro-Europos (Syrien). Das Haus wurde in den 230er-Jahren in einen Versammlungssaal und eine Taufkirche umgewandelt. Die meisten Hauskirchen waren einfache Zimmer in normalen Häusern. In Rom gibt es ein oder zwei glaubhafte Beispiele für umgestaltete Gebäude. Ein Komplex aus Geschäften und Häusern unter der Basilika St. Giovanni und St. Paolo nahe des Kolosseums wurde vermutlich im 3. und 4. Jh. in eine Hauskirche mit zwei Etagen und einem kleinen, privaten Schrein umgebaut. An dieser Stelle wurde im 5. Jh. die Basilika mit drei Schiffen errichtet.

Die Basilika

Die Basilika war ursprünglich ein weltliches Gebäude, das für Versammlungen, Handel, Gerichtsverhandlungen usw. genutzt wurde. Wahrscheinlich wurde sie erst zu Zeiten Kaiser Konstantins (306–337) zum Prototypen der christlichen Kirche. Konstantin begann in der westlichen Hälfte des Reichs mit einem großzügigen Bauprogramm, in dessen Rahmen Kirchen gebaut, repariert und verschwenderisch ausgestattet wurden. Als er 324 Kaiser des Ostreichs wurde, setzte er das Programm dort fort.

Konstantins erste wichtige Kirche war die Lateranbasilika in Rom – eine gewaltige fünfschiffige Säulenbasilika, mit Gold und Marmor im Überfluss sowie einer hölzernen Kassettendecke ausgestattet. Ihr Hauptaltar stand vor der Apsis, in der sich der Bischofssitz (Cathedra) sowie Bänke für die Presbyter befanden. Angeschlossen an die Basilika war eine Taufkirche. Die 3000 Gläubige fassende Basilika sollte als Sitz des Bischofs von Rom und als Parochialkirche Roms beeindrucken.

Der Petersdom

Wie es scheint, war Konstantin für den Bau des noch bedeutenderen Petersdoms im Vatikan – einer wesentlich größeren, fünfschiffigen Basilika mit einem gewaltigen Querschiff, das den Schrein des Apostels umgibt – nicht verantwortlich. Ursprünglich war der Dom eine Basilika für Pilger, die das Martyrium des Apostels (29. Juni) feierten. Die Basilika beherbergte auch die Überreste der Menschen, die in der Nähe der Reliquien beerdigt werden wollten. Vermutlich wurde sie von Konstantins jüngstem Sohn Constans auf Bitte von Bischof Julius (337–352) gebaut, um den Märtyrerkult um Petrus und Paulus zu untergraben, der in den Katakomben von San Sebastiano praktiziert wurde. Dort hatte Konstantin mit dem Bau einer dreischiffigen Umgangsbasilika begonnen, die heute die Basilica San Sebastiano alle Catacombe ist. Der Baustil setzte sich außerhalb Roms jedoch nicht durch, und so war es St. Peter mit seinem Querschiff mit Apsis und dem Altar über den Reliquien des Heiligen, das zum Prototypen der meisten westlichen Kirchen wurde.

Östliche Kirchen

Im Osten baute Konstantin Gedenkbasiliken an heiligen Stätten in Palästina, die nichts mit Märtyrern zu tun hatten, sondern Schlüsselereignissen im Leben Jesu gewidmet waren, etwa die Geburtskirche in Bethlehem mit ihrem achteckigen Schrein und die Grabeskirche, eine fünfschiffige Basilika neben dem runden Schrein der Wiederauferstehung. In seiner neuen Hauptstadt Konstantinopel baute er die Kirchen des Heiligen Friedens (Hagia Irene) und der Heiligen Weisheit (Hagia Sophia) sowie die Apostelkirche, ein kreisförmiges, kaiserliches Mausoleum mit zwölf Säulen zur Repräsentation der zwölf Apostel, die seinen Sarkophag umgeben. Am Ende war es jedoch die kreuzförmige Basilika, die von Konstantins mittlerem Sohn, Constantius II. (337–361), an diese Kirche angebaut wurde, die zum viel einflussreicheren Vorbild für Kirchen im Osten und im Westen wurde.

Der bedeutendste Kaiser in Bezug auf östliche Kirchenarchitektur war aber Justinian (527–565). Sein Meisterstück war zweifellos der Neubau der Hagia Sophia, die trotz mehrerer Erdbeben, der Umwandlung von der Kathedrale zur Moschee mit vier Minaretten (nachdem Konstantinopel 1453 an das Osmanische Reich gefallen war) und schließlich der Nutzung als Museum aufgrund eines Erlasses von Kemal Atatürk (1935) noch immer steht. Die Hagia Sophia hat die weltweit größte frei schwebende Kuppel und ist mit farbenfrohen Mosaiken geschmückt. Seit dem Umbau zum Museum wurde ein Großteil des Verputzes wieder entfernt, der gemäß islamischem Gesetz die christliche Ikonografie verdeckt hatte.

In Ravenna, Italien, wo die Kirchenarchitektur stark von Konstantinopel beeinflusst war, findet man heute perfekt erhaltene Beispiele der verschiedenen Arten von Kirchenbauten, z. B. kuppel- oder kreuzförmige Basiliken.

Links: Der Palast Kaiser Konstantins in Trier wurde im Jahr 310 gebaut und mit Fresken reich dekoriert. Später wurde er zur Basilika geweiht.

Unten: Die Kuppel des Petersdoms beherrscht die Skyline der Stadt Rom. Der Dom bietet 60.000 Gläubigen Platz und ist damit die größte christliche Kirche der Welt.

LITURGIEN

Rechts: Liturgien (religiöse Riten und Rituale, die öffentlich stattfinden), die zu Zeiten Jesu abgehalten wurden, gibt es heute noch, und zwar sowohl in jüdischen Synagogen (wie hier in Prag) als auch in christlichen Kirchen.

✝ Jesus entstammte einer frommen jüdischen Familie und lebte in einer Umwelt, die reich an Liturgien war. Dieses Erbe findet man heute noch – wenn auch manchmal etwas versteckt – in der christlichen Liturgie. Es gab z. B. die Liturgie des Tempels in Jerusalem mit seinen großen Festen, an denen Jesus teilnahm (Lukas 2,41). Zudem existierten eine wöchentliche Liturgie, an der er ebenfalls teilnahm (Lukas 4,16), sowie die Rituale zu Hause am Sabbat, tägliche Gebete und Fastentage. All dies fand in Festzyklen statt, etwa dem Laubhüttenfest, Jom Kippur, Pfingsten und dem Passahfest. Wir wissen, dass die Gemeinde, in der Jesus aufwuchs, diese Fest beging und dass die erste christliche Gemeinde nach der Wiederauferstehung dieses Muster für ihre eigene Liturgie übernahm. Wir wissen auch, dass die Anhänger Jesu täglich den Tempel aufsuchten, aber „das Brot zu Hause brachen" (Apostel 2,46). Aus der *Didache* (ca. 50–60), einer frühchristlichen Lehrschrift, erfahren wir, dass Christen zwei Fastentage einlegten und dreimal täglich das Vaterunser sprachen. Wir erfahren auch etwas über zwei weitere Praktiken, die den Kern der christlichen Liturgie ausmachen: die Taufe und das Brechen des Brots.

Ersatz der Beschneidung

Ein Christ zu werden hieß, neue Dinge anzunehmen: ein Anhänger Jesu zu sein, dem sündigen Leben abzuschwören, ein neues Leben zu beginnen und eins mit Christus – „in Christus zu leben" – sowie ein Bruder oder eine Schwester in der Kirche zu werden. Dieser Übergang musste durch ein bedeutendes Ereignis markiert werden. So wie die jüdische Beschneidung zeigt, dass der Beschnittene ein Kind Gottes ist, wurde die Taufe – untergetaucht werden, um zu einem neuen Leben wieder aufzutauchen – zum Kennzeichen der Christen. Sie verband Juden und Griechen, Sklaven und Freie, Männer und Frauen miteinander: „Denn ihr seid alle Gottes Kinder durch den Glauben an Christum Jesum." (Galater 3,28).

Rechts: Einige protestantische Gruppen lehnen die Taufe von von Babys und Kleinkindern ab und glauben nur an die Taufe derjenigen, die sich bewusst zu ihrem Glauben an Jesus bekennen können.

Das Teilen von Becher und Brot

Charakteristisch für die Lebensweise Jesu war es, Menschen zu einem Mahl an seinem Tisch zu versammeln und ihnen so einen neuen Weg zu zeigen, zum Vater und zueinander eine Beziehung aufzubauen. Die Ideen des Willkommenheißens und der Vergebung waren dabei zentrale Themen, genau wie das Ehren und Danken Gottes. Die Beteiligten priesen Gott und aßen einen Laib Brot, der so aufgeteilt war, dass jeder ein Stück bekam; ebenso teilten sie einen gemeinsamen Becher. Nach Jesu Tod setzten seine Jünger diese Mahlzeiten als ihre wichtigste Gemeindeversammlung fort; sie glaubten, dass Jesus so bei ihrer „Danksagung" (griechisch: *eucharistein* – daher stammt unser Begriff Eucharistie) bei ihnen wäre. Dieses Segensgebet über einem gemeinsamen Brotlaib und Becher – die von den Ärmsten geteilt wurden – wurde der christliche Ersatz für die Opfergaben im Tempel von Jerusalem. Dieser Teil der Liturgie war ein wesentlicher Teil der Anziehung, die das Christentum bei seiner Verbreitung auf die Armen des Römischen Reichs ausübte: Es war kein ausgeklügelter Kult, für den man Geld oder Ansehen brauchte. Einige Sekten verlangten für ihre Opfertiere sehr viel Geld – die Christen benötigten nur einen Laib Brot und einen Becher Wein (obwohl oft auch schlichtes Wasser getrunken wurde). Es konnte Teil einer normalen Mahlzeit sein und brachte einen nahe zu Gott. Ein Christ musste zu keiner besonderen Gesellschaftsschicht gehören (wie es bei vielen der mysteriösen Religionen des Ostens der Fall war); Reiche und Arme teilten als Kinder Gottes das, was sie hatten.

Anfang des 2. Jh. feierten die Christen alle Rituale zu Hause. Sie kannten einen jährlichen Kalender mit Festtagen, wöchentliche Versammlungen zur gemeinsamen Mahlzeit und Fastentage (Mittwochs und Freitags), sammelten bei den Mahlzeiten für die Armen und beteten täglich. Im Jahr 112 beschrieb ein römischer Gouverneur die christliche Liturgie so: „An einem festgelegten Tag treffen sie sich vor Sonnenaufgang und singen eine Hymne an Christus, als wäre er ein Gott ... dann gehen sie und treffen sich später zur gemeinsamen Mahlzeit, aber es ist gewöhnliches Essen." Was auf den Außenstehenden so simpel wirkte, hatte für die Gläubigen eine große Bedeutung.

Oben: Das letzte Abendmahl von Juan de Juanes zeigt Jesus, der mit seinen Jüngern das Brot bricht. Er bat sie eindringlich, das Ritual nach seinem Tod fortzuführen: „... solches nur zu meinem Gedächtnis." (1. Korinther 11,24).

Nächste Doppelseite: Wie durch das Gesetz Mose vorgeschrieben war, wurde Jesus am achten Tag nach seiner Geburt beschnitten. Am 40. Tag wurde der kleine Jesus im Tempel von Jerusalem der Gemeinde präsentiert.

DER CHRISTLICHE KALENDER

Jesus von Nazareth selbst stellte das Vorbild für das christliche Gebet, sowohl im Wort als auch in der Tat, zu formellen oder informellen Gelegenheiten, in der Synagoge oder am frühen Morgen in den Hügeln. Die ersten Christen folgten seinem Beispiel und nahmen den Befehl „Betet ohne Unterlass" (1. Thessalonicher 5,16–18; Kolosser 4,2; Epheser 6,18; Lukas 18,1) sehr ernst. Diese Vorschrift wurde später auf die formelle Liturgie der Kirche, die im Lauf der Zeit aus Psalmen, Lobgesängen, Hymnen sowie aus privaten, persönlichen Gebeten bestanden hat, angewendet. Es war das Bedürfnis nach koordinierten Andachten zu verschiedenen Aspekten der Zeit, das zur Erstellung des „christlichen Kalenders" führte.

Zeit und Liturgie

Die frühen Denker der christlichen Ära sahen die gesamte Schöpfung, inklusive der Zeit, als heilig an, weil sie das Geheimnis Christi enthüllte. Die Zeit war ein heiliger Aspekt des Lebens, der sich zwischen zwei Punkten entfaltete: Er begann mit der Schöpfung (dem Alpha) und wird mit der Parusie (dem Omega, der Wiederkunft Christi) enden.

Jedes formelle Arrangement der liturgischen Andacht hat komplexe Beziehungen zu den verschiedenen Zyklen des Kosmos, die den Rhythmus der zeitlichen Existenz vorgeben. Der Tag, der auf dem Sonnenauf- und Sonnenuntergang basiert, ist die Grundeinheit der Zeit. Der Zyklus der Jahreszeiten zeigt das Vergehen eines Jahres an, und das Zu- und Abnehmen des Monds liefert uns ein sichtbares Zeitmaß. Kalender können auf dem Verlauf der Sonne (Sonnenkalender) oder des Monds (Mondkalender) beruhen. Der christliche Kalender ist ein Sonnenkalender; von allen christlichen Feiertagen bezieht sich nur noch Ostern auf den Mondkreislauf.

Im Lauf eines liturgischen Jahres feiert die christliche Andacht das Leben Christi, beginnend im Advent. Darauf

jährlicher, wöchentlicher und täglicher Zyklen des liturgischen Gebets. Je nachdem, was gefeiert wird, können diese Zyklen freudig (Ostern und Weihnachten) oder düster und bußfertig (Fastenzeit) sein. Die liturgische Zeit wechselt zwischen beansprucht und entspannt, feiern und fasten – und ganz „gewöhnlicher" Zeit. Es ist der Übergang vom einen zum anderen, mit den dazugehörigen Zeiten der Erwartung, des Feierns und der Erfüllung, der Zeremonien, Rituale und der jedem Fest eigenen Atmosphäre, der die liturgische Dynamik schafft.

Der christliche Liturgiekalender

Der christliche Kalender hat sowohl seinen Namen als auch seinen Aufbau vom römisch-heidnischen Kalender (von *kalends*, nach römischer Zeitrechnung der erste Tag des Monats) übernommen. Schon früh waren dem christlichen Kalender die wichtigsten Daten im Leben Jesu – Weihnachten, Ostern und Pfingsten – sowie die Gedenktage der Heiligen hinzugefügt worden. Diese beiden Zyklen nennt man Temporale und Sanktorale. Alle drei Zweige des Christentums begehen die Temporale, die meisten protestantischen Glaubengemeinschaften lehnen die Sanktorale jedoch ab. Die Zeugen Jehovas, die Religious Society of Friends (Quäker) sowie viele fundamentalistische und evangelikale amerikanische Kirchen lehnen beide Zyklen ab.

Links: Ostern, das ursprünglich eine heidnische Feier des Frühlings und der Erneuerung war, ist heute für die meisten Christen eine Zeit, die Wiedergeburt Jesu zu gedenken und sich daran zu erfreuen.

Unten: In diesem heidnischen Kalender aus dem 7. Jh. sieht man nicht nur römische Götter, sondern auch die Zeichen des Tierkreises, angeordnet in einem Hexagramm und Hexagon.

folgen Weihnachten, die Fastenzeit, Ostern und Pfingsten. Katholiken und Orthodoxe gedenken auch den Festtagen der Mutter Gottes sowie der Heiligen, die als Vorbilder angesehen werden, als Fürbitter vor dem Thron Gottes.

Zyklen der christlichen Gebete und der Andacht

Die Zeit, die zwischen der Schöpfung und der Parusie vergeht, ist linear; wir nehmen sie jedoch vor allem zyklisch wahr. Innerhalb des großen jährlichen Zyklus haben der kleinere wöchentliche und auch der tägliche Zyklus jeweils eine angemessene liturgische Feier. Die Oster- und Weihnachtszyklen kommen jährlich vor, wie auch die Feiertage der Heiligen und Märtyrer der Katholiken und Orthodoxen. Im Wochenzyklus wird von Anfang an der Wiederauferstehung des Herrn am Sonntag gedacht, hauptsächlich in Form des Abendmahls. Die Liturgie der Stunden gibt in unterschiedlichen Formen bei protestantischen, katholischen und orthodoxen Christen den Zyklus vor, nach dem die Tages- und Nachtzeiten Gott gewidmet werden sollen.

Innerhalb der insgesamt linearen Struktur von der Schöpfung bis zur Parusie gibt es also komplexe Muster

DER MARIENKULT

Oben: Johannes der Täufer war
der Sohn von Marias Cousine
Elisabet. Als beide schwanger
waren, besuchte Maria Elisabet;
bei der Begrüßung wurde
Elisabet „vom Heiligen Geist
erfüllt" (Lukas 1,41).

Gegenüber: *Die Pfeiler-
Madonna* malte Stefano da
Ferrara im 14. Jh., das fantastische Diadem wurde aber erst
im 17. Jh. hinzugefügt.

Unten: Nur im Lukas-
evangelium wird von der
Verkündigung berichtet: Der
Engel Gabriel teilt Maria
mit, dass sie den Sohn
Gottes erwartet.

Maria und ihre Huldigung sind ein kontroverser Teil der christlichen Tradition. Für die
meisten Christen – die orthodoxen und andere
östliche Christen sowie für die Katholiken – ist
sie die heilige, jungfräuliche Mutter Gottes. Sie gilt als
heiligstes Mitglied der Kirche und als Krone der Schöpfung. Ihr Bild als *Theotokos* (wörtlich „die Gottesgebärerin") ist ein dekorativer Mittelpunkt unzähliger Kirchen.
Meist brennt davor eine Kerze. Für Protestanten, die ihre
Abstammung zu den Ereignissen in Westeuropa im 16. Jh.
zurückverfolgen, ist Maria jedoch problematisch. Einige
sind der Ansicht, dass ihre Huldigung eine Art Götzenanbetung ist, und lehnen sie kategorisch ab. Andere machen sich Sorgen, dass Gebete an Maria von Christus als
dem einzigen Vermittler ablenken, und wieder andere
akzeptieren sie als vorbildliche Christin, finden den Kult
um sie aber geschmacklos.

Unklarer Ursprung

Aus den frühesten christlichen Dokumenten wissen wir,
dass Maria und Josef sehr fromme Juden aus Galiläa waren.
Sie hatten mindestens sieben Kinder, von denen Jesus das
Älteste war: „Ist er nicht eines Zimmermanns Sohn? Heißt
nicht seine Mutter Maria? Und seine Brüder Jakob und
Joses und Simon und Judas? Und seine Schwestern, sind sie
nicht alle bei uns?" (Matthäus 13,55–56). Nach traditioneller katholischer Sicht, die vom heiligen Hieronymus
ausgeht, sind die „Brüder" Jesu eigentlich seine Cousins.
Laut Hieronymus hat das Wort, das wir als „Bruder" übersetzen, in der Bibel verschiedene Bedeutungen, darunter

auch „Verwandter". Wir wissen, dass die Familie in Nazareth wohnte und dass Maria bei der Kreuzigung noch am
Leben war, da sie neben dem Kreuz stand.

Als das Lukasevangelium geschrieben wurde – zwischen
70 und 90 – war Maria bereits zu einem einzigartigen Teil
des göttlichen Plans zur Erlösung geworden. Gottes Plan
zur Geburt Jesu wird ihr verkündet; mit ihrer Akzeptanz
(Lukas 1,38) beginnt das neue Zeitalter des Herrn. Sie ist
eine Jungfrau, die durch den Heiligen Geist empfangen
hat. Das ungeborene Kind ihrer Cousine, Johannes der
Täufer, erkennt sie als Trägerin Christi, und Maria erzählt
ihrer Cousine: „Siehe, von nun an werden mich selig prei-
sen alle Kindeskinder" (Lukas 1,48). Ein Text aus dem
Evangelium (Lukas 1,28 und 42) wurde zu einem der
bekanntesten christlichen Gebete, dem *Ave Maria*, und der
Lobgesang, den Lukas Maria zuschreibt – das Magnifikat –,
ist seit dem 3. Jh. ein ständiges Element des Abendgebets.

Wachsendes Ansehen

Anfang des 2. Jh. entwickelte sich der Marienkult rapide
weiter. In einem apokryphen Text, dem *Protevangelium des
Jakobus*, der vor 150 verfasst wurde, wird ihr Leben als
großartigste Kreatur Gottes gefeiert. Ihre Eltern bekamen
Namen (Joachim und Anne), und Mariä Geburt wird als
Wunder dargestellt. Als junges Mädchen dient sie dem
Tempel. Die Brüder und Schwestern Jesu sind nicht ihre
leiblichen Kinder, sondern stammen aus Josefs erster Ehe,
und es gibt eine klare Tendenz, Maria als ewige Jungfrau
anzusehen. Viele der Geschichten, die orthodoxe Christen
und Katholiken über Maria kennen, stammen aus diesem
Text, der wahrscheinlich geschrieben wurde, um die Ge-
burtsgeschichten von Matthäus und Lukas abzustimmen.

Wir wissen auch, dass Gebete an Maria aufkamen: Auf
einem ägyptischen Papyrusfragment aus dem 3. Jh. steht:
„Wir eilen zu deinem Schutz, heilige Mutter Gottes ..."
Maria ist nicht mehr nur die Mutter Jesu, sondern Mutter
der Gemeinde, der Kirche und jedes einzelnen Christen.
Und all diesen Kindern schenkt sie die Liebe einer Mutter
und Schutz vor weltlichen Gefahren. Als Erste unter den
Heiligen führt sie das Gebet Christi an den Vater zur
Erlösung der Christen und des Universums an.

Ein echter Kult

Beim Konzil von Ephesos, dessen Ziel es war, den Glauben
an Jesus als echter Mensch und wahrer Sohn Gottes zu
erhalten, erkannten die Bischöfe den Titel *Theotokos* als
Ausdruck des Mysteriums Jesu an. Gott kann keine Mutter
haben, aber ein Mensch braucht eine. Indem sie Maria
„Mutter Gottes" nannten, bewahrten sie das Mysterium,
betonten aber gleichzeitig sein wichtigstes Element.

Die Anbetung Marias nahm ständig neue Formen an.
Diejenigen, die ihre Verehrung gutheißen, führt sie zu einer
tieferen Erkenntnis des Geheimnisses um Jesus. Für diejenigen, die es nicht gutheißen, sind es menschliche Bräuche,
die den Glauben „verwirren".

TEIL ZWEI

INVASIONEN

501–1000

KAPITEL EINS

DIE WESTKIRCHE

Nach dem Zusammenbruch des Weströmischen Reichs im 5. Jh.
herrschten ein halbes Jahrundert lang politische Unruhen. Eindringende
Stämme – Ostgoten, Lombarden, Westgoten, Burgunder, Angeln,
Sachsen, Franken, Araber und schließlich die Wikinger – stritten um
Gebietsansprüche. Handel und Reisen gingen stark zurück, und das
römische Straßensystem wurde nicht mehr gepflegt. Ein Feudalsystem
aus zusammengeflickten Machtstrukturen setzte sich durch.

Die Kirche übernahm nun Funktionen, für die vorher der Staat zu-
ständig gewesen war. Sie beschützte die Armen und Schwachen. Das
Pontifikat wurde stärker und vergrößerte das Einzugsgebiet seiner Macht.
Bischöfe hatten plötzlich Armeen.

Der bekannteste Papst der zweiten Hälfte des Jahrtausends war Gregor
der Große. Als junger Mann hatte er sechs Klöster mit seinem geerbten
Vermögen ausgestattet und den Rest an die Armen verteilt. Als Papst war
er ein fähiger Verwalter, der sich hervorragend um die Besitztümer der
Kirche kümmerte und dafür sorgte, dass es den Armen gut ging.

Auch der Monastizimus breitete sich aus. Besonders in Irland war er
erfolgreich. Äbte hatten dort größere Macht als Bischöfe. Klöster waren
Zentren des Lernens und schickten Missionare nach ganz Westeuropa.
In Italien stellte Benedikt von Nursia eine monastische Disziplin auf, die
als Benediktsregel zum Standard für das westliche Klosterleben wurde.

Äbtissinnen (die Leiter weiblicher Klöstergemeinden) hatten das seltene
Privileg, eine Organisation zu leiten. Sie verwalteten nicht nur das Kloster, sondern auch das dazugehörige Land. Frauen, die nicht ins Kloster
gingen, konnten ihr Ansehen verbessern, indem sie Söhne gebaren – aber
das brachte ihnen keine Unabhängigkeit. Einzig im religiösen Leben
konnten Frauen etwas Autonomie erringen.

Die Angeln und die Sachsen in Großbritannien wurden von Missionaren aus Irland und Rom bekehrt. Später spielten englische Missionare aus
ebendiesen Stämmen eine wichtige Rolle bei der Bekehrung der Gebiete, die wir heute als Deutschland und Holland kennen. Die letzten
Nordeuropäer, die konvertierten, waren die Sachsen und die Skandinavier.

Im Jahr 800 wurde Karl der Große vom Papst zum Kaiser Roms
gekrönt. Die Herrschaft der Karolinger brachte ein gewisses Maß an
Frieden und Ordnung nach West- und Süddeutschland, in die
Niederlande, nach Belgien und Frankreich, in die Schweiz, nach
Österreich und in Teile Italiens.

Vorherige Seiten: Dieses Detail aus einem byzantinischen Mosaik zeigt Kaiser Justinian und sein Gefolge.
Justinian war sehr gläubig und ließ viele Kirchen bauen oder renovieren, inklusive der Hagia Sophia.

Rechts: Kurz vor seiner Krönung überwachte Karl der Große den Bau der fantastischen Pfalzkapelle in
Aix-la-Chapelle (Aachen), die heute Teil des Aachener Doms ist und im Jahr 805 geweiht wurde.

DER WACHSENDE EINFLUSS DES PAPSTES

Unten rechts: Jesus sagte zu Petrus: „Und ich will dir des Himmelreichs Schlüssel geben." (Matthäus 16,19). Diese Aussage wird von römisch-katholischen Christen oft als Zeichen der Vorherrschaft Petri angeführt.

Unten: Auf dem verschwenderisch dekorierten Sarg Karls des Großen ist ein Abbild des Kaisers zwischen Papst Leo III. (der ihn zum Kaiser krönte) und Bischof Turpin zu sehen.

✝ In der Mitte des 4. Jh. hatte der Bischof von Rom eine Vormachtstellung unter allen lateinischsprachigen Bischöfen erreicht. Er war sowohl Bischof der Kaiserstadt als auch Nachfolger des heiligen Petrus, der als Anführer der Apostel galt. Aufgrund dieser Vorherrschaft im Westen war der Bischof von Rom derjenige, an den man sich in Streitfragen wandte, und der Einzige, der Streitigkeiten zwischen anderen Bischöfen mit seiner Autorität schlichten konnte. Als letzter Schiedsrichter wurde der Bischof von Rom nun meist *Papa* genannt – ein Titel, der eigentlich „Vaterfigur" bedeutet, zunehmend aber die Bedeutung Patriarch oder „oberster Bischof" annahm.

Der Nachfolger Petri

Aufgrund ihrer Rolle als Nachfolger des heiligen Petrus fanden sich die Päpste zunehmend in der Position wieder, seelsorgerische Verantwortung zu übernehmen, und zwar nicht nur für ihre Diözese, sondern für alle lateinischen Christen. Aus diesem Grund förderte das Pontifikat Missionen zu den neuen Völkern, die in das Römische Reich eintraten. Päpste wie Leo der Große (440–461) kümmerten sich um Fragen der Doktrin, während andere, etwa Gregor der Große (590–604), Fürsprecher des Mönchstums waren. Während die Geistlichen Rom als Mittelpunkt der lateinischen Kirche sahen – deshalb wurde bei jedem Abendmahl für den Papst gebetet –, betrachtete die Allgemeinheit den Papst als Inhaber der Macht des heiligen Petrus, die ihm besonderen Zugang zur Fürbitte (Gebete zugunsten der Menschen auf Erden) gewährte. Pilger, die nach Rom kamen, wollten weder die Stadt erkunden noch den Papst treffen – sie wollten das Petrusgrab besuchen.

Der päpstliche Status

Als Bindeglied zu den Aposteln und der antiken Hauptstadt war der Papst konkurrenzlos: Er konnte Herrscher legitimieren, sein Hof diente als Berufungsgericht, und seine Entscheidungen, die den Bischöfen per Brief mitgeteilt wurden, galten als bindend. Mit jeder Berufung wuchsen die Macht und die Bedeutung des Pontifikats. Der Papst hatte eine einzigartige Autorität – nicht nur in Kirchenfragen, sondern in der gesamten christlichen Gesellschaft – und stellte die Verbindung schlechthin zwischen dem himmlischen und dem weltlichen Reich dar.

DER HEILIGE GREGOR

✝ Gregor wurde um 540 geboren und entstammte einer reichen Familie. Er verkaufte sein Erbe, um mit dem Geld Klöster zu gründen. In eines davon trat er 574 selbst ein. Aufgrund seines Hintergrunds und seiner Fähigkeiten ernannte ihn der Papst aber zu einem Verwalter Roms. Später repräsentierte Gregor den Papst am kaiserlichen Hof in Konstantinopel. In seiner Zeit als Beamter in Rom lernte er zwei englische Sklaven (Angeln) kennen. Gregor sah das Treffen als äußerst glücklich an: Für ihn waren diese Männer Engel, die ihm zeigten, dass Missionare nach Britannien geschickt werden sollten. Er ließ verlauten: *„Non Angli sed angeli"* („Sie sind keine Angeln, sondern Engel").

Der zögerliche Papst

Nach seiner Rückkehr aus Konstantinopel wurde Gregor – gegen seinen Willen – 590 zum Papst gewählt. Seine erste Aufgabe war es, wieder für Frieden in Italien zu sorgen. Außerdem verwendete er viel Energie auf die Außenpolitik der Kirche. So sandte Gregor Augustinus mit einigen Mönchen als Missionare nach England. Zudem versuchte er, die Beziehungen zu Konstantinopel zu verbessern, obwohl er sich weigerte anzuerkennen, dass sich der dortige Patriarch „ökumenischer Patriarch" nennen durfte. Im Reich kann man Gregors Errungenschaften in drei Kategorien einordnen: 1. Er kümmerte sich um das Mönchstum. In seinem Buch *Dialogi* schuf er das Bild Benedikts von Nursia als Gründer des westlichen Mönchstums. 2. Er schrieb viele Bücher, z. B. *Liber regulae pastoris,* als Ratgeber über die seelsorgerische Arbeit, in dem er das Prinzip erklärte: „Oberstes Gesetz ist es, Seelen zu retten." 3. Gregor reformierte die Liturgie und organisierte den Chorgesang in Rom neu – deshalb werden einfache Choräle ihm zu Ehren auch oft als „gregorianische Choräle" bezeichnet.

Gregor starb 604 und erhielt sofort den Ehrentitel „der Große", den zuvor nur Leo I. getragen hatte. Er gilt als der vierte große Kirchenlehrer und ist einer der letzten westlichen Heiligen, die in der Ostkirche verehrt werden. In der Westkirche feiert man seinen Festtag am 3. September; in der Ostkirche an seinem Todestag, dem 12. März.

Oben: Dieser Ausschnitt aus Peter Paul Rubens' barockem Meisterwerk *Der heilige Gregor mit den Heiligen Domitilla Maurus und Papianus* zeigt Gregor in einem Moment religiöser Andacht.

IRISCHES MÖNCHSTUM

Oben: Das großzügig illustrierte *Book of Kells* (auch bekannt als *Book of Columba*) enthält eine Abschrift der vier Evangelien sowie weitere religiöse Texte und stammt ungefähr aus dem Jahr 800.

✝ Etwa zur gleichen Zeit, als der heilige Patrick nach Irland kam, verbreitete sich das Konzept des Mönchstums in der Westkirche. Nach Britannien und Irland kam es vermutlich aus Gallien. Patrick war sich dessen zwar bewusst, maß ihm aber keine große Wichtigkeit bei. In seiner *Confessio* führt er die große Anzahl von Gläubigen, die als Reaktion auf seine Predigten ins Kloster gingen, als Beweis für die Ehrlichkeit seiner Mission an. Die östlichen asketischen Ideale der Wüstenväter wurden dem Westen großteils durch die Werke Johannes Cassianus' – besonders *De institutis* und *Collationes* – vermittelt, der in Irland viel Einfluss hatte.

Da es in Irland aber keine Wüsten gab, zogen sich die Mönche in die Hügel, Wälder, Berge oder auf die den Küsten vorgelagerten Inseln zurück. Adomnan, Abt von Iona, verglich sein Kloster mit „einer Wüste im Ozean".

Was faszinierte die Iren am Mönchstum?

Das Mönchstum war eine Form des religiösen Lebens, das auf die irische Gesellschaft mit ihrer Clanstruktur große Anziehung ausübte. Verwandtschaft und die Herrschaft des Clanführers waren die normalen sozialen Bindungen. Die Klöster waren oft mit den regionalen Clans verbunden, aber diese tief sitzenden, familiären Loyalitäten führten dazu, dass die meisten irischen Klöster untereinander nichts verband. Sie führten aber ebenso dazu, dass einige Klöster, die den gleichen Gründer hatten, lose Bündnisse miteinander eingingen, z. B. Iona, Kells, Durrow und Derry, die alle von Columban von Iona (Colmcille) gegründet wurden. Jeder Gründer hatte eigene Visionen und Vorstellungen vom monastischen Leben, das er selbst lebte, und hielt seine Anhänger dazu an, es ihm gleichzutun.

Zunächst gab es kaum festgeschriebene Regeln. Unsere einzigen Informationsquellen sind die Schriften von Columban von Luxeuil (aus dem späten 6., frühen 7. Jh.) und die Homilies von Cambrai (vermutlich Ende 7. Jh.).

„Peregrinatio pro amore Dei"

In der Schrift Homilies von Camrai ist von „weißem", „grünem" und „rotem" Martyrium die Rede. Mit dem „roten Martyrium" war das tatsächliche Vergießen des eigenen Blutes für Christus gemeint, und vor dem Einfall der Wikinger in Irland gab es dazu nicht viele Gelegenheiten. Das „weiße Martyrium" (bei dem ein Mann für Gott alles aufgibt, was er liebt) ist die *peregrinatio pro amore Dei,* die „Pilgerfahrt für die Liebe Gottes", und wurde von den ersten irischen Mönchen oft praktiziert. Das „grüne Martyrium" schließlich (bei dem sich ein Mann durch Arbeit und Fasten von bösem Verlangen befreit) bezieht sich auf den monastischen Brauch der extremen Askese.

Peregrinatio, „das Reisen", war ein irisches Phänomen, und obwohl das oberste Ziel asketisch war – das Opfer durch die Aufgabe der familiären Bindungen –, schloss es andere Motive nicht aus. Neben den religiösen gab es auch andere Gründe für das, was Walahfrid Strabo „den irischen

Rechts: Der heilige Patrick („St. Patrick") ist der Schutzheilige Irlands. Sein Abbild findet sich in allen religiösen Gebäuden und in vielen Privathäusern. Dieses fantastische Buntglasfenster stammt aus einer Kirche in Tipperary.

Brauch wegzugehen" nannte. Mit modernen Begriffen könnte man diese Gründe wissenschaftlich oder kommerziell nennen, obwohl sie noch immer religiös motiviert waren. Mönche gingen in die Fremde, um sich ganz auf Gott zu verlassen, die Bindungen an ihr Heim und ihre Familie zu opfern, ort zu predigen, wo niemand zuvor gepredigt hatte, oder um Buße zu tun. Der Pilger Gottes hatte nur wenig Aussicht darauf, jemals seine Heimat wiederzusehen, und genau das war das große Opfer, das er Gott darbot.

Ein weiterer Aspekt des irischen Monastizimus war seine Strenge. Irische Mönche waren für ihr Fasten aus Buße berühmt. Das irische Mönchstum wurde damals durch Fastenzeiten, schwere Arbeit, Schweigen, körperliche Bestrafungen und wenig Schlaf – unterbrochen durch nächtliche Wachen – charakterisiert. Zudem gab es Praktiken wie *crossfigell* (das Beten mit ausgestreckten Armen) und wiederholt fielen irische Mönche auf die Knie oder warfen sich zu Boden.

Unten: Der heilige Martin von Tours (ca. 316–397) hatte nicht nur Einfluss auf das irische Mönchstum, sondern auch auf das religiöse Leben in Frankreich, Ungarn und weiteren Ländern Kontinentaleuropas.

WICHTIGE KLOSTERGRÜNDER

Der heilige Martin von Tours war in Irland eine entscheidende Figur. Sein Schüler, der heilige Ninian, baute in seiner Heimatstadt Whithorn in Galloway, Schottland, ein Kloster, das Studenten aus Irland anzog, von denen einige sehr bekannt wurden. Unter ihnen war Enda, der sein eigenes Kloster auf Inishmore (eine der Araninseln) vor der Küste Galways gründete. Es war vermutlich das erste echte irische Kloster. Finnian von Clonard gründete Clonard Abbey. Zu seinen Schülern gehörten Ciarán, der Clonmacnoise gründete, Comgall, der Bangor gründete, und Columban (Colmcille), der Kells, Derry, Durrow und Iona gründete 540–615 war die Blütezeit der großen irischen Klostergründer.

BENEDIKT VON NURSIA

✝ Gegen Ende des ersten Jahrtausends gab es für die westlichen Klöster eine ganze Reihe von Regeln – Sammlungen der weisen Aussagen von Kirchenvätern –, die sie annehmen konnten. Schließlich setzte sich jedoch die Benediktsregel in den meisten Klöstern durch.

Benedikt – der Vater des westlichen Mönchstums?

Viele Historiker und Mönche sehen in Benedikt von Nursia (ca. 480–547) den Gründer des westlichen Monastizismus. Zu Lebzeiten hatte er jedoch nicht so viel Einfluss auf die Kirche wie etwa Pachomios, Basilius oder Columban. Obwohl Benedikt für seine Heiligkeit berühmt war – was großenteils dem Werk Gregors des Großen zu verdanken ist –, war er eigentlich nur der Abt eines von vielen italienischen Klöstern. Laut Gregors *Dialogi* wurde Benedikt um 480 in Nursia geboren. Er ging zum Studium

Unten: Der heilige Columban (ca. 543–615) war ein irischer Mönch, der mehrere Klöster auf dem europäischen Festland gründete. Seine Ordensregel war relativ streng und wurde später von den Benediktinern abgeändert und verbessert.

nach Rom, aber die Sittenlosigkeit der römischen Gesellschaft störte ihn so sehr, dass er sich nach Spoleto zurückzog und dort als Einsiedler lebte. Im Lauf der nächsten 25 Jahre schlossen sich andere ihm an. Wegen Streitigkeiten ging er schließlich nach Monte Cassino, wo er den Rest seines Lebens als Abt verbrachte. Er wurde neben seiner Zwillingsschwester Scholastika beerdigt. Berühmt wurde er – neben dem Werk Gregors – vor allem durch die Benediktsregel, obwohl die Gelehrten heute vermuten, das er die Regel, so wie sie heute ist, nicht selbst verfasst hat.

Regeln für den monastischen Alltag

Es gibt viele Regeln, die von den Personen aufgestellt wurden, deren Namen sie tragen, und es war für einen Klostergründer oder Abt üblich, zwei oder mehr Regeln miteinander zu kombinieren. Eine beliebte Mischung bestand aus der Benediktsregel und der Regel Columbans von Luxeuil. Im Gallien des 7. Jh. wurde die Benediktsregel stets in einem Zug mit der Regel des Columban genannt. In seiner Biografie über die Äbte von Wearmouth und Jarrow schreibt Beda Venerabilis über Benedict Biscop, den Gründer von Wearmouth/Jarrow, der im Sterben lag. Als die Ordensbrüder ihn besuchten, drängte er sie, die Regeln einzuhalten, die er ihnen gegeben hatte. „Denn", so sagte er, „ihr könnt nicht gauben, dass es mein eigenes ungelehriges Herz war, das euch diese Regel diktiert hat. Ich habe sie in siebzehn Klöstern gelernt, die ich auf meinen Reisen besuchte, und ich schrieb sie zu eurem Vorteil auf."

Es war also durchaus üblich für den Gründer eines neuen Klosters, sich umzusehen und sich aus den Regeln der anderen Häuser das Beste herauszupicken. Bis zum Jahr

800 setzte sich jedoch die Benediktsregel im Westen als dominante Ordensregel durch. Die Karolinger (Reformer, die mit Karl dem Großen daran arbeiteten, alle Bereiche des kirchlichen Lebens zu vereinheitlichen) befürworteten sie als eine Art Generalkampagne zur Reformierung der Kirchen im Fränkischen Reich und in Italien. Karl der Große wollte die Benediktsregel als vereinheitlichendes monastisches Prinzip überall in seinem Reich einsetzen, starb aber, bevor er dies erreicht hatte. Sein Sohn, Ludwig der Fromme, führte seines Vaters Werk fort. Nahe dem kaiserlichen Hof in Aachen wurde ein Kloster gegründet.

Der Abt war der berühmte Reformator Benedikt von Aniane. Aus jedem europäischen Kloster sollten zwei Mönche zu einem „Auffrischungskurs" im Mönchstum kommen. In ihrem Drang zur Vereinheitlichung aller Aspekte des religiösen Lebens – vom Bau des Standardklosters bis zu alltäglichen Handlungen –, gelang es den Karolingern, der Westkirche eine einzige Ordensregel aufzuerlegen: die Benediktsregel. Sie war so einflussreich, weil sie praktisch war. Die Anforderungen waren moderat, und im Gegensatz zu anderen Regeln war sie sehr umfassend. Ziel war es, eine „Schule für diejenigen im Dienste des Herrn" zu schaffen.

Oben: Benedikt von Nursia segnet seinen Schüler Maurus, einen Diakon, der als Vorbild religiösen Gehorsams gilt. Benedikt wurde 1220 von Papst Honorius III. heilig gesprochen.

DIE MACHT DER ÄBTISSINNEN

Unten rechts: Die heilige Thekla lebte im 1. Jh. und war eine Anhängerin des Apostels Paulus. Im Jahr 1630 soll sie der Gemeinde von Este in Italien bei einer Seuche zu Hilfe gekommen sein.

Die Informationen, die wir über das frühe religiöse Leben der Frauen haben, sind verschwommen. Sie wurden von männlichen Autoren überliefert und stammen aus einer Welt, in der ein Großteil der Heiligen und monastischen Figuren ebenfalls männlich war. Das Vorbild der Heiligkeit war männlich, und nur wenn eine Frau sich daran orientierte, konnte sie ebenfalls heilig werden. Heilig zu werden bedeutete jedoch, weniger Frau zu sein. Dies war eine mächtige Philosophie, und sie scheint auch hinter Geschichten wie derjenigen von Thekla, Pelagia und anderen zu stecken, die den männlichen Habit anlegten, als Mönche lebten – und erst nach ihrem Tod „enttarnt" wurden. Die Schlussfolgerung war, dass Frauen nur in Männerkleidern heilig werden konnten.

Sklavinnen und Königinnen

Für eine Sklavin war es schwierig, Nonne zu werden, da ihr Leben so wenig wert war. Adlige Frauen – Prinzessinnen oder Königinnen – hatten das gleiche Problem, aber aus entgegengesetzten Gründen. Als potenzielle Ehefrauen und Mütter von Königen waren sie soziale und politische Werkzeuge und extrem wertvoll. Die Gesellschaft war von ihnen abhängig. Als Ehefrau von Prinzen und Königen möglicher Verbündeter konnten sie das Überleben und das Territorium ihres Volkes sichern und verfeindeten Völkern Frieden bringen. Ihre Fähigkeit, Söhne zu gebären, die Erben und Krieger sein konnten, war viel zu wertvoll, um sie an ein Kloster zu „verschwenden".

Die Äbtissinnen

Einige Frauen stellten sich dem jedoch entgegen und verließen die traditionellen Gesellschaftsstrukturen, um ein religiöses Leben zu führen. Die wenigen, die Äbtissin wurden, hatten Macht und Einfluss in einem Maß, wie es für Frauen sonst undenkbar war. Sie trugen die Verantwortung für

die Organisation und Durchführung der religiösen Rituale und verwalteten die Bauernhöfe und Ländereien. Zudem teilten sie – wenn auch eingeschränkt – die sozialen und politischen Rollen der männlichen Geistlichen, und die meisten Äbtissinnen konnten ihr Leben weitgehend selbst bestimmen. Das religiöse Leben bot Frauen einen alternativen Lebensstil, der aber sehr begrenzt war. Die Freiheit, das eigene Leben zu dirigieren, war niemals absolut: Für den Zugang zum liturgischen und sakramentalen Leben in der Kirche sowie für praktische Hilfe bei schweren Arbeiten waren die Frauen weiterhin von Männern abhängig.

Unten: Eine normannische Äbtissin wendet sich an einen Priester und an einen Mönch. Äbtissinnen hatten damals ein gewisses Maß an religiösem Einfluss, und einige schrieben theologische Texte.

Im Mittelalter wurden Frauen immer als zu jemandem – Vater, Ehemann, Bruder, Sohn oder der Kirche – gehörig betrachtet. Männer konnten über Leben und Tod ihrer Frauen bestimmen, ob nun Ehefrauen oder Töchter (in der Realität, wenn auch nicht vor dem Gesetz). Frauen führten ein hartes, gefährliches Leben. Die Ehe und das Kinderkriegen wurden als ihr Schicksal betrachtet, und viele Frauen starben bei der Geburt. Die Fähigkeit, Söhne zu gebären, war ein hohes Gut, und insbesondere adlige Damen waren ein kostbares „Werkzeug" für politische und gesellschaftliche Allianzen. In ein Kloster zu gehen wurde deshalb nicht gern gesehen – außer bei Witwen, die zu alt zum Gebären waren. Innerhalb des religiösen Lebens hatten Frauen zwar gewisse Freiheiten, waren aber immer noch von männlichen Geistlichen abhängig.

URSPRÜNGE DES RELIGIÖSEN LEBENS

In den Schriften der Kirchenväter werden Frauen erwähnt, die sich entschlossen hatten, unverheiratet zu leben. Kirchenlehrer rieten ihnen, sich schwarz zu kleiden, ihr Haar kurz zu schneiden und einen schwarzen Schleier zu tragen, den sie bei ihrer Weihe vom Bischof erhielten. Sie sollten nur eine vegetarische Mahlzeit am Tag essen und diese mit einer armen Frau teilen. Außerdem sollten sie die heiligen Schriften studieren, in der Nacht aufstehen, sich in der Kirche versammeln und zu den traditionellen Stunden Psalmen singen. Einer der ersten monastischen Texte ist die *Historia Lausiaca*, die Anfang des 5. Jh. von Palladius von Galatien zusammengestellt wurde. Darin wird von mehreren Nonnenklöstern in Ägypten berichtet. Der Text enthält laut des Vorworts „Memoiren alter Frauen und erhabener, von Gott inspirierter Matronen, die mit männlichem, perfekten Geist erfolgreich die Anstrengungen der Askese gemeistert haben ... und den Frauen als Vorbild dienen, die das Begehren haben, die Krone von Mäßigkeit und Keuschheit zu tragen."

Oben Die heilige Adelheid war eine deutsche Äbtissin aus dem 10. Jh., die für ihre Heiligkeit und die Wunder berühmt war, die sie vollbrachte. In diesem Buntglasfenster von 1845 sieht man wie sie Geld an Arme verteilt.

MISSIONEN NACH NORDEUROPA

Im Lauf des 2. Jh. begannen die Menschen in fast jedem Winkel des Römischen Reichs, an Christus zu glauben. Um das Jahr 200 tauchten Berichte auf, dass Menschen in Britannien jenseits des Hadrianswalls Christen geworden waren. Gleichzeitig wurden Missionare aus Rom nach Paris gesandt, um dort eine Kirche zu etablieren. Das Christentum bewegte sich eindeutig auf die Nordgrenze des Römischen Reichs zu. In der Mitte des nächsten Jahrhunderts ging Wulfila als Missionar ins heutige Rumänien, wo er als Apostel der Goten bekannt wurde.

Ein englischer Sklave wird zum irischen Heiligen

Beim Namen „St. Patrick" denkt man an irische Feiern am 17. März, an Kobolde, grünes Bier und Töpfe mit Gold am Ende des Regenbogens. Diese Art zu feiern hat aber wenig mit den tatsächlichen Ereignissen zu tun.

Zu Beginn des 5. Jh. überfielen irische Piraten ein Dorf an der englischen Küste, plünderten es aus und nahmen mehrere Jugendliche als Sklaven mit. Einer von ihnen – der

junge Patrick – wurde gezwungen, auf einem irischen Bauernhof zu arbeiten.

Obwohl Patrick aus einer christlichen Familie stammte, war er bei seiner Gefangennahme nicht gläubig. Als Sklave wandte er sich jedoch dem christlichen Glauben seiner Eltern und Großeltern zu. Nach vier Jahren hatte er eine Vision, die er für eine göttliche Botschaft hielt. Sie forderte ihn auf, zu fliehen. Patrick folgte den Anweisungen, die er in der Vision erhalten hatte, und schaffte die Flucht nach England. Nach kurzer Zeit spürte er aber, dass Gott ihn erneut nach Irland rief, diesmal als Missionar. So kehrte er zu den Menschen zurück, die sein Dorf überfallen, einige seiner Verwandten und Freunde getötet und ihn versklavt hatten – und widmete ihnen in seinem Predigtamt 30 Jahre seines Lebens.

Als er starb, hinterließ Patrick etwa 700 christliche Kirchen in Irland. Auch der Geistliche Palladius, der 431 nach Irland geschickt und zum ersten Bischof ernannt wurde, spielte dabei eine Rolle, aber die Historiker sprachen die Bekehrung der Iren nur Patrick zu. Die irische

Unten: Die Geschichte von Elija, der Ahab und seine heidnischen Propheten (wie abgebildet) herausforderte, inspirierte den englischen Missionar Bonifatius, Ähnliches bei den germanischen Stämmen, die er bekehren wollte, zu versuchen.

Kirche wurde sehr einflussreich, und keltische *Peregrini* brachten die Evangelien nach Schottland und England, in die rauen Hügel Galliens, die Wälder Deutschlands, das Vorgebirge der Alpen und in die Flusstäler von Rhein und Donau, ja sogar in Städte und abgelegene Täler Italiens. Die keltische Missionarsbewegung operierte unabhängig vom Bischof in Rom.

Das Fällen der heiligen Eiche

Zu Beginn des 8. Jh. hatte der englische Missionar Bonifatius, der im heutigen Deutschland lebte, das Gefühl, auf seine Evangelisierungsversuche nur ungenügende Reaktionen zu bekommen. Er beschloss, es auf einen „Knalleffekt" ankommen zu lassen, wie es der Prophet Elija im Alten Testament mit den Baal-Verehrern auf dem Karmel getan hatte. Bonifatius gab bekannt, dass er vorhatte, die heilige Eiche des heidnischen Gottes Thor fällen zu lassen.

An jenem Tag versammelten sich viele Heiden im Wald um zu sehen, was passieren würde. Die meisten erwarteten, dass Thor Bonifatius erschlagen würde, sobald dieser Hand an die Eiche legte. Als aber beim Fällen des Baums gar nichts passierte, begannen die germanischen Stämme, sich langsam dem Christentum zuzuwenden.

Den Glauben bewahren

Weiter nördlich stellten die skandinavischen Wikinger eine Herausforderung für die Christen dar, die auf eine Verbreitung der Botschaft in ganz Europa drängten. Leider waren die Wikinger ein kriegerisches Volk, das seinen Spaß daran hatte, christliche Gemeinden zu terrorisieren, Kirchen niederzubrennen und Geistliche zu versklaven.

Zu Beginn des 9. Jh. ging der Missionar Ansgar nach Skandinavien und verbrachte 30 Jahre bei den Wikingern. Obwohl er manchmal auch als „Apostel des Nordens" bezeichnet wird, hatte er trotz all seiner Bemühungen keine bleibenden Erfolge zu verzeichnen.

Eine effektivere, wenn auch unauffälligere Bekehrung erfolgte durch Hochzeiten. Die Wikinger nahmen bei ihren Raubzügen an den Küsten im Süden oft junge Frauen gefangen, die sie mit nach Hause brachten und schließlich heirateten. Viele dieser Mädchen waren Christinnen, die ihrem Glauben treu blieben und im Kreis der Familie, die sie in ihrem Exil zwangsweise gründeten, darüber Zeugnis ablegten, was Christus in ihrem Leben bewirkt hatte. Auf diese Weise fanden auch die Wikinger langsam zum Christentum. Kurz nach Ende des ersten Jahrtausends galten die die skandinavischen Länder als christlich.

Oben: Auf dieser frühchristlichen Stele aus Schweden sieht man ein Paar, das sich umarmt. Der Mann hält ein Kreuz.

DAS HEILIGE RÖMISCHE REICH

Das ausgedehnte, vielfältige und facettenreiche Heilige Römische Reich überdauerte knapp ein Jahrtausend. Am 25. Dezember 800 wurde Karl der Große, König des Fränkischen Reichs, von Papst Leo III. zum römischen Kaiser gekrönt. Das Reich endete schließlich mit der Abdankung von Franz II. am 6. August 1806. Franz kam mit diesem Schritt Napoleon zuvor, der ihn gerade im Krieg besiegt hatte.

Aufstieg und Fall

Zwischen diesen Daten liegt eine turbulente Geschichte aus Aufstieg, Fall, erneutem Aufstieg und erneutem Fall. Zwischen 924 und 962 gab es keinen Kaiser; zu anderen Zeiten beanspruchten mehrere Kandidaten den Thron für sich (1250–1273). Die Kaiserwürde wurde von Dynastie zu Dynastie weitergereicht: Die Sachsen, Salier, Hohenstaufen und Habsburger besetzten alle den Thron. Oft lebte der Kaiser in der Region, aus der er stammte, z. B. im heutigen Deutschland, Frankreich, Italien, in den Niederlanden und sogar auf Sizilien.

Im Lauf der Zeit fluktuierten die Reichsgrenzen. Es war in erster Linie aber ein westliches Reich, denn das östliche Reich hatte negativ auf die Thronbesteigung Karl des Großen reagiert. Um zusätzlichen Ärger zu vermeiden, beanspruchte er nicht auch noch ihr Territorium. Zeitweise erstreckten sich die Grenzen jedoch bis nach Süditalien und Spanien – 1228 sogar bis nach Jerusalem. Das Herz des Reichs bildeten aber das heutige Deutschland, Frankreich, Polen, Österreich, die Schweiz, die Niederlande, Belgien sowie Norditalien.

Oben: Gemeinsam mit den Franzosen und Engländern begann Friedrich I. Barbarossa 1189 den dritten Kreuzzug. Nur ein Jahr später ertrank er bei einer Flussüberquerung in Kleinasien.

Unten: *L'Arbre des Batailles* von Honoré de Bouvet ist eine allegorische Darstellung der Feudalgesellschaft jener Zeit. Der König wird von dem Ärger abgeschirmt, der sich unter ihm zusammenbraut.

Einzigartig am Reich war, dass der Kaiser keine Garantie auf die Krone besaß, obwohl es Bestrebungen gab, den Titel vererbbar zu machen. Stattdessen wurde der Kaiser gewählt, was stets zu umfangreichen Verhandlungen zwischen den Fraktionen bzw. Reichsfürsten (erst sieben, später acht) führte. Kaiser zu werden war ein langer, umständlicher Prozess voller Heucheleien, Bestechungen, Versprechen und politischen Manövern des Papstes. Schließlich erkannte der Papst den neuen Kaiser offiziell an. Dieser lockere Bund war das Geheimnis sowohl der Langlebigkeit als auch des Falls des Reichs. Er bot den schwächeren Staaten Schutz, gewährte ihnen aber auch ein hohes Maß an Autonomie.

Das Heilige Reich gegen die Kirche

Trotz ihres Namens war die Stadt Rom nur selten Teil des Reichs. Das lag an der weltlichen Macht des Papstes, mit der sich der Kaiser oft auseinandersetzen musste. Der letzte vom Papst gekrönte Kaiser war Karl V. 1530. In den vorherigen Jahrhunderten hatte der Papst stark an Macht gewonnen – vor allem durch die „päpstliche Revolution" im 12. und 13. Jh., einer Zeit, in der die Autonomie der Kirche energisch bestätigt und das Kirchenrecht als separate Tradition anerkannt wurde. Plötzlich beanspruchte der Papst einen Großteil der weltlichen Macht für sich und begann, den Kaiser als Bedrohung anzusehen. Oft schloss er sich mit Adligen und Reichsfürsten zusammen, um die Macht des Kaisers zu untergraben.

Besonders deutlich wird dieser Machtkampf unter Friedrich I. Barbarossa (1122–1190) und Friedrich II. (1194–1250). Barbarossa bestand Papst Hadrian IV. gegenüber darauf, dass das Reich kein Geschenk des Papstes, sondern eine freie Krone sei, regiert durch uraltes römisches Recht. Die Sache spitzte sich weiter zu, und 1159–1176 unterstützte Friedrich I. den rivalisierenden Papst Viktor IV. Später, als Friedrich II. seinem Reich Sizilien und große Teile Italiens einverleibt hatte, fühlte sich der Papst ernsthaft bedroht, und so exkommunizierte ihn Gregor IX. gleich zweimal.

Woher stammt aber der Name „Heiliges Römisches Reich"? Es galt als „heilig", weil es unabhängig vom Papst war, und es war „römisch", weil es sich darauf berief, die Tradition des antiken Römischen Reichs fortzusetzen.

Das Leben als Leibeigener

Für die einfachen Menschen bedeutete das Reich die lange Vorherrschaft des Feudalismus, eines Sozial- und Wirtschaftssystems, das oft als Pyramide dargestellt wird. Ganz oben stand der König, gefolgt von den Adligen, Prinzen, Geistlichen und Handwerkern. Darunter kamen die Leibeigenen, die größte Gruppe. Das Land, auf dem sie lebten, gehörte ihnen nicht. Stattdessen gestattete ihnen ihr Lehnsherr (oft ein Bischof), dort zu leben. Im Austausch gaben die Leibeigenen einen Teil ihrer Erträge ab, dienten in Kriegszeiten als Fußsoldaten oder stellten ihre Arbeitskraft zur Verfügung. In der restlichen Zeit waren sie sich selbst überlassen.

ATLANTI

Duero

Lissabon

EMIRAT VON CORDO

Sevilla

Cádiz

Karte

RLAND

KÖNIGREICH
VON ENGLAND

Ärmelkanal

Boulogne

BRETAGNE
Rennes
NEUSTRIEN
Rouen
Seine
Paris
Angers
Tours
Châlons

REICH KARLS DES GROSSEN

Poitiers

Angoulême
AQUITANIEN
Bordeaux
GASCOGNE
Cahors
Toulouse
PYRENÄEN
Saragossa
Tortosa
Barcelona
Valencia
Alicante

Bremen
Münster
Aix-la-Chapelle
(Aachen)
Köln
FRANKREICH
Rhein
Mainz

Hamburg

ABODRITEN
SACHSEN
Elbe
WILZEN
Magdeburg
SORBEN
THÜRINGEN
AUSTRASIEN
BÖHMEN
MÄHREN

ALEMANNIA
Chalon
BURGUND
Lyon
RAETIA
Grenoble
Rhône
Mailand
LOMBARDEI
Genua
Modena
Bologna
Favenna
Pisa
Florenz
Perugia

Salzburg
BAYERN
KÄRNTEN
FRIAUL
Venedig
KROATEN
Donau
Adria

PAPST-STAATEN
HERZOGTUM
SPOLETO
Rom
Capua
Salerno
HERZOGTUM
BENEVENTO

SEPTIMANIEN
PROVENCE

Korsika

Ligurisches Meer

Sardinien

Tyrrhenisches Meer

Mittelmeer

Ionisches Meer

AFRIKA

Heiliges Römisches Reich ca. 806
- Reich Karls des Großen ca. 806)
- Gebiete unter der Kontrolle Karls des Großen
- Mit Karls Reich verbündete päpstliche Staaten
- Emirat von Córdoba

N
0   125   250   375   500 Meilen
0   250   500   1000 Kilometer

Rechts: Karl der Große wird
von Papst Leo III. am
25. Dezember 800 in der
Basilika des Petersdoms in Rom
zum *Imperator Romanorum*
(„Kaiser der Römer") gekrönt.

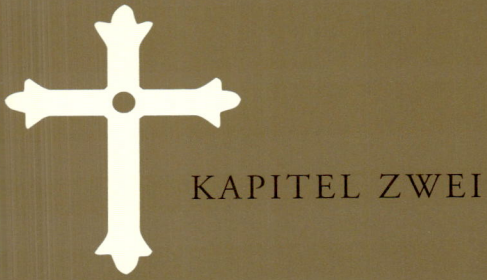

KAPITEL ZWEI

BYZANZ

Das Byzantinische Reich wurde von Konstantin dem Großen gegründet, indem er die Hauptstadt des Römischen Reichs aus Rom in seine neue Stadt Konstantinopel (das heutige Istanbul) verlegte. Diese neue christliche Hauptstadt, die zum Zentrum der orthodoxen Kirche wurde, hieß Menschen aller Rassen willkommen, solange sie Griechisch sprachen und bereit waren, den orthodoxen Glauben anzunehmen. Konstantinopel, das die längste Zeit über die reichste und kultivierteste Stadt der Welt war, hatte zu seiner Blütezeit etwa eine Million Einwohner und fiel erst im Jahr 1453 an die osmanischen Türken.

Konstantinopel war der Sitz des byzantinischen Kaisers und des Patriarchen – des Leiters der orthodoxen Kirche, der nur noch dem Papst in Rom unterstand. Wahrscheinlich wurde die Stadt – oder eher ihr Vorgänger – vom heiligen Andreas, dem Bruder des heiligen Petrus, gegründet und hatte deshalb fast den gleichen Status wie Rom selbst. Konstantinopel war eine Stadt der Kirchen – von denen die wichtigste die große Kathedrale Hagia Sofia war – und der Klöster, von denen es in der Hauptstadt etwa 300 gab. Zudem wurden dort mehrere Konzile abgehalten, bei denen das orthodoxe Dogma formuliert wurde. Geschützt durch dicke, zu Beginn des 5. Jh. errichtete Mauern, war Konstantinopel bis zur Entwicklung der schweren Artillerie uneinnehmbar und wehrte Angriffe der Barbaren, Awaren, Perser und Araber problemlos ab.

Die Byzantiner glaubten, dass Gott ihr Reich gegen alle Mächte beschützen würde, solange sie dem orthodoxen Glauben treu blieben. Sie glaubten auch, dass es die Hauptaufgabe des Kaisers war, die Reinheit des Glaubens zu bewahren. Selbst im Angesicht der Bedrohung durch die Türken weigerte sich die Bevölkerung kategorisch, eine Vereinigung mit den Katholiken der „lateinischen" Westkirche zu akzeptieren, denn man war sicher, dass der orthodoxe Glaube am Ende triumphieren würde. Gegen Ende der osmanischen Belagerung wurde die Vereinigung dann zögerlich doch gefeiert – in der Hoffnung, Militärhilfe aus dem Westen zu erhalten, die jedoch niemals kam.

Rechts: Die Hagia Sophia, die ursprünglich eine christliche Kathedrale war, wurde nach der Eroberung Konstantinopels durch Mehmed II. im Jahr 1453 in eine muslimische Moschee umgewandelt.

DIE HERRSCHAFT JUSTINIANS

✝ Im August 527 folgte Justinian seinem Onkel Justin I. als Kaiser von Byzanz auf den Thron. Er wurde 482 geboren und stammte aus niederen Verhältnissen, sollte aber einer der größten byzantinischen Kaiser werden, denn er eroberte große Gebiete im Westen Nordafrikas sowie in Italien und Südspanien, die zuvor an die Barbaren verloren gegangen waren. Außerdem war er für die Überarbeitung und Kodifizierung des römischen Gesetzes verantwortlich, das noch heute Basis des bürgerlichen Rechts vieler Länder ist. Die Überarbeitung vereinte das alte römische Recht mit christlichen Idealen und Standards. Dabei half ihm seine ehrgeizige und entschlossene Frau Theodora, die für ihre einstige Karriere als Mimin (oder Stripperin) sowie für die

Tatsache, dass sie eine uneheliche Tochter hatte, berüchtigt war. Die beiden heirateten im Jahr 525, nachdem Justinians Onkel ein Gesetz erlassen hatte, demzufolge Senatoren und Schauspielerinnen heiraten durften (was bis dato verboten war), obwohl Schauspielerinnen das Sakrament der Kirche weiterhin verwehrt blieb.

Justinians Kampf um die Orthodoxie

Kaiser und Kaiserin waren beide an theologischen Debatten interessiert und unterstützten Kirchenmänner und Theologen. Da Justinian glaubte, dass die Einigkeit des Glaubens unerlässlich für die Eingkeit des Reichs war, unterdrückte er von Anfang an viele ketzerische Gruppen und zwang eine große Anzahl von Heiden (etwa 70.000), die in

Unten: Dieses Mosaik aus der Basilika San Vitale in Ravenna zeigt Kaiserin Theodora, die Ehefrau Justinians, die Hof hält. Unkonventionell wie sie war, verlangte sie, dass die Höflinge ihr wie dem Kaiser salutierten.

Kleinasien geblieben waren, zum Übertritt. Das Heidentum in jeglicher Form wurde verboten. Die Rechte der Juden wurden eingeschränkt, und in den Synagogen war es untersagt, Hebräisch zu sprechen. Ketzer wurden hingerichtet; Justinian war selbst bei der Verbrennung oder Ertränkung prominenter Manichäer dabei, während andere als ketzerisch betrachtete Gruppen – etwa die Montanisten, die weibliche Priester hatten – Massenselbstmord begingen. Christen, die rückfällig wurden, erwartete der Tod, und Heiden durften keine öffentlichen Ämter bekleiden.

Trotz seiner Erklärung, dass das Wort des Kaisers Gesetz sei, war Justinians Versuch, das Reich unter einem Glauben zu vereinen, erfolglos. Seine Bemühungen, seine Untertanen zur Annahme lehrmäßiger Kompromisse zu zwingen, stellten weder den Osten noch den Westen zufrieden. Obwohl die Lehre 451 verbannt wurde, war der häretische Monophysitismus in den östlichen Provinzen Syriens und Ägyptens vorherrschend. Kaiserin Theodora war eine inbrünstige Monophysitin, und der Historiker Prokopios berichtete, dass das Paar seine religiösen Differenzen absichtlich öffentlich machte, um sich die Unterstützung aller Untertanen zu sichern. Nach Theodoras frühem Krebstod im Jahr 548 wurde Justinians Haltung gegenüber den Monophysiten jedoch deutlich strenger.

Justinian als Theologe

Justinian war ernsthaft und mit Begeisterung gläubig. Er war der erste byzantinische Kaiser, der auf seiner Münze ein Kreuz hält, und schrieb sogar eine Reihe theologischer Abhandlungen. Er nahm persönlich an dogmatischen Disputen teil und unterstützte 553 das fünfte ökumenische Konzil. Kirchenmänner, die seinen theologischen Definitionen nicht zustimmten, respektierte er nicht, und er ließ sogar den Papst bei einem Besuch in Konstantinopel unter Hausarrest stellen, weil dieser ihm widersprochen hatte.

Trotz seiner Monophysitenverfolgung zu Beginn seiner Herrschaft entschloss sich Justinian am Ende seines Lebens, der monophysitischen Sekte der Aphthartodoketisten zu

folgen, die glaubten, dass die Göttlichkeit Christi einer solchen Natur war, dass sogar sein Körper unbestechlich war – und zwar nicht nur nach seiner Wiederauferstehung, sondern bereits zu seinen Lebzeiten auf der Erde. Justinian starb jedoch 565, bevor sein Erlass, der diese Lehre unterstützte, vom Patriarchen abgesegnet war.

Justinians Herrschaft gilt als Wendepunkt in der Spätantike, an dem das Heidentum seinen Todesstoß erhielt. Zur Zeit seines Todes war ein Kompromiss zwischen der Orthodoxie und den Monophysiten nicht in Aussicht, und so entstand eine organisierte mia- bzw. monophysitische Kirche, die noch heute existiert.

DER BAUMEISTER JUSTINIAN

Justinian baute oder renovierte allein in Konstantinopel etwa 30 Kirchen, inklusive der Kirche der *Theotokos* (Mutter Gottes) in Pege, wo er angeblich von einer Nierenkrankheit geheilt wurde. Seine berühmteste architektonische Leistung war aber der Neubau der Hagia Sophia, die bei den Aufständen von 532 niedergebrannt war, die als Reaktion auf seine aggressiven Steuereintreiber folgten. Justinian nutzte den Wiederaufbau der „großen Kirche", um sich als Baumeister darzustellen, dessen Errungenschaften dem Bau des Tempels von Jerusalem durch Salomon nicht nachstanden. Justinian restaurierte auch die Apostelkirche, den Begräbnisort der kaiserlichen Familie, wo Theodora und er beigesetzt werden sollten.

Rechts: Die von Justinian neu erbaute Apostelkirche wurde 1461 von den Osmanen abgerissen, um an der gleichen Stelle die Fatih-Moschee zu errichten.

Oben: Justinian war ein strenger Herrscher, der keine Opposition duldete. Nach den Aufständen 532 ließ er 30.000 Andersdenkende im Hippodrom von Konstantinopel abschlachten.

Das Byzantinische Reich
- Byzantinisches Reich (527)
- unter Justinian gewonnenes Terr. (565)
- umstrittenes Territorium
- Heutige Landesgrenzen

DIE HAGIA SOPHIA

Rechts: 1935 wurde die Hagia Sophia nach einer 1500-jährigen, turbulenten Geschichte von dem damaligen türkischen Präsidenten Kemal Atatürk in ein Museum verwandelt.

Die erste Kirche der „heiligen Weisheit" (Hagia Sophia) in Konstantinopel wurde von Konstantins Sohn, Constantius II., gebaut und war das erste von drei Bauwerken, die diesen Namen trugen. Die ursprüngliche Kirche wurde am 15. Februar 360 geweiht, im Jahr 404 aber von den Anhängern des Patriarchen Johannes Chrysostomos niedergebrannt. Die Kirche, die heute in Istanbul steht, ist das Werk Kaiser Justinians, nachdem das Gebäude bei den Aufständen im Januar 532, die Justinian beinahe seinen Thron gekostet hatten, erneut abgebrannt war. Diese neue „große Kirche" sollte das spektakulärste byzantinische Bauwerk und der Sitz des Patriarchen werden. 10.000 Handwerker benötigten fünf Jahre für den Bau. Die Hagia Sophia sollte bis zur Vollendung der Kathedrale von Sevilla im Jahr 1520 das größte Bauwerk der Welt bleiben.

Struktur und Design

Das eigentlich Gebäude ist fast quadratisch – 78 x 72 m – und hat über dem Mittelschiff eine Kuppel von 31 m Durchmesser. Die Basis der Kuppel ist von 40 Fenstern umgeben. 558 stürzte die Kuppel nach einem Erdbeben in sich zusammen und musste vollständig neu gebaut werden, sodass das Bauwerk heute 55 m hoch ist. Das Gewicht der Kuppel wird durch Pendentifs zwischen vier mächtigen Pfeilern gestützt. Zeitgenössischen Beobachtern schien die Kuppel zu schweben, und diese innovative Bauweise sollte großen Einfluss auf die orthodoxe und islamische Architektur haben. Nach der türkischen Eroberung der Stadt im Jahr 1453 wurden die Glocken, die 15 m hohe Ikonostase und der Altar entfernt. Die Mosaike wurden mit Putz bedeckt, dann wurden islamische Merkmale wie die Mihrab und die vier Minarette hinzugefügt.

Unten: Mitte des 19. Jh. ordnete Sultan Abdülmecid die ausgiebige Renovierung der Hagia Sophia an, für die 800 Arbeiter etwa zwei Jahre benötigten.

Die schönsten Dekorationen

Zum Bau der gewaltigen Säulen, von denen die größten 18 m hoch sind und über 64 t wiegen, wurde Marmor aus dem ganzen Reich herbeigeschafft. Die Innenwände und Säulen wurden mit großartigen grünen, weißen und violetten Marmorplatten versehen. Im Lauf der Jahrhunderte wurde die Kirche auch zunehmend mit Bildern von Heiligen, Christus, der *Theotokos* und der kaiserlichen Familie geschmückt. Einige Bilder waren mit Gold und Juwelen verziert. Im Zuge des byzantinischen Bilderstreits wurden die Ikonen wieder entfernt. 867 wurde in der Apsis das Mosaik von der *Theotokos* und Christus geschaffen – anlässlich der Feier zur Rückkehr der Ikonen unter der Herrschaft Michaels III. Als schönstes Mosaik der Hagia Sophia gilt allgemein das Deësis-Mosaik auf der oberen Galerie. Es wurde 1261 angefertigt, um die Rückkehr der Kirche zum orthodoxen Glauben – nach 57 Jahren katholischer Herrschaft als Resultat des vierten Kreuzzugs – zu kennzeichnen. In dieser Darstellung vermitteln die *Theotokos* und Johannes der Täufer am Tag des Jüngsten Gerichts bei Christus zu Gunsten der Menschheit. Die Hagia Sophia enthielt auch berühmte Reliquien, z. B. einen Stein aus dem Grab Christi, die Milch der Mutter Gottes, das Leichentuch Christi sowie die Knochen diverser Heiliger. Viele davon wurden nach dem vierten Kreuzzug in den Westen gebracht.

Liturgie und Zeremonien

Die Zeremonien in der Hagia Sophia waren ein wichtiger Teil des höfischen Lebens. Die obere Galerie war für die Kaiserin und ihr Gefolge reserviert, die sich die Ereignisse so von oben anschauen konnten. In dieser Galerie befinden sich auch die beeindruckenden Mosaike der kaiserlichen Familie, inklusive jener der Kaiserin Zoe und ihres dritten Ehemanns. An der Südwestecke ist die Hagia Sophia durch einen Gang direkt mit dem Palast verbunden, sodass die Kaiserin die Kirche unbeobachtet betreten konnte.

Der Betrieb der Hagia Sophia erforderte erheblichen Personalaufwand: Im 6. Jh. dienten 425 Geistliche in der Hagia Sophia und in den drei nahegelegenen Kirchen, aber selbst dies reichte nicht aus, sodass ihre Zahl später auf 525 erhöht wurde. Kaiserliche Hochzeiten fanden im Palast

statt, aber es war üblich, den Kaiser in der Hagia Sophia zu krönen. Auch viele Taufen wurden dort abgehalten. Als der später vehement ikonoklastisch eingestellte Kaiser Konstantin V. 718 dort getauft wurde, verrichtete er (laut orthodoxer Quellen) im kaiserlichen Taufbecken seine Notdurft und läutete so seine Karriere als Ikonenzerstörer ein.

Links: 1520 nahm die Kathedrale von Sevilla den Platz als größtes Bauwerk der Welt ein. Sie gilt bei vielen noch heute als größte gotische Kathedrale der Welt.

DIE NATUR GOTTES

Rechts: Die Eliaskirche in Kairo ist nur eines von vielen melkitischen Gotteshäusern in Ägypten, die aus den monophysitischen Kirchen der Vergangenheit entstanden.

✝ Durch die Bekehrung Konstantins des Großen Anfang des 4. Jh. wurde das Christentum allgemein akzeptiert; es wurde aber erst unter der Herrschaft Theodosius' I. 381 als Staatsreligion vorgeschrieben. Aufgrund des daraus entstandenen Zuflusses an Bekehrten, des Reichtums und der wachsenden Kirchenhierarchie oblag es der Kirche nun, die Parameter des Glaubens klar zu definieren. Beim Konzil von Nicäa (325) wurde festgelegt, dass Gott ein „Wesen" in drei „Personen" ist, sodass Vater und Sohn das gleiche „Wesen" teilen: Sie sind wesensgleich. Der Zusammenhang der Heiligen Dreifaltigkeit und besonders der Natur Christi wurde zum Dreh- und Angelpunkt vieler häretischer Debatten und führte in den ersten Jahrhunderten zur Entstehung vieler Sekten.

Die christologische Diskussion

Der Arianismus blieb das große theologische Problem des 4. Jh., über das große Diskussionen geführt wurden. In verschiedenen Konzilen wurde versucht, beide Seiten zu versöhnen. Zwei Kaiser des Ostreichs waren fanatische Arianer, genau wie die „barbarischen" Stämme, die sich Ende des 4. sowie im 5. Jh. im Westen niederließen.

Anfang des 5. Jh. widersprach Nestorius, Patriarch von Konstantinopel, dem Begriff *Theotokos* (Mutter Gottes), da Maria eigentlich die Mutter Christi *(Christotokos)* war, wodurch er das Menschsein Christi und nicht seine Göttlichkeit unterstrich. Er wurde degradiert und verbannt, aber seine Anhänger, die Nestorianer, gründeten ihre eigene Kirche, die sich rasch in Persien, in Teilen Syriens und Arabiens sowie in Indien und China ausbreitete. Die Frage, ob Nestorius ein Ketzer war, wird noch immer diskutiert.

Die göttliche Natur Christi

Die nächste große Häresie (die niemals gelöst wurde) war der Monophysitimus, der versuchte, eine andere Lösung für die Beziehung zwischen Christus und dem Vater zu finden. Die Schlussfolgerung war, dass bei Christus, solange er auf Erden weilte, die menschliche Natur von der Göttlichkeit überschattet wurde: Der physische Christus war Gott, nicht Mann. Die Provinzen Syrien, Palästina und Ägypten waren vehement mia- bzw. /monophysitisch, und die Verfolgungen, denen sie sich immer wieder ausgesetzt sahen, machten sie zu Befürwortern der arabischen Eroberungen im 7. Jh. Die Nachkommen der Mia- bzw. Monophysiten, die nach der arabischen Eroberung unabhängig vom Byzantinischen Reich waren, existieren heute noch in Form der melkitischen und jakobitischen Kirchen in Ägypten, Syrien und Armenien.

Der Bilderstreit

Einer der größten Konflikte in der byzantinischen Gesellschaft des 8. und 9. Jh. wurde durch die theologische Interpretation von Ikonen – Abbilder Christi, der *Theotokos* und der Heiligen – sowie durch ihre Rolle bei der Verehrung

Gegenüber: Die Frage nach der Rolle von Ikonen sorgte im ersten Jahrtausend nach dem Tod Jesu für hitzige – und auch gewalttätige – Debatten. Ikonen werden heute noch in der orthodoxen Kirche verehrt.

Unter: Kaiser Theodosius I. vereinte das West- und Oströmische Reich und befürwortete das katholische Christentum als Staatsreligion.

ausgelöst. In der Frühkirche galten Ikonen als heidnisch, und ab dem 6. Jh. reagierten die Ikonoklasten auf die zunehmende öffentliche Ikonenverehrung. Als Leo III. im Jahr 726 die Entfernung aller Ikonen über den Toren des Palasts anordnete, kam es zu Aufständen, besonders von Frauen und Mönchen, die stets leidenschaftliche Verteidiger der Ikonenanbetung waren. Der Klerus und die Armee befürworteten hingegen die Entfernung. Die meisten gebildeten Menschen akzeptierten, dass jegliche bildliche Darstellung Christi eine Bedrohung für seine zwei Naturen war, da man das Göttliche nicht darstellen konnte.

Im Jahr 787 wurden die Ikonen unter Kaiserin Irene, die als Regentin für ihren Sohn Konstantin VI. herrschte, vorübergehend wieder erlaubt. 843 wurden Ikonen unter einer weiteren Regentin – Theodora – schließlich endgültig offiziell gestattet. Es dauerte aber dennoch bis zum Jahr 867, bis die ersten Ikonen öffentlich in Konstantinopel geweiht wurden.

DER URSPRUNG DER HÄRESIEN IN BYZANZ

Häresien hatten vielfältige Gründe: die Unzufriedenheit der Armen, der Wunsch, eine nationale Identität zu festigen, wie in Syrien und Ägypten, sowie die Fortsetzung heidnischer Philosophien vor allem im Osten. Das Hauptmotiv lag jedoch im Christentum selbst – im Bedürfnis der Byzantiner, die Natur Gottes und den Weg zur Erlösung zu verstehen. Sogar als die Türken 1453 vor den Toren ihrer Stadt standen, glaubten die Byzantiner noch, dass Gott „sein" Reich schützen würde, solange sie der Orthodoxie treu blieben.

LITURGIE UND GEBET

Oben: In der Bibel teilt Jesus oft eine Mahlzeit mit seinen Schülern. Diese Geste wird in der byzantinischen Liturgie widergespiegelt, bei der Jesus im sakramentalen Wein und Brot „anwesend" ist.

Das Wort „Liturgie" (vom griechischen *leitourgikos*, „Dienst der Priester") bezeichnet die Rituale, die symbolisch an den Worten und Taten Jesu aus dem Neuen Testament ausgerichtet sind. Dazu gehören die Sakramente, wie die Taufe oder das Abendmahl, das uns an das Leben Jesu erinnert – und daran, dass wir diese Sakramente aufrechterhalten sollen. Dementsprechend enthält die byzantinische Liturgie eine Reihe von Gesten, die Jesus selbst verwendet hat, etwa das Segnen, das Baden, das Berühren, das Essen und das Salben, sowie Gegenstände, die von ihm berührt wurden – Brot, Wein, Wasser und Öl. Das Abendmahl stellt z. B. die Worte und Handlungen bei der letzten Mahlzeit Jesu nach.

Der byzantinische Ritus

Der byzantinische Ritus kommt in allen orthodoxen und in der griechisch-katholischen Kirche zur Anwendung und ist der zweitgrößte heute benutzte Ritus (nach dem römischen). Er besteht aus den Liturgien, kanonischen Stunden, Sakramenten und Gebeten, die in Konstantinopel entstanden waren, der Hauptstadt des Byzantinischen Reichs und Sitz der griechisch-orthodoxen Kirche. Zunächst gab es alternative Liturgien, aber um das Jahr 1000 setzte sich die Liturgie Johannes Chrysostomos' (zu Beginn des 5. Jh. Patriarch von Konstantinopel) durch. Die Liturgie besteht aus vier Teilen: der Vorbereitung von Brot und Wein, der Einführung mit Antiphonen, Litaneien und Gebeten, der „Liturgie des Wortes", bei der Texte als Symbol der Ankunft Christi als „Wort Gottes" zum Altar getragen und vorgelesen werden, und aus der Liturgie des Abendmahls selbst. An bedeutenden Feiertagen wie Heiligabend, Sonntagen in der Fastenzeit (aber nicht Palmsonntag) sowie an Neujahr, das zusätzlich der Feiertag des heiligen Basilius ist, wird noch dessen ältere Liturgie verwendet.

GEBETE IN DER BYZANTINISCHEN KIRCHE

Bei Gebeten in der byzantinischen Kirche spricht man in Gedanken oder mit Worten zu Gott, Christus, der Theotokos oder den Heiligen, und zwar in Form von Bitten, Danksagungen, Lob oder Beichte des Glaubens. Gebete können das Rezitieren fester Formeln (wie das Vaterunser oder das Kyrie Eleison) beinhalten oder eine Form von Meditation sein, bei der man sich auf das Leben Jesu konzentrieren soll. Die Askese sollte den Geist reinigen und bot die beste Möglichkeit zur Meditation. Das „Jesusgebet" wird vor allem von den Mönchen auf dem Berg Athos praktiziert, die glauben, durch die Meditation die Vereinigung mit Gott zu erreichen.

Rechts: Die Klöster auf dem Athos (im heutigen Griechenland) sind für ihre Verbindung zum Hesychasmus berühmt. Gregor von Palamas, ein früher Anhänger der Hesychasten, war Mönch im Kloster von Vatopedi.

Die Unterschiede in den römischen und byzantinischen Riten liegen in der Verwendung ungesäuerten Brots beim griechischen Abendmahl, in der Hochzeit der Geistlichen (nur unterhalb des Bischofsamtes – ein Priester, der Bischof werden wollte, musste sich scheiden lassen), einem anderen österlichen Kalender und einem Glaubensbekenntnis, das vom Vater gleich zum Heiligen Geist übergeht. Im byzantinischen Gottesdienst steht die Gemeinde traditionell. Vom Altarraum wird sie durch die Ikonostase getrennt. Die für den Ritus benötigten Ikonen, Musik, Architektur, Gefäße und Messgewänder haben sich über Jahrhunderte hinweg entwickelt. Die meisten Gottesdienste werden gesungen, und die Fastenregeln sind strenger als im Westen. Es gibt vier Fastenzeiten, zu denen Fleisch und Milchprodukte sowie manchmal auch Fisch und Öl verboten sind.

Die Rolle der Priesterschaft

Die Liturgie wird normalerweise von einem Priester oder Bischof abgehalten. Er wird von einem Diakon begleitet, der wiederum eine wichtige Rolle bei der Orchestrierung der verschiedenen Handlungen und Reaktionen spielt, die von der Gemeinde erforderlich sind. Frauen waren vom Priesteramt ausgeschlossen, obwohl in der Frühkirche viele Frauen als Diakonissen dienten, damit sie aus Gründen des Anstands bei der Taufe von Frauen assistieren konnten.

Sowohl das höfische Leben als auch die Verbreitung der großen Klöster hatten Einfluss auf die liturgische Tradition. Kaiserliche Gottesdienste wurden meist in der Hagia Sophia abgehalten, obwohl auch Gottesdiente außerhalb der Kirche eine wichtige Aufgabe des Kaisers waren – im Lauf der byzantinischen Geschichte wurde die gesamte Stadt immer mehr als „liturgischer Ort" angesehen. So verbrachte der Kaiser etwa einen Großteil seiner Zeit mit Prozessionen zu heiligen Orten oder Gebäuden in der ganzen Stadt.

Gleichzeitig bereicherten die großen Klöster den byzantinischen Ritus in Bezug auf Musik, Ikonografie, Hymnen und Gebete. Bei byzantinischer Musik handelt es sich meist um einstimmige Choräle, welche die Liturgie begleiten, und wichtige Kirchen hatten große Chöre.

Oben: Wie die meisten orthodoxen Kirchen ist auch diese russisch-orthodoxe Kirche in Florenz mit Ikonen von Jesus, Maria und verschiedenen Heiligen reich geschmückt.

DAS ÖSTLICHE MÖNCHSTUM

✝ Klöster (Gemeinden von Mönchen und Nonnen) entstanden im 3. Jh. in Ägypten und Syrien, und der berühmteste Gründer war der heilige Antonius, der seinen Besitz verschenkte, um ein Leben in Askese zu führen. Andere, die sich für diesen Lebensstil interessierten, folgten ihm jedoch in die ägyptische Wüste, und bis zu seinem Tod im Jahr 356 hatte er dort eine ausgedehnte Gemeinde um sich versammelt. Diese Tendenz setzte sich auch andernorts durch: Im 4. und 5. Jh. waren Einsiedler, die über 30 Jahre lang ein streng asketisches Leben in Höhlen, Bäumen oder auf Säulen führten, nicht ungewöhnlich. Die Kirche förderte jedoch eher die Gründung von Gemeinden als das Leben in Einsamkeit. Ab dem 6. Jh. gehörten monastische Gemeinschaften zur Normalität, in denen sich Gruppen von Männern oder Frauen dem Gebet und der Einkehr widmeten, um für sich selbst und für diejenigen, für die sie beteten, Erlösung zu erlangen.

Unten: Das Kloster Roussanou in Meteora, Griechenland, wurde im 16. Jh. am Ort einer Einsiedelei errichtet. Als im 20. Jh. eine Brücke gebaut wurde, um den Zugang zu erleichtern, konnte man das Kloster restaurieren.

Klöster

Klöster konnten fast jede Größe haben: von einem Minimum an drei Mönchen oder Nonnen bis zum gewaltigen Kloster Stoudion in Konstantinopel, in dem über tausend Menschen lebten. Vor allem in Konstantinopel gab es viele Klöster, aber auch heilige Berge wie der Athos oder entfernte Wüstenorte waren sehr beliebte Standorte. Viele Gruppen fühlten sich jenseits der Zivilisation wohler. Ab dem 14. Jh. wurde in Meteora auf den unwegsamen Felsnadeln im nördlichen Thessalien (Griechenland) eine Reihe fast unzugänglicher Kloster gebaut, die beinahe in der Luft zu schweben scheinen. Zu einigen wurden Mönche, Besucher und Vorräte mit Seilen hinaufgezogen.

Im Gegensatz zum Westen gab es jedoch keine Orden, sodass Klöster meist unabhängige Einrichtungen waren, die nur dem örtlichen Bischof unterstanden und durch ihre Gründungscharta, ihre *Typikon,* gebunden waren. Viele der kleineren Einrichtungen gehörten bestimmten Familien, sodass sich Familienmitglieder dort im Alter oder nach dem Tod des Ehepartners niederlassen konnten. Das war im ganzen Byzantinischen Reich üblich. Viele Mönche und Nonnen traten erst nach ihrem Eheleben in ein Kloster ein, denn es wurde allgemein angenommen, dass Klosterangehörige nach ihrem Tod direkt Einlass ins Paradies fanden. Es gab sogar Doppelklöster, in denen getrennte Gruppen von Mönchen und Nonnen unter der Obhut des gleichen Abtes unter einem Dach lebten. Obwohl diese Praxis oft verboten wurde, blieb sie beliebt, da Familien so zusammenbleiben konnten – etwa Eheleute, nachdem die Kinder erwachsen waren. Gegen Ende des Reichs blühte dieses System noch einmal auf.

Architektur und Organisation

Klöster waren von festen Mauern umgeben, innerhalb derer sich Schlafsäle, Ställe, Werkstätten, Speisesäle und Vorratslager befanden. Die Hauptkirche *(Katholikon)* stand in der Mitte des Komplexes. In einigen Einrichtungen gab es ein Badehaus und eine Krankenstation. Die meisten Klöster wurden von einem Oberen geleitet (in Familieneinrichtungen konnte es eine festgelegte Person sein; die Rolle wurde z. B. vom Vater an den Sohn oder von der Mutter an die Tochter vererbt). Daneben gab es einen Verwalter, einen Messner und weitere Offizielle, die für die Finanzen, die Küche oder das Archiv zuständig waren. Einige Klöster besaßen große Ländereien, die ihnen vererbt oder gespendet worden waren. Mönche und Nonnen beteten nicht nur, sondern arbeiteten auch körperlich auf dem Feld, in Werkstätten oder in der Spinnerei bzw. Webstube, damit die Klöster weitestgehend unabhängig waren. Auf die Einhaltung der gemeinsamen Gebete wurde streng geachtet, etwa zur Vesper, zur Komplet, auf das Mitternachtsgebet, das Morgengebet und auf Gebete zur ersten, dritten, sechsten und neunten Stunde. Die Akoimetoi (die „Schlaflosen") in Konstantinopel beteten gar rund um die Uhr, wobei sich drei Chöre in achtstündigen Schichten abwechselten.

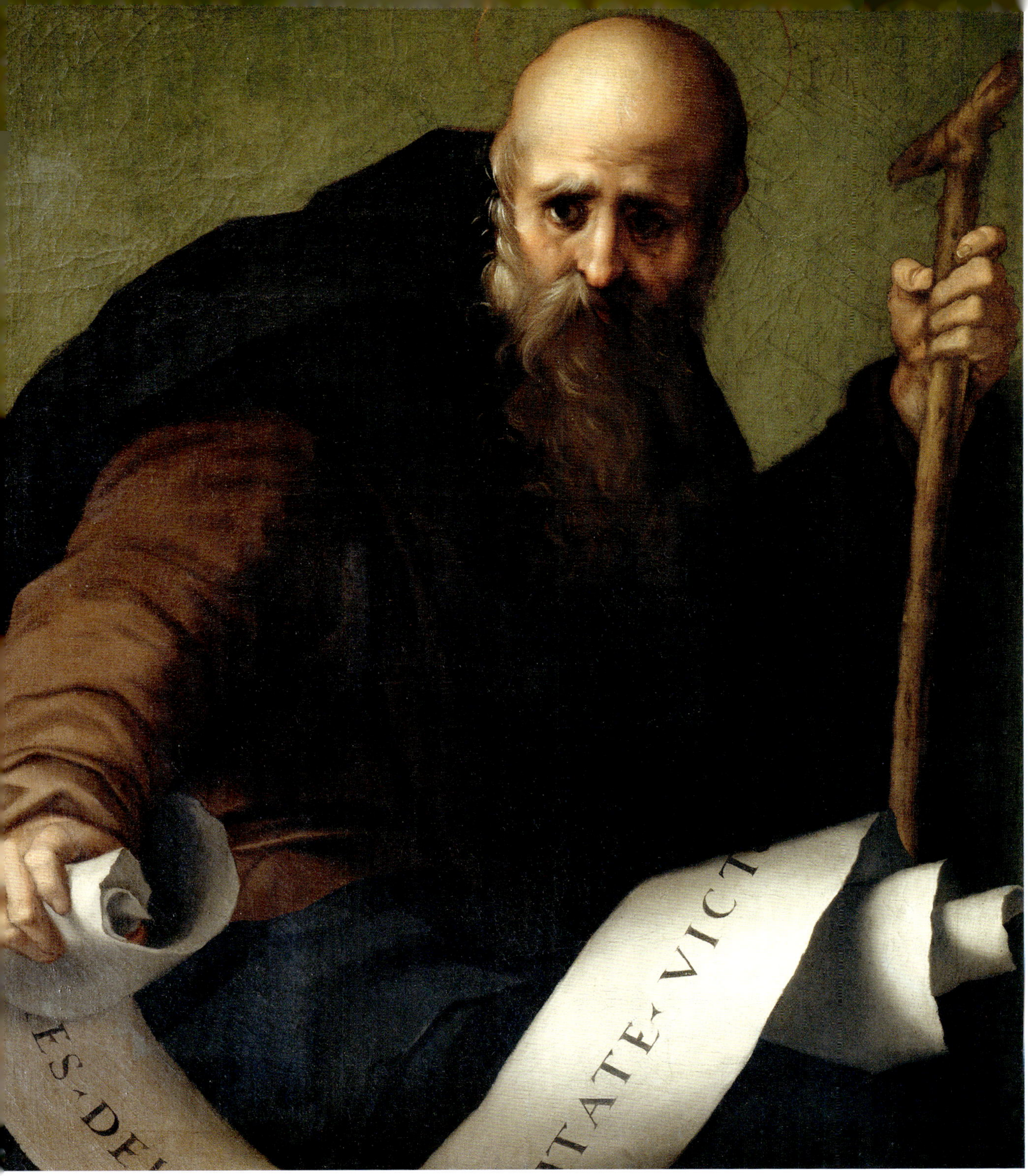

Links: Der heilige Antonius der Große gilt als Vater des Mönchstums. Über sein Leben in Askese wurde in der Biografie von Athanasius von Alexandria berichtet.

Unten: Das Kloster St. Simeon (Anba Hadra) wurde im 7. Jh. auf einem Hügel in der Wüste nahe Assuan gegründet. Es wurde im 13. Jh. aufgegeben, sodass heute nur noch die Ruinen stehen.

Die soziale Rolle des Mönchstums

Klöster boten nicht nur denjenigen einen sicheren Hafen, die ein Leben der Einkehr führen wollten, sondern verrichteten auch wichtige soziale Dienste in ihrer Gemeinde. Sie boten Waisen und Alten Unterkunft, nahmen Behinderte und Witwen auf, waren für abgesetzte Kaiser sowie für erfolglose Rebellen und deren Familien eine Alternative zum Gefängnis. Viele Einrichtungen hatten auch ein Gästehaus und ein Krankenhaus und verteilten Essen und Kleidung an Arme. In Byzanz fungierten Klöster selten als Schulen – außer für die Kinder, die sich für das Leben im Kloster entschieden hatten –, aber sie besaßen Bibliotheken und Schreibstuben, in denen Schriften kopiert wurden. Etwa die Hälfte aller Schreiber waren Mönche. Viele verfassten Lobgesänge oder waren führende Theologen, und alle waren eifrige Befürworter der Ikonenverehrung. Viele Klöster besitzen berühmte, wundertätige Ikonen, die noch heute das Ziel von Pilgerfahrten sind.

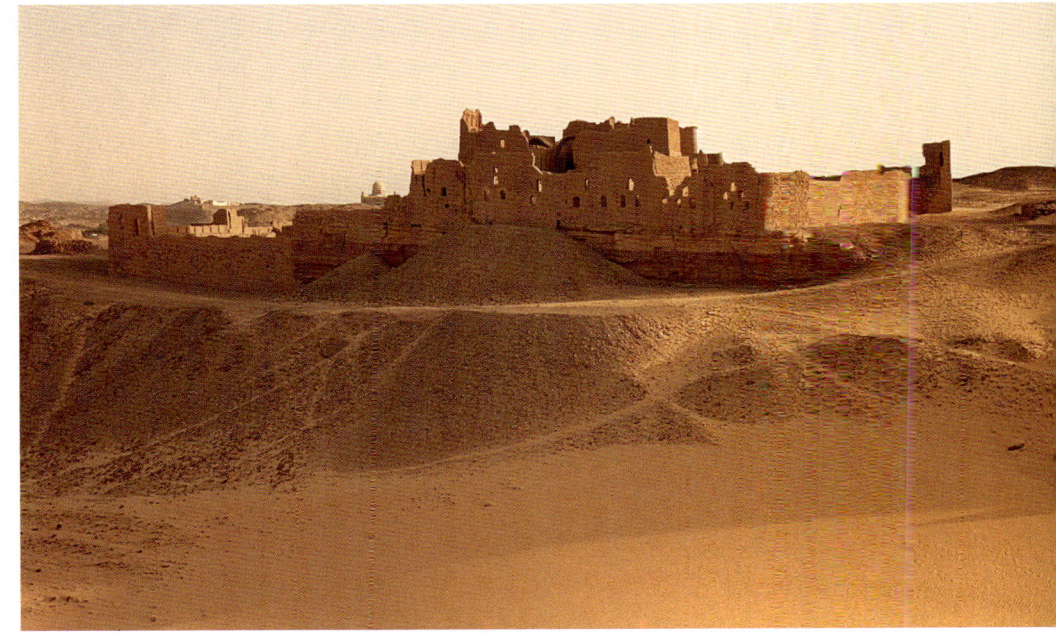

DER HEILIGE BERG

Rechts: Während viele Mönche auf dem Athos ungebildet waren, wurde in den koinobitischen Klöstern viel Wert auf intellektuelle Unternehmungen gelegt. So gab es Schreibstuben und große Bibliotheken mit zahllosen Handschriften.

Der Berg Athos, der „Heilige Berg", liegt auf der Halbinsel Chalkidiki im Norden Griechenlands und umfasst einen 45 km langen und 5–10 km breiten Landstrich, der nur vom Meer aus zugänglich ist. Obwohl geografisch ein Teil Griechenlands, ist der Berg ein autonomer Klosterstaat unter der Jurisdiktion des Patriarchen von Konstantinopel und die Heimat von 20 orthodoxen Klöstern. Das als „Garten der Mutter Gottes" – weil Maria es angeblich auf ihrem Weg nach Zypern zusammen mit dem heiligen Johannes besuchte – bekannte Gebiet darf von keinem weiblichen Wesen betreten werden. Traditionell sind auch weibliche Tiere verboten, mit Ausnahme von Katzen, um die Ratten unter Kontrolle zu halten, und Hennen, aus deren Eiern das Eigelb bezogen wird, mit dem die Farbe für die Ikonografie hergestellt wird.

Die Besiedelung des Athos

Im 8. oder 9. Jh. begannen Mönche, angezogen von der Abgeschiedenheit des Gebiets, den Athos zu besiedeln – zunächst als Eremiten. Das erste echte Kloster der Gegend wurde Mitte des 8. Jh. in Kolobou ganz in der Nähe errichtet, während das erste Kloster auf dem Athos selbst erst Mitte des 10. Jh. entstand. Die typische Siedlungsform war die Lawra, in der einzelne Mönchszellen um einen Komplex aus Kirche, Speisesaal und Vorratslagern gebaut wurden. Unter der Woche lebten die Mönche als Eremiten, am Wochenende trafen sie sich zur Andacht. Das Kloster „Große Lawra" wurde 963 vom heiligen Athanasios von Athos gegründet und sollte die wichtigste monastische Einrichtung auf dem Athos bleiben. Die Gründungen der meisten anderen wichtigen Klöster fanden ebenfalls noch vor dem Jahr 1000 statt.

Viele der Institutionen wurden von verschiedenen ethnischen Gruppen gegründet, z. B. von Georgiern (Kloster Iveron), aber auch von Italienern, Slawen und Armeniern. Ab dem Jahr 885 war es Laien verboten, auf der Halbinsel zu wohnen, und im Jahr 972 wurde der Berg selbst von Kaiser Johannes I. zum unabhängigen Klosterstaat erklärt.

Unten: Obwohl die Gemeinde des Athos nach der Ankunft der Osmanen die Kontrolle über ihre Ländereien in dem Gebiet verlor, gab es weiterhin Klöster in Thrakien (dem heutigen Griechenland).

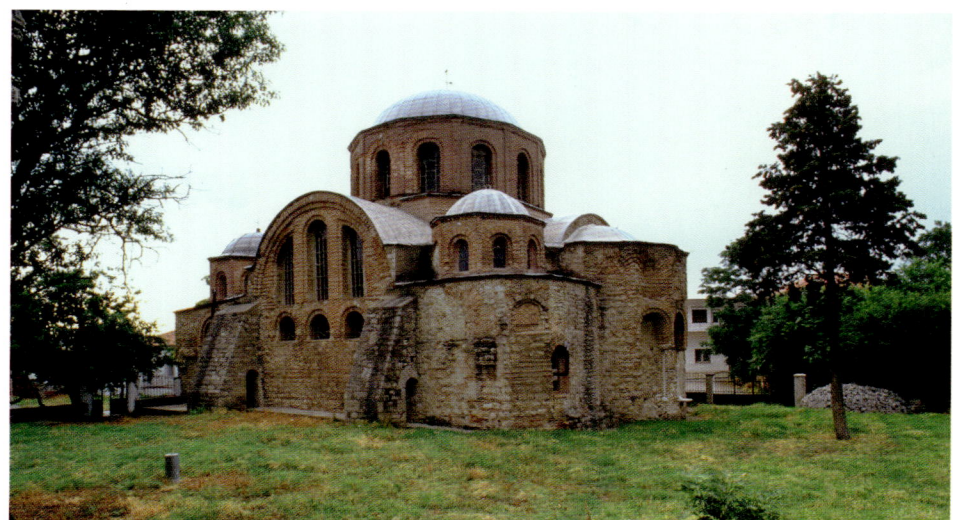

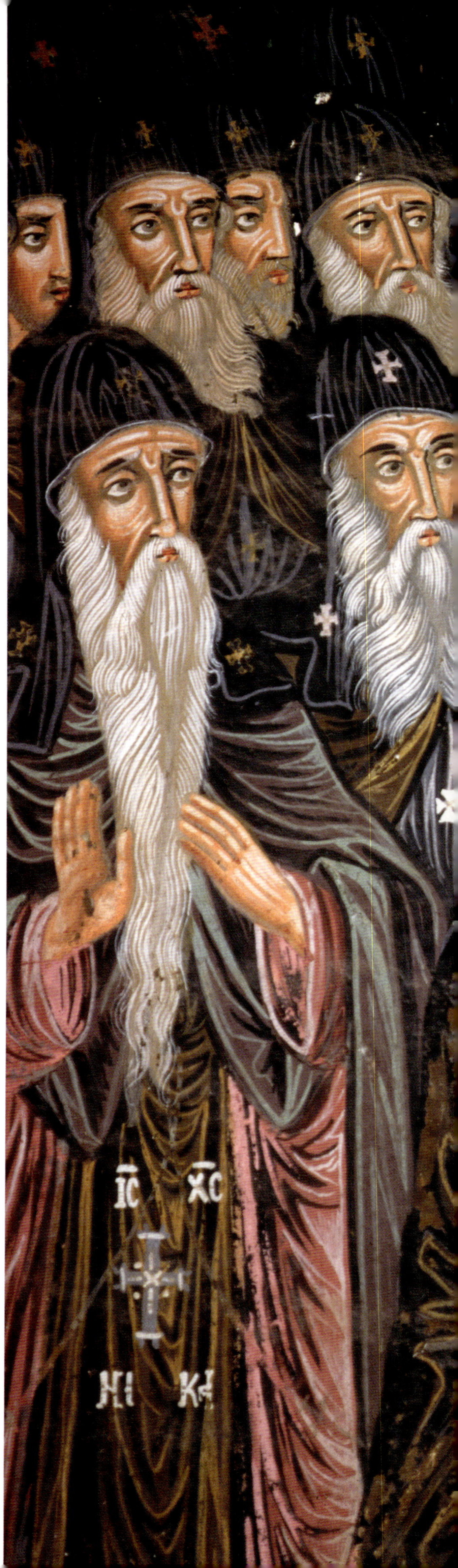

Regierung und Organisation

Im 10. Jh. wählten die Mönche einen Protos (Anführer), der anfangs die gesamte Gemeinde vertrat, aber bald wurde der Abt des Klosters Große Lawra zur Autorität. Den Klöstern gehörten immer mehr Ländereien außerhalb der Halbinsel, und sie beteiligten sich am Export von Holz und landwirtschaftlichen Produkten wie Wein oder Obst. Die Kaiser zahlten den Klöstern Gehälter aus der Staatskasse, gewährten ihnen Steuerfreiheit und stifteten Ländereien. Auch Herrscher aus entfernten Gegenden wie Serbien, Bulgarien, der Wallachei und Trapezunt schickten Spenden.

Mit den Niedergang des Byzantinischen Reichs im 15. Jh. schwand auch das kommunale Mönchstum, und viele Mönche zogen aufgrund der Bedrohung durch die Türken weg, während andere sich wieder dem Leben als Eremiten widmeten. Der Athos blieb auch unter den osmanischen Türken autonom, aber die Klöster verloren ihre Steuerfreiheit und ihre Ländereien außerhalb der Halbinsel in Thrakien und Makedonien.

Unten: Das russisch-orthodoxe Kloster St. Panteleimon nahe des Athos wurde im 11. Jh. gegründet. Viele russische Mönche brachten die Informationen und die Kultur, die sie auf dem Athos kennenlernten, mit zurück in ihr Heimatland.

DER ATHOS HEUTE

Zurzeit leben etwa 1500 Mönche auf dem Athos, sowohl in den 20 Klöstern, als auch in zwölf kleineren, isolierteren Gemeinden. Viele von ihnen arbeiten an der Katalogisierung und Restaurierung antiker Handschriften, Ikonen und ekklesiastischer Paraphernalien, die ihnen im Lauf der Jahrhunderte gespendet wurden. Viele der Mönche sind russischer, serbischer oder bulgarischer Herkunft. Auf dem Athos dürfen nur orthodoxe Männer über 18 Jahren leben. Der Berg wird von der „Heiligen Zusammenkunft" regiert, in der Repräsentanten aller 20 Klöster sitzen. Im Verwaltungszentrum von Karyes gibt es zudem einen zivilen Gouverneur. Der Athos gehört heute zum UNESCO-Weltkulturerbe.

Rechts: Die Mönche, die heute auf dem Athos leben, sind für eine Reihe von Tätigkeiten zuständig, z. B. auch für die Instandhaltung historischer Messgewänder.

ÖSTLICHE CHRISTEN ZIEHEN NACH NORDEN

Oben: Die winzige Kirche Christ Pantocrator auf der Nesebar-Halbinsel in Bulgarien wurde etwa 400 Jahre, nachdem die Anhänger des Methodius nach Bulgarien reisten, errichtet.

Unten: Ein Fresko mit Methodius und Kyrill schmückt die Wand eines Klosters aus dem 14. Jh. in der Nähe von Skopje, Mazedonien.

Obwohl die Christianisierung des Gebiets nördlich des Schwarzen Meeres größtenteils dem heiligen Andreas, dem Bruder des heiligen Petrus, zugeschrieben wird – eine Legende, die es dem östlichen Christentum erlaubt, die Vormachtstellung der römischen Kirche anzuzweifeln –, begann die tatsächliche Bekehrung der Balkanländer erst im 9. Jh. und war ein Streitpunkt zwischen der römischen und der byzantinischen Kirche, die beide Einfluss auf das Gebiet haben wollten. Letztendlich hatte Byzanz den größten Einfluss, was nicht zuletzt dem Erfolg der Brüder Kyrill und Methodius zuzuschreiben war.

Bekehrung der Slawen

Die Heiligen Kyrill und Methodius, die „Apostel der Slawen", waren Brüder, die im ersten Viertel des 9. Jh. in Thessaloniki geboren und in Konstantinopel ausgebildet wurden. Als Rastislav von Mähren Kaiser Michael III. im Jahr 863 um die Entsendung von Missionaren bat, wurde Kyrill (der zu dieser Zeit als Konstantin bekannt war) – ein Philosoph, der bereits Missionsreisen zu den arabischen Kalifen und den Khanen der Chasaren unternommen hatte – mit seinem Bruder dafür auserwählt. Rastislav versuchte, sich seine Unabhängigkeit von den Franken zu sichern, die seinen Thronanspruch unterstützt hatten, und wandte sich deshalb mit dem Wunsch an Konstantinopel, sein Königreich zu bekehren. Der Sprachexperte Kyrill kannte die Sprache der Slawen bereits. Vor ihrem Aufbruch entwickelten die Brüder das glagolitische Alphabet und fanden eine Möglichkeit, slawische Texte in Altkirchenslawisch aufzuzeichnen. Zudem bildeten sie einige Assistenten aus, die bei der Übersetzung helfen sollten. Dann machten sich Kyrill und Methodius an die Aufgabe, die Evangelien und liturgischen Bücher in diese Literatursprache zu übersetzen.

Der Konflikt zwischen den Kirchen

In ihrer Zeit in Mähren gründeten die Brüder eine Kirche, die ihre Liturgie und Andachten in der slawischen Sprache abhielt. Außerdem entwickelten sie das erste slawische bürgerliche Gesetzbuch nach byzantinischen Maßstäben. Die fränkische (römische) Kirche in dem Gebiet beobachtete ihre Aktionen argwöhnisch, und nach fünf Jahren wurden sie nach Rom zu Papst Nikolaus I. eingeladen, der auf die Tatsache aufmerksam gemacht worden war, dass die Brüder aus Konstantinopel stammten und slawisch – nicht lateinisch – predigten. Als die Brüder Rom 868 erreichten, war Papst Nikolaus bereits verstorben, aber sein Nachfolger Adrian nahm sie respektvoll auf und sanktionierte ihren Gebrauch der slawischen Sprache.

Die Mission des Methodius

Kyrill starb 869 in Rom. Der Papst schickte Methodius als Erzbischof nach Pannonien und Mähren. Im Jahr 870 wurde er jedoch zu einer Synode der fränkischen Kirche zitiert, die darüber erbost war, dass er den Titel Erzbischof trug, und ihn kurzerhand ins Gefängnis werfen ließ. Nach drei Jahren wurde er von dem neuen Papst Johannes VIII. befreit und wieder in seiner Diözese eingesetzt. Während der nächsten Jahre arbeitete Methodius weiter an der Bekehrung der Böhmen und Polen in Nordmähren sowie an der Gründung einer einheimischen Kirche. Trotz ständiger Opposition hielt er die Messen weiter in Slawisch ab; aus diesem Grund musste er 879 erneut vor dem Papst erscheinen, um seine Orthodoxie zu beweisen. Nach einem Besuch in Konstantinopel vollendeten Methodius und seine Helfer die Übersetzung der Schriften, diverser liturgischer Texte sowie von Teilen des byzantinischen Kirchengesetzes.

Nach seinem Tod 885 mussten Methodius' Anhänger nach Bulgarien fliehen, wo sie Theologieschulen gründeten und das kyrillische Alphabet entwarfen, eine vereinfachte Version des glagolitischen Alphabets. Es wurde rasch ein Vehikel zur Verbreitung des Christentums in Osteuropa. Die slawische Kirchensprache verbreitete sich nach Bulgarien und von dort aus nach Serbien, in die Kiewer Rus und nach Russland.

DAS ERBE VON KYRILL UND METHODIUS

1980 erklärte Papst Johannes Paul II. die Brüder Kyrill und Methodius zu „Schutzheiligen Europas". Sie teilen sich den gleichen Feiertag, den 11. Mai, und in Osteuropa gelten sie als Urheber der osteuropäischen Bildung. Besonders in der russisch-orthodoxen Kirche werden Kyrill und Methodius sehr verehrt, und noch heute finden zu ihren Ehren verschiedene Feiern in ganz Osteuropa statt.

Unten: Der Legende nach zog der heilige Andreas predigend die Küste des Schwarzen Meeres entlang. Die Ukrainer glauben, dass er den Standort Kiew voraussagte.

DIE KIEWER RUS

Eines der bedeutendsten Ereignisse in der Weltgeschichte war die Bekehrung des Großfürsten Wladimir der Kiewer Rus im Jahr 988. Das „Land der Rus" war eine Mischung aus slawischen und nordischen (Wikinger-)Kulturen, die sich auf die Stadt Kiew konzentrierte. Da sich die slawischen Stämme ständig bekriegten, luden sie der *Nestorchronik* zufolge die Waräger (oder Rus) dazu ein, über sie zu herrschen. In der Folge ließen sich drei Wikingerbrüder in Nowgorod nieder, von denen der älteste, Riurik, der legendäre Vorfahre aller russischen Zaren bis ins 16. Jh. war.

Riuriks Nachfolger Oleg machte Kiew zu seiner neuen Hauptstadt, und bis es 1237 an die Mongolen fiel, blieb es das Zentrum der Rus-Kultur. Zwischen 945 und 956 wurde Kiew von Olga regiert, die 948 nach Konstantinopel gereist und dort zum Christentum konvertiert war. Ihr Sohn Swjatoslaw I. wollte jedoch Heide bleiben, und sein Sohn Wladimir wurde schließlich 978 Großfürst.

Großfürst Wladimir

Vor seinem Übertritt zum Christentum wird Wladimir in der *Nestorchronik* (einer christlichen Chronik aus dem Jahr 1113) als grausam und lüstern dargestellt, mit sieben oder acht Ehefrauen und Hunderten von Konkubinen. Bei seiner Thronbesteigung huldigte er den heidnischen Göttern des slawischen Pantheons und ließ in Kiew Statuen der Götter aufstellen. Der Hauptgott war Perun, der Gott von Blitz und Donner. Kiew war jedoch von Gebieten umgeben, die bereits bekehrt waren oder sich gerade in dem Prozess befanden, und so gab es bereits ein paar Christen unter den Rus.

Nachdem er sein Gebiet erweitert und gesichert hatte, suchte Wladimir die Allianz mit dem Kaiser von Byzanz. Dieser Kontakt zu Konstantinopel (das bei den Rus „Tsargrad", Kaiserstadt, hieß), führte letztendlich zur Bekehrung der Rus zur Orthodoxie und sollte den ganzen Fokus ihrer Zivilisation ändern: weg von der Steppe und dem Heidentum und hin zum Süden und dem Christentum. Laut der *Nestorchronik* betrachtete Wladimir die vier großen Religionen – Katholizismus, Islam, Judentum und Orthodoxie – alle als Möglichkeit. Den Islam lehnte er aufgrund des Alkoholverbots ab, und das Judentum gefiel ihm nicht, weil die Juden keinen eigenen Staat mehr hatten und der Nation zeigten, das Gott sie verlassen hatte. Die lateinische Liturgie erschien in seinen Augen als schwach im Vergleich zum orthodoxen Ritus, und die fantastische Hagia Sophia war ein echter „Himmel auf Erden, wo Gott sich unter die Menschen mischt."

Unten: Die nach der Hagia Sophia benannte Sophienkathedrale in Kiew wurde im 11. Jh. gebaut. Ihr faszinierendes Erscheinungsbild ist das Ergebnis umfassender Restaurationsarbeiten im 17. und 18. Jh.

Map labels:

CHUD
SKANDINAVIEN
Onega
Bottnischer Meerbusen
Ladoga
Beloje Ozero
Neva
Finn. Meerbusen
Ladoga
Koporje
Jaroslawl
Weliki Nowgorod
WLADIMIR-SUSDAL
ESTEN
Peipus
NOWGOROD
Toropets
Jurjew
Rostow
Pskow
Susdal
Riga
Wizebsk
SMOLENSK
Moskau
Wladimir
Ostsee
DÄNEMARK
Smolensk
Koselsk
Rjasan
POLOTSK
TSCHERNIGOW
MUROM-RJASAN
Minsk
KIEWER RUS
Listern
TUROW-PINSK
Dnepr
NOWGOROD-SEWERSK
Ljubetsch
Nowgorod-Sewerskij
Don
Wolodymyr-Wolynskyj
Turau
Tschernisow
Kursk
WOLODYMYR-WOLYNSKYJ
Przemysl
KIEW
Kiew
PEREJASLAWL
Belgorod
Perejaslawl
Galitsch
Dnister
POLEN
HALYTSCH-WOLHYNIEN
PETSCHENEGEN
Dnepr
Cherson
Asowsches Meer
Kaspisches Meer
KRIM
WOLGA-BULGAREN
Wolga
Schwarzes Meer

0 250 500 750 Kilometer
0 125 250 375 Meilen

Kiewer Rus
Kiewer Rus (ca. 1054)

Allianz und Bekehrung

Der politische Zusammenhang seiner Bekehrung stellt sich wie folgt dar: 987 half Wladimir Kaiser Basilius II. bei der Niederschlagung einer Innenrevolte und nahm dabei die Stadt Cherson auf der Krim ein. Als Gegenzug verlangte er, Anna, Basilius' jüngere Schwester, zu heiraten. Bedingung für diese Heirat war jedoch seine Konvertierung zum Christentum. Es war ein hoher Preis, denn Anna war die erste kaiserliche Prinzessin seit Jahrhunderten, die einen Fremden heiratete. Zögerlich machte sie sich mit einem Gefolge aus Beamten und Geistlichen auf den Weg nach Cherson, wo Wladimir getauft wurde, zu Ehren des Kaisers den Taufnamen Basilius annahm und Cherson wieder an die Byzantiner übergab. Der Legende nach war er blind geworden und wurde durch seine Taufe davon befreit.

Die Konvertierung der Rus folgte sofort und ohne jegliche Diskussionen. Wladimir schickte seine anderen Frauen weg, zerstörte die Götzenstatuen, die er aufgestellt hatte, und befahl allen Einwohnern Kiews, sich einer Massentaufe im Dnjepr zu unterziehen. Alle, die sich weigerten, würden seine persönliche Feindschaft zu spüren bekommen. Trotzdem blieben einige heidnische Gemeinden übrig – zumindest bis etwa 1100 –, und vielerorts wurden heidnische und christliche Rituale munter miteinander kombiniert.

Die Vorteile der Bekehrung

Zu den sofortigen Vorteilen für die Rus gehörten die Alphabetisierung und die Einführung schriftlicher Dokumente. Die Bibel wurde wie die Liturgie ins Slawische übersetzt. Die Rus konnten nun in ihrer eigenen Sprache beten, im Gegensatz zu den Bewohnern Westeuropas, deren Liturgie noch immer lateinisch war. Die ersten Ruskathedralen wurden von griechischen Architekten entworfen, aber im Lauf der Zeit entwickelte sich ein markanter russischer Stil, inklusive eigener Fresken und Ikonen.

Zu den weiteren Vorteilen gehörten die Gründung von Schulen und Kirchengerichten sowie die Einführung einer eigenen Währung mit Gold- und Silbermünzen, die auf der einen Seite Jesus und auf der anderen Wladimir auf dem Thron mit byzantinischen Reichsinsignien zeigten. Auf diese Weise wurde Wladimir in einen christlichen Monarchen verwandelt – mit einer institutionalen Legitimierung, die von Gott selbst ratifiziert wurde. Kiew wurde als „Rus Metropolis" anerkannt. Die orthodoxe Kirche sollte über Jahrhunderte hinweg ein integraler Teil der russischen Identität bleiben, sogar nach der Zerstörung Kiews durch die Mongolen, woraufhin Moskau zum „dritten Rom" wurde, dem Nachfolger Roms und Konstantinopels sowie Zentrum der russisch-orthodoxen Kirche.

Oben: Die Konvertierung der Rus zum Christentum bereitete einem einzigartigen Kunststil den Weg, bei dem stilisierte Abbilder „Jesus" auf Holztafeln gemalt wurden.

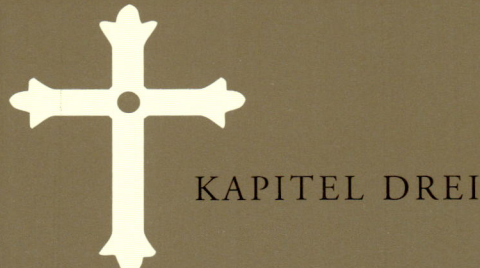

KAPITEL DREI

UNTER MUSLIMISCHER HERRSCHAFT

Innerhalb eines Jahrhunderts nach dem Tod Mohammeds im Jahr 632 hatten muslimische Armeen weite Landstriche in Spanien, Nordafrika, im Nahen Osten, in Zentralasien und im Norden Indiens unter ihre Kontrolle gebracht. Die Abbasidendynastie kam 750 an die Macht und regierte von Bagdad aus fünf Jahrhunderte lang. Unter den Abbasiden wuchsen weitere lokale Dynastien heran – auch in den stark christlich beeinflussten Gebieten wie Ägypten, dem Maghreb (das westliche Nordafrika) und Spanien. Obwohl ein Großteil der Gebiete im 13. Jh. durch die Invasion der Mongolen wieder verloren ging, setzten sich nach dem Zusammenbruch der Mongolenverwaltung im 14. und 15. Jh. drei neue muslimische Reiche (die Osmanen, die Moguln und die Safawiden) durch. Nach der muslimischen Eroberung sollten Christen nie wieder den Nahen Osten beherrschen.

Christen und Juden durften ihre Religion unter muslimischer Herrschaft weiter praktizieren, solange sie die Dschizya, eine Kopfsteuer, entrichteten. Man nannte sie Dhimmis („Schutzbefohlene"), da die Dschizya eine Schutzzahlung war. Außerdem mussten sie als Besitzer der eroberten Gebiete Steuern auf ihre Ländereien und anderes Eigentum bezahlen. Manchmal waren diese Steuern so drückend, dass die Menschen lieber zum Islam konvertierten, als sie zu bezahlen. Allerdings förderten die meisten muslimischen Herrscher diese Übertritte nicht gerade, weil sie die Steuereinnahmen nicht verlieren wollten.

Zusätzlich durften Dhimmis bestimmte Kleidungsstücke oder Farben nicht tragen, keine Waffen besitzen, keine Pferde reiten, und sie brauchten spezielle Genehmigungen zur Reparatur oder zum Neubau ihrer Gebetseinrichtungen. Einige Herrscher setzten diese Regeln durch, andere ignorierten sie. Im Lauf der Zeit trat ein Großteil der Bevölkerung zum Islam über. Es existieren jedoch auch heute noch christliche Gemeinden in diesen Gebieten, und sie gehören zu den ältesten Formen des Christentums weltweit.

Rechts: Der Felsendom ist ein islamischer Schrein in Jerusalem aus dem Jahr 691. Das Innere des Doms ist mit roten und goldenen Mosaiken sowie mit Inschriften geschmückt.

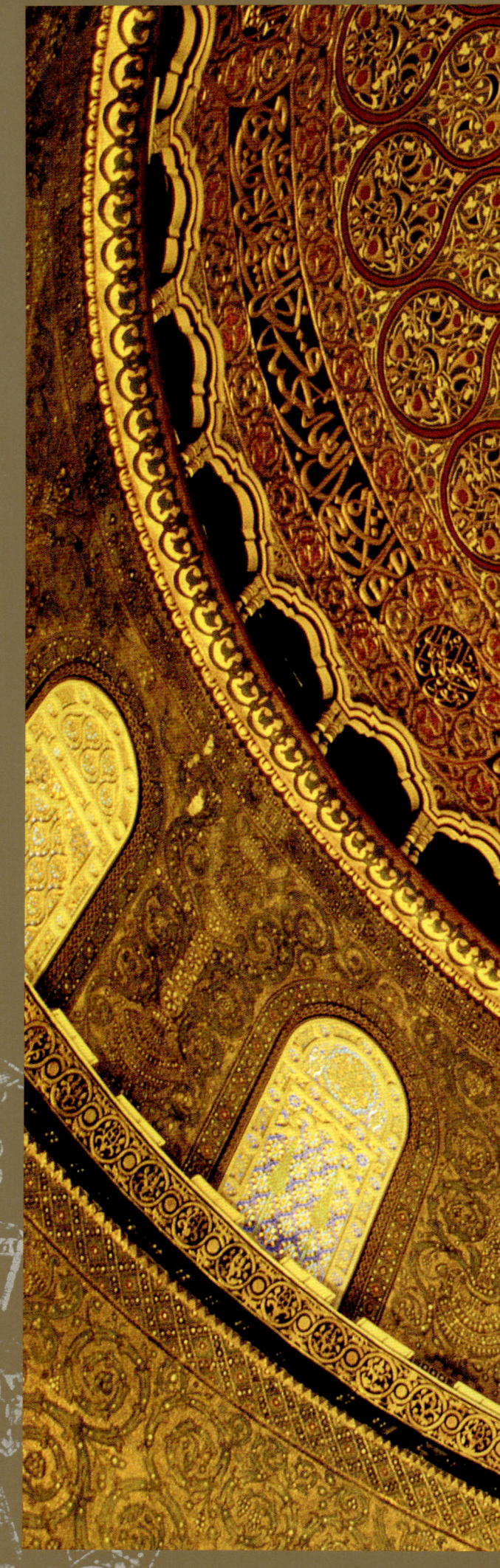

DIE MUSLIMISCHE EROBERUNG

Oben: Zeichnung aus dem späten 16. Jh. aus dem Manuskript *Zubdet-ut-Tevarih* des osmanischen Geschichtsschreibers Seyyid Lokman. Dargestellt wird Jesus, der mithilfe zweier Engel aus Damaskus flieht.

Der erste politische Machtanspruch des Islams zeigte sich 622, als Mohammed die Führung des heutigen Medinas übernahm. Seine Gegner besetzten Mekka, bis es 630 von muslimischen Armeen eingenommen wurde. Gegen Ende seines Lebens schloss Mohammed ein Friedensabkommen mit den Anführern der christlichen und jüdischen Gemeinden. Die Muslime sollten sie beschützen, dafür zahlten sie die *jizya*, eine Steuer für Nichtmuslime. Trotz ihrer zuvor polytheistischen Religion konvertierten die Beduinen noch vor Mohammeds Tod im Jahr 632 zum Islam, wodurch er praktisch ganz Arabien unter seiner Herrschaft hatte.

Ausdehnung der muslimischen Gebiete

Die Beduinen weigerten sich jedoch, Mohammeds Nachfolger Abu Bakr Gehorsam zu schwören. Dieser Aufstand – die *Ridda* – wurde schnell niedergeschlagen, überzeugte Bakr jedoch von der Notwendigkeit, seine Herrschaft über Arabien hinaus auszudehnen. Bakr starb 634, aber sein Nachfolger Kalif Umar (der 634–644 herrschte) setzte Bakrs Pläne in die Tat um. 635 eroberte er Syrien von den Byzantinern. 637 fiel Jerusalem. Umar setzte eine Politik der Toleranz gegenüber Andersgläubigen – insbesondere Juden und Christen – durch, weil er wusste, dass er die Treue seiner Untertanen brauchte, um erfolgreich zu herrschen. Er erhob jedoch die *dschizya* und eine Steuer auf Ernteerträge *(kharaj)*.

Die muslimische Armee überquerte die Sinai-Halbinsel und marschierte in Ägypten ein. 642 übergab der byzantinische Patriarch Cyrus Alexandria. 645 wurde die Stadt von den Byzantinern zurückerobert, 646 aber erneut von den Muslimen eingenommen.

Nach der Gründung der ersten muslimische Dynastie der Umayyaden in Damaskus 661 begann 663 eine Kampagne zur Eroberung des Maghrebs im westlichen Nordafrika. 666 fiel Tripolis, 667 folgte Tunesien und 695 Karthago. Die Umayyaden dehnten ihr Reich bis nach Spanien und Zentralasien aus. Spanien wurde damals von den Westgoten (arischen Christen) regiert, und Zentralasien war von türkischen, meist buddhistischen Gruppierungen besetzt. Seit dem späten 5. Jh. waren aber auch Christen präsent, und bis zum 8. Jh. gab es genug türkische Christen, um einen eigenen Metropoliten zu rechtfertigen.

Christliche Reaktionen

Während der muslimischen Eroberungen gab es im Mittleren Osten drei christliche Hauptgruppen: die Chalkedonier, die Monophysiten (inklusive der ägyptischen Kopten und der syrischen Jakobiner) sowie die Nestorianer. Die drei Gruppen betrieben fleißig Propaganda gegeneinander, um ein Überlaufen ihrer jeweiligen Mitglieder zu verhindern. Die Araber waren für ihre Überfälle bekannt, und anfänglich glaubten die Christen offensichtlich, die muslimische Armee sei nur ein weiteres Überfallkommando. Das volle Ausmaß der Invasion bzw. deren entscheidende religiöse Konsequenzen begriffen sie zu diesem Zeitpunkt noch nicht.

Die Erfahrungen der Christen mit der muslimischen Eroberung waren je nach Zeit, Ort und Art der Christengruppierung unterschiedlich. Eine der ersten christlichen Beschreibungen dieser Vorgänge stammt aus Jerusalem. Sophronius, der chalkedonische Patriarch der Stadt, beschrieb die muslimischen Eroberer als „gottlose" Zerstörer von Städten, Ernten, Kirchen und Klöstern. Seine

Muslimische Gebietserweiterung

- Arabisches Reich zur Zeit von Mohammeds Tod (632)
- Dazugewonnenes Gebiet (632–661)
- Unter den Umayyaden (661–750) erobertes Gebiet

christlichen Gegner bereiteten ihm jedoch mehr Sorgen. Ein weiterer Chalkedonier, Maximus der Beichtvater, bezeichnete die Religion der Araber als „jüdisch". Er nannte sie eine „barbarischer Nation" voller „wilder, ungezähmter Tiere", die nicht wirklich menschlich waren.

In Nordmesopotamien stellte der nestoranische Patriarch Isho'yab III. (gest. 660) fest, dass die Araber Gott für unnahbar und unsterblich hielten – wie die Nestorianer. Sie griffen den christlichen Glauben nicht an und gewährten den Kirchen und Klöstern sogar Zuwendungen. Er tadelte Christen dafür, ihren Glauben aufzugeben, obwohl sie nicht dazu gezwungen wurden, sondern „nur" die Hälfte ihres Besitzes abgeben mussten, um Christen zu bleiben.

In Ägypten berichtete der koptische Bischof Johannes von Nikiu, dass die Bevölkerung mit dem byzantinischen Kaiser und dem Patriarchen unzufrieden sei, was zu einer

Zusammenarbeit mit den muslimischen Armeen führte. Er erwähnte die Brutalität der Eroberer, sagte aber auch, dass geflohene Christen zurückkehren durften, nachdem der Frieden wiederhergestellt war. Ihre Steuern wurden jedoch verdreifacht. Einige Christen erhielten Posten in der Verwaltung, und von da an dienten koptische Christen der Bürokratie im muslimischen Ägypten.

JOHANNES VON DAMASKUS

Der erste christliche Schriftsteller, der echtes Verständnis für den Islam zeige und eine christliche Bewertung der Darstellung Jesu im Koran lieferte, war Johannes von Damaskus (gest. ca. 749). Im Gegensatz zu seinen Vorgängern, die den Islam mit dem Judentum in Verbindung brachten, sah Johannes eine Ähnlichkeit zu den Arianern, da beide bestritten, dass Christus und Gott auf Ewigkeit zusammen existierten.

NESTORIANER UNTER DEN ABBASIDEN

Oben: Der Schrein Khalid Nibi befindet sich in der Nähe von Gonbad im Norden des Irans. Der Ort, der ursprünglich zu Ehren eines nestorianischen Christen aus dem 5. Jh. erbaut worden war, ist heute ein Pilgerort für Muslime.

✝ Nach dem Sturz der Umayyaden im Jahr 750 erbauten die Abbasiden ihre neue Hauptstadt Bagdad am Tigris. Die Eroberungen hatten die Muslime zu den Erben der griechischen Wissenschaft und Philosophie gemacht. Kalif al-Ma'mun (813–833) gründete in Bagdad das Haus der Weisheit, in dem Gelehrte griechische, persische und Hindutexte ins Arabische übersetzten. Wissenschaftler befassten sich mit Themen wie Bauwesen, Optometrie und Medizin. Bagdad sollte ein intellektuelles und kulturelles Zentrum werden.

Rechts: Das 52 m hohe, spiralförmige Malwiya-Minarett ist Teil der Großen Moschee von Samarra, die im 9. Jh. von den Abbasiden im heutigen Irak erbaut wurde.

Eine favorisierte Gruppe

Bereits vor der Eroberung durch die Muslime lebten syrische Christen in Mesopotamien (dem heutigen Irak). Sie gehörten zu einer der ältesten christlichen Gemeinden der Welt, die vielleicht bis auf die allererste Generation von Christen zurückging, denn sie waren die Nachkommen derer, die während der muslimischen Eroberungen von Isho'yab III. beschützt wurden. Chalkedonische Christen betrachteten die Nestorianer als Ketzer. Nach den Verfolgungen, die sie im 4. Jh. unter Herrschaft der persischen Sassaniden erlitten hatten, erschienen die Muslime vergleichsweise harmlos. Die Nestorianer mussten die *Dschizya* zahlen, durften keine neuen Kirchen bauen oder Kreuze öffentlich zur Schau stellen, und ihre missionarischen Aktivitäten waren eingeschränkt. Mit Ausnahme der Herrscher Umar II. (717–720) und al-Qadir (991–1031) wurden sie jedoch nicht körperlich bedroht.

Die orthodoxe Kirche legte viel Wert auf Bildung – neben der Theologie vor allem in den Bereichen Medizin, Musik und Sprachen. Das bereitete die Nestorianer auf ihre Rolle im Abbasidenreich vor, in dem sie allen anderen Christen vorgezogen wurden. So wurde z. B. nur der nestorianische Patriarch eingeladen, von Seleukia-Ktesiphon nach Bagdad zu ziehen. Die Araber merkten schnell, dass die Nestorianer hervorragende Finanziers, Baumeister, Ärzte, Händler, Wissenschaftler, Lehrer und Übersetzer waren. Die meisten nestorianischen Gelehrten sprachen Syrisch, Griechisch und Arabisch. Bis zum 9. Jh. waren fast alle renommierten Gelehrten im Haus der Weisheit Nestorianer. Gegen Ende des 8. Jh. herrschte der nestorianische Patriarch über ein größeres Gebiet und mehr Gläubige als jeder Papst bis zum 16. Jh. Es waren auch in erster Linie die Nestorianer, die einen Großteil des Wissens aus dem antiken Griechenland nach Arabien brachten, von wo aus es später nach Europa gelangte.

IM MUSLIMISCHEN SPANIEN

Im Jahr 711, als der muslimische General Tariq seine Streitkräfte von dem Kalksteinfelsen, der nach ihm benannt wurde (*Jabal Tariq*: „Fels von Gibraltar"), nach Norden sandte, war die iberische Halbinsel ein christliches, von den Westgoten regiertes Gebiet. Bis 720 gehörte das gesamte Territorium mit Ausnahme des nördlichsten Bereichs bereits zum Dar al-Islam (der islamischen Welt). Das neue Gebiet bekam den Namen al-Andalus, und Córdoba wurde zu seinem Verwaltungszentrum.

Die letzte Außenstelle der Umayyaden

Im Zuge der Abbasidenrevolution im Jahr 750 wurde ein Großteil der herrschenden Umayyadenfamilie getötet. Einem Enkel des ehemaligen Kalifen gelang die Flucht nach Spanien. Dort gründete Abd al-Rahman I. das Emirat von Córdoba. Die letzte Bastion der Umayyadenherrschaft hielt sich fast drei Jahrhunderte (756–1031), während die Abbasiden und die dazugehörigen lokalen Dynastien den Rest der muslimischen Welt beherrschten.

Córdoba wurde zur fortschrittlichsten Stadt Westeuropas. Andalusische Philosophen hatten großen Einfluss auf die Lehren im mittelalterlichen Europa, und dazu trugen sowohl Muslime und als auch Nichtmuslime bei.

Das Leben eines *Dhimmis*

Die drei Hauptreligionen in al-Andalus waren der Islam, das Christentum und das Judentum – zumindest bis zum 10. Jh. Christen zahlten die *Dschizya*-Steuer, von der Senioren, Frauen, Kinder und Behinderte ausgenommen waren. Alle Christen musste die Überlegenheit der Muslime anerkennen, durften nicht versuchen, sie zu bekehren, und mussten zur Identifikation einen Aufnäher tragen. Sie mussten sich Kleiderverboten unterwerfen und durften keine Kirchen bauen. Ein *Dhimmi* (Christ-Jude) konnte weder vor dem islamischen Gericht aussagen, noch einen muslimischen Sklaven besitzen oder eine Muslima heiraten.

Trotz des unterschiedlichen Status zwischen Muslimen und *Dhimmis* hatten Letztere mehr Rechte als die meisten unterdrückten Völker jener Zeit – sie waren weder Sklaven, noch lebten sie in Ghettos, und sie mussten auch nicht zum Islam übertreten, obwohl dies wirtschaftliche und soziale Vorteile für sie hatte. Sie verrichteten zwar oft Arbeiten, die Muslime vermieden (z. B. als Schlachter), es bestanden aber keine Berufsverbote. Sie konnten in der Verwaltung arbeiten, aber nicht regieren. Als ab dem 11. Jh. die Macht der Muslime schwand, verschlechterte sich auch die Situation der Dhimmis. Es kam zu Pogromen gegen Juden und zu Christenverfolgungen.

Oben: Kurz nach der Eroberung der iberischen Halbinsel befahl Emir Abd al-Rahman I. den Bau einer Moschee in Córdoba. Die Mezquita wurde später in eine christliche Kirche umgewandelt und geweiht.

Unten: Der Felsen von Gibraltar ist Heimat der maurischen Festung, die von Tariq ibn Zyad Anfang des 8. Jh. gebaut worden war. Die Mauren hielten Gibraltar über 700 Jahre besetzt.

IM MAGHREB

Die Kolonien an der Küste des Maghreb (westliches Nordafrika) waren frühe Zentren des lateinischsprachigen Christentums. Es breitete sich vor allem unter den Italienern, die in den Städten lebten, aus und machte kaum Eindruck auf die einheimischen Berber.

Christenverfolgung im Maghreb

Unter römischer Herrschaft sah sich die Kirche im Maghreb immer wieder der Verfolgung ausgesetzt. In einer dieser Phasen war Cyprian (gest. 258) Bischof von Karthago. In der Folge musste er darüber entscheiden, was mit den Christen geschehen sollte, die römischen Göttern geopfert hatten, um dem Tod zu entgehen, nun aber wieder zurück in die Kirche wollten. Da er daran glaubte, dass eine Erlösung jenseits der Kirche nicht möglich war, erlaubte er denjenigen, die ehrliche Reue zeigten, den Wiedereintritt.

Die Christenverfolgung unter Kaiser Diokletian in den Jahren 303–311 war die längste und größte. Als Konstantin das Christentum 313 legalisierte, weigerten sich einige nordafrikanische Kirchenführer, Priester anzuerkennen, die von Bischöfen geweiht worden waren, welche bei den Verfolgungen ihren Glauben verleugnet hatten. Der Anführer dieser Bewegung war Donatus, und seine Anhänger nannten sich Donatisten. Die Kirche in Rom lehnte ihre Position ab.

Abnahme der Maghreb-Christen

Ende des 4. Jh. wurde das Christentum zur offiziellen Religion des Römischen Reichs, aber das half den nordafrikanischen Christen wenig, denn sie gehörten zu den Donatisten, die als Ketzer angesehen wurden. Das führte zu heftigen Spannungen zwischen Rom und dem Maghreb.

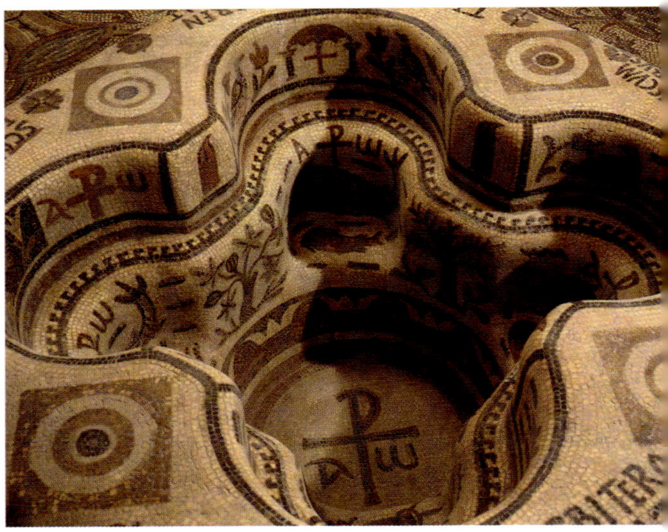

429 drangen die Vandalen in den Maghreb ein. Sie befolgten eine arianistische Version des Christentums und trafen deshalb bei der offiziellen Kirche und den Donatisten auf Widerstand. 533 vetrieb das Byzantinische Reich die Vandalen und übernahm die Kontrolle. Differenzen zwischen der Maghreb-Kirche und der byzantinischen führten aber auch hier zu Problemen.

In der zweiten Hälfte des 7. Jh. eroberten arabische Muslime den Maghreb. Sie begannen mit der Bekehrung der Berber und waren dabei sehr erfolgreich. Auch die Islamisierung der Christen schritt langsam, aber stetig voran. Die muslimischen Herrscher verfolgten die Christen jedoch nicht; stattdessen mussten sie besondere Steuern bezahlen, die vielen zu hoch waren, um Christen zu bleiben. Innerhalb eines Jahrhunderts hatte das Christentum rapide abgenommen. Die letzten Beweise über einen christlichen Bischofssitz stammen aus dem 10. Jh.

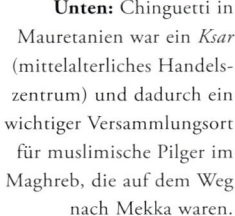

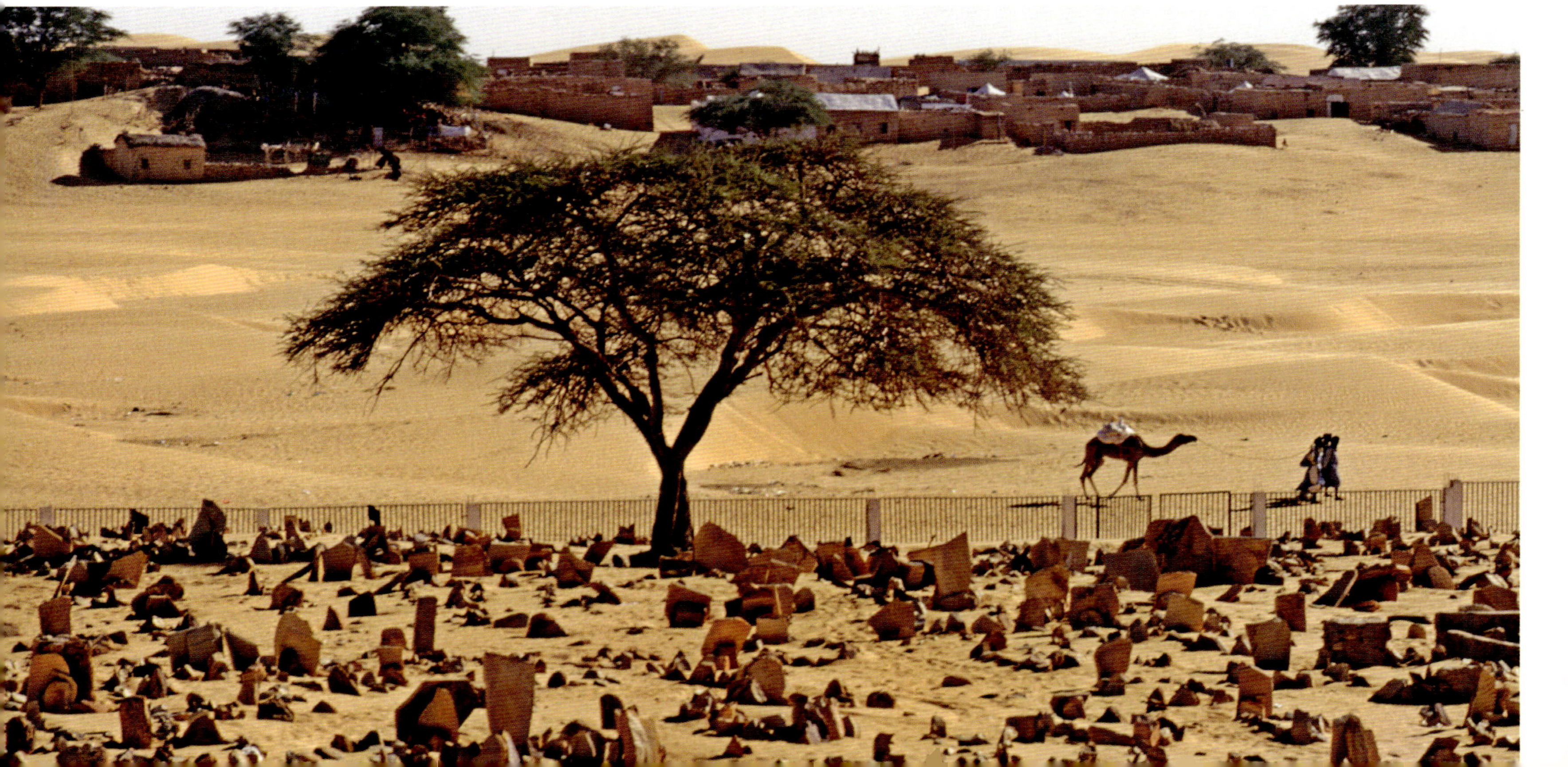

ÄGYPTEN UNTER DEN FATIMIDEN

Die Fatimiden waren Ismailiten, ein Zweig des Schia-Islams. Im 10. Jh. übernahmen sie in Nordafrika die Macht. 969 eroberten sie Ägypten, das damals ein quasi unabhängiger Teil des Abbasidenkalifats war, und regierten es bis 1174. Die Fatimiden waren die einzige schiitische Dynastie Ägyptens.

973 bauten sie eine neue Hauptstadt, al-Qahirah („die Siegreiche"), besser bekannt als Kairo. Unter ihrer Herrschaft wurde Ägypten zu einem Handelszentrum zwischen Atlantik und Indischem Ozean und zum Zentrum einer gewaltigen Missionarsbewegung. Die neu gegründete Universität al-Azhar diente als Ausbildungszentrum für eine Armee schiitischer Missionare. Trotz ihres missionarischen Eifers tolerierten die Fatimiden andere Religionen, was vielleicht das Resultat früherer schlechter Erfahrungen war, als sie versuchten, eroberte Völker zwangsweise zu bekehren. Sunnitische Muslime erfuhren die meisten Restriktionen, da sie als mögliche Förderer des (sunnitischen) Abbasidenkalifats in Bagdad galten.

Behandlung der Christen und Juden

Christen und Juden boten sich im Ägypten des 10. Jh. einzigartige Möglichkeiten. Muslime waren damals noch in der Minderheit und wahrscheinlich erschien es ihnen vernünftig, die Mehrheit nicht vor den Kopf zu stoßen. Die koptischen Christen beherrschten die Finanzwirtschaft, und sowohl Christen als auch Juden nahmen in großer Zahl Regierungsposten ein. Imame gingen an christlichen Feiertagen sogar in die Kirche. Gelegentlich sorgte diese Freundlichkeit gegenüber Juden und Christen für Ärger seitens der sunnitischen Muslime, der sich in Gewaltakten gegen Juden und Christen entlud. Mit einer Ausnahme kam es aber nicht zu Verfolgungen.

Diese Ausnahme war al-Hakim (996–1021), der erst elf Jahre alt war, als er seinem toleranten Vater (al-Aziz) als Kalif auf den Thron folgte. Unter seiner Herrschaft wurden Tausende Menschen hingerichtet, viele von ihnen Regierungsbeamte. Al-Hakim verbot die öffentliche Darstellung von Kreuzen und zwang unmittelbar darauf die Christen, öffentlich Kreuze zu tragen. Er war für die Zerstörung Tausender Kirchen und Synagogen verantwortlich – darunter auch die Grabeskirche in Jerusalem.

Oben: Die al-Hakim-Moschee in Kairo, Ägypten, so nach al-Hakim bi-amr Allah, dem 6. Fatimidenkalifen, benannt, der ihren Bau überwachte. Al-Hakim ließ während seiner Herrschaft die ägyptischen Christen verfolgen.

Links: Eine Frau betet an der Mihrab der al-Azhar-Moschee (10. Jh.) in Kairo. Die Mihrab ist die Gebetsnische in einer Moschee, die anzeigt, in welche Richtung Mekka liegt.

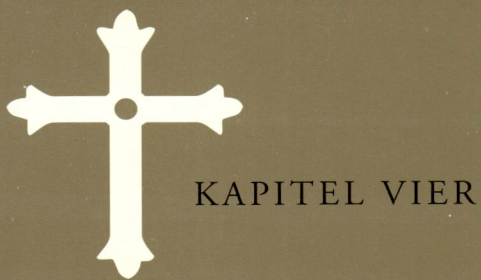

KAPITEL VIER

NESTORIANISCHE CHRISTEN IN CHINA

Die assyrische Kirche des Ostens (oder nestorianische Kirche) hatte ihr Haupteinzugsgebiet jenseits der Ostgrenze des Römischen Reichs. Im ersten Jahrtausend breitete sich diese markante Form des Christentums schneller und weiter aus als der römische Katholizismus oder die Orthodoxie. Das früheste bekannte Zentrum befand sich in dem kleinen unabhängigen Fürstentum Osrhoene im Tal des Euphrat (an der heutigen Grenze zwischen Syrien und der Türkei). Die Hauptstadt Edessa war eines der ältesten Zentren des Christentums weltweit. Dort entstand die erste Übersetzung des Neuen Testaments.

Bald erreichte das Christentum ein weiteres kleines Königreich: Adiabene, 640 km weiter östlich über den Tigris hinweg. Die Hauptstadt Adiabenes, Arbela, war der Ausgangspunkt für christliche Missionsreisen nach Zentralasien. Ende des 2. Jh. hatten die Nestorianer das Gebiet erreicht, das heute das nördliche Afghanistan ausmacht, und bis zum 7. Jh. waren sie nach Chang'an (dem heutigen Xian), der Hauptstadt Chinas während der Tang-Dynastie (618–907), vorgedrungen.

Rechts: Der Tigris zog seit Tausenden von Jahren Siedler in den Nahen Osten. Die Adiabener, die im 1. Jh. zum Judentum konvertiert waren, besiedelten das Gebiet östlich des Flusses.

NESTORIANISCHE MISSIONEN

Die assyrische Kirche des Ostens zeichnete sich durch missionarischen Eifer aus. Ihr Ziel war es, ethnische oder kulturelle Gruppen zu evangelisieren, angefangen mit der jüdischen Diaspora in Syrien und Mesopotamien. Die jüdischen Gemeinden wiesen mehrere Eigenschaften auf, welche für die christlichen Missionare nützlich waren: Sie hielten eng zusammen, wurden von ihren Nachbarn respektiert und waren bereit, sich mit den Christen gegen andere Religionen zusammenzutun.

Das Erfolgsgeheimnis

Die assyrische Kirche hatte eine asketische und monastische Struktur. Die nestorianische Askese gründete sich auf einer verpflichtenden Beziehung zu Gott: Als Sohn des Bundes, der durch einen Eid an Gott gebunden war, war der wahre Christ ein Krieger Gottes gegen den Teufel. In dieser Einstellung lagen die Wurzeln des monastischen Lebensstils, der das Rückgrat der nestorianischen Missionarstätigkeit war.

Ein weiteres Charakteristikum des nestorianischen Christentums war die Anpassung an andere Kulturen. Die Nestorianer erhielten die Evangelien in Griechisch, brachten sie aber in Aramäisch – der Sprache Jesu – nach Syrien. Aramäisch wurde als *lingua franca* Syriens und

Mesopotamiens ausgewählt. In Persien war Pahlavi die Sprache der Missionare, obwohl Aramäisch weiter als Sprache der Liturgie diente. So konnten die Missionare auch in ländlichen Gegenden sowie in den griechischsprachigen Städten arbeiten. Weiter östlich entwickelten sie Alphabete für die mongolischen Stämme, damit diese die Bibel in ihrer Muttersprache lesen konnten.

Als die Missionare Chang'an China erreichten, trafen sie dort auf eine blühende buddhistische Gemeinde. Die Christen borgten sich daraufhin Konzepte, Begriffe und literarische Formen von den Buddhisten aus, um so ihre christlichen Botschaften besser vermitteln zu können.

Der Bischof und der Kaiser

635 reiste Alopen, ein christlicher Bischof, von Mesopotamien nach Chang'an, um dort die aufkeimende christliche Gemeinde zu leiten. Zu dieser Zeit saß Taizong (599–649), einer der fähigsten Monarchen Chinas, auf dem Thron. Er lud Bischof Alopen an seinen Hof ein, damit dieser ihm seine Lehren erklärte. Die Schriften, die Alopen aus Mesopotamien mitgebracht hatte, wurden übersetzt und der kaiserlichen Bibliothek übergeben. 638 erklärte Taizong das Christentum zu einer tolerierten Religion, und Alopen bekam offiziell die Genehmigung, zu predigen.

Unten: Östlich von Leshan in China steht die größte Steinstatue der Welt, bekannt als der Große Buddha. Trotz des Namens zeigt die Statue eigentlich Maitreya, einen Bodhisattva (erleuchtetes Wesen).

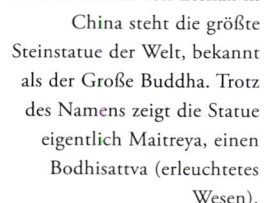

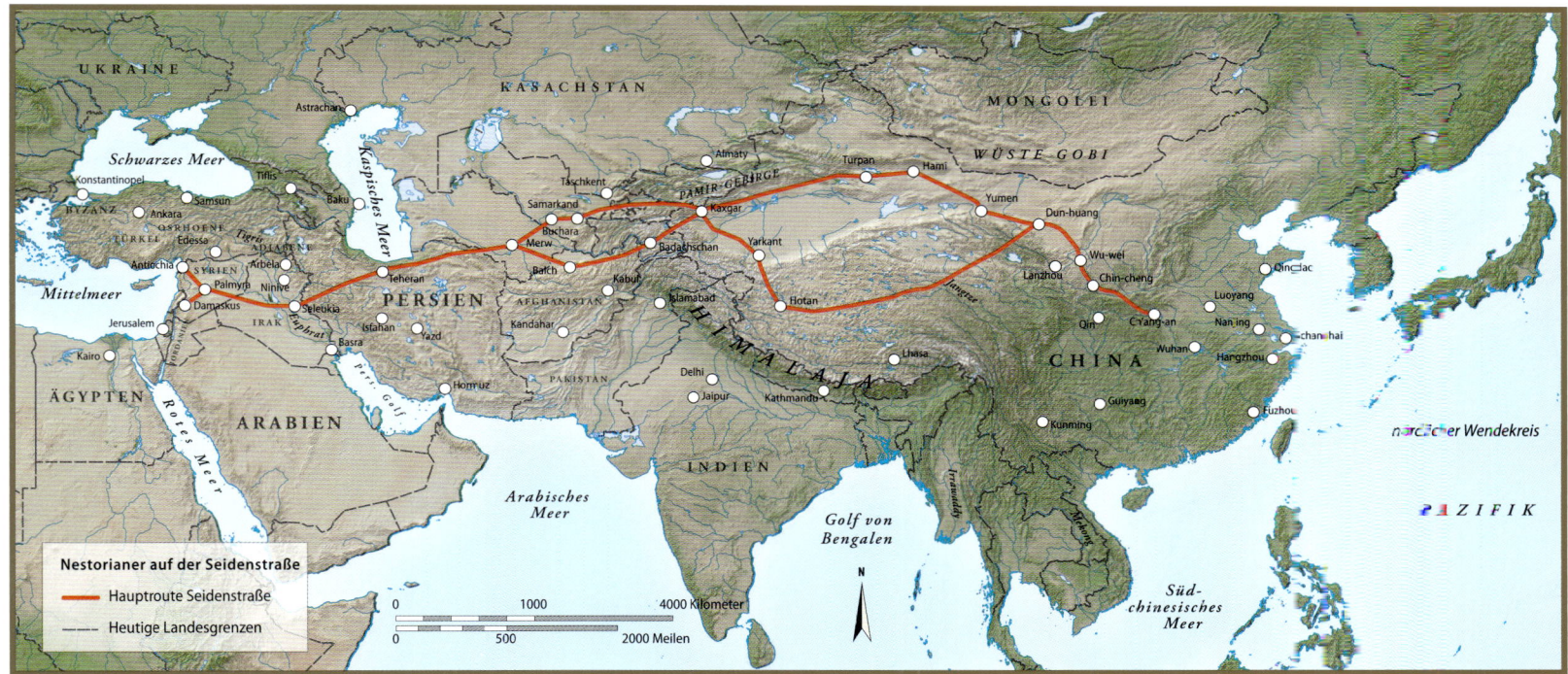

Im Lauf der Zeit entstanden in Chang'an und in einigen anderen Gebieten christliche Klöster. Christliche Literatur wurde auf Chinesisch geschrieben, und China bekam einen eigenen Metropoliten. Dennoch blieben die Christen eine winzige Minderheit. Ab 845 nahm ihre Zahl durch ein kaiserliches Ausweisungsedikt noch weiter ab.

Christen in buddhistischer „Verkleidung"

In seiner *Jesus Messiah Sutra* beschreibt Alopen die buddhistische *Dharma* (Lehre) als das Ergebnis der Arbeit des Heiligen Geists. Er verwendete die Literatur der *prajñā-pāramitā* (Perfektion der Weisheit) und Nāgārjunas Konzept der *śunyatā* (Leere) zur Erklärung des Monotheismus. Außerdem nutzte er die buddhistische Beschreibung des Individuums als wandelnder Zustand der fünf *Skandhas* (Aggregate), fügte dem aber das christliche Konzept der Seele hinzu. Er setzte das buddhistische Bestreben nach der Befreiung von Leid mit dem christlichen Ziel der Erlösung gleich. Bei all dem demonstrierte Alopen ein beeindruckendes Wissen über die buddhistischen Traditionen.

Andere Christen bemerkten die Ähnlichkeit zwischen Jesus und dem Bodhisattva („Erleuchtungswesen") des Mitgefühls, Guan Yin. Beide kamen auf die Welt, um den Leidenden Hoffnung zu geben und ihnen die Gnade der überweltlichen Wahrheit zu vermitteln. 781 errichtete Yazedbouzid in Chang'an die berühmte Stele. Darauf steht diese Beschreibung der Himmelfahrt Jesu: „Dann nahm er ein Ruder im Schiff der Gnade und stieg auf in den Palast des Lichts." Obwohl die Botschaft dem christlichen Zweck angemessen ist, reflektiert die Sprache den Guan-Yin-Kult.

Yazedbouzids Sohn Adam half Prajñā, einem buddhistischen Mönch aus Afghanistan, bei der Übersetzung der Sutra über die Tugenden des Gebens, der Moral, Geduld, Vitalität, Meditation und Weisheit ins Chinesische. In all diesen Beispielen beweisen die Handlungen der Christen Vertrautheit mit und Respekt für die Ansichten und den Glauben des Buddhismus.

Links: Nach dem Treffen mit Alopen beschloss Kaiser Taizong, dem christlichen Bischof eine Kirche zu bauen, die als Da-Qin-Tempel bekannt ist. Da Qin ist die chinesische Bezeichnung für das Römische Reich.

WAREN SIE KETZER?

Nestorius (ca. 386–451) wurde der Ketzerei beschuldigt, weil er behauptete, „Mutter Gottes" sei ein passenderer Name für Maria als „Mutter Christi". Der Konflikt war Teil der Debatte über die Beziehung zwischen der göttlichen und der menschlichen Natur Christi. Ein Großteil der Theologie des nestorianischen Christentums wurde bereits vor Nestorius' Geburt formuliert, und obwohl die assyrische Kirche des Ostens nicht seiner Theologie folgt – sondern der eines späteren Systematikers, Babais des Großen (ca. 551–628) –, nannte sich die Bewegung „Nestorianer". Die nestorianische Kirche erhielt auch das Stigma der Häresie. Tatsächlich war ihre Theologie in einer Zeit, in der die Orthodoxie noch definiert wurde, nicht weniger orthodox als diejenige Roms oder Byzanz'. Zusätzlich wurde Nestorius durch neue Erkenntnisse von vielen Vorwürfen freigesprochen.

TEIL DREI

MACHT UND GEBET
1001–1500

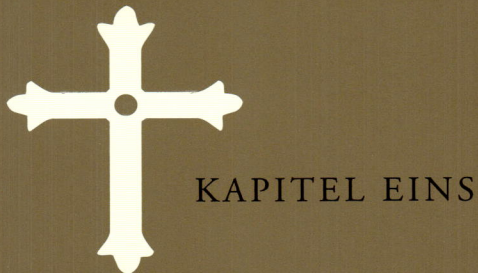

KAPITEL EINS

DIE WESTKIRCHE

Nach Jahrhunderten politischer Unruhen, die auf den Zusammenbruch des Römischen Reichs folgten, ermöglichte der dramatische Aufschwung der päpstlichen Macht vom 11.–13. Jh. Westeuropa eine verhältnismäßig große verwaltungstechnische Einheit. Die vielen örtlichen Geistlichen arbeiteten in einer Befehlskette, die sich bis nach Rom erstreckte. Der Papst überwachte nicht nur die offensichtlich religiösen Aspekte des Lebens, sondern übte auch politische und militärische Macht aus. Päpstliche Abgesandte kontrollierten die Rechtschaffenheit und die Praktiken des örtlichen Klerus. Überall im Westen hatten Christen einheitliche Liturgien, Sakramente, Kirchengesetze und Rituale. Diese Einigkeit, die von der päpstlichen Autorität gestützt wurde, führte zu einer noch nie zuvor dagewesenen Macht der Westkirche. Die Päpste wurden zu den ultimativen Förderern des Feudalsystems und gewährten – im Austausch gegen Treuschwüre, Dienste und Abgaben – Gefallen und Schutz.

Rom hatte aber dennoch keineswegs die absolute Macht. Päpste exkommunizierten Kaiser, und im Gegenzug setzten Kaiser Päpste ab. Weltliche Herrscher und Päpste rangelten immer wieder um den Anspruch, Steuern zu erheben, Bischöfe zu kontrollieren und Gesetze zu erlassen. Während sich die Päpste darauf beriefen, ihre Autorität direkt von Gott zu beziehen, setzten die Kaiser ihr Recht durch, die Wahl und Einsetzung eines Papstes zu überwachen.

Die Kaiser waren jedoch nicht die einzigen Kritiker der Päpste. Universitäten wurden – sobald sie erst einmal etabliert waren – von ihren Lehrern und nicht vom Papst geleitet, weshalb sie als Plattformen des Widerstands galten. Mönchsorden, die zwar dem Papst Gehorsam geschworen hatten, genossen andererseits große Freiheit in der Leitung ihrer Organisationen. Sie stellten sich dem Papst zwar nicht direkt entgegen (wie die Kaiser), aber fanden stattdessen wie schlaue Anwälte manchmal Wege, ein Gesetz zu umgehen, ohne es direkt zu brechen. Laienbewegungen wie die Beginen und die Brüder vom gemeinsamen Leben arbeiteten außerhalb der formellen Kirchenstrukturen. Diese Risse im päpstlichen Machtgefüge dehnten sich schließlich zu Spalten aus, die im Zuge der Reformation die Einigkeit des westlichen Christentums aufbrachen.

Vorhergehende Seite: Im 13. Jh. manifestierte sich die päpstliche Macht auf vielerlei Wegen. So wurde Papst Honorius III. im Jahr 1216 etwa gebeten, die Gründung des Dominikanerordens zu segnen.

Rechts: In den 1370er-Jahren riskierte Katharina von Siena die Exkommunikation, als sie in Avignon von Papst Gregor XI. verlangte, dass der Sitz des Papstes von Avignon zurück nach Rom verlegt werde.

KATHEDRALEN

✝ Nur selten in ihrer Geschichte konnte die Kirchenarchitektur wieder mit der Pracht und den baulichen Leistungen der Westkirche vom 13.–16. Jh. mithalten. Die gewaltigen Kathedralen, die in jener Zeit im gotischen Stil – d. h. mit dünneren Wänden und mehr Fenstern als die massiven romanischen Bauten der vorangegangenen Ära – erbaut wurden, gehören zu den beeindruckendsten Gottenhäusern aller Zeiten.

Das Licht fiel in den Kathedralen durch große Fenster ein, die bis in eine Höhe von 24–44 m reichten, und überflutete die Gemeinde der Gläubigen von oben wie die Gnade Gottes. Umgekehrt führten die langen, geraden Linien der Gebäude die Augen der Gemeinde direkt zu den Lichtquellen.

Das Herz der Gemeinde

Viele der großen Kathedralen beherrschten geradezu ihre gesamte Umgebung und die Städte, in denen sie gebaut wurden. Die Menschen bestaunten die atemberaubenden Dimensionen der Gotteshäuser, die Farben, Schnitzereien, Statuen, Grabmale und die reiche Ausstattung. Schnitzereien und Buntglasfenster brachten der meist analphabetischen Bevölkerung Geschichten aus dem Alten Testament sowie über das Leben Christi, der Jungfrau Maria und der Heiligen nahe.

Oft dauerte der Bau der mächtigen Kathedralen über hundert Jahre. Wer eine Kathedrale entwarf, lebte nicht lang genug, um ihre Vollendung zu erleben. Mittelalterliche Kathedralen brauchten aus diesem Grund einen massiven Vorschuss an Glauben und finanziellen Mitteln.

wuchsen viele europäische Städte sehr schnell, und ihre wirtschaftlichen Ressourcen wurden in die Bauprojekte gesteckt. Da der Bau sehr lang dauerte, konnten die benötigten Gelder nach und nach gesammelt werden.

Unter den Bewohnern der mittelalterlichen Städte waren auch Bankiers und Händler, die bei den finanziellen Aspekten halfen. Die Bauarbeiten wurden von umherziehenden Bauarbeitern, Steinmetzen und Baumeistern durchgeführt. Wir wissen nicht genau, wie viel Prozent der wirtschaftlichen Mittel dem Kathedralenbau gewidmet wurde, es muss aber eine beträchtliche Summe gewesen sein. In nur zwei Jahrhunderten wurden für den Kathedralenbau mehr Steine aus den Steinbrüchen herausgehauen als für alle ägyptischen Monumente insgesamt.

Es gab zwei Möglichkeiten, eine Kathedrale mit Personal zu besetzen: entweder mit Mönchen (z. B. Benediktinern) bzw. anderen religiösen Männern oder mit säkularen Kanonikern. Beide mussten täglich die liturgischen Offizien singen und Messen abhalten. Kanoniker, die den Ordensschwur der Armut nicht abgelegt hatten, hatten meist ein privates Einkommen durch Landbesitz. Da der Klerus einer Kathedrale nicht für die seelsorgerische Arbeit, sondern nur für die liturgischen Riten zuständig war, wurde nebenan oft noch eine Pfarrkirche gebaut.

Mittelalterliche Kathedralen sind der Beweis für die Tiefe des Glaubens in jener Zeit, aber auch für die Bereitschaft der Menschen, dafür ihre Energie, Kreativität und Fähigkeiten zur Verfügung zu stellen.

Oben: Die beeindruckende gotische Kathedrale von Chartres beherrscht seit ihrer Fertigstellung im Jahr 1260 die gesamte Umgebung der französischen Stadt.

Unten: Viele Statuen in Kathedralen sind symbolische Darstellungen christlicher Persönlichkeiten. Dieser Adler in der Kathedrale von Orvieto in Italien symbolisiert den Evangelisten Johannes.

Nach ihrer Fertigstellung diente die Kathedrale dann als Mittelpunkt des Gemeindelebens. In der Nähe befand sich stets ein Markt. Auf ihren Stufen wurden Theaterstücke aufgeführt. Generation um Generation wohnten in ihr der Krönung von Herrschern, der Amtseinsetzung von Bischöfen, der Weihe von Priestern sowie Taufen, Firmungen, Hochzeiten und Beerdigungen bei. Der Friedhof befand sich meist ebenfalls auf dem Kirchengelände. Die wichtigste Zeremonie war jedoch stets die Messe. Die Kathedrale war der Ort, an dem die Menschen mit Gott und ihren Nachbarn verbunden waren.

Kosten, Bau und Instandhaltung

Der Bau einer Kathedrale war ein teures Unterfangen. Oft spendeten Könige und Fürsten Geld. Auch die Bischöfe reicher Diözesen leisteten ihren Beitrag. Häufig wurden Kirchensteuern umgeleitet, um den Bau zu finanzieren. Auch die Bürger spendeten, was sie konnten. Im 13. Jh.

DIE SAKRAMENTE

Gegenüber: Durch das Sakrament der Firmung wird dem getauften Empfänger – in der Westkirche meist Jugendliche, in der Ostkirche bereits Babys – der Heilige Geist verliehen.

Gegenüber unten: Die Taufkirche St. Johannes auf Pisas Piazza del Duomo wurde 1363 fertig gestellt. Taufkirchen sind Räume oder Gebäude, in denen sich das offizielle Taufbecken der Kirche befindet.

Unten: Jesus wurde von Johannes dem Täufer im Fluss Jordan getauft. Auch heute noch ist die Taufe ein Ritual der geistigen Reinigung und Aufnahme in die Kirche.

Den Evangelien zufolge nahm Jesus an Taufen teil (er wurde selbst getauft und bat seine Jünger, andere zu taufen) und teilte seine Mahlzeiten wie Brot und Wein.

Zuerst waren es zwei

In christlichen Schriften aus dem 1. Jh. (Apostelgeschichte, Paulus- und Ignatiusbriefe) wurden diese Taten Jesu als „Sakramente" bezeichnet. *Sacramentum* bedeutet Schwur und wird als Übersetzung für das griechische *Mysterion* benutzt. Die frühen Christen schrieben den Sakramenten große Bedeutung zu. Die Taufe war die Gründung eines neuen Bundes: der Beziehung zwischen einem neuen Gläubigen und Gott. Das Abendmahl symbolisierte das Opfer Jesu am Kreuz; in Brot und Wein war er anwesend und ermöglichte seinen Jüngern so, an seiner Wiederauferstehung teilzuhaben.

Die Bedeutung dieser Rituale wurde im 1. Jh. durch die Apolstolischen Väter weiter ausgearbeitet. Die Taufe galt nun als unerlässlich, wollte man Christ werden, und das Abendmahl wurde zum wichtigsten Teil der Andacht. Für die meisten Christen wurde ihr Glaube an Jesus durch den Empfang der Sakramente immer wieder neu belebt. Im Mittelalter brachten zusätzlich Dinge, die man berühren konnte – Wasser, Salz, Öl, Brot, Wein –, Gott dem Bauern wie dem Edelmann, Mann wie Frau in dieser von Angst erfüllten Zeit nahe.

Vom Wandel zur Sicherheit

Gegen Ende des ersten Jahrtausends gab es zunehmend Unterschiede zwischen der östlichen orthodoxen und der westlichen katholischen Kirche. Die Orthodoxen bezeichneten die Sakramente als „Mysterien", da sie Ungläubigen verborgen blieben. Über Jahrhunderte hinweg gab es keine genaue Anzahl an Sakramenten, und die Theorien darüber wechselten. Einige behaupteten, es gäbe drei – Taufe, Abendmahl und die letzte Ölung –, während für andere noch die Ordination, das monastische Gelöbnis und die Beerdigungriten dazugehörten. Wieder andere waren der Meinung, es gäbe noch viel mehr Sakramente. Die wachsenden Spannungen zwischen der Ost- und Westkirche – insbesondere der Versuch der römischen Kirche, die Ostkirche beim Konzil von Florenz (1439) unter ihre Kontrolle zu bringen – führte zur Formulierung von sieben Sakramenten. Zusätzlich gelten für die orthodoxe Kirche noch Riten wie Beerdigungen und monastische Gelöbnisse als „sakramental".

Von Florenz nach Trient

Die Westkirche legte sich schließlich auf die Taufe, die Firmung, das Abendmahl, die Beichte, die Ehe, die letzte Ölung und die Weihe fest. Die erste Erwähnung der sieben Sakramente findet man in Petrus Lombardus' *Sententiae*, geschrieben zwischen 1155 und 1158. Lombardus und später Thomas von Aquin (1225–1274) argumentierten, dass diese von Christus festgelegt worden sein mussten, obwohl das teilweise schwer zu belegen war. So behaupteten sie, dass Sakramente wie die Weihe, die Beichte oder die letzte Ölung aus den Handlungen Christi hervorgingen.

Auch die symbolische Rolle der Zahl sieben war wichtig. Diese Ansicht wurde vom Konzil von Florenz (1439) angenommen und im Konzil von Trient (1547) weiter ausgearbeitet. In jener Zeit musste sich die römisch-katholische Kirche bereits mit einer anderen Herausforderung auseinandersetzen: den Reformatoren, welche die Sakramente auf zwei beschränkten – die Taufe und das Abendmahl –, da sie der Ansicht waren, dass man nur diese zwei Sakramente in der Heiligen Schrift findet.

Die Sakramente im Detail

Alle Kirchen waren sich einig, dass nichts wichtiger war als die Taufe, die das Tor zu weiteren Sakramenten erst öffnete. Im Mittelalter ging man allgemein davon aus, dass eine Erlösung ohne Taufe nicht möglich sei.

Die Eucharistiefeier (oder Messe für die Katholiken) war der zentrale Teil der Andacht. An Sonn- und Feiertagen zur

Andacht zu gehen, war vorgeschrieben, aber auch an anderen Tagen war es beliebt. Beim vierten Laterankonzil im Jahr 1215 wurde festgelegt, dass jeder einmal im Jahr zu Ostern die Kommunion empfangen musste. Sie wurde in Form von Brot – nicht Wein – verabreicht und beinhaltete eine lange Vorbereitung während der Fastenzeit.

Von den anderen fünf Sakramenten, die bei den Katholiken und Orthodoxen üblich waren, konnte ein Priester die Ehe, die Beichte und die letzte Ölung vollziehen, während Weihe und Firmung den Bischöfen vorbehalten waren. Bei der Beichte vergab der Priester Sünden im Namen Gottes. Die letzte Ölung wurde todkranken oder sterbenden Christen von einem Priester verabreicht. Durch den Austausch von Eheversprechen erhielt ein Paar das Sakrament der Ehe. Bei der Firmung salbte der Bischof den Empfänger und rief den Heiligen Geist an. Die Weihe neuer Bischöfe, Priester und Diakone wurde nur vom Bischof vorgenommen, indem er ihnen die Hand auf den Kopf legte und dem Priester die Gerätschaften für das Abendmahl aushändigte.

DAS GEMEINDELEBEN IM MITTELALTER

Im Mittelalter entfernten sich die meisten Menschen selten weiter als etwa 25 km von ihrem Geburtsort. Sie verbrachten ihr Leben als Mitglieder einer Kirchengemeinde, der kleinsten Verwaltungseinheit der Kirche.

Pfarreigröße und Personal

Kirchengemeinden waren in spärlich bewohnten Gegenden meist sehr groß, wohingegen sie in Städten verhältnismäßig klein sein konnten. Im Durchschnitt hatte eine ländliche Gemeinde 350 Mitglieder, eine städtische etwa 200. In Oxford, England, spiegelt das Vorhandensein von drei Pfarrkirchen innerhalb von 180 m die Bevölkerungsdichte wider. Zusätzlich zu der Kirche besaßen die Gemeinden oft noch ein Kloster, Kapellen und Schreine. Städtische Gemeinden waren so klein, weil 90% der Gläubigen zu Fuß zur Kirche gingen (was sich bis etwa 1850 fortsetzte).

Die meisten Pfarreien hatten mindestens einen Priester und mehrere andere Geistliche (z. B. Diakone und Messner). Der Begriff „Geistlicher" wurde hier jedoch locker definiert und umfasste auch Männer in niederen Orden sowie Angestellte. Während des Mittelalters gab es einen Überfluss an Priestern, und viele von ihnen waren arbeitslos. Manchmal weihten Bischöfe Hunderte Priester auf einmal. Viele davon waren fast völlig ungebildet und hatten nur ein Grundwissen über die Sakramente. Nur sehr wenige konnten ordentlich predigen, weil sich die meisten mit der Bibel und mit Theologie nicht auskannten. Oft waren ihre einzigen Bücher liturgische Texte, die sie kaum lesen konnten.

Manche Priester waren einfache Bauern, die wie ihre Gemeindemitglieder ein kleines Stück Land bestellten und so ein mageres Einkommen erwirtschafteten. Obwohl die Kirche Priestern die Keuschheit vorschrieb, wurde dieses Gebot gemeinhin ignoriert – auf dem Land noch mehr als in den Städten. Nur wenige konnten im Zölibat leben, weil sie niemals darauf vorbereitet wurden.

Ein Priester war Teil des normalen Alltagslebens: Er leitete an Sonn- und Feiertagen die Andachten, nahm Beichten ab, taufte Menschen und las Totenmessen. Das Leben war damals deutlich härter als heute, denn überall gab es Krankheiten, Epidemien dezimierten die Bevölkerung, die Säuglingssterblichkeit war hoch und die Lebenserwartung niedrig. Der Priester bildete eine wichtige Verbindung ins Jenseits. Es war auch nicht unüblich, der Kirche nach dem Tod das wenige Geld zu vermachen, das man besaß, damit der Priester eine Totenmesse las.

Der Zehnte

Gebäude und Personal kosteten Geld. Kirchen wurden selten nur mit freiwilligen Spenden gebaut. Meist wurden sie von Großgrundbesitzern, Universitäten und Klöstern eingerichtet. Die Gemeindemitglieder waren für die Instandhaltung bestimmter Kirchenteile, z. B. des Dachs, verantwortlich. Manche Gemeinden vernachlässigten ihre Pflichten, und ihre Kirche verfiel, den meisten waren ihre Kirchen aber heilig. Sie wurden reich geschmückt und mit Bildern dekoriert, die Bibelgeschichten zeigten. Die Kirche war der Mittelpunkt des dörflichen Lebens und der örtlichen Geschichtsschreibung.

Die großen Affären um Päpste, Bischöfe und Könige betrafen das normale Pfarrleben nicht. Das Kirchengesetz hingegen wirkte sich auf alle Aspekte des Alltags aus: auf Testamente und Erbschaften, sexuelle Vergehen wie Unzucht und Ehebruch, auf das Fernbleiben von der Messe und auf Vorgänge, an denen der Klerus beteiligt war. Die Kirchengesetze schrieben auch vor, dass Landbesitzer, Pächter und Unternehmer eine Abgabe leisten mussten. Diese betrug zumeist 10% ihres Einkommens – den Zehnten – und wurde überwiegend in Form von Naturalien, manchmal auch mit Geld gezahlt. Spezielle Scheunen wurden gebaut, um die Abgaben in Form von Getreide zu lagern. Der Erlös sollte zur Instandhaltung der Kirche und zur Bezahlung des Personals verwendet werden, bereicherte aber oft die Kassen von Klöstern und Herrschern.

Die Gemeindemitglieder konnten der Zahlung nicht entgehen, da sie sonst nach den Kirchengesetzen bestraft wurden. Oft wurden ihnen Tiere und Anbauprodukte weggenommen und das Haus verbrannt. Dieses System funktionierte jahrhundertelang. Die Menschen beschwerten sich zwar über die Abgaben, akzeptierten sie aber als notwendig. Wie viele Steuerzahler heute suchten sie jedoch stets nach Lücken im Gesetz. Zu Beginn der Französischen Revolution 1789 etwa mussten sich die Gerichte mit 18.000 Fällen der versäumten Abgabenzahlung befassen.

DIE HEILIGEN UND DIE JUNGFRAU MARIA

Die gesegnete Jungfrau Maria und die Heiligen inspirierten durch das Leben, das sie führten, galten als Vorbilder und boten den Christen Schutz, um den diese in ihren Gebeten baten.

Wer ist ein Christ?

Wenn man heute fragt „Wer ist ein Christ?" oder „Wer sind die Kirchenmitglieder?", bekommt man viele verschiedene Antworten. Die christliche Mitte würde sagen: „Jeder, der getauft ist" bzw. „Jeder, der an Jesus glaubt". Die differenziertere Antwort wäre: „Jeder, der Jesus als seinen Erlöser akzeptiert" oder auch „unsere Glaubensgemeinschaft". In jedem Fall denkt der Antwortende bei dieser Frage an lebende Menschen. Ein mittelalterlicher Christ hätte hingegen geantwortet, dass die Kirche in erster Linie aus den Heiligen im Himmel besteht – mit der Mutter Gottes an erster Stelle (die „triumphierende Kirche"). Dann folgten diejenigen, die im Zustand der Gnade starben, aber dennoch gereinigt werden mussten (die „leidende Kirche"), und für die man im Sinne von „R.I.P" oder *Requiescat in pace* (Ruhe in Frieden) betete. Zuletzt kamen die lebenden Gemeindemitglieder (die „streitende Kirche"). Niemand außer Gott wusste, wer aus der letzten Gruppe am Ende zur himmlischen Kirche gehören würde.

Ruhe in Frieden

Die drei Gruppen von Christen waren als Familie Gottes miteinander verbunden und halfen einander. Lebende Christen baten die Jungfrau Maria und die Heiligen im Leben und im Augenblick des Todes um Hilfe, damit sie danach selbst Heilige werden konnten. Das sehen wir im Ave Maria, in dem um ihre Hilfe gebeten wird „jetzt und in der Stunde unseres Todes". Die Heiligen im Himmel halfen der Kirche auf Erden, und auf die gleiche Weise halfen Christen einander – die Menschen beteten für die Hungrigen, für weise Herrscher und dafür, dass ihre Brüder und Schwester ein gutes Leben führen konnten. Diese spirituelle Hilfe für andere Kirchenmitglieder ist auch heute noch üblich. Heute weniger akzeptiert – außer unter Katholiken – ist, dass die Kirche auf Erden der „leidenden Kirche" helfen kann. Im Mittelalter war es jedoch ein wichtiger Teil des Lebens, für die Toten zu beten und auf Gebete nach dem eigenen Tod zu hoffen. Gedenkstätten

Unten: In diesem Gemälde von Ambrogio Bergognone (ca. 1453–1523) sieht man die Madonna (die Jungfrau Maria) mit dem Jesuskind zusammen mit der heiligen Katharina und dem seligen Stefano Marconi.

wurden errichtet, und in religiösen Einrichtungen betete
man für den Frieden des Gründers. Man glaubte, die drei
Teile der Kirche seien eine Familie – angeführt von Maria
als Mutter –, die durch Liebe und Hilfsbereitschaft miteinander verbunden war: Die Menschen beteten darum,
dass alle Teile in Gottes Nähe zusammengeführt wurden.

Weltweit und vor Ort

Heilige gab es in jeder Form. Zunächst sind diejenigen zu
nennen, die jeder kannte, etwa Maria und die Apostel.
Dann gab es Heilige, die nur in bestimmten Teilen der
Kirchen, z. B. in der West- oder Ostkirche, bekannt waren:
Westliche Christen haben beispielsweise selten vom heiligen
Georg von Palamas (1296–1359) gehört, der in der
orthodoxen Kirche sehr verehrt wird. Es gab aber auch
Heilige, die nur in einem Land oder einer Region –
manchmal sogar nur an einem einzigen Ort – bekannt
waren und deren Erinnerung z. B. nur durch eine einzige
heilige Quelle aufrechterhalten wurde. Jeder Heilige hatte
seinen besonderen Ort, an dem er oder sie mit der Kirche
auf Erden verbunden war, sowie seine eigene Interessens-

gruppe, z. B. die Einwohner Zürichs (wie beim heiligen
Felix und der heiligen Regula), die Mitglieder eines
bestimmten Berufsstands (der heilige Lukas für die Ärzte)
oder diejenigen mit besonderen Bedürfnissen (der heilige
Leonhard für Gefangene).

So entstanden die Schutzheiligen: Wie es Beschützer
der Menschen auf Erden gab, so gab es sie auch unter
den Heiligen.

MEHR ALS NUR VORBILDER

Benutzen wir heute das Wort „Heiliger", denken wir vor allem an jemanden, den wir sehr
bewundern und als Vorbild ansehen. Mittelalterliche Christen schätzten zwar die Vorbild-
funktion der Heiligen, viel wichtiger war aber der Gedanke, dass sie sich zugunsten der
lebenden Christen bei Gott einsetzen würden. Ein Vorbild kann man studieren und bewundern; vielleicht will man auch sehen, wo diese Person gelebt und gewirkt hat. Aber nur wenn
man sie wirklich für Familienmitglieder hält und glaubt, dass sie helfen können, würde man
ihren Todestag (als Gedenktag bekannt) feiern, ihren Schrein (der Ort, wo sie bis zur endgültigen Auferstehung ruhen) zu einem Wallfahrtsort machen und jeden Kontakt zu ihnen
durch ihre Reliquien ehren.

*Unten: Die Menschen im Mit-
telalter glaubten daran, durch
Gebete ihr Leben zu verbessern.
Auch heute beten Menschen zu
Heiligen und bitten um Hilfe
bei gesundheitlichen Problemen,
moralischen Dilemmas und
anderen alltäglichen Problemen.*

*Links: Der 15. Patriarch von
Moskau und ganz Russland,
Alexius II., besucht den Schrein
mit den Reliquien der Groß-
herzogin Elisabeth und der
Nonne Barbara in der Christ-
Erlöser-Kathedrale in Moskau.*

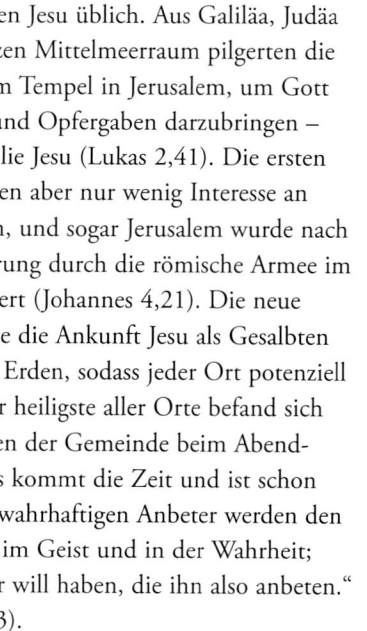

PILGERFAHRTEN

Oben: Viele Kranke pilgern nach Lourdes in Frankreich – in der Hoffnung, dort von dem Wasser der Quelle, an der die heilige Bernadette 1858 die Jungfrau Maria sah, geheilt zu werden.

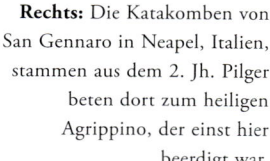

Pilgerfahrten sind Reisen zu Orten, die nicht nur für die Geschichte einer Religion wichtig sind, sondern als heilig betrachtet werden und an denen man in Kontakt mit der spirituellen Welt tritt, was zu Hause nicht möglich ist.

Keine frühchristlichen Pilgerfahrten

Pilgerfahrten sind ein Phänomen, das wir aus jeder großen Religion kennen, und sie waren auch bei den Juden zu Zeiten Jesu üblich. Aus Galiläa, Judäa und dem ganzen Mittelmeerraum pilgerten die Menschen zum Tempel in Jerusalem, um Gott nahe zu sein und Opfergaben darzubringen – auch die Familie Jesu (Lukas 2,41). Die ersten Christen zeigten aber nur wenig Interesse an heiligen Orten, und sogar Jerusalem wurde nach dessen Zerstörung durch die römische Armee im Jahr 70 ignoriert (Johannes 4,21). Die neue Religion feierte die Ankunft Jesu als Gesalbten des Herrn auf Erden, sodass jeder Ort potenziell heilig war. Der heiligste aller Orte befand sich jedoch inmitten der Gemeinde beim Abendmahl: „Aber es kommt die Zeit und ist schon jetzt, dass die wahrhaftigen Anbeter werden den Vater anbeten im Geist und in der Wahrheit; denn der Vater will haben, die ihn also anbeten." (Johannes 4,23).

Rechts: Die Katakomben von San Gennaro in Neapel, Italien, stammen aus dem 2. Jh. Pilger beten dort zum heiligen Agrippino, der einst hier beerdigt war.

Entdeckung der heiligen Orte

Ende des 2. Jh. reisten dann auch Christen nach Jerusalem, um die Orte zu sehen, die zu Jesus gehörten, damit die Geschichten über ihn wahrer wirkten. Wegen dieses Bedürfnisses, die Dinge zu sehen, zu berühren und dort zu sein, wo alles geschah, nahm das heilige Land als Zentrum des christlichen Pilgertums seinen Anfang. Aus wenigen einzelnen Pilgern wurde eine Flut, als Kaiser Konstantin

und seine Mutter Helena an den heiligen
Orten Kirchen bauen ließen. Noch heute
rangeln die verschiedenen Kirchen an jenen
Orten miteinander. Für viele katholische
und orthodoxe Christen ist es ganz offen
eine Pilgerreise. Sie wollen an der Heiligkeit
des Orts teilhaben, die sich aus den
Ereignissen erklärt, welche dort stattfanden.
Vielen Prostestanten oder zeitgenössischen
westlichen Christen scheint diese Vorstellung
jedoch absurd. Für sie liegt die Bedeutung
darin, wie heilige Orte die Bibel mit Leben
erfüllen können, und sie bezeichnen ihre
Reisen deshalb gern als „Bibelexkursionen" –
aber das Bedürfnis, sich an den tatsächlichen
Orten fotografieren zu lassen, zeigt, dass das
Bedürfnis zu pilgern tief in der religiösen
Vorstellung verwurzelt ist.

Gräber: Orte der Hilfe und Heilung

Im Lauf der Zeit wurden auch die Heiligen-
gräber zu Pilgerorten. Dort konnten man
um den himmlischen Schutz des Heiligen
bitten, Buße tun oder Heilung und neue
Hoffnung erfahren. So machten z. B. die
Gräber von Petrus, Paulus und den ersten
Märtyrern Rom im Mittelalter zu einer besonderen
Pilgerstätte: Man besuchte nicht die Stadt am Tiber,
sondern Petrus in seinem Grab. Auf die gleiche Weise zog
das Grab des heiligen Jakobus in Santiago de Compostela
(nordwestliches Spanien) Pilger aus ganz Europa an. Das
Grab des heiligen Thomas Becket brachte Pilger nach
Canterbury und bildete die Kulisse für Chaucers Meister-
werk, *The Canterbury Tales*. Besonders bedeutetende heilige
Orte weisen eine Verbindung zur Jungfrau Maria auf, die
meist auf einer Marienerscheinung beruht. Diese Orte
gehören heute – neben dem Heiligen Land – zu den
wichtigsten katholischen Wallfahrtsstätten. Ein gutes
Beispiel ist Lourdes im Südwesten Frankreichs, dessen
Berühmtheit sich auf eine Marienerscheinung der heiligen
Bernadette im Jahr 1858 gründet.

Umstrittene Pilgerfahrten

Der Glaube, dass das Pilgern eine Quelle der Gnade war,
führte bei den protestantischen Theologen der Reformation
zur Ablehnung der Praxis. Und obwohl es heute seitens
der katholischen Kirche Bemühungen gibt, das Pilgern
vom Magischen und Aberglauben zu distanzieren, wird
doch immer öfter anerkannt, dass es Menschen dazu
bringt, die Welt aus einer neuen Perspektive zu sehen, und
so wertvoll für das geistige Wachstum sein kann. In den
letzten Jahrzehnten ist das Pilgern zu einer Schlüsselmeta-
pher für den Einzelnen und die Kirche als Ganzes geworden. Die Menschen sehen die Höhen und Tiefen in ihrem
Leben, ihr Freud und Leid als Christen, wie die Kurven auf
der holprigen Straße zu einem heiligen Ort. Auch die
Katholiken beziehen sich heute gern auf die „Pilgerkirche".

Oben: Die stolze katholische
Königin Isabella von Kastilien
(1451–1504) war nur eine von
vielen berühmten historischen
Persönlichkeiten, die nach Santiago de Compostela pilgerten.

Oben links: Der Schutzheilige
Spaniens, der heilige Jakobus,
wurde angeblich in Santiago de
Compostela beerdigt, und sein
Grab zieht jedes Jahr Tausende
Besucher an. Er war einer der
ersten Jünger Jesu.

AUFSTIEG UND FALL DER PÄPSTE

Rechts: Im mittelalterlichen Feudalsystem rangierten die Händler – wie diese Tuchhändler – zwischen dem allmächtigen Papst und den Leibeigenen.

In den Jahren 1000–1500 erreichte die Macht der Päpste zunächst ungeahnte Höhen und begann dann, wieder zu schwinden. Die wichtigsten Themen waren die Beziehung zwischen Päpsten und Herrschern, der Feudalismus, das System der Pfründe und Gesetze sowie die Stellung von Ketzern.

Nie dagewesene päpstliche Macht

Der Anstieg der Macht des Papstes hing mit einer neuen Theorie, starken Päpsten, der europäischen Politik und der sich wandelnden Gesellschaft zusammen. Die neue Theorie gründete auf der gefälschten Konstantinischen Schenkung, die man damals für echt hielt und die alle Macht in der Kirche und dem Reich dem Papst übertrug. Seit Papst Gregor VII. (1073–1085) galt die Macht des Papstes als von Gott gegeben. Durch umsichtige Diplomatie machten sich die Päpste in jedem Bereich des mittelalterlichen Lebens unentbehrlich und versammelten unzählige Verbündete um sich, die ihre Macht ausweiteten. Die rückständige westeuropäische Politik – im Vergleich zur Politik im Byzantinischen Reich und der muslimischen Welt – sorgte dafür, dass Päpste den Gipfel der Macht erklimmen konnten. Verfeindete Fürstenhäuser, ständige Territorialkämpfe und die ununterbrochene Suche nach strategischen Allianzen machten einen Papst zu einem wichtigen Verbündeten für einen Herrscher, der seinen Einfluss ausdehnen wollte.

Letztlich lag es aber daran, dass der Papst „ein Fürst unter vielen" geworden war, sodass er beim politischen Manövrieren ins Stolpern geriet. War er für einen weltlichen Fürsten nicht mehr nützlich, schwand seine Macht.

Feudalismus

Ein weiterer Faktor war die Struktur der europäischen Gesellschaft. Seit Karl dem Großen (ca. 742–814) begann sich das gesellschaftliche und wirtschaftliche System des Feudalismus in Westeuropa durchzusetzen – ein kompliziertes System gegenseitiger Verpflichtungen. Es entstand eine Hierarchie mit Leibeigenen an der Basis und Königen an der Spitze; dazwischen befanden sich Adlige, Geistliche, Handwerker und Händler. Ein Höhergestellter konnte Gefallen, Schutz und Zugang zu den Höfen anbieten; die Niedereren schuldeten Steuern, Dienste und Gehorsam, was gerade in Kriegszeiten wichtig war. Die Päpste perfektionierten das System zu ihrem Vorteil und erklärten sich selbst zum Gipfel der gesellschaftlichen Pyramide.

Pfründe und Gesetze

Dies erreichten sie durch die Entwicklung eines umfangreichen Systems aus Pfründen und Gesetzen. Wer nach Rom kam und dem Papst die Füße

Gegenüber: Papst Gregor VII. ist für seine erfolgreiche Reform des Papsttums berühmt. 1584 wurde er von Gregor XIII. selig gesprochen, 1748 ernannte ihn Benedikt XIII. zum Heiligen.

Unten: Karl der Große wurde im Jahr 800 von Papst Leo III. zum Kaiser gekrönt. Es war der Beginn einer Tradition, in der sich der Papst das Recht vorbehielt, die kaiserliche Krone zu verleihen.

küsste, erhielt außerordentliche Vorteile. Das konnten z. B. Landbesitz für ein Kloster oder einen Orden, die Befreiung von der Gerichtsbarkeit eines örtlichen Fürsten oder Ehrenbezeugungen wie die Verwendung päpstlicher Insignien sein. Die Päpste überschütteten ihre Befürworter mit materiellen Vorteilen und Statussymbolen und sicherten sich so Verbündete.

Zusätzlich schuf das Papsttum das effektivste Rechtssystem des Mittelalters. Im Mittelpunkt stand die Wiedereinsetzung absoluten Privateigentums – eine Idee, die nach ihrer Erfindung durch die Römer wieder in Vergessenheit geraten war. Indem sie römische Gesetze an den Feudalismus anpassten, wurde das schwammige Gebiet des Besitztums geklärt. Die Päpste des 11.–13. Jh. entwickelten ein System, bei dem jeder die Meinung der päpstlichen Gerichtshöfe einholte. Ansprüche auf Landbesitz wurden geklärt, jedes Detail des Alltags wurde geregelt, Prozessparteien strömten für Entscheidungen nach Rom, die Legaten des Papstes waren überall, und seine Macht weitete sich aus. Diese „päpstliche Revolution" war der Anfang des heute bei uns vorherrschenden Rechtssystems.

Gegenstimmen

Nun wurde die Macht des Papstes ein Opfer ihres eigenen Erfolgs. Die unglaubliche Zahl rechtlicher Verfahren machte die Päpste zu Verwaltern, die damit beschäftigt waren, das System am Laufen zu halten. Neue Ideen waren nicht mehr gefragt. Drei Jahrhunderte lang waren neue Ideen gefördert worden und hatten dem Ausbau der päpstlichen Macht geholfen, aber im 14. Jh. hörte das auf, und die Päpste lehnten sie ein ums andere Mal als Ketzerei ab. Dazu kamen politische Intrigen der Adligen, das Wachstum der Städte und die Entstehung einer neuen Händlerschicht. Übergaben Fürsten Ketzer früher an Rom, galten diese Freidenker im 14. Jh. als nützliche Verbündete bei ihren Streitigkeiten mit dem Papst. Gegen Ende des Jahrhunderts bekam der Feudalismus erste Risse. Das Interesse am Handel war ein Vorbote des Kapitalismus.

KIRCHLICHE GEGEN WELTLICHE MACHT

Oben: Neben seinen Titeln als König der Franken und römischer Kaiser war Karl der Große auch König Italiens, zu dem er 774 mit der Eisernen Krone der Langobarden gekrönt wurde.

Am Weihnachtstag im Jahr 800 geschah im Petersdom etwas, das die politische Landkarte Westeuropas für das nächste Jahrtausend bestimmen sollte: Papst Leo III. krönte den fränkischen König Karl den Großen zum Kaiser des Heiligen Römischen Reichs. Der Papst hoffte, dass er und seine Nachfolger Karl und dessen Nachfolger kontrollieren würden; tatsächlich hatte er jedoch nicht das Amt eines Stellvertreters, sondern das eines Rivalen geschaffen.

Die Sichtweise des Papstes

Als die päpstliche Macht vom 11. bis 13. Jh. in Theorie und Praxis immer weiter wuchs, begann der Papst, sich als Gottes Vermittler auf Erden zu sehen. Gregor VII. (1073–1085), Innozenz III. (1198–1216) und Bonifatius VIII. (1294–1303) setzten diese Ansicht in die Realität um. Der Papst war nicht länger nur „Vikar des heiligen Petrus", sondern „Vikar Christi", d. h. sogar Könige und Kaiser waren ihm untertan. Innozenz III. sagte: „Kein König kann

herrschen, es sei denn, er dient dem Vikar Christi ergeben." Im Feudalsystem war der Papst der oberste Herrscher. Da er Gottes Wort auf Erden sprach, sollten Könige ihm gehorchen. Große päpstliche Armeen sogten dafür, dass dies keine leere Drohung war.

Der Germanenkönig wurde anhand eines komplizierten Systems gewählt, aber falls er sich als nicht würdig erwies oder sich nicht dem Willen des Papstes unterwarf, hatte dieser das letzte Wort bezüglich der Krönung. Sollte sich ein Fürst oder König, der Kaiser werden wollte, mit dem Papst überwerfen, sorgte dieser hinter den Kulissen dafür, dass er nicht gekrönt wurde.

Das Problem war jedoch, dass Könige und Kaiser immer wieder in Ungnade fielen, woraufhin der Papst den fraglichen Herrscher exkommunizierte und seine Untertanen von ihrer Treuepflicht entband. Dies sollte den Herrscher wieder unter die päpstliche Kontrolle bringen. War dieser schwach, konnte die Verdammung wirken, war er jedoch stark, wehrte er sich oft gegen die Bestrafung.

Paradebeispiele waren Heinrich IV. (1050–1106), Kaiser des Heiligen Römischen Reichs, der zweimal von Papst Gregor VII. exkommuniziert wurde, und der mächtige Friedrich II., den Gregor IX. 1228 exkommunizierte. 1303 wollte Bonifatius VIII. Philipp IV. von Frankreich exkommunizieren – und so ging es immer weiter.

Die Sichtweise des Königs

Die königliche Sichtweise zeigt sich am besten in der *Diploma Ottonianum* von 962, in der Kaiser Otto I. erklärte, dass der Papst (damals Johannes XII.) zwar seine italienischen Besitztümer kontrollieren durfte, Otto aber „unsere Macht und die unserer Nachfolger" sichern würde. Die Botschaft war eindeutig: Finger weg vom Kaiser! Otto ging aber noch weiter und sicherte sich das Recht, zu überprüfen, dass die Papstwahl ordnungsgemäß durchgeführt wurde. Das bedeutete, dass kein Papst gegen den Wunsch des Kaisers gewählt werden konnte.

Nachfolgende Könige und Kaiser hielten an Ottos Idealen fest, auch wenn es ihnen nicht immer gelang. Vom Papst gekrönt zu werden konnte für ihre Machtkämpfe sehr nützlich sein; falls es ihnen aber nicht passte, ignorierten sie die Tatsache. Machte ein Papst sich zu stark, beriefen einige Kaiser ein Konzil ein und setzten ihn ab – oder sie brachten ihn vor Gericht, wie Philipp IV. es 1303 mit Bonifatius VIII. tat. Heinrich IV. marschierte 1084 kurzerhand nach Rom und nahm Papst Gregor VII. selbst gefangen. Die Kaiser des Heiligen Römischen Reichs sahen sich als Beschützer, Aufseher und Schiedsrichter des Papstes, und ab 1530 kümmerten sie sich auch nicht mehr darum, vom Papst gekrönt zu werden.

Gegenpäpste

Neben der langen Liste exkommunizierter Herrscher ist der beste Beweis für diesen Machtkampf die nicht minder lange Liste abgesetzter Päpste und Gegenpäpste. Von 1000 bis 1500 wurden nicht weniger als zwölf Päpste abgesetzt und 20 Gegenpäpste gewählt. In jedem dieser Fälle hatte der Kaiser seine Hand im Spiel, und jedesmal wurden die rivalisierenden Papstanwärter (manchmal gab es drei Päpste gleichzeitig!) von einem König oder Kaiser unterstützt. Natürlich waren die Gegenpäpste für die Wünsche des Kaisers ausgesprochen zugänglich.

Gegen Ende des 13. Jh. schwand die Macht der Päpste allmählich wieder. Neue Gedankenströmungen, Widerstand von Intellektuellen und Bürgern der Städte sowie neue Machtstrukturen sorgten dafür, dass Fürsten, Könige und Kaiser sich um andere Dinge kümmern mussten als um die Meinung und den Einfluss des Papstes.

Rechts: Friedrich II. wurde zweimal exkommuniziert: 1228 von Gregor IX. und 1245 von Innozenz IV. Nach seiner zweiten Exkommunikation lieferten sich seine Ritter erbitterte Kämpfe mit den päpstlichen Streitkräften.

Unten: Papst Innozenz III. wollte den päpstlichen Einfluss auf ganz Europa und darüber hinaus ausweiten und stiftete sowohl den Vierten Kreuzzug ins Heilige Land als auch den Albigenserkreuzzug in Südfrankreich an.

PAPST GREGOR VII. (1073–1085)

Obwohl er nur zwölf Jahre Papst war – vom 22. April 1073 bis zum 25. Mai 1085 –, überwachte Gregor VII. den Anfang dessen, was oft als päpstliche Revolution bezeichnet wird: eine Zeit beispielloser päpstlicher Macht, die zwei Jahrhunderte andauern sollte.

Der strenge Mönch

Wer war Gregor? Wie immer bei jemand so Bedeutendem vermischen sich auch hier Geschichte und Legende. Man glaubte, dass er aus ärmlichen Verhältnissen kam, aber seine Krankengeschichte deutet auf etwas anderes hin. Vermutlich wurde er um 1015 in Sovana, Italien, geboren. Wir wissen, dass er sehr strenge Ansichten über das Leben eines Priesters oder Mönchs hatte, was sich in seiner späteren Kampagne gegen die Simonie (der Kauf und Verkauf von kirchlichen Ämtern oder spirituellen Vorteilen) und die Sittenlosigkeit des Klerus niederschlug. Gregor war selbst Mönch – er war als kleiner Junge zur Ausbildung in das

Kloster St. Maria auf dem Aventin in Rom gegangen, wo er den Namen Hildebrand angenommen hatte.

Macht und Kontroverse

Macht war Hildebrand nicht ganz fremd. Zuerst schloss er sich dem abgesetzten Papst Gregor VI. (reg. 1045–1046) an und folgte ihm nach Deutschland. Nach Hildebrands Rückkehr erhob ihn der neue Papst Leo IX. in eine führende Position des *Patrimonium Sancti Petri*. Nun hatte Hildebrand tatsächlich Macht und mischte bei der Wahl von Päpsten und Bischöfen mit. 1073 war er die offensichtliche Wahl als Nachfolger Papst Alexanders II.

Gregors Amtszeit wurde geprägt von einer Flut an Reformen, der Ausübung außerordentlicher Macht, Konflikten mit Königen und Kaisern, Belagerung, Gefangennahme, Flucht und schließlich seinem Tod im Exil im Jahr 1085. Seine größte Errungenschaft war der Anspruch auf die unabhängige Macht des Papstes. Die päpstlichen Berufungen und Handlungen sollten nicht länger von weltlichen Herrschern und ihren Geschützen bestimmt werden. Der Papst stand über all dem. Sein schlauester Schachzug war die Feststellung, dass allein Christus dem Papst seine Macht verlieh. Der Papst war der Repräsentant Christi – und damit Gottes – auf Erden. Niemand konnte dem Papst sagen, was er zu tun hatte – insbesondere nicht der Kaiser.

Bei Streitigkeiten auf lokalem Niveau setzte Gregor geschickt seine Legaten ein, die jetzt die Macht über alle

---

ZWISCHEN GOTT UND MANN

Der Papst kann von niemandem verurteilt werden.
Die römische Kirche hat sich niemals geirrt
und wird sich bis zum Ende der Zeit niemals irren.
Die römische Kirche wurde von Christus gegründet.
Allein der Papst kann Bischöfe bestimmen und absetzen.
Nur er kann neue Gesetze erlassen, neue Bischofssitze
vergeben und alte aufteilen.
Er allein kann Bischöfe versetzen.
Er allein kann Konzile berufen
und Kirchengesetze autorisieren.
Er allein kann sein Urteil ändern.
Er allein darf die kaiserlichen Insignien verwenden.
Er kann Kaiser entthronen.
Er kann Untertanen von ihren Eiden entbinden.
Alle Fürsten sollen seine Füße küssen.
All seine Legaten, auch die in niederen Orden,
haben Vorrang vor allen Bischöfen.
Ein Gesuch an das päpstliche Gericht verbietet Urteile
aller unterlegenen Gerichte.
Ein ordnungsgemäß bestimmter Papst wird durch die
Verdienste des heiligen Petrus zweifellos zum Heiligen.

Gregor VII., Briefe

anderen Kirchenmänner (mit Ausnahme des Papstes) hatten. Durch sie versuchte er, mit dem korrupten Klerus aufzuräumen. Angesichts der Tatsache, dass viele Geistliche auf weltlichem Weg an ihre Ämter gekommen und zum Teil Mitglieder prominenter Familien waren, führte dies zu teils gewalttätigem Widerstand. Von Königen verlangte Gregor Unterwerfung. Einige, wie Wilhelm I. von England und schließlich Philipp I. von Frankreich, fügten sich. Viele andere taten dies nicht. Die größten Probleme bereitete Heinrich IV. von Deutschland, der dabei war, Kaiser des Heiligen Römischen Reichs zu werden. Gregor exkommunizierte Heinrich zweimal; im Gegenzug setzte Heinrich Gregor ab, marschierte nach Rom, nahm den Papst 1084 gefangen und wollte einen Gegenpapst einsetzen.

Im letzten Moment kamen die Normannen Gregor zu Hilfe, befreiten ihn und begannen dafür, Rom zu plündern. Daraufhin wandten sich die Bürger gegen Gregor, der die Flucht ergreifen musste – zuerst nach Monte Cassino und dann nach Salerno, wo er schließlich starb. In einer Aussage, die seiner Briefsammlung beigefügt war, hinterließ er sein Erbe: eine außerordentliche Erklärung des päpstlichen Anspruchs auf die Oberherrschaft (siehe Kasten rechts).

Oben Nachdem er bei den Einwohnern Roms in Ungnade gefallen war, floh Gregor VII. in das vom heiligen Benedikt gegründete Kloster auf dem Monte Cassino, 130 km südöstlich von Rom.

Links Die hochgebildete und religiöse Matthilde von Canossa (1046–1114), Herzogin der Toskana, war eine enge Freundin Papst Gregors und unterstützte seine Reformen sowie die seiner Nachfolger.

DIE THEORIE DER PÄPSTLICHEN MACHT

Oben: Eine der ersten Amtshandlungen Innozenz' II. war der Aufruf zum vierten Kreuzzug ins Heilige Land, der schließlich 1204 in Konstantinopel scheiterte.

Vom 11. bis 13. Jh. wuchs die päpstliche Macht in der Politik und im Glauben fast ins Unermessliche. Die wichtigsten Schritte auf diesem Weg lassen sich leicht zurückverfolgen.

Die Konstantinische Schenkung

Alles begann im 8. Jh. mit einer Fälschung, die den Traum von der päpstlichen Macht ausdrückte – die Konstantinische Schenkung. Obwohl das Dokument angeblich am 30. März 315 von Konstantin, dem ersten christlichen Kaiser Roms, und Papst Sylvester geschrieben worden sein soll, wurde es tatsächlich erst nach 750 verfasst.

In dem Dokument werden dem Papst diverse Versprechen gemacht: Kontrolle über alle Kirchen, insbesondere Antiochia, Alexandria, Jerusalem und Konstantinopel im Osten, den Lateranpalast in Rom und die kaiserlichen Insignien sowie schließlich die Übernahme aller weltlichen Macht in Rom, Italien und den Westprovinzen. Das Dokument war nicht echt, aber es deklarierte die Grundideen des mittelalterlichen Papsttums: Der Papst folgt in den Fußspuren des heiligen Petrus, ist Lehrer und Pate des Kaisers, der Vermittler Christi auf Erden und Herrscher des Westens.

Das Ideal in die Praxis umzusetzen dauerte eine ganze Weile. Bis zum 11. Jh. fußte die begrenzte Macht des Papstes darauf, dass die Menschen immer nach Rom und zum Grab des heiligen Petrus sahen; der Papst selbst konnte keine Macht ausüben. Theoretisch hätte der Anspruch auf die direkte Nachfolge Petri ihm viel Macht geben sollen.

Petrus war in Rom gestorben, hatte seinen Nachfolger bestimmt, und sein Körper lag in einem Grab in der Stadt. Der Papst erinnerte stets daran, dass er im Namen Petri sprach. Über drei Jahrhunderte lang blieb die einzigartige Macht, wie sie in der Konstantinischen Schenkung erklärt wurde, aber nur ein Traum.

Vom heiligen Petrus zu Christus

Als Papst Gregor VII. (1073–1085) an die Macht kam, änderte sich dies. Gregor setzte die unabhängige Macht des Papsttums in allen Bereichen durch: In der Gesetzgebung wurden die ersten unabhängigen Kirchengesetze entwickelt, in der Politik machte er das Recht auf die Ein- und Absetzung von Herrschern geltend, in der Kirche bekamen die Abgesandten des Papstes (Legaten) den Vorrang vor allen anderen Geistlichen, und im Alltag wurde der Papst zum Feudalherrscher.

Es kam jedoch auch zu einer entscheidenden Verlagerung der Quelle der päpstlichen Macht. Dem Vatikan gefiel die Vorstellung, dass der Kaiser dem Papst diese Macht gewährte, wie es in der Schenkung stand, gar nicht. Kein weltlicher Herrscher konnte dem Repräsentanten Christi auf Erden irgendetwas gewähren – dies oblag nur Christus selbst. So wurde die Theorie der päpstlichen Macht vertieft und gestärkt: Seine Macht kam nun von Christus – also Gott – höchstpersönlich.

Der Stellvertreter Christi

Trotz aller Veränderung wurde der Papst weiter „Stellvertreter des heiligen Petrus" genannt. Es war jedoch eine Rückschau, die den Papst in direkter Linie mit Petrus verband, und das Papsttum wollte sich nach vorn orientieren. Also wurde ein neuer Titel benötigt.

Gegen Ende des 12. Jh. nahm Innozenz III. (reg. 1198–1216) den Titel „Stellvertreter Christi" an. Er sagte: „Wir sind der Nachfolger des Fürsten der Apostel, aber wir sind weder sein Stellvertreter noch der Stellvertreter eines anderen Mannes. Wir sind der Stellvertreter Christi selbst." Das war ein eindeutiger Anspruch auf die Universalherrschaft. Innozenz erklärte, dass er unter Gott, aber über jedem Menschen stand. Er nahm den Platz zwischen Gott und den Menschen ein und war der Vermittler zwischen ihnen. Dies war der Höhepunkt der päpstlichen Macht, und seitdem ging es langsam, aber sicher bergab.

Die Theorie in der Praxis

Diese Macht musste natürlich auch in die Praxis umgesetzt werden. Dies taten die Päpste, indem sie Zuwendungen verteilten, die für Ansehen oder Reichtum sorgten, ein unumgängliches Rechtssystem entwickelten und geschickt zwischen verfeindeten Fürsten vermittelten – sodass der Papst sich auf bestimmte Fürsten und ihre Armeen verlassen konnte, um seine Ziele voranzutreiben. Viele Jahrhunderte später, als man Stalin sagte, der Papst sei der Ansicht, er solle aufhören, die Katholiken zu unterdrücken, lachte der Diktator nur: „Der Papst! Wie viele Divisionen hat er?" Auf dem Höhepunkt der päpstlichen Macht hätte die Antwort gelautet: „Sehr viele!"

Links: Im ersten Jahrtausend nach dem Tod Jesu betrachteten die Christen den Papst als sterblichen Repräsentanten des heiligen Petrus, des ersten römischen Bischofs, der im Petersdom verehrt wird.

Unten: 1209 erbaten Franz von Assisi und eine kleine Gruppe seiner Anhänger von Papst Innozenz III. die Anerkennung ihres Ordens. Der Papst gewährte es, woraufhin sich die Männer eine Tonsur scheren ließen.

DER NIEDERGANG DES PAPSTTUMS

Nachdem die Päpste mit Klauen und Zähnen gegen Könige und Kaiser gekämpft hatten, um die absolute Macht als Stellvertreter Christi zu erlangen, erreichte diese mit Innozenz III. ihren Höhepunkt und schwand dann allmählich wieder.

Die Prüfungen Bonifatius' VIII.

Ein gutes Beispiel war Bonifatius VIII. (reg. 1294–1303) Er nahm sich Gregor VII. und Innozenz III. als Vorbilder und versuchte, seine überlegene geistliche und weltliche Macht durchzusetzen – aber die Zeiten hatten sich geändert. Bonifatius trat sein Amt mit großen Hoffnungen an. Er wollte Europa befrieden und das Heilige Land erobern. Nichts davon erreichte er. Die meisten Probleme hatte er mit Philipp dem Schönen von Frankreich. 1296 verbot er Philipp, Steuern vom Klerus zu erheben, um damit seinen Krieg gegen England zu finanzieren. Daraufhin stellte Philipp alle Zahlungen an Rom ein, sodass Bonifatius schließlich nachgab. Einige Jahre später stellte Philipp einen päpstlichen Legaten vor Gericht. Bonifatius war wütend und erließ Bullen, in denen er die absolute Macht des Papstes bestätigte („Gott hat die Päpste über Könige und Königreiche gestellt"), und verlangte die Einstellung des Verfahrens. Philipp ignorierte ihn und versuchte 1303, auch Bonifatius den Prozess zu machen. Daraufhin wollte dieser ihn exkommunizieren. Ein Agent Philipps nahm den Papst in Anagni gefangen, aber italienische Truppen befreiten ihn. Bonifatius starb kurz darauf als gebrochener Mann.

Unten: Philipp IV. von Frankreich, genannt „der Schöne" (reg. 1285–1314), lag im ständigen Streit mit dem Papsttum, vor allem mit Papst Bonifatius VIII.

Rechts: Als junger Mann war Papst Bonifatius VIII. Kanoniker in der Kathedrale von Anagni. Während seiner Herrschaft wurde er von den Truppen des französischen Königs in Anagni gefangen genommen.

Eine große Schwäche

Im Kern hatte der päpstliche Anspruch auf weltliche Macht eine große Schwäche. Bonifatius sagte: „Er, der leugnet, dass das weltliche Schwert in der Gewalt des Petrus ist, versteht die Worte des Herrn nicht." Er sagte aber nicht, dass der Papst das weltliche Schwert nur indirekt schwingen konnte – und genau hier lag das Problem. Der Papst musste sich auf Stellvertreter verlassen, die seine weltlichen Ziele durchsetzten: die Könige und Fürsten Europas. Er war der Oberbefehlshaber, und sie mussten seine Befehle ausführen – zumindest glaubte er das. Die Päpste verwendeten beachtliche Energie darauf, den Kaiser des Heiligen Römischen Reichs zu kontrollieren, denn wenn sie ihn nicht in der Hand hatten, hatten sie auch keine Kontrolle über andere Herrscher.

Das ganze System wurde neben päpstlichen Zuwendungen und Gesetzen durch reine Willkür zusammengehalten. Die physische Macht des Papstes hing völlig von weltlichen Herrschern ab. Wenn es dem fraglichen Herrscher passte, funktionierte das System. In den ständigen Machtkämpfen war die Unterstützung des Papstes wichtig, aber sie brachte Pflichten mit sich, die dem Herrscher nicht immer gefielen. Wurde der Papst zu einer Belastung, ignorierte der Herrscher ihn einfach oder stellte sich ihm gar entgegen.

Die Herrscher sahen den Papst immer stärker als einen von ihnen an – dem man gehorchte, wenn es genehm war, und dem man sich ansonsten widersetzte. Als die Päpste begannen, ihre spirituelle Autorität für weltliche Zwecke zu nutzen, verloren sie ihren einzigartigen Status. Das Eingehen von Bündnissen und Maßregeln von Widersachern trugen zum Verlust der überlegenen Position des Papstes bei. Als er anfing, selbst die Verhandlungen zwischen zerstrittenen Parteien zu führen, schwächte er seinen Einfluss weiter. Zudem benutzte er die Exkommunikation und den Ablasshandel („Garantie" auf Einlass in den Himmel) zu oft als politische Waffe. Die Exkommunikation verlor ihre Bedrohlichkeit – für Herrscher war es zwar lästig, sie ließen sich davon aber nicht mehr stören. Die Inflation des Ablasshandels schwächte die einzige Trumpfkarte, die der Papst noch besaß: den Schlüssel zum Himmel.

Zeichen der Zeit

Bonifatius kämpfte darum, die Glanzzeit des Papsttums zu erhalten, aber im 14. Jh. wurden die Stimmen seiner Widersacher lauter. Als die päpstliche Macht zu schwinden begann, schien er plötzlich von Feinden und Ketzern umgeben zu sein. In den 1320er-Jahren verbrachte Johannes XXII. dann viel Zeit damit, Ketzer anzuprangern: William von Ockham, Meister Eckhart und Marsilius von Padua wurden alle zu Ketzern erklärt. Ihr Beschützer, Kaiser Ludwig IV., wurde exkommuniziert, aber Ludwig ignorierte den Papst. Am Ende jener Ära versuchte Papst Julius II. (1503–1513) noch immer, Anspruch auf die Universalherrschaft des Papstes zu erheben – vergeblich.

Oben links: Bonifatius VIII. erklärte das Jahr 1300 zum ersten Jubeljahr der Kirche und gewährte Tausenden von Pilgern, die Rom in diesem Jahr besuchten, uneingeschränkten Erlass ihrer Sünden.

Oben rechts: In dieser griechischen Handschrift sieht man, wie Papst Leo IX. Michael Cerularius, den Patriarchen von Konstantinopel, 1054 exkommunizert. Dies kappte die Verbindung zwischen der römischen Kirche und den östlichen Kirchen.

DIE KREUZZÜGE

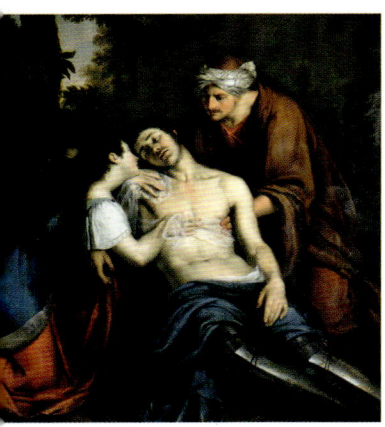

Oben: Tankred, ein christlicher Ritter des Ersten Kreuzzugs, wurde in einem Duell verwundet. Er war an zahlreichen Schlachten beteiligt und wurde später Regent des Fürstentums Antiochia.

✝ Das Wort „Kreuzzug" gebrauchen wir heute als Metapher für die Konzentration auf ein einziges Ziel. Sein Ursprung liegt jedoch in den Militärexpeditionen Europas ab dem 11. Jh. zur Rückeroberung des Heiligen Landes. Anfangs nannte man sie Pilgerfahrten, aber da die Soldaten und Pilger, die nach Jerusalem gingen, ein Kreuz auf ihrer Kleidung trugen, bürgerte sich bald das Wort „Kreuzzug" ein.

Eroberung des Heiligen Landes

Die erste Welle der Kreuzzüge eroberte und hielt Palästina über ein Jahrhundert lang. Der Erste Kreuzzug (1095–1099) war eine gut organisierte Militärkampagne, an der mehrere Armeen aus Frankreich und Süditalien beteiligt waren. Papst Urban II. rief den Kreuzzug am 27. November 1095 aus, um die Türken nach deren Sieg über das Oströmische Reich in Manzikert im Jahr 1071 zurückzudrängen. Zudem sollte die Grabeskirche zurückerobert werden, die seit 638 in den Händen der Muslime war.

Der Erste Kreuzzug fegte über Kleinasien (die heutige Türkei) hinweg und die Küste entlang bis nach Jerusalem, das am 15. Juli 1099 eingenommen wurde. Höhepunkt der Kampagne war die Ernennung des Königs von Jerusalem – Balduin von Bouillon – am Weihnachtstag 1100. Der Erfolg des Ersten Kreuzzugs führte zur Gründung einer Reihe westeuropäischer Staaten in Palästina und Syrien, die ihre jeweiligen Hauptsitze in Jerusalem, Antiochia, Tripolis und Edessa hatten.

Zu diesem Zeitpunkt hatten sich bereits zwei besondere Orden militärischer Mönche etabliert: die Hospitaliter (die sich später Malteser nannten) und die Templer. Ursprünglich hatten sie sich dem Schutz der Pilger und – im Fall der Malteser – der Kranken gewidmet, bald aber wurden sie zu den wichtigsten Verteidigern des Heiligen Landes. Der reiche und mächtige Templerorden sorgte für viele Konflikte und wurde ca. 1312 wieder aufgelöst. Die Malteser hielten länger durch und sind heute in vielen Ländern karitativ tätig.

Der Kreuzfahrergeist

Als sich das Osmanische Reich nach Osteuropa ausweitete, wurden weiter Pläne
geschmiedet, die Türken zu vertreiben und
das Heilige Land zurückzuerobern. In den
Schlachten von Nikopolis (1396) und
Varna (1444) wurden die europäischen
Armeen aber besiegt. Im 16. Jh. setzte sich
dieser Geist im Kolonialismus der Portugiesen und Spanier jedoch fort. Beide erhielten
vom Papst den Auftrag, einen Weg um die
Muslime herum zu finden und sie aus dem
Nahen Osten und Nordafrika zu vertreiben.

Warum kam es zu den Kreuzzügen? Die
Verehrung des Lebens Christi in Palästina
wurde immer populärer. Immer mehr Pilger
machten sich auf den Weg, und so kam das
Gefühl auf, das Heilige Land sollte wieder
den Christen gehören. Auch das Bevölke-
rungswachstum und die Suche nach neuen
Siedlungsgebieten spielten eine Rolle. Vor
allem strebten die Päpste aber danach, ihren
Anspruch auf Universalherrschaft durch
militärische Macht zu festigen. Kreuzfahrer erhielten einen
Generalablass und wurden – falls sie auf ihrer Mission
starben – zu Märtyrern erklärt.

Links: Guy de Lusignan, König
von Jerusalem, ergibt sich nach
der Schlacht von Hattin (1187)
Saladin. Diese verblüffende
Niederlage der Christen im
Heiligen Land führte zum
Dritten Kreuzzug.

Ganz links: Nach einer langen,
beschwerlichen Reise erreichten die ersten Kreuzfahrer am
7. Juni 1099 Jerusalem. Viele
von ihnen weinten vor Freude,
als sie die heilige Stadt zum
ersten Mal sahen.

Das Heilige Land zu halten war schwierig, und bald
drohte die wachsende Macht der Muslime, die Kreuzritter
zu überwältigen. 1144 fiel das Fort von Edessa, woraufhin
1147 mit dem Zweiten Kreuzzug begonnen wurde, der
jedoch nichts bewirkte. 40 Jahre später nahm der große
muslimische Feldherr Saladin Jerusalem ein und überrannte
die Kreuzfahrerstaaten. So wurde 1189–1192 der Dritte
Kreuzzug unternommen – diesmal mit dem Kaiser selbst
an der Spitze sowie mit Richard I. (Löwenherz) von England und Philipp II. von Frankreich. Sie eroberten die
meisten Gebiete zurück, nicht aber Jerusalem.

Um dieses Ziel zu verwirklichen, begann 1202 der
Vierte Kreuzzug, der aber nicht einmal in die Nähe des
Heiligen Landes kam. Die Venetier überzeugten die Kreuz-
fahrer, Konstantinopel anzugreifen und den Griechen die
Herrschaft zu entreißen. Die Folgen waren eine kurze
lateinische Herrschaft in Konstantinopel, die zeitweilige
Union der West- und Ostkirche, ernsthafte Verbitterung
und eine Schwächung des Oströmischen Reichs.

Kreuzzüge in alle Richtungen

In der nächste Phase fielen 1204–1291 nach und nach die
Besitztümer der Kreuzfahrer in Palästina und Syrien.
Immer wieder versuchten sie, dies zu verhindern, und
eroberten Jerusalem durch Verhandlungen sogar 1229–
1244 zurück. Die beiden größten Kreuzzüge jener Zeit
richteten sich gegen Ägypten, verliefen aber in beiden
Fällen im Sand.

Allmählich verloren die Kreuzzüge ihre Zielstrebigkeit
und schienen gegen jeden gerichtet zu sein. Da Palästina
verloren war, gab es nun Kreuzzüge gegen Nichtchristen in
Europa, etwa gegen die Muslime in Spanien oder die noch
nicht bekehrten Slawen. Auch Ketzer wie die Albigenser
wurden zur Zielscheibe, ebenso wie politische Gegner des
Papstes, z. B. Friedrich II., König von Sizilien.

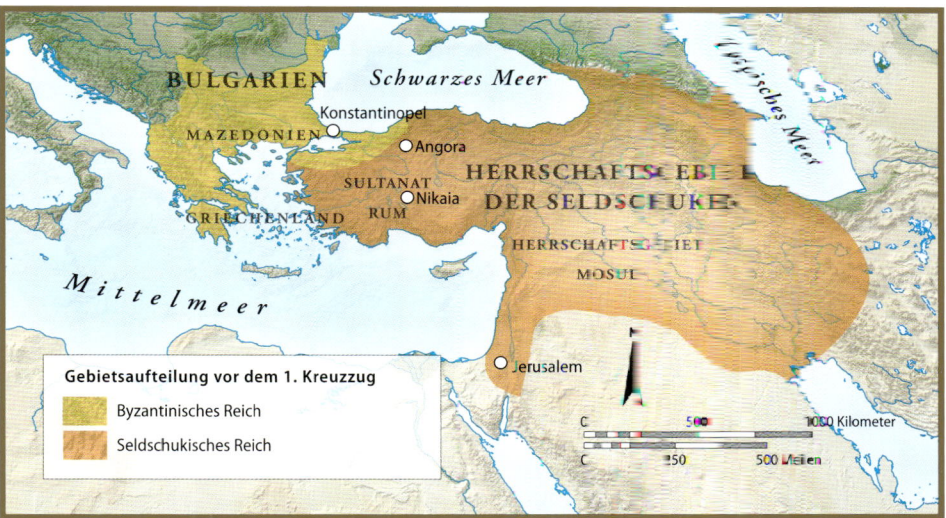

Gebietsaufteilung vor dem 1. Kreuzzug
Byzantinisches Reich
Seldschukisches Reich

Gebietsaufteilung nach
Ende des 1. Kreuzzugs
Byzantinisches Reich
Kreuzfahrerstaaten

DIE UNIVERSITÄTEN

Universitäten sind eine Errungenschaft der mittelalterlichen Kirche, die die Zeit überdauert und sich zu den großen Bildungs- und Forschungseinrichtungen entwickelt haben, die wir heute kennen. Das Wort *universitas* („Gemeinschaft") bezieht sich auf die Gemeinschaft der Lehrenden an einem Ort. Sie besaßen die Universität gemeinsam, leiteten ihre Bibliothek und verhandelten mit Städten, Bischöfen und Herrschern. Im späten 12. und frühen 13. Jh. war diese Idee revolutionär. Bis zum 12. Jh. erfolgte jede Ausbildung über das Grundwissen hinaus nur in Klöstern und wurde als Teil des monastischen Lebens angesehen. In Anpassung an die neuen Städte des 12. Jh. entstanden Domschulen, aber sie waren nur regionale Einrichtungen und hingen von der Unterstützung ihres Bischofs ab. Einige Schulen, z. B. in Paris, hatten sich aber bereits wegen ihrer Lehrer und einer besseren Ausbildung einen Ruf erarbeitet.

Zu Beginn des 13. Jh. schließlich entstand die Idee der Universität: Gelehrte schlossen sich zu einer Gesellschaft (oder einer Gilde oder Vereinigung – der *universitas*) zusammen und versuchten, sich offiziell zu etablieren. Dazu benötigten sie die Genehmigung des örtlichen Bischofs, dessen Kanzler der Leiter der Gesellschaft sein sollte. Zudem bedurfte es bestimmter Rechte und Ausnahmen vom Staat, und sie mussten Land oder Gebäude erwerben, um ihre Arbeit ausführen zu können. Diese Arbeit bestand darin, sich ihr ganzes Leben lang dem Schreiben und Lehren zu widmen. Um sich vor zu viel Beeinflussung auf lokaler Ebene zu schützen, ersuchten sie den Papst um Privilegien, welche die Einmischung von Bischöfen, Städten oder Fürsten verhinderten.

Das Ansehen dieser Gilden wurde schnell so groß, dass sich die Städte regelrecht um sie bewarben. Mehr als eine große Universität (z. B. Cambridge in England) wurde gegründet, weil sich einige Gelehrte aus Protest von einem anderen Ort lossagten.

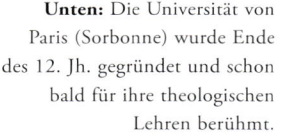

Unten: Die Universität von Paris (Sorbonne) wurde Ende des 12. Jh. gegründet und schon bald für ihre theologischen Lehren berühmt.

Lehrplan und Spezialisierung

Der Aufstieg der Universitäten traf mit einer ganzen Reihe anderer Entwicklungen zusammen: dem Wachstum der Städte, die den Universitäten die richtige Grundlage bieten konnten (das Wachstum von Paris und seiner Universität verlief Hand in Hand), der Wiederentdeckung der römischen Gesetzgebung und der Systematisierung der Kirchengesetze (die Universitäten – allen voran Bologna – brachten erstklassig ausgebildete Anwälte hervor, die in einer Zeit, als sich die Infrastruktur der europäischen Gesellschaft rasant entwickelte, zur Führung von Kirche und Staat benötigt wurden), der Wiederentdeckung griechischen und arabischen Gedankenguts (Universitäten wie etwa in Salerno waren Zentren für die Übersetzung des „neuen" Wissens, während die medizinische Fakultät von Montpellier die antiken Klassiker wie Galen lehrte) und der Entwicklung neuer Argumentationsmethoden in der Theologie, welche die Doktrin ähnlich den Beweisen in

Erste Universitäten

🔖 Universitäten, die bis Ende d.
13. Jh. gegründet wurden

ALLMÄHLICHE VERBESSERUNG

Die meisten Lehrer waren Geistliche. Man stammten aus den Diözesen, die meisten kamen aus den neuen, städtischen Bettelorden wie den Dominikanern oder Franziskanern. Zwischen beiden Gruppen kam es oft zu Spannungen, aber sie stellten auch einige der bekanntesten Lehrer: der heilige Thomas von Aquin (1225–1274) und der heilige Albertus Magnus (ca. 1200–1280) waren Dominikaner, der heilige Bonaventura (ca. 1217–1274) sowie Roger Bacon (ca. 1214–1292) waren Franziskaner. Die Universitäten waren nach klaren Richtlinien organisiert. So wie es verschiedene „Klassen" im Klerus gab (Diakon, Priester und Bischof), gab es auch „Grade" an den Universitäten (Baccalaureus, Magister, Lector und Doctor). Sie sind die Grundlage unseres heutigen Systems.

einer Gerichtsverhandlung präsentierte. Die Universität von Paris etwa galt als die Heimat der Theologen schlechthin.

Von einem Studenten wurde erwartet, sich zuerst in Sprachen, Logik, Mathematik und Philosophie zu bilden, bevor er sich mit den „höheren" Disziplinen (Medizin, Zivilrecht und Kirchenrecht) befasste – oder sich der höchsten Spezialisierung, der Theologie, zuwandte, die inzwischen eher als eine Art Gesamtwissen anstatt einer Reflexion des christlichen Glaubens betrachtet wurde.

Die Gründung der Universitäten hatte große Auswirkungen auf das Leben in der Westkirche, denn die Art und Weise, wie Theologie studiert und gelehrt wurde, beeinflusste ihre Werte und Schwerpunkte grundlegend. Die Universitäten legten Wert auf Bücher und Debatten, nicht auf Rituale und Glaubenserfahrungen. Heute wird Theologie oft als dem christlichen Leben entgegengesetzt angesehen. Viele Christen meinen, dass die altmodische, formelle Theologie nur wenig mit dem Glauben zu tun hat.

Oben: Mittelalterliche Universitäten wurden zu Mittelpunkten der theologischen Diskussion und Debatte, die oft über die Vorstellung des Glaubens und der Notwendigkeit, ein gutes christliches Leben zu leben, hinausgingen.

Rechts: Roger Bacon (ca. 1214–1292) war ein franziskanischer Philosoph und Lehrer, der den Beinamen Doktor Mirabilis („wunderbarer Lehrer") trug. Er gilt als einer der ersten Befürworter der empirischen Wissenschaftsmethoden.

EINIGKEIT DES WISSENS

Oben: Mittelalterliche Universitäten lehrten die Ideen der griechischen Philosophen wie Sokrates (Bild) neben christlichem Gedankengut.

✝ Wissen gilt heute oft als eine Masse, die aus vielen Einzeldisziplinen besteht. Da sind zum einen Physik und Mathematik, welche die meisten für richtig und wahr halten. Dann gibt es humanistisches Wissen – Geschichte, Psychologie und politische Theorie. Hier ist es viel schwerer festzustellen, was wahr ist oder was nur einer bestimmten Denkschule entspricht. Außerdem gibt es noch Philosophie und Religion, die wir für eine rein private Sache halten. Aufgrund dieser Einstellung ist es für uns nur schwer nachvollziehbar, dass diese Einzeldisziplinen für die mittelalterlichen Christen miteinander verbunden waren.

Alle Weisheit stammt von Gott

Für den Glauben an die Einheit des Wissens gab es mehrere Grundlagen, die alle ihrerseits die Einheit der Wahrheit zu reflektieren schienen. Der erste Pfeiler war der Glaube:

Gott war der Schöpfer aller Dinge, sichtbar wie unsichtbar, und da alle Dinge von ihm stammten, mussten sie auch zusammengehören. Für einen beschränkten, sündigen menschlichen Geist war es jedoch schwer, diese Einheit zu sehen. Was in der Medizin über den Menschen entdeckt wurde, musste zu dem passen, was in der Religion über ihn enthüllt wurde. Lasen mittelalterliche Christen die heiligen Schriften, wurde ihnen die Vision von der Einheit des Wissens immer wieder bestätigt: „Alle Weisheit stammt vom Herrn, und ewig ist sie bei ihm" (Sirach 1,1) und „Strahlend und unvergänglich ist die Weisheit; wer sie liebt, erblickt sie schnell, und wer sie sucht, findet sie" (Buch der Weisheit 6,12).

Jeder kann Teile der Wahrheit entdecken

Die zweite Grundlage war: Wenn alles von Gott stammte, legte es auch Zeugnis über seinen Schöpfer ab und zeigte

Rechts: Im Mittelalter war das Wissen der Menschen durch den christlichen Glauben geprägt, dass alles auf der Welt von Gott geschaffen worden war und deshalb eine Beziehung zu ihm hatte.

Gottes Weisheit und Macht. Jedes noch so geringe Wissen über die Schöpfung sagte etwas über alle anderen Teile aus, denn sie hatten einen gemeinsamen Schöpfer und spiegelten die Schönheit und Pracht seines Werks wider. Als die mittelalterlichen Christen vom heiligen Paulus lasen, sahen sie dies bestätigt: „Das ist seine ewige Kraft und Gottheit, wird ersehen, so man des wahrnimmt, an den Werken, nämlich an der Schöpfung der Welt" (Römer 1,20), sodass jeder Mensch sehen konnte, dass Gott die Welt geschaffen hatte und es ihn tatsächlich gab.

Wissen in seine Einzelteile zu zerlegen war, als zerteile man das Werk eines großen Künstlers oder stellte sich vor, dass er bei seiner Arbeit Fehler gemacht hatte oder – noch schlimmer – dass es mehrere rivalisierende Künstler gab. Das Bedürfnis, das Wissen als Einheit zu sehen, setzte voraus, dass die Schöpfung eine innere Harmonie und Tugend aufwies. Da alle Menschen dies theoretisch wissen konnten, war es möglich, dass wahres Wissen von Christen, Juden, Muslimen oder Heiden entdeckt wurde.

Kein Widerspruch!

Der dritte Pfeiler wurde von der griechischen Sichtweise darüber, wie Menschen logisch denken, abgeleitet. Nach griechischer Logik konnten sich zwei Aussagen nicht gegenseitig widersprechen; beide konnten nicht gleichzeitig gleich wahr sein. Wenn man sagt: „Der Stift ist blau", kann man nicht unter den gleichen Bedingungen zur gleichen Zeit sagen: „Der Stift ist nicht blau." Dies nannte man den „Satz vom Widerspruch". Es konnte nur mündliche und scheinbare, aber keine echten Widersprüche geben. Praktisch gesehen bedeutete das, dass man griechische Philosophie, islamische Wissenschaft und christliche Lehren Seite an Seite studieren konnte, denn man wusste ja, dass das, was in jedem Bereich des menschlichen Wissens wahr war, zu allen anderen Bereichen passen musste.

Mittelalterlich-christliche Gelehrte glaubten, dass jedes noch so kleine Stück an Wissen mit jedem anderen kleinen Stück Wissen verwandt war. All diese kleinen „Wissenshäppchen" würden sich erst nach diesem Leben und in der Gegenwart Gottes zu einem großen Ganzen zusammenfügen. Erst dann konnte der Mensch die ganze Wahrheit würdigen. Heute empfinden wir Wissen eher als eine Art Datenbank; die frühen Gelehrten stellten sich Wissen hingegen wie die Verbindungen aller Bögen einer gotischen Kathedrale miteinander oder die wundersame Verbindung von Knochen, Muskeln und Sehnen bei einem Menschen vor.

Links: Islamische Astronomen nutzten im Mittelalter das Wissen der antiken Griechen und Inder für ihre Studien der Sterne. Später beeinflusste das islamische Wissen die Astronomie in Europa.

Unten: Die Frau im Ranken, die das Treiben in der Mitte von Federico Zuccari Fresko *Weisheit* (1564) umgeben, ist ein Symbol für die innere Verbundenheit des von Gott gegebenen Wissens.

SAPIENTIA

VON AQUIN GEGEN AUGUSTINUS

Gegenüber: Als Darstellung seiner Vereinigung des Wissens aus verschiedenen Zeiten und Kulturen wird Thomas von Aquin hier zwischen Aristoteles und Platon und über dem islamischen Philosophen Averroes gezeigt.

Oben: Eine der bedeutendsten Figuren des westlichen Christentums, der heilige Augustinus, entwarf die Ideen des „gerechten Kriegs", der „Erbsünde" und der Kirche als „Stadt Gottes".

Unten: Anstatt das Wissen der islamischen Welt als ketzerisch und unwürdig abzutun, sah Thomas von Aquin die Informationen als Teil der Weisheit Gottes an.

✝ Gegen Ende des 12. und einen Großteil des 13. Jh. über fand eine Revolution in der Theologie des Westens statt. Diese Revolution wird oft als „Aufstieg der Scholastik" (ein Begriff, der betonte, dass die Revolution einen neuen theologischen Stil hervorbrachte) bezeichnet. Oft wurde das Ganze aber auch als Streit zwischen Thomas von Aquin und Augustinus gesehen, was auf die Probleme hinwies, neue Ideen mit dem traditionellen Glauben der lateinischen Christen in Einklang zu bringen. Der ältere Glaube wurde vom heiligen Augustinus (354–430) repräsentiert, dessen Schriften seit Jahrhunderten verehrt wurden, während der heilige Thomas von Aquin (1225–1274) für die neuen Ideen stand. Die Realität war jedoch kein einfaches Duell zwischen Alt und Neu.

Revolutionen sind komplex

Das Wachstum mittelalterlicher Städte wie Bologna und Paris zog die Entstehung von Universitäten nach sich, die ein ganz anderes Ausbildungssystem boten als die Klöster. In den Städten entstanden neue Orden – die Bettelorden, deren Mitglieder reisen und sich dem Lehren in einer Weise widmen konnten, wie Mönche es bis dahin nicht gedurft hatten. Von Aquin war Dominikaner und verbrachte sein Leben als Lehrer an Universitäten und in Klöstern.

Ein weiterer Faktor dieser Revolution war die Wiederentdeckung der altgriechischen Philosophie, vor allem der Werke Aristoteles' (383–322 v. Chr.), die nie zuvor einen Einfluss auf das christliche Gedankengut gehabt hatte. Griechische Philosophen stellten bisher unbekannte Fragen und regten dazu an, die Natur neu zu betrachten. Dies führte zu unterschiedlichen Reaktionen – von Angst vor dem Neuen bis zur Verachtung des Alten. Von Aquin

schrieb viele Kommentare zu Aristoteles und nutzte dessen Arbeiten als Grundlage. Für einige war dies ein Bruch mit der Tradition, für andere war von Aquin nicht radikal genug. Zudem sorgte eine weitere Neuerung für Ärger: Von Aquin nutzte zur Verdeutlichung seiner Gedanken eine Debattiermethode, während seine Gegner die alte Methode bevorzugten, die eher an eine Predigt erinnerte.

Mit den antiken Griechen wurde auch das islamische Wissen wiederentdeckt, das ebenfalls von Aristoteles beeinflusst war. Die muslimische Lehre schockierte viele, aber von Aquin war bereit, sich damit zu befassen und sie mit der christlichen Lehre zu verbinden. Er zitierte muslimische Denker neben jüdischen Philosophen, denn er glaubte, dass jede Wahrheit – woher sie auch stammte – den Menschen letztendlich zur Gesamtheit der göttlichen Wahrheit führen würde. Wie Augustinus zu seiner Zeit versuchte auch von Aquin, die bestmöglichen Quellen zu finden, um die christlichen Mysterien auszudrücken. Interessanterweise wurden gerade die Nachfolger derjenigen, die von Aquin ablehnten, nur eine Generation später zu seinen größten Befürwortern.

Konservative wollen die Zeit anhalten

In jeder Phase des Umbruchs gibt es diejenigen, die jede neue Idee als Bedrohung ansehen und am liebsten die Zeit an einem bestimmten Punkt in der Vergangenheit anhalten und behaupten wollen, dass man dort alle Antworten fände. Das menschliche Wissen und seine Neugier entwickeln sich jedoch immer weiter und verändern sich. Die Konservativen des 13. Jh. glaubten, Augustinus hätte alle Antworten, und versuchten die Tatsache zu ignorieren, dass sich der Westen in den 800 Jahren, die bis zur Zeit von Aquins vergangen waren, verändert hatte. Für diejenigen, die neue Ideen fürchteten, war von Aquin nicht jemand, der sich mit den wahren Problemen befasste, sondern jemand, der die Vergangenheit im Stich ließ – der vergaß, was der heilige Augustinus über die Probleme geschrieben hatte, auf die er getroffen war. Teil des Genies von Aquins war es aber gerade, sich mit dem Neuen zu befassen, ohne das Alte aus den Augen zu verlieren. Er realisierte, dass die Gedanken des Augustinus mit den neuen Ideen kombiniert werden mussten, damit sie weiterhin Relevanz behielten.

Andere Mitglieder des Klerus ließen sich jedoch von ihrer Angst überwältigen und versuchten, die Diskussion bestimmter Themen, bei denen die Universitäten Einfluss hatten, zu verdammen – und einige behaupteten, die Verdammung umfasste auch von Aquin. Als Langzeitwirkung dieses Streits entstand bei vielen Kirchenmännern ein Misstrauen allem Neuen gegenüber und bei der Allgemeinheit der Eindruck, das Christentum sei stets glücklicher mit althergebrachten Ideen. Während Historiker und Theologen heute abstreiten, dass es jemals echten Streit zwischen den Gedanken von Aquins und Augustinus' gegeben hatte, sollten wir diesen Mythos nicht unterschätzen, denn er ist die Wurzel des Fundamentalismus.

DIE DEMUT UND DAS LEIDEN CHRISTI

Gegenüber: Im Mittelalter folgten diejenigen, die Christus imitieren wollten, seinem Vorbild, lebten ihr Leben in Armut und peitschten sich selbst aus, um den Schmerz Jesu vor seiner Kreuzigung nachzuvollziehen.

Als die Theologie begann, aus dem Neuen Testament ein Bild Christi zu entwickeln, entstanden fünf Hauptbilder: der friedvolle Messias, der Endzeitprophet, der Weisheitslehrer, der leidende Diener und der siegreiche Christus. Vor allem die letzten beiden sprachen die Menschen im Mittelalter an.

Christus der Sieger

Im apostolischen Glaubensbekenntnis, das bei den täglichen Riten der mittelalterlichen Kirche aufgesagt wurde, finden wir folgende Aussage:

„... niedergefahren zur Hölle,
am dritten Tage auferstanden von den Toten,
aufgefahren gen Himmel,
sitzend zur Rechten Gottes, des allmächtigen Vaters.
von dannen er kommen wird,
zu richten die Lebendigen und die Toten."

Dies ist das Bild des *Christus Victor*, Christus des Siegers, das seit der Zeit Konstantins des Großen (gest. 337) so mächtig war. Einer der Gründe, warum Konstantin das Christentum annahm, war seine Überzeugung, Christus helfe ihm auf dem Schlachtfeld, insbesondere bei der entscheidenden Schlacht an der Ponte Milvio (312), durch die er das Reich eroberte. Christus galt als Macht, die den Sieg garantieren konnte, denn schließlich hatte er selbst den Tod bezwungen und war siegreich aus dem Grab auferstanden, um den Platz neben seinem Vater einzunehmen.

Das Bild des siegreichen Christus hatte bei der Ausbreitung des Christentums in Europa große Anziehungskraft. Anführer, Herrscher und Könige beschlossen, dass es eine mächtige Kraft im Leben, im Tod und in der Schlacht sei. Aus diesem Grund befahlen Herrscher, die zum Christentum übertraten, ihren Untertanen, das Gleiche zu tun.

Der leidende Diener

Christus Victor konzentrierte sich auf die Auferstehung. Die andere Betonung lag auf seiner Kreuzigung mit all ihren Begleiterscheinungen. Im Glaubensbekenntnis heißt es dazu:

„... gelitten unter Pontius Pilatus, gekreuziget, gestorben und begraben."

Für die Leiden und die Demut Christi gibt es weniger Worte, aber im Lauf der Zeit sollte dieses wichtige

Thema im Mittelalter die Sichtweise Christi beherrschen. Es bezog sich auch auf das Bild des „leidenden Dieners" aus dem alttestamentarischen Buch Jesaja. Dort finden wir eine Figur, die still leidet, gedemütigt, geschlagen und gefoltert wird und einen langsamen, qualvollen Tod stirbt. Die Aussage dieses Bildes besteht darin, dass Christus der Auserwähltes Gottes ist, dessen Aufgabe es ist, für andere zu leiden. Für viele Menschen war das Leben im Mittelalter kurz und voller Qualen, und der Tod konnte jeden Tag kommen – durch Kriege, Seuchen oder Hunger. In diesem Zusammenhang hatte der leidende Christus große Bedeutung.

Die Nachahmung Christi

Das zugrundeliegende Motiv einer Bewegung nach der anderen war die *imitatio Christi*. Wollte man seinem Beispiel folgen, musste man demütig sein und leiden.

Das Leiden Christi nimmt verschiedene Gestalten an. Da war zum einen die Möglichkeit, sein Leben Christus zu opfern. In der Frühkirche geschah dies in Form des Martyriums in Phasen der Christenverfolgung. Viele wollten die

Oben: Konstantin der Große war der erste römische Kaiser, der zum Christentum übertrat. Anschließend fühlte er sich von Gott dazu berufen, die Welt von ihrer Pietätlosigkeit zu befreien.

Rechts: Vor der Schlacht an der Ponte Milvio behauptete Konstantin, er hätte eine Vision gehabt, die ihm befahl, unter dem Zeichen des Kreuzes zu kämpfen, um sich den Sieg zu sichern.

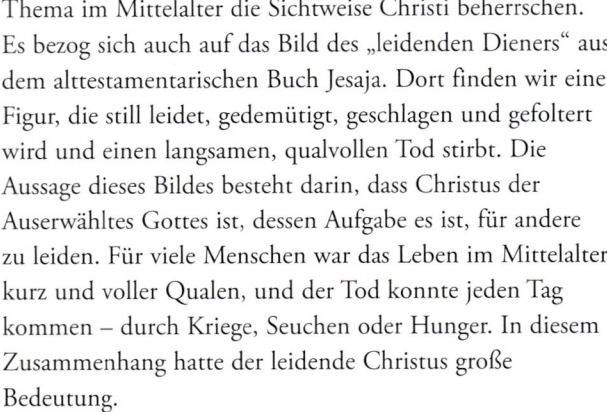

Leiden Christi nachvollziehen und meldeten sich sogar freiwillig als Märtyrer. Während der Kreuzzüge im Mittelalter nahm dies eine andere Form an: Diejenigen, die beim Versuch der Rückeroberung des Heiligen Landes starben, erhielten einen Generalablass und gelangten dadurch direkt in den Himmel.

Eine weitere Version des leidenden Christus waren die Geißler, die in Krisenzeiten auftauchten – z. B. während einer Seuche, insbesondere bei der Pestepidemie 1349. Sie liefen barfuß in Gruppen durch die Städte, schlugen sich mit Lederriemen den Rücken blutig und baten um die Gnade Gottes. Sie suchten nicht nur Vergebung für ihre Sünden, sondern wollten auch das Leiden Christi nachahmen. Ein bemerkenswertes Beispiel waren die Roten Ritter, die glaubten, ihr Blut vereine sie mit dem Blut Christi und die Narben auf ihrem Körper seien Erinnerungen an dessen Leiden.

Die meisten Menschen, die Christus auf seinem Weg folgen wollten, gingen jedoch ins Kloster. Wieder und wieder suchten die Menschen die Erlösung durch Selbstverleugnung und Leiden. Einige – etwa die Zisterzienser – waren sehr streng, andere – die Augustiner – etwas offener, und wieder andere – die Franziskaner – übten Verzicht durch ein Leben des Bettelns.

NEUE MÖNCHSORDEN

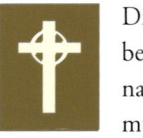

Die Klosterorden im Mittelalter folgten einem bestimmten Muster. Jeder begann als Suche nach einem neuen Anfang bei der Nachahmung des einfachen Leben Christi. Mit wenigen Ausnahmen gaben aber schließlich alle wieder der Welt nach, gegen die sie protestierten. Bis zum 11. Jh. gestalteten die Benediktiner die wichtigste Form des Klosterlebens. Ihr Orden hatte als kleine, strenge und gut organisierte Bewegung begonnen, aber um das Jahr 1000 waren sie reich und mischten in den Machtkämpfen jener Zeit mit.

Die Inspiration des Augustinus

Eine neue Strömung fand sich in der strengen Theologie des heiligen Augustinus. Einer seiner Anhänger verfasste die Augustinusregel, die ein paar einfache Richtlinien für das Klosterleben aufstellte. Das Schöne daran war ihre Einfachheit, und sie war die Inspiration für mindestens drei neue Orden, die nach dem 11. Jh. aufkamen: die Prämonstratenser, die Augustiner und die Dominikaner.

Die Prämonstratenser, die 1120 in Prémontré, Nordfrankreich, gegründet wurden, folgten der Augustinusregel mit ein paar zusätzlichen Härten. Sie zogen viele Frauen an und belebten die alte Praxis der Doppelhäuser wieder. Bald kehrte aber das alte Misstrauen gegenüber Frauen zurück, und so wurde der weibliche Teil der Bewegung unterdrückt.

Die Augustiner widmeten sich vor allem dem Dienen. Sie waren unauffällig und demütig, boten aber genau das an, was viele Menschen benötigten: religiöse Dienste wie Gebete für Kranke, Beerdigungen, Totenmessen und mehrere Andachten pro Tag. Sie brauchten wenig Geld für den Unterhalt, und ihre Anziehung lag hauptsächlich in ihrem einfachen, demütigen Leben.

Im 13. Jh. beriefen sich dann auch die Dominikaner auf die Augustinusregel. Der Traum von der christlichen

Einfachheit war ihrem Gründer, dem heiligen Dominik, wichtig, aber die Dominikaner hatten noch ein anderes Ziel: Sie machten sich daran, durch das Lehren und Predigen die Häresie zu bekämpfen. Bald spielten sie eine wichtige Rolle in den Städten und Universitäten, wo sie zu den führenden Gelehrten ihrer Zeit wurden.

Die Inspiration des Benedikt

Zu den anderen Orden, die im 11. Jh. entstanden, gehörten die Karthäuser, die Grammontenser und die Zisterzienser. Jeder Orden versuchte auf seine eigene Weise, die ursprüngliche Reinheit und Armut der Benediktiner wieder aufleben zu lassen. Die Grammontenser begannen mit strenger Disziplin, die aber im Lauf der Zeit aufgeweicht wurde, je mehr sich der Orden etablierte.

Ganz anders waren die kontemplativen Karthäuser, die 1084 in einem primitiven Kloster in Grande Chartreuse gegründet wurden. Ihre Disziplin war extrem, und sie wurden nie zu einer Massenbewegung. Der Karthäuserorden charakterisierte sich durch ein Schweigegelübde, Selbstkasteiung, das Leben in Zellen und der Hingabe an Gebete im Geiste. Nur an Feiertagen trafen sich die Mitglieder zu gemeinsamen Mahlzeiten und Andachten.

Für die Zisterzienser bedeutete Einfachheit ein ernsthaftes, streng geordnetes Leben der Selbstverleugnung abseits der Zivilisation. Sie wohnten in abgelegenen, unkultivierten Orten, umgaben sich mit einer zweiten Ebene aus Arbeitsmönchen, den *Conversi*, und kolonialisierten quasi den Rest Europas. Ihre strenge Disziplin und Armut bewirkten auf lange Sicht allerdings das Gegenteil: Sie zogen Förderer an, kauften Land und wurden innerhalb eines Jahrhunderts reich – und damit kam zwangsläufig auch ein Nachlassen der Disziplin.

Die Franziskaner

Die Brüder, die dem heiligen Franz von Assisi folgten, trieben das Ideal der Demut und Armut auf die Spitze. Sie nahmen im 13. Jh. den Befehl Christi wörtlich, alles zu verkaufen, den Armen zu geben und jeglichem Ruhm und Komfort zu entsagen. Absolute Armut war für sie der einzige Weg, Christus zu folgen. Sie lebten als umherziehende Bettelmönche und nahmen oft Arme in ihren Reihen auf, obwohl sie sich natürlich freuten, wenn sich ihnen ein Edelmann anschloss. Als jedoch die Schenkungen und Erbschaften zu fließen begannen, wurde die Frage der Armut akut. Die Franziskaner setzten den Geschenken ein Limit, sodass sie nie so reich wurden wie andere Orden. Wie die Dominikaner waren sie ein Orden der Städte, und wie die Dominikaner zogen sie Gelehrte an, belebten die Theologie, füllten die Universitäten und brachten einige der größten Denker ihres Zeitalters hervor. In jedem dieser Fälle gab es schlichte Anfänge, erhebliches Wachstum und schließlich einen neuen Orden, der den Platz des ursprünglichen einnahm. Jeder Orden sah die Strenge der Disziplin zunächst als Zeichen der Reinheit an.

LAIEN UND FRAUEN

Oben: Während Geistliche wie Bischöfe mit der Ausführung religiöser Rituale und anderer heiliger Pflichten beschäftigt waren, suchten Laien Gott eher in einem bescheidenen, unverfälschten Leben.

Das Wort Laie stammt vom griechischen *laos theou*, „zum Volk gehörend". Anfangs wurden alle Christen so bezeichnet, bald waren damit aber nur noch Kirchenmitglieder gemeint, die nicht zum Klerus gehörten. Im Mittelalter gab es eine scharfe Trennung zwischen Laien sowie Bischöfen, Priestern, Mönchen und Nonnen.

Keine anderen Optionen

Im 11. Jh. waren sämtliche Positionen in der Kirche geklärt. Wollte man Kirchenführer werden, schlug man den Weg des Priesters oder gar Bischofs ein. Wählte man ein kontemplatives Leben voller körperlicher Arbeit, war man bei den Zisterziensern richtig. Hatte man das Bedürfnis, ein einfaches Leben in Armut, Keuschheit und Gehorsam zu leben, boten sich die Augustiner an. Interessierten einen dagegen Sozialarbeit, Studium und Kunst, ging man zu den Benediktinern. Wollte man lieber predigen und studieren, nahmen einen die Dominikaner gern auf. Und wer schließlich dem Gemeinschaftsbesitz gegenüber misstrauisch war und in absoluter Armut leben wollte, konnte sich einem der vielen Bettelorden anschließen. Kurz gesagt, alles schien von religiöser Erziehung, Organisation und päpstlicher Zustimmung umhüllt zu sein.

Laienbrüder und -schwestern

Die Menschen waren aber nicht glücklich. In einer Zeit der schlechten Ernährung, der improvisierten Medizin und des Fehlens anständiger Schmerzmittel war das Leben kurz und oft sehr schmerzhaft. Das Ende der Welt schien stets nah, ob nun in Form einer einfallenden Armee, einer Hungersnot oder einer Seuche. Ein einfaches Leben auf der Suche nach Gott und Erlösung erschien vielversprechend. Aber wie konnte man dieses einfache Leben finden ohne all die Klöster, Organisationen und Hierarchien? Es

entstanden mehrere Laienbewegungen, darunter auch die Laienbrüder und -schwestern, die später in vielen Klöstern die körperlichen Arbeiten für die Mönche und Nonnen verrichteten.

Sehnsucht nach einem einfachen, religiösen Leben

Andere Laienbewegungen waren innovativer. Zu ihnen gehörten die Beginen und die Anhänger Geert de Grootes, die als Brüder vom gemeinsamen Leben bekannt wurden (die Beginen werden später besprochen). De Groote (1340–1384) war der Sohn eines wohlhabenden Tuchhändlers aus Deventer in Holland. Er wurde in Paris erzogen und lehrte eine Weile in Köln, wo er in Luxus lebte. Sein Leben erschien aber immer sinnloser, und so beschloss er 1374, nicht mehr Mönch, Priester, Lehrer oder Kirchenführer werden zu wollen, sondern ein einfaches, frommes Leben im Dienst Gottes, aber außerhalb der Kirchenstruktur zu führen. Er schätzte die weltliche Arbeit und ermunterte andere, es ihm nachzutun. Die letzten zehn Jahre seines Lebens predigte er in Deventer, Zwolle und Kampen, wo sein alter grauer Umhang und seine geflickte Kleidung bei seinen Anhängern zur Legende wurden. Er griff die Missstände innerhalb der Kirche an und argumentierte, dass sie die Beziehung zu Gott störten. Viele Menschen lauschten seinen Predigten, und seine Anhängerschar wuchs ständig. Bald wurde er als Bedrohung angesehen und bekam ein Predigtverbot auferlegt. Dennoch trafen sich kleine Gruppen weiterhin in seinem Haus.

Sein Elternhaus in Deventer schenkte er einer Laiengemeinschaft von Frauen. Das war ein wichtiger Schritt, da die etablierten Orden Frauen gegenüber, die zunehmend als böse, sinnlich und verführerisch dargestellt wurden, misstrauisch geworden waren. In de Grootes Haus gab es ein paar einfache Regeln: Seine Mitglieder durften keinem Orden angehören, mussten als Laien den weltlichen Gerichten unterstehen, durften keine Gelübde ablegen, keinen Habit tragen und sollten sich auf ihre Beziehung zu Gott konzentrieren. In ganz Holland entstanden kleine Gemeinschaften aus Männern und Frauen, die nach diesen Prinzipien lebten. Sie teilten alles, wie die Bibel es lehrte, verdienten ihren Lebensunterhalt, wie sie konnten – oft kopierten sie Bücher –, und wurden später in der weltlichen Erziehung tätig.

Ein oder zwei Jahrhunderte zuvor wäre de Groote wohl exkommuniziert und seine Anhänger für ihre Kritik an der Kirche und die Weigerung, sich einem Orden anzuschließen, aufgelöst worden. Die Zeiten hatten sich aber geändert, und die Suche nach einer anderen Möglichkeit, religiös zu sein, wies letztlich der Reformation den Weg.

Rechts: Mönche und Nonnen mussten sich an ausführliche Regeln, die vom Gründer ihres Ordens festgelegt worden waren, halten, während Laien zur Kontrolle in ihrer Beziehung mit Gott meist nur wenige offizielle Regeln kannten.

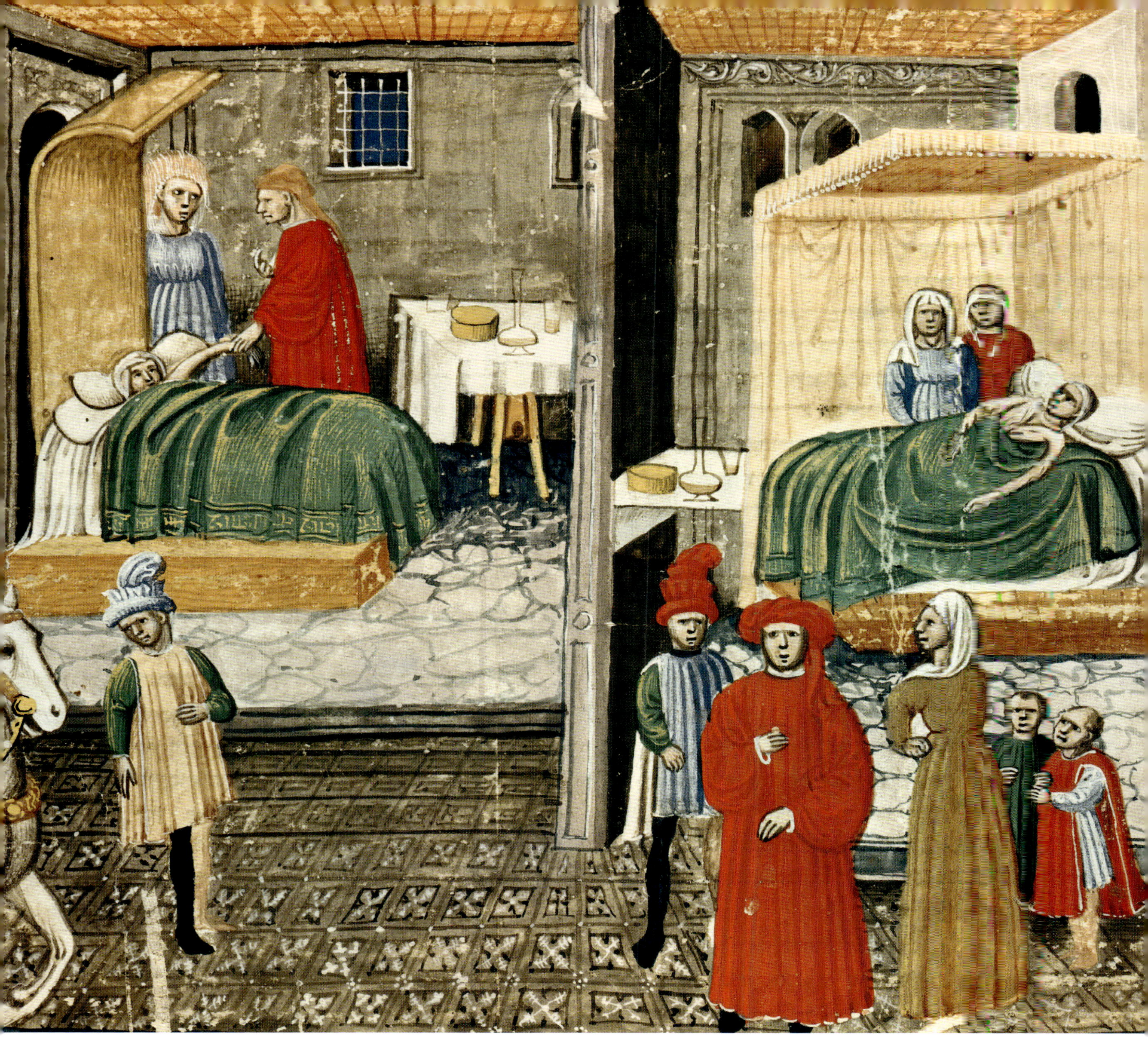

Oben: Obwohl sich das medizinische Wissen im Mittelalter ständig verbesserte, gab es viele Krankheiten und Verletzungen, die nicht behandelt werden konnten. In einer Welt, in der der Tod allgegenwärtig war, hatte Frömmigkeit große Bedeutung.

Unten: Die 1170 von Hervé de Montmorency gegründete Dunbrody Abbey in Irland war 400 Jahre lang die Heimat einer Gruppe von Zisterziensern, bevor sie verlassen wurde und verfiel.

DIE FRANZISKANER

Oben: Während Franz von Assisi im Jahr 1224 auf einem Berg bei Verna betete, besuchte ihn ein Seraph, ein sechsflügeliger Engel. Danach erschienen Stigmata auf seinem Körper.

✝ Laut der Benediktinerregel war die persönliche Armut des einzelnen Mönchs lebenswichtig für den wahren monastischen Geist, aber da die Benediktiner erst im späten Mittelalter gegründet wurden, konnten die Klöster viel Land und Besitztümer in gewaltigen Klosterkomplexen anhäufen – und taten es oft auch. Gemäß der Vision des heiligen Franz von Assisi (1181–1226) mussten jedoch sowohl der einzelne Bruder als auch das Haus, in dem er lebte, arm und einfach sein, in Nachahmung Christi, der ebenfalls kein Heim besaß: „Ward er doch arm um euretwillen, auf dass ihr durch seine Armut reich würdet." (2 Korinther 8,9).

Der heilige Franz und die ersten Brüder

Franz lebte in einer Zeit großer sozialer Unruhen. Die Maßstäbe, die das Feudalsystem des Mittelalters untermauerten, wurden immer häufiger und teils aggressiv infrage gestellt. Die aristokratischen Familien, die *Majores*, die so lange die sozialen und politischen Strukturen beherrscht hatten, wurden von den *Minores*, den unteren Schichten, herausgefordert, während die Zunahme des Handels zur Entstehung einer Mittelschicht führte, die zum Teil sehr reich wurde, so wie Pietro Bernadone, der Vater des heiligen Franz. Nach einer Vision begann Franz, sich gegen die Habgier aufzulehnen, die ihn umgab.

Ein wichtiger anonymer Text, das *Sacrum Commercium*, beschreibt Franz' Hingabe an ein Leben in Armut und Einfachheit. Die franziskanische Vision der Armut wurde durch das Leben Christi inspiriert, der in ärmlichen Verhältnissen in einem Stall geboren wurde, als armer Wanderprediger lebte, völlig verarmt und nackt am Kreuz starb und schließlich im Grab eines anderen beigesetzt wurde. Die radikale Armut Franz' und der ersten Brüder wurde durch ihre große Hingabe an die Menschlichkeit Christi und durch das Bedürfnis, seine Lebensweise zu imitieren, charakterisiert.

Die Brüder wanderten von Dorf zu Dorf und predigten die Liebe Gottes. Sie verdienten ihren Unterhalt, indem sie bei der Ernte halfen, Aussätzige pflegten oder bettelten, wenn es nicht genug Arbeit gab. Solange ihr Orden noch klein war, funktionierte das hervorragend, aber bald wuchs

ihre Mitgliederzahl in die Tausende. Die neuen Brüder kannten Franz jedoch nur noch vom Hörensagen, und so begann seine ursprüngliche Armutsvision, allmählich zu verblassen.

Die heilige Klara von Assisi

Klara, Tochter einer der noblen Familien Assisis, verstand und teilte Franz' ursprüngliche Vision von einem einfachen Leben. Sie folgte ihr ganzes Leben lang seinen Richtlinien. Klara war von frühester Kindheit an sehr fromm und geriet als junges Mädchen unter den Einfluss von Franz, der sie durch seine ganz ähnlichen Vorstellungen inspirierte.

In der Nacht zum Palmsonntag des Jahres 1212 lief sie von zu Hause weg und wurde zunächst von Franz und der Gruppe gleichgesinnter junger Männer, die ihn umgab, aufgenommen. Sie brachten Klara dann zu dem örtlichen Nonnenkloster der Benediktinerinnen, wo sie eine Weile als Hausmädchen arbeitete, aber „ihre Seele kam nicht zur Ruhe". Schließlich brachte Franz Klara und ihre jüngere Schwester Agnes, die sich ebenfalls den Zorn der Eltern zugezogen hatte, indem sie sich Klara anschloss, in dem kleinen Kloster San Damiano vor den Toren Assisis unter. Hier lebte Klara die nächsten 40 Jahre in extremer Armut.

Die Kunde ihrer Heiligkeit verbreitete sich rasch, und schon bald wurde sie von Bischöfen, Kardinälen und sogar von Päpsten zu Rate gezogen. Ihr lebenslanger Wunsch, ihre *Forma Vitae* mit dem Privileg der Armut offiziell anerkannt zu bekommen, wurde ihr jedoch erst 1253 auf dem Sterbebett gewährt.

Oben: Das *Sacrum Commercium*, das vermutlich erst nach Franz' Tod verfasst wurde, beschreibt seine Suche nach der „Herrin Armut", der Gott die Schlüssel zum Königreich des Himmels anvertraut hatte".

Links: Die Anhänger Antonius' des Großen wurden durch seine Askese motiviert, ebenfalls ein Leben in Demut und Hingabe zu führen – ähnlich den Franziskanern, die jedoch viel später in Erscheinung traten.

DIE CHRISTLICHEN ANSICHTEN ZUR ARMUT

Das Ideal des christlichen Lebens in der Apostelgeschichte beschreibt, dass die ersten Christen in Jerusalem alles teilten und niemand etwas allein besaß. Für die Kirchenväter wie den heiligen Basilius den Großen und den heiligen Augustinus war dies die Inspiration für die monastischen Ideale in ihren Schriften. Das völlige Loslösen vom materiellen Besitz in Nachahmung des Lebens Christi wurde ein wichtiger Aspekt des frühen Mönchstums, wie es der heilige Antonius und auch die Wüstenväter und -mütter lebten. Diese Tradition gelangte mit dem heiligen Cassianus, für den die Verleugnung weltlicher Besitztümer entscheidend war, in den Westen.

„FEINDE DER KIRCHE"

Oben: Ein jugendlicher Waldenser versteckt im 13. Jh. seine umgangssprachliche Bibel. Bis zum 16. Jh. wurden die Waldenser, die Respekt vor religiösen Unterschieden lehrten, als Ketzer verfolgt.

Rechts: Als der heilige Dominik 1203 durch Südfrankreich reiste, war er entsetzt darüber, wie weit sich die ketzerischen Albigenser ausgebreitet hatten, und beschloss, sein Leben ihrer Auslöschung zu widmen.

Die Standardschmach, die man einem Feind im Mittelalter an den Kopf warf, war „Ketzer" (Häretiker). Das griechische Wort *hairesis* bedeutet „Wahl" – die Wahl, eine andere Position zu vertreten. Die Definition eines Ketzers beinhaltete spezifisch die Ablehnung der Kirchendoktrin. In dieser Zeit der Herausforderung des Status Quo repräsentierte die mächtigste und einflussreichste Gruppe die Orthodoxie. Alle anderen wurden als Ketzer gebrandmarkt.

Im Mittelalter entstanden mehrere häretische Bewegungen aus dem Bedürfnis heraus, die Einfachheit der Frühkirche wiederzuentdecken. Die Kirche war inzwischen ein gewaltiges, durchstrukturiertes, reiches Gebilde geworden, und viele Menschen wünschten sich ein einfaches, religiöses Leben zurück. Die Kirche reagierte darauf, indem sie die Reformbewegungen vereinnahmte oder vernichtete. So wurden neue Orden wie die Franziskaner gegründet, die Platz für neue Ideen boten, oder Mitglieder der Reformbewegung wurden exkommuniziert und zum Tod verurteilt.

Bogomilen und Katharer

Ein lebhaftes Beispiel waren die Bogomilen. Sie wurden im 9. Jh. unter der Führung Bogomils in Bulgarien gegründet. Im 11. Jh. breitete sich die gnostische Sekte schnell aus und beeinflusste die Gründung der Katharer (auch Albigenser genannt) in Italien und Frankreich. Im 13. Jh. stellten die Katharer für die Kirche eine solche Bedrohung dar, dass mit dem Wort „Häretiker" speziell die Katharer gemeint waren. Sowohl die Bogomilen als auch die Katharer glaubten an den Dualismus: Die Welt und der Körper waren das Werk Satans, nur die Seele stammte von Gott; das Neue Testament und die Psalmen waren die einzig echten heiligen Schriften; Christus erschien nur in einem menschlichen Körper und die Erlösung bedeutete, dass die Seele vom bösen Körper befreit wurde. Vor allem aber lehnten sie die Autorität der Kirche ab und betrachteten die Sakramente als schlecht. Jahrhundertelang wurden sie von der Kirche gnadenlos verfolgt.

Vielen anderen Gruppen erging es nicht besser, z. B. den Waldensern (die es heute noch in Italien gibt), den Beginen (den Anhängern Geert de Grootes), Hexen und Sodomiten (ein Begriff, der homosexuelle Beziehungen und Sex mit Tieren umfasste). 1232 begann die Inquisition, die sich um diese „Feinde der Kirche" kümmern sollte.

Juden und Muslime

Anderen „Feinden Gottes", etwa den Juden, ging es dagegen nicht schlecht. Sie wurden nicht zwangsbekehrt, und man nahm ihnen auch nicht die Kinder weg, um diese christlich zu erziehen. Juden konnten ihre Religion ausüben, solange sie niemanden zu bekehren versuchten. Sie durften ihr Leben leben, waren aber oft Zielscheiben von Hass und Übergriffen, da man sie beschuldigte, durch ihren Unglauben „gesündigt" zu haben. Außerdem warf man ihnen vor, Christus getötet zu haben und für die Pest verantwortlich zu sein.

Im 8. Jh. hatte der Islam, ein weiterer „Feind Gottes", viele christliche Länder erobert: Palästina, Syrien, Nordafrika und Spanien fielen unter muslimische Herrschaft. Nachdem die Muslime Jahrhunderte später aus Spanien

VON AQUIN ÜBER KETZER

„Die Ketzerei ist eine Sünde, die nicht nur die Exkommunikation, sondern den Tod rechtfertigt, denn es ist schlimmer, den Glauben zu verderben, der das Leben und die Seele darstellt, als Münzen zu fälschen, die dem weltlichen Leben dienen. Da Fälscher von Fürsten hingerichtet werden, verdienen Ketzer die gleiche Strafe." Thomas von Aquin, *Summa Theologiae*.

Links: In Gebieten wie der Po-Ebene in Italien half die Unterstützung von Adligen sogenannten ketzerischen Gruppen im Mittelalter nicht nur beim Überleben, sondern auch bei der Verbreitung ihrer Ideen.

vertrieben worden waren, begann 1478 die Inquisition in Spanien und 1536 in Portugal. Die Inquisitoren sollten sich eigentlich um Ketzer kümmern, wandten sich aber immer öfter den *Moriscos* (Konvertiten aus dem Islam) und den *Conversos* (Konvertiten mit jüdischer Abstammung) zu. Beide galten nach erzwungenen Massenübertritten im 15. Jh. als Problem. Wies man ihnen nach, dass ihre Konvertierung unaufrichtig war, wurden sie hingerichtet.

Das Zeitalter der Unruhen

Die brutale Behandlung der Konvertiten aus dem Islam und dem Judentum war ab 1300 ein Zeichen wachsender Instabilität. Ein weiteres Merkmal war die zunehmende Verurteilung von Ketzern. Das Wachstum der Städte, die Stärke der weltlichen Herrscher, neue wirtschaftliche Entwicklungen und Ideen sowie die Bereitschaft der Menschen, ihre Meinung kundzutun waren Bestandteile der Veränderung. Sie war nicht mehr aufzuhalten, und in diesem Zusammenhang prangerte die Kirche eine Reihe von Feinden an: Papst Johannes XXII. verdammte die Franziskaner für ihr Armutsgelübde als Ketzer, genau wie Marsilius von Padua, William von Ockham und viele der Schriften Meister Eckharts.

Unten: Nach der Vertreibung der Muslime aus Spanien wurden viele islamische Gegenstände wie dieses komplizierte bestickte Tuch aus Lehrbücher als ketzerisch gesehen und von den Christen zerstört.

WILLIAM VON OCKHAM

✝ Eine der einflussreichsten exkommunizierten Perönlichkeiten jener Zeit der Unruhen (ca. 1300–1550er) war Wilhelm von Ockham. In rascher Abfolge wurde er wegen Ketzerei angeprangert (vom Kanzler der Universität Oxford), für 51 Positionen in seinen Schriften zensiert, exkommuniziert, dann aus seinem Orden (den Franziskanern) geworfen und schließlich zu lebenslanger Haft verurteilt – alles zwischen 1323 und 1331. Er kam jedoch niemals ins Gefängnis, da er so klug war, Kaiser Ludwig von Bayern 1328 um Schutz zu bitten. Natürlich betrachteten ihn daraufhin der Papst und die Kirchenfürsten als große Bedrohung.

Unten: Die Päpste von Avignon zogen 1309 in die Stadt. Dort bezeichnete William von Ockham Papst Johannes XXII. als Ketzer.

Der Papst als Ketzer

Warum war aber dieser Mann aus der kleinen englischen Stadt Ockham eine solche Gefahr? Der Hauptgrund lag darin, dass er keine Angst hatte, eine kontroverse Meinung zu vertreten. Das beste Beispiel war seine Schlussfolgerung, dass der aktuelle Papst, Johannes XXII., selbst ein Ketzer war. Zu dieser Ansicht kam er mitten in einem Streit über die Armut in der Residenz des Papstes in Avignon. Der Papst und Michael von Cesena, Ordensgeneral der Franziskaner, stritten sich heftig über die Armut, und alles hing an der Interpretation, wie Jesus und seine Jünger den Evangelien zufolge gelebt hatten. Michael argumentierte für völlige Armut, der Papst stimmte dem nicht zu. So bat Michael Wilhelm von Ockham, die Frage zu untersuchen, indem er frühere Aussagen der Päpste – inklusive des aktuellen Papstes – auswertete. Okham war erstaunt, dass der Papst in seiner Position hartnäckig und beharrlich ketzerisch blieb, selbst nachdem man ihm bewiesen hatte, dass er im Unrecht war. Dies war der schlimmste Fall von Ketzerei, bedeutete er doch, dass der Papst nicht länger legitim war.

Schutz

Die Situation wurde zunehmend heikel. Im Mai 1328 verließen Ockham, Michael von Cesena und einige andere Franziskaner Avignon und begaben sich in den Schutz Ludwigs von Bayern. Ludwig selbst lag im Streit mit dem Papst und war geneigt, andere Kritiker zu beschützen. Einen Weg zurück gab es nicht – Ockham blieb bis zu seinem Tod 1347 unter dem Schutz Ludwigs und schrieb polemische politische Schriften gegen den Papst zugunsten des Kaisers. Er war einer der ersten mittelalterlichen Autoren, der sich für eine Trennung von Kirche und Staat aussprach, bei welcher der Kaiser nicht mehr vom Papst bestätigt werden musste und diesen absetzen konnte, wenn er als Ketzer entlarvt wurde.

Gedanken

Wäre Ockham ein dummer Mann gewesen, hätte all das keine Konsequenzen gehabt, aber er war einer der führenden unabhängigen Denker seiner Zeit, dem die Anfänge der *via moderna* zugeschrieben wurden, die dem modernen

Gedankengut und der Wissenschaft den Weg bereitete. Seine Schriften fallen in drei Hauptkategorien: Theologie, Philosophie und Politik. Innerhalb der Philosophie leistete er wertvolle Beiträge zu den Hauptgebieten mittelalterlichen Wissens – Logik, Physik oder Naturphilosophie, Erkenntnistheorie und Ethik. Seine Arbeit ist für die rigorose Bewertung früherer Positionen – insbesondere derjenigen Aristoteles' –, bekannt, aber er war kreativ genug, daraus faszinierende neue Gebiet zu erarbeiten.

Am bekanntesten war Ockham für sein „Rasiermesser" – eine Theorie, nach der die Erklärung für jedes Phänomen mit so wenigen Annahmen wie möglich auskommen sollte. Er war ein extrem logischer Denker und entwickelte die formale Logik. Kontroverser waren seine Angriffe auf die Universalientheorie – das Argument, dass etwas z. B. groß ist, weil es von der allgemeingültigen Vorstellung von Größe abhängt. Ockham sagte dagegen, dass es nur individuelle Größe gäbe, die wir direkt erfassen können.

Seine theologischen Ideen entsprachen seinen philosophischen. Ockham betonte die absolute Macht, das Wissen und die Freiheit Gottes. Nichts davon dürfte in irgendeiner Weise beschränkt werden. Das traf auch auf die Schöpfung zu – Gott schafft nichts, indem er universellen Ideen folgt, denn das würde seine Freiheit eingrenzen. Er bezog sich auch auf die Moral – Gott bestimmt unsere Moralvorstellungen und braucht dafür keine Muster. Und er bezog sich auf das Wissen – niemand kann die Existenz Gottes beweisen, deshalb müssen wir uns vollkommen auf unseren Glauben verlassen. Dies war ein komplexes, anspruchsvolles Konzept eines Mannes, der keine Angst hatte, seine Ansichten bis zu ihrem logischen Ende durchzusetzen.

Oben: Anstatt die Ideen antiker Philosophen wie Aristoteles, der auf diesem Fresko aus dem 15. Jh. abgebildet ist, zu verwerfen, studierte William von Ockham ihre Ideen und erarbeitete sie weiter aus.

Unten: In Opposition zur traditionellen katholischen Sichtweise erklärte Papst Johannes XXII., dass es die glückselige Vision (der Gläubige sieht sofort nach seinem Tod die Nähe Gottes) nicht gibt. Später zog er seine Aussage zurück.

JOHN WYCLIF

Oben: Der oft als „Morgenstern der Reformation" bezeichnete John Wyclif (manchmal Wycliffe geschrieben) stellte als einer der ersten Theologen die Vorherrschaft des Katholizismus infrage.

John Wyclif, unterschätzte Stimme einer vergangenen Ära, war eine faszinierende Persönlichkeit, dessen Verdammung einer selbstgerechten und weltlichen Kirche einen theologischen und ekklesiastischen Aufruhr verursachte, dessen letzte Auswirkungen erst in der Reformation des 16. Jh. deutlich wurden.

Eine besonders trostlose Zeit

Im 14. Jh. führte eine Reihe von Katastrophen (natürliche und andere) zu humanitären, politischen und kirchlichen Krisen, die allgemein als Vorzeichen der Apokalypse angesehen wurden. Zwischen 1315 und 1322 starben Tausende Europäer an Hunger und Krankheiten nach ungewöhnlich harten Wintern und kalten, nassen Sommern, die zu Ernteausfällen und dem Tod der Nutztiere führten. Die Hungersnot war aber nur der Vorreiter einer noch schlimmeren Katastrophe: dem Schwarzen Tod, einer Pestpandemie, der 1347–1351 etwa ein Drittel der Einwohner Europas zum Opfer fiel. 1337 brach ein langer, ruinöser Krieg aus, als Englands König Edward III. den französischen Thron als sein Geburtsrecht einforderte. Das führte zu einem Jahr-

hundert voller Feindseligkeiten zwischen England und Frankreich, besser bekannt als der Hundertjährige Krieg.

In diesen und weiteren mittelalterlichen Miseren erwies sich die Kirche nicht nur als unfähig, adäquate theologische Erklärungen oder seelsorgerische Hilfe zu liefern, sondern zeigte auch selbstzerstörerische Tendenzen. 1309–1377 verlor die Kirche einen Großteil ihrer spirituellen Autorität, als Papst Clemens V. und seine Nachfolger ihre Zelte in Avignon, Frankreich, aufschlugen. Die Situation verschlimmerte sich 1378 noch, als zwei Anwärter auf das Amt des Papstes – Urban VI. und Clemens VII. – die Loyalität der westlichen Christen spalteten. 1417 beendete das Konzil von Konstanz endlich die Travestie aus Päpsten und Gegenpäpsten.

Die Ansichten eines radikalen Denkers

John Wyclif wurde um 1330 in Yorkshire geboren. Er studierte und lehrte Philosophie in Oxford, bevor er ein Studium der Theologie begann. Er erhielt die Protektion des Kronprinzen, John of Gaunt, der auch noch Geoffrey Chaucer unterstützte, den Autor der *Canterbury Tales.* Wyclif und Chaucer teilten antiklerikale Ansichten, die – was man aus der noch existierenden Literatur jener Ära erkennen kann – vorherrschend waren, aber Wyclifs antiklerikale Bösartigkeit hatte wenig mit Chaucers genialer journalistischer Akzeptanz der Situation zu tun.

Wyclif sah eine weltliche, selbstverherrlichende Kirche, die von einer ignoranten Horde Gläubiger bevölkert und von bestechlichen, dummen Geistlichen regiert wurde. Durch seine egalitären Ansichten der göttlichen Wahl lehnte er die Trennung zwischen Klerus und Laienstand ab. Das wertete in seinen Augen das geistliche Amt noch mehr ab, und so rief er zu einer Entziehung des Kirchenvermögens auf. Für Wyclif hatte die biblische Autorität Vorrang vor der kirchlichen Autorität, und da die korrupte Kirche nicht bereit war, etwas zurückzuzahlen, musste der Staat Wiedergutmachung leisten. Als Wyclifs Meinung zunehmend härter wurde, wurde John of Gaunt auf ihn aufmerksam, der 1376 versuchte, Geld für die Fortsetzung des Krieges aufzutreiben, und liebend gern den Klerus besteuern wollte. Angestachelt von Gaunt predigte Wyclif seine antiklerikalen Ansichten in London, was ihm eine Vorladung zum Erzbischof Courtenay von London einbrachte, sich in der St. Paul's Cathedral zu rechtfertigen. Dort tauchte Wyclif mit Gaunt als Unterstützung auf. Der darauffolgende Streit unterstrich Wyclifs schlechten Ruf zusätzlich.

Wyclif wurde im wahrsten Sinne des Worts als revolutionär angesehen, da man ihn für den Bauernaufstand von 1381 verantwortlich machte. Oxford bannte ihn im gleichen Jahr, und im nächsten

Rechts: 1410 wurde John Badby zu einem der ersten Märtyrer der Lollarden, als man ihn in Smithfield, London, in ein Fass steckte und verbrannte – für seine standhafte Ablehnung der Transsubstantiation.

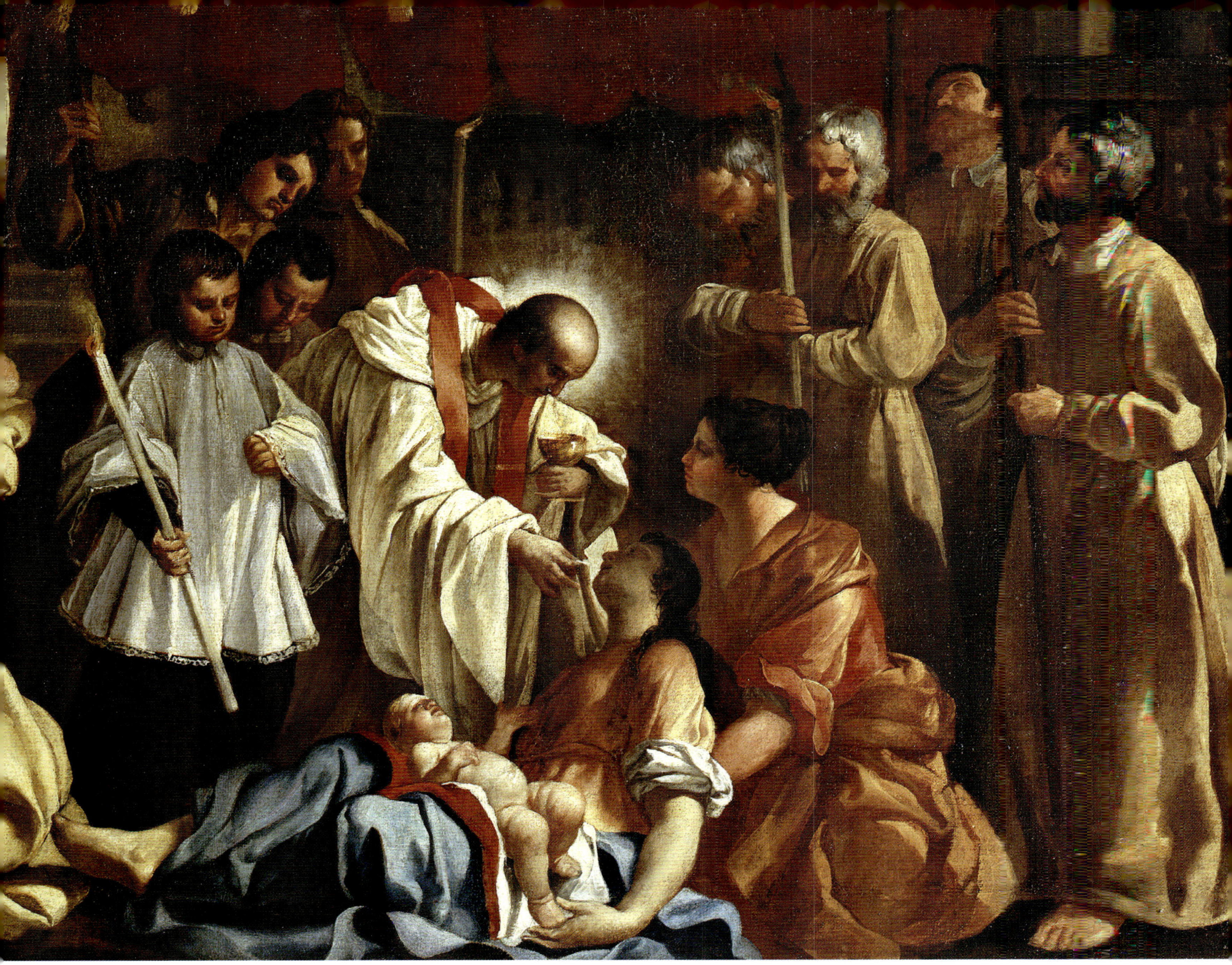

Jahr wurden seine Ansichten bei der „Erdbebensynode" von London offiziell verdammt. Kurz darauf zog sich Wyclif, der an den Folgen eines Schlaganfalls litt, aus der Öffentlichkeit zurück und starb 1384. 1415 wurde er vom Konzil von Konstanz posthum als Ketzer verurteilt, woraufhin seine sterblichen Überreste verbrannt wurden.

Die Nachwirkungen der radikalen Ideen

Wyclifs Geist lebte in den Lollarden weiter, die vielen seiner Lehren treu blieben, insbesondere der Frömmigkeit anhand der Bibel und unbeeinflusst von der Kirche. Ebenso lehnten sie römische Ideen wie die Transsubstantiation ab. Die Lollarden existierten bis zur Reformation als außerkirchliche Bewegung.

Wyclifs Ansichten über die Heilige Schrift und die Oberherrschaft brachten ihm im 16. Jh. eine Neubewertung durch die Reformatoren ein, die ihn als Verbündeten bei ihrer Kampagne „nur die Bibel zählt" und der Befürwortung einer säkularen Regierung ansahen. Seine Überzeugung der Vorherrschaft der Bibel motivierte einige seiner Anhänger dazu, diese ins Englische zu übersetzen – ein Meilenstein für englische Christen.

Oben: Der heilige Bernardo Tolomei gibt 1348 einem Pestopfer die Kommunion. Die Kirche wurde in dieser Zeit harsch dafür kritisiert, ihren Gläubigen nicht helfen zu können.

Links: Die Schlacht von Agincourt (1415) im Hundertjährigen Krieg wurde von der siegreichen englischen Armee als Gottes Verurteilung Frankreichs gesehen.

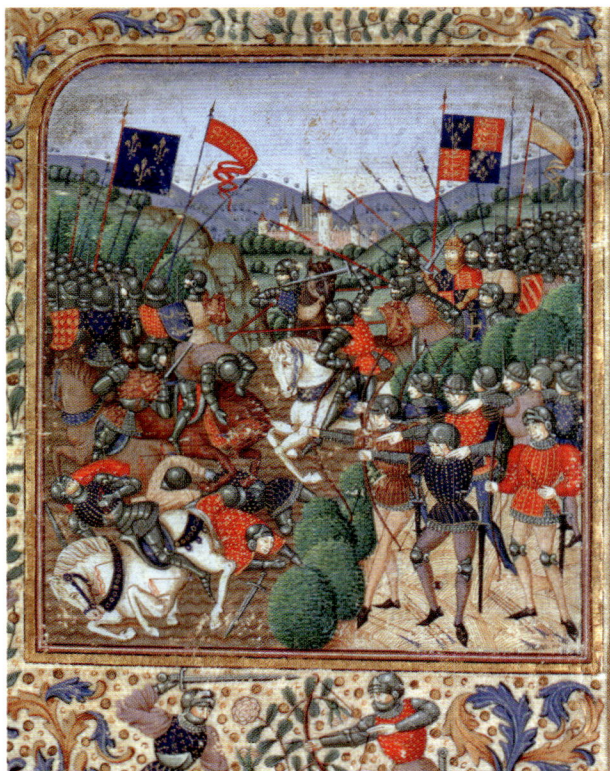

MARSILIUS VON PADUA

Oben: Marsilius von Padua war Student an der Universität von Paris. In seiner Zeit galt er als radikal – heute sind seine Ideen als Wegbereiter der Reformation anerkannt.

Gegenüber: Ein katholisches ökumenisches Konzil tritt im Vatikan zusammen. Marsilius von Padua schlug vor, dass die Macht der Kirche eher beim Generalkonzil als beim Papst liegen sollte.

Der bissigste Kritiker des Papsttums im 14. Jh. war Marsilius von Padua. Seine Behauptung war atemberaubend: Er argumentierte, der Papst sei ein rein weltlicher Herrscher – weder von Gott berufen noch direkter Nachfolger des heiligen Petrus, und in der Tat hatte Petrus eine solche Führungsposition niemals inne. Die Kirche hatte seiner Meinung nach keinerlei Anspruch auf Jurisdiktion. Bis zu diesem Zeitpunkt hatten schon einige die kirchliche oder weltliche Macht der Kirche infrage gestellt, aber niemand hatte je behauptet, dass sie auch keine spirituelle Autorität habe. Zusätzlich erklärte Marsilius, dass die Kirche – wie auch der Papst – eine rein menschliche Institution sei, die keinen Anspruch auf Macht habe, es sei denn, der Staat verleihe sie ihr. Jede Autorität innerhalb der Kirche läge bei einem Generalkonzil, das eine Mischung aus Klerus und Laienstand sein sollte, und nicht beim Papst.

Das Leben des Marsilius

All dies behauptete er in seiner explosiven Abhandlung *Defensor Pacis*, „Verteidiger des Friedens", von 1324. Als ihm klar wurde, wie viel Ärger das Werk machen würde, unterzeichnete er es nicht, was ihm aber nichts nützte, denn 1326 kam sein Name doch heraus. Sobald er konnte, floh Marsilius zu Ludwig IV. von Bayern, dem Kaiser und Gegenspieler Papst Johannes' XXII. Der Papst zeigte sich unbeeindruckt, verdammte fünf von Marsilius' Vorschlägen und exkommunizierte ihn 1327.

Aber wer war Marsilius von Padua? Geboren wurde er um 1275 in Padua. Über seine Jugend ist wenig bekannt. Er war ein Akademiker, der in Padua und Paris (1311) studiert hatte. Sein Hauptinteresse galt weder der Theologie noch der Politik, sondern der Medizin, und innerhalb weniger Jahre wurde er zum Rektor der Universität von Paris ernannt. Später studierte er in Norditalien und Avignon und kehrte 1320 nach Paris zurück. Nachem er als Verfasser von *Defensor Pacis* enttarnt war, hielt er sich stets in der Nähe Ludwigs von Bayern auf. 1327–1329 folgte er ihm nach Rom, wo er dessen Krönung zum Kaiser beiwohnte und zum kaiserlichen Vikar ernannt wurde. Seine letzten Jahre verbrachte er in der Sicherheit von Ludwigs Hof in München.

Verteidiger des Friedens

Wenn der Papst und die Kirche nicht länger an der Macht waren, musste jemand anderes ihren Platz einnehmen. Für Marsilius war der Staat der „Verteidiger des Friedens", und der Staat erhält seine Autorität von der Bevölkerung, die einen Herrscher ein- oder absetzen kann – je nach dessen Leistung. Der Staat gewährt der Kirche Macht. Aller Grundbesitz gehört dem Staat; will die Kirche etwas davon nutzen, kann sie es vom Staat pachten, wird aber niemals Eigentümer. Kurz gesagt, Marsilius' Thesen forderten die völlige säkulare Kontrolle über die Kirche. Praktisch bedeutete das, dass der Führer eines Staates, der vom Volk gewählt wurde, den Papst und die Bischöfe bestimmen und der Kirche eventuelle Rechte gewähren konnte. Er konnte sie nach Belieben auch wieder entziehen. 1327–1329 war Ludwig bestrebt, die Kirche auf diese Weise herauszufordern. Er herrschte in Rom, setzte den Papst ab und versuchte, einen Gegenpapst einzusetzen. Am Ende scheiterte er jedoch und zog sich nach München zurück.

Städte und weltliche Herrscher

Marsilius von Padua war zu seiner Zeit die stärkste Gegenstimme des Papstes. Er vertrat jedoch nicht nur seine persönliche Meinung, sondern spürte einen zunehmenden Drang nach Unabhängigkeit in den Handelsstädten und auch eine wachsende weltliche Macht als Opposition zur Kirche. Für Ludwig war Marsilius nützlich, denn der Kaiser war selbst in einen langen Machtkampf mit dem Papst verwickelt, der ihn 1327 exkommuniziert hatte, weil er Ketzern wie Marsilius und Wilhelm von Ockham Unterschlupf gewährte. Marsilius' Vorschläge bedrohten jedoch die Grundordnung der mittelalterlichen Gesellschaft. So weit wollte Ludwig dann doch nicht gehen, denn er war nur an seiner eigenen politischen Macht interessiert. Es sollte noch zwei Jahrhunderte dauern, bis eine Herausforderung wie diejenige von Marsilius zu einer Bewegung wurde, welche die Grundfeste des Mittelalters erschütterte.

Rechts: Diese lange Bulle (eine formelle Erklärung des Papstes) trägt das Siegel Ludwigs IV. von Bayern, des Beschützers von Marsilius von Padua.

FRAUENORDEN

Im Neuen Testament steht eine Aussage, die großen Einfluss auf die mittelalterliche Gesellschaft hatte. Sie stammt von Paulus: „Den Unverheirateten und den Witwen sage ich, es ist gut, unverheiratet zu bleiben, so wie ich. Aber wenn sie keine Selbstdisziplin haben, sollten sie heiraten." Für Frauen gab es zwei Stände: den höheren Stand der Keuschheit und den niederen Stand der Ehe. Da es aber für unverheiratete Frauen nur wenig Möglichkeiten zur Unabhängigkeit gab, war das Klosterleben die beste Option.

Unterdrückung und Widerstand

Aus diesem Grund bestand eine große Nachfrage nach Klosterorden für Frauen. Vor allem vom 7. bis 9. Jh. und dann wieder ab dem 12. Jh. war der Zulauf besonders stark. Die Klöster waren in einer Gesellschaft, die Frauen kaum Spielraum gab, eine Art Sicherheitsventil. Gleichzeitig spielten die Einrichtungen aber einer anderen Annahme in die Hände, nämlich dass Frauen für die Ursünde verantwortlich sowie viel sexueller und sinnlicher waren als Männer. Immer wieder versuchten Männer, den Aufstieg der Nonnenklöster zu verhindern und sie zu verbieten.

Der systematische Kontrollversuch kam mit den Reformen Papst Gregors VII. (1073–1085), als sich die päpstliche Macht drastisch vergrößerte und mehrere neue Orden entstanden – Augustiner, Zisterzienser, Karthäuser, Prämonstratenser, Dominikaner und Franziskaner. Die Gesellschaft veränderte sich rapide, die Bevölkerungszahl schnellte in die Höhe, und ein neues Bedürfnis nach Ordnung in allen Bereichen des Lebens kam verstärkt zum Vorschein. Die größte Leistung Gregors und seiner Nachfolger war die Erstellung rechtlicher und verwaltungstechnischer Richtlinien. Neue Regeln betonten die Rolle gut qualifizierter Mönche im religiösen Leben, und in dieser Situation hatten Nonnenklöster das Nachsehen.

Am Rand

Das Bedürfnis nach einem monastischen Lebensweg für Frauen ließ sich jedoch nicht eindämmen. Ab dem 12. Jh. wurden wieder Nonnenklöster gegründet, meist am Rand der neuen Männerorden. Ein gutes Beispiel sind die Doppelklöster der Zisterzienser.

Die im 11. Jh. gegründeten Zisterzienser waren für ihr strenges, durchstrukturiertes Leben abseits der Zivilisation bekannt. Sie waren zudem der am stärksten auf Männer ausgerichtete Orden und vermieden jeden Kontakt zu Frauen, die sie als gefährliche Verführerinnen ansahen. Als die Zisterzienser jedoch mit dem Bau ihrer Klöster in abgelegenen Gegenden begannen, folgten diesen bald auch Nonnenklöster. In ihren offiziellen Berichten ignorierten sie die Anwesenheit der Frauen stets, dennoch gewährten ihnen einzelne Äbte des Männerordens immer wieder Schutz oder Unterstützung.

Ohne die offizielle Anerkennung hatten die Nonnenklöster erstaunlich viel Freiheit. In Spanien ließen adlige Familien, die ein Mönchskloster unterstützten, auch gleich ein großes Haus für Frauen mitbauen. In deren Schoß begaben sich dann die adligen Fräulein, die auf diese Weise dem gesellschaftlichen und wirtschaftlichen Druck einer Zwangsheirat

Unten: Auf diesem Bucheinband sieht man Hildegard von Bingen und die vier Jahreszeiten. Die Äbtissin, Theologin und Visionärin Hildegard (1098–1179) schrieb über Religion, Medizin sowie Botanik und komponierte Musik.

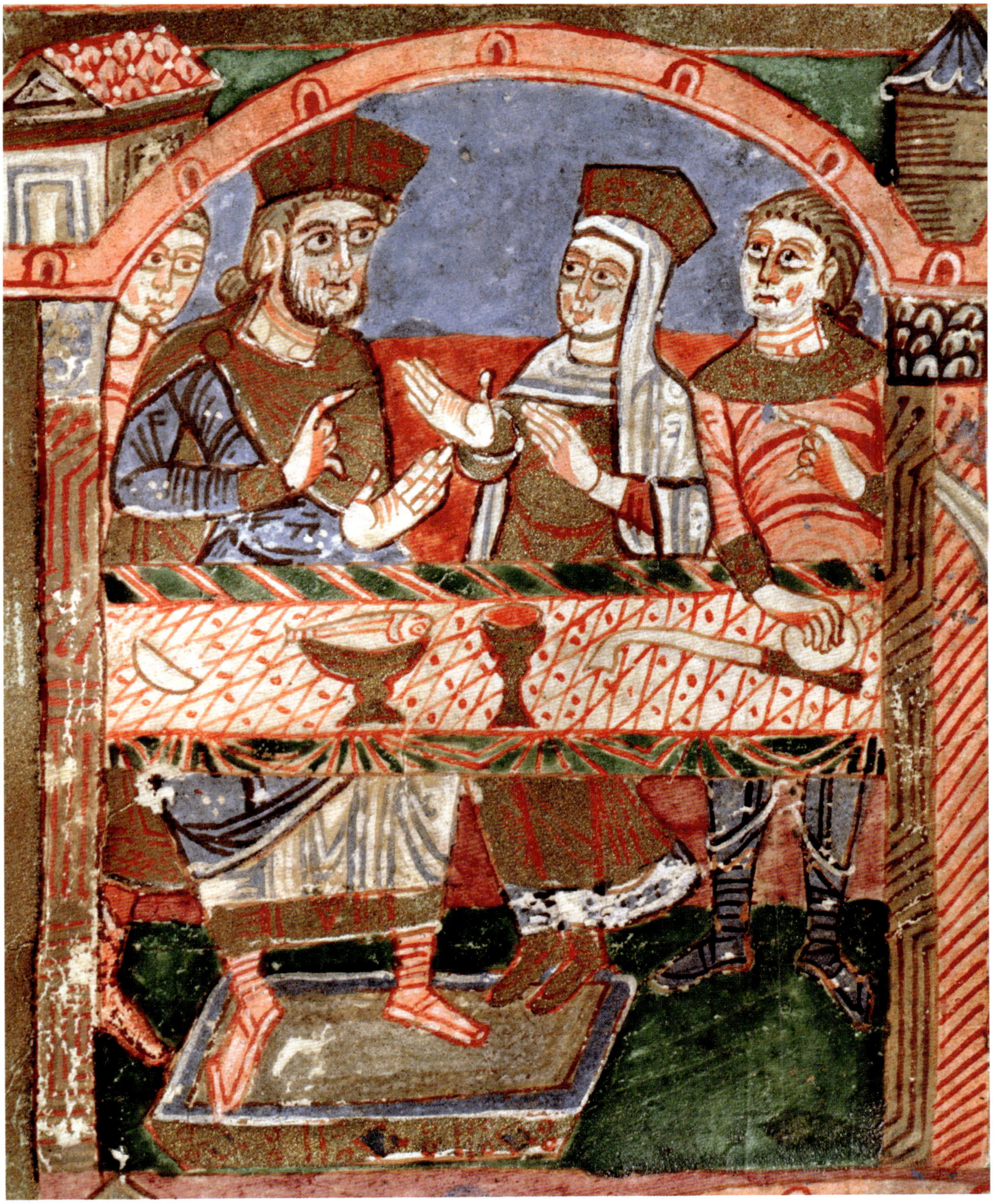

Links: Die heilige Radegundis, eine fromme, merowingische Königin, die ihren Ehemann verließ, um Nonne zu werden, gründete im 6. Jh. eines der ersten Nonnenklöster in Poitiers.

Oben: 1622 bauten Benediktinerinnen in Vilnius, Litauen, eine Holzkirche und ein Kloster. Nachdem die Gebäude abbrannten, wurden sie wieder aufgebaut und der heiligen Katharina geweiht.

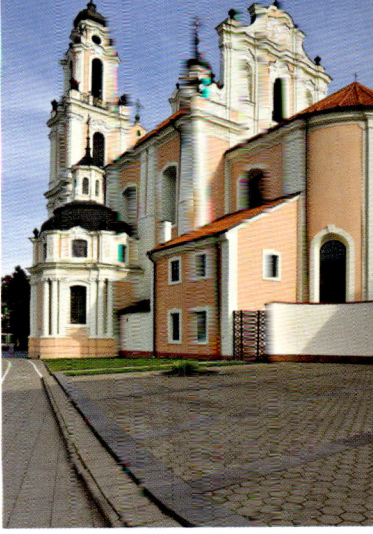

entgingen. Einige Äbtissinnen wurden sehr mächtig. Papst Innozenz III. war entsetzt, als er herausfand, dass Äbtissinnen ihre Nonnen segneten, Beichten abnahmen und sogar predigten – das sollte doch das Vorrecht der Priester und Mönche sein.

Ab 1213 versuchten auch die Zisterzienser, die Frauen zu kontrollieren. Sie erlegten ihnen Beschränkungen bei der Mitgliederzahl auf und grenzten die Macht der Äbtissin ein, verboten den Bau neuer Nonnenklöster und legten fest, dass nur ein Priester als Beichtvater oder Prediger dienen konnte. Es war aber schon zu spät, denn in Deutsch-. land, Belgien und Holland waren die weiblichen den männlichen Häusern zahlenmäßig bereits 3:1 überlegen.

DIE LIST DER FRAUEN

Conrad, 1098–1122 Abt des Kloster Marchtal, sagte einmal: „Wir und unsere ganze Gemeinschaft der Kanoniker, die wir erkennen, dass die Bosheit der Frauen größer ist als jede andere Bosheit auf der Welt ... und dass das Gift von Vipern und Drachen für Männer nicht gefährlicher ist als die Nähe zur Frau, haben zum Schutz unserer Seele und unserer Körper einstimmig entschieden, keine weiteren Schwestern mehr aufzunehmen, um unsere Verdammnis nicht zu vergrößern, sondern dass wir sie wie giftige Tiere meiden werden.“

ERSTE FRAUENSTIMMEN

Im 12. und 13. Jh. tauchten einige bemerkenswerte Frauen auf. Einige waren normale Nonnen, andere waren Mitglieder der Beginen. Ihre Schriften stecken voller Originalität und Kreativität.

Heloisa (1101–1164)

Heloisa hatte einen markanten, feinsinnigen theologischen Geist. Nach einer turbulenten Affäre, der Geburt eines Kindes, einer heimlichen Heirat und der brutalen Behandlung Abelards seitens ihrer Verwandten (sie kastrierten ihn) ließen die beiden sich 1125 in verschiedenen Klöstern als Abt und Äbtissin nieder und pflegten bis zu ihrem Tod einen regen Briefkontakt. Aus den Briefen geht Heloisa als eigenständige Theologin hervor, die Abelard ebenbürtig, wenn nicht gar überlegen ist. Sie enthüllt darin eine bemerkenswerte Kenntnis von Latein, Griechisch, Hebräisch und der Theologie.

Die Briefe beginnen mit ihrem schwierigen Leben – sie gestehen einander ihre Liebe, und Heloisa ermutigt Abelard, ihr alles zu erzählen, ohne auf ihre Gefühle Rücksicht zu nehmen. Er besteht darauf, dass es nur jugendliche Leidenschaft war und dass er für seine Sünden gebüßt hat. Von da an drehten sich die Briefe um theologische und philosophische Probleme. Heloisa forderte Abelard auf, eindringlicher nachzudenken, und stellte ihm schwierige theologische Fragen, die in der *Problemata Heloissae* gesammelt wurden:

> „Es gibt keinen Zweifel, dass der Herr den Juden im Namen der Ehebrecherin sagte (Johannes 8,7): ,Wer unter euch ohne Sünde ist, der werfe den ersten Stein auf sie', und sie so rettete. Da er nicht zuließ, dass sie von jemandem gesteinigt wurde, der selbst ein Sünder ist, scheint es, als würde er jedem verbieten, den Stab der Bestrafung zu verwenden, da niemand ohne Sünde ist, nicht einmal ein neugeborener Säugling."

Mechthild von Magdeburg (ca. 1207–1282)

Mechthilds Buch der sieben mystischen Offenbarungen – *Das fließende Licht der Gottheit* – ist eine der gewandtesten und faszinierendsten Schriftensammlungen ihrer Zeit. Das über Jahrhunderte verloren geglaubte und erst im 19. Jh. wiederentdeckte Buch beginnt wie folgt:

> „Dieses Buch soll freudvoll empfangen werden, denn Gott selbst spricht darin.
>
> Ich sende dieses Buch nun fort als Bote an alle geistigen Menschen, gut wie schlecht – denn wenn die Säulen fallen, kann das Gebäude nicht stehen. Alle, die dieses Buch verstehen, sollen es neunmal lesen."

Mechthild, die aus einer adligen sächsischen Familie stammte, hatte bereits mit zwölf Jahren ihre erste Vision und schloss sich einer Gemeinschaft der Beginen in Magdeburg an. Ihr Leben war erfüllt von Krankheit, persönlichen Bedrohungen, Ablehnung seitens der Kirchenbeamten und wiederholten Verbrennungen ihrer Schriften. Schutz fand sie schließlich bei den Zisterziensernonnen von Helfta, wo sie Gertrud (1256–ca. 1302) kennenlernte, die ebenfalls mystische Texte schrieb. Im Gegensatz zu deren konventionellerem, liturgischen Mystizismus und der Konzentration auf das heilige Herz Jesu waren Mechthilds Schriften überschwänglich und leidenschaftlich, voller Dialoge mit Jesus sowie Fragen der Theologie und über das Ende der Welt.

Hadewijch (13. Jh.)

Außer ihren Schriften, die 1838 wiederentdeckt wurden, ist über Hadewijch kaum etwas bekannt. Sie war vermutlich eine Begine, schrieb in Mittelniederländisch und stammte aus einer aristokratischen Familie, da sie zu einer Zeit, in

Oben: Inspiriert von der intellektuellen und einsichtigen Natur ihrer Schriften beschrieb der französische Theologe Peter Abelard Heloisa als *nominatissima*, „die Berühmteste".

Rechts: Den letzten Ruheort von Heloisa und Peter Abelard umgibt eine Kontroverse. Pilger besuchen ihr Grab auf dem Friedhof Père Lachaise in Paris, aber die Benediktinermönche von Troyes behaupten, dass die beiden auf ihrem Gelände beerdigt seien.

Ganz rechts: Die lyrischen Schriften Hadewijchs waren ein Spiegel der Lieder, die von den Hofmusikern jener Zeit gespielt wurden. Deren Thema der menschlichen Liebe ersetzte sie jedoch durch die frommere Liebe zu Gott.

der nur wenige gebildet waren, die lateinische Bibel kannte und auch etwas von Theologie und der säkularen französischen Literatur verstand.

Hadewijch war eine Erneuerin. Sie wendete die Poesie und die Sprache der mittelalterlichen Romanze auf eine faszinierende, bis dato unbekannte Weise auf die Beziehungen zwischen der menschlichen Seele und Gott an. Das Ergebnis ist eine überaus sinnliche, hocherotische Literatur der Hingabe, zu der *Visionen*, Briefe, *Gedichte in Strophen* und *Gedicht in Couplets* gehören. Ihre Briefe und einige ihrer Gedichte sind didaktisch und konzentrieren sich auf die verschiedenen Elemente des christlichen Lebens.

Ihre interessantesten Gedichte sind aber im Stil der Trouvères (Dichter in der altfranzösischen Literatursprache Nordfrankreichs) und Minnesänger verfasst, die über menschliche Liebe sangen. Hadwijch ersetzte den Inhalt durch die Liebe zu Gott.

DIE BEGINEN

Die Niederlande (Holland und Belgien) waren schon seit Jahrhunderten eine Quelle neuer Formen der Spiritualität. Die Menschen dort suchten nach einem authentischeren Weg, eine Beziehung zu Gott aufzubauen, und waren mit den existierenden Strukturen nie zufrieden. Die äußerlichen Formen der Gebete, Andachten und Bauwerke reichten für sie nicht mehr aus. Diese Bedürfnisse beschränkten sich nicht auf Männer – auch Frauen empfanden so, und einige von ihnen, wie Hadwijch, wurde zu den ersten bedeutenden Stimmen der niederländischen Literatur.

Der Anfang der Beginen

Da ihnen die aktive Beteiligung in Kirchen und Klöstern untersagt war, wurden Frauen wie Hadewijch Teil einer populären Bewegung in den Niederlanden, die sich die Beginen nannte. Der Ursprung des Namens liegt im Dunkeln. Sie tauchten zum ersten Mal gegen Ende des 12. Jhs. in der Stadt Lüttich auf und breiteten sich von dort aus nach Holland, Deutschland (viele kamen nach Köln), Frankreich und in weitere europäische Länder aus. Beim Konzil von Vienne (1311–1312) wurden die Beginen als „abscheuliche Sekte" bezeichnet und aufgefordert, einen regulären Orden zu gründen. Im 13. und 14. Jh. wurden sie verfolgt, im 17. Jh. erlebten sie noch einmal eine Renaissance, und im 18. Jh. verlief die Bewegung schließlich im Sande. In den Niederlanden waren sie zahlenmäßig stets am stärksten vertreten. Eine Reihe zeitgenössischer Schriftsteller bewunderte sie sehr und hielt sie als Muster an Frömmigkeit hoch.

Die Bewegung der Beginen war bei Frauen, die allein oder in Gruppen lebten, sehr beliebt. Anstatt sich in Klöstern von der Welt zurückzuziehen, blieben sie weiterhin mitten im Leben. Sie suchten keine Anerkennung vom

Papst, beanspruchten keinen Heiligen als ihren Gründer, es gab keine Satzung, sie unterwarfen sich nicht strengen monastischen Regeln und suchten nicht nach Führung bei Männern – obwohl sie ihr erstes Versprechen (kein Gelübde) bei einem Priester abgaben, um ihr Leben Gott zu widmen. Im Gegensatz zu Nonnen gaben sie ihr Eigentum nicht auf. Beginen durften auch ihren Beruf behalten, wenn sie einen hatten, oder sich in Krankenhäusern und anderen Einrichtung sozial betätigen. Vor allem aber finanzierten sie sich durch ihre Arbeit selbst und waren von niemandem abhängig. Um frei von den Erwartungen einer Heirat oder korrupten Priestern zu bleiben, lebten sie keusch, obwohl sie sich das Recht vorbehielten, ihre Meinung zu ändern und doch noch zu heiraten. Beginen verrichteten meist das gemeinsame Gebet unter sich, sonderten sich aber nicht völlig von den bestehenden Klöstern ab. Manchmal lagen ihre Gemeinschaften – Beginagen genannt – in der Nähe von Franziskaner- oder Dominikanerklöstern, und dann arbeiteten sie mit diesen auch zusammen.

Leidenschaftliche Frömmigkeit

Die Kirchenbehörden waren misstrauisch gegenüber allem, das sie nicht kontrollieren konnten. Hier war nun eine spontane Frauenbewegung, die sich weigerte, an einem Ort zu bleiben, sich einem Orden anzuschließen oder festen Regeln zu folgen. Zur Fassungslosigkeit der Kirchenoberen trug bei, dass die Beginen in Bezug auf ihre Spiritualität leidenschaftlich und enthusiastisch waren und sie oft in allzu sexueller Weise ausdrückten. Vom Konzil von Vienne wurden sie schließlich nach und nach in Konvente gezwungen; einige Gruppen entzogen sich jedoch weiterhin der Kontrolle der Autoritäten.

Die Männer machen es nach

Der Erfolg der Beginen motivierte einige Männer, es ihnen gleichzutun, obwohl die Begarden niemals so zahlreich wurden. Sie waren monastischer veranlagt, gaben ihren Besitz auf und nutzten eine Gemeinschaftkasse. Zudem waren sie eher bereit, sich anzupassen und ein Orden zu werden, als sie beim Konzil von Vienne verurteilt wurden.

DIE MYSTIKER

Rechts: Um 1366 unterzog sich Katharina von Siena (1347–1380) einer „spirituellen Ehe" (einer mystischen Hochzeit) mit Jesus, über die sie ausführlich berichtete. 1461 wurde sie von Papst Pius II. heilig gesprochen.

Unten: Dieses Gemälde aus dem 17. Jh., *Triumph der Karmeliter*, zeigt die Legenden des Ordens. Eine der berühmtesten Karmeliternonnen war die Mystikerin Teresa von Ávila (1515–1582).

Bis zum 12. Jh. kam es zu einem Anstieg von Berichten über Visionen – sowohl von Männern als auch von Frauen. Im späten Mittelalter kamen die „neuen Mystiker" auf, die stark von den Franziskanern und Dominikanern beeinflusst waren. Ihre Vorgehensweise gründete sich auf den früheren monastischen Traditionen, aber sie bestanden darauf, dass mystische Erfahrungen für alle Christen möglich waren. Aus diesem Grund und der Tatsache, dass die Visionen meist in den europäischen Umgangssprachen ausgedrückt wurden, stand der neue Mystizismus auch Frauen offen, die bald besonders enthusiastische Teilnehmer wurden.

Der Ausdruck weiblicher Spiritualität

Im neuen Mystizismus entdeckten Frauen ein Reich des spirituellen Ausdrucks, das ihnen offen stand und ihre christologische Vision ansprach. Die Gründe waren umfangreich. Dazu gehörten soziologische und ökonomische Faktoren wie der verbesserte Zugang zu Bildung, sodass sie ihre Visionen schriftlich festhalten konnten, die Erfindung des Buchdrucks, der das geschriebene Wort für alle zugänglicher machte, und die Arbeit der Bettelbrüder, die den Mystizismus von den Klöstern auf den Marktplatz brachten. Um das zu erreichen, popularisierten die Brüder Andachtspraktiken wie den Kreuzweg und den Rosenkranz, die es dem Gläubigen ermöglichten, in den Fusstapfen Christi zu folgen und die Stationen seines Lebens, seiner Passion und seines Todes zu teilen.

Weibliche Mystikerinnen wie Mechthild von Magdeburg, Gertrud und Mechthild von Helfta, Klara von Assisi, Katharina von Siena und Juliana von Norwich wurden oft durch einen Mystizismus charakterisiert, der stark von der persönlichen Hingabe an Chistus beeinflusst war und durch sexuell aufgeladene Bilder ausgedrückt wurde. Sie waren einige der weiblichen Visionäre, die ab dem 13. Jh. ihre Blütezeit erlebten. Im 16. Jh. brachte der Karmeliterorden in Spanien mit Teresa von Ávila eine der größten Mystikerinnen hervor, die Westeuropa jemals gesehen hatte. Zu ihren Werken gehören das autobiografische *Vida*, *Die Seelenburg* und *Der Weg zur Vollkommenheit*.

Der Brautmystizismus

Die Tradition des Brautmystizismus hat eine lange Geschichte, die bis zur hebräischen Bibel zurückreicht. Die Rabbiner interpretierten die Symbolik des Hohen Liedes (auch Hohelied Salomos genannt) als Ausdruck der engen Beziehung zwischen Gott und Israel. Als Metapher für die Beziehung zwischen Gott/Christus und der Kirche ging es dann in die christliche Theologie über. Die Kirchenväter schrieben ausführlich über die gesegnete Jungfräulichkeit und verwendeten dabei die gleiche mächtige Symbolik. Bernhard von Clairvaux hielt seinen Mönchen eine berühmte Serie von Predigten über das Hohe Lied, und die erotische Symbolik wurde Teil des zisterziensischen Erbes. Von da an es wurde zur gemeinsamen „Währung" im aufgeladenen Mystizimus des Mittelalters. Viele Frauen beschrieben ihre intensiven Visionen als „mystische Heirat". Klara von Assisi etwa riet Agnes von Prag:

> „Du nahmst dir einen Ehemann aus edlem Haus, der deine Unschuld auf ewig unbefleckt lässt, der Herr Jesus Christus. Wenn du ihn geliebt hast, bist du keusch; wenn du ihn berührt hast, wirst du reiner; wenn du ihn angenommen hast, bist du eine Jungfrau."

Sogar Teresa von Ávila, die als „Heilige der Vernunft und des guten Humors" beschrieben wurde, konnte so sinnlich geladene Passagen wie die folgende aus *Von der Liebe Gottes* verfassen:

„Aber wenn dieser wohlhabende Gatte entscheidet, seine Braut weiter zu bereichern und ihr Trost zu spenden, so zieht er sie eng an sich, sodass sie dahinschmilzt vor Genuss und Vergnügen und in den göttlichen Armen der göttlichen Brust näher ist. Genährt von der göttlichen Milch, mit der ihr Gatte sie immerwährend versorgt, kann sie seine Liebesgabe empfangen und nichts tun, außer sich zu freuen."

Hier entwickelt sich die Symbolik von der Hochzeit weg zur Mutterschaft. Für diese Art mystischer Schriften ist es charakeristisch, sich bei Metaphern aus der Natur zu bedienen, ausgedrückt in der wohl einzigen Sprache, die Frauen damals kannten, um ihr überwältigendes Gefühl der Einheit mit Gott zu beschreiben. Die Frauen hatten wenig bis gar keine philosophische oder theologische Ausbildung, und sie kannten sich auch mit der Sprache der Scholastik nicht aus – also benutzen sie ihre vertraute Umgangssprache. Instinktiv verwendeten sie bekannte Bilder aus ihrem häuslichen Alltag, die sie ansprachen – Brautwerbung, Verlobung, Heirat, das Ernähren der Familie und die Mutterschaft. Mit diesen Begriffen und Bildern konnten sie der Intimität ihrer Beziehung zu Christus am besten Ausdruck verleihen.

Oben: Ihr ganzes Leben hindurch erlebte die spanische Mystikerin Teresa von Ávila Phasen der religiösen Ekstase, in denen sie Visionen von Jesus und Gott hatte.

KAPITEL ZWEI

DAS ÖSTLICHE REICH

Zu Beginn des zweiten christlichen Jahrtausends befand sich Byzanz auf seinem Höhepunkt. Das Reich erstreckte sich von Mesopotamien bis zum Balkan. Im 10. Jh. waren viele slawische Völker – z. B. Bulgaren, Rus und Serben – zum Christentum bekehrt worden. Ihr spiritueller Anführer war der Patriarch von Konstantinopel, der seinerseits dem byzantinischen Kaiser unterstand.

Das Mönchstum florierte. Städtische Klöster betrieben Kranken-, Waisen- und Armenhäuser; in ländlichen Gebieten dienten sie als Gemeindezentren.

Der Erste Kreuzzug (1095–1099) wurde durch einen Hilferuf Alexius Comnenus', des byzantinischen Kaisers, an Papst Urban II. in die Wege geleitet. Dabei gelangen die Eroberung Jerusalems und die Errichtung eines lateinischen Königreichs im Nahen Osten. Der Zweite und der Dritte Kreuzzug konnten die muslimischen Eroberer nicht aufhalten und scheiterten daran, verlorenes Gebiet zurückzugewinnen. Nachdem der Dritte Kreuzzug (1189–1192) Jerusalem nicht zurückerobert hatte, begann 1202 ein vierter. Diese letzten Kreuzfahrer wurden jedoch nach Konstantinopel umgeleitet, wo sie in politische Machenschaften verwickelt wurden. Als versprochener Nachschub nicht geliefert wurde, belagerten sie im Jahr 1204 die Stadt und nahmen sie anschließend ein. Die Plünderung Konstantinopels riss ein gewaltiges Loch in die byzantinische Staatskasse und bereitete dem Untergang des Reichs den Weg.

1261 eroberte der byzantinische Kaiser Michael Palaiologos Konstantinopel zurück, im folgenden Jahrhundert litt die Stadt jedoch unter schweren Erdbeben und einer Pestepidemie. Der Kaiser war gezwungen, demütigende Verhandlungen mit dem Papst in Rom und dem osmanischen Sultan zu führen, aber selbst das konnte die Eroberung Konstantinopels durch die Osmanen im Jahr 1453 nicht mehr abwenden.

Nach dem Untergang Konstantinopels übernahm Russland die Führung im orthodoxen Christentum. Dies schien nur natürlich, da die Macht des russischen Staats zunahm und der Moskauer Metropolit ohnehin bereits unabhängig von Konstantinopel war.

Rechts: Offizielle Kreuzfahrergruppen überqueren auf ihrem Weg ins Heilige Land den Bosporus (bei Konstantinopel), der Europa mit Kleinasien verbindet.

DIE EROBERUNG KONSTANTINOPELS

Im Mittelalter war Konstantinopel eine große und reiche Stadt. Sie hatte zehnmal mehr Bewohner als jede andere Stadt im Westen und war ein lebendiges Wirtschafts- und Handelszentrum. Die öffentlichen Gebäude waren großartig, und das kulturelle Leben hatte viel zu bieten. Die Bibliothek war die größte Europas und enthielt unzählige Schätze der griechischen und römischen Literatur. Das Bildungssystem florierte, und griechische Mathematik und Medizin wurden in mehreren höheren Schulen gelehrt.

Der Vierte Kreuzzug

Der Vierte Kreuzzug begann 1202 in Venedig und sollte direkt nach Ägypten führen – wurde aber nach Konstantinopel umgeleitet. Der Plan war mit der Hilfe Alexius' IV. ausgeheckt worden, dem Sohn Kaiser Isaaks II., der von seinem Bruder Alexius III.gestürzt worden war. Alexius IV. war 1201 von zwei Händlern aus Pisa aus der Stadt geschmuggelt worden. In Europa traf er sich mit Bonifatius von Montserrat (dem Anführer des Vierten Kreuzzugs) und überredete ihn, ihm beim Sturz seines Onkels zu helfen und seinem Vater wieder auf den Thron zu bringen. Im Gegenzug versprach Alexius IV. den Einsatz 10.000 byzantinischer Soldaten, 150.000 Silberstücke, welche die

Kreuzfahrer Venedig schuldeten, sowie den Transport der Armee nach Ägypten. Da Nachschub und Finanzen der Kreuzfahrer knapp wurden und sie dringend finanzielle und militärische Hilfe brauchten, ließen sie sich überreden.

Bei ihrer Ankunft machten die Kreuzfahrer den Bewohnern Konstantinopels das Angebot, Isaak II. wieder auf den Thron zu setzen, trafen aber anstelle eines freundlichen Empfangs, den Alexius versprochen hatte, auf völlige Gleichgültigkeit. Bevor sie sich Konstantinopel zuwandten, demonstrierten die Kreufahrer aber zunächst ihre Stärke, indem sie die nahe gelegenen Städte Chalkedon und Chrysopolis einnahmen. Im Juli 1203 begannen sie mit der Belagerung Konstantinopels, und obwohl die Armee Alexius' III. zahlenmäßig weit überlegen war, behielten die Kreuzfahrer durch ihre militärische Überlegenheit schließlich die Oberhand. Die byzantinische Armee zog sich zurück, und Alexius III. floh. Alexius IV. übernahm zusammen mit seinem blinden Vater Isaak II. den Thron. Ein Großteil der Bevölkerung verlor jedoch wegen eines großen Feuers ihre Häuser.

Eine geschwächte Stadt

Die neuen byzantinischen Kaiser konnten ihre Versprechen nicht halten, da die Staatskasse leer war. Alexius IV. befahl

deshalb zum Ärger seiner Untertanen, wichtige Staatsschätze einschmelzen zu lassen, konnte die erforderliche Summe aber dennoch nicht aufbringen. Er bat die Kreuzfahrer, zu bleiben, was seinen Stand bei der Bevölkerung, die seine Verbindung zum Westen ablehnte, weiter verschlechterte. Alexius IV wurde von einem seiner Höflinge ermordet, der dann selbst als Alexius V. den Thron bestieg. Die Kreuzfahrer und die Venezianer waren empört und verlangten, dass Alexius V. die Versprechen seiner Vorgänger einhielt. Als dieser sich weigerte, überfielen sie am 8. April 1204 die Stadt.

Trotz schlechter Wetterbedingungen konnten sie Konstantinopel vier Tage später erobern und plünderten die Stadt drei Tage lang aus. Ein Großteil wurde zerstört, unermessliche Schätze wurden gestohlen. Die sagenhafte Bibliothek wurde mit ihrem gesamten Inhalt vernichtet, und auch Kirchen waren von der Rache der Kreuzfahrer nicht ausgenommen. Die Hagia Sophia, die Patriarchatskirche Konstantinopels, erlitt schwere Schäden. So wurde z. B. die silberne Ikonostase zerschmettert. Die Kreuzfahrer besudelten heilige Gefäße und setzten eine Hure auf den Thron des Patriarchen. Vermutlich erbeuteten sie in Konstantinopel über 900.000 Silberstücke. Davon bezahlten sie die Schulden bei den Venezianern. Zudem erhielt Venedig diverse unbezahlbare Kunstschätze, darunter vier Pferde aus dem Hippodrom von Konstantinopel, die 1254 an der Fassade des Markusdoms aufgestellt wurden.

UNEINIGKEIT IM CHRISTENTUM

Papst Innozenz III. exkommunizierte die Kreuzfahrer, als sie Konstantinopel statt Jerusalem stürmten. Die Beziehungen zwischen Konstantinopel und dem Westen waren aber schon seit Langem angespannt. Das „Massaker der Lateiner", bei dem 1182 in Konstantinopel diverse

römisch-katholische Kaufleute und Familien ermordet wurden, die den Seehandel in der Hand hatten, war nicht förderlich gewesen. Die Belagerung während des Vierten Kreuzzugs im Jahr 1204 hatte furchtbare Schäden angerichtet, von denen sich die Stadt physisch wie psychisch nie wieder erholte. Ab diesem Zeitpunkt war jede Hoffnung auf Einigkeit im Christentum vergeblich. Waren die Doktrindiskussionen noch auf die Priesterhierarchie begrenzt gewesen, so säte die Plünderung Konstantinopels beim Volk großen Hass gegen die Aggression des Westens und Verachtung innerhalb der Bevölkerung.

Rechts: Papst Innozenz III. leitete nicht nur den unglücklichen Vierten Kreuzzug in die Wege, sondern rief nach dem Mord an einem päpstlichen Legaten 1208 auch zum Albigenserkreuzzug gegen die Ketzer in Südfrankreich auf.

RÜCKEROBERUNG KONSTANTINOPELS

Oben: Die Insel Lesbos war einst Teil des Lateinischen Kaiserreichs. Viele Steinkirchen wurden aus dem Fels der Insel gebaut.

✝ Die Eroberung Konstantinopels führte zur Gründung von sechs fränkischen Staaten, Dutzenden kleineren, abhängigen Herrschaftsgebieten und einigen venezianischen und genuesischen Kolonien. Das „Lateinische Kaiserreich" sollte 57 Jahre bestehen. Ursprünglich hatte das Reich Territorialansprüche auf Konstantinopel, Teile der Küste Thrakiens, Anatolien sowie auf die Inseln Samos, Chios und Lesbos gehegt. Bis 1225 waren diese Ansprüche jedoch so geschrumpft, dass das Reich nur noch aus der Hauptstadt bestand. Als Kaiser Michael VIII. die Stadt 1261 zurückeroberte, waren große Teile Konstantinopels verlassen, und insgesamt gab es nur noch 35.000 Einwohner.

Michael Palaiologos gewinnt Konstantinopel zurück

Kaiser Michael VIII., Michael Palaiologos, war der Spross einer Militärfamilie. Er war Regent für Johannes IV. (1258–1261), der mit sieben Jahren den Thron in Nikäa bestieg, der Hauptstadt des griechischen Reichs Nikäa, das nach dem Sturz Konstantinopels gegründet worden war. 1261 eroberten die Truppen Michaels VIII. Konstantinopel vom lateinischen Kaiser Balduin II. zurück. Kurz nach der Krönung ordnete der 36-jährige Michael an, dass Johannes IV. (der zu diesem Zeitpunkt elf war) geblendet und in ein Kloster gesperrt werden sollte. Der Patriarch reagierte mit der Exkommunikation Michaels VIII. – ein Bann, der bis 1268 andauerte. Michael VIII. war ein großartiger Staatsmann; er handelte Verträge aus und wechselte Seiten, um seine Position zu stärken. 1263 unterzeichnete er ein Abkommen mit dem ägyptischen Mamelukensultan und dem Mongolen Berke Khan; zwei seiner unehelichen Töchter wurden mit Mongolenherrschern verlobt.

Ganz rechts: Dieses byzantinische Mosaik aus dem 9. Jh., das die Jungfrau mit Kind zeigt, schmückt heute noch die Kuppel der Apsis in der Hagia Sophia und hat im Lauf der Zeit viele Belagerungen überstanden.

Rechts: Der Mamelukensultan Ägyptens ging 1263 ein Bündnis mit Michael VIII. ein – nur 13 Jahre, nachdem die Mameluken die Macht im Land übernommen hatten. Die Mamelukendynastie endete 1517.

Trotz seines Erfolgs drohte Michael noch immer Gefahr vom entthronten lateinischen Kaiser Balduin II. Michael wehrte diese jedoch ab, indem er die Möglichkeit einer kirchlichen Union zwischen Konstantinopel und Rom in den Raum stellte. Diese wurde 1274 beim Zweiten Konzil von Lyon realisiert, bei dem ein Vertrag zwischen Michael und Papst Gregor X. geschlossen wurde – inklusive der Anerkennung der päpstlichen Vorherrschaft sowie der *Filioque*-Klausel im nikäischen Glaubensbekenntnis, die seit Jahrhunderten ein Streitpunkt zwischen Osten und Westen gewesen war. Dieser „Kompromiss" verhinderte zwar einen sofortigen Angriff der Lateiner, ruinierte aber Michaels Ruf bei seinen Untertanen, die ihn nun für einen Verräter hielten.

Die Vorteile des Konzils hielten nicht lang an. 1281 folgte Martin IV. Gregor X. nach dessen Tod als Papst. Er hielt Michaels Festhalten an einer Union mit Rom für verlogen und politisch motiviert, nicht für das Ergebnis einer echten theologischen Debatte. Er löste die Union auf und förderte die Pläne für einen neuen Kreuzzug zur Rückeroberung Konstantinopels. Außerdem exkommunizierte er Michael und prangerte ihn als „Patron der Griechen, die unverbesserliche Abspalter und auf das antike Schisma fixiert sind" an. Im März 1281 gelang es Michael VIII. jedoch, die Streitkräfte unter der Führung Karls I. (König Neapels und Siziliens) zu besiegen, mithilfe sizilianischer Rebellen die lateinischen Schiffe im Hafen von Palermo zu verbrennen und so den Kreuzzug effektiv zu verhindern.

Der Wiederaufbau Konstantinopels

Michael VIII. gelang es, einen Teil der Pracht Konstantinopels wiederherzustellen und ein beachtliches Aufblühen der

DAS ERBE DES MICHAEL PALAIOLOGOS

Michael VIII. belebte die sterbenskranke Stadt Konstantinopel wieder, die Kultur und die Baukunst lebten auf. Sein Ansatz, die Pracht der Stadt mit der Wiederentdeckung des antiken hellenistischen Erbes zu verbinden, war ein mutiger Versuch, das Prestige des Byzantinischen Reichs zurückzugewinnen. Trotz seiner Leistungen und seiner militärischen Brillanz hasste ihn die Bevölkerung jedoch, und so war der Jubel groß, als er 1282 starb. Seine Bündnisse mit dem Westen – vor allem der Vertrag von 1274 –, wurden verabscheut, und seine Politik entfremdete einen Großteil der Bevölkerung, nicht zuletzt, weil er ihnen hohe Steuern auferlegte. Die Palaiologische Dynastie sollte dennoch bis zum Fall Konstantinopels 1453 herrschen.

Kultur auszulösen. Er baute die Stadtmauern, die bei der Belagerung schwer beschädigt worden waren, wieder auf und errichtete mehrere große Klöster. Er subventionierte sogar den Bau einer neuen Moschee als Ersatz für die alte, die von den Kreuzfahrern niedergebrannt wurde – um so die politischen, militärischen und wirtschaftlichen Verbindungen mit den Mameluken zu stärken. Viele Kirchen Konstantinopels wurden neu eingerichtet, allen voran natürlich die Hagia Sophia. Die fantastischen Mosaiken, die wir heute dort bewundern können, stammen überwiegend aus jener Zeit. Unter der kaiserlichen Förderung wurde viel Literatur verfasst, und das Interesse an Wissenschaft, Mathematik, Medizin und Astronomie keimte wieder auf. Viele klassische griechische Texte wurden erneut entdeckt, und auch der Hesychasmus – die mystische Theologie – florierte, wie man etwa an den Werken von Gregorios Palamas erkennen kann.

MYSTISCHE THEOLOGIE: HESYCHASMUS

Gregorios Palamas (1296–1359) war Mönch auf dem Athos, verließ das Kloster aber aufgrund von Angriffen der Türken und schloss sich einer spirituellen Gruppe an. Diese war von dem Mystiker Gregor von Sinai (1255–1345) beeinflusst, einem der führenden Vertreter des Hesychasmus – einer mystischen Theologie, die sich auf das stille, monologische Gebet, oft auch „Jesusgebet" genannt, konzentriert.

Unten: Der Hesychasmus erfordert stille Gebete in bestimmten Positionen, die von speziellen Atemmustern begleitet werden. Dies kann man durchaus mit fernöstlichen Meditationspraktiken vergleichen.

Frühe Hesychasten

Den Ursprung des Hesychasmus findet man im Ägypten des 4. Jhs. Wüstenasketen, die dem Beispiel des heiligen Antonius folgten, waren auf der Suche nach innerem Frieden und spiritueller Einsicht, während sie sich gleichzeitig strenger Selbstdisziplin unterwarfen. Ein einflussreicher Befürworter des Hesychasmus war der Mönch Evagrius Ponticus (345–399), der wortloses und bildloses Beten sowie die Klärung des Geistes lehrte. Schweigen galt als der einzig passende Weg, sich an Gott zu wenden. Ein Schlüsseltext war *Treppe zum Paradies,* der von dem Mystiker Johannes Klimakos im 7. Jh. verfasst wurde. Die 27. Stufe dieser Treppe war dem Hesychia, dem Schweigen, gewidmet.

Hesychasten glaubten, dass man in einer bestimmten Position beten sollte: mit gebeugtem Kopf und die Konzentration auf das Herz und das Körperinnere gerichtet. Das Sprechen des Gebets sollte auf die Atmung abgestimmt sein, obwohl diese Praktik vermutlich erst im Mittelalter aufkam. Das Gebet sollte niemals ohne die Anleitung eines Ältesten verrichtet werden. Besonderen Wert legten sie dabei auf die direkte Unterweisung durch einen geistlichen Vater oder eine Mutter, wobei der Anwärter diesen all seine Gedanken offenbarte – insbesondere diejenigen, die dämonisch oder göttlich inspiriert sein mochten.

Gregorios Palamas

Gregorios war der Ansicht, dass Gott unser Verständnis überstieg, da er über allem stand. Der Mensch konnte Gott in seiner Essenz nicht verstehen, sondern nur in seiner Energie oder in dem, was er nach außen offenbarte. Er glaubte aber, dass der Mensch in der Lage war, die Energie Gottes direkt zu erkennen und eine mystische Verbindung von Angesicht zu Angesicht mit ihm einzugehen. Gregorios unterstützte die Ansprüche der Hesychasten, Gott zu erfahren, und sprach über das Taborlicht, das Christus auf dem Berg Tabor verklärte (Matthäus 17,1–9). Dieses Licht war weder eingebildet noch stofflich, es war gleichzeitig sichtbar und unsichtbar, geschaffen und unendlich.

Gregorios verteidigte die Hesychasten in einer Reihe von Briefen, *Verteidigung der Heiligen Hesychasten* (ca. 1338), die er mit Barlaam von Kalabrien schrieb, einem in westlicher Theologie ausgebildeten Mönch, der diese

GEBETE IM HESYCHASMUS

Der Hesychasmus dreht sich um die Wiederholung – zuerst mit Worten, dann innerlich – des „Jesusgebets". Die fundamentalen Elemente sind Disziplin und Wiederholung, wobei die Betonung auf der Buße und dem Lehren des wortlosen und bildlosen Gebets liegt, bei dem der Hesychast das Gebet nicht mehr einfach spricht, sondern sich quasi immer „im" Gebet befindet. Diese Elemente bildeten – in Verbindung mit der Verehrung des heiligen Namen Jesu – das „Jesusgebet". Monologische Gebete wie „Herr Jesus Christus, erbarme dich meiner" wurden möglicherweise durch 1. Korinther 14,19 inspiriert, aber die Verwendung einer bestimmten Formulierung stammt erst aus dem 6. oder 7. Jh.

Praktiken als Aberglauben verurteilte. Barlaam lehnte ab, dass die hesychastische Theologie Gott als Verbund aus Essenz und Handlung sah, da dies seiner Ansicht nach die Einheit und Einfachheit Gottes zerstörte. Der Streit zwischen Gregorios Palamas und Barlaam von Kalabrien stand für den Konflikt zwischen nachdenklichen, konservativen Mönchen und den aufkommenden Humanisten, welche die klassische griechische Philosohie bewunderten. Aufgrund der präzisen Position und Atmung, die für das „Jesusgebet" nötig waren, kritisierte Barlaam den Hesychasmus als Nabelschau.

Bei seiner Verteidigung des Hesychasmus berief sich Gregorios auf das Konzept der Fleischwerdung und bezog sich auf die Transubstantiation des Körpers Christi beim Abendmahl. Seine theologische Verteidigung wurde von Synoden in Konstantinopel in den Jahren 1341, 1347 und 1351 unterstützt. Seine Schriften wurden zum Maßstab der Orthodoxie in der sprituellen Theologie und zur offiziellen Doktrin der orthodoxen Kirche. 1351 wurden alle Gegner des Hesychasmus exkommuniziert. Nachdem Konstantinopel im Jahr 1453 an die osmanischen Türken fiel, verschwand auch die hesychastische Doktrin durch die Zerstörung vieler Klöster zunehmend. Im 18. Jh. kam es jedoch zu einer Art Wiedergeburt der hesychastischen Tradition und der Verwendung des „Jesusgebets" in der gesamten orthodoxen Kirche.

Oben: Gregorios Palamas begann sein Leben als Asket im Kloster Vatopedi auf dem Athos (in heutigen Griechenland). V er Jahrhunderte später war der heilige Berg Schauplatz der Wiedergeburt des Hesychasmus.

Links: Diese orthodoxe Ikone mit dem Titel *Christ Pantocrator* („Christus der Allmächtige") befindet sich im Kloster Agiou Pavlou auf dem Athos. Der heilige Berg ist heute ein Zentrum der Lehre des „Jesusgebets".

DER FALL KONSTANTINOPELS

Als Konstantinopel 1453 an die Osmanen fiel, wurde die Stadt noch immer von der Palaiologische Dynastie regiert. Eine Kombination verschiedener Umstände schwächte die Dynastie und bereitete dem osmanischen Sieg den Weg. Mehrere schwere Erdbeben und die Beulenpest, die 1347 ausgebrochen war, hatten die Stadt geschwächt. Die Macht der Osmanen wuchs hingegen. 1357 erreichten die osmanischen Truppen, die bereits Gallipoli (Gelibolu) eingenommen hatten, Konstantinopel.

Wiederbelebung der Union mit Rom

Angesichts der wachsenden Gefahr durch die Osmanen wandte sich Kaiser Johannes V. Palaiologos an Papst Innozenz VI. und bat um Schiffe und Truppen. Im Gegenzug bot er eine kirchliche Vereinigung an. Innozenz zeigte sich unberührt. Johannes hatte mehr Erfolg bei seinem Cousin Amadeus VI. von Savoy, der von Venedig aus lossegelte und 1366 Gallipoli zurückeroberte. Der byzantinische Kaiser bekannte sich schließlich am 17. Oktober 1369 in Rom zum römisch-katholischen Glauben. Drei Tage später unterwarf er sich öffentlich auf den Stufen des Petersdoms.

Als Johannes V. 1371 nach Konstantinopel zurückkehrte, stellte er fest, dass sich die Macht der Osmanen weiter vergrößert hatte. Johannes beschloss, ein Abkommen mit Sultan Murad I. auszuhandeln, das die Byzantiner dazu zwang, eine regelmäßige Abgabe (*Kharadj*) zu zahlen und zudem Truppen für die osmanische Armee abzustellen. Im Gegenzug hoffte Johannes, die Türken würden das byzantinische Gebiet unberührt lassen. Der Kaiser war ein Vassall des Sultans geworden.

Johannes letzter Verhandlungsversuch mit Murad hielt die Osmanen vor Konstantinopel zwar auf, aber sie setzten ihren Marsch durch den Balkan weiter fort. 1385 nahmen sie Sofia ein, 1389 den Kosovo. Als der neue Kaiser, Manuel II., beschloss, sich den Osmanen nicht länger zu unterwerfen und weder Abgaben zu zahlen noch Soldaten zur Verfügung zu stellen, sah der Sultan dies als Rebellion an. Er begann einen Angriff auf Konstantinopel, der fast acht Jahre andauerte. Außerdem

versuchte er, Manuel zu ersetzen, ohne die Dynastie zu stürzen.

Abwehr des Angriffs

Angesichts dieser neuen Bedrohung reiste Manuel II. durch Europa und warb in Venedig, Padua, Mailand, Paris und London um Unterstützung. Als Gast Karls VI. blieb er 18 Monate in Paris und schrieb in dieser Zeit eine lange Abhandlung über die orthodoxe Sichtweise der *Filioque*-Frage. Seine Reise brachte aber nicht die erhoffte Militärhilfe. Er war immer noch in Paris, als der mongolische Eroberer Timur Lenk sich 1402 mit den Türken die legendäre Schlacht um Ankara lieferte und die osmanische Armee in die Flucht schlug. Sultan Bayezid I. wurde verhaftet, und so war der osmanische Angriff auf Konstantinopel zunächst abgewehrt. Aus byzantinischer Sicht hatte die Jungfrau Maria zu ihren Gunsten eingegriffen.

Nicht nur, dass Konstantinopel gerettet schien, auch der Reichtum des Byzantinischen Reichs vergrößerte sich. 1403 wurden Theassaloniki, der Athos und auch Teile der Schwarzmeerküste von den Türken zurückerobert. Diese Glückssträhne sollte jedoch nicht anhalten. Als Mehmed I. 1421 starb, folgte ihm sein Sohn Murad II. auf den Thron. Kaiser Johannes VIII. beschloss, eine Revolution gegen den neuen Sultan anzuzetteln. Der Plan scheiterte kläglich, und als Ergebnis musste er im Februar 1424 ein Abkommen mit Murad II. aushandeln, nach dem Konstantinopel zukünftig wieder Abgaben zahlen würde.

In den 1430er-Jahren versuchte Johannes erneut, ein Bündnis mit Rom einzugehen, und verhandelte beim Konzil von Florenz-Ferrara (1438–1439) über eine Lösung für die dogmatischen Differenzen. Die Orthodoxen akzeptierten die päpstliche Vorherrschaft und gestanden ein, dass der *Filioque*-Streit auf einer semantischen Verwechslung beruhte. Im Juli 1439 feierte man die Union mit Papst Eugenius IV. in Florenz; für die Byzantiner brachte sie allerdings kaum Vorteile, und die Einwohner Konstantinopels betrachteten ihren Kaiser als Verräter. Einige zogen sogar die Autorität des Sultans der des Papstes vor.

Der letzte Angriff auf Konstantinopel

Murad II. hielt sich an das Abkommen von 1424, aber sein Nachfolger Mehmed II. – „der Eroberer" – war erst 19 Jahre alt, als er 1451 an die Macht kam, und hatte andere Vorstellungen. Als der neue Kaiser Konstantin XI. mit einer Revolte drohte, falls er nicht gewisse Subventionen erhielt, lieferte er den Osmanen die Ausrede, die sie brauchten. Am 6. April 1453 begannen sie mit der Belagerung Konstantinopels, und am 29. Mai überwanden sie die Mauern. Der Kaiser fiel in der Schlacht. Der Sultan erlaubte seinen Truppen einen Tag zur Plünderung, dann machte er sich sofort an den Wiederaufbau. Die kaiserliche Kathedrale, die Hagia Sophia, wurde zur Moschee umgewandelt. Die orthodoxe Kirche von Byzanz war zur untergeordneten Religion geworden.

DER AUFSTIEG MOSKAUS

Rechts: Die von Iwan dem Schrecklichen in Auftrag gegebene Basiliuskathedrale in Moskau (eigentlich Mariä-Schutz-und-Fürbitte-Kathedrale am Graben) stammt aus der Mitte des 16. Jh.

1328 beschloss Peter von Kiew, Metropolit von Kiew und ganz Russland, seinen Amtssitz nach Moskau – damals eine kleine, noch unwichtige Stadt – zu verlegen, denn Kiew hatte sich von der mongolischen Besetzung durch Batu, den Enkel Dschinghis Khans, im Jahr 1240 nie wieder ganz erholt. Der Umzug nach Moskau verwandelte das Städtchen mithilfe führender Architekten und Künstler in eine Großstadt. Die erste Mariä-Entschlafens-Kathedrale wurde zwischen 1475 und 1479 von dem italienischen Architekten Aristotele Fioravanti gebaut; die Mariä-Verkündigungs-Kathedrale entstand 1489. Ihre Ikonostase wurde von den berühmten Fresken- und Ikonenmalern Theophanes dem Griechen und Andrej Rublev gestaltet. Italienische Architekten waren auch für die Erzengel-Michael-Kathedrale im Kreml verantwortlich, die 1505–1509 entstand.

Moskowitische Autokephalie

Die russische Kirche wurde zwischen 1441 und 1448 gegründet. Großfürst Basilius II. von Moskau hatte sich geweigert, den Kandidaten des Patriarchen von Konstantinopel zu akzeptieren, und darauf bestanden, dass die russische Kirche mithilfe einer Synode lokaler Bischöfe ihren eigenen Metropoliten wählen sollte. Dieser Anspruch auf Unabhängigkeit der russisch-orthodoxen Kirche kam als Antwort auf das Konzil von Ferrara-Florenz (1438–1439), da die Zugständnisse, welche die Griechen und Lateiner bei ihrer Union gemacht hatten, für die Russen inakzeptable Auswirkungen auf die Liturgie und Theologie hatten. Die russisch-orthodoxe Kirche distanzierte sich von den Griechen und weigerte sich, Metropoliten aus Konstantinopel zu empfangen. 1448 weihte die Synode russischer Bischöfe selbstständig Jonas zum Metropoliten von Moskau und ganz Russland. Die russische Kirche war damit autokephal (selbstregierend) und unabhängig von Konstantinopel.

Aber Kiew wehrte sich und hielt stolz an seinem Stand und seinen traditionellen Verbindungen zu Byzanz fest. Gregor, der Metropolit von Kiew, schrieb an Patriarch Dionysius I. in Konstantinopel und zog seine Unterstützung für das Konzil von Ferrara-Florenz zurück. Als Gegenleistung für diesen Vertrauensbeweis erkannte Dionysius Gregor 1461 als Metropoliten der ganzen russischen Kirche an. Um das Bündnis weiter zu festigen, verbot er jegliche Kommunion mit Jonas von Moskau, scheinbar ohne zu wissen, dass dieser bereits verstorben war. Basilius II. antwortete darauf, indem er jeden Kontakt mit dem Metropoliten von Kiew und dem Patriarchen in Konstantinopel verbot.

Unten: Der heilige Nikolaus ist einer der am meisten verehrten Heiligen der russisch-orthodoxen Kirche. Er wird oft zusammen mit Jesus und der Jungfrau Maria dargestellt. Ikonen dieses Heiligen findet man in jeder Kirche Moskaus.

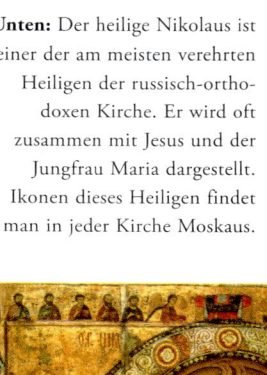

Meinungsverschiedenheiten in Moskau

Es folgte die Gründung der unabhängigen Moskauer Kirche, die aber im Inneren zerstritten war. Die letzten drei Jahrzehnte des Jahrhunderts verbrachte man mit Rangeleien zweier rivalisierender monastischer Bewegungen: den „Iossifljanern" und den „Uneigennützigen". Beide wurden von mystischen Hesychastenbewegungen beeinflusst und hielten sich jeweils für die Bewahrer der Reinheit des Glaubens. Beide versuchten, den Stand der Moskauer Kirche zu konsolidieren, unterschieden sich dafür aber in ihrer weltlichen Macht sowie im Landbesitz dramatisch.

HUNDERT FRAGEN

Das Metropolinat von Moskau hatte sich im Jahr 1448 von Konstantinopel getrennt, brauchte nun aber seine eigenen kanonischen Gesetze, um die Angelegenheiten der Kirche zu regeln. Der Anführer der Iossifjaner, Josef von Wolokolamsk, hatte dies bereits 1503 vorgeschlagen, umgesetzt wurde der Vorschlag jedoch erst 1551 beim Konzil der hundert Fragen. Dieses Konzil versuchte eine ganze Reihe von Reformen einzuleiten.

Die Krönung Iwans des Schrecklichen zum Zaren im Jahr 1547 sowie die Gründung des Moskauer Patriarchats 1589 festigten die russische Unabhängigkeit weiterhin. Patriarch Jove (1589–1605) wurde vom Patriarchen von Konstantinopel, Jeremias II., geweiht.

Die Iossifjaner, die große Ländereien besaßen, wollten eine Kirche, die sich dem Staat unterwarf, während die Uneigennützigen, allen Besitz scheuend, einem asketischen, mystischen Pfad folgen wollten, der völlig unabhängig von jeglichem weltlichem Einfluss war. Außerdem wollten sie die intellektuelle und eventuell die kanonische Anhängigkeit von den Griechen wiederherstellen. Am Ende gewannen die Iossifjaner die Oberhand.

Moskau war nun in der Position, nach den fünf apostolischen das führende Patriarchat der orthodoxen Kirche zu werden. Mit dem Fall Konstantinopels 1453 hielt sich Russland für geeignet, die Führung im östlichen Christentum zu übernehmen. Das Wachstum der Kirche ging Hand in Hand mit der Macht des russischen Staats. Beide wurden als Zeichen Gottes in Bezug auf Moskaus Rolle als „drittes Rom" interpretiert. Zwischen 1461 und 1589 war die russische Kirche gespalten, weil sowohl Moskau als auch Kiew einen eigenen Metropoliten hatten. Erst 1686, als das Kiewer Metropolinat und das Moskauer Patriarchat endlich wiedervereinigt wurden, setzte sich Moskau tatsächlich als Hauptsitz der russisch-orthodoxen Kirche durch.

Oben: Iwan der Schreckliche, der oft als grausamer, despotischer Herrscher dargestellt wird, war ein intelligenter, frommer Mann, der jedoch zu Wutanfällen neigte – möglicherweise als Folge einer Geisteskrankheit.

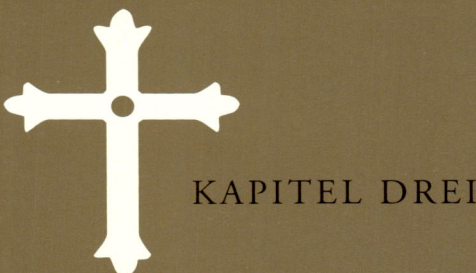

KAPITEL DREI

CHRISTLICHE MISSIONEN ZU DEN MONGOLEN

Die Mongolen waren eine Militärmacht, die im 13. Jh. durch den Nahen Osten fegte und tief in russisches Gebiet eindrang. Sie praktizierten Schamanismus, aber die Khane, die das Mongolische Reich regierten, waren anderen Religionen gegenüber tolerant. Sie waren für das Christentum offen und erlaubten den Kirchen ungehinderten Betrieb. In der Zeit der Mongolenherrschaft wuchs der Reichtum des Christentums in ihren Gebieten, was man vor allem auch in ihren künstlerischen und literarischen Arbeiten sehen konnte.

Im 13. Jh. leiteten die Päpste Innozenz IV. und Nikolaus IV. eine Reihe bemerkenswerter Missionen an die mongolischen Höfe in die Wege. Mutige Dominikaner- und Franziskanerbrüder – darunter Johannes de Plano und Wilhelm von Rubruk – begaben sich in die Mongolei. 1271 reiste der junge Marco Polo mit seinem Vater und seinem Onkel mit Geschenken vom frisch gewählten Papst Gregor X. zu Kublai Khan nach China. 1289 sandte Nikolaus IV. den Franziskaner Johannes von Montecorvino auf dem Seeweg über Indien nach China.

Die Katholiken waren aber nicht die ersten Christen, mit denen die Mongolen Kontakt hatten, da sie bereits seit mehreren Jahrhunderten Beziehungen zu Nestorianern unterhielten. Einige weibliche Mitglieder der mongolischen Königsfamilie waren Nestorianerinnen, darunter auch Mongke Khan, die Mutter Kublai Khans, sowie deren Bruder Hülagu Khan. Am Hof der Mongolen in Karakorum trafen die Dominikaner und Franziskaner auf nestorianische Geistliche. Die Mongolen sandten ihrerseits nun nestorianische Abgesandte nach Rom. Rabban Bar Sauma, ein nestorianischer Mönch aus Zentralasien, traf Nikolaus IV. in Rom und feierte mit ihm die Kommunion. Er begegnete auch vielen europäischen Monarchen – in der Hoffnung, eine fränkisch-monglische Allianz gegen die muslimischen Mameluken schließen zu können. Diese diplomatischen Vorstöße wurden jedoch nicht umgesetzt, und als die Mongolen im 14. Jh. zum Islam konvertierten, änderten sich die Situation und die Behandlung der Christen.

Rechts: Mit seinem Vater Niccolò und seinem Onkel Maffeo – zwei erfolgreichen Kaufleuten, die bereits den Osten bereist hatten – segelte Marco Polo 1271 von Venedig nach China.

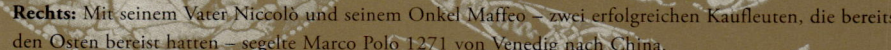

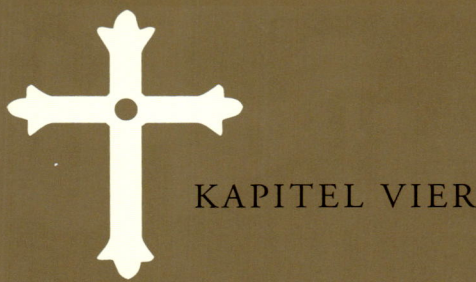

KAPITEL VIER

RÜCKEROBERUNG DER IBERISCHEN HALBINSEL

Im Jahr 711 kamen Muslime aus Nordafrika über die Straße von Gibraltar auf die Iberische Halbinsel. Innerhalb von drei Jahren hatten sie die Westgoten besiegt und die Herrschaft über *al-Andalus* (der arabische Name der Iberischen Halbinsel) mit Ausnahme des hohen Nordens übernommen. Das 10. Jh. war das Goldene Zeitalter für die Beziehungen zwischen Christen, Juden und Muslimen, aber interne Rivalitäten schwächten das Kalifat im 11. Jh. 1085 fiel die Hauptstadt Toledo an die Armee Alfonsos VI. von Kastilien.

Den Muslimen gelang eine Rückeroberung ihrer Gebiete, aber 1212 wurden sie in der Schlacht von Las Navas de Tolosa von einer christlichen Armee besiegt, die unter anderem aus Kastiliern und Aragonesern bestand. Dies war der Anfang einer fortwährenden Abnahme der islamischen Macht. Die einzige muslimische Hochburg war Granada, die Hauptstadt des Königreichs der Nasriden (1238–1492). Künstler, Gelehrte und Wissenschaftler trugen zu ihrem Ruf als Kulturstadt bei. Architektonisch wurde sie von der Alhambra gekrönt.

1492 annektierten Isabella I. von Kastilien (1451–1504) und ihr Ehemann Ferdinand von Aragon das Königreich Granada, nachdem sich Boabdil, der letzte maurische Herrscher, ergeben hatte. Der Legende nach weinte Boabdil, als er die Schlüssel zur Alhambra aushändigte und Granada für immer verließ. Der Kapitulationsvertrag enthielt Klauseln über die faire Behandlung der Einwohner Granadas, dennoch verließen viele zusammen mit ihrem Herrscher die Stadt. Bei dem Versuch, ein vereintes christlichen Reich zu schaffen, wurden viele Muslime zwangskonvertiert und Juden ausgewiesen.

Die Taten Isabellas und Ferdinands hatten nach über 700-jähriger muslimischer Herrschaft die Iberische Halbinsel endlich wieder in ein christliches Reich verwandelt. Die Eroberung Granadas wurde als Gegenschlag zur Einnahme Konstantinopels gesehen. Als Anerkennung für ihre Dienste verlieh Papst Alexander VI. Isabella und Ferdinand den Titel „Katholische Monarchen".

Rechts: Die auf einem felsigen Hügel oberhalb Granadas gelegene Alhambra ist ein beeindruckendes Gebäude, das heute als Erbe islamischer Architektur und Kunst gilt.

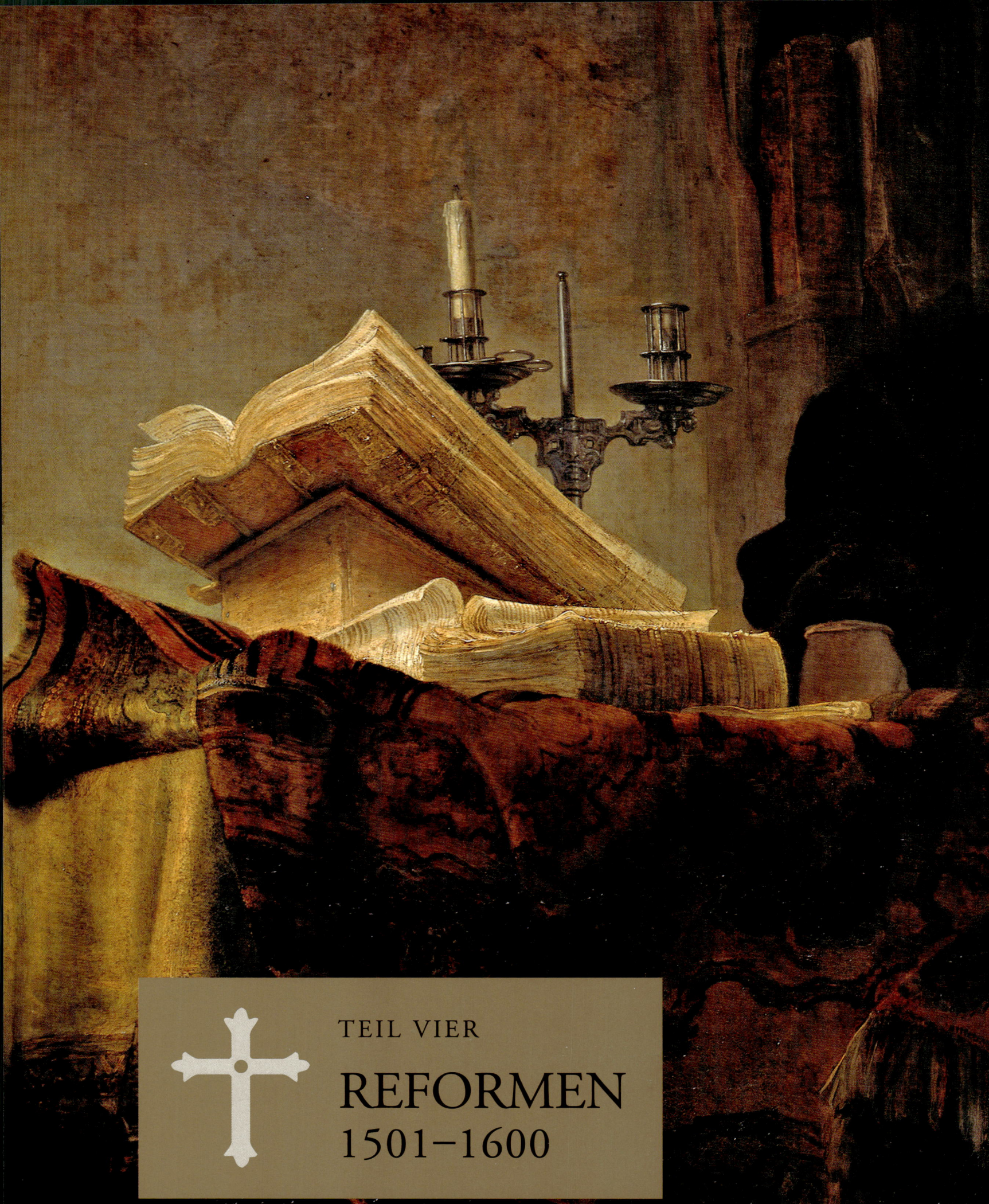

TEIL VIER

REFORMEN

1501–1600

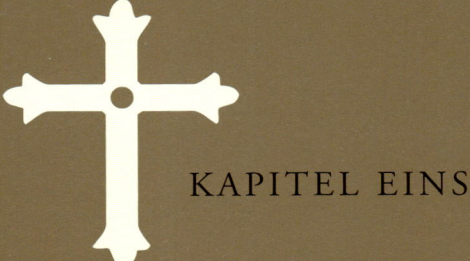

KAPITEL EINS

EIN NEUES JAHRHUNDERT

Im 16. Jh. eröffneten sich dem Christentum neue Horizonte, sowohl geografisch als auch spirituell. Christliche Missionare reisten nach Amerika und in den Osten. Abenteurer, Händler, Siedler und Missionare erforschten eine verlockende neue Welt. Die Weltkarten mussten vollkommen neu gezeichnet werden, und kulturelle und politische Erwartungen brachen zusammen. Die geografische Revolution wurde von der radikalsten Neuorganisation begleitet, die das Christentum jemals erlebt hatte. Eine bemerkenswerte Erneuerung kirchlicher Strukturen, der Spiritualität und der Theologie nahm ihren Anfang. Auf den Fersen einer erstaunlichen Renaissance klassischer und früher Kirchenlehren folgte eine Reformation nach der anderen: katholisch, lutherisch, reformiert und täuferisch. Die Bibel stand nun vollends im Mittelpunkt, und alte Autoritäten wurden infrage gestellt. Laien experimentierten mit säkularen Formen der Jüngerschaft und beanspruchten neue Rechte und Verantwortung. All das lässt sich mit dem Wort „Reformation" zusammenfassen oder – besser gesagt – „Reformationen", denn es gab mehrere.

Vorherige Seite: *Der Mennonitenprediger Anslo und seine Frau* von Rembrandt. Die Mennoniten repräsentieren eine gemäßigte Form des Christentums und leben nach dem Grundsatz „liebe deinen Nächsten".

Rechts: Französische Jesuitenmissionare ließen sich in Siam (dem heutigen Thailand) nieder, um ein französisches Protektorat zu errichten und mit der Bekehrung des Fernen Ostens zu beginnen.

EUROPA IN AUFRUHR

Europa befand sich politisch, wirtschaftlich und kulturell in Aufruhr. Astrologen sagten seltsame Planetenkostellationen voraus. Besonders im Westen kamen Nationalstaaten wie Frankreich und England zum Vorschein – und mit ihnen veränderte Loyalitäten und Identitäten. Fürstentümer wie Sachsen oder Bayern sowie italienische Stadtstaaten bauten ein eigenes Verwaltungssystem auf, Steuersysteme wurden verbessert, die Geldwirtschaft wurde zur Norm, und in vielen Fällen ersetzte niedergeschriebenes römisches Recht uralte, mündliche Bräuche und Freiheiten. Das Feudalsystem mit seiner traditionellen Hierarchie wurde untergraben. Wichtige Säulen der mittelalterlichen Welt wie das Heilige Römische Reich und das Papsttum schienen nicht mehr unangreifbar.

Mit dem Aufschwung des Handels manifestierten sich Zivilstolz und Selbstbewusstsein in spektakulärer Architektur. Der Bergbau, die Produktion und der Überseehandel brauchten erheblich größere finanzielle Mittel, und so blühten Banken wie die der Fugger- und Welserfamilien auf. Patrizische Kaufleute schickten ihre Söhne ins Ausland, um dort neue Kontakte zu knüpfen. Das Reisen war gefährlich, die Unterkünfte schmutzig und unbequem, aber die Kommunikationsnetzwerke verbesserten sich langsam.

Die vom Handel lebenden Venezianer erkannten als Erste den Wert diplomatischer Außenstellen. Geografisch wurde die Welt größer, kulturell wuchs sie aber enger zusammen. Bis 1500 hatte Erasmus von Rotterdam Briefkontakt mit Menschen von Ungarn im Osten bis nach

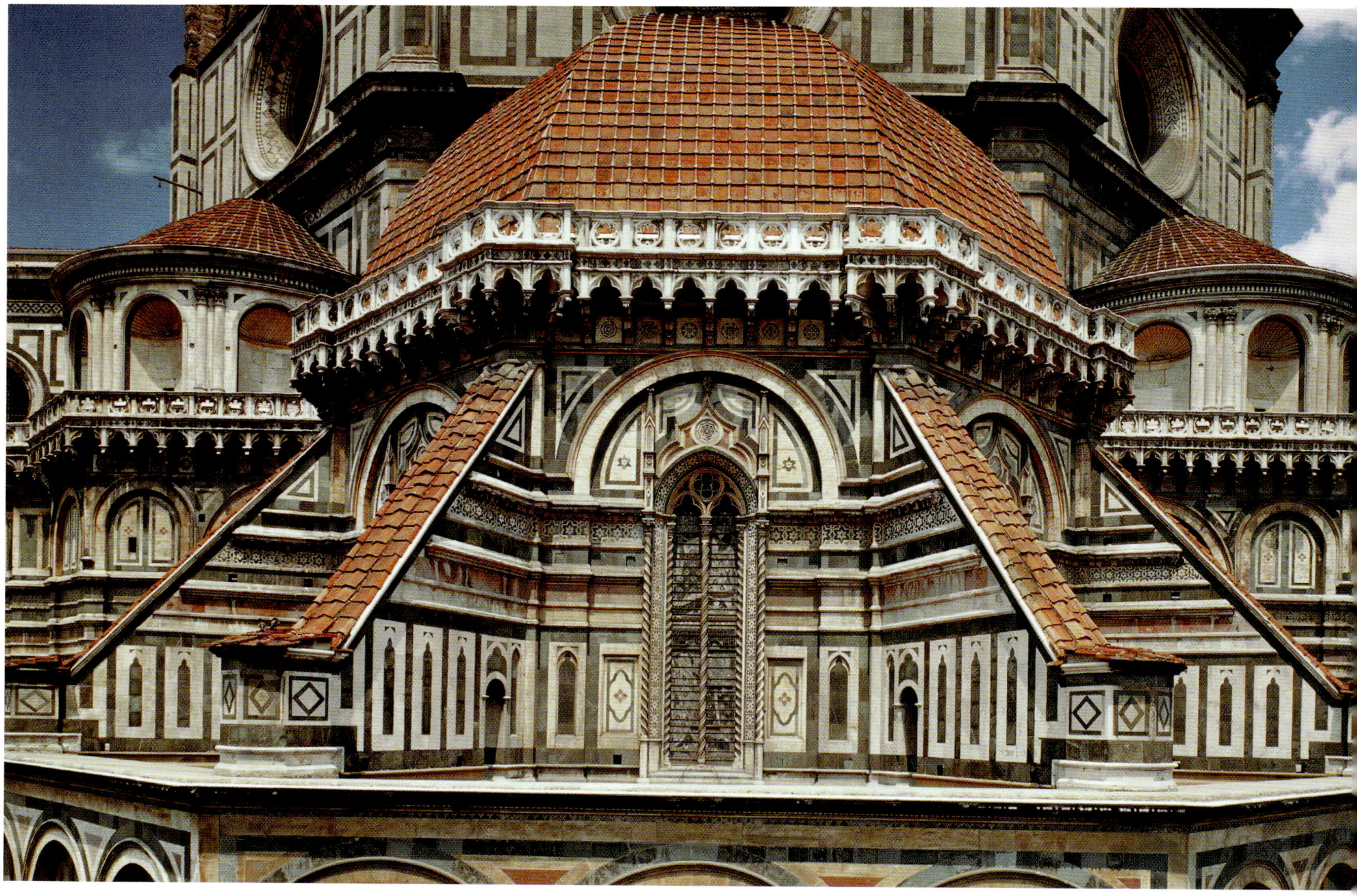

ARKTISCHES
MEER

Baffin
Bay

Barentsee

Island

Polarkreis

NORD-
AMERIKA

EUROPA

ASIEN

NORD-
ATLANTIK

Rom

Schw. Meer

Kasp. Meer

Mittelmeer

Jerusalem

PAZIFIK

Golf von
Mexiko

nördlicher Wendekreis

Karibik

AFRIKA

Rotes Meer

Arabisches
Meer

Süd-
chinesisches
Meer

PAZIFIK

SÜD-
AMERIKA

Äquator

INDISCHER

OZEAN

SÜD-
ATLANTIK

südlicher Wendekreis

AUSTRALIEN

N

0   1000   2000   3000 Kilometer

0   500   1000   1500 Meilen

England im Westen sowie von Süditalien bis Nordschweden aufgenommen. Er gilt als der erste internationale Gelehrte.

Die Erfindung der Druckerpresse bedeutete, dass sich Nachrichten und Ansichten schneller verbreiten konnten. Immer mehr Laien konnten sich neue Ideen aneignen und die traditionellen Wächter der Wahrheit übergehen. Sie konnten allein zu Hause oder im Freundeskreis „studieren". Die Stadtverwaltungen stellten Laienprediger an, die den Bedarf nach lebendigen, lebensnahen Predigten deckten. Universitäten mussten sich weiterqualifizieren oder blieben hinter informellen Gruppen von Dichtern, Schriftstellern, Künstlern und unabhängigen Gelehrten zurück, die sich rund um die Fürstenhöfe und die Druckerpressen der Städte versammelten. Flugblätter wurden nun in der Umgangssprache gedruckt. Auch die ländlichen Gebiete waren den neuen Ideen gegenüber nicht immun. In jedem Dorf gab es mindestens eine Person, die lesen und so die neuesten Nachrichten verbreiten konnte.

Die alte Welt verblasst

Nicht jeder hieß diese Veränderungen willkommen. Die Zeiten waren von Sorgen und Ängsten, aber auch von Aufregung und Hoffnung geprägt. Dorfgemeinden kämpften gegen die Aufweichung ihrer traditionellen Rechte, wie auch die Handwerkergilden in den Städten und die Ritter in ihren Burgen. Kirchenführer und die Oberschicht, die an unangefochtenen Gehorsam gewöhnt waren, fürchteten gesellschaftliches Chaos. Das Schisma zwischen der Orthodoxie und dem Katholizismus war für die meisten Menschen weit weg gewesen, aber nun fand der Konflikt im Herzen Europas statt. Wem sollte man noch trauen –

der traditionellen Autorität des Papstes oder den kritischen Stimmen der Dichter und Historiker, den alarmierenden Botschaften Martin Luthers oder Johannes Calvins oder gar den radikalen Täufern?

Nicht davon geschah über Nacht. Die Menschen wachten nicht plötzlich auf und bemerkten, dass das Mittelalter vorbei war. Ihr Alltag blieb der Gleiche, aber nach und nach verschwand die alte Welt, während dramatische Ereignisse den Status Quo infrage stellten.

Links: Im 16. Jh. verbreitete sich die Druckerpresse in ganz Europa und brachte den Menschen verschiedene Bibelübersetzungen.

DIE RENAISSANCE

✝ Die Renaissance (wörtlich „Wiedergeburt") war eine Zeit, in der Kunst, Architektur, Dichtkunst, Philosophie und Geschichte in Europa aufblühten. Man denke an Leonardo da Vinci und Michelangelo, aber auch an politische Denker wie Machiavelli, hebräische Gelehrte wie Reuchlin und an den großen Klassizisten Erasmus von Rotterdam. Viele Befürworter der Renaissance hatten keine religiösen Motive; sie war auch keine antikirchliche oder antireligiöse Bewegung – viele ihrer Förderer waren Bischöfe und Päpste. Humanismus bedeutete in jener Zeit einfach die Liebe zu Humanwissenschaften wie den klassischen Sprachen Griechisch, Latein und Hebräisch, dem eleganten Stil Ciceros sowie der klassischen Literatur und Philosophie.

Die Geburt des Humanismus

Um 1500 war der christliche Humanismus eine weit verbreitete Bewegung von Schriftstellern und Reformatoren, darunter Sir Thomas More in England, Desiderius Erasmus in den Niederlanden (Erasmus von Rotterdam) und Jacques Lefèvre d'Etaples in Frankreich, der versuchte, die Kirche wieder zu ihrem Ursprung zurückzuführen. Die Kirche ihrer Zeit sahen sie als durchdrungen von Ignoranz und Aberglauben an. Sie wollten, dass die Kirche wieder zu dem frischen, reinen Quellwasser wurde, das sie einmal war, und die Propheten und Apostel, die großen Gelehrten (wie Origenes, Ambrosius und Augustinus) und die frühen Kirchenväter unterstützte. Sie glaubten an die Bedeutung einer guten Ausbildung, die neben dem Klerus auch Laien (und Frauen) ermöglicht werden sollte. Ihr Programm befasste sich mit kultureller und moralischer Erneuerung.

Die Humanisten nutzten die Druckerpresse, um neue Grammatiken und Wörterbücher in Latein, Griechisch und Hebräisch sowie Neuauflagen der Werke der frühen Kirchenväter anzufertigen. 1516 erschien Erasmus' griechische Version des Neuen Testaments, zusammen mit seiner neuen lateinischen Übersetzung. Sie erwies sich als sehr einflussreich und stellte eine Herausforderung für die orthodoxe Vulgata dar. Indem sich die Humanisten auf die ursprüngliche Bedeutung des griechischen Worts für Buße, *metanoia* – Umdenken –, zurückbesannen, gewannen sie auch die wahre Bedeutung des Sakramentes der Buße zurück. Die Religion war also – anders ausgedrückt – kein äußerliches Ritual, sondern das Einfließen des inneren Glaubens in das tägliche Leben. Die Humanisten förderten dies als Religion des kleinen Mannes, die man zu Hause, am Arbeitsplatz, in zwischenmenschlichen Beziehungen und auch in der Politik ausleben sollte. Heiligkeit war kein Rückzug aus der Welt mehr, sondern die Liebe zum Nächsten, ein praktisches Christentum, das dem Beispiel Christi folgte.

Die Humanisten machten sich über die Missbräuche der Institution Kirche lustig – den Reichtum und die Weltlichkeit der Oberen, den Aberglauben, der mit den Reliquien und Pilgerfahrten einherging sowie die Verehrung von Heiligen – und kritisierten sie mitunter scharf. Sie hofften,

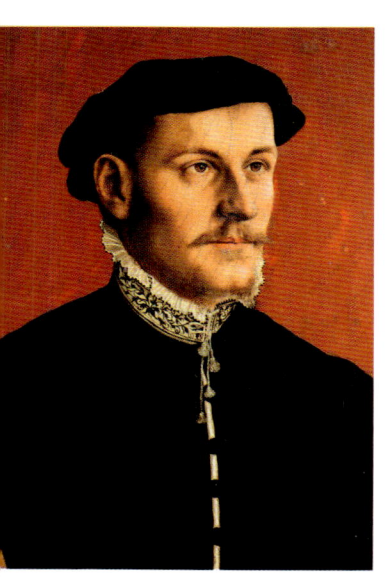

durch Aufklärung und als Vorbilder die wahre Frömmigkeit und Jüngerschaft zu erneuern. Der große Lehrer Christus würde ihnen den Weg weisen. Zu den inbrünstigsten Unterstützern gehörten viele Geistliche. Mit ihrer Liebe zu gutem Stil und der Gelehrsamkeit wirkten die Humanisten oft jedoch recht elitär.

Ein komplexe kulturelle Bewegung

Die Renaissance war ein vielschichtiges Phänomen. Wie bei allen großen kulturellen Bewegungen ist auch ihr Ursprung schwer zurückzuverfolgen. Zum Teil bezog sie sich auf die byzantinische Gelehrsamkeit, die nach dem Fall Konstantinopels in den Westen „entlassen" wurde. Sie schuldete aber auch der islamischen Welt etwas, die das Wissen Aristoteles' am Leben erhalten hatte. Auch die Wiedererweckung der platonischen Philosophie in Italien hatte großen Einfluss auf Erasmus und die anderen. In italienischen Städten wie Florenz, Venedig und Rom wurden die große Kunst gefördert und neue Ideen erforscht. Schon bald machten es ihnen deutsche, burgundische, französische sowie andere europäische Städte und Fürstenhöfe nach.

Neben den mittelalterlichen Kathedralen, Klöstern und Universitäten tauchten neue Gruppen auf, die sich rund um die Höfe, Schulen und Druckerpressen versammelten. Die Menschen schrieben sich ausführliche Briefe, kultivierten Freundschaften und befürworteten generell einen säkulareren Lebensstil. Die Renaissance gilt oft als ein eher nach innen gerichtetes, mystisches Verständnis der Spiritualität, als Bejahung der materiellen und externen Welt mit einem großen Interesse an der Forschung und der Wissenschaft sowie am menschlichen Körper und seiner Seele.

Oben: Die Renaissance war eine Wiedergeburt der humanistischen Kultur und bot eine Verbesserung der Ausbildung für alle Menschen. Ihr Ziel war die Wiederentdeckung der antiken griechischen und römischen Wurzeln der europäischen Kultur, die Erneuerung der Gesellschaft und eine Auffrischung der religiösen Praktiken und des Glaubens.

Links: Byzantinische Ideen beeinflussten den Westen. Diese Darstellung zeigt die Parabel Jesu über den Pharisäer und Zöllner in Lukas 18,9–14. In der orthodoxen Kirche wird diese Geschichte vor den großen Fasten vorgelesen.

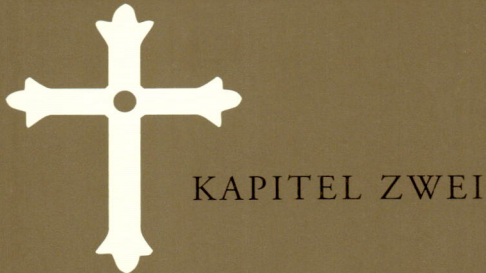

KAPITEL ZWEI

REFORMATION

„Welch wunderbares Deutsch Jesus spricht!" Diese naive Aussage eines Laien, der zum ersten Mal die Evangelien in seiner eigenen Sprache las, drückt die Aufregung aus, die normale Menschen in den 1520er-Jahren verspürten. Es hatte bereits im Mittelalter umgangssprachliche Versionen der Bibel sowie eine Reihe von Reformbewegungen und auch weit verbreitete monastische Reformen gegeben.

Martin Luther war der römisch-katholischen Kirche bis weit ins Mittelalter hinein treu ergeben. Er und die anderen Reformatoren hatten nie vorgehabt, eine neue Kirche zu gründen. Und obwohl der Riss, der durch die verschiedenen Reformationen entstand, massiv war, gab es auch viel Kontinuität. Die Bibel, die Taufe und das Abendmahl blieben gleich. Auch die Pfarrkirchen in den Gemeinden und die moralischen Regeln, die die Gläubigen befolgten, änderten sich kaum.

Trotzdem war diese Reformation aufregend. Die Kirchenstrukturen wurden in ihren Grundfesten erschüttert. In protestantischen Ländern änderte sich quasi die Landkarte der Frömmigkeit. Klöster, die in der Vergangenheit so oft die treibende Kraft hinter missionarischer Arbeit gewesen waren, verschwanden fast völlig. Das Papsttum verlor seine Vormachtstellung und rechtliche Autorität. Der Klerus wurde zurechtgestutzt und neu „erfunden". Ein Großteil des kirchlichen Vermögens wurde umverteilt. Sogar bei der moderaten katholischen Reform beim Konzil von Trient wurden die Ausbildung von Priestern in Form von Priesterseminaren vorgeschrieben, die Rolle der Bischöfe modernisiert und die Missionsarbeit in Übersee erleichtert.

Sogar grundlegende christliche Vorstellungen wurden in den protestantischen Ländern überworfen: Geheiligte Traditionen wurden von der Autorität der Heiligen Schrift infrage gestellt; die Macht der Päpste, Konzile und Bischöfe wurde relativiert oder abgelehnt. Man betrachtete Ehe und Zölibat in einem anderen Licht. Aus sieben Sakramenten machte man zwei. Die Fürbitte an Maria und die Heiligen wurde ganz eingestellt. Auch in der römisch-katholische Kirche war man sich nach dem Konzil von Trient mehr über die Natur der Rechtfertigung und die Beziehung zwischen Schrift und Tradition bewusst.

Für den Gläubigen lag die größte Veränderung aber in der Spiritualität selbst. In der protestantischen Kultur ging es um innere Frömmigkeit, von asketischem Ethos hin zum im Alltag gelebten Glauben. Im Katholizismus entstand dagegen eine barocke Frömmigkeit, die sich in theatralischen Gottesdiensten und überschwänglicher Architektur ausdrückte.

Rechts: Das Konzil von Trient (Norditalien) fand zwischen 1545 und 1563 statt. Dabei wurde die protestantische Reformation verurteilt und die katholische Doktrin bezüglich Schriften, Traditionen, Erbsünde, Rechtfertigung, Sakramenten und des Abendmahls definiert.

DIE LUTHERISCHE REFORMATION

Dass die Reformation nach nur einem Mann benannt wurde, war ein Zeichen der Zeit. Keine Frage, Martin Luther war eine faszinierende Persönlichkeit mit einem hohen Intellekt; er konnte direkt zum Kern komplizierter theologischer oder spiritueller Probleme vordringen. Er hatte eine elegante, aber dennoch bodenständige Art, mit Sprache umzugehen, und sein Einfluss auf die deutsche Sprache ist vergleichbar mit dem, den Shakespeare auf Englisch hatte. Luther besaß die Fähigkeit, mit Menschen in ihrer Sprache zu kommunizieren, und seine Hymnen erinnern uns an seine große Liebe zur Musik.

Martin Luther – der Mann

Martin Luther konnte unhöflich, grob und autoritär sein, aber er verlor niemals seine menschliche Note. Mit seinen frommen Schriften eroberte er das Herz der Deutschen. Er hatte einen sechsten Sinn, der ihm den Zugang zur manchmal seltsamen Welt der Psalmen und Propheten, der Evangelien und des Paulus ermöglichte. Die hebräische Welt lag ihm ebenso im Blut wie das Neue Testament.

Es wäre jedoch ein Fehler zu glauben, die lutherische Reformation sei allein sein Werk gewesen. Wie der Schweizer Ulrich Zwingli, der Hebräer Reuchlin und sein Schüler Philip Melanchthon wurde auch Luther stark vom Humanismus beeinflusst. Viel schuldete er auch seinem großen augustinischen Mentor Johann von Staupitz und dessen mystischer Betonung der Liebe und Gnade Gottes. An der kleinen Universität Wittenberg arbeitete Luther mit einer Gruppe hervorragender Linguisten zusammen und traf große Künstler wie Lucas Cranach.

Unten: Ulrich Zwingli war ein katholischer Priester, der zum protestantischen Reformator wurde. Wie Luther predigte er, dass nur Gott die Gnade der Erlösung gewähren konnte.

Außerhalb Wittenbergs war er Teil eines Netzwerks aus Predigern, Gelehrten und Laien in Kaiserstädten wie Augsburg und Nürnberg. Ohne die Hilfe von Fürsten wie Friedrich dem Weisen von Sachsen oder Philipp von Hessen hätte Luther jedoch niemals das Hindernis überwinden können, in den Augen des Reichs ein Rebell und in denen des Papstes ein Ketzer zu sein. Vor allem wurde er aber von der Bevölkerung getragen. In den drei Jahrzehnten nach 1518 wurden sechs Millionen Flugblätter und Bücher über die Reformation verfasst, und ebenso wichtig waren Zehntausende leidenschaftliche Predigten. Man sollte diese nicht als reine Propaganda abtun, denn sie warfen ein neues Phänomen in der europäische Kultur auf: die öffentliche Meinung als Schlüssel zu gesellschaftlicher Veränderung.

Das Evangelium der Gnade

Das Luthertum konnte Wurzeln fassen, weil Luthers Ideen Unterstützung seitens der Gelehrten, Politiker und der Bevölkerung erhielten. Als Prediger, Priester und Beichtvater regte er sich sehr über die sogenannten Ablassbriefe auf, die von der Kirche ausgehändigt wurden. In ihrer groberen Fom sagten sie aus, dass man Gottes Absolution für Sünden mit Geld erkaufen konnte. Daraus entwickelte sich eine größere Sorge um den Kern der Evangelien. So wie Luther es sah, war Gott in erster Linie ein Gott der Gnade und der Vergebung. Als sich die Kirchenhierarchie inklusive des Papstes hinter den Ablasshandel stellte, war er endgültig davon überzeugt, dass die letzte Autorität in der Kirche im Wort Gottes lag, das durch die Heilige Schrift

Links: Martin Luther gilt als Begründer der Reformation. Seine Theologie forderte die Autorität des Papstes heraus, indem er lehrte, dass die Bibel die einzige Quelle göttlicher Weisheit sei.

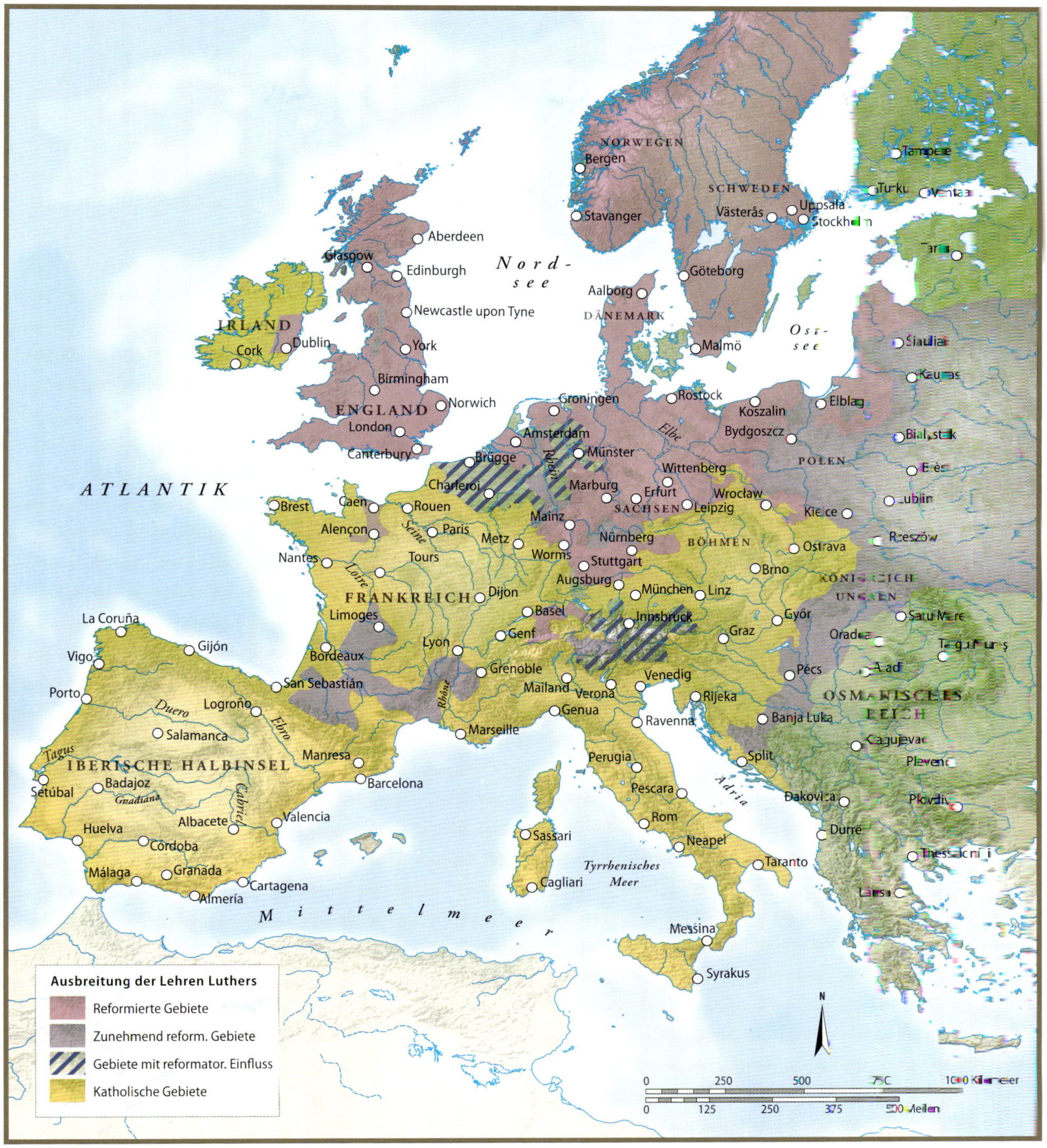

Unten: Martin Luther lehrte, übersetzte und predigte die Bibel. Die Lutherbibel trug zur Weiterentwicklung der modernen deutschen Sprache bei und ist ein Meilenstein der deutschen Literatur.

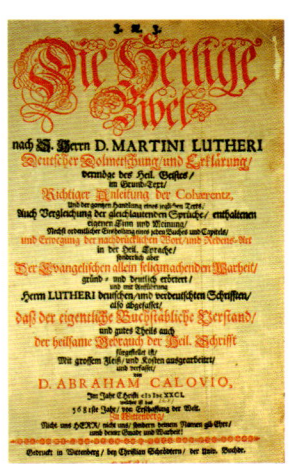

Ausbreitung der Lehren Luthers

- Reformierte Gebiete
- Zunehmend reform. Gebiete
- Gebiete mit reformator. Einfluss
- Katholische Gebiete

vermittelt wird. Verurteilten die Kirchenfürsten also diejenigen, die dieses Evangelium der Gnade unterstützten, repräsentierten sie letztlich den Antichristen.

Luther kritisierte Herrscher, Fürsten und Magistrate, aber diese hatten eine fast bischöfliche Rolle in der Kirchenführung inne. Das Luthertum neigte dazu, gesellschaftlich konservativ zu sein und die Unterschiede der Stände als gottgegeben zu betrachten. Als es 1524–1525 zu den großen Bauernaufständen kam, bei denen die Bauern die Unterstützung der Heiligen Schrift in ihrem Kampf gegen die Leibeigenschaft einforderten, war Luther empört. Die Freiheit der Evangelien war spirituell zu verstehen, nicht politisch.

Das Luthertum, das in den 1520er-Jahren in den Städten und Fürstentümern Deutschlands aufkam, drehte sich in erster Linie um die Heilige Schrift und den Glauben an die Gnade Gottes. Das persönliche Gewissen hatte einen

hohen Stellenwert. Alle Begabungen, auch die weltlichen, waren heilig. Prediger vermittelten keine Erlösung, deshalb waren sie wie alle anderen und wurden nur für ihr Talent als Übersetzer der Schrift ausgewählt. 1530, beim berühmten Augsburger Bekenntnis, wurde die Kirche neu definiert, als sich die Gläubigen zur Predigt des Worts, zur Taufe und zum Abendmahl versammelten.

NATIONALISMUS UND RELIGION WERDEN EINS

Die Reformationen trafen mit dem Aufkommen des Nationalismus und der Staatengründung zusammen. Katholische und protestantische Monarchen, Fürsten und Magistrate sahen sich als verantwortlich für den Glauben ihrer Untergebenen. Außer bei Radikalen wie den Anabaptisten ging man davon aus, dass innerhalb eines Gebiets Einigkeit bei Doktrin und Andacht herrschen musste. Die nationale und religiöse Identität wurde als gleich betrachtet, obwohl sich örtliche Traditionen oft weiter gegen die Macht der Höfe und Kirchen durchsetzten.

DIE RADIKALE REFORMATION

Ab 1545 widmeten die Gelehrten ihre Aufmerksamkeit vermehrt radikalen Gruppen wie den Täufern. Obwohl sie im Verhältnis zu den Katholiken, Lutheranern oder Calvinisten nur wenige waren, boten sie politisch, gesellschaftlich und theologisch markante Alternativen zu den anderen Reformationen. Einige Täufergruppen stammten aus der Schweiz und legten großen Wert auf die Gewaltlosigkeit, die im Neuen Testament gepredigt wird. Andere im Gefolge von Andreas Karlstadt und Thomas Müntzer in Sachsen befürworteten eine Religion des Geistes, und wieder andere hatten ausgeprägt apokalyptische Sichtweisen.

Unten: Radikale Reformatoren liehen sich einige Elemente aus dem Calvinismus. Zunächst hielten sie ihre Andachten in der Umgangssprache ab und forderten die Gläubigen auf, die Bibel in ihrer eigenen Sprache zu lesen. Später gingen sie aber noch viel weiter.

Aufstieg der Täufer

Die Täufer in Süddeutschland glaubten, dass ihre Mitglieder – viele von ihnen Handwerker – durch die umgangssprachliche Übersetzung des Neuen Testaments durchaus in der Lage waren, die Schriften selbst zu interpretieren. Thomas Müntzer bezog sich, wie auch andere Radikale,

auf den mittelalterlichen Mystizismus, gab ihm aber einen neuen Anstrich. Er brach mit Luther und behauptete, dieser würde zu einem neuen Papst, wäre zu eng mit den Fürsten verbündet und ließe keinen Raum für den persönlichen Ausdruck des Glaubens. Die Täufer hatten keine professionellen Geistlichen. Kleine Gruppen studierten miteinander die Bibel, um so Probleme zu lösen: Sollte man jemals Waffen benutzen? Sollte man Kinder taufen? Durfte man im Wirtshaus trinken? Die meisten Radikalen glaubten, dass nur ein Erwachsener sich für den wahren Glauben entscheiden konnte und die Taufe eines Kindes aus diesem Grund falsch sei. Frommen Worten und Akademikern gegenüber waren sie misstrauisch. Ein beliebtes Sprichwort lautete: „Je gelehrter, desto verdrehter." Auch die Betonung auf den Leidensaspekt der Mitgliedschaft ist ein Merkmal der Täufer.

Die Täufer nahmen Bräuche aus dem Mittelalter wieder auf und kombinierten sie mit dem biblischen Thema des Bundes. Sie hatten ein tiefes Verständnis für die Brüder-

Links: Im Zuge der Reformation gründeten sich Gruppen radikaler Protestanten, welche die Doktrin der katholischen und protestantischen Kirchen ablehnten. Wegen ihrer Suche nach einem wahrhaftigen Christentum wurden sie oft hingerichtet.

und Schwesternschaft in Christus, denn so wie das Brot beim Abendmahl, das aus vielen Körnern besteht, eins ist, so sind auch sie eins. Denen gegenüber, die ihnen nicht zustimmten, waren sie sehr tadelnd. Die Hutterer, die jahrzehntelang in Osteuropa florierten, waren der Ansicht, alles teilen zu müssen. Später bei den Mennoniten, die erst in den Niederlanden und dann in Amerika sehr einflussreich wurden, war die Gemeinschaftsdisziplin allesentscheidend.

Verfolgung und Unterdrückung

Warum wurden die Täufer von den katholischen und protestantischen Autoritäten so brutal verfolgt und oftmals als Verhöhnung der Erwachsenentaufe ertränkt? Einige waren Pazifisten, aber ihr Bruch mit dem Christentum und die Vorstellung, dass die Kirche und die Gesellschaft den gleichen Stellenwert haben sollten, war für den Zeitgeist zutiefst anstößig. Andere Gruppen waren in der Hoffnung, eine fairere und freiere Gesellschaft aufzubauen, in die Bauernaufstände verwickelt – und deshalb verdächtig. Wieder andere, wie diejenigen, die 1534–1535 in Münster ein neues Jerusalem gründen wollten, waren apokalyptische Träumer, deren Exzesse und Gewaltausbrüche dazu genutzt wurden, alle Täufer über einen Kamm zu scheren.

Ein Großteil des Widerstands, den sie erzeugten, stammte von ihren mutigen Experimenten mit neuen Formen des gemeinschaftlichen Lebens und ihrem unerschütterlichen Glauben daran, nach ihrem eigenen Verständnis leben und ihre Religion ausüben zu dürfen. Dies empfanden die Stadtverwalter und Fürsten als Beleidigung, da sie glaubten,

dass die Täufer nicht nur ihre eigene Erlösung gefährdeten, sondern auch eine Bedrohung für die Autorität von Kirche und Staat darstellten. Die Täufer konnten sich nur heimlich treffen, was natürlich zur der Annahme führte, sie hätten etwas zu verbergen. Zum Glück haben aber eine erstaunliche Anzahl ihrer Schriften, Berichte über ihre Martyrien und ihre Hymnen die Zeit überdauert. Diese Dokumente sind Zeugnisse für ihren persönlichen Mut, aber auch für ihr Verständnis des Glaubens, der heiligen Schriften und der Gesellschaft, die viele von uns noch heute faszinieren.

THOMAS MÜNTZER

Thomas Müntzer war ein ehemaliger Priester, der sich Martin Luther anschloss. Als Pastor in der kleinen sächsischen Stadt Allstedt übersetzte er 1523–1524 die Andachten auf Deutsch, damit seine Gemeinde Zugriff auf die Bibel erhielt und um sie im christlichen Leben zu unterweisen. Jeder – nicht nur ein paar Auserwählte – sollte etwas über die Heiligkeit erfahren. Grobe, ungehobelte Bauern reagierten, so glaubte er, wie die Jünger Jesu am ehesten auf den Ruf Christi. Zudem war er der Ansicht, dass man auch unter Juden und Türken die Auserwählten Gottes finden würde.

Rechts: Thomas Müntzer und seine Anhänger waren Täufer, die mit ihren utopischen Ansichten sehr weit gingen. Täufer galten gemeinhin als verdächtig, und erst durch die pazifistischen Mennoniten erhielten sie später etwas Respekt.

DIE REFORMERISCHE TRADITION

Rechts: Johannes Calvins Interpretation des Christentums beeinflusste Anhänger des Protestantismus in Europa und Nordamerika. Seine Theologie hatte großen Einfluss auf die Entstehung der modernen Welt.

Die lutherische Reformation betraf überwiegend Deutschland und Skandinavien. Luthers Ideen drangen jedoch auch in den Rest Europas vor, selbst bis nach Schottland und Polen, da enthusiastische Studenten aus Wittenberg seine lateinischen Schriften mitbrachten. Diese mussten jedoch übersetzt und angepasst werden. In Zürich und Basel sowie auch in Süddeutschland war jedoch eine bürgerlichere, weniger liturgische Form des Protestantismus in Erscheinung getreten, die mehr Freiheit von der Autorität der Fürsten genoss. Der Schweizer Protestantismus hatte republikanische Merkmale und wurde stark von den Belangen des Alltags beeinflusst.

Im Großteil West- und Osteuropas, inklusive Italien, setzte sich vor allem der Calvinismus durch. Johannes Calvin (1509–1564) repräsentierte die zweite Generation

Calvinismus ein Jh. nach d. Entstehen
- ■ Katholische Gebiete
- ■ Lutherische Gebiete
- ■ Calvinistische Gebiete

der Reformation. Er war aufgrund seiner Ansichten gezwungen worden, aus Paris zu fliehen, und die Bewegung, die er in den 1530er- und 1540er-Jahren in Genf gründete, war von seinen Erfahrungen mit Exil und Verfolgung geprägt, die er mit vielen anderen teilte.

Eine Bewegung von und für die Menschen

Der Calvinismus war puristisch, hart und entschlossen. Er präsentierte eine internationale Sichtweise und verbreitete sich von Genf aus nach Frankreich, in die Niederlande, ins Rheinland, nach Polen, Ungarn und Italien. Wenn Luther der Karl Marx der Reformation war, so war Calvin ihr Lenin – er war ein meisterhafter Stratege. Nach den turbulenten 1520er-Jahren, den Unruhen durch die Bauernaufstände 1524–1525 und der religiösen Teilung in den 1530ern und 1540ern sehnten sich die Menschen nach Ordnung und Sicherheit, die Calvin ihnen bot. Nicht umsonst wird Calvin oft mit dem Gegenreformatoren Ignatius von Loyola, dem Gründer der Jesuiten, verglichen.

1536 schrieb Calvin als junger Mann *Institutio christianae religionis*. Das Werk durchlief mehrere Überarbeitungen, blieb im Grundsatz aber gleich und bot eine umfassende Einsicht in die Kirche und Theologie. Für Calvin lieferte die Bibel nicht nur spirituelle Richtlinien, sondern einen tatsächlichen Entwurf für den Aufbau der Kirche: Lehrer, Pastoren, Laien, Älteste und Diakone sollten alle in Synoden zusammenarbeiten. Der Calvinismus begeisterte die einfachen Menschen für die Führung der Kirche. Es war deshalb wenig überraschend, dass Calvin

Links: Einige Tage vor seinem Tod besuchten Vertreter der Kirche Johannes Calvin. Er erzählte von seinem Leben in Genf und den Mühen, die er auf sich genommen hatte. Calvin wurde in einem anonymen Grab beigesetzt.

auch viele Anwälte, Lehrer, Magistrate und Adlige anzog, die darauf brannten, die Gesellschaft zu reformieren. Der Calvinismus wird auch als realistischer Utopismus bezeichnet. Calvin war davon überzeugt, dass man Gottes freien Willen in der menschlichen Gesellschaft realisieren konnte.

Calvin und sein Glaube

Ursprünglich hatte Calvin als Dozent für die Heilige Schrift und dann als Pastor in Genf gearbeitet. Er war ein herausragender Gelehrter, der sehr gut Griechisch und Hebräisch sprach. Seine Kommentare zu 23 Büchern der hebräischen Bibel und allen des Neuen Testaments (mit Ausnahme der Offenbarung) werden noch heute gelesen. Seine Autorität bezog er vor allem aus der Tatsache, wie er seine biblische und patristische Gelehrsamkeit auf zeitgenössische Themen anwendete. Calvins biblische und historische Argumente gegen die Ansprüche des Papsttums und der Kirchentraditionen überzeugten viele. Seine Priorität lag, wie auch bei Martin Bucer in Straßburg und Ulrich Zwingli in Zürich, in den Bereichen Erziehung und Moral – z. B. die Bereitstellung des Katechismus und der Predigten für normale Menschen und der besten biblischen Ausbildung für Pastoren. Die Genfer Akademie wurde zu einer Ausbildungsstätte für Missionare, die nach Frankreich, England, Schottland, Ungarn, Polen, Italien und in andere Länder geschickt wurden.

REINE DOKTRIN UND INTOLERANZ

Heutzutage gelten Calvins Doktrin der Prädestination und seine Sorge um Gemeinschaftsdisziplin als am kontroversesten. Während er in vielen Bereichen sehr tolerant war, akzeptierte er keinerlei Widerspruch auf Gebieten, die er als wichtig erachtete: eine reine Doktrin, Respekt für das Amt des Predigers und die Unversehrtheit des Abendmahls. Unverblümte Sünder und Freidenker hatten in seinen Augen nicht nur schlechten Einfluss auf ihre Nachbarn, sie besudelten auch die Ehre Gottes und gefährdeten so die ganze Gemeinde. Er kämpfte hart, aber erfolgreich um das Recht auf einen Kirchenrat: eine Gruppe von Pastoren und Ältesten, welche die Kirchendisziplin durchsetzten und Missetäter exkommunizierten.

Genf wurde für viele zu einem Leuchtfeuer der Frömmigkeit – vor dem einige flohen. Der Tod Michael Servetus', der 1553 verbrannt wurde, weil er die Dreifaltigkeit leugnete, wurde zu einem Symbol für Intoleranz. Neue Studien ergaben jedoch, dass ein Großteil der Arbeit des Kirchenrats aus der Klärung familiäre Streitigkeiten bestand.

Rechts: Für Johannes Calvin war die Dreifaltigkeit zentral für den christlichen Glauben. Er sah die göttliche Essenz als ungeteilt an – sie gehörte Vater, Sohn und Heiligem Geist gleichermaßen.

DIE ENGLISCHE REFORMATION

Die englische Reformation kam später als jene auf dem Kontinent, manifestierte sich als eine Folge von Vorstößen und Rückzügen und war sehr von der Initiative des Königshauses abhängig. Heutzutage ist sie untrennbar mit den vielen Ehefrauen Heinrichs VIII. verbunden, aber es wäre falsch, den religiösen Inhalt abzutun. Die Schönheit des *Book of Common Prayer* allein ist Zeugnis genug dafür.

Wie setzte sich die Reformation durch?

Die Frage, inwieweit die Bevölkerung die Reformation unterstützte, bleibt ungeklärt. Die Lollarden (die Anhänger John Wyclifs) waren in alle Winde zerstreut, aber zusammen mit der generellen Unzufriedenheit mit der Kirche und den reformatorischen Anliegen von Humanisten (wie John Colet) sicherten sie den lutherischen und reformatorischen Ansichten, die langsam entlang der Handelsrouten ihren Weg nach England fanden, einen offenen Empfang.

Im späten Mittelalter hatte die katholische Frömmigkeit floriert, genau wie der Aberglaube rund um Reliquien und Pilgerfahrten, der von den Humanisten so verspottet wurde, sowie der Machtmissbrauch der Kirchenoberen.

Heinrich VIII., der von 1509 bis 1547 regierte, war kein theologischer Radikaler. Er machte sich einen Namen als Verteidiger der sakramentalen Orthodoxie und wurde dafür in einem von Luthers beißenden Flugblättern gebührend attackiert. Als ihm die päpstliche Rechtsprechung jedoch bei der „Entsorgung" seiner ersten Ehefrau Katharina von Aragon im Weg stand, brach er mit Rom und erklärte seine eigene Vorherrschaft über die Kirche. England war ein Imperium! Der bewusste Widerspruch seines Kanzlers, Sir Thomas More, zu dieser Entscheidung führte zu dessen Hinrichtung. Klöster und Kantoreien (die Messen für die Toten abhielten) wurden aufgelöst, und eine vorsichtige biblische Reformation nahm ihren Anfang. All das hätte aber ohne beträchtliche Unterstützung aus dem Volk für die protestanische Sache nicht funktionieren können. Erzbischof Cranmers *Book of Common Prayer* von 1549 sorgte dafür, dass diese Unterstützung still und leise zunahm. Unter Edward VI. wurden die Ansätze der reformatorischen Theologie und Praktiken weiter gestärkt, und Maria Tudors Herrschaft (1553–1558) war zu kurz, als dass sich der Katholizismus wirklich hätte erholen können. Tatsächlich sorgte der Märtyrertod Cranmers und anderer, der in John Foxes *Foxes Buch über die Märtyrer* (erschienen 1554) dramatisch beschrieben wurde, für eine fast geschlossene Opposition gegen die alte Kirche.

Das protestantische England

Die lange Herrschaft Elisabeths I. (1558–1603) brachte den endgültigen Triumph des Protestantismus. Die theologische Basis der elisabethanischen Reformation – die Neununddreißig Artikel – hatte einen protestantischen, teils gar calvinistischen Anklang, aber die klassischen bischöflichen Strukturen, die engen Kontakt zwischen der Kirche und dem Hof befürworteten, wurden beibehalten. Auch an klerikalen Gewändern, Kruzifixen, Kirchenkunst und Musik hielt man fest. Der Laienstand hatte so viel Hin

EINE NEUE WELT

Gesellschaftlich gesehen hatte die Reformation auf die Familie und die Rolle der Frau wohl nur wenig Auswirkungen. Dennoch stellte das Familienleben des verheirateten protestantischen Pastors ein neues Ideal dar. Im 1560 erschienenen *Book of Discipline* der Church of Scotland wurde Armut als gesellschaftliche und nicht als individuelle Verantwortung betrachtet, und der örtlichen Schule wurde eine größere Bedeutung beigemessen. Der Elan der neuen katholischen Orden in Bezug auf Sozialarbeit, Erziehung und Missionsarbeit war ebenso beeindruckend. Eine neue Welt stand kurz vor ihrer Geburt.

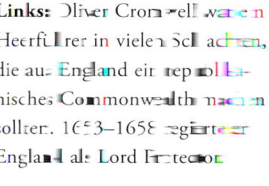

Oben: In den Monaten nach der Krönung Elisabeths I. stellte sie die protestantische Kirche Englands wieder her und wurde zum Oberhaupt der Church of England, um die Katholiken zu besänftigen.

und Her miterlebt, dass dieser feste Kurs, der auf einer überarbeiteten Version des *Book of Common Prayer* und der Führung der Königin basierte, scheinbar genau das war, was jeder wollte. Die überwältigende Mehrheit des Klerus legte den erforderlichen Eid ab. Bei all dem durfte man aber die Kraft der restlichen katholischen Enklaven oder die Entschlossenheit des puritanischen Flügels, inklusive einiger Bischöfe, nicht unterschätzen. Es war eine Zeit erbitterter religiöser Konflikte in den Niederlanden und Frankreich, und England war davon nie ganz isoliert. Martin Bucer, der Straßburger Reformator, lehrte in Cambridge, nachdem ihn das Interim von 1548 ins Exil gezwungen hatte. Der Rat und die Bücher der reformierten Anführer Bullinger in Zürich und Beza in Genf waren ebenfalls sehr einflussreich. Wichtig waren auch die Verbindungen zu Schottland, wo man seit 1560 eine calvinistische Form der Frömmigkeit praktizierte.

Wegen der Konfrontation mit der Spanischen Armada gegen Ende der langen Herrschaft Elisabeths I. wurde der Katholizismus mit dem Staatsfeind in Verbindung gebracht, aber auch nach dem Tod der Königin waren die ungelösten Konflikte innerhalb der Kirche noch immer sichtbar. Unter den Stuarts kamen dann die autorisierte Version der Bibel und die aggressive Politik Erzbischof Lauds. Auf der anderen Seite standen der aufkeimende „Stumpf-und-Stiel"-Puritanismus sowie die kongregationalistischen und baptistischen Tendenzen, die im Republikanismus der Armee und Oliver Cromwells im Bürgerkrieg von

1642 zusammentrafen. Mit der sogenannten Stuart-Restauration von 1660 trat schließlich der Anglikanismus, wie wir ihn heute kennen, zum Vorschein, aber der noch immer existierende Katholizismus und Nonkonformismus erinnern in England an die verschiedenen Stufen der englischen Reformation.

Links: Während der englischen Reformation wurden hölzerne Kommunionstische durch steinerne Altäre ersetzt. Allein diese Maßnahme veränderte das Aussehen und den Fokus des Kircheninneren grundlegend.

UMGANGSSPRACHLICHE BIBELN

Gegenüber: Martin Luther übersetzt das Neue Testament ins Deutsche. Die Lutherbibel führte zu weiteren protestantischen Versionen in Französisch, Niederländisch und Englisch.

Die Begeisterung, die durch die Bibel in Französisch, Deutsch, Englisch und weiteren Sprachen im 16. Jh. in Europa ausgelöst wurde, war in der Religionsgeschichte einmalig. Die 66 Bücher, aus denen die Heilige Schrift mit ihren antiken Gesetzen, der Geschichte des jüdischen Volks, den dunklen Prophezeiungen, den vielfältigen Evangelien und Episteln des Paulus besteht, wirkten im frühmodernen Europa sehr fern. Ursprünglich in Hebräisch und Griechisch und später in ihrer lateinischen Form war die Bibel dem belesenen Klerus vorbehalten gewesen, und es schien unwahrscheinlich, dass sie in ihrer umgangssprachlichen Version so rasch vom Laienstand als Wegweiser zur Erlösung und zu einem gottgefälligen Leben angenommen würde. Und doch verbreitete sie sich wie ein Lauffeuer unter den Kulturen Europas.

Die Bibel stand schon immer im Mittelpunkt der Kirche. Die Psalmen lieferten das Rückgrat der monastischen Liturgie. Die bekannten Bilder Adam und Evas, Lots zur Salzsäule erstarrter Ehefrau, Daniels in der Löwengrube sowie die Darstellung der Geburt, des Lebens und des Todes Jesu schmückten Zehntausende Schnitzereien und Buntglasfenster. In England hatte die Verwendung einer umgangssprachlichen Bibel durch die „ketzerischen" Lollarden zu deren Verbot geführt. In anderen Ländern war das nicht der Fall, aber die Übersetzungen waren meist unbeholfen und hölzern. Die Druckerpresse ermöglichte schließlich auch Laien einen völlig neuen Zugang zur Bibel.

Die zentrale Heilige Schrift

Durch die humanistischen und protestantischen Reformationen veränderte sich die Situation schlagartig. Für Reformatoren wie Erasmus, Luther und Calvin wies die Bibel

Unten: Der von Gelehrten und Kirchenhistorikern gleichermaßen als „Vater der englischen Reformation" verehrte William Tyndale übersetzte und veröffentlichte die erste moderne englische Ausgabe der Bibel.

den Weg zurück zum wahren Glauben. Durch die Heilige Schrift, so glaubte man, richtete sich das lebendige Wort Gottes direkt an die Gläubigen und wies ihnen den Weg in die Zukunft. Man sollte jedoch bedenken, dass die meisten Menschen – nur 5% der Bevölkerung konnte damals lesen – mit der Bibel nicht durch das geschriebene, sondern durch das gesprochene Wort in teils dramatischen Predigten in Kontakt traten. 1523–1524 strömten etwa die Menschen aus den kleinen Dörfchen rund um Allstedt heran, um Thomas Müntzer predigen zu hören – ähnlich verlief es in ganz Europa. Diejenigen, die lesen konnten, trafen sich in kleinen Bücherclubs – wie wir sie heute nennen würden – und sinnierten über die Propheten oder die Paulusbriefe. Die einfachen Menschen nahmen die biblischen Lehren und Geschichten durch die reformatorischen Predigten auf, die der zeitgenössischen Kirche und Gesellschaft den Spiegel vorhielten und das Gefühl der Gemeindemitglieder bestätigten, dass etwas nicht stimmte und dringend verändert werden musste.

Angeführt wurde dieser Angriff von einer Gruppe genialer Übersetzer. Martin Luther argumentierte, dass ein Übersetzer nicht nur die Bibelsprache in- und auswendig kennen, sondern auch ein Gehör für die Art und Weise, wie die Menschen auf dem Markt oder zu Hause sprachen, haben musste – denn er musste beide Welten kombinieren. Die antiken, kompromisslosen und inspirierenden Prophezeiungen Jesajas mussten z. B. an die Realität angepasst werden. Laien wie die Schriftstellerin Argula von Grumbach, welche die Schrift las und sie in ihren bayerischen Kontext setzte, konnten mit Fug und Recht behaupten, „mit Jeremia" oder „mit Paulus" zu sprechen.

So wurde die Heilige Schrift in ganz Europa verbreitet. 1523 entstand aus Luthers Neuem Testament eine lebenslange Verpflichtung, zusammen mit seiner Gruppe von Gelehrten die gesamte Bibel zu übersetzen. Damit wurde die Bibel in der deutschen Sprache verankert und bereicherte sie gleichzeitig. Die Sprache, die man im Heiligtum sprach, war die gleiche, die man im Alltag benutzte. Die kulturelle Bedeutung einer solchen Leistung ist unermesslich, weil sie den Graben zwischen dem Heiligen und dem Weltlichen überbrückte. Zum Glück wurde dabei aber die Botschaft der Bibel niemals bagatellisiert oder vulgarisiert.

Die englische Bibel

William Tyndales großartige Übersetzung des Pentateuchs (der ersten fünf Bücher der jüdischen und christlichen Bibeln) und des Neuen Testaments bildete die Grundlage mehrerer englischer Bibelausgaben. 1536 wurde Tyndale für seine Arbeit in Brüssel auf dem Scheiterhaufen hingerichtet. Auch die Genfer Version von 1560 mit ihren Randbemerkungen wurde sehr einflussreich. 1611 erwies sich eine von König Jakob I. (James I.) autorisierte Version als Gipfel der englischen Übersetzungen. 1610 bot die Douai-Überstzung schließlich eine verhältnismäßig latinisierte Version für die englischen Katholiken.

REFORMATIONSHYMNEN

Oben: Gregorianische Choräle stammten ursprünglich aus den Klöstern und wurden neunmal am Tag gesungen. Auch das Singen von Psalmen war Teil des Mönchslebens.

✝ Auch in unserer heutigen Gesellschaft hinterlässt Musik tiefe Eindrücke in der Erinnerung und im Herzen. Im 16. Jh., als nur wenige lesen und sich kaum jemand ein Buch leisten konnte, geschah dies noch viel stärker. Im Heim, in der Kirche, im Wirtshaus oder auf dem Marktplatz lagen die Lieder auf jedermanns Lippen. Eine Hymne ließ sich schnell auswendig lernen und war noch dazu kostenlos. Volkslieder waren nicht nur in den Dörfern und Städten beliebt, sondern auch in den Schulen, Universitäten und an den Höfen. Jeder mochte Musik.

Vor allem bei der lutherischen Reformation hatte man das rasch begriffen. Für Luther war Musik eines der größten Geschenke Gottes. Er wurde oft als „Nachtigall von Wittenberg" oder als Lautenspieler dargestellt und komponierte auch selbst Hymnen, von denen z. B. „Ein' feste Burg ist unser Gott" noch heute gesungen wird. Luther verband neue Wörter auf geniale Weise mit mittelalterlichen Melodien – einige von ihnen eher weltliche Liedchen, andere andächtige Lieder für Heilige oder Maria. Auf diese Weise reisten reformatorische Ideen sozusagen huckepack auf Melodien, die seit Generationen bekannt waren. Ab 1524 wurden kleine Sammlungen von Luthers deutschen Hymnen gedruckt. Zusammen mit der umgangssprachlichen Bibel, den Flugblättern und den Predigten waren diese Hymnen verantwortlich für die Verbreitung der Botschaft Gottes.

Hymnen in der Kirche

Ein wichtiger Schritt war die Einführung der umgangssprachlichen Loblieder in der Andacht. Zuvor hatten die Chöre der Kathedralen wunderbare mehrstimmige Musik auf Latein gesungen. Dafür brauchte man aber eine umfangreiche Gesangsausbildung. In den Pfarrkirchen hatte nur der Priester gesungen. Nun sang die Gemeinde zusammen Loblieder in ihrer Muttersprache – eine wundervolle Erfahrung, die sie einander näher brachte. Lieder verbinden Körper und Geist, das Individuum und die Gemeinde auf einzigartige Weise, und jeder kann mitmachen. Zu Weihnachten sangen die Kinder z. B. Luthers „Vom Himmel hoch da komm ich her", nachdem sie das Jesuskind in die Krippe gelegt hatten.

Hause, die in der Verantwortung des Hausherrn lagen und von den Reformatoren intensiv befürwortet wurden. Durch diese Hymnen entwickelten Laien ihre persönliche Frömmigkeit, die manchmal gegensätzlich zu den Wünschen der kirchlichen oder weltlichen Autoritäten war. Gelegentlich wurden die Loblieder auch als Form des Protests zur Unterbrechung katholischer Messen genutzt. Je mehr sich der Konflikt zwischen Protestanten und Katholiken verhärtete, desto mehr Hymnen verfolgten propagandistische Ziele, ähnlich wie Balladen, die den Gegner anprangerten. Für die Täufer hatten die Loblieder im Angesicht von Ertränkungen, Verbrennungen und Enthauptungen eine besonders tröstliche Funktion: „Liebe überwindet alles – Wasser, Feuer, das Schwert können sie nicht besiegen", schrieb der Prediger Hans Betz.

Kongregationalistische Psalmen

Einige Protestanten, z. B. Ulrich Zwingli in Zürich, sahen die Hymnen aber eher als unnötige Ablenkung vom reinen Wort Gottes an, und obwohl er selbst ein guter Musiker war, verbannte er die Loblieder aus dem Gottesdienst. Auch die Calvinisten waren unglücklich über die Nutzung weltlicher Musik und beschränkten die Musik, die in ihren Kirchen gesungen werden durfte, auf biblische Psalmen. Die in metrischen Versen mit speziell für sie komponierten Melodien arrangierten Psalmen wurden jedoch zu einem mächtigen Werkzeug, um den Gläubigen Frömmigkeit „einzuimpfen". An Straßenecken gesungen konnten sie auch eine Art Protest sein. Das Singen kongregationalistischer Psalmen bürgerte sich von Ungarn bis nach Schottland ein.

Die protestantischen Andachten bewegten sich vom Visuellen weg zum gesprochenen Wort. Die in der Muttersprache gesungenen Hymnen sorgten aber dafür, dass die ideenreiche Welt der Bibel und die Tiefe der religiösen Erfahrung in den Gläubigen auch weiter nachhallte und dass die emotionale Lebendigkeit der Frömmigkeit und des Gottesdienstes nicht verloren gingen.

Hymnen waren auch in den Unterrichtsplänen der Schulen wichtig – nicht nur den lutherischen. 1586 schrieb ein Jesuitenlehrer an seinen Vorgesetzten: „Ein Jahr lang arbeitete ich mit den Dorfjungen, aber sie merkten sich kein Wort des Vaterunsers. Aber jetzt, wo sie gelernt haben zu singen, lernen sie das apostolische Glaubensbekenntnis und die zehn Gebote in wenigen Stunden."

Noch wichtiger aber war, dass die Lieder auch die ganze Woche über gesungen wurden, z. B. bei den Andachten zu

Links: Gregorianische Choräle sind musikalisch sehr vielfältig. Sie reichen von einfachen Vorträgen bis zu komplexen Melodien, für die man eine Gesangsausbildung benötigt. Choräle werden oft bei der Graduale gesungen.

Links: Für den Reformator Martin Luther war Musik ein wichtiger Teil der Andacht. Er schrieb und druckte Loblieder, die von Gläubigen zu Hause oder im Gottesdienst gesungen werden konnten.

KATHOLISCHE REFORM

Weit vor den protestantischen Reformationen gab es von Spanien und England bis nach Italien und Deutschland bereits Reformen innerhalb der „alten Kirche" – humanistische, monastische, mystische und institutionelle. Das Fünfte Laterankonzil (1512–1517) ließ bereits wichtige Schritte zur Erneuerung des Bischofsamts, zur Verbesserung der Ausbildung und Moral des Klerus sowie zu einem besseren Kontakt zum Laienstand vorausahnen. Man sollte die katholische Reform aber nicht nur als Antwort auf den Protestantismus sehen. Zumindest anfangs hatten Reformatoren wie Luther noch gehofft, aus dem Katholizismus heraus arbeiten zu können. Dennoch ist es nicht zu leugnen, dass der Schock, den der protestantische Bruch mit Rom auslöste, katholische Herrscher wie Karl V.

wachrüttelte. Plötzlich verlangten sie, dass die persönlichen Interessen und die Korruption, die einer Erneuerung des Katholizismus im Weg standen, angegangen werden mussten und dass man eine vernünftige doktrinelle Antwort auf die lutherische und zunehmend auch auf die calvinistische Herausforderung fand.

Das Konzil von Trient

Einige einflussreiche Katholiken glaubten, dass eine Reform des Katholizismus moderate Protestanten zur Rückkehr bewegen könnte. Aufgrund ihrer eigenen Studien des Paulus stimmte diese „evangelikalen" Katholiken den lutherischen Ansichten bis zu einem gewissen Punkt zu. Diese friedlichen Ansätze, die von Anfang an sowohl in Rom als auch in Wittenberg auf Misstrauen stießen, scheiterten jedoch beim Regensburger Religionsgespräch (1541). Dies öffnete dem von Papst Paul III. einberufenen Konzil von Trient, das 1545–1563 immer wieder zusammenkam, die

Handel mit Ablassbriefen hörte auf. Das Konzil erreichte die ersehnte Vereinigung der Kirche zwar nicht, und einige Konflikte wie die Oberherrschaft des Papsttums oder der Konzile konnten nicht geklärt werden. Dennoch läuteten die klar und deutlich formulierten Erlasse für die katholische Kirche eine neue, positive Ära ein.

Spirituelle Erneuerung

Die Reformen wurden von einer spirituellen Erneuerung der Kirche untermauert. Das lockere, aufgeschlossene Papsttum der Renaissance wich einer Abfolge reformatorischer Päpste. Die Kurie – die päpstliche Bürokratie – wurde nach und nach modernisiert, und die Verantwortung der Kardinäle wurde restrukturiert. Bischöfe standen an der Spitze des seelsorgerischen Einsatzes für die Ausbildung und die spirituellen Bedürfnisse der Laien. Katechismen wurden allgemein zugänglich. Der Pluralismus und das Erkaufen geistlicher Ämter hörten nicht über Nacht auf, aber es wehte definitiv ein neuer Wind.

Für die meisten Katholiken lagen die Vorteile der Reformen in der Verbesserung der Seelsorge und der Predigten. Die Verehrung der Sakramente und Marias hauchte den Bruderschaften neues Leben ein. Die Mitglieder versammelten sich zur Messe, nahmen an Prozessionen teil, verteilten Almosen und widmeten sich dem Gebet. In Dörfern und Städten halfen die Gruppierungen bei der Vereinigung der Gemeinde in der Liebe Gottes und bei der Gemeindearbeit.

Tür. Es hatte drei Ziele: die Vereinigung des Christentums gegen die türkischen Angriffe im Osten, die Reform des institutionellen Lebens in der Kirche sowie die Klärung der Lehren der Heiligen Schrift und der Tradition, der Rechtfertigungslehre und der Sakramente.

Die Erlasse des Konzils legten für Jahrhunderte den Standpunkt der katholischen Kirche fest. Man nahm eine ausgeglichene Position in Bezug auf die Heilige Schrift und die Traditionen an. Die traditionelle Vulgata-Version der Schrift wurde abgesegnet, und die Bibel sollte gemäß der Wahrnehmung der katholischen Kirche interpretiert werden. Die traditionellen sieben Sakramente wurden bestätigt.

Zu den wichtigsten Veränderungen gehörten die Stärkung der seelsorgerischen Funktion der Bischöfe und die Gründung von Seminaren zur Ausbildung von Priestern, auch wenn es noch Jahrzehnte dauern sollte, bis man die nötigen finaziellen Mittel aufgetrieben und die Widerstände gegen die Reformen überwunden hatte. Missbrauch wie der

Oben: Papst Paul III. berief das Konzil von Trient ein, um verschiedene Erlasse der katholischen Kirche zu formalisieren. Er nahm vor seinem Tod im Jahr 1549 an einigen Sitzungen in Trient und Bologna teil.

Unten: Der heilige Johannes vom Kreuz war eine bedeutende Persönlichkeit der katholischen Reformen. Seine Gedichte über spirituelles Wachstum und das Beten waren sehr einflussreich. Im Jahr 1726 wurde er heilig gesprochen.

VISIONEN UND POESIE

Der Mystizismus Teresa von Ávilas (1515–1582) und des heiligen Johannes vom Kreuz (1542–1591) wird zu Recht als eine der schönsten Blüten des Zeitalters der katholischen Reformen angesehen. Beide waren der Kirche treu ergeben, mussten sich aber mit dem Verdacht der Ketzerei herumschlagen. Die großartige Poesie des Johannes vom Kreuz gehört nach wie vor zu den schönsten Werken der spirituellen Literatur.

DIE INQUISITION

✠ Beim Gedanken an die Inquisition schaudern wir selbst heute noch. Im Angesicht der Willkür vieler Prozeduren, dem Netzwerk der Informanten, der Anwendung von Folter, der Weigerung, dem Angeklagten zu sagen, wer ihn angezeigt hatte, und des ganzen Phänomens der „Gedankenkontrolle" ist das verständlich. Öffentlich inszenierte „liturgische" Hinrichtungen von Ketzern dienten dazu, Andersdenkende einzuschüchtern. Die beiden Annahmen, die der Inquisition zugrunde lagen, waren, dass Sünder keine Rechte hatten und dass die Kirche als Träger der Wahrheit verpflichtet war, diese zu verteidigen. Doktrineller Widerspruch wurde als unmoralisch und kriminell abgestempelt. Besondere ins Visier genommen wurden aber Blasphemie, Sexualität und Magie.

Unten: Die Inquisition war gnadenlos bei ihrem Versuch, die Ketzerei in Europa auszurotten. Diejenigen, die zugaben, Ketzer zu sein, wurden gefoltert, und diejenigen die nicht aussagten, wurden auf dem Scheiterhaufen verbrannt.

Wer waren die Inquisitoren?

Was die Zahlen und die Mentalität der Inquisitoren angeht, sollten wir vorsichtig sein. Eine neue Studie über katholische und protestantische Ketzerprozesse in Europa zwischen 1520 und 1565 ergab, dass es „nur" etwa 3000 gewesen waren. Die Inquisitoren und ihre Anhänger waren meist Menschen mit festen Prinzipien, Kreuzfahrer und Reformatoren, die daran glaubten, dass ihr Handeln zur Erlösung der Menschheit notwendig war. Es gibt mittlerweile hinreichend Beweise, dass Inquisitoren manchmal viel Geduld und seelsorgerische Bedenken hatten. Ironischerweise waren es gerade die Zyniker und Gleichgültigen, die sich gegen die Inquisition aussprachen.

Die ursprüngliche Inquisition durch die mittelalterlichen Bischöfe sollte Ketzerei aufspüren und ausmerzen. Das Wort „Inquisition" bedeutete nur „Untersuchung". Neu war im 16. Jh., dass die gesellschaftliche Kontrolle mithilfe einer professionelleren und zentralisierten Bürokratie wirksamer wurde. Hinzu kam, dass das Bedürfnis nach Einheitlichkeit im Angesicht der religiösen Konflikte immer weiter wuchs. Ein weiterer Faktor war, dass man im 16. Jh. kaum zwischen Ketzerei und Hochverrat unterschied. Die Religion war sozusagen der Zement, der die Gesellschaft zusammenhielt. Insgesamt unterstützte deshalb auch der säkulare Arm die Inquisition eifrig. In England und Frankreich verrichteten weltliche Gerichte einen Großteil der Arbeit der Inquisition. Der Uniformitätsakt Königin Elisabeths I. von 1559, der keinerlei Widerspruch von Katholiken oder Puritanern duldete, war entsprechend zu erwarten gewesen.

In Spanien und Portugal war die Inquisition eng mit den nationalistischen, monarchischen und gar rassistischen Belangen zur Vereinigung und Läuterung des Landes nach den Pogromen gegen die Juden seit dem 14. Jh. sowie der Vollendung des militärischen Kreuzzugs gegen die Mauren verbunden. So wurden Zehntausende Moriscos und Marranos (konvertierte Juden) nach der Einrichtung der Spanischen Inquisition durch König Ferdinand II. von Aragon und Königin Isabella I. von Kastilien im Jahr 1478 wegen Ketzerei angeklagt. Daneben gerieten auch Mystiker, Visionäre und die Anhänger des Erasmus in den Fokus. Protestanten wurden erst um 1560 zu einem Faktor.

Die Römische Inquisition, die 1542 von Papst Paul III. gegründet wurde, hatte ein anderes Ziel. Sie wandte sich in erster Linie gegen die aufkommende protestantische Bedrohung. Vor dem Konzil von Trient hatte es Raum für doktrinelle Diskussionen über Themen wie die Sakramente oder die Rechtfertigungslehre gegeben. In Neapel, Lucca, Venedig und an anderen Orten waren protestantische Gruppen aufgetaucht – manchmal mit Unterstützung berühmter Geistlicher, manchmal inspiriert von beliebten Predigern. 1541 scheiterte der Versöhnungsversuch mit den Lutheranern in Regensburg jedoch, und die Situation änderte sich. Obwohl in Rom weniger als 100 Ketzer hingerichtet wurden, unterdrückte man humanistische, aber auch

protestantische Gegenstimmen brutal. So standen 1559
etwa alle Werke von Erasmus auf dem *Index Librorum
Prohibitorum*. Durch die wachsende Zentralisierung und
den Klerikalismus war die Inquisition insbesondere der
Volkskultur und Frauen gegenüber mitleidslos. In Venedig
verschwand z. B. die gesamte Welt des Kunsthandwerks
von der Bildfläche.

Protestantische Intoleranz

Innerhalb des Protestantismus war man über das Recht und
die Notwendigkeit zwiegespalten, die Orthodoxie durchzusetzen. Prinzipiell hatte Luther argumentiert, dass man
das Gewissen nicht zu etwas zwingen konnte. Einflussreiche
Reformatoren wie der deutsche Theologe Johann Brenz
(1499–1570) lehnten die Todesstrafe für Täufer ab. Straßburg wurde zu einem Zufluchtsort für Andersdenkende.
Die Argumente des französischen Protestanten Sebastian
Castellio zugunsten der Toleranz überzeugten viele. Die
Verfolgung der Täufer wurde dennoch mit angeblicher
Blasphemie und ihrem störenden Verhalten gerechtfertigt.

So tragisch die verschiedenen Ausprägungen der Inquisition auch waren – auf kultureller, spiritueller und menschlicher Ebene –, erreichten sie doch niemals die Härte der
totalitären Kontrolle, wie man sie in der Neuzeit erlebte.
Die Verfolgung konnte hart sein, fand jedoch nur phasen-
weise statt. Intoleranz war damals kein Merkmal der
Gesellschaft an sich.

Oben: König Ferdinand und
Königin Isabella gründeten 1478
die Inquisition mit dem Ziel,
den katholischen Glauben in
ihrem Reich aufrechtzuerhalten.
Sie wurde erst 1834 formell
wieder abgeschafft.

Links: Wer bei der spanischen
Inquisition angeklagt wurde,
musste die Kleidung eines
Narren und eine Eselsmütze
tragen. Dieses Kostüm sollte
den Träger demütigen.

KAPUZINER UND JESUITEN

✝ Das Konzil von Trient, die neuen Orden und die Inquisition gelten allgemein als Säulen der Gegenreformation. Die Gründung der Kapuziner und Jesuiten hatte jedoch nichts mit einer Reaktion auf den Protestantismus zu tun– sie war vielmehr das Ergebnis innerkatholischer Dynamiken.

Die „Kapuzenbrüder"

Reformatorische Gruppierungen innerhalb der Franziskaner versuchten, den Orden wieder zu seiner ursprünglichen Reinheit und Armut zurückzuführen. 1528 und 1534 erhielten sie schließlich die päpstliche Genehmigung, den Kapuzinerorden zu gründen. Der Orden breitete sich rasant in ganz Europa aus und hatte 1536 bereits 310 Häuser mit jeweils etwa zehn Mitgliedern. Ihr Eifer für das Gebet und die Kontemplation war verbunden mit einer Leidenschaft für das Predigen. Durch ihre mutige Arbeit während der Pestepidemien und ihre Solidarität mit den Armen machten sich die Kapuziner einen Namen. Ihre Kleidung, Unterkünfte und Nahrung waren außerordentlich einfach. Sie gingen dorthin, wo die Leute sie brauchten, und dieser

Antrieb führte vor allem im 17. Jh. zu ihrer Missionsarbeit in Übersee. Interessanterweise kritisierte einer ihrer herausragendsten Anführer, Bernardino Ochino (1487–1564), die Inquisition und trat zu den Calvinisten über, obwohl er am Ende wegen des Themas der Vorherbestimmung auch mit ihnen brach.

Strenge Disziplin

Die dramatische Geschichte der Konvertierung des Jesuitengründers Ignatius von Loyola (1491–1556) wurde schon oft erzählt: die Kanonenkugel, die sein rechtes Bein und seine Militärkarriere zerschmetterte, die Nachtwache in Montserrat sowie die typisch spanische Entschlossenheit, sein ganzes Leben Gottes Werk zu widmen – ursprünglich mit dem Heiligen Land im Hinterkopf. Daraus entstand die Idee, einen Lehrorden für den Papst zu gründen, Schulen, Universitäten und Seminare für Jungen zu errichten, eine spezielle seelsorgerische Pflege zu entwickeln und sich in der Missionsarbeit „überall auf der Welt" zu engagieren. Diese wahrlich romantische Geschichte war jedoch mit eiserner Disziplin verbunden.

Links Ignatius von Loyola gründete die Jesuiten (die Gesellschaft Jesu). Er wurde zum Ordensgeneral gewählt und erfüllte dieses Amt bis zu seinem Tod 1556. Im Jahr 1622 wurde er heilig gesprochen.

Nach 1517 quälte sich Loyola durch die scholastische Ausbildung, während er bereits gleichgesinnte Freunde um sich scharte. Er bezog sich auf seine eigenen spirituellen Erfahrungen, die er später als *Geistliche Übungen* zu Papier brachte, um sie zu beraten. Das Buch enthielt Gebete, Meditationen und verschiedene mentale Übungen. In jener Zeit der weltweiten Expansion nahm das Buch den Einzelnen mit auf eine imaginäre Reise durch die Zeit, zurück bis zum Sündenfall und zur Vollendung aller Dinge. Diese biblische Pilgerfahrt, die alle Sinne mit einbezog, wurde von einer intensiven inneren Prüfung begleitet. Diejenigen, die sich mit den Übungen befassten, wurden dazu angeleitet, ihr Leben im Kontext der Ewigkeit und des ständigen kosmischen Kampfs zwischen Gut und Böse zu betrachten. Die Ehrung Gottes und die Errettung der Seelen waren keine abstrakten Konzepte mehr, sondern wurden in das eigene Leben einbezogen. Vernunft und Vorstellungskraft dienten dazu, den Willen von „zügelloser Zuneigung" zu befreien. Die Mitglieder des neuen Ordens, der 1540 vom Papst abgesegnet wurde, waren außerordentlich gut darauf vorbereitet, überall eingesetzt zu werden – bei Missionen im Ausland, in Schulen, Gefängnissen oder als Berater der wichtigsten Fürsten. Die Freiheit von den traditionellen liturgischen Verpflichtungen der Mönchsorden bedeutete

auch, dass Jesuiten sehr flexibel waren. „Die Welt ist unser Zuhause", sagte einer ihrer ersten Leiter, Jeronimo Nadal.

Wie die Kapuziner wuchsen auch die Jesuiten zahlenmäßig sehr schnell. Durch ihre herausragende Ausbildung standen sie an vorderster Front der polemischen Debatten mit den Protestanten (und rieten oft zum Verbrennen verdächtiger Bücher), ihre Hauptanliegen waren jedoch positiv: Seelen zu helfen, den Gläubigen Trost zu spenden und die katholische Kirche aufzubauen.

Die Privilegien, die der Papst den Jesuiten gewährte, gefielen anderen Orden und auch einigen der säkularen Geistlichen überhaupt nicht und führten teilweise zu Denunzierungen und Verboten, aber insgesamt schien den Menschen vor allem ihre Fröhlichkeit, Kultiviertheit und Höflichkeit im Gedächtnis zu bleiben. Obwohl nur wenige Jesuiten Priester waren, bewiesen sie beim Predigen, Lehren und bei der Abnahme der Beichte besonderes Talent. Sie kombinierten scholastische Orthodoxie mit der Anziehungskraft humanistischer Rhetorik – stets mit dem Ziel, die Herzen der Menschen anzusprechen. Das wurde vor allem in den Hunderten Universitäten, Seminaren und Schulen deutlich, die sie gründeten. Die Jesuiten waren der erste Orden, der systematisch Schulen für jeden Anwärter bereitstellte.

Unten: Die Kapuziner verfolgten einen schlichten Lebensstil. Sie leben nach den Evangelien und dem Geist des heiligen Franz (abgebildet) und legten ein Armuts- Keuschheits- und Gehorsamseitgelübde ab.

FRAUENSTIMMEN

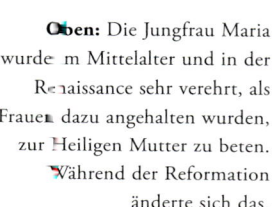

Der Rolle der Frauen in der Reformation – wie sie dazu beitrugen und wie sie davon betroffen waren – schenkte man erst in den letzten Jahrzehnten Aufmerksamkeit. Viele Referenzbücher lassen noch immer 50% der damaligen Bevölkerung völlig außen vor. Da es heute aber eine neue Wertschätzung für Geschlechterfragen gibt, ändert sich das langsam.

Eine Reformation für Frauen?

Inwieweit die religiösen Turbulenzen etwas für die Frauen veränderten, ist noch immer umstritten. Ein Nachteil war sicher die Abschaffung der Nonnenklöster in den protestantischen Ländern, in denen viele Frauen ein gewisses Maß an Autonomie genossen hatten. Die Kompromisslosen unter den katholischen Reformatoren versuchten, auch den kulturellen und gesellschaftlichen Kontakt der Nonnen zur Außenwelt zu unterbinden, obwohl neue Studien ergeben haben, dass diese sich oft dagegen wehrten. Man sollte auch nie die wichtige Rolle unterschätzen, welche die weiblichen Heiligen – allen voran die Jungfrau Maria – im späten Mittelalter spielten. In den protestantischen Gebieten verschwanden auch diese weiblichen Vorbilder von der Bildfläche. Die patriarchische Kontrolle über die wirtschaftlichen und unternehmerischen Aktivitäten der Frauen war schlicht gesellschaftlich motiviert. Extrem umstritten ist dagegen die Wirkung, die die religiösen Kontroversen

Oben: Die Jungfrau Maria wurde im Mittelalter und in der Renaissance sehr verehrt, als Frauen dazu angehalten wurden, zur Heiligen Mutter zu beten. Während der Reformation änderte sich das.

Rechts: *Bestrafung der Hexe* von George H. Walker. Die Reformation führte zur Verfolgung von Frauen, welche die Kirche für „Hexen" hielt. Ihnen wurde nachgesagt, übernatürliche Kräfte zu besitzen und satanische Riten abzuhalten.

auf die Hexenjagden hatten, die zu 90% gegen Frauen gerichtet waren und gegen Ende des 16. Jh. ihren Höhepunkt erreichten.

Auf der positiven Seite bedeutete die humanistische Betonung der Bildung auch für einige Frauen die Möglichkeit, zu lesen, zu schreiben, zu lernen und zu lehren – von den Töchtern Sir Thomas Mores bis zu Freidenkerinnen wie der italienischen Adligen Giulia Gonzaga. Die Druckerpresse machte neue Ideen auch Frauen zugänglich. Elisabeth I. war ein typisches Beispiel für viele gut ausgebildete Monarchinnen, aber auch arme Frauen in Tours, Frankreich, waren durchaus in der Lage, ihren Glauben und ihre Ansichten auszudrücken, und konnten sich auf ein starkes weibliches Netzwerk in der Stadt verlassen.

Theologinnen

Besonders interessant sind die katholischen und protestantischen Frauen, die biblische oder theologische Argumente nutzten, um die Grenzen, die sie auf das Heim und die Familie beschränkten, zu verschieben. Die mystische Tradition hatte – vor allem in Spanien und Italien – das Bewusstsein gestärkt, dass Gott denjenigen, die von der Gesellschaft an den Rand gedrängt wurden, z. B. Frauen, besondere Einsichten oder Offenbarungen gewähren konnte. Teresa von Ávila (1515–1582) kombinierte ihre brillanten Führungsqualitäten und gesunden Menschenverstand mit tiefen Einsichten in das religiöse Leben und wies – wie viele Frauen – ein großes Talent zum Briefeschreiben auf.

Argula von Grumbach (1492–1556/7) forderte direkt die stolzen Theologen der Universität von Ingolstadt, den katholischen Klerus, die bayerischen Fürsten und sogar ihren Ehemann heraus – alles im Namen der christlichen Freiheit. „Ich wollte stets die Wahrheit herausfinden", sagte sie. Argula wurde die erste protestantische Schriftstellerin, deren Werke Bestseller waren. Innerhalb eines Jahres gab es von ihrem ersten Werk 15 Auflagen! Insgesamt verfasste sie acht Flugblätter, inklusive eines Gedichts, erinnerte ihre Leser an die Prophetinnen aus der Bibel und argumentierte,

dass alle Christen, wie die Frauen, die Jesus umgaben, die Pflicht hatten, ihre Meinung zu sagen: „Ich kann und will nicht aufhören, zu Hause und auf der Straße zu sprechen."

Katharina Zell, die Frau eines Straßburger Pastors, war eine wahre „Mutter Israels" – berühmt für ihre Gastlichkeit und ihre Sorge für die Armen. Sie verfasste aber auch beeindruckende Werke, die auf der Heiligen Schrift basierten.

In Genf verteidigten die Werke Marie Dentières nicht nur ihre eigenen protestantischen Ansichten, sondern auch das Recht der Frau, zu lehren und zu predigen, dem calvinistische Prediger natürlich widersprachen.

Ganz links: Giulia Gonzaga frau, die sich mit den Humanisten Juan de Valdés und Pietro Carnesecchi an, die an vorderster Front der katholischen Reformation standen.

Links: Teresa von Ávila gründete zu Lebzeiten viele Klöster. Außerdem schrieb sie eine Reihe von Werken, die bedeutende Wegweiser in der Geschichte des christlichen Mystizismus waren.

DIE MÄRTYRERINNEN

Es war stets die Mutter, die ihren Kindern das erste Gebet beibrachte oder ihnen Bibelgeschichten vorlas, die sich um ihre erste Ausbildung kümmerte und ihnen den christlichen Weg nahe brachte. Adlige Frauen tendierten von jeher dazu, besser ausgebildet zu sein als ihre Männer. In der Reformation setzte sich dies fort. Neu war allerdings, dass viele der meist aus der Unterschicht stammenden Täuferfrauen bereit waren, den Märtyrertod zu sterben, so wie Soetken van den Houte, die 1560 in Ghent geköpft wurde, sich zwar traurig von ihren Kindern verabschiedete, aber überzeugt von der Seligpreisung ihres Leidens war. Solche Taten sprachen Bände, und man erinnerte sich in Hymnen und Berichten an ihre Opfer. Die Rolle der meisten Frauen jener Zeit war jedoch weiterhin, den Glauben in der Familie zu pflegen, aber der Widerstand gegen manche säkulare oder oder religiöse Einschränkung tauchen in vielen Chroniken und Anthologien immer wieder auf.

Oben: Die Gilden der Stadt Ghent in Belgien wurden nach Heiligen benannt. Die ökonomische und gesellschaftliche Rolle der Gilden nahm im 16. Jh. ab.

KAPITEL DREI

CHRISTEN JENSEITS WESTEUROPAS

Auch als das westeuropäische Christentum dabei war, sich in verfeindete Fraktionen aufzuspalten, expandierte es weltweit. Spanische und portugiesische Entdecker beanspruchten Gebiete in Amerika, an der Westküste Afrikas, in Indien und im Fernen Osten für sich. Dorthin brachten sie mithilfe von Missionaren die katholische Version des Christentums, die sie aus ihren Heimatländern kannten. Es sollte mehrere Jahrhunderte dauern, bis es bei der neuen protestantischen Kirche zu einer ähnlichen weltweiten Verbreitung kam.

Das Christentum, das die Konquistadores, die Kaufleute, Siedler und Missionare mit sich brachten, war von den Ereignissen in Europa geprägt. Im gleichen Jahr, als Christoph Kolumbus die Bahamas erreichte, befreite sich die Iberische Halbinsel von den letzten Überresten der muslimischen Herrschaft. Ebenfalls im Jahr 1492 erließen die katholischen Monarchen Spaniens das Alhambra-Edikt, durch das Juden aus dem Königreich Spanien und all seinen Territorien verbannt wurden. Diejenigen, die bleiben wollten, mussten zum Christentum konvertieren, aber selbst dann standen sie ständig unter Verdacht, wieder in ihren alten Glauben zurückzufallen. Die spanische und die portugiesische Inquisition dienten in erster Linie dazu, die Orthodoxie unter diesen Konvertiten aufrechtzuerhalten. In ihren neuen Gebieten etablierte sich die Inquisition, um zu verhindern, dass die Konvertiten unter den Eingeborenen rückfällig wurden.

In Indien entdeckten portugiesische Entdecker bereits existierende Christengemeinden. Diese Christen waren aber nicht römisch-katholisch wie sie selbst, sondern gehörten der orthodoxen Kirche an. Spannungen zwischen den verschiedenen Formen des Christentums führten das ganze 16. Jh. hindurch zu einer Spaltung der indischen Christen.

Das Osmanische Reich erreichte im 16. Jh. seine größte Ausdehnung und brachte christliche Gemeinden in Südosteuropa, im Nahen Osten, in Ägypten und im westlichen Nordafrika unter seine Herrschaft. Die Osmanen folgten dem Beispiel früherer muslimischer Reiche und gaben ihren christlichen Untertanen den Status von Dhimmis. Außerdem schufen sie ein neues System, das religiöse Gemeinden wie die der Christen und Juden semiautonom machte: das Millet-System.

Im Norden des Osmanischen Reichs blieb Russland unabhängig. Im 16. Jh. erhielt die russisch-orthodoxe Kirche ihren ersten Patriarchen, und Moskau wurde zum orthodoxen Patriarchat.

Rechts: Das Christentum ist die drittgrößte Religion in Indien, und die Gläubigen sind im ganzen Land verteilt. Vermutlich führte der heilige Thomas das Christentum in Indien ein, als er im Jahr 52 in Kerala landete.

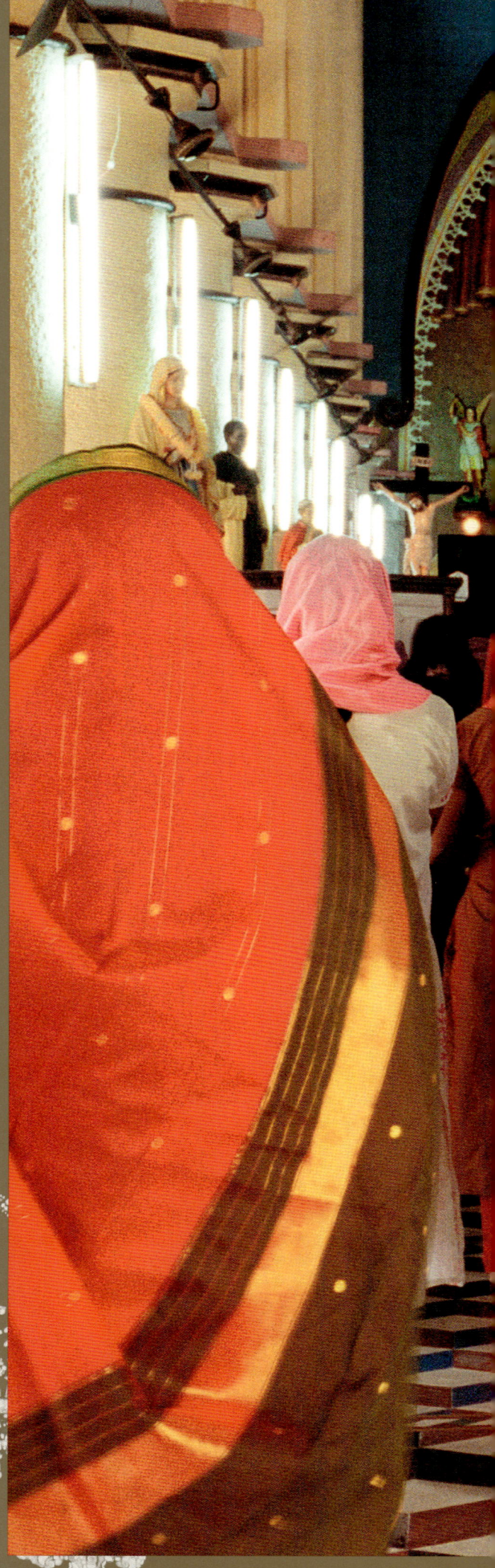

SPANISCHE MISSIONEN

Rechts: Die Kathedrale von Granada ist ein großartiges Beispiel der spanischen Renaissancearchitektur, inklusive gotischer und barocker Einflüsse. Im Inneren befinden sich die Gräber Ferdinands und Isabellas. Der Bau der Kathedrale dauerte 180 Jahre.

Zwischen etwa 790 und 1300 – einer Zeit, die als *Reconquista,* Rückeroberung, bekannt ist – erklärten mehrere christliche Königreiche auf der Iberischen Halbinsel den Muslimen den Krieg, um das Land zurückzuerobern. Nachdem die letzte maurische Bastion in Granada gefallen war, wurde Spanien zu einem vereinten Königreich mit einer zentralisierten Regierung nach römischem Recht, die Ende des 15. Jh. von der Monarchie beherrscht wurde. Die Entdeckung Amerikas 1492 durch Christoph Kolumbus war tatsächlich die Eroberung eines Landes, das von „Indern" bewohnt war, denn Kolumbus glaubte, er hätte die Westindischen Inseln erreicht, war aber in der Karibik gelandet. Er stellte in den neu entdeckten Gebieten Kreuze auf, um anzuzeigen, dass sie den spanischen Monarchen und der katholischen Kirche gehörten, und gab den Inseln christliche Namen. Die spanischen Monarchen beauftragten Kolumbus und seine Männer, die Eingeborenen zu bekehren – notfalls auch mit Gewalt.

Sklaverei, das *Encomienda*-System und die Evangelisierung

Die erste Phase der Kolonisierung und Evangelisierung der Neuen Welt konzentrierte sich auf die Karibik, vor allem auf Hispaniola, Puerto Rico und Kuba. Bei seiner zweiten Reise brachte Kolumbus die erste Gruppe von Missionaren mit. Bruder Bernal Boyl wurde zum apostolischen Vikar der neuen Territorien bestellt. Die erste Messe wurde im November 1493 in der neu gegründeten Stadt La Isabela auf Hispañola abgehalten. Puerto Rico wurde 1508 von Juan Ponce de León kolonialisiert, und Bischof Alonso Manso errichtete die erste Diözese am 8. August 1511. Die erste Kathedrale wurde in der ersten Hauptstadt Caparra gebaut, und die Diözese bestand aus zwei Gemeinden: San Juan und San Germán. Auf Kuba kam das Christentum mit der zweiten Reise Kolumbus' an; aber erst 1522 wurde der Bischofssitz von Baracoa dort eingerichtet.

Unten: Auf seiner zweiten Reise zu den „Westindischen Inseln" wurde Christoph Kolumbus von Mönchen begleitet. Der spanische Künstler Dioscoro de la Puebla stellt ihn als großen Besiedler und Bekehrer dar.

1503 legitimierte Königin Isabella das *Encomienda*-System für die Neue Welt: Die Eingeborenen wurden spanischen Siedlern anvertraut, die diese im Austausch gegen ihre Arbeitskraft im christlichen Glauben unterweisen sollten. Die *Encomienda* entwickelte sich jedoch rasch zu einer Art legaler Sklaverei, bei der die Eingeborenen von denjenigen, die eigentlich ihre Lehrer sein sollten, misshandelt und ausgenutzt wurden. Endgültig abgeschafft wurde die *Encomienda* erst zu Beginn des 18. Jh.

Prophetische Stimmen des Mitgefühls

Die erste Gruppe Dominikaner kam 1510 auf der Insel Hispaniola an. Nachdem sie den Umgang der Konquistadores mit den Einheimischen miterlebt hatten, machten sie ihrem Entsetzen und Erstaunen Luft und prangerten den Missbrauch an. Angeführt von ihrem Oberen Pedro de Córdoba, schrieben sie eine leidenschaftliche Predigt, die sie den Siedlern im Advent 1511 hielten und in der sie die ethische Kontroverse der Missionierung ansprachen.

In dieser heute berühmten Predigt wetterte Bruder Antonio de Montesinos auf das Schärfste gegen die fassungslosen Siedler: „Ihr seid alle in Sünde! Ihr lebt darin und ihr sterbt damit! Warum? Wegen der Grausamkeit und der Tyrannei, mit der ihr diese unschuldigen Menschen ausnutzt!"

DIE CHRISTLICHE KIRCHE UND DIE SPANISCHE MONARCHIE IN DER NEUEN WELT

Eine Konstante bei der Kolonialisierung bestand darin, dass die Kirche und die Monarchie als eine untrennbare Einheit agierten. Theoretisch war der Hauptgrund der Inbesitznahme der neuen Gebiete die Bekehrung der Einheimischen, praktisch wurden die Ausdehnung und Bereicherung der spanischen Krone aber zur Norm. Das ungleiche Aufeinandertreffen der Kulturen wurde vom Schwert der Konquistadores gewonnen, aber auch das Kreuz Christi war in der Neuen Welt nie weit weg. Die Ironie der katholischen Missionsarbeit unter königlicher Patronage im Zeitalter der Entdeckungen lag darin, dass die Entdecker, die trotz ihrer brutalen Vorgehensweise gläubige Christen waren, die ihr Leben der Sache der Eingeborenen widmeten, die Botschaft auch verstanden und annahmen.

Entscheidend für das Argument der Dominikaner war die Menschlichkeit der Eingeborenen. Erkannten die Konquistadores diese als menschliche Wesen an, so mussten sie sie auch als in den Augen Gottes Gleichgestellte akzeptieren. Die Konquistadores wehrten sich vehement gegen die Predigt und bestanden darauf, dass sie dem päpstlichen Edikt *Inter Caetera* von 1493 widerspräche, welches das neu entdeckte Land den spanischen Monarchen zusprach. Die Krone antwortete darauf mit der Herausgabe der *Gesetze von Burgos*, dem ersten Dokument mit spezifischen Angaben, wie die Kirche in der Neuen Welt etabliert werden sollte. Montesinos Predigt berührte auch einen jungen *Encomendero,* Bartolomé de las Casas, der später beschloss, seine eingeborenen Sklaven zu befreien und sich den Dominikanern anzuschließen. Den Rest seines Lebens widmete De las Casas der Sache der Eingeborenen, die gegen das *Encomienda*-System kämpften.

Kolonialisierung und Missionierung von der Karibik bis nach Südamerika

Nachdem Hernán Cortés 1519 die Armee Montezumas besiegt und Tenochtitlán erobert hatte, forderte er Franziskanermönche an, die für die Bekehrung der eingeborenen Bevölkerung sorgen sollten. Die Strategie der Franziskaner

Karte

KUBA
HAITI DOMINIKAN. REPUBLIK
JAMAIKA
NICARAGUA
COSTA RICA
PANAMA
Panama
Karibik
NORD-ATLANTIK
VENEZUELA
Orinoco
GUYANA
SURINAM
Magdalena
Meta
Bogota
KOLUMBIEN
CORDILLERA OCCIDENTAL
CORDILLERA CENTRAL
HOCHLAND VON GUAYANA
Äquator
San Francisco de Quito
(Quito)
Japurá
Negro
BRASILIEN
EQUADOR
Guayaquil
Amazonas
Marañón
AMAZONASBECKEN
SELVA
Jurúa
Purus
Madeira
Tapajós
Ucayali
SÜD-AMERIKA
PERU
Lima
Cuzco
Titikakasee
PLANALTO DO MATO GROSSO
Mamoré
La Paz
BOLIVIEN
Salar de Uyuni
Paraguai
südlicher Wendekreis
PARAGUAY
Pilcomayo
Bermejo
CHILE
Paraná
Uruguay
ANDEN
ARGENTINIEN
URUGUAY
Santiago
Salado
Paraná
Buenos Aires
PAMPA
PAZIFIK
Colorado
PATAGONIEN
Negro
Chubut
Deseado
Chico
Península de Taitao
Isla Wellington
N

Spanische Kolonialisierung
- Vizekönigr. Neuspanien
- Vizekönigr. Neukastilien
- – – – Heutige Landesgrenzen

| 0 | 500 | 1000 Kilometer |
| 0 | 250 | 500 Meilen |

bestand darin, den Stammeshäuptlingen die Evangelien zu predigen und dabei ständig ihre einheimischen Schreine als Götzenanbetung anzuprangern. Vor allem die Bekehrung der Kinder war ihnen wichtig, denn sie glaubten, dass die Götzenanbetung aufhören würde, sobald die Kinder konvertiert waren. Am 11. Oktober 1525 wurde in Tlaxcala der erste Bischofssitz errichtet, der erste Bischof war Juan Garcés. 1530 entstand die Diözese Mexiko City mit Juan de Zumárraga als Bischof.

1535 nahm der spanischer Entdecker und Eroberer Francisco Pizarro Cuzco die Hauptstadt des Inkareichs ein. Auf seiner Expedition begleiteten Pizarro der Dominikanerpriester Vincente Valverde und der säkulare Priester (ein Priester, der in der Gemeinde lebte) Juan de Sosa. 1537 wurde die Diözese Cusco mit Vincente Valverde als erstem Bischof gegründet. Die Kolonialisierung ging mit Sebastián de Belalcázar weiter, der 1534 San Francisco de Quito gründete. Kurz darauf kam die erste Gruppe Franziskanermissionare an, gefolgt von den Mercedariern 1537 und den Dominikanern 1541. 1536 erreichten 17 Schiffe unter dem Kommando Pedro de Mendozas Buenos Aires. Begleitet wurde er von zwölf säkularen Priestern, vier Hieronymiten und zwei Mercedariern, die später für die Bekehrung der Einheimischen verantwortlich waren.

Links: Francisco Pizarro besiegte das Inkareich und beanspruchte den Großteil Südamerikas für Spanien. So kam es dort zur Vorherrschaft der spanischen Sprache, der Bräuche und auch der Religion.

Unten: Machu Picchu in Peru war eine heilige Stadt der Inka. Wahrscheinlich verließen sie die Stadt nach dem Konflikt mit den Spaniern und der anschließenden Pockenepidemie.

PORTUGIESISCHE MISSIONEN

Im 15. Jh. war die Erkenntnis, dass es so eine große, weite Welt gab, ein ziemlicher Schock, denn bis dahin war Europa vom Rest der Welt abgeschnitten gewesen. Im 15. und 16. Jh. fuhren portugiesische Schiffe langsam die afrikanische Küste entlang, um die Südspitze herum, weiter nach Indien und sogar nach Japan und China, wo die Portugiesen Handelsposten errichteten. Bald folgten kleine Kolonien, danach die Missionare, Kirchen und Geistlichen.

Mittelalterliche Missionen

Was war das Besondere an mittelalterlichen Missionen? Im 15. Jh. war „Mission" ein neues Wort. Es bedeutete, dass die Kirche die ganze Welt als ihre Gemeinde ansah, sie in Zonen aufteilte und „Missionare" dorthin schickte. Diese waren eng mit der Kirche in Europa verbunden und erhielten ihre Autorität von ihr. Ein Großteil der Missionsarbeit wurde von religiösen Orden wie den Franziskanern, Dominikanern, Augustinern und – allen voran – den Jesuiten geleistet. Der portugiesische König war Schirmherr der Kolonien und der Missionsarbeit. Das bedeutete, dass er päpstliche Erlasse bestätigte und Bischöfe genehmigte, bevor diese in die Kolonien gingen. Die römisch-katholische Theologie verließ sich auf die natürliche Theologie, nach der man einige Erkenntnisse über Gott aus der Natur und

der menschlichen Vernunft erhalten konnte – ohne göttliche Offenbarungen. Das wiederum hieß, dass der indigene Glaube einen teilweise zu Gott führen konnte, das Christentum aber den fehlenden Schritt der offenbarten Theologie lieferte. Konvertierungen umfassten also weniger einen Sinneswandel als vielmehr den Katechismus und die Taufe, die als Zeichen einer vollendeten Bekehrung galt.

Im 15. und 16. Jh. waren die Portugiesen sehr aktiv, vor allem nach den beiden päpstlichen Bullen – *Inter Ceterae Divinae* von 1493 und *Romanus Pontifex* von 1555 –, die der portugiesischen Krone die Alleinherrschaft über ihre Kolonien übertrugen – zusammen mit dem Recht, den Glauben zu verbreiten, Muslime zu bekämpfen und die einheimische Bevölkerung zu versklaven.

Indien und der Osten

Nach der langsamen Einführung des Christentums in vielen Ländern an der afrikanischen Westküste – Mauretanien, Portugiesisch-Guinea, Guinea-Bissau, Benin, Gambia, Senegal, Angola und dem Kongo – entwickelte sich Goa in Indien zum größten portugiesischen Zentrum. 1557 hatte Goa bereits einen eigenen Erzbischof, der heute noch als Patriarch Ostindiens gilt. Anfangs erzwangen die Portugiesen keine Bekehrungen; sie kümmerten sich auch nicht um die Missionsarbeit im Landesinneren. Diese Aufgabe fiel

Unten: Die Kirche der unbefleckten Empfängnis in Goa, Indien, wurde 1541 erbaut. Sie ist eine Mischung aus indischer Architektur und portugiesischem Barock und besitzt die zweitgrößte Kirchenglocke der Welt.

den Jesuiten zu, die 1542 unter Francisco de Xavier eintrafen. Xavier, der den Auftrag hatte, den Osten zu missionieren, schlug sein Hauptquartier in Goa auf und reiste nach Travancore, auf die Molukken, nach Sri Lanka und nach Japan. Wäre er nicht 1552 auf dem Weg gestorben, hätte er auch noch China erreicht. Xavier errichtete überall Kirchen und machte sich dabei jedes Mittel zunutze: Predigten, den Einsatz der Regierungstruppen in Goa, die Inquisition und die Verfolgung von Konkurrenten. Das Paradoxe an der Kirche in Indien war, dass die Ankunft der Portugiesen und die Arbeit Francisco de Xaviers die bereits vorhandenen Thomas- oder Malabarchristen aufsplitterte.

Brasilien

Im Jahr 1500 landete Pedro Álvares Cabral in Brasilien. Eigentlich sollte er mit einer großen Flotte auf dem Weg nach Indien sein, aber der Vertrag von Tordesillas von 1494 hatte Amerika den Spaniern zugesprochen. Cabrals Entdeckung führte dazu, dass Portugal das Gebiet rasch für sich beanspruchte und sich dies vom Papst bestätigen ließ. Zu Cabrals Aufgaben gehörte die Bekehrung der Menschen – im Zweifelsfall auch mit Gewalt. Die ersten portugiesischen Kolonien blieben auf die Küste beschränkt, wo sie erst Rotholz fällten, dann Zucker auf großen Plantagen anbauten und schließlich mit Sklaven und Gold handelten.

Nach einem missglückten Versuch, das Landesinnere durch Privatleute zu besiedeln, wurde 1549 von Tomé de Sousa die Kolonialregierung etabliert. Er brachte eine

Gruppe von Jesuiten mit, die wieder für den Großteil der Missionsarbeit verantwortlich war, und gründete eine Siedlung, aus der später São Paulo wurde. Da sich die Jesuiten an die Grundsätze der natürlichen Theologie hielten, arbeiteten sie hart daran, die Eingeborenen zu verstehen, lernten ihre Sprachen, bauten Kirchen und Schulen und versuchten, ihre Versklavung einzuschränken. Sie befürworteten aber die afrikanische Sklaverei. Die Jesuiten fassten die Menschen in Gemeinden zusammen, ließen sie dort arbeiten und bekehrten sie. Dieses Modell störte jedoch die einheimische Lebensweise und förderte den Zusammenbruch der Gesellschaftsordnung.

Oben: Dem Portugiesen Pedro Álvares Cabral wird die Entdeckung Brasiliens zugeschrieben. Am 23. April 1500 landete er bei Porto Seguro. Er behandelte die Einheimischen freundlich und ließ sie sogar an Bord seiner Karavelle kommen.

Das Christentum erreicht Afrika und Indien
- Islamischer Einfluss (ca. 1500)
- — — Heutige Landesgrenzen

DIE THOMASCHRISTEN IN INDIEN

Oben: Im Gebet sehen die Thomaschristen die Jungfrau Maria als Mutter Christi und nicht Mutter Gottes an.

Gegenüber: Der heilige Thomas verließ als einziger Apostel das Römische Reich, um das Evangelium zu predigen. Er erreichte Indien im Jahr 52 und gründete sieben Kirchen in Kerala.

Unten: Die Thomaschristen gibt es seit ewiger Zeit im südwestindischen Bundesstaat Kerala. Sie waren in voller Kommunion mit der orthodoxen Kirche.

Als die Portugiesen Anfang des 16. Jh. in Goa eintrafen, entdeckten sie erstaunt, dass dort – vor allem in Kerala – bereits Christen lebten. Die Thomas- oder Malabarchristen waren schon seit über 1000 Jahren in Indien beheimatet.

Die Anhänger des heiligen Thomas

Der früheste Nachweis des Christentums in Indien stammt von dem alexandrinischen Kaufmann Kosmas Indicopleustes oder „Kosmas dem Indienfahrer". In seinem Werk *Topographia Christiana* von ca. 547 wird die Existenz des Christentums in Indien erwähnt. Einige Zweige der Thomaschristen behaupten, dass das Christentum bereits im 1. Jh. mit dem Apostel Thomas nach Indien kam, der als Märtyrer bei Madras starb. Es gibt Hinweise auf eine enge Verbindung und einen Ursprung in Syrien (wo das Christentum bereits sehr früh etabliert war), da die Thomaschristen bei ihren Andachten Syrisch sprechen und auch Variationen des syrischen Ritus folgen. Zudem wurden ihre Diakone und Bischöfe vom Patriarchen der assyrischen Kirche des Ostens in Bagdad bestimmt.

Die Europäer kommen

Als die Portugiesen 1510 Goa einnahmen, löste das einen Streit unter den Thomaschristen aus. Der anfangs freundliche Kontakt zu den „Syrern" war nicht von Dauer. Der Jesuit Francisco de Xavier setzte alle Mittel ein, um den Thomaschristen und ihren Verbindungen mit der syrisch-orthodoxen Kirche entgegenzuwirken. Das Problem mit dieser Kirche war – zumindest für die Katholiken –, dass diese antiken theologischen Traditionen aus Antiochia folgten, insbesondere dem Gedankengut Theodors von Mopsuestia (der posthum zu den Nestorianern gezählt wurde). Ihre Differenzen bezogen sich auf die Natur Christi innerhalb der Dreifaltigkeit, und sie stimmten einigen der Formulierungen nicht zu, die in Rom und im Westen akzeptiert wurden. Außerdem lehnten sie die Doktrin, nach der Maria die Mutter Gottes ist, und weitere Entscheidungen des Konzils von Ephesos (431) rundweg ab. Vor allem

aber waren die assyrische Kirche des Ostens und somit die Thomaschristen nicht katholisch, und so stellten sie für Francisco de Xavier eine Bedrohung dar.

De Xavier war mithilfe des Gouveneurs wild entschlossen, sie unter die Kontrolle Roms zu bringen. Letztendlich gaben einige von ihnen nach, lösten ihre Verbindungen zur assyrischen Kirche und unterwarfen sich Rom. Dies geschah 1599 bei der Synode von Diamper (dem heutigen Udayampur) unter der Direktive des Erzbischofs von Goa, lange nach dem Tod de Xaviers. Die neue Kirche wurde syro-malabarische Kirche genannt, und ihre Theologie und Kirchenführung waren stark vom Westen beeinflusst, obwohl sie ihre antike syrische Liturgie behalten durfte.

Widerspruch und Schisma

Nicht jeder war darüber glücklich. Einige hatten sich der neuen Bewegung nicht angeschlossen. Die portugiesische Regierung versuchte, das Abkommen durchzusetzen, und trat dabei vielen auf die Füße. Bis 1653 hatte eine große Anzahl Gläubiger mit Rom gebrochen und sich der assyrischen Kirche angeschlossen. Deren Theologie war ausgeprägt monophysitisch, d. h., sie ging davon aus, dass Christus nur eine Natur hatte und nicht zwei, wie es in Rom und vielen orthodoxen Kirchen üblich ist. Obwohl einige bis 1662 wieder unter die Kontolle der Katholiken gebracht wurden, hielt sich die syrische Gruppe hartnäckig. Die Portugiesen versuchten noch immer, gegen sie vorzugehen, waren aber chancenlos. Heute bilden die Thomaschristen den größten Zweig der syrisch-orthodoxen Tradition. Im Lauf der nächsten Jahrhunderte gab es Streitigkeiten und Aufspaltungen, wie es bei christlichen Kirchen üblich zu sein scheint. Heute gibt es deshalb Gruppen, die den Papst anerkennen. Andere akzeptieren nur die syrisch-orthodoxe Kirche, wieder andere haben Verbindungen zur anglikanischen Kirche, und einige sind unabhängig. Alle erkennen jedoch ihr gemeinsames Erbe an und haben sich durch ihre gute Missionsarbeit weit verbreitet.

Gottesdienst

Im Gottesdienst wird bei den Thomaschristen immer noch die Liturgie der Apostel Addai und Mari (Jünger des heiligen Thomas, denen die Gründung des Christentums im heutigen Irak zugsprochen wird) verwendet. Es ist eine der ältesten Liturgien der Welt: Sie geht zurück bis ins 3. Jh. und stammt vermutlich aus Edessa, der antiken Stadt im Nordwesten Mesopotamiens. Ihr markantestes Merkmal ist die Anaphora, das Hochgebet, das vor der Heiligen Kommunion gesprochen wird und bei dem man sich direkt an Christus und nicht an Gott den Vater wendet. Bei der Anaphora rezitiert der Priester mit leiser Stimme Ghanatha oder Lobpreisungen. Während der Kommunion werden meist Hymnen des heiligen Ephraim gesungen. Vom Brot des Abendmahls wird in jeder Woche ein Stück Teig aufgehoben, um das Brot für die nächste Woche damit anzusäuern.

CHRISTEN BEI DEN OSMANEN

Oben: In Ägypten trifft man auf viele verschiedene Einflüsse aus diversen Dynastien: Abassiden, Fatimiden, Mameluken und Osmanen. Die Ibn-Tulun-Moschee wurde während des Abbasidenreichs erbaut und unter den Osmanen ausgiebig restauriert.

Am 29. Mai 1453 fiel die byzantinische Stadt Konstantinopel an die Osmanen unter der Führung Mehmet des Eroberers. Die Osmanen, deren Reich 1299 begann, beherrschten bis 1922 einen Großteil des Nahen Ostens, des Balkans und Nordafrikas. Im 16. Jh. expandierte das Reich. In osmanischem Herrschaftsgebiet gab es verschiedene christliche Gemeinden. Einige, wie die koptisch-orthodoxe Kirche, kannten sich mit der islamischen Herrschaft bereits aus, da sie schon von verschiedenen Dynastien regiert wurden. Im Gegensatz dazu trafen die neuen christlichen Gemeinden, die bisher unter byzantinischer Herrschaft gestanden hatten, während der Regierung Süleymans I. (1520–1566) zum ersten Mal auf die Muslime. Im Lauf der Zeit veränderte sich der Status der osmanischen Christen sehr, und wie sie behandelt wurden, war von der jeweiligen Situation im Osmanischen Reich abhängig. Insgesamt war die Beziehung zwischen dem Reich und den Christen aber durch einen islamischen Gesetzesrahmen geregelt, der alle Beziehungen zwischen Muslimen, Christen und Juden genau definierte.

Religiöser und rechtlicher Status im Islam

Nach der Eroberung des Balkans standen die Osmanen vor der Herausforderung, ein Gebiet zu regieren, das fast ganz christlich war. Der Status der Christen im Osmanischen Reich wurde von rechtlichen und religiösen Traditionen in Bezug auf religiöse Minderheiten bestimmt, die schon früh im islamischen Recht festgelegt und praktiziert wurden. Denjenigen, die einen monotheistischen Glauben ausübten – insbesondere den Christen und Juden –, wurde ein besonderer Status auferlegt. Als sogenannte *Ahl al-Kitab*, „Menschen des Buches", wurde gegenüber Christen und Juden, die als Erben Abrahams angesehen wurden, Toleranz gepredigt. Dieser halbrechtliche Rahmen hatte seine Wurzeln im frühen Islam, als der Prophet Mohammed im 7. Jh. ein Abkommen mit den Christen Nadschrans schloss, nachdem diese zugestimmt hatten, ihm zu helfen. Unter islamischer Herrschaft mussten Christen die *Jizya*-Steuer zahlen, eine Kopfsteuer zur Aufrechterhaltung ihrer Integrität als Gemeinde. Es gab auch einige Einschränkungen in Bezug auf den Landbesitz und auf die Stellung von Christen bei Gerichtsverfahren.

Oben: Mehmet der Eroberer war der siebte Sultan des Osmanischen Reichs. Er ist vor allem für die Eroberung Konstantinopels und dessen Verwandlung in die wohlhabende osmanische Hauptstadt Istanbul bekannt.

Im Fall des Balkans wie auch bei anderen christlichen Gemeinden unter osmanischer Herrschaft wurde eine bereits existierende islamische Verwaltungspraxis in die Tat umgesetzt: das Millet-System. Obwohl es erst im 19. Jh. formell anerkannt wurde, gewährte das Millet-System den christlichen Gemeinden eine Halbautonomie, angeführt vom orthodoxen Patriarchen. Seine Rolle bestand darin, alle Angelegenheiten des Zivilrechts wie Hochzeiten, Scheidungen und Erbschaften innerhalb der christlichen Doktrin zu regeln. Ebenso war er für die Erhebung der Steuern, inklusive der *Jizya,* zuständig. Die offizielle Anerkennung des Millet-Systems hatte fundamentale Auswirkungen auf die Macht und Autorität des Patriarchats. Die Kirche erlebte eine Neuorientierung von einer zuvor dezentralisierten religiösen Organisation zu einem verwaltungstechnischen Nachfolger des byzantinischen Staats.

Die Armee und die Expansion

Anatolien, auch als Kleinasien bekannt, blieb bis ins späte 15. Jh. ein unsicheres Gebiet für die Osmanen. Ihre einzigartigen Erfahrungen mit den christlichen Minderheiten der Region führte zur Aufnahme von Mitgliedern der christlichen Oberschicht und des Militärs in die osmanische Armee. Dies diente der Beschwichtigung der Christen, was

wiederum die Eroberung weiterer christlicher Gebiete vereinfachte. Die positive Einstellung gegenüber den Christen wurde auch durch den Wunsch angeheizt, durch das Prestige der Janissaren, einer Infanterieeinheit, die christliche Jungen zu osmanischen Elitesoldaten machte, eine dynastische Macht aufzubauen. Die Janissaren waren Berufssoldaten, die eine entscheidende Rolle im Osmanischen Reich spielten, bis sie 1826 aufgelöst wurden. Obwohl die zwangsweise Rekrutierung nach islamischem Gesetz eine Verletzung der christlichen Rechte darstellte, war sie auch ein Zeugnis für den politischen Pragmatismus der Osmanen.

Oben links: In dieser türkischen Handschrift sieht man Süleyman den Großen, den zehnten Sultan des Osmanischen Reichs. Er eroberte die christlichen Hochburgen Ungarn, Rhodos und Belgrad und verdoppelte während seiner 46-jährigen Herrschaft das Reichsgebiet.

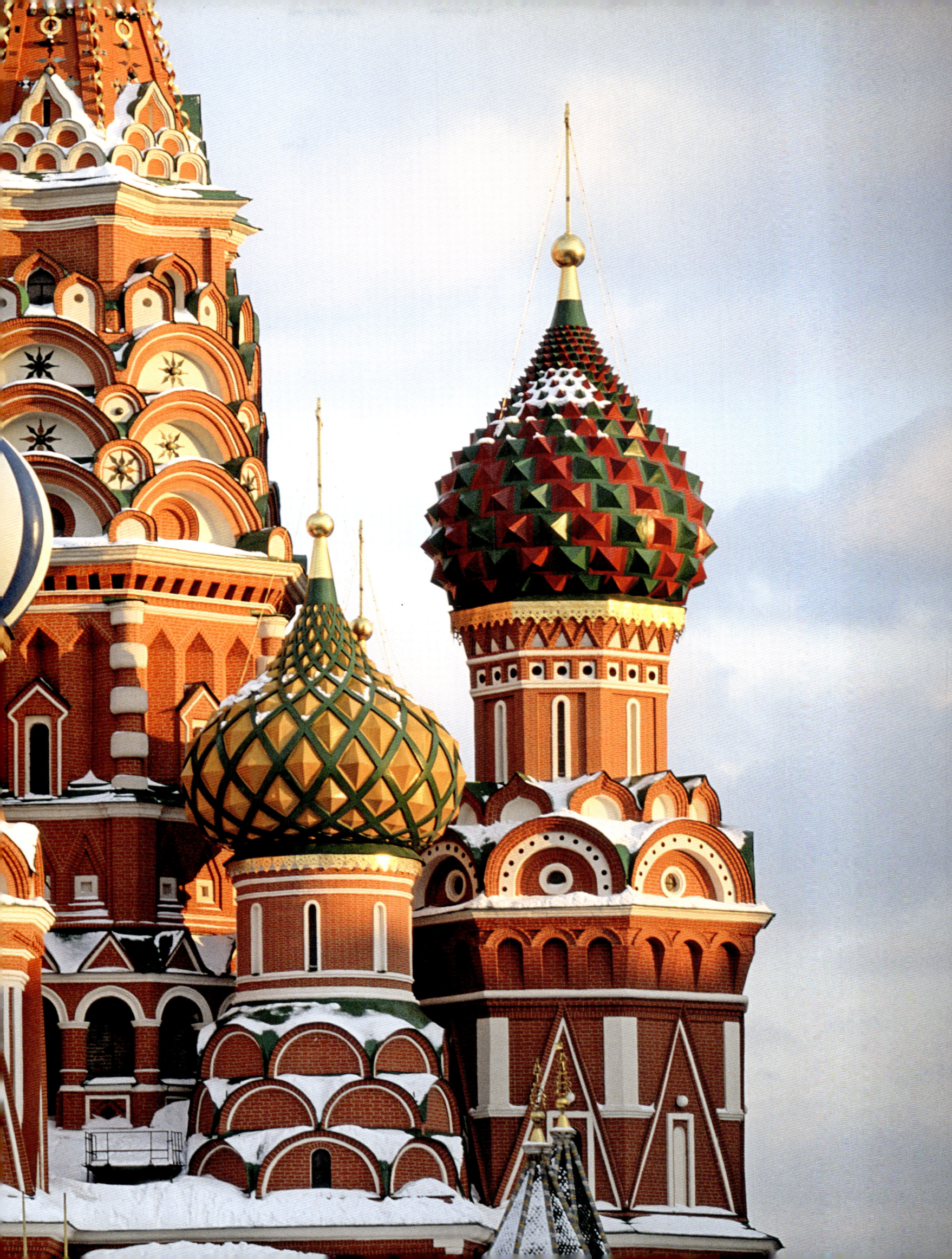

MOSKAUS ORTHODOXES PATRIARCHAT

Jeder, der schon einmal in Russland war, weiß, dass die einzigartige Geschichte des Landes für seine Bevölkerung eine Quelle des Stolzes ist. Das Gleiche gilt für die orthodoxe Kirche, obwohl es bis zum letzten Schritt zur Unabhängigkeit fast 600 Jahre dauerte. 988 wurde Fürst Wladimir I. als Christ getauft, und erst 1589 wurde der erste unabhängige Patriarch Moskaus eingesetzt.

Der Weg zur Unabhängigkeit

Zwischen diesen Daten verbirgt sich eine turbulente Geschichte, in der die russische Kirche ihrer ersehnten Unabhängigkeit immer näher kam. Der erste kleine Schritt war die Verwendung der Umgangssprache beim Gottesdienst. Das bedeutete, dass immer weniger griechischsprachige Priester „importiert" und dafür mehr lokale Priester eingesetzt wurden. Der nächste große Schritt war die russische Entscheidung, die orthodoxe Kirche bei ihrem Bruch mit Rom zu unterstützen. Dies geschah während des Großen Schismas von 1054, als die West- und Ostkirchen realisierten, dass sie ihre eigenen Wege gehen mussten. Das war jedoch nur der Höhepunkt der endlosen Spannungen zwischen ihnen.

Fast 400 Jahre später unterwarf sich eine Gruppe demoralisierter und verzweifelter Führer der orthodoxen Kirche – von den Türken belagert und vom Krieg dezimiert – wieder Rom. Dies geschah beim Konzil von Ferrara-Florenz (1438–1439), nachdem der Papst die orthodoxe Kirche vor die Wahl gestellt hatte: Unterwerft euch (und bekommt Hilfe im Krieg) oder geht unter (was 14 Jahre später ohnehin geschah). Die Russen wollten mit dieser Vereinbarung nichts zu tun haben und wiesen die Bedingungen zurück. Als Reaktion setzte das Patriarchat von Konstantinopel Isidor, den Metropoliten von Moskau, ab. Im Jahr 1448 beriefen die russischen Bischöfe ein Konzil ein und wählten ihren eigenen Metropoliten, Jonas, ohne Rücksicht auf die griechischen Behörden. Der Weg zur Unabhängigkeit war damit klar vorgezeichnet. Moskau war praktisch autokephal und hatte seinen eigenen Anführer.

Ein eigener Patriarch

Ein Jahrhundert später unternahm man den letzten Schritt zur Unabhängigkeit bei der berühmten Synode der hundert Fragen, die 1551 zusammenkam, um den Klerus der russischen Kirche zu reformieren. Ihre wichtigste Handlung war die Erschaffung eines eigenen Patriarchats, aber die

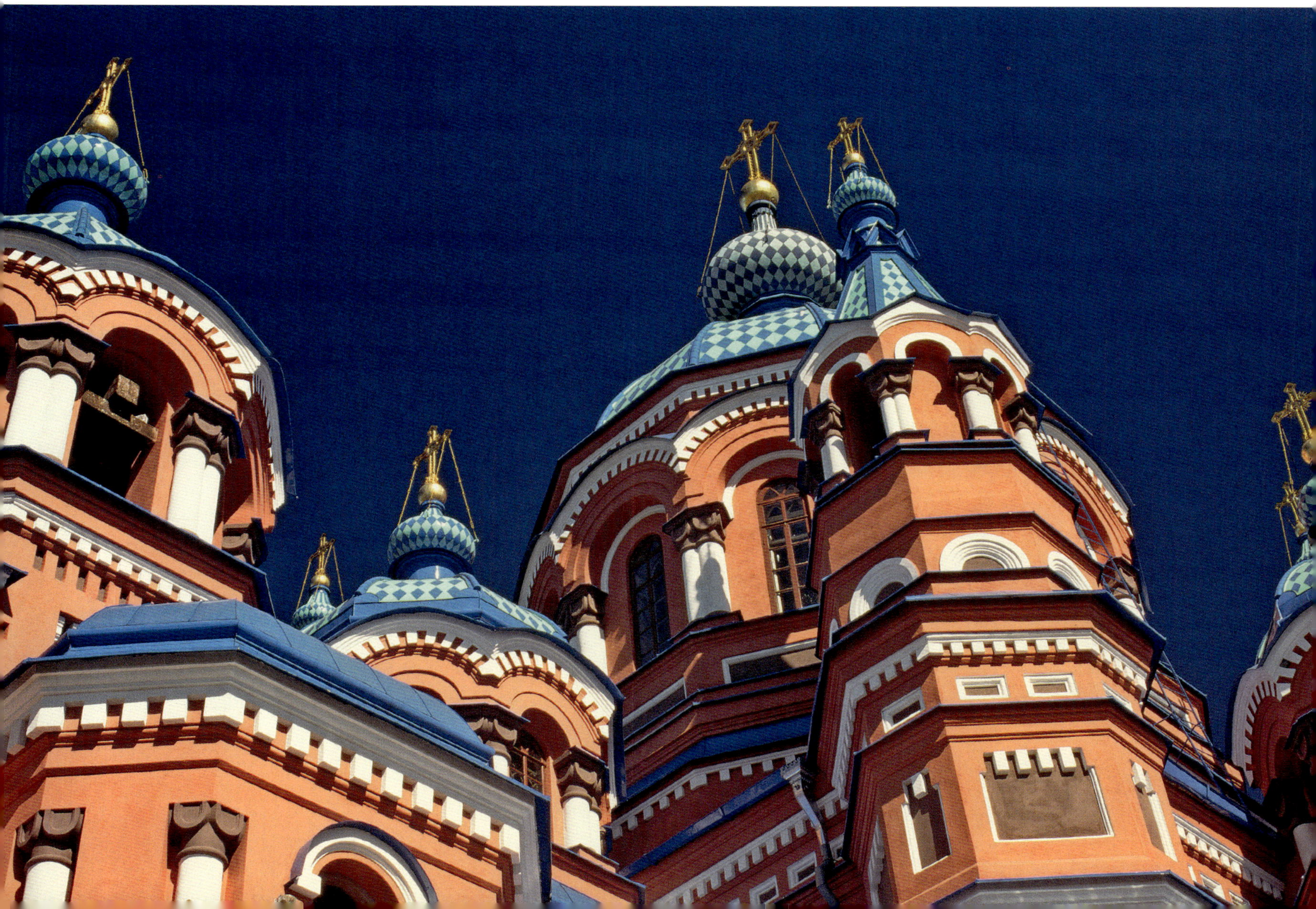

Russen waren klug genug, sich Konstantinopel nicht zum Feind zu machen. So wurde Jeremias II. von Konstantinopel dazu überredet, am 26. Januar 1589 das Patriarchat Moskau ins Leben zu rufen. Endlich war man unabhängig, und das sogar mit der Anerkennung der anderen Patriarchate!

Der geschickte Jove

Wer war der erste Patriarch? Sein offizieller Name lautete Jove, aber bevor er das Mönchsgelübde ablegte, hieß er Ioann. Er war aus seinem Heimatkloster (Staritsa) nach Moskau gezogen, um Patriarch zu werden. Bei seinem Weg an die Spitze durchlief er Stationen als Abt verschiedener Klöster in Moskau sowie als Bischof von Kolomna, Erzbischof von Rostow und auch als Metropolit von Moskau und ganz Russland, bis er schließlich den letzten Schritt wagte.

Trotz aller Frömmigkeit war Jove nicht für seine intellektuellen Leistungen bekannt. Er realisierte aber schnell, dass es immer gut war, Freunde in hohen Positionen zu haben. Einer von ihnen war Iwan der Schreckliche höchstpersönlich, der schon seinen Aufstieg zum Abt seines Heimatklosters gefördert hatte. Ein weiterer nützlicher Freund war der zukünftige Zar Fjodor I., Fürst Boris Godunow. Im Gegenzug für seine Unterstützung der Thronhoffnungen Godunows erhielt Jove von diesem Hilfe auf seinem Weg nach oben. Godunow überzeugte den Patriarchen von Konstantinopel, ein Patriarchat in Moskau einzurichten – und wer außer Jove war dafür geeignet?

Nun gab es kein Halten mehr. In den 16 Jahren bis zu seinem Tod überarbeitete er die liturgischen Bücher für die Andacht, baute eine Reihe neuer Kathedralen und Klöster,

sandte Missionare ins frisch eroberte Sibirien und ins Khanat Astrachan (ein muslimischer Staat nahe der Wolgamündung), sorgte dafür, dass Godunow 1584 Zar wurde und sprach einige Russen heilig, darunter auch den faszinierenden Basilius. Von Godunows Bemühungen, eine Universität in Moskau zu gründen, war er nicht beeindruckt, denn er hatte Angst, dass damit nichtorthodoxe und ketzerische Lehren ins Land kämen, aber bei diesem Thema konnte er sich nicht durchsetzen.

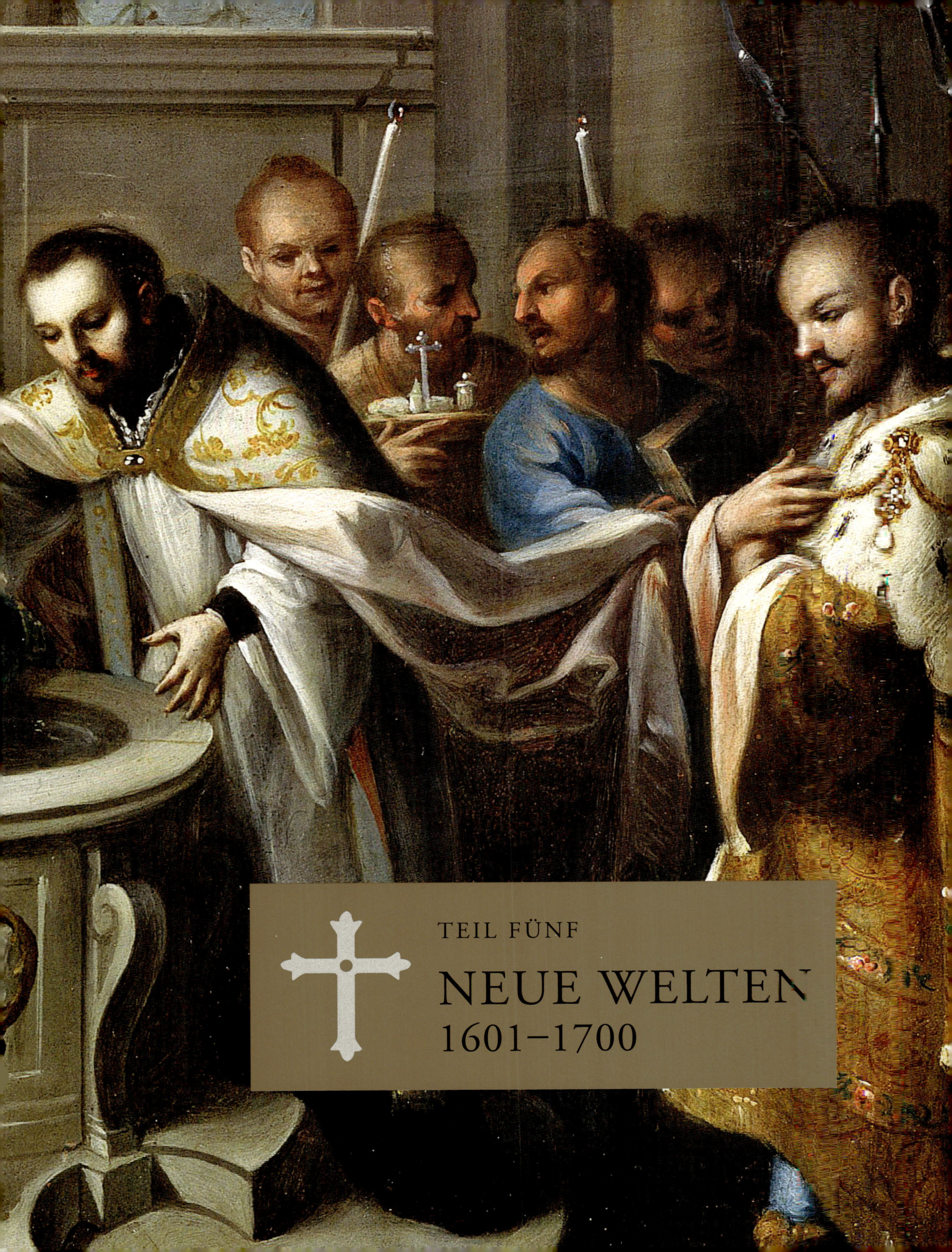

TEIL FÜNF

NEUE WELTEN

1601–1700

DIE WISSENSCHAFTLICHE REVOLUTION

Oben: In seiner Arbeit erklärt Roger Bacon seine Anwendung von Astronomie, Optik, Alchemie und Mathematik ausführlich. Als erster Europäer beschrieb er, wie man Schießpulver herstellte, und schlug Flugmaschinen sowie motorisierte Schiffe vor.

Rechts: Das 'kopernikanische' Astronomiesystem war die erste europäische Theorie, bei der die Sonne bewegungslos den Mittelpunkt des Universums bildete, um den sich alles andere herumbewegte.

Vorherige Doppelseite: Der als Apostel des Ostens bekannte heilige Francisco de Xavier war ein spanischer Missionar, der Indien, Malakka, die Bandainseln, die Molukken, Ceylon und Japan besuchte, um die Einheimischen zum Christentum zu bekehren.

✝ Im christlich geprägten Europa explodierte im 17. Jh. das Interesse an der Natur. Jahrhundertelang war die Wahrnehmung der Natur von den Philosophien der antiken Welt (vor allem Griechenlands) geprägt worden, bei denen die Materie oft als böse angesehen und die Vernunft des Universums angezweifelt wurde. Sogar Aristoteles' theologische Annahmen waren dem Aufkommen der modernen Wissenschaft gegenüber ablehnend, obwohl ein Großteil seines ethischen Gedankenguts heute noch gültig ist.

Die Entstehung der Wissenschaft, wie wir sie kennen, war nicht einfach die Konsequenz einer sich weiter entwickelnden Gesellschaft; bestimmte theologische Annahmen waren eine Grundvoraussetzung. Auch die Entwicklung besserer Geräte und Werkzeuge half der Wissenschaft weiter, auf einer höheren Ebene jedoch führte die neue Art, die Welt und die Natur zu betrachten – gefördert vom Christentum – zur „Wissenschaftsrevolution".

Erste Gedanken

Das christliche Interesse am Studium der Natur reicht bis zu dem englischen Philosophen Roger Bacon (ca. 1214–1292) zurück, einem Mann mit vielen Visionen, der von manchen als Vater der experimentellen Wissenschaft betrachtet wird. Bacon schloss sich den Franziskanern an – im Glauben, dort unbehelligt seine Studien durchführen zu können. Sein *Opus Maius* wurde jedoch von einem Großteil des Ordens als „verdächtig" und „gefährliche Doktrin" abgelehnt, und jede tatsächliche Leistung ging in seinen imaginären mechanischen Erfindungen und in seiner Begeisterung für Astrologie unter.

Lange bevor das Teleskop erfunden wurde, schlug der katholische Kanoniker Nikolaus Kopernikus (1473–1543) sein heliozentrisches Weltbild vor und widersprach damit dem ägyptischen Astronomen Ptolemäus. 50 Jahre lang stieß seine Theorie bei der katholischen Kirche auf wenig Interesse; die beißendsten Kommentare kamen aber von den Protestanten, allen voran von Martin Luther. Anfänglich war die Reaktion der Katholiken auf Kopernikus' Ansichten harmlos, denn man sah sein System nicht als Beschreibung der Wirklichkeit an, sondern als einfachere Methode, die Bewegung der Himmelskörper zu berechnen.

Ein weiterer Grund für diese Reaktion war die Tatsache, dass Kopernikus kein großer praktischer Beobachter war – viele seiner Argumente zugunsten seiner Theorie hingen mehr mit ihrem ökonomischen und mathematischen Reiz zusammen. Erst gegen Ende des 16. Jh. entbrannte ein echter Streit um die Frage der Erdbewegung.

HIMMLISCHE INTRIGEN

Die Verbindung zwischen Johannes Kepler und Tycho Brahe war keine glückliche. Obwohl Brahe sich vehement weigerte, seine Beobachtungen zu teilen, verwendete Kepler viele davon, um seine Gesetze der Planetenbewegung aufzustellen.

Bei neuen forensischen Analysen, die vorgenommen wurden, um im Nachhinein die Ursache für Brahes plötzlichen Tod herauszufinden, entdeckte man extrem hohe Dosen Quecksilber in Haar und Haarwurzeln, was den Verdacht bestätigte, dass er keines natürlichen Todes gestorben war. Indizien, die von den Autoren Joshua Gilder und Anne Lee Gilder im Jahr 2005 gefunden wurden, deuten darauf hin, dass Kepler sowohl die Möglichkeit als auch die Motive hatte, Brahe zu ermorden.

Jenseits von Bacon und Kopernikus

Am 17. Februar 1600 verurteilte die Inquisition den Dominikaner Giordano Bruno (1548–1600) wegen Ketzerei zum Tod auf dem Scheiterhaufen. Bruno war ein Anhänger von Kopernikus, und obwohl seine astronomischen Ansichten offiziell nichts mit dem Todesurteil zu tun hatten, wurden sie als Grund für seinen Schuldspruch angesehen.

Johannes Kepler (1571–1630) studierte Theologie an der Universität Tübingen und wurde protestantischer Pfarrer. Er heftete sich an die Fersen des Aristokraten Tycho Brahe (1546–1601), der 40 Jahre damit verbracht hatte, den Himmel mit beispielloser Genauigkeit zu kartieren, von der kopernikanischen Hypothese aber nicht überzeugt war. Zu jener Zeit war Widerstand gegen diese sowohl bei den Katholiken als auch bei den Protestanten üblich. 1596, nach der Veröffentlichung seines *Mysterium Cosmographicum*, wurde Kepler von der protestantischen Fakultät Tübingen verfolgt und verkroch sich bei den Jesuiten.

Oben: Johannes Kepler wurde für seine Gesetze der Planetenbewegungen bekannt. Als Lutheraner ging er mit religiösem Eifer an seine Arbeit heran und schrieb jede seiner Entdeckungen Gott zu.

Theologie und Wissenschaft

Der italienische Wissenschaftler Galileo Galilei (1564–1642) war eine Schlüsselfigur der wissenschaftlichen Revolution im 17. Jh. Seine Arbeiten in Physik, Astronomie und Methodologie brachten ihm einen verdienten Platz in den Annalen der Wissenschaft ein. In theologischen Kreisen erinnert man sich an ihn wegen seines Streits mit der katholischen Kirche über die Interpretation der Bibel.

Als Galileo und andere zeitgenössische Astronomen begannen, über das Universum zu spekulieren – über sein Alter, ob es unendlich war oder ein Ende hatte, ob andere Universen existierten und welchen Platz die Erde im Kosmos einnahm – sorgten sich einige, denn viele dieser Spekulationen schienen im Widerspruch zur Heiligen Schrift zu stehen. Darauf konnte man allerdings antworten, dass Gott immer wieder auf eine Weise handelte, welche die Vorstellungskraft des Menschen übersteigt, und dass die Wissenschaft das Werkzeug ist, mit dem wir uns in einer Welt bewegen, die wir nicht ganz verstehen können.

Ein ereignisreiches Leben

Nachdem er eine zeitlang für das Priesteramt studiert hatte, wandte sich Galileo der Medizin zu, machte aber keinen Abschluss. Dann interessierte er sich für Mathematik und übernahm die Leitung der mathematischen Fakultät der Universität Pisa und später auch der Universität Padua. Schließlich nahm er eine Stelle als Mathematiker und Philosoph beim Großherzog der Toskana an. Als Gründe für seinen Umzug gab er die Arbeitsbelastung in Padua und seine Abneigung gegen den örtlichen Wein an. Obwohl man sich an Galileo vor allem als Astronom erinnert, erbrachte er seine größten Leistungen in der Mechanik.

Galileo heiratete nie, zeugte aber mit Maria Gamba zwei Töchter und einen Sohn. Beide Töchter, Virginia und Livia, gingen bereits mit zwölf und 13 Jahren in ein Franziskanerkloster bei Florenz. Wir kennen 124 Briefe, die Virginia (Schwester Maria Celeste vom Klarissenorden) bis 1633 – dem Jahr seines Prozesses wegen Ketzerei – an ihren Vater geschrieben hatte. Nirgendwo ging daraus hervor, dass sie ihren Vater für einen Ketzer hielt, und sie unterstützte ihn bis zu ihrem frühen Tod mit 33 Jahren.

Oben: Galileo Galilei stellte das Grundgesetz des freien Falls auf. Außerdem baute er ein Teleskop, mit dem er die Mondkrater studierte, und entdeckte die vier Monde des Jupiters sowie die Phasen der Venus.

Unten: Galileo unterstützte Kopernikus' Theorie der Planetenbewegung um die Sonne und wurde der Ketzerei für schuldig befunden. Er wurde zu lebenslanger Haft verurteilt, aufgrund seines Alters aber nur unter Hausarrest gestellt.

Prozess und Widerrufung

Der damalige Papst, Urban VIII., war ein Freund Galileos und hatte sogar eine lateinische Ode anlässlich dessen Entdeckung der Sonnenflecken geschrieben. Ende 1632, nach seiner Veröffentlichung des *Dialog über die beiden hauptsächlichen Weltsysteme,* wurde Galileo nach Rom zitiert, um sich einer Untersuchung durch die Inquisition zu stellen. Diese führte zu einer Anklage wegen Ketzerei, und er wurde aufgefordert, Buße zu tun. Man beschuldigte ihn, die kopernikanische Doktrin zu lehren und zu verteidigen, die bereits 1616 für ketzerisch erklärt worden war. Kopernikus' Buch stand seitdem auf dem Index verbotener Bücher. Galileos Position wurde durch die Tatsache, dass er in seinem *Dialog* der komischen Figur Simplicius ein Argument, das der Papst einst verteidigt hatte, in den Mund legte, nicht gerade vereinfacht.

Die Inquisition argumentierte, dass die kopernikanische Doktrin der Bibel widersprach. So hieß es etwa in 1. Chroniken 16,30: „... er hat den Erdboden bereitet, dass er nicht bewegt wird", in Psalm 104,5: „der du das Erdreich gegründet hast auf seinem Boden, dass es bleibt immer und ewiglich" und in Prediger 1,5: „Die Sonne geht auf und geht unter und läuft an ihren Ort, dass sie wieder daselbst aufgehe."

Galileo wurde beim Prozess gezwungen, seine Meinung zurückzuziehen und folgende formelle Abschwörung zu unterzeichnen:

„Ich wurde der Ketzerei beschuldigt, das heißt, geglaubt zu haben, dass die Sonne unbeweglich im Mittelpunkt des Universums sei und dass die Erde nicht im Mittelpunkt desselben sei, und dass sie sich bewegt."

Galileos Gefängnisstrafe wurde aufgrund seines fortgeschrittenen Alters in Hausarrest umgewandelt, und im Dezember 1633 durfte er sich in seine Villa außerhalb von Florenz zurückziehen. In jener Zeit verfasste er seine *Unterredung und mathematische Demonstration über zwei neue Wissenszweige*.

Galileos Verteidigung

Galileo behauptete, dass Kopernikus' Doktrin der Heiligen Schrift keineswegs widersprach. In seinem *Brief an Castelli* nahm er eine Position ein, die an augustinische Interpretationen erinnerte, nämlich nicht alles wörtlich zu nehmen, insbesondere wenn die Schrift eine Sammlung von Gedichten und Liedern ist und kein Lehr- oder Geschichtsbuch. Die Autoren der Schriften hatten aus der Perspektive der irdischen Welt geschrieben, und von diesem Standpunkt aus

Oben: 159? wurde Galileo Professor für Mathematik an der Univer: tät Pa? m, wo er bis 1610 bl eb. Er lehrte vor allem Euklids Geom trie sowie Astronomie für Medizinstudenten.

S. ROBERTVS CARD. BELLARMIN
E SOC. IESV.

geht die Sonne auf und unter. Galileo gab zwar zu, dass die Bibel tatsächlich ein inspirierter Text ist, war aber der Ansicht, dass sich zwei Wahrheiten – die biblische und die wissenschaftliche – nicht widersprechen konnten. Erzielte die Wissenschaft also ein wahres Ergebnis, dann sollte die Bibel entsprechend interpretiert werden.

Kardinal Robert Bellarmine, das einflussreichste Mitglied des Kardinalkollegiums und Kopf der Inquisition, war bereit, Galileos Position in Betracht zu ziehen – vorausgesetzt, man könnte echte Beweise finden, dass „die Sonne unbeweglich ist und nicht um die Erde kreist, sondern dass die Erde um die Sonne kreist." Bellarmine gab zu, dass „es dann nötig wäre, zu den entsprechenden Passagen in der Heiligen Schrift zu gehen und zuzugeben, dass wir sie falsch verstanden haben, statt das als falsch zu erklären, was demonstriert wurde." Bellarmine warf damit eine entscheidende Frage auf: Was macht einen Beweis oder die Demonstration einer wissenschaftlichen Behauptung aus? Diese Frage ist bis heute heiß umstritten.

Ein Paradoxon

Ironischerweise verstand Galileo mehr von Bibelinterpretationen als die Inquisition, während Kardinal Bellarmine besser einschätzen konnte, was ein wissenschaftlicher Beweis war. In seinem Werk *Diskurs über Ebbe und Flut* aus dem Jahr 1616 glaubte Galileo, Beweise dafür gefunden zu haben, dass sich die Erde um die Sonne dreht – im gleichen Jahr, als die kopernikanische Theorie für Häresie erklärt wurde. Er argumentierte, dass die Bewegungen der Erde die Auslöser von Ebbe und Flut seien. Er lag falsch, aber selbst wenn es gestimmt hätte, hatte das Tidenargument weder etwas mit der jährlichen Bewegung der Erde um die Sonne noch etwas mit der Position der Sonne an sich zu tun.

Das Uhrwerkuniversum

Während einige den Himmel studierten, waren andere mehr an irdischen Dingen interessiert. William Harvey (1578–1657), berühmt für seine Arbeit über die Funktionsweise des Herzens, studierte an der Universität Padua. So wie die Astronomen den Himmel als eine Art empfindliche Maschinerie behandelten, so sah Harvey das menschliche Herz als „eine Maschine, bei der ein Rad das andere antreibt und sich dennoch alle Räder gleichzeitig zu bewegen scheinen." Das mechanische Bild des Herzens, das Harvey vorschlug, spiegelte die Uhrwerkdarstellung des Himmels wider, die die Astronomen bevorzugten.

Isaac Newton (1642–1727) war der berühmteste Wissenschaftler des 17. Jh. und – in Bezug auf seine Arbeiten über Optik, Mathematik und Schwerkraft – einer der größten Wissenschaftler aller Zeiten. Sein Hauptinteresse galt jedoch der Interpretation der Bibel, und sein Werk dazu war umfangreich. Seine heterodoxen Ansichten wurden erst im 20. Jh. vollständig veröffentlicht. Newton glaubte, dass das Christentum im 4. Jh. beim Konzil von Nikäa (325), als erstmals die Doktrin der Dreifaltigkeit definiert wurde, vom rechten Weg abkam. Dies öffentlich zu machen, hätte zu einem ernsthaften Bruch mit der anglikanischen Kirche geführt. Trotzdem verehrte Newton die Bibel und glaubte an Gottes lenkende Hand in der Natur.

Das Universum, das seinen Ausdruck in Newtons Gesetz über die Schwerkraft (d. h., jede Masse im Universum zieht alle anderen Massen an) fand, erschien beständig und unveränderbar. Gott hingegen schien lediglich ein kluger Uhrmacher zu sein. Die Wissenschaft ahnte damals noch nicht, dass sich das Universum als viel komplexer herausstellen sollte, als man es sich vorstellen konnte.

Oben: Isaac Newton gilt als einer der größten Wissenschaftler aller Zeiten. Er studierte Physik, Mathematik, Optik, Chemie, die Frühgeschichte der westlichen Zivilisation sowie Theologie und formulierte das Gesetz der Schwerkraft und drei Bewegungsgesetze.

Gegenüber: Kardinal Bellarmine war an der Anfangsphase der Kopernikuskontroverse beteiligt. Er ermahnte Galileo, die kopernikanische Astronomie nicht zu lehren, da diese der Heiligen Schrift widersprach.

BAPTISTEN IN ENGLAND UND AMERIKA

Im England des 16. Jh. wurde die anglikanische Kirche durch den Puritanismus herausgefordert. Die Puritaner waren mit der religiösen Einigung unter Königin Elisabeth I. nicht einverstanden und wollten, dass die Kirche geläutert und von allen Ritualen und Praktiken befreit wurde, die ihrer Ansicht nach biblisch nicht gerechtfertigt waren. Sie waren in ihrer Theologie oft calvinistisch und legten die Betonung auf das Predigen und die persönliche Hingabe sowie auf die strikte Einhaltung eines moralischen Verhaltenskodex. Da die Puritaner von dem Mangel an Reformen enttäuscht waren, beschlossen viele, die anglikanische Kirche zu verlassen. Wenn sie diese nicht von innen säubern konnten, war der einzig richtige Schritt, sich von ihr zu trennen. Obwohl es gesetzlich verboten war, bildeten sie separatistische Gemeinden und trafen sich regelmäßig zur Andacht.

Im 17. Jh. entstanden aus der Separatistenbewegung – angefeuert von sozialen und politischen Unruhen sowie von allgemeiner Unzufriedenheit mit der Kirche – einige sektiererische Gruppierungen. Darunter waren auch zwei Gruppen englischer Baptisten: die „allgemeinen" Baptisten (die an die allgemeine Sühne glauben, dass Christus für alle Menschen gestorben ist) und die „calvinistischen" Baptisten (die glauben, dass das Leiden am Kreuz nur für die von Gott Auserwählten bestimmt war).

Baptisten und Freiheit

1608 flohen einige englische Separatisten nach Holland, unter ihnen auch John Smyth. Er war der Ansicht, dass die wahre Kirche eine Form von kongregationalistischer Führung und die Gläubigentaufe benötigte. 1609 taufte sich Smyth erst selbst, indem er sich Wasser über den Kopf goss, und dann die anderen Mitglieder seiner Gemeinde auf die gleiche Weise. (Die Baptisten nahmen später das komplette Untertauchen als wahre Form der Taufe an.) Kurz nach der Gründung dieser Kongregation entdeckte

Unten: Die Dortrechter Synode wurde 1618 abgehalten, um die Kontroverse in den niederländischen Kirchen aufzuklären, die nach dem Aufstieg des Arminianismus, der die Lehren Calvins infrage stellte, aufgekommen war. Die Synode wies die armianischen Ansichten zurück.

Smyth, dass eine Gruppe Waterlander Mennoniten in der Gegend ebenfalls die Gläubigentaufe praktizierten. Seine Entscheidung, sich ihnen anzuschließen, führte zu einem Bruch unter den Baptisten. 1612 kehrte eine kleine Gruppe von ihnen unter Führung Thomas Helwys' nach England zurück und errichtete in Spitalfields vor den Toren Londons die erste englische Baptistenkirche.

Kurz nach seiner Ankunft in England veröffentlichte Helwys einen Aufruf zur religiösen Toleranz, *A Short Declaration of the Mistery of Iniquity*, in dem er argumentierte, dass alle Männer und Frauen in der Lage sein sollten, frei auf Gott zu reagieren. Trotz Helwys mutigen Aufrufs nach Religionsfreiheit wurden Baptisten immer wieder mit hohen Geldstrafen belegt und manchmal auch verhaftet, bis 1689 die *Toleranzakte* verabschiedet wurde.

Englische calvinistische Baptisten

Während Helwys und seine Gemeinde allgemeine Baptisten waren, entwickelte sich in den späten 1630er-Jahren eine Separatistenbewegung zu einer calvinistischen Baptistengemeinde weiter. Bis 1644 war bereits eine Reihe von

calvinistischen Baptistengemeinden entstanden, und sie veröffentlichten in London ein Glaubensbekenntnis. In Bezug auf die Gläubigentaufe, die Religionsfreiheit, die Dreifaltigkeit, die Missionsarbeit, die völlige Trennung von Kirche und Staat und vor allem auf die Kirche als Bündnis von Gläubigen sind sich die allgemeinen und die calvinistischen Baptisten einig.

Baptisten in Amerika

Religiöse Toleranz war auch die Grundlage für die Entstehung von Baptistengemeinden in Amerika. 1631 ging Roger Williams (1603–1683) nach Massachusetts, wo sich einige Puritaner niedergelassen hatten. Aufgrund seiner Ansichten zu Freiheit und Religionsfreiheit überwarf er sich aber bald mit vielen Gemeindemitgliedern. Zu ihrem Missfallen erklärte er, dass das Land, das sie besetzten, eigentlich den Indianern gehörte und von ihnen gekauft werden sollte. Außerdem schlug er vor, dass man religiösen Glauben nicht per Gesetz vorschreiben dürfe, sondern dass dieser eine Frage des persönlichen Gewissens sei.

Im Winter 1635 wurde Williams aufgrund seiner radikalen Ansichten der Kolonie in Massachusetts verwiesen. Er freundete sich mit Einheimischen vom Stamm der Narragansett an, kaufte Land von ihnen und gründete 1638 die Kolonie Rhode Island. Obwohl er kein Baptist blieb, wird ihm die Gründung der Baptistengemeinde in Providence (1638) zugeschrieben. Diese kleine Gemeinde und weitere, die entstanden, hatten Mitglieder mit calvinistischem und arminianischen (protestantische Christen, die dem niederländischen Theologen Jacobus Arminius folgten) Hintergrund. Sie alle genossen jedoch völlige Religionsfreiheit. Diese markante Ansicht wurde – zusammen mit der Vormachtstellung der Heiligen Schrift, der Gläubigentaufe, der Autonomie der örtlichen Kirche und der Priesterschaft aller Gläubigen – von den Baptisten in England und in den amerikanischen Kolonien geteilt.

Oben: Boston wurde 1630 von protestantischen Puritanern gegründet. Der Ort wurde zur Hauptstadt der Massachusetts Bay Colony erklärt und entwickelte sich zur größten britischen Siedlung in Amerika.

Oben: Roger Williams gründete in Providence, Rhode Island, die erste Baptistengemeinde Amerikas. Er arbeitete 1654–1658 als Gouverneur der neuen Kolonie und sanktionierte die Religionsfreiheit für alle Menschen.

KONGREGATIONALISTEN

Oben: Ein Friedhof in Devon, England. Die ersten Kongregationalisten in England wollten die Kirchenstruktur aus der anglikanischen Kirche heraus reformieren.

✝ „Denn wo zwei oder drei versammelt sind in meinem Namen, bin ich mitten unter ihnen." Dieses Zitat aus Matthäus 18,20 lieferte den Kongregationalisten die nötige Inspiration und den Machtanspruch. Wie der Name sagt, ist die Grundlage dieser Art des Christentums die Kongregation, die in dem Moment entsteht, wenn sich Menschen zur Andacht treffen. Jede Kongregation ist unabhängig und autonom in ihrer Führung; sie untersteht keiner höheren Autorität, hat keinen Anführer oder gar einen Kirchenrat. Die Gemeinde wählt ihre Offiziellen, entscheidet, wer Pfarrer wird, und trifft sämtliche Entscheidungen. Kongregationalisten sind besonders demokratisch – jedes Gemeindemitglied hat das Recht, seine Meinung zu sagen und abzustimmen.

Dem Ganzen liegt der Glaube zugrunde, dass Christus der Kopf der Kirche ist – kein Mensch kann diese Position einnehmen. Alle Gemeindemitglieder sind gleichwertig, und jede Einzelgemeinde ist Teil der Gesamtheit der Gläubigen. Wie bei vielen christlichen Bewegungen glaubten auch die Kongregationalisten, dass ihre Kirchenorganisation am ehesten die Natur der Frühkirche reflektierte und den Menschen eine direkte Beziehung zu Gott ermöglichte.

Manchmal war es nicht einfach, diesem Ideal zu folgen, aber die Kongregationalisten waren hingebungsvoll und unabhängig. Obwohl sie anfangs außerhalb jeder staatlichen Kontrolle standen und dementsprechend keinen Zugriff auf eine Ausbildung für ihre gewählten Pfarrer hatten, kannten sie sich gut mit Theologie, Literatur und Wissenschaft aus.

Rechts: Die Kongregationalisten nahmen Martin Luthers Ansicht an, dass jeder ein Priester ist, sodass man keine höhere menschliche Autorität benötigt, welche Entscheidungen über die Kirche fällt.

Brownisten und Dissenter

Heutzutage haben sich viele Kongregationalistenkirchen mit anderen Kirchen, insbesondere mit Methodisten und Presbyterianern, zusammengetan – am Anfang waren sie jedoch eine Dissenterbewegung, die ihren Ursprung in der anglikanischen Kirche hatte. Mitte des 16. Jh. trafen sich Gruppen von Männern und Frauen, hörten Predigten und nahmen Taufen und Kommunionen ohne einen Pastor der anglikanischen Kirche vor. Es war eine Herausforderung von Kirche und Staat, denn sie trieben Luthers Doktrin der Priesterschaft aller Gläubigen auf die Spitze: Da jeder Priester sein kann, gibt es keine Notwendigkeit, diesen durch einen Bischof oder eine Staatskirche ernennen zu lassen.

Der entscheidende Augenblick kam aber 1582, als der Prediger Robert Browne zwei Broschüren mit den kuriosen Titeln *A Book which sheweth the Life and Manners of all true Christians* und *A Treatise of Reformation without Tarrying for Any* veröffentlichte. Browne war ein puritanisch beeinflusster Dissenter, der in Norwich seine eigene Gemeinde gegründet hatte und dafür 1581 verhaftet worden war. Nach seiner Freilassung war er mit seinen Anhängern in die Niederlande gegangen, wo er die beiden Werke veröffentlichte. Obowhl Browne ein streitsüchtiger Mann war, der am Ende doch wieder in der anglikanischen Kirche landete, bildeten diese beiden Werke die Grundlage des Kongregationalismus. Sein Einfluss war so groß, dass sich einige Kongregationalisten anfangs gar „Brownisten" nannten. Browne argumentierte, dass die Kirchen der Gläubigen nicht unter staatlicher Kontrolle stehen (wie die anglikanische Kirche) und sie sich selbst regieren sollten.

Verfolgung und Flucht

Bis Ende der 1580er-Jahre hatte sich die Kongregationalisten überall ausgebreitet, vor allem in Südengland. Je größer sie wurden, desto mehr wurde ihnen bewusst, dass sie Teil einer Bewegung waren. Die Isolation der ersten Gruppe wich dem Gefühl, Teil eines gemeinsamen Verständnisses Christi und der Frage zu sein, wie das Leben in der Kirche organisiert sein sollte. Im 17. Jh. gründeten sie die Congregational Unions of Scotland, England and Wales. Diese Bündnisse untergruben jedoch die grundsätzliche Unabhängigkeit der einzelnen Gemeinden nicht.

Das alles war aber erst möglich, nachdem die Kongregationalisten akzeptiert worden waren, was im 16. Jh. nicht so einfach war. Die Hierarchie von Staat und Kirche beäugte die Abtrünnigen misstrauisch, und so wurde eine Reihe von Gesetzen gegen sie erlassen. Sie wurden verfolgt, zum Teil verhaftet, und ihre Versammlungsorte wurden geschlossen. Aus diesem Grund flohen sie in die religiös toleranten Niederlande und anschließend nach Nordamerika. Die Kongregationalisten ließen sich im Gebiet von Neuengland nieder und sollten dort großen Einfluss auf die Entwicklung des religiösen und politischen Gedankenguts nehmen. Sie betonten weiterhin ihre Unabhängigkeit von staatlichen Kontrolle, was große Auswirkungen auf die Art haben sollte, wie man Religion und Politik in den USA verstand. Die Ideen aus der Massachusetts Bay Colony bildeten die Grundlagen der amerikanischen Verfassung.

Oben: Kongregationalistische Kirchen haben sich in den USA vielerorts fest etabliert. In den meisten Staaten – sogar in abgelegenen Gebieten Hawaiis – gibt es Gemeinden.

ENGLISCHE UND AMERIKANISCHE PURITANER

Oben: Die Puritaner waren glühende Anhänger der Werke Johannes Calvins. Die „Genfer Bibel" galt als das wahre Gesetz Gottes und eindeutige Vorlage dafür, wie man leben sollte.

Unten: Die Hexenprozesse von Salem fanden 1692 in Massachusetts statt. 200 Menschen wurden der Hexerei beschuldigt und 20 von ihnen hingerichtet.

Im England des 17. Jh. kamen die aus der Reformation hervorgegangenen Puritaner zu großer Macht, und in den USA sollten sie ein bleibendes Erbe hinterlassen.

Wie der Puritanismus entstand

1553 starb König Edward VI. von England und hinterließ den Thron seiner katholischen Halbschwester Maria Tudor. Maria setzte die protestantischen Reformen ihrer Vorgänger außer Kraft, erneuerte die Verbindungen zur katholischen Kirche und erließ neue Gesetze, die Protestanten als Ketzer und schuldig eines Schwerverbrechens hinstellten. Angst trieb viele von ihnen ins Exil auf das europäische Festland. Einige hielten sich vorübergehend in Genf auf, wo sie drei Prinzipien entdeckten, die den Puritanismus beeinflussen sollten. Zum Ersten erfuhren sie durch den Kontakt zu Johannes Calvins Stellvertreter Théodore de Bèze ein System der evangelikalen Theologie, das als Calvinismus bekannt werden sollte. Zum Zweiten lernten sie die ikonoklastische und vereinfachte Art des Gottesdienstes kennen, wie sie von Calvin befürwortet wurde. Zum Dritten übersetzten sie die Bibel ins Englische und fügten interpretierende Randnotizen hinzu, die ausgesprochen evangelikal waren. Aus historischer Sicht scheinen diese Einflüsse prägend gewesen zu sein, vor allem angesichts des Verhaltens, das sie nach ihrer Rückkehr nach England an der Tag legten.

Königin Maria starb 1558, und ihre Nachfolgerin Elisabeth suchte nach einem religiösen Kompromiss, der für alle Untertanen annehmbar war. Die Exilanten lehnten bei ihrer Rückkehr jedoch aufgrund der theologischen,

liturgischen und biblischen Einflüsse, die sie erfahren hatten, den Katholizismus, der der elisabethanischen Regelung anhaftete, als unannehmbar ab. Sie verlangten nach einer evangelikalen Läuterung der anglikanischen Kirche sowie die Einführung der „Genfer Bibel". Bald erhielt die Bewegung den verächtlichen Spitznamen „Puritaner" – als Verhöhnung der scheinbar naiven Arroganz ihrer Anhänger.

Die puritanische Vorherrschaft in Stuart-England

Im Jahr 1603 feierten die Puritaner die Thronbesteigung des schottischen Presbyterianers James Stuart. In ihm sahen sie einen Verbündeten für ihre reformatorischen Ziele. Da sie nicht wussten, dass James den Calvinismus verabscheute, sandten sie ihm die Millenary-Petition zu – ein Dokument, in dem sie ihre Forderungen aufgelistet hatten. James stimmte zu, sich 1604 bei der Hampton Court Conference mit ihnen zu treffen, was die Puritaner hoffen ließ. Diese Hoffnungen wurden jedoch zunichte gemacht, als der König das Gebetbuch und andere umstrittene Themen verteidigte. Er autorisierte jedoch eine neue Übersetzung der Bibel, die als King-James-Bibel bekannt werden sollte.

Auf James I. folgte 1625 sein Sohn Karl, der zusammen mit dem Erzbischof von Canterbury für eine Verschlechterung der Beziehung zwischen Anglikanern und Puritanern sorgte. Der König und sein arminianischer Erzbischof reizten die Puritaner, indem sie anglikanische Verfahren ausweiteten und durchsetzten; dennoch wuchs die Macht der Puritaner während Karls Herrschaft stetig, bis eine Reihe von Ereignissen 1642 zum Bürgerkrieg führte. Der Englische Bürgerkrieg, bei dem die puritanisch-parlamentarischen „Rundköpfe" die anglikanisch-royalistischen

Englische Siedlungen in Nordamerika

Kolonie Popham (1607–1608)
Kolonie Massachusetts Bay (1630–1691)
Kolonie Salem (1628)
Boston (1630)
Plymouth (1620)
Saybrook (1635)
New Haven (1636)
Long Island (1664)

NORD-AMERIKA

St Mary's (1634)
Jamestown (1607)
Citie of Henricus (1611)

Delaware Bay
Chesapeake Bay

NORD-ATLANTIK

North Carolina (1663)
Roanoke
Albemarle Sound

0   250   500 Kilometer
0   125   250 Meilen

„Kavaliere" besiegten, endete im Januar 1649. Oliver Cromwell ging als nationaler Anführer daraus hervor und gründete das Commonwealth of England und das Protektorat, das nach seinem Tod 1658 scheiterte. Die Antipathie den Puritanern gegenüber sorgte dafür, dass die Öffentlichkeit sich für die Wiedereinsetzung der Monarchie stark machte. Mit der Thronbesteigung Karls II. 1660 verloren die Puritaner jeglichen Einfluss auf Politik und Religion in der Ära, die später als Stuart-Restauration bekannt wurde.

Die puritanische Kolonialisierung Neuenglands

Entmutigt vom Regime Karls I. glaubten einige Puritaner nicht mehr daran, jemals eine Läuterung der anglikanischen Kirche zu erleben, und suchten nach neuen Wegen, ihr Ziel zu erreichen. Das Auswandern in die Neue Welt erschien ihnen als beste Möglichkeit. 1630 führte John Winthrop eine Gruppe, deren Ziel es war, eine reine, aber nicht separate Kirche zu gründen, zur Massachusetts Bay, und so entstand die erste puritanische Kolonie in Amerika. Eine weitere Gruppe, die „Pilger", war bereits zehn Jahre früher dort angekommen, aber sie waren Separatisten mit einer anderen kirchlichen Vision. 1691 verband die englische Regierung beide Kolonien miteinander, um die Wahrscheinlichkeit eines Aufstands zu verringern, zu dem es aber im nächsten Jahrhundert dennoch kam.

Die Puritaner verwandelten die Wildnis in eine Zivilisation, predigten zu den Indianern und gründeten 1636 die Universität Harvard. Trotz vieler Erfolge und der Brillanz von Männern wie Cotton Mather und Jonathan Edwards diskreditierten die Hexenprozesse von Salem im Jahr 1692 den amerikanischen Puritanismus – in den Augen vieler für immer. Als entscheidender Faktor im amerikanischen Leben verlor der Puritanismus Ende des 18. Jh. an Bedeutung, obwohl Spuren davon bis heute existieren.

Oben: 1620 gründete eine Gruppe, die sich „die Pilger" nannte, die Kolonie Plymouth in Neuengland. Sie gerieten schon bald mit den ansässigen Indianern aneinander, die sich gegen die Eroberung ihres Landes wehrten.

NEUFRANKREICH

Im 17. und 18. Jh. landeten französische Siedler in Kanada und begannen mit der Bekehrung der einheimischen Bevölkerung. Die ersten nachgewiesenen Konvertierungen fanden 1610 in Port-Royal, Acadia, Nova Scotia, statt. Der französische Missionar Abbé Jessé Fléché taufte Häuptling Memberton, seine Familie und 140 Konvertiten der Mi'kmaq und Maliseet. Im folgenden Jahr ersetzten die Jesuiten Pierre Biard und Fléché, lernten die Sprachen der Indianer, unterrichteten Konvertiten in ihrer eigenen Sprache und übersetzten den Katechismus. Die Jesuiten begannen zusätzlich mit der systematischen christlichen Ausbildung der Indianer.

Die französischen Katholiken ließen sich vor allem in drei Gebieten Kanadas nieder: am Fort von Quebec, im abgelegenen Sainte-Marie Among the Hurons und in Ville Marie (Montreal). Katholische Geistliche drangen mit den Pelzhändlern rasch ins Herz des Kontinents vor, nach Michilimackinac (Michigan). Auf dem Weg verbreiteten sie das Evangelium und paddelten in Kanus schließlich 1687 den Mississippi hinab bis zum Golf von Mexiko.

Oben: Eine der ersten festen französischen Kolonien in Nordamerika war Port-Royal in Acadia, Nova Scotia. Die Gegend ist heute als French Shore bekannt.

Unten: Der großartige Innenraum der Gemeinde der Notre-Dame de Montréal, die 1657 gegründet wurde. Die heutige Kathedrale wurde zwischen 1672 und 1683 im Barockstil erbaut.

Quebec: ein vielseitiges Zentrum

1608 gründete der Laie Samuel de Champlain Quebec, indem er die französische Fahne aufstellte und die in der Nähe lebenden Indianer evangelisierte. Auf ihn folgten freiwillige Missionare – Récollets, Jesuiten, Ursulinen und Augustiner –, die Kirchen, Krankenhäuser, Colleges und Schulen entlang der kanadischen Flussufer bauten. Quebec war ein vielseitiger Mittelpunkt für Neufrankreich, inklusive Regierungssitz, Handelszentrum, Militärkontingent und Sitz der neuen Diözese, die sich vom St.-Lorenz-Strom bis zum Golf von Mexiko über Nordamerika erstreckte.

Während Quebec zum Fels des französischen Kolonialismus in Nordamerika wurde, bestiegen Jean de Brébeuf, Antoine Daniel und Ambrose Davost huronische Pelzkanus und begaben sich auf die strapaziöse vierwöchige Reise den St.-Lorenzstrom, den Ottawa und den Mattawa hinauf, um am Lake Nipissing das Hochland zu überqueren und den French River hinab in das Land der Huronen zu gelangen. Als sie dort 1634 ankamen, nahmen die drei Jesuiten ihre Mission in Angriff, 25.000 Huronen zu bekehren. Fünf Jahre später bauten Jerome Lalemant und seine jesuitischen Gefährten bei Midland, Ontario, das historische Sainte-Marie Among the Hurons, das zum Zentrum des Einflusses der Jesuiten auf das Leben der Indianer wurde.

Sainte-Marie: europäische Enkulturation

Jean de Brébeuf, Isaac Jogues, Gabriel Lalemant, Antoine Daniel, Charles Garnier, Noël Chabanel, Jean de Lalonde und René Goupil begannen mit dem langen Lernprozess, den wir heute Enkulturation nennen. Sie paddelten, jagten und aßen wie die Huronen, lebten in ihren Langhäusern und teilten ihre Ernte. Mit großer Demut lernten sie, die Indianersprachen zu sprechen und ihre Kultur zu respektieren. Die Huronen teilten mit den Besuchern Mais, Tomaten, Kartoffeln, Bohnen und Kürbis und lehrten sie ihre Jagd- und Angeltechniken. Im Gegenzug brachten die

Gäste Hühner, Schweine und Rinder mit, um den Speiseplan der Indianer aufzuwerten. Die Jesuiten waren die Ersten, die den Huronen das christliche Evangelium nahe brachten, sie konvertierten und christliche Gemeinden gründeten. Auf dem Höhepunkt lebten 70 Jesuiten und Donées (religiöse Laien, die gegen Essen, Kleidung und Unterkunft ihre Arbeitskraft zu Verfügung stellten) in Sainte-Marie Among the Hurons, und das Gebiet wurde zu einem Ort des euro-huronischen Kulturaustauschs. Joseph Chihwatenha, Joseph Teondechoren, Paul Atondo und andere Huronen konvertierten zum Katholiszismus und wurden getauft. Sie bekehrten ihre Stammesgenossen und gründeten bald christliche Dörfer.

Ville Marie: Laienevangelisierung

So wie Quebec ein Multifunktionszentrum war und Sainte-Marie ein Ort der europäischen Enkulturation, so war Ville Marie (Montreal) der Ort der Laienevangelisierung. Paul de Chomedey de Maisonneuve führte eine Expedition christlicher Laienmissionare den St.-Lorenzstrom hinauf zu den Pelzmärkten der Indianer. Maisonneuve und seine Gefährten gründeten Ville Marie. Jeanne Mance eröffnete das erste Krankenhaus, Marguerite Bourgeoys gründete die erste Schule und etablierte den ersten, nicht in einem Kloster lebenden religiösen Orden in Nordamerika – die Congrégation de Notre-Dame. Im Gegensatz zu den Ursulinen verließen die Nonnen der Congrégation de Notre-Dame ihren Konvent täglich, um überall im Land ihrer Pfarrtätigkeit nachzugehen. 1657 trafen die Sulpizianer in Montreal ein und gründeten die Hauptkirche, Notre-Dame de Montréal, sowie das Grand Séminaire de Montréal. Inmitten aller Gefahren des noch unbekannten Landes wurde das Christentum mit missionarischem Eifer gelebt, und Montreal entwickelte sich zum Zentrum der Laienevangelisierung. Francois de Laval, dessen Ahnentafel sich bis zu den ersten christlichen Franken im 5. Jh. zurückverfolgen lässt, kam 1659 als erster missionarischer Bischof nach Quebec. Er sollte sich um die missionarische Arbeit kümmern, die Gründung der katholischen Kirche Kanadas überwachen und eine örtliche Infrastruktur aufbauen.

Unten: Vater Joseph le Caron, hier begleitet von Samuel de Champlain, war einer der ersten Jesuiten, die nach Neufrankreich reisten. Sein Ziel war es, die Einheimischen zum Christentum zu bekehren.

Neufrankreich

○ wichtigste franz.-kath. Siedlungen

BRITISCHE KOLONIEN IN NORDAMERIKA

Nach der Besiedelung von Jamestown, Virginia, im Jahr 1607 war die britische Kolonialisierung Amerikas nicht mehr aufzuhalten. 1620 landeten Separatisten (die Pilger) der anglikanischen Kirche in Plymouth (Neuengland), 1630 gründeten die Puritaner die Massachusetts Bay Colony. Die Kolonie Maryland wurde 1632 von der aristokratischen Familie Calvert als Zufluchtsstätte für Katholiken gegründet. Mit den Anglikanern in Virginia, den Calvinisten in Neuengland und den Katholiken in Maryland stellte die amerikanische Kolonialisierung die kirchliche Triangulierung im Tudor- und Stuart-England wieder her. Während die Situation in der alten Welt jedoch zu Feindseligkeiten und Krieg geführt hatte, lebten die Siedler friedlich nebeneinander.

Eine bessere christliche Koexistenz

Die Siedler waren zwar nicht weniger ideologisch ausgerichtet als ihre Landsleute in der Heimat, aber weniger streitlustig. Als der Englische Bürgerkrieg in den 1640er-Jahren ausbrach, machten die puritanischen Neuengländer und die anglikanischen Virginier keine Anstalten, sich gegenseitig zu überfallen. Sieht man sich das Blut an, das aus religiösen Gründen nicht nur in Großbritannien, sondern in ganz Westeuropa in der ersten Hälfte des 17. Jh. vergossen wurde, so war die friedliche Koexistenz in den amerikanischen Kolonien wirklich bemerkenswert. Tatsächlich bestand die gefährlichere Dreieckskonstellation in Nordamerika aus England, Spanien und Frankreich, die zyklisch immer wieder in Kriege miteinander verwickelt waren, was besonders im Siebenjährigen Krieg (1756–1763) deutlich wurde. Was den puritanischen Zelotismus betraf, so setzten

die Neuengländer Disziplin lieber in den eigenen Reihen durch, als ihren Glauben anderen aufzuzwingen, wie es ihre englischen Gegenstücke während des Protektorats Oliver Cromwells versucht hatten.

Die Kolonialamerikaner entwickelten Überlebensstrategien, um mit diesen beiden Dreiecksbeziehungen umgehen und den chaotischen Fanatismus der Alten Welt vermeiden zu können. Eine Strategie war Zurückhaltung, etwa bei der Weigerung, den Bürgerkrieg im Heimatland in die Kolonien zu tragen. Eine zweite, noblere Strategie war Freiheit. Der Quäker William Penn gründete Pennsylvania auf der Grundlage von Toleranz, und Rhode Islands Gründer Roger Williams argumentierte sogar zugunsten völliger Religionsfreiheit – auch für Nichtchristen. Die dritte Strategie war die Gleichgültigkeit, wie man sie vor allem in den südlichen Kolonien erlebte, wo der Anglikanismus im harten Alltag der Caroliner und Georgier wenig Bedeutung hatte. Dass es den Amerikanern gelang, so etwas wie den katastrophalen Dreißigjährigen Krieg (1618–1648) in Europa zu vermeiden, beweist den Erfolg ihrer Strategien.

Das überraschende Werk Gottes

Die Kolonisten vermieden aber nicht nur Konflikte, sondern erzielten manchmal sogar Einigkeit. In Northampton, Massachusetts, bemerkte der kongregationalistische Pfarrer Jonathan Edwards in den Jahren 1734 und 1735 erstaunliche körperliche, emotionale und spirituelle Reaktionen auf seine Predigten und schrieb 1737 ein Buch über die Ereignisse, *A Faithful Narrative of the Surprising Work of God*. Im Rückblick sieht man, dass dieser „Northampton-Aufschwung" der Vorläufer eines noch erstaunlicheren Phänomens war: der Großen Erweckung, des bemerkenswertesten Ereignisses im kolonialen Christentum. Die Erweckungsreise George Whitefields 1739–1741 war der Dreh- und Angelpunkt des „Great Awakening". Whitefield, ein außerordentlich talentierter Redner, hielt leidenschaftliche Predigten über die Bekehrung und verhöhnte den spirituellen Zustand der Kirche, was ihm beides die Zuneigung der Bevölkerung eintrug. Als Whitefield 1740 Edwards besuchte, war dies das Gipfeltreffen des größten Praktikers (Whitefield) und des größten Theoretiker (Edwards), die den amerikanischen Beitrag zum Christentum anführten: die Erweckung. Viele Traditionalisten waren den emotionalen Exzessen der Erweckung feindlich gesonnen und griffen die Prediger an, welche die extatischen Ausbrüche der Gläubigen befürworteten.

Die Große Erweckung störte die Muster des kolonialen Christentums, und in den meisten Gruppen kam es zu großen

Unten: 1607 landete eine große Gruppe Siedler aus London in Jamestown, Virginia, wo sie eine Siedlung gründen, Gold suchen und einen Wasserweg in den Orient entdecken sollte.

Die 13 Kolonien Amerikas, 1752
- Amerikanische Kolonien
- Indianergebiet

Oben: William Penn war ein fleißiger Schriftsteller, der seine Theorien über Religionsfreiheit und Quäker-Ideale in vielen Büchern, Aufsätzen und Flugblättern zu Papier brachte.

Unten: William Penn, der Anführer der englischen Quäker und Gründer Pennsylvanias, baute 1682 bei einem Besuch freundliche Beziehungen zu den einheimischen Indianern auf.

Unruhen. Die Baptisten z. B. waren dauerhaft davon betroffen. Shubal Stearns, der 1751 durch Whitefields Predigten bekehrt wurde und sich dem Baptismus anschloss, zog mit seinem Schwager Daniel Marshall nach Sandy Creek, North Carolina, und gründete dort 1755 die Sandy Creek Baptist Church. Innerhalb von drei Jahren errichtete die Sandy Creek Church zwei weitere Gemeinden, und als sich die drei Kongregationen zur Sandy Creek Association zusammenschlossen, entstand eine weniger formelle, der Erweckung positiv gegenüberstehende baptistische Tradition. Diejenigen, die der Sandy-Creek-Tradition folgten, wurden als „Separate Baptists" bekannt, deren Mitglieder oft vom Land stammten, arm und ungehobelt waren. Das Aufkommen der Separate Baptists führte zu einem Schisma zwischen den amerikanischen Baptisten (das zum Teil heute noch sichtbar ist). In der Folge waren vor allem die energischeren Separate Baptists für die erstaunliche Verbreitung ihres Glaubens verantwortlich, die in den nächsten hundert Jahren vonstatten gehen sollte.

DER PIETISMUS

Der Pietismus war eine protestantische Reformbewegung, die im 17. Jh. in Deutschland
aufkam und den Wunsch nach echter Frömmigkeit hegte, welche sich durch ernsthafte
Hingabe und christliche Lebensführung ausdrückte. Im
Kontext der sozialen und politischen Unruhen in Europa
nach dem Dreißigjährigen Krieg sowie der steigenden
Scholastik in den evangelischen Kirchen riefen die Pietisten
zu einer spirituellen Erneuerung der Kirche auf. In den
Jahren nach dem Tod Martin Luthers (1546) hatte eine
Reihe theologischer Debatten zur Entwicklung neuer
doktrineller Glaubenformulierungen geführt. Diese protestantische Scholastik war – nach Ansicht der Pietisten –
von der wahren Frömmigkeit abgerückt. Ihnen widerstreb-
ten die rein intellektuelle Zustimmung zur Doktrin sowie
die Ritualisierung und der Formalismus des Gottesdienstes.
Sie setzten sich zudem für einen praktischen, ethischen und
persönlichen christlichen Glauben mit Betonung auf religiösen Erfahrungen ein.

Frommes Begehren

Anführer der Bewegung war Philipp Jakob Spener (1635–
1705), Pastor einer lutherischen Gemeinde in Frankfurt,
der *Pia Desideria oder herzliches Verlangen nach gottgefälliger
Besserung der wahren Evangelischen Kirche* (1675) schrieb.
In dieser Abhandlung verweist Spener auf die Zeichen
moralischen Verfalls in der Kultur und behauptet, dass viele
Christen den praktischen, auf Erfahrungen beruhenden
Glauben vernachlässigen würden. Er macht konkrete
Reformvorschläge, inklusive des Bibelstudiums und Betens
in kleinen Gruppen sowie einer neuen Betonung der
Bekehrung und Wiedergeburt. Zudem verlangte er Ände-
rungen bei der Priesterausbildung, die sich weniger auf die
scholastische Theologie und mehr auf die praktische
Ausübung des Glauben konzentrieren sollte. Sehr wichtig
war ihm auch die Rückbesinnung jedes Christen auf die
„Priesterschaft der Gläubigen" – d. h., dass jeder vor Gott
sein eigener Priester ist. Diese Idee war ein Kernpunkt der
Reformbemühungen Martin Luthers im 16. Jh.

Die Universität Halle

Spener wurde stark von den Schriften Johann Arndts
(1555–1621) beeinflusst, eines lutherischen Theologen und
mystischen Schriftstellers, der 1606 *Von wahrem Christen-
thum* veröffentlichte, in dem er das Werk Christi im
Herzen jedes Einzelnen betonte. 1691 ging Spener nach
Berlin, und auf seine Empfehlung hin wurde August
Hermann Francke (1663–1727) zum Pastor und Lehrer an
der neuen Universität Halle ernannt. Unter Franckes
Leitung wurde Halle zum Zentrum der pietistischen
Reformen. Als Ergebnis der Arbeit Franckes und Speners
verbreitete sich eine Erneuerungsbewegung in der evangelischen Kirche Deutschlands, bei der die Betonung auf
dem Bibelstudium und der Sozialarbeit lag. Waisen- und
Krankenhäuser wurden gegründet, und Missionare wurden

in die ganze Welt entsandt. Einige kritisierten zwar, dass ihr Beharren auf persönlicher Frömmigkeit zeitweise in eine Art neuen Legalismus abdriftete, dennoch sollte ihre Kirchenreform durch persönliches Bibelstudium und Bildung bleibenden Einfluss auf viele Gruppen haben.

Graf von Zinzendorf und die Herrnhuter Brüder

Unter den vom Pietismus beeinflussten Gruppen waren auch die Herrnhuter Brüder. Auf Einladung von Graf Nikolaus Ludwig von Zinzendorf (1700–1760) gründete die böhmische Gruppe auf seinen Ländereien eine Siedlung. Der von Franckes Hallenser Lehren beeinflusste Zinzendorf hatte die Vision einer Kirchenerneuerung mit der Betonung auf der persönlichen religiösen Erfahrung. Die Herrnhuter Brüder glaubten, es sei ihre Pflicht, das Evangelium zu verbreiten. So gründeten sie Schulen, leisteten Sozialarbeit und schickten Missionare ins Ausland. John Wesley, der Gründer der Methodisten, war von der Hingabe der Herrnhuter Brüder, die er 1735 auf seinem Weg in die amerikanische Kolonie Georgia traf, wo er als anglikanischer Missionar arbeiten wollte, sehr beeindruckt. Ein Herrnhuter Missionar konfrontierte Wesley mit der Frage über die Gewissheit der Erlösung, die er damals nicht beantworten konnte. Die Frage beunruhigte ihn, und so traf er sich bei seiner Rückkehr nach England mit einem Anführer der Herrnhuter. Später besuchte Wesley Graf von Zinzendorf in Halle, um die Arbeit der Herrnhuter Brüder selbst in Augenschein zu nehmen. Ihre Frömmigkeit inspirierte ihn weiterhin, er distanzierte sich aber von den mystischeren Aspekten ihrer religiösen Praktiken.

Die pietistischen Reformen verbreiteten sich in Europa und Nordamerika. Da der Pietismus seinen Fokus auf die religiöse Erfahrung statt auf die doktrinelle Theologie legt, wird ihm die Unterstützung der Vereinigung christlicher Gruppen wie der Lutheran-Missouri Synod in Amerika und der Lutherischen Kirche Australiens angerechnet.

Oben: John Wesley war Prediger und Gründer der Methodisten. Er predigte vor großen Menschenmengen über die sozialen Belange der Zeit und sprach von christlicher Perfektion als „Heiligkeit im Herzen und im Leben".

Gegenüber: Der Dreißigjährige Krieg (1618–1648) setzte sich aus einer Reihe komplexer militärischer und politischer Konflikte in Europa zusammen. Zum Teil war er auch ein Religionskrieg zwischen Katholiken, Lutheranern und Calvinisten.

DIE PILGERREISE

Die Pilgerreise zur seligen Ewigkeit (Pilgrim's Progress) von John Bunyan (1628–1688) ist eines der bekanntesten Werke in der christlichen Literaturgeschichte. Es erschien erstmals 1678, wurde mittlerweile in über 200 Sprachen übersetzt und bis heute durchgängig aufgelegt. *Die Pilgerreise* wurde zu einem Zeitpunkt religiöser und politischer Unruhen in England verfasst und wollte den Leser zu einer größeren Selbsterkenntnis und zur Hinwendung zu Gott aufrufen. Die Geschichte selbst ist von der Heiligen Schrift durchdrungen und wird von Gottesfurcht geprägt.

John Bunyan wurde in dem Dorf Elstow in England geboren. Seine Eltern waren arm, schickten den Sohn aber dennoch in die Schule, damit er lesen und schreiben lernte. Er folgte seinem Vater als Kesselflicker und schlug sich zu Beginn des Englischen Bürgerkriegs 1642 auf die Seite der Parlamentarier. Angeführt von Oliver Cromwell (1599–1658), einem Mann mit großer puritanischer Neigung, besiegten die Parlamentarier die Truppen König Karls I., der 1649 geköpft wurde. Als Lord Protector verkündete Cromwell Religionsfreiheit für alle außer den Anglikanern, Katholiken und Antinomiern. Diese Zeit der relativen Ruhe sollte aber nicht andauern, denn in dem Chaos, das auf Cromwells Tod 1658 folgte, bestieg ein neuer König, Karl II. (1660–1685), den englischen Thron. Obwohl er 1660 den Vertrag von Breda abschloss, in dem religiöse Toleranz zugesichert wurde, litten Puritaner – darunter auch John Bunyan – unter Verfolgung.

Oben: John Bunyan war ein englischer Schriftsteller und Puritaner, der in Haft – für das Predigen an einem unzulässigen Ort – *Die Pilgerreise* schrieb.

Rechts: Die Schlacht um Edgehill war der erste Konflikt des Englischen Bürgerkriegs. Karl I. kämpfte mit seiner Armee bei Edgehill gegen die Parlamentarier; keine der beiden Parteien gewann, weil sich beide Armeen erschöpft zurückzogen.

Verfolgung und Gefangenschaft

Nach dem Bürgerkrieg war Bunyan nach Hause zurückgekehrt und hatte 1647 geheiratet. Er machte eine schwere Glaubenskrise durch, die fast vier Jahre dauern sollte und in der er sich als „größter Sünder" sah. In jener Zeit halfen ihm – neben der Bibel – vor allem zwei Bücher: Arthur Dents *The Plain Man's Pathway to Heaven* (1601) und Lewis Baylys *Praxis Pietatis* (1613). Bestärkt durch diese puritanische Werke und sein Verlangen, ein frommes Leben zu führen, schloss er sich 1653 einer unabhängigen (später baptistischen) Gemeinde in Bedford an. Er durchlief die Erwachsenentaufe und wurde 1657 als Prediger anerkannt. Schon bald war er in der Gegend um Bedford sehr bekannt.

Nach der Einsetzung Karls II. wurde Bunyan wegen unzulässigen Predigens verhaftet und verbrachte einen Großteil der Jahre von 1660 bis 1672 im Gefängnis. Er nutzte die Zeit zum ausgiebigen Schreiben und vollendete über 80 Werke, darunter auch *Die Pilgerreise* und seine Autobiografie *Die Gnade Gottes/Welche sich erstrecket Auff die Grössesten Sünder* (1666). In den meisten seiner Werke befasste er sich mit der Tatsache, dass sich die Christen in einem ernsthaften spirituellen Krieg befanden, denn die Erlösung der Sünder stand auf dem Spiel.

Die Pilgerreise

Die Pilgerreise wurde als zweiteilige Allegorie geschrieben. Im ersten Teil beschreibt Bunyan Christs Leben als Reise,

die in der „Stadt der Zerstörung" beginnt und in der „Himmlischen Stadt" endet. Im zweiten Teil unternimmt Christs Ehefrau Christiana eine ähnliche Reise. Teil eins wurde zuerst publiziert und ist bekannter.

Bunyans Hauptdarsteller Christ trägt eine schwere Bürde (die Sünde) und muss zahllose Prüfungen und Versuchungen überstehen. In dem Roman werden die vielen Fallstricke beschrieben, während Christ durch Orte wie den „Sumpf der Verzagtheit", das „Tal der Demut", das „Tal des Todesschattens" und das „Schloss des Zweifelns" wandert. Auf seiner langen Reise trifft er viele, die ihm einen Rat geben oder ihn warnen, etwa die Weisheit der Welt, den Nachgiebigen, den Übersetzer

und den Gläubigen. Neben seinem einfachen, verständlichen und für alle gut zugänglichen Stil wird dieses Erbauungsbuch vor allem für seine starke Anlehnung an die Bibel gerühmt.

John Bunyan starb im Jahr 1688 – nur ein Jahr, bevor in England die *Toleranzakte* verabschiedet wurde, die allen Religionsgemeinschaften außer den Katholiken und den Unitariern Religionsfreiheit zusicherte. Heutzutage erinnern wir uns an ihn aber nicht nur als Autor der *Pilgerreise*, Verfasser von Lobliedern und für seine Darstellung des christlichen Lebens als eine Aneinanderreihung von Kampf, Versagen und Triumph, sondern auch an seine erhebliche Bereitschaft, für seinen Glauben zu leiden.

Oben: Karl II. (rechts) sehnte sich nach Religionsfreiheit – vor allem, weil er selbst dem Katholizismus zugeneigt war. Er versuchte mehrfach, die Tolerierung von Katholiken und Nonkonformisten durchzusetzen, stieß aber stets auf den Widerstand des anglikanischen Parlaments.

PREDIGTEN

Rechts: Dem Matthäusevangelium zufolge begann Jesus seine Bergpredigt mit den Worten: „Selig, die arm sind vor Gott; denn ihnen gehört das Himmelreich."

In der christlichen Kirche ist die Predigt eine Ansprache des Priesters an die Gemeinde. Obwohl die ideale Predigt auf der Bibel fußt, unterscheiden sich Predigten so sehr voneinander wie die Menschen, die sie halten. Politik, die Sünden von Gemeindemitgliedern, ein Rivale in der Nachbargemeinde – all das und vieles mehr war und ist Thema von Predigten.

Als Vorlage gilt oft die Bergpredigt aus Matthäus 5–7, die das Vaterunser und die Seligpreisungen enthält. Im Lauf der Zeit gab es viele berühmte Prediger, z. B. Johannes Chrysostomos in der Frühkirche, Martin Luther und auch Billy Graham. Als Blütezeit der Kunst des Predigens gilt jedoch das 17. Jh.

Homiletik

Die Homiletik ist die Theologie der Predigtlehre. Sie beinhaltet Studien biblischer Texte – vorzugsweise in den Originalsprachen Hebräisch und Griechisch –, die Bestimmung der wichtigsten Punkte und deren Relevanz für die Gemeinde sowie das Bedürfnis, herauszufinden, was Gott der Gemeinde gern sagen würde. Die Homiletik umfasst auch die Kunst des öffentlichen Redens: Wie man die Stimme hebt und senkt, Stimmbildung (die Stimmverstärkung via Mikrofon war noch nicht erfunden), wie man Pausen setzt und wie man sicherstellt, seine wichtigsten Punkte zu vermitteln (indem man sie dreimal wiederholt).

Unten: Der heilige Johannes Chrysostomos ist vor allem für seine mutigen, eloquenten Predigten bekannt. Seine berühmte *Osterpredigt* wird beim Osterfest gehalten.

Predigten waren in der christlichen Geschichte aber nicht immer von Bedeutung – es hat im Lauf der Zeit immer wieder zahllose Beschwerden über ungebildete, analphabetische Geistliche gegeben. Die Kirche durchlief lange Phasen, in denen es nur zwei oder drei Predigten im Jahr gab, und zwar zu Höhepunkten wie Ostern oder Weihnachten. In Zeiten, zu denen die Priester besser gebildet waren, gab es auch mehr und bessere Predigten. Ein solche Phase war das 13. Jh., als Dominikaner und Franziskaner für ein hohes Ausbildungsniveau der Priester sorgten. Eine weitere solche Phase folgte auf die Reformation, als sowohl Protestanten als auch Katholiken regelmäßige Predigten einführten. Wieder war die Ausbildung der Priester – insbesondere in den Originalsprachen – der entscheidende Faktor. Bis zum 17. Jh. zeigten diese Veränderungen schließlich Wirkung.

John Donne

Ein altes Sprichwort sagt: „Wenn die Predigt nicht über den Horizont der Gemeinde hinausgeht, sind die Leute enttäuscht." Ziel war es, den Geist und das Herz zu Gott zu erheben. Ein großer Befürworter solcher Predigten war John Donne (1572–1631). Nach einer langwierigen theologischen Ausbildung wurde der einst agnostische Autor großartiger Liebesgedichte Dekan der St. Paul's Cathedral in London (1621–1631). Allem Anschein nach hielt sich Donne an das Sprichwort. Seine Predigten waren äußerst eloquent, und immer wieder streute er Referenzen zu den Kirchenvätern ein. Geschickt und effektiv setzte er die Bildsprache ein. Die hauptsächliche Anziehungskraft lag aber in Donnes Fokus auf das innere Leben. Oft sprach er von seinem Leben als Sünder und seiner Vergebung im Licht der Gnade Gottes. Dies fand bei der Gemeinde großen Anklang, und er war als Prediger sehr begehrt. Donne predigte an allen Feiertagen des Kirchenjahrs und wurde mehrfach dazu berufen, am Hof des Königs zu predigen.

Die Sanduhr

In vielen Kirchen war es nicht ungewöhnlich, dass es jeden Tag Predigten gab. In Rostock etwa wurden im Jahr 1640 ganze 1500 Predigten gehalten. Ein lutherischer Priester jener Zeit sagte: „Wir predigen uns zu Tode." Die Gemeinden nahmen in dieser Zeit, in der nur wenige lesen konnten, die Predigten gern an. Als der puritanische Prediger Lawrence Chaderton (einer der Übersetzer der King-James-Bibel) einst nach zwei Stunden aufhörte zu predigen, weil er glaubte, die Leute wären müde, hörte er nur: „Um Gottes Willen, macht weiter. Wir bitten Euch, macht weiter!", und so predigte er eine weitere Stunde.

Nach und nach bürgerte es sich jedoch ein, Predigten auf eine Stunde zu begrenzen. Um sicherzugehen, dass der Prediger sich daran hielt, wurden die Kanzeln mit Sanduhren ausgestattet (manchmal mit solchen, die halbe Stunden anzeigten). Die Uhrmacher irrten sich aber öfter zugunsten der Zuhörer – vor allem weil sie glaubten, dass das Hören der erste Sinn sei, der ermüdete. Eine dieser Sanduhren, die heute noch existieren, absolvierte die „Stunde" in nur 48 Minuten.

Oben: John Donne war ein englischer Dichter und Prediger. Seine Werke umfassten eine Reihe säkularer und religiöser Themen, z. B. die göttliche Liebe sowie den Verfall und die Wiederauferstehung des Körpers.

ENTWICKLUNG IN NEUSPANIEN

Bis zum 17. Jh. hatten die rasche Eroberung und Kolonialisierung Amerikas und der Philippinen Spanien ein geradezu unerhört großes Gebiet eingebracht. Es reichte von der Spitze Südamerikas bis nach Florida und Kalifornien und weiter über den Pazifik bis zu den Philippinen. Während aus den südamerikanischen Gebieten (mit Ausnahme Brasiliens) das Vizekönigreich Peru wurde, wurde der Rest als eine politische Einheit – das Vizekönigreich Neuspanien – von Mexiko City aus verwaltet. In verschiedenen Ausprägungen und Ausdehnungen dauerte es von 1525 bis 1821 an. In diesem gewaltigen Reich etablierten die Spanier ein komplexes Verwaltungssystem, das sich auf *misiones* (Missionen), *pueblos* (Städte) und *presidios* (Militärgarnisonen) stützte.

Hand in Hand

Der langwierige Prozess der Vertreibung der Muslime von der Iberischen Halbinsel (790–1492) hatte Kirche und Staat in Spanien eng zusammengeschweißt. Zusätzlich hatte die scheinbare Bedrohung durch die Reformation die katholische Kirche unter die Kontrolle der spanischen Krone gebracht. Im Sinne dieses Bündnisses überquerte man im 16. und 17. Jh. den Atlantik. Die Konquistadores wurden von Missionaren begleitet, die für die Ausdehnung des Reichs entscheidend waren – so sehr, dass die Geistlichen mancherorts auch als Reichsgouverneure fungierten.

Dem Befehl aus dem neuen Testament folgend, alle Völker zu bekehren (Matthäus 28,19) begannen die Missionare mit Massentaufen; in manchen Berichten wird von 14.000 Menschen erzählt. Die Einheimischen ließen sich gern bekehren, aber ebenso gern kehrten sie ihrem neuen Glauben auch wieder den Rücken zu. Manchmal fügten sie den christlichen Gott – der für ihre Eroberung verantwortlich war – auch einfach ihren alten Göttern hinzu.

Als Reaktion begannen die katholischen Geistlichen mit einem rigorosen Programm zur Auslöschung der einheimischen Religionen. Religiöse und kulturelle Artefakte wurden vernichtet, religiöse Bücher verbrannt, spezielle Nahrungsmittel (z. B. Amaranth, das „Getreide der Götter") verboten, religiöse Anführer verfolgt und hingerichtet sowie viele Tempel und Statuen völlig zerstört.

Die Eingeborenen schlagen zurück

Die einheimische Bevölkerung Neuspaniens wurde durch neue Krankheiten (Masern, Pocken und Typhus) schwer dezimiert, wehrte sich aber schließlich gegen die Eroberer. Sie nutzte den Konflikt zwischen den Spaniern und den Briten, die die spanische Handelsverbindung zwischen Atlantik und Pazifik angriffen. In der Mitte des 17. Jh. attackierten die Tarahumara, die sich aus den Bergen

Rechts: 1587 besetzte der Engländer Sir Francis Drake drei Tage lang den spanischen Hafen Cádiz, kaperte sechs Schiffe und zerstörte viele andere. Dieser Angriff lähmte die Spanische Armada ein Jahr lang.

Unten: Die 1649 vollendete Kathedrale von Pueblo in Puebla, Mexiko, stellt mit ihren Altargemälden, den Gemälden und Schnitzereien aus dem 17. Jh. sowie mit ihrer Gesamtstruktur einen bedeutenden Kunstschatz dar.

Chihuahuas in die Barranca del Cobre, die Kupferschlucht, zurückgezogen hatten – wo sie heute noch auf traditionelle Weise leben – die Spanier. Um 1670 griffen die „Chichimeken", ein Zusammenschluss halbnomadischer Stämme im Norden Mexikos, die Spanier an, eroberten die Stadt Durango, vertrieben den Gouverneur und die spanische Garnison. Ein Jahrzehnt später brach in zwei Dutzend Pueblos in Neumexiko ein Aufstand los, bei dem viele Europäer ums Leben kamen.

Ein Teil des Problems war, dass die Einheimischen nur als Bürger zweiter Klasse galten. Durch Mischehen und die Ankunft afrikanischer Sklaven, die den Verlust an Einheimischen ausgleichen sollten, wurde ein Kastensystem geschaffen. Nach diesem wurden die Eingeborenen zu rechtlich Minderjährigen erklärt und der Jurisdiktion der spanischen Krone unterstellt. Der Versuch, einheimische Geistliche auszubilden, blieb erfolglos. Erst 1679 wurde Nicolas del Puerto Bischof von Oaxaca, aber selbst danach gab es praktisch keinen einheimischen Klerus.

Die Inquisition

1571 wurde in Mexiko City die mexikanische Inquisition eingeführt. Sie endete erst 1820 und war ein Zeichen für den veränderten Schwerpunkt der Kirche. Bis dahin ging es vornehmlich um die Bekehrung der Einheimischen, aber um 1650 gab es andere Sorgen. Die Inquisition wandte sich vor allem „Negern", „Mulatten" und konvertierten Juden zu, die vor der Verfolgung nach Neuspanien geflohen waren. Die dramatischste Aktion war die Verhaftung und Verurteilung von 109 konvertierten Juden 1642. Man warf ihnen vor, insgeheim weiter das Judentum zu praktizieren, und 13 von ihnen wurden hingerichtet. 16 Jahre später wurden 14 Männer der Homosexualität bezichtigt und auf dem Scheiterhaufen verbrannt. Als weitere Bedrohung galten die neuen wissenschaftlichen und politischen Ideen der Aufklärung. Gelehrte wurden streng beobachtet, und auch den Einfluss der republikanischen und demokratischen Ideen der Französischen Revolution und des Unabhängigkeitskriegs in Nordamerika behielt man im Auge.

Oben: Die Spanier trafen in den 1500er-Jahren erstmals auf die Tarahumara als sie in deren Gebiet in Mexiko vordrangen. Es folgten jesuitische Missionare, die bei ihren Bekehrungsversuchen nur wenig Erfolg hatten.

ENTWICKLUNG IN ASIEN

✝ Die Geschichte des Christentums in Asien ist voller Erfolge und Niederlagen, Wettbewerbe und Schismen, Verfolgungen und Kolonialismus. In einigen Gegenden (China und Japan) verlief das Christentum im Sande, in anderen (Philippinen, Vietnam, Indien und Sri Lanka) war es erfolgreicher.

Die Philippinen

Als Teil der spanischen Bemühungen, den Pazifik zu beherrschen, kolonialisierten spanische Eroberer aus Mexiko im 16. Jh. die Philippinen. Zu Beginn des 17. Jh. wetteiferten dort bereits zahlreiche katholische Orden miteinander: Franziskaner (Ankunft 1578), Jesuiten (1581), Dominikaner (1587) und Récollets (1606). Die gesamte Missionsarbeit wurde direkt von der spanischen Krone kontrolliert. Um Streitigkeiten zu vermeiden, erhielten die Orden in bestimmten Gebieten ein Monopol. Im Lauf der Zeit sorgten der exklusive Zugriff und die Ernennung eines Erzbischofs (1595) im späten 16. Jh., vor allem aber im 17. Jh., für die Verbreitung des Katholizismus auf den Philippinen. 1611 wurde eine Universität – die dominikanische Universität Santo Tomás – gegründet. Durch die königliche Schirmherrschaft häuften die Orden gewaltigen Reichtum an – insbesondere in Form von Landbesitz. Obwohl viele Einheimische konvertierten, besetzten nur wenige einheimische Priester niedere Positionen.

Japan

Nach Japan kam das Christentum 1549 in Form des mutigen Francisco de Xavier. Nach anfänglichen kleinen Erfolgen endete die Geschichte für das 17. Jh. dann aber doch noch recht gewalttätig. Die Jesuiten gründeten vier christliche Gemeinden mit 800 Gläubigen auf Kyushu. Luis d'Almeida errichtete 1556 ein Heim für Findelkinder und im folgenden Jahr ein Krankenhaus in Funai. 1587 veränderte sich die Situation: Aufgrund des wachsenden

japanischen Misstrauens, dass die Missionen einer kolonialen Eroberung den Weg bahnen sollten, wurden den Missionaren per offiziellem Erlass befohlen, Japan innerhalb von 20 Tagen zu verlassen. Die Christen ignorierten den Befehl größtenteils und hielten sich bedeckt. Bis 1596, als die ernsthaften Verfolgungen begannen, kamen immer noch weitere Franziskaner und Dominikaner ins Land.

1597 kaperten die Japaner ein spanisches Schiff, konfiszierten die Ladung und kreuzigten 26 Christen. Bis 1640 waren mehrere Tausend Christen Opfer ihres Glaubens geworden. Danach wurde Ausländern über 200 Jahre lang bei Todesstrafe die Einreise nach Japan verboten. Als katholische Missionare 1859 (nachdem die Japaner einen Vertrag mit Frankreich unterzeichnet hatten, der ein Mindestmaß an religiöser Toleranz zusicherte) zurückkehrten, fanden sie Tausende Christen in kleinen Gemeinden vor, die ihren Glauben auch ohne Priester bewahrt hatten.

China

Im Gegensatz zu Japan war die Situation in China die ganze Zeit über konfliktbehaftet. Ihren Anfang nahm die Geschichte 1582 mit zwei berühmten Jesuiten, Matteo

Ricci und Michael Ruggieri. Sie verfolgten eine Politik der Anpassung, beeindruckten chinesische Gelehrte mit ihrem Wissen in Mathematik und Astronomie und betonten die Notwendigkeit, im Gottesdienst chinesische Wörter und Rituale zu verwenden. 1601 durften die Missionare nach Beijing reisen und am Kaiserhof leben. Sie lernten Mandarin und weitere Dialekte, übersetzten den Katechismus und die zehn Gebote in Mandarin und bekehrten eine Reihe von Chinesen. Ricci veröffentlichte 20 Bände mit christlichen Schriften auf Mandarin sowie umgekehrt die Werke des Konfuzius auf Latein für die Leser im Westen.

Andere Katholiken waren von diesem Vorgehen nicht begeistert, und als die Franziskaner, Dominikaner und weitere Missionare eintrafen, beäugten sie die Jesuiten misstrauisch. Sie beschwerten sich beim Papst und prangerten die jesuitische Anpassung an. Diese Rangeleien führten zu einem langwierigen Ritenstreit, der die aufkeimende Kirche in China stark behinderte. Ende des 18. Jh. verdammte Papst Clemens XI. die jesuitischen Praktiken, und der chinesische Kaiser war darüber so verärgert, dass er einen Erlass gegen das Christentum herausgab. Aufgerieben durch die Spannungen verlief das Christentum im Sande.

Links: Der jesuitische Missionar Matteo Ricci mit dem chinesischen Ming-Beamten Li Paulus Xu Guar qi. Ricci kam 1582 als Missionar nach China und führte dort die westliche Mathematik ein

Indien

Von dem Zeitpunkt an, als die Katholiken zusammen mit den portugiesischen Siedlern und Händlern 1498 nach Indien kamen – gefolgt von Francisco de Xavier und den Jesuiten 1542 –, kam es zu Spannungen, die bis ins 17. Jh. andauerten. Der erste Konflikt betraf die Thomaschristen, die seit 1000 Jahren in Indien waren. Die Katholiken versuchten, sie zu den römischen Praktiken zu bewegen. Ein Teil spaltete sich ab, ein kleinerer Teil lief über.

Auch die verschiedenen Vorgehensweisen bei der Missionsarbeit führten zu Reibereien. Einige – etwa diejenigen, die Francisco de Xavier folgten – zogen es vor, zu taufen und Kirchen unter einem katholischen Bischof und ab 1557 unter einem Erzbischof zu errichten. Der toskanische Jesuit Robert de Nobili, der 1605 in Madura, Südindien, ankam, bevorzugte einen anderen Ansatz. Nachdem er erkannte, welchen Einfluss die Brahmanen in der indischen Gesellschaft hatten, nahm er den Lebensstil eines Brahmanen an. Anderen Missionaren missfiel dies, und so schrieb de Nobili theologische Schriften zu seiner Verteidigung. Damit trat er an Papst Gregor XV. heran, der sein Vorgehen 1623 sanktionierte. Da er nun freie Hand hatte, erhielt de Nobili Zutritt zur Oberschicht der indischen Gesellschaft und veröffentlichte Werke auf Lateinisch, Italienisch, Portugiesisch, Sanskrit, Telugu und Tamil. Als italienischer Adliger, der sich mit den Brahmanen identifizierte, wollte er mit den Jesuiten, welche die *parangi* (die Armen und die niederen Kasten) evangelisierten, nichts zu tun haben.

Auch mit der portugiesischen Kolonialverwaltung gab es Schwierigkeiten, da diese auf ihr Recht pochten, alle Bischöfe und Missionare für Indien zu bestimmen. Bis zum Jahr 1600 war jedoch klar, dass Portugal diesen Verpflichtungen nicht nachkommen konnte, und so ernannte die Kongregation für die Verbreitung des Glaubens (*Congregatio de Propaganda Fide*) in Rom 1637 einen Brahmanen als apostolischen Vikar. Er hatte spezielle Verfügungsgewalt über ein Gebiet, oft im Bereich der Missionsarbeit, und unterstand direkt dem Papst. Bis Ende des Jahrhunderts wurden kaum noch Inder in die Position erhoben; die Zahl der apostolischen Vikare wuchs jedoch insgesamt.

Die Protestanten hielten sich das 17. Jh. über in Indien bedeckt. In den englischen, niederländischen und dänischen Handelsposten gab es Pastoren für die eigenen Leute. Missionsarbeit wurde kaum geleistet.

Vietnam

Obwohl das Christentum in den 1580er-Jahren das Gebiet des heutigen Vietnams erreichte, kam es erst ab 1615, als die aus Japan geflohenen Jesuiten ihre Mission Cochin China errichteten, zu echten Missionierungsversuchen.

Am einflussreichsten war der Franzose Alexander de Rhodes (1591–1660). Der sprachbegabte de Rhodes erfand eine Schrift für die Vietnamesen, indem er dem lateinischen Alphabet fünf zusätzliche Zeichen über den Buchstaben hinzufügte. Diese Schrift wird heute noch immer verwendet. De Rhodes folgte den missionarischen Praktiken Matteo Riccis und Michael Ruggieris in China und passte den christlichen Glauben und die Praktiken an die

vietnamesische Kultur an. 1645 wurde er des Landes verwiesen, 1660 gründete er in Paris die *Missions étrangères de Paris*, die Gesellschaft des Pariser Missionsseminars.

Im 17. Jh. mischte sich auch Rom ein. 1658 ernannte die Kongregation für die Verbreitung des Glaubens zwei apostolische Vikare. Merkmale der vietnamesischen Missionen waren die frühe Ordination einheimischer Priester (1668) und die Gründung eines Frauenordens (1690). Gegen Ende des Jahrhunderts drohten den Christen aber auch hier Verfolgungen.

Sri Lanka

Das Christentum kam ursprünglich mit den Thomaschristen aus Indien nach Sri Lanka. 1543 setzten die Portugiesen dem mit den ersten Franziskanern ein Ende, und im 17. Jh. folgte eine wahre Flut von Jesuiten, Augustinern und Dominikanern mit der einfachen, effektiven Strategie der Massentaufe. Dies schien zu funktionieren, denn trotz protestantischer Bemühungen ab 1658 (als die Niederländer die Portugiesen hinauswarfen) überlebte der Katholizismus. Reformierte niederländische Missionare arbeiteten daran, die Menschen zum Protestantismus zu bekehren, was bei einer großen Anzahl auch gelang. Als die Briten schließlich 1798 die Niederländer vertrieben und die Einschränkungen der Katholiken aufhoben (1806), zeigte sich, dass die katholische Kirche in Sri Lanka überdauert hatte.

Oben: Das Fresko aus Goa, Indien, zeigt einen Heiligen, der ein Schwert hält. Die großen Zentren des indischen Christentums sind Kerala, Tamil Nadu, Goa, Manipur und Mizoram.

Links: Diese Kirche in Old Goa, Indien, ist ein typisches Beispiel portugiesischer Kolonialarchitektur. Die Portugiesen trafen Ende des 1. Jh. auf dem indischen Subkontinent ein.

Gegenüber: Die Kathedrale Notre Dame in Ho-Chi-Minh-Stadt, Vietnam, ist nicht nur ein religiöses Gebäude der Katholiken, sondern wurde auch als Symbol für die Größe der französischen Zivilisation errichtet.

DIE INDIANER UND DAS CHRISTENTUM

Oben: 1519 brachte der spanische Entdecker Hernán Cortés das Christentum nach Mexiko. Im Lauf der nächsten fünf Jahre sollten Franziskanerbrüder zahlreiche Azteken durch die Taufe zum Christentum bekehren.

Das Christentum erreichte Amerika Anfang des 16. Jh. mit spanischen Dominikanern und Franziskanern in Mexiko. In der zweiten Hälfte des Jahrhunderts folgten die Jesuiten, und das Christentum breitete sich in Mittelamerika, im südlichen Teil Nordamerikas und in Südamerika aus. Spanische Gläubige verließen ihre Klöster, fuhren in die Neue Welt und milderten die Härte der Auswirkungen, welche die Konquistadores auf die die indigenen Völker gehabt hatten.

Südamerika

Ein Beispiel für diesen mildernden Einfluss waren die Jesuitenreduktionen (Siedlungen), die 1615 errichtet wurden und bis ins 19. Jh. Bestand hatten. Die paraguyanischen Missionen gründeten eine ausgedehnte Reihe indigener Dörfer im Binnenland Südamerikas und boten den Einwohnern Schutz vor den portugiesischen Paulistas (den Einwohnern São Paulos in Brasilien), die ungeschützte Dörfer überfielen, ausplünderten und die Bewohner versklavten (1630 wurden 30.000 Menschen getötet oder versklavt). Es gab 30 Guarani-Dörfer und elf Missionsstädte bei den Chiquito-Stämmen; die Reduktionen wurden zu Zentren des Lernens und der Unternehmung.

Viele talentierte, engagierte Jesuiten widmeten ihr Leben der harten Missionsarbeit, lernten die Sprachen der Eingeborenen und zeigten ihnen, wie man Schulen und Kirchen errichtete, Musikinstrumente baute und spielte sowie Waffen zur Verteidigung herstellte. Obwohl die Reduktionen manchmal für ihre Härte kritisiert wurden, waren sie dennoch ungewöhnlich, weil die Jesuiten die Einheimischen nicht dazu zwangen, einen europäischen Lebensstil anzunehmen und selbst lediglich das Christentum und verschiedene praktische Künste lehrten. 1717 errichteten die Reduktionen mit 121.168 Einwohnern ihren Höhepunkt.

Der Erfolg der Reduktionen für die einheimische Bevölkerung war der säkularen Kolonialregierung ein Dorn im Auge. 1767 zogen sie die Jesuiten ab und lösten die Dörfer auf. Durch ein geheimes Abkommen zwischen Portugal und Spanien fielen die Dörfer 1750 den Portugiesen in die Hände, welche die Jesuiten hinauswarfen. Die Eingeborenen, die sich widersetzten, mussten zusehen, wie auch ihre Schulen und Kirchen aufgelöst wurden.

Kanada

In Neufrankreich begann zu Beginn des 17. Jh. ein Experiment ähnlich den Reduktionen, als franziskanische Récollets und Jesuiten bei Quebec Zentren zur Evangelisierung der Einheimischen errichteten. Ein feindlicher Einfall der Engländer vertrieb die Franzosen 1628 jedoch für vier Jahre. 1632 kehrten die Jesuiten in die Kolonie zurück und gründeten drei Zentren: in Quebec für die Franzosen, im Gebiet der Huronen für die indigenen Bewohner und in Ville Marie ein Laienpfarramt für die Eingeborenen. Von dort aus unternahmen die Jesuiten gefährliche Kanureisen vorbei am Land der Iroquois ins Huronengebiet. Sie aßen die einheimische Nahrung und lernten die Sprachen der Bewohner. Da sie unbedingt den Redestil, der bei den Versammlungen der indigenen Häuptlinge verwendet wurde, lernen mussten, errichteten sie 1639 die Siedlung Sainte-Marie Among the Hurons. An diesem Ort konnten die Jesuiten in die indigene Kultur eintauchen und den Huronen das Christentum nahebringen. Sie eröffneten Schulen, Kirchen und Krankenhäuser und bereiteten die Bevölkerung auf die Taufe vor, respektierten aber dennoch die Kraft der einheimischen Kultur.

Sainte-Marie überstand zehn Jahre, bis die Iroquois den Krieg intensivierten, indem sie die Kontrolle über den Pelzhandel an sich rissen und 1649 die Dörfer der Huronen überrannten. Die Jesuiten brannten Sainte-Marie nieder

und zogen sich mit den Huronen nach Quebec zurück. 1642 wurde Ville Marie in Montreal im Mittelpunkt des einheimischen Pelzhandels gegründet, damit eifrige französische Laien wie Paul de Chomedey de Maisonneuve, Jeanne Mance und Marguerite Bourgeoys die Bekehrung der Einheimischen vorantreiben konnten.

Das britische Nordamerika

Während englische Siedler die 13 Kolonien entlang der Ostküste Nordamerikas etablierten, reisten katholische Missionare von Quebec aus ins Landesinnere. Die Jesuiten Claude Allouez und Jacques Marquette überquerten die Appalachen, um die Huronen, die Nipissing und die Illinois zu bekehren. Claude Allouez gründete Missionsstationen, brachte 23 Stämmen das Evangelium näher und taufte 10.000 Menschen. Jacques Marquette predigte bei den Algonquin in Sault Ste. Marie und zog dann mit den Illinois nach Michilimackinac am Lake Michigan. Marquette und Louis Joliet paddelten gemeinsam den Mississippi bis fast nach New Orleans hinab. Die Jesuiten predigten zu den nomadischen Völkern und legten ihnen nahe, einen sesshaften, christlichen Lebenswandel zu führen.

Englische Siedler an der Ostküste – darunter Roger Williams in Rhode Island und William Penn in Pennsylvania – kauften Land von den Einheimischen und unterzeichneten Verträge. Sie waren zufrieden, wenn die Völker weiter nach Westen zogen, und zeigten keinerlei Interesse, sie zu bekehren. In England wurden jedoch protestantische Missionsgesellschaften gegründet, um den Geist der Reformation in Nordamerika lebendig zu halten. Heute gehören die meisten indigenen Völker Amerikas einer Form des Christentums an.

Oben: 1666 kam der Missionar Jacques Marquette in Neufrankreich an und verbrachte zwei Jahre damit, verschiedene Sprachen der Einheimischen zu lernen. 1673 „entdeckte" er auf einer Missionsexpedition den Mississippi.

Links: Die erste Guarani-Mission in Paraguay wurde 1615 zum Schutz der einheimischen Bevölkerung vor portugiesischen Sklavenhändlern vor den Jesuiten gegründet.

AFRIKANER IN AMERIKA

Die Beziehung zwischen den Afrikanern in Amerika und dem Christentum ist komplex und unauslöschbar mit den Themen Kolonialisierung und Sklaverei verbunden.

Die Christianisierung der Afrikaner

Afrikaner wurden ab 1493 als Arbeitskräfte nach Amerika gebracht, damit dort die einheimische Bevölkerung etwas geschont werden konnte. Viele spanische und portugiesische Siedler rechtfertigten die Versklavung mit der Zivilisierung und Bekehrung der Afrikaner – sie gaben ihnen die Chance, die Götzenanbetung und heidnische Praktiken aufzugeben und das Christentum anzunehmen. Laut dem spanischen Schriftsteller Carlos Dieve lag der Evangelisierung der Sklaven aber nicht apostolischer Eifer zugrunde, sondern ein Vorgang, der die körperliche Unterwerfung der Afrikaner aufrechterhielt, während er gleichzeitig die Errettung ihrer Seelen betonte. Bei den Spaniern und Portugiesen sorgte man dafür, dass die Sklaven eine katholische Bildung erhielten und getauft wurden. Dieses Format der

Christianisierung wurde in den spanischen und portugiesischen Kolonien in Mittel- und Südamerika sowie auf den Karibikinseln durchgesetzt.

Mit der Gründung europäischer Kolonien im 17. Jh. wurde die Einfuhr afrikanischer Sklaven zu einem wesentlichen Teil des transatlantischen Sklavenhandels. Dieser Handel verlief in drei Schritten: Fertigprodukte wurden aus Europa nach Afrika transportiert und gegen Afrikaner eingetauscht. Anschließend wurden diese in die europäischen Kolonien verfrachtet, aus denen man dann mit Produkten der tropischen Plantagen nach Europa zurückkehrte.

In den britischen und niederländischen Kolonien hingen die etablierten protestantischen Kirchen von der weißen Elite ab, die sie in erster Linie bedienten. In diesem Zusammenhang wurde von jeglicher Bekehrung der Sklaven abgesehen. Obwohl der britische Sklavenkodex von 1696 vorschrieb, dass die Herren ihre Sklaven in der christlichen Religion unterweisen sollten, um sie zu bekehren und schließlich zu taufen, wurde dieses nie durchgesetzt.

Im Katholizismus und bei den nonkonformistischen protestantischen Konfessionen – insbesondere den Baptisten, Methodisten und Herrnhuter Brüdern – begegneten die Sklaven einem Christentum, das auf mehreren Ebenen ihr afrikanisch-religiöses Erbe nachhallen ließ, vor allem in Bezug auf die Verehrung von Heiligen und den Stil des Gottesdienstes. So konnten sie das christliche Evangelium anhand ihrer früheren religiösen Erfahrungen verstehen. Aus dieser Mischung wuchsen verschiedene afro-christliche Traditionen wie Winti und im 20. Jh. die Pfingstbewegung. Diese abweichenden Formen des Christentums boten den Afrikanern und ihren Nachkommen eine alternative Sichtweise auf sich selbst, Gott und die Welt.

Das Leben der Sklaven

Der Großteil der Sklaven, die nach Amerika gebracht wurden, stammte aus Westafrika, vor allem von der Goldküste (Ghana), der Sklavenküste (Togo, Benin, westliches Nigeria) und der Elfenbeinküste. Für viele von ihnen war das Leben auf den Plantagen extrem brutal, sodass sie einige Überlebensstrategien entwickelten. Eine davon bestand darin, sich selbst zu „verlieren". Durch diese Art des passiven Widerstands untergruben die Sklaven das Plantagensystem, indem sie komplexe Hybridpersönlichkeiten annahmen, die ihren Alltag in der Gegenwart ihres Herrn und die Nächte und Wochenenden in den Dörfern widerspiegelten. Andere Formen des passiven Widerstands waren Arbeitsverweigerung, Flucht und Selbstmord.

Der aktive Widerstand nahm drei Formen an: spontaner Aufstand, Guerillakrieg durch die Maroons (entlaufene Sklaven) und geplante Rebellion. Bei den Rebellionen kam die wichtige Rolle des Christentums völlig unerwartet. Obwohl die Christianisierung die Sklaven fügsamer und bereitwilliger machen sollte, ihren Platz in der Gesellschaft zu akzeptieren, kamen sie dadurch auch in Kontakt mit der Doktrin der Gleichheit und des Glaubens, dass persönliche

Unten: Die Insel Gorée vor der Küste Senegals war drei Jahrhunderte lang (1550–1850) das Zentrum des Sklavenhandels. Die Sklavenhändler verschifften die Afrikaner in erster Linie nach Amerika und in die Karibik.

Freiheit das Geburtsrecht aller Menschen war. Bewaffnet mit diesem Wissen, versuchten mehrere Sklaven, die Fesseln des tyrannischen Systems zu zerreißen, das sie gefangen hielt. Auf den Plantagen entstanden auch mehrere kreolische Dialekte sowie verschiedene Musik- und Tanzformen, die europäische und afrikanische Kultur- und Sprachelemente umfassten.

Das christliche Erbe

Das Christentum und seine konfessionellen Varianten spielen auch heute noch eine große Rolle im Leben der Afro-Amerikaner. Für viele ist die Kirche nach wie vor der Ort, der einen authentischen Ausdruck des Glaubens ermöglicht und ihnen dabei eine Stätte der Akzeptanz, der Zugehörigkeit und der Ermächtigung ist. Obwohl einige Aspekte des Christentums in Amerika ursprünglich dazu benutzt wurden, die Afrikaner zu unterdrücken, bot es vielen auch einen aktiven Rahmen, innerhalb dessen sie bestimmte, gesellschaftlich brisante Themen wie Rassismus, sozioökonomische Entbehrungen und auch Gewalt hinterfragen konnten.

Oben: Reverend William Knibb war ein Baptistenpfarrer auf Jamaika, der sich gegen die Sklaverei stark machte. Er kaufte Land, auf dem befreite Sklaven siedeln konnten, ohne Angst haben zu müssen, verjagt zu werden.

Oben links: Diese Statue eines afrikanischen Jungen symbolisiert den Sklavenhandel in Nantes, der größten Hafenstadt Frankreichs, im 18. Jh. Der Reichtum der Stadt entstand durch die Verschiffung von Sklaven in die Neue Welt.

Links: 1807 verabschiedete das britische Parlament den *Slave Trade Act*, der den Sklavenhandel in britischen Herrschaftsgebieten verbot. Dies war die Reaktion auf die Kampagne der Protestanten und Quäker gegen die Sklaverei.

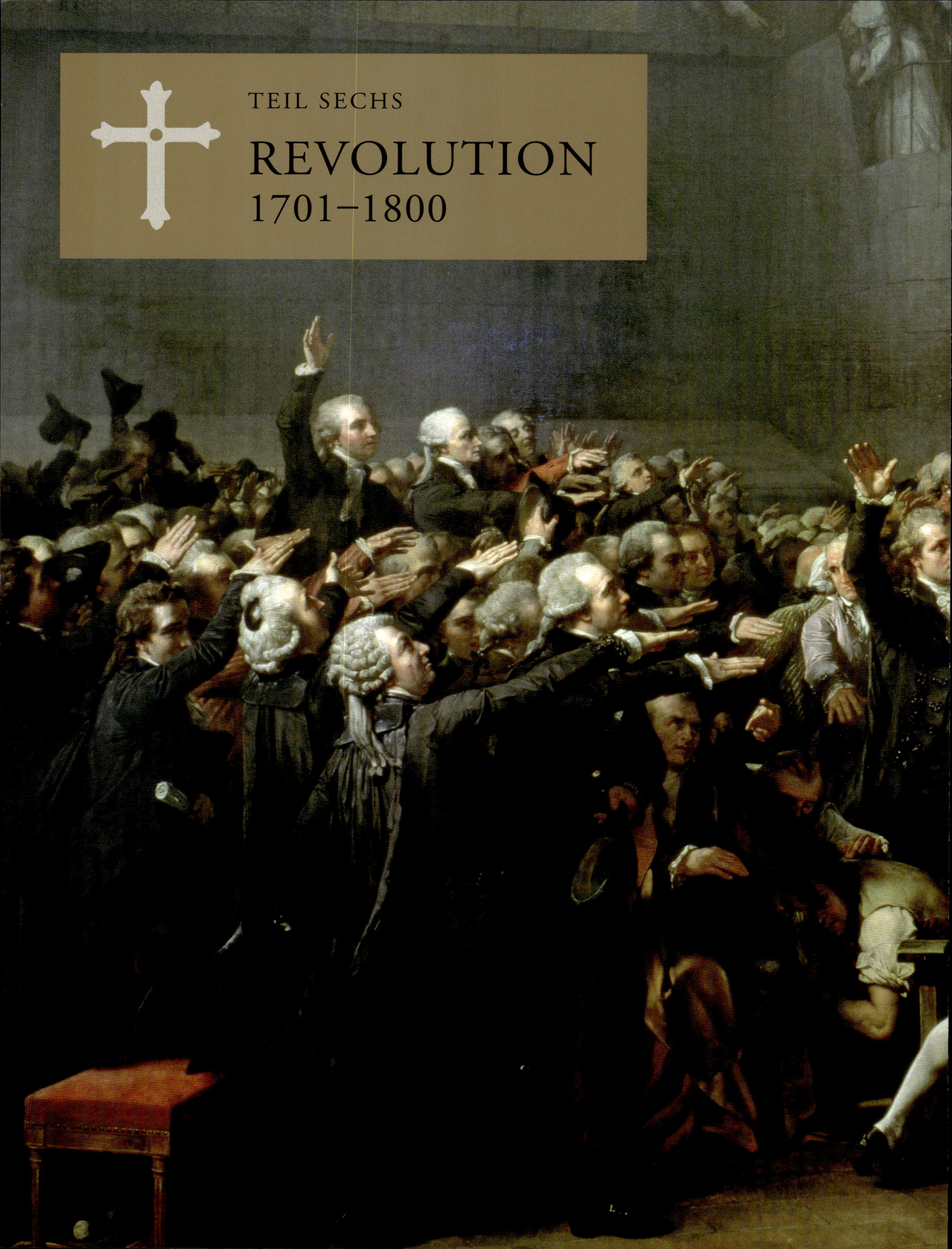

TEIL SECHS

REVOLUTION

1701–1800

PETER I. SCHAFFT DAS PATRIARCHAT AB

✝ 42 seiner 52 Lebensjahre herrschte Peter I. (der Große) über Russland. Mit zehn Jahren wurde er zusammen mit seinem Bruder Iwan V. unter der Patronage seiner Schwester Sofia Zar, und ab 1696 regierte er allein. In den folgenden drei Jahrzehnten bis zu seinem Tod 1725 leitete er gewaltige Reformen in Russland ein, holte das Land aus seiner Isolation und machte es zu einer europäischen Supermacht. Er befand sich fast immer im Krieg, reiste oft umher und setzte, wenn er zu Hause war, eine verblüffende Bandbreite an Reformen durch, die alle auf westlichen Modellen basierten.

Machtstrukturen untergraben

Solche Leistungen kann nur jemand mit großer Stärke, Willenskraft und Entschlossenheit erbringen. Peter duldete keine Rivalen. Eine entscheidende Strategie zur Festigung seiner Macht war es, die bestehenden Machtstrukturen zu untergraben, die ihm bei seiner Arbeit im Weg standen. Eine davon war der kaiserliche Dienst. Traditionell erbten die Bojaren (Adlige) ihre Führungspositionen. Dieses System schaffte Peter ab und führte stattdessen eine „Rangtabelle" ein, in der Positionen im Dienste des Zaren nach Leistung vergeben wurden. Zusätzlich bestand Peter nach seiner Rückkehr von einer langen Reise durch Westeuropa darauf, dass die Bojaren sich westlich kleideten und ihre imposanten Bärte abrasierten. Wer sich weigerte, musste eine Bartsteuer in Höhe von 100 Rubel bezahlen.

Die russisch-orthodoxe Kirche stellte eine weitere Herausforderung dar. Besonders die Klöster zogen viele der besten und klügsten Adligen an. Also verabschiedete Peter ein Gesetz, das ihm diese Talente zusicherte: Kein Mann unter 50 Jahren durfte ins Kloster gehen. Da dies damals die Lebenserwartung der meisten Menschen war, entzog er den Klöstern nicht nur die Besten, sondern machte sie gleichzeitig zu Altersheimen.

Peter schlägt zu

Peters bedeutendste Handlung war jedoch die Abschaffung des Patriarchats. Moskau hatte seit 1589 seinen eigenen Patriarchen. Obwohl sich die Kirche in vollem Verbund mit anderen orthodoxen Kirchen befand, war der Moskauer Patriarch autokephal, d. h., er unterstand keiner höheren Autorität. Er war überaus mächtig, und Peter erkannte dieses fest verwurzelte Machtgefüge neben seinem eigenen. Das musste der Zar ändern, auch wenn er klug genug war, den bestehenden Patriarchen nicht einfach abzusetzen.

Im Jahr 1700 kam seine Chance, als Patriarch Adrian starb. Ganz bewusst verlangsamte Peter den Vorgang der Ernennung eines Nachfolgers. Dies war sein Recht, denn obwohl die Bischöfe den Patriarchen wählten, hatte der Zar

das letzte Wort. 21 Jahre lang ließ er den Assistenten des Patriarchen das Amt ausführen, bis er schließlich das „Geistliche Reglement" verabschiedete, in dem das Patriarchat abgeschafft und durch die heilige Synode ersetzt wurde.

Die heilige Synode

Die Synode bestand erst aus zehn, später aus zwölf führenden Geistlichen. Peter hatte jedoch nicht vor, die Synode sich selbst zu überlassen, und so stellte er sicher, dass er persönlich die Mitglieder jederzeit ein- oder absetzen konnte. Außerdem war ein Regierungsbeamter bei allen Sitzungen anwesend und hatte bei allen Entscheidungen ein Mitspracherecht. Die Reichweite der Synode war beachtlich – sie umfasste alle Aspekte des Kirchenlebens und einige darüber hinaus. Zu ihren Aufgaben gehörten u. a. die Überwachung der Reinheit des Glaubens, die Durchführung von Gottesdiensten, die Beseitigung von Aberglaube und Ketzerei, die Veröffentlichung religiöser Bücher, die öffentliche religiöse Erziehung, die Arbeit des Kirchengerichts und auch Hochzeiten. Das Ganze erwies sich für Peter als überaus kluger Schachzug, denn die Idee von einer heiligen Synode geht zurück bis auf die Frühkirche. Peter konnte argumentieren, nur eine uralte Praktik wiederzubeleben, während er gleichzeitig die Kirche unter seine Kontrolle brachte. Später etablierten auch Griechenland und Ägypten heilige Synoden, basierend auf dem russischen Modell – allerdings blieb dort das Patriarchat unangetastet, auch wenn es nicht mehr die absolute Macht hatte.

Wie viele Reformen Peters des Großen hielt sich auch dieses neue Arrangement fast zwei Jahrhunderte. Ironischerweise wurde erst nach der Februarrevolution von 1917, als das Zarenregime endete, vom Bischofskonzil ein neuer Patriarch, Tichon, gewählt. Das Patriarchat von Moskau ist bis heute ein bedeutendes Amt.

Oben: Patriarch Adrian war 1690–1700 Patriarch von Moskau und Russland. Er war sehr fromm, hielt sich streng an die Traditionen und widersetzte sich den Reformen Peters des Großen.

Links: Der Innenraum jeder russisch-orthodoxen Kirche ist mit bunten Ikonen geschmückt. Ikonen stecken voller Symbolik und folgen einer festen Methodologie über die Darstellung von Heiligen.

DIE AUFKLÄRUNG IN WESTEUROPA

In seinem Aufsatz *Was ist Aufklärung?* (1784) schrieb Immanuel Kant: „Wenn wir gefragt werden ‚Leben wir in einem aufgeklärten Zeitalter?', lautet die Antwort: ‚Nein'. Wir leben jedoch in einem Zeitalter der Aufklärung." Die Aufklärung reicht von der Glorreichen Revolution (1689) bis zur Französischen Revolution (1789) und kündigte die Moderne an. Kants einflussreiche Schrift liefert eine Rezension der Botschaft der *Philosophes*, wie die multinationale Gruppe von Denkern und Schriftstellern genannt wurde. Kant lobte Freiheit und Fortschritt und ermunterte seine Leser, ihren Verstand einzusetzen. Faulheit und Feigheit behinderten seiner Ansicht nach die Aufklärung. Vor allem aber verachtete er die „religiöse Inkompetenz" der Geistlichen und nannte sie „nicht nur das Schädlichste, sondern auch das Erniedrigendste". Kant stimmte den anderen *Philosophes* zu, die das Christentum als schlimmsten Vertreter von Ignoranz, Aberglaube und Unterdrückung angriffen.

Die großen Denker der Aufklärung – Voltaire, Montesquieu, Denis Diderot, David Hume, Jean-Jacques Rousseau, Edward Gibbon, Adam Smith, Benjamin Franklin, Thomas Jefferson und Kant – traten als Einheit auf, trotz fundamentaler, interner Differenzen, die oftmals Rousseau betrafen. Als „Familie" von Intellektuellen hofften sie auf Fortschritt. Sie feierten die Würde des rationalen Individuums und wurden, wie die Humanisten der Renaissance, vom heidnischen Altertum inspiriert. Sie verlangten Aufmerksamkeit und erfanden so die Moderne – insbesondere den Liberalismus.

Eine wissenschaftliche Methode

Die Erinnerung an die Aufklärung als Zeitalter der Vernunft erfasst meist nicht die Komplexität des erkenntnistheoretischen Streits unter den *Philosophes*, die sich in Rationalisten (Wissen leitete sich von der Vernunft ab) und Empiriker (Wissen entsprang der Erfahrung) unterteilten. Gegen Ende der Aufklärung gelang es Kant in seinem Buch *Kritik der reinen Vernunft*, Rationalismus und Empirik miteinander zu versöhnen, indem er zwischen Wissen *a priori*, das nicht allumfassend war, wie die Rationalisten behaupteten, und Wissen *a posteriori* aus der Erfahrung, das immer voreingenommen ist,

unterschied. Da beide Erkenntnistheorien Defizite hatten, bestand die Aufgabe der Philosophen darin, zu erforschen und zu analysieren und weniger zu beschreiben. Zudem waren sie überzeugte Anhänger des Naturalismus, nach dem alle Phänomene gemäß methodisch ermittelter Gesetze erklärbar sind, wie Isaac Newton mit seinen Bewegungsgesetzen bewiesen hatte. Der Historiker Edward Gibbon demonstrierte die Dehnbarkeit des Naturalismus, als er den Untergang Roms mit historischen Ursachen statt mit dem Zorn Gottes erklärte.

Die Theologen waren im Zugzwang. Die Rationalisten verlangten, dass die Theologie der Vernunft gegenüber Rechenschaft ablegte, während die Empiriker darauf bestanden, dass die Theologie der Erfahrung entsprechen müsste. Die Naturalisten wollten wiederum, dass die Theologie durch wissenschaftliche Theorie erklärbar war. Zusätzlich war laut Kants Synthese jeder scholastische Appell an die Vernunft unzulässig, was langjährige theologische Projekte wie den Beweis der Existenz Gottes hinfällig machte. Das Dilemma der Theologen bestand darin, weiterhin erkennbar orthodox zu bleiben und sich gleichzeitig an die neue intellektuelle Atmosphäre anzupassen, in der z. B. der Glaube an die Wiederauferstehung Christi – ein Wunder, das nur durch den Glauben begriffen werden kann – als naiv und kindisch galt. Von diesem Zeitpunkt an versuchte die Theologie der Aufklärung, sich an die von den *Philosophes* vorgegebenen Regeln zu halten.

Freiheit von Gott und seiner widerlichen Kirche

Die *Philosophes* sahen das Christentum in seinem verschiedenen Ausprägungen als ernsthaften Gegner an, den es zu unterdrücken galt, und so nahmen sie die Heiden zum Vorbild, die vor der Ankunft der Apostel eine fortschrittliche Gesellschaft aufgebaut hatten. Das Hauptproblem mit dem Christentum war nicht einfach dessen Irrationalität und entsprechende Unglaubwürdigkeit, sondern die Tatsache, dass es die Freiheit behinderte, die von den *Philosophes* so hoch geschätzt wurde. Aus diesem Grund war Voltaire ein erklärter Feind der katholischen Kirche. Rousseau auf der anderen Seite, der immer wieder mit dem Gedankengut der Aufklärung in Konflikt geriet, erkannte die Grenzen der Autonomie und eröffnete sein berühmtes Werk *Vom Gesellschaftsvertrag* mit den Worten: „Der Mensch wird frei geboren, und überall ist er in Banden." Rousseau zweifelte auch die Verehrung der Vernunft an und formulierte einen Gegentrend, der bald aufblühen sollte: die Romantik.

Falls eine Form von Religion akzeptiert werden wollte, musste sie weitaus weniger dogmatische Forderungen an ihre Anhänger stellen, als es das Christentum tat. So wurde der Deismus zur bevorzugten Religion der *Philosophes*. Die Analogie des englischen Philosophen William Paley von Gott als Uhrmacher und dem Universum als Uhr illustriert die Vorbehalte gegenüber einem persönlichen, evangelikalen Gott, für den lieber unverbindliche Begriffe wie „der Allmächtige" verwendet wurden.

DIE GROSSE ERWECKUNG

Rechts: Die Old First Church of Christ (kongregationalistisch) in Springfield, Massachussets, ist das vierte Kirchengebäude, das an diesem Ort errichtet wurde. Die ursprüngliche Kirche wurde 1645 gebaut.

✝ Die Große Erweckung ist die Bezeichnung für eine Periode großer religiöser Begeisterung und Inbrunst in den 1730er- und 1740er-Jahren – in erster Linie in Nordamerika. Der kongregationalistische Pastor Solomon Stoddard hatte zwischen 1643 und 1729 in Northampton, Massachusetts, das Fundament für diese Reform gelegt. Stoddards Nachfolger war sein Enkel Jonathan Edwards, der einen neuen Enthusiasmus für den christlichen Glauben bemerkte, als er 1734 begann, eine Predigtreihe über die Rechtfertigung durch den Glauben zu halten: Ein Mensch kann allein durch den Glauben eine gute Beziehung zu Gott unterhalten, ohne gute Taten zu vollbringen oder ständig in die Kirche zu gehen. Diese Antwort auf das christliche Evangelium blieb drei Jahre lang aktuell, schien aber um 1737, als Edwards sein Werk *A Faithful Narrative of the Surprising Work of God* veröffentlichte, bereits wieder zu schwinden. Diese ersten Anzeichen der Erweckung lösten eine Debatte über die Notwendigkeit und Angemessenheit religiöser Erfahrungen aus. Kritiker warfen Edwards vor, er hätte zu offenkundig an die Gefühle der Menschen appelliert. Edwards glaubte später, dass dieser emotionale Ausbruch der erste Ausdruck einer viel größeren Erweckung war, die noch folgen sollte.

George Whitefield

Edwards hatte Recht mit seinem Hinweis, dass die Erfahrungen seiner Gläubigen in Northampton nicht einzigartig und sicherlich kein isolierter Vorfall waren. Die Große Erweckung war ein viel bedeutenderes Ereignis, das eine Reihe von religiösen Wiederbelebungen umfasste, die 1740–1743 entlang der amerikanischen Ostküste stattfand. Verantwortlich für das Anfachen der kleinen Erweckungsflämmchen zu einem großen Feuer war George Whitefield (1714–1770). Whitefield, ein calvinistischer Methodist aus

Unten: George Whitefield war ein faszinierender Prediger, der bei seinem Predigten in Moorfields und Kennington Common in London 20.000 Menschen in seinen Bann zog. Im Lauf seines Lebens hielt er über 18.000 Predigten.

England, war Mitglied des Oxford Holy Clubs, der von den Brüdern John und Charles Wesley gegründet worden war. Während John Wesley seine Reformbemühungen auf England konzentrierte, überquerte Whitefield mehrfach den Atlantik und predigte unermüdlich und voller Begeisterung über die Notwendigkeit einer Glaubenserfahrung. Laut Whitefield konnte man eine Teilschuld am Rückgang des Christentums den Predigern anrechnen, die über einen „unbekannten und ungefühlten Christus" redeten. Er schloss daraus, dass „die Kongregationen so tot wirken, weil Tote zu ihnen predigen".

Whitefiled drängte Pfarrer dazu, über das Bekehren zu predigen, und überredete den Presbyterianer Gilbert Tennent (1703–1764) sowie den emotional labileren James Davenport (1716–1757) eine Predigtreise zu unternehmen, um das „göttliche Feuer anzufachen", das bereits in mehreren Gegenden Neuenglands zu glühen begonnen hatte. Weitere Laien- und Wanderprediger folgten ihren Spuren und predigten oft in einem lauten, auffälligen Stil mit dem Ziel, eine emotionale Antwort vom Publikum zu erhalten – z. B. Ohnmachten, Weinen oder Schreien. Aufgrund dieser emotionalen Ausbrüche stießen die Erweckungsprediger auf viel Ablehnung, aber auch auf Unterstützung. Viele verdammten das direkte, gefühlsbetonte Bekehrungspredigen als emotionale Manipulation. Insgesamt sollte es aber in der Bevölkerung neuen religiösen Eifer und die Sorge um den lebendigen christlichen Glauben hervorbringen.

Einheit und Teilung

Während die allgemeine Begeisterung für die Große Erweckung nur drei Jahre anhielt, wurden viele Pastoren langfristig von der Betonung des persönlichen Evangelismus geprägt. Viele Konfessionen unterteilten sich in diejenigen, welche die neuen Methoden befürworteten, und diejenigen, die diese ablehnten (die „Neuen Lichter" bzw. die „Alten Lichter"). In beiden Gruppen gab es aber eine neue Begeisterung für die Verkündung der frohen Botschaft. Zudem brachte die Große Erweckung Menschen mit einer ähnlichen evangelikalen Auffassung zusammen – unabhängig von doktrinellen Differenzen oder Konfessionszugehörigkeit. Diese Art evangelikaler Bruderschaft sollte später eine treibende Kraft in der amerikanischen Kultur werden.

Wirklich erklären kann die Erweckung bis heute niemand. Einige Historiker verweisen auf gesellschaftliche oder psychologische Gründe, was aber wiederum nicht die Beteiligung von Menschen völlig unterschiedlicher Herkunft erklärt. Der Kongregationalist Jonathan Edwards, der später Präsident der Princeton University wurde und als erster amerikanischer Theologe gilt, hielt die Erweckung stets für ein Zeichen der Arbeit Gottes inmitten der Menschen. Er verfasste analytische Beschreibungen der Erweckung und setzte sie in einen theologischen Kontext. Sein Gegner war Charles Chauncy, ein Pfarrer aus Boston, der die Abhandlung *Seasonable Thoughts on the State of Religion in New England* (1743) schrieb und behauptete, dass die Vernunft ebenso wichtig, wenn nicht gar wichtiger als emotionales Verhalten war. Edwards beharrte dennoch darauf, dass „wahre Religion größtenteils aus heiliger Liebe besteht".

Oben: Jonathan Edwards gilt als einer der wichtigsten philosophischen Theologen Amerikas. Seine Arbeiten behandelten zwei Themen: Gottes absolute Oberherrschaft und die Schönheit der göttlichen Heiligkeit.

DIE AMERIKANISCHE UNABHÄNGIGKEIT

Im Rückblick scheint die Amerikanische Revolution vermeidbar gewesen zu sein. Die britischen Streitkräfte erzielten im Franzosen- und Indianerkrieg (1756–1763) mithilfe der Kolonialmiliz einen beeindruckenden Sieg, und am Ende schienen das Mutterland und die Kolonien vereint zu sein. Die darauffolgende Politik und die Steuern verärgerten jedoch viele Siedler, und die American Patriot Party machte sich zum Aufstand bereit. Eine unheilvolle Kette von Ereignissen nahm ihren Lauf: das Massaker von Boston (1770), bei dem britische Soldaten in die aufgebrachte Menge feuerten und fünf Männer töteten; die Boston Tea Party (1773), bei der als Indianer verkleidete Siedler Tee aus Protest gegen eine britische Steuer auf Teeimporte und das Monopol der East India Company in den Hafen von Boston warfen; die „unerträglichen Gesetze", mit denen das Parlament versuchte, die Kontrolle zurückzugewinnen; die Scharmützel bei Lexington und Concord (April 1775)

sowie die grausamen Schlachten von Breed's Hill und Bunker Hill (Juni 1775). Die Unabhängigkeitserklärung, die hauptsächlich Thomas Jefferson verfasst hatte und die am 4. Juli 1776 vom Second Continental Congress bestätigt wurde, erklärte den Kampf um die Unabhängigkeit als Sieg der Freiheit über die Tyrannei. Dies sollte viele Auswirkungen auf das amerikanische Christentum haben. Der Krieg erreichte Amerika in Form einer britischen Invasion und der Besetzung der Kolonien Boston, New York und Philadelphia.

Das Christentum und die Revolution

Viele Siedler im britischen Amerika waren Dissenter und Separatisten der anglikanischen Kirche. Sie stammten von den englischen Puritanern ab, die in Großbritannien für einen Bürgerkrieg sowie für die Absetzung und Hinrichtung des Königs gesorgt hatten. Im nächsten Jahrhundert sollte ein weiterer britischer König, Georg III., entdecken,

DAS CHRISTENTUM UND DIE AFRO-AMERIKANER

Mit nur sehr wenigen Ausnahmen unternahmen die Kolonialchristen wenig gegen die Sklaverei. 1787 protestierte der schwarze Methodistenprediger Richard Allen gegen die erbärmliche Behandlung der anderen schwarzen Methodisten und gründete schließlich in Philadelphia die Bethel African Methodist Episcopal Church, die als Basis der African Methodist Episcopal Church diente. 1794 gründete Absalom Jones, der erste schwarze episkopalische Priester, ebenfalls in Philadelphia die St. Thomas African Episcopal Church, die erste schwarze episkopale Kirche Amerikas. Diese beiden Ereignisse waren die Vorboten der Entwicklung eines markanten afro-amerikanischen Christentums, das sich in der amerikanischen Geschichte und Kultur stark bemerkbar machen sollte.

Rechts: Die Gemeinde singt in der Big Bethel African Methodist Episcopal Church in Atlanta, Georgia. Die Botschaft des Evangeliums wird den Gläubigen mit einfachen Worten präsentiert.

und unterstützten den Kampf von der Kanzel aus, indem sie aus der Bibel vorlasen und die Kolonien als das neue Israel bezeichneten, das durch Gottesfürchtigkeit zu einem Segen für die Welt werden würde. Viele Pastoren mischten sich in die Politik ein oder schlossen sich der Armee an, entweder als Pfarrer oder gar, um selbst zu kämpfen.

Neue Richtungen

Nach dem Krieg hatte sich für das amerikanische Christentum viel verändert, insbesondere für die Anglikaner und die afro-amerikanischen Christen (siehe Kasten). Die Anglikaner fanden sich gleich doppelt in der Zwickmühle wieder. Wie sollten sie gute Anglikaner bleiben, aber auch treue Bürger der Vereinigten Staaten sein? Und wie sollten sie als amerikanische Mitglieder der anglikanischen Kirche weitermachen und sowohl den anglikanischen als auch den demokratischen Prinzipien treu bleiben? Im Krieg lebten Loyalisten wie Henry Caner, der anglikanische Rektor der King's Chapel in Boston, in der ständigen Sorge, im turbulenten Boston der anglikanischen Kirche nicht treu bleiben zu können. Einige umgingen das Problem, indem sie nach Kanada zogen. Diejenigen, die nach einer Lösung suchten, fanden sie darin, sich sowohl auf die evangelikale Religion als auch auf die demokratischen Prinzipien zu stützen. Die amerikanische Kirche brauchte einen Bischof, und da die anglikanische Kirche unkooperativ war, reiste der amerikanische Theologe Samuel Seabury 1783 nach Schottland, um sich die Segnung verständnisvoller schottischer Bischöfe zu sichern. 1789 wurde in Amerika schließlich die Protestant Episcopal Church gegründet.

dass auch 100 Jahre und eine transatlantische Emigration nicht dazu beigetragen hatten, den Enthusiasmus der kolonialen Nachfahren der Puritaner zu dämpfen.

Keiner der großen Revolutionsführer – George Washington, Benjamin Franklin, John Adams und Thomas Jefferson – praktizierte das evangelikale Christentum. Sie waren eher von den radikalen Denkern der Aufklärung als von den Predigern der Großen Erweckung inspiriert. Dennoch wurde ihre klare Vorstellung von politischer Moral ebenso von den Debatten im britischen Christentum des 17. Jh. als auch von der Philosophie des 18. Jh. geprägt, und sie machten sich regelmäßig die theologische Sprache zunutze. Durch Gebete erhofften sich die Revolutionsführer himmlischen Beistand für ihre Sache.

Die Rhetorik, die dem Unabhängigkeitskrieg den Weg ebnete, steckte voller biblischer Bildsprache und christlicher Symbolik. Die Armee beschäftigte Pfarrer, die tägliche Gebete und wöchentliche Gottesdienste abhielten, an denen auch George Washington teilnahm. Manchmal ermahnten die Pfarrer die Soldaten, tapfer für die Freiheit zu kämpfen. Viele Pfarrer schlugen sich auf die Seite der Amerikaner

Unten: Thomas Jefferson, ein großer Befürworter der Freiheit, wurde nach der Amerikanischen Revolution zum dritten Präsidenten der Vereinigten Staaten gewählt. Außerdem gründete er die University of Virginia.

KONSTITUTIONELLES LEBEN IN AMERIKA

Oben: Der anglikanische Geistliche Sir Thomas Bray etablierte die anglikanische Kirche in Nordamerika. Er rekrutierte Missionare und wünschte sich eine Bibliothek für jede amerikanische Pfarrgemeinde.

Unten: Die Abbey Church in Bath, England, verfiel nach der Auflösung der Klöster im Zuge der englischen Reformation – ein Befehl, den Heinrich VIII. erteilte, um die anglikanische Kirche im Land zu stärken.

 „Der Kongress darf kein Gesetz erlassen, das die Einrichtung einer Religion betrifft, die freie Religionsausübung verbietet." So beginnt der 1. Zusatzartikel der Verfassung der USA.

Alte Gewohnheiten in der Neuen Welt

In mehreren der frühen Kolonien, insbesondere im Süden, hatte sich die anglikanische Kirche etabliert. Dissenter, die vor der anglikanischen Kirche im Heimatland flohen, richteten in den nördlichen Kolonien dennoch ihre eigene Form des Christentums ein. In den Mittelatlantikstaaten herrschte religiöse Pluralität und einige (Pennsylvania, West Jersey, Delaware und Rhode Island) hatten gar keine feste Kirche. Diese Kolonien waren sozusagen die Laboratorien der Religionsfreiheit.

Die Kolonien mit fest etablierten Kirchen folgten zunächst dem Modell der Alten Welt: Anders gesinnte oder nonkonformistische Kirchen konnten verboten werden. Personen, die einer solchen Kirche angehörten, konnten von öffentlichen Ämtern ausgeschlossen oder zu einer Woche Gefängnis und einer Geldstrafe verurteilt werden, weil sie nicht am normalen Gottesdienst teilnahmen. Auch wenn viele der ersten Siedler in Nordamerika auf der Suche nach persönlicher Religionsfreiheit waren, verstanden sie zuerst nicht, dass Freiheit für den Einzelnen auch Freiheit für alle anderen bedeutete. Es sollte über ein Jahrhundert dauern und brauchte Wegbereiter wie Roger Williams und William Penn, bevor die meisten Siedler bereit waren, die Werte des 1. Zusatzartikels zu akzeptieren: die Trennung von Kirche und Staat sowie die Religionsfreiheit.

Selbst nachdem sie am 15. Dezember 1791 ratifiziert wurden, galten der 1. Zusatzartikel und der Rest der Bill of Rights nur für den Bund. Erst 1868 wurde die Bill of Rights auf Bundes- wie auf Staatsebene bindend.

Die Frage der Interpretation

Der Oberste Gerichtshof, der die Verfassung interpretiert, legte fest, dass die „Einrichtungsklausel" einer Trennung von Staat und Kirche dient. Das heißt nicht, dass die Regierung der Religion gegenüber ablehnend eingestellt ist, und der Oberste Gerichtshof hat bereits mehrfach die Notwendigkeit einer wohlwollenden Neutralität zwischen Kirche und Staat anerkannt. Der Schutz vor der „Einrichtung einer Religion" ist schwieriger zu definieren, da man gleichzeitig das Recht auf freie Religionsausübung schützen muss. Seit über drei Jahrzehnten betont der Oberste Gerichtshof, dass eine Verletzung des Schutzes vor der Einrichtung einer Religion eintritt, wenn die Handlungen der Regierung ein in erster Linie religiöses Ziel oder religiöse

Auswirkungen haben oder sie sich übermäßig in religiöse Belange einmischt.

Besonders auf dem Gebiet der staatlich finanzierten Erziehung, wo Fragen wie das Bibelstudium im Unterricht, öffentliche Gebete in den Schulen und seit Neuestem die Bemühungen, den Kreationismus oder „Intelligent Design" (die Theorie, dass das Universum Anzeichen einer „intelligenten" Schöpfung statt wahllosem Chaos zeigt) als wissenschaftliche Alternative zur Evolutionstheorie in den Lehrplan aufzunehmen, die Nation spalten, sind die Prozesse vor dem Obersten Gerichtshof heiß umkämpft. Die Gerichte urteilen konstant, dass es sich beim Intelligent Design um eine religiöse und keine wissenschaftliche Theorie handelt, die aus diesem Grund in öffentlichen Schulen nichts zu suchen hat. 1963 entschied der Oberste Gerichtshof, dass die Bibel nicht als religiöses Dokument, sondern nur als Literatur oder als historisches Dokument gelehrt werden darf. Öffentliche Gebete sind verboten, Klassenräume dürfen aber für religiöse Versammlungen und Gebete genutzt werden, wenn kein Unterricht stattfindet.

DIE „EINRICHTUNGSKLAUSEL"

„Die Einrichtungsklausel im 1. Zusatzartikel bedeutet Folgendes: Weder die Staats- noch die Bundesregierung kann eine Kirche einrichten. Keine von beiden kann Gesetze verabschieden, die einer oder allen Religionen zugute kommen oder eine Religion einer anderen gegenüber bevorzugen. Keine von beiden kann eine Person gegen ihren Willen zwingen oder dahingehend beeinflussen, zu einer bestimmten Kirche zu gehen oder sich von ihr fernzuhalten, oder ihn/sie dazu zwingen, den Glauben an eine oder die Ablehnung einer Religion auszudrücken. Niemand darf für seinen religiösen Glauben oder Unglauben, für den Kirchenbesuch oder Nichtbesuch bestraft werden. Es dürfen keinerlei Steuern zur Unterstützung jedweder religiöser Aktivitäten oder Institutionen erhoben werden. Mit den Worten Jeffersons: Die Klausel gegen die Einrichtung einer Religion sollte eine Trennwand zwischen Kirche und Staat errichten."
Supreme Court Justice Hugo Black, 1947.

Unten: Präsident Bill Clinton hält seine Ansprache zur Lage der Nation (1997). Das System der Bundesregierung, wie wir es heute in den USA kennen, wurde von der Verfassung abgeleitet.

DIE FRANZÖSISCHE REVOLUTION

Die Französische Revolution hatte wirtschaftliche, politische und soziale Ursachen, aber auch religiöse Gründe. In Frankreich herrschte der Katholizismus vor, und seit der Aufhebung des Edikts von Nantes 1685 und der Ausweisung der Hugenotten waren die meisten Franzosen Katholiken. Im Lauf vieler Jahre hatte sich der französische Staat eine außerordentliche Kontrolle über die Kirche verschafft. Die sogenannten gallikanischen Freiheiten, auf die sowohl der Staat als auch die Kirche sehr stolz waren, beinhalteten das Recht, Bischöfe zu nominieren und fast völlige Kontrolle über die Ländereien und Einnahmen der Kirche auszuüben.

Die französische Kirche

Schon lang vor dem Sturm auf die Bastille 1789 war der Stern des französischen Staats im Sinken. Dieser Verfall dehnte sich auch auf die Kirche aus, welche die Gliederung und Verknöcherung der Gesellschaft widerspiegelte. Das Bischoftum und die höheren Kirchenpositionen waren einzig dem Adel vorbehalten – fast das ganze 18. Jh. über war kein einziger Bischof von bürgerlicher Geburt. Während blaues Blut als Voraussetzung galt, war es Frömmigkeit nicht. Einige bekannte Bischöfe gegen Ende des Jahrhunderts waren bestenfalls Deisten und gaben sich auch keine Mühe, dies zu verbergen. Den religiösen Orden ging es kaum besser. Der Reichtum einiger der größeren Abteien unterlag der Kontrolle von „Ehrenäbten" – Männern, die aus familiären oder politischen Gründen das Amt besetzten. Obwohl sie die Einkünfte des Klosters einkassierten, wohnten sie niemals dort und waren sehr häufig Laien. Der säkulare Klerus, der keine höheren Ämter erreichen konnte, war oft schlecht ausgebildet und vom Egalitarismus in Versuchung geführt. In elitären Kreisen war die Kirche seit Langem Zielscheibe von Männern wie Voltaire, der mit

Sarkasmus und Verachtung vernichtende Kommentare über sie abgab. Die Gesellschaft lehnte zudem den Reichtum der Kirche als unverdient ab.

Die Revolution und der erste Stand

Die Einberufung der Generalstände 1789 (eine Art Dreikammernparlament, basierend auf Klassen) war ein bedeutender Moment für die französische Kirche. Als erster Stand und angesichts ihrer hierarchischen Natur konnte man erwarten, dass die Repräsentanten der Kirche loyale Monarchisten oder Reaktionäre wären, aber das war nicht der Fall. Zum Großteil lag das daran, dass die Wahlbezirke des ersten Standes nicht mit den Grenzen der Diözesen übereinstimmten. Dies führte zu einer Konkurrenz unter den Bischöfen und gab dem niederen Klerus mehr Handlungsspielraum. Obwohl viele Bischöfe gewählt wurden, fanden sich auch viele niedere Geistliche in Paris wieder.

Die Position der Kirche wurde bald brenzlig und kollabierte dann völlig. Bei den Treffen des ersten Standes brachen die Spannungen zwischen hohem und niederem

Klerus bald aus, und der niedere Klerus begann, sich im dritten Stand (bei den Bürgern) nach Verbündeten umzusehen. Am 13. Juni schlossen sich drei Pfarrer dem dritten Stand an, und bald folgten weitere. Am 17. Juni rief Abbé Sieyès die Nationalversammlung aus. Zwei Tage später ratifizierte die Mehrheit des ersten Standes die Entscheidung.

Der Bruch mit Rom

Die Kirche bekam die zunehmende Radikalität der Nationalversammlung und ihrer Nachfolger zu spüren. Im Juli wurde die Zivilverfassung des Klerus verabschiedet. Darin wurden Bischofssitze unterdrückt, andere an politische Grenzen angeglichen und Erzbischöfe sowie weitere hohe Geistliche ohne „seelsorgerische Pflichten" abgeschafft. Alle Priester waren nun staatlich bezahlte und kontrollierte Beamte. Es war der Triumph des niederen Klerus, der nun an der Verwaltung ihrer Diözesen Anteil hatte. Der Laienstand erhielt das Recht, Gemeindepfarrer zu ernennen. Das Ganze war die völlige Zurückweisung des Konzils von Trient. Die meisten Bischöfe und die Mehrheit der Pfarrer widersetzten sich dem Gehorsamsschwur, der durch die Zivilverfassung von allen Priestern verlangt wurde. Die Revolution war zu weit nach links abgedriftet und hatte den Großteil der Kirche hinter sich gelassen.

Der Terror

Nun gab es zwei Kirchen in Frankreich: die römische und die konstitutionelle. Anfang 1791 wurden die ersten konstitutionellen Bischöfe geweiht, was die Trennung endgültig formalisierte.

Als die Revolution in die Hände der Jakobiner überging, wurden die Ländereien der Kirche zur Zielscheibe von Beschlagnahmungen und eidverweigernde Geistliche zu Kandidaten für die Guillotine – Hunderte, wenn nicht gar Tausende starben. Maximilien de Robespierres kurzlebiger Kult des höchsten Wesens war nur die offensichtlichste Manifestation der jakobinischen Feindseligkeit gegenüber den Katholiken. Bis Napoleon Bonaparte 1801 Frieden mit Rom schloss, blieb die französische Kirche ein unerbittlicher Gegner der Revolution.

Oben: Als Mitglied des Wohlfahrtsausschusses war Maximilien de Robespierre Teil der Terrorherrschaft, unter der viele Gegner der Revolution hingerichtet wurden.

Unten: Konfiszierung einer Kirche im Zuge der Französischen Revolution. Es herrschte große Feindseligkeit gegenüber dem Christentum, da die römische Kirche als Teil des alten Regimes angesehen wurde.

DER METHODISMUS

Die Anfänge des Methodismus liegen im Anglikanismus des 18. Jh. Die Bewegung lässt sich zum Holy Club zurückverfolgen, der um 1729 in Oxford gegründet wurde. Der Club traf sich regelmäßig zum Gebet und zum Bibelstudium und leistete Sozialarbeit. Seine Gegner nannten die Mitglieder „Methodisten" weil sie methodisch an die Frömmigkeit im Leben herangingen. Zu den Clubmitgliedern gehörten der Prediger George Whitefield (1714–1770), Charles Wesley (1707–1788) und John Wesley (1703–1791), der später als Gründer des Methodismus anerkannt wurde.

Eine Glaubenserfahrung

John und Charles Wesley wurden von ihrer Mutter Susanna und ihrem Vater Samuel, einem anglikanischen Priester, von klein auf im Glauben erzogen. Nachdem er am Christ Church College in Oxford studiert hatte, wurde John 1725 zum anglikanischen Priester geweiht und ging dann als Missionar in die amerikanische Kolonie Georgia. Ruhelos und auf der Suche nach einer Bestätigung seines Glaubens traf er auf der Reise Missionare der Herrnhuter Brüder. Er war von ihrer überzeugten Hingabe an Christus sehr beeindruckt, und als er nach London zurückkehrte, setzte er den Dialog mit dem Anführer der Herrnhuter, Peter Böhler, fort.

1738 nahm John Wesley an einem Treffen einer kleinen Gruppe teil, bei dem er endlich seine Bestätigung erhielt. Während jemand das Vorwort zu Martin Luthers *Vorrede zum Römerbrief* vorlas, glaubte Wesley zu spüren, wie sich sein Herz erwärmte. Er sagte: „Ich spürte, dass ich Christus und Christus allein zur Erlösung vertraute; und ich bekam die Versicherung, dass er meine Sünden von mir genommen hatte." Diese Erfahrung erwies sich als Wendepunkt für Wesley, der in der Folge zum Prediger und Anführer der evangelikalen Erweckung in Großbritannien wurde.

Methoden der Erweckung

Der Erfolg der Methodistenbewegung lässt sich zum Großteil John Wesleys Organisationstalent und der Förderung bestimmter „Erweckungsmethoden" zuschreiben, etwa dem Predigen unter freiem Himmel und der Gründung kleiner Gruppen zum Gebet und Bibelstudium. Zur Betreuung dieser Gruppen ernannte Wesley nichtgeweihte Wanderprediger, die umherreisten und sich um die Leute kümmerten. Frauen wurden genauso wie Männer dazu ermutigt, aktiv Führungsrollen anzunehmen, zu predigen und andere in den Gruppen zu ermutigen. Auch das Singen von Hymnen war wichtig. John Wesleys Bruder Charles schrieb viele Hymnen, die zum Lehren und Zusammenfassen der Doktrin eingesetzt wurden. John Wesley verfasste Abhandlungen und Predigten und korrespondierte zusätzlich mit anderen evangelikalen Anführern, eröffnete Kapellen und errichtete in Kingswood, Bristol, eine Schule.

John Wesley hatte viele Gegner, die seine Methoden als Bedrohung für Kirche und Gesellschaft ansahen. Sie waren

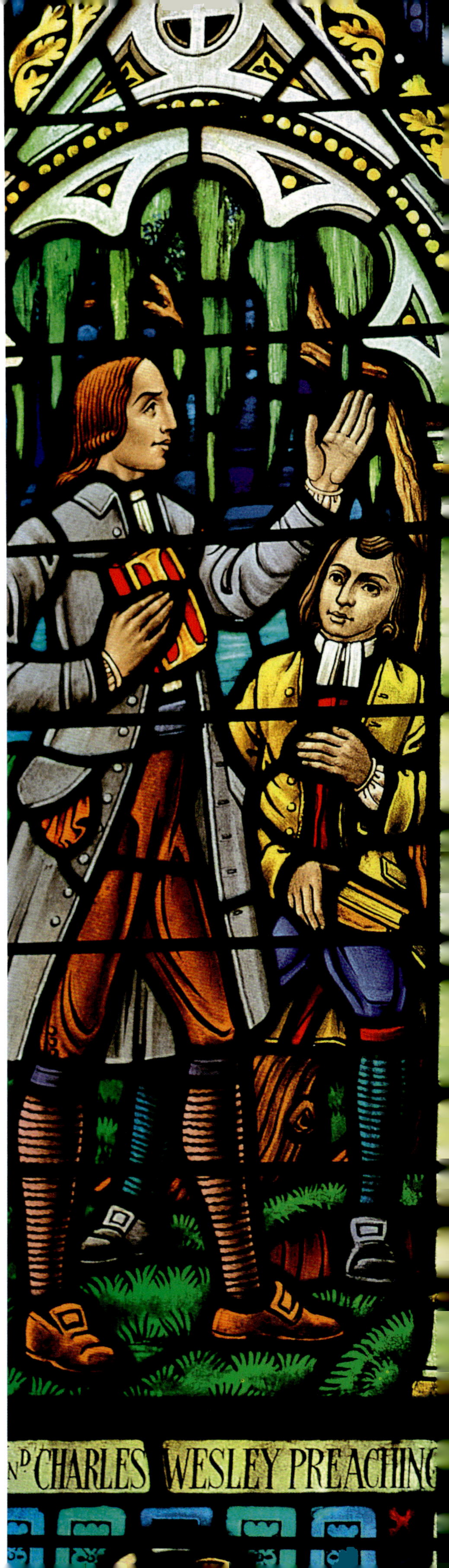

CHARLES WESLEY PREACHING

der Ansicht, dass er das Predigen ohne Weihe und Lizenz der Kirche nicht fördern sollte. Und obwohl die Methodisten erniedrigt, als Fanatiker verspottet und manchmal sogar körperlich angegriffen wurden, glaubten sie weiterhin, dass es notwendig sei, jedes Mittel einzusetzen, die Menschen zu wahrer Reue und echtem Glauben zu führen.

Das Wachstum des Methodismus

Obwohl er als Gründer der Methodisten gilt, behauptete John Wesley bis zum Schluss, dass er nie vorhatte, eine neue Konfession zu gründen. Er sah sich selbst als Mitglied der anglikanischen Kirche an. Aber die Tatsache, dass er 1784 Priester für die amerikanische Kirche ordinierte und im gleichen Jahr die alljährliche Methodistenkonferenz ins Leben rief, bedeutete, dass die Methodisten bis zu seinem Tod als separate Gruppe weitermachten. 1795, als sie rechtlich dazu befähigt wurden, Hochzeiten und die Sakramente durchzuführen, wurden die Methodisten in Großbritannien klar als eigenständige Gruppe anerkannt.

John Wesley hielt sich an die arminianische Theologie und glaubte, dass Christus am Kreuz für alle Menschen gestorben war. Es gab aber auch Methodisten, die in ihren Ansichten eher calvinistisch waren. Sie glaubten, dass Christus nur für wenige von Gott Erwählte gestorben war. Die calvinistischen Methodisten waren in Wales sehr erfolgreich und wurden von Howell Harris (1714–1773), Daniel Rowlands (1713–1790) und anderen angeführt, die in Kontakt mit Priestern standen, die wiederum eine Verbindung zur Gräfin von Huntingdon, Selina Hastings (1707–1791), hatten. Auch George Whitefield war ein calivinistischer Methodist, der in England predigte und mehrfach den Atlantik überquerte, um dort die evangelikale Erweckung zu unterstützen. Sowohl Whitefield als auch John Wesley gelten als Führer der evangelikalen Erweckung, die im 18. Jh. zu einem internationalen, ja interkontinentalen Phänomen wurde.

Links: Dieses Buntglasfenster zeigt Charles Wesley, einen der Anführer der Methodistenbewegung. Er ist vor allem für seine über 5500 Hymnen berühmt.

Unten: Das Lovely Lane Meeting House in Baltimore, Maryland, gilt als erste methodistische Kirche Amerikas. 1784 wurde hier die berühmte „Weihnachtskonferenz" abgehalten, bei der die Methodist Episcopal Church gegründet wurde.

UNDER LIVE OAKS AT FREDE[...]

ANFÄNGE DES CHRISTENTUMS IN KOREA

Rechts: 1592 sandte der große Samurai und Feudalherrscher Toyotomi Hideyoshi seine Armee nach Korea. Hunderte Koreaner wurden gefangen genommen und nach Japan verschleppt, wo sie zu gläubigen Christen wurden.

Bevor das Christentum Korea erreichte, bezogen die Menschen ihre religiöse und philosophische Inspiration aus dem Animismus, dem Konfuzianismus, dem Buddhismus und dem Daoismus. Im letzten Jahrzehnt des 16. Jh. fielen japanische Truppen in Korea ein, und Jesuitenpater kümmerten sich um die koreanischen Christen auf der Halbinsel. Im Laufe der nächsten zweieinhalb Jahrhunderte hielt der koreanische Kaiser die Grenzen um sein „Einsiedlerreich" geschlossen und dadurch Reisende, Kaufleute und Missionare auf Abstand. Trotzdem tauften Jesuitenpater in Beijing bei den jährlichen diplomatischen Missionen auch Koreaner. 1784 entdeckte der koreanische Gelehrte Lee Seunghoon bei einer diplomatischen Mission in Beijing in Madarin geschriebene christliche Bücher des Jesuiten Matteo Ricci und seiner Gefährten. Lee war von dem, was er las, sehr beeindruckt, ließ sich von Jean de Grammont taufen und nahm den Namen Peter an.

Gründung des Christentums

1784 kehrte Peter mit christlichen Schriften nach Korea zurück, unterrichtete seine Freunde und taufte sie schließlich. Aus Lee Byok wurde Johannes Baptist und aus Kwon Il Shin Francis Xavier. Durch Peter etablierte sich das Christentum fest in Korea. Konvertiten wurden getauft, die Gemeinde hielt Gottesdienste ab und breitete sich weiter aus. Zunächst erweiterte der Laienstand die Gemeinden der katholischen Kirche Koreas, aber 1794 entsandte der Bischof von Beijing, der über den Mangel an gebildeten Geistlichen besorgt war, James Chu, einen chinesischen

Unten: Schöne Beispiele für die Religionsfreiheit in Korea sind das daoistische Ritual des Verbrennens von Räucherstäbchen und die Opfergaben für verschiedene Gottheiten zu daoistischen Feiertagen.

Priester nach Korea, um in der Gemeinde auszuhelfen. Er wurde von einer 4000-köpfigen, weiter wachsenden Gemeinde begrüßt. Um die Kontinuität der Gemeinde zu gewährleisten, bat der Heilige Stuhl schließlich die Pariser Mission (*Missions étrangères de Paris* oder MEP), sich um die wachsende koreanische Kirche zu kümmern.

Verfolgungen

Trotz dieser günstigen Anfänge sah sich die koreanische Kirche in den Jahren 1791, 1801, 1839, 1846, 1866 und 1869 schweren Verfolgungen ausgesetzt. In diesem Zeitraum wurden etwa 8000 Christen hingerichtet. Die Gemeinde wuchs stetig, aber 1801 – sieben Jahre nach seiner Ankunft – wurden Vater Chu und 300 weitere Christen für ihren Glauben hingerichtet. Drei Priester der Pariser Mission starben bei den Verfolgungen 1839.

Der erste koreanische Priester, Andrew Kim, wurde 1845 bei Shangheái ordiniert und kehrte mit einem Bischof und einem Priester aus China nach Korea zurück. Andrew wusste, dass sein Vater 1839 den Märtyrertod gestorben war und bereitete sich auf das gleiche Schicksal vor. Einer Anklage wegen Hochverrats begegnete er so: „Wenn ich mit Ausländern gesprochen habe, so war es wegen meiner Religion und meines Gottes. Für ihn sterbe ich. Mein

ewiges Leben steht gerade am Anfang." 1846, mit gerade 25 Jahren, wurde Andrew Kim gefoltert und enthauptet.

Ein zweiter koreanischer Priester, Thomas Choi, traf 1849 ein. Der Begriff „koreanische Märtyrer" bezieht sich heute auf zwei Gruppen, die von der katholischen Kirche heilig gesprochen wurden: 79 Märtyrer, die 1839–1846 auf verschiedene Weise hingerichtet wurden, wurden 1924 selig gesprochen, 24 weitere folgten 1968. Diese 103 Christen wurden 1984 heilig gesprochen. Unter ihnen befanden sich koreanische Männer und Frauen sowie einige Geistliche der Pariser Mission. Trotz der Gefahr gehörten zur koreanischen Kirche bis 1857 bereits sieben Priester und 15.000 Laien; 1866 waren es schon zwölf Priester und 23.000 Laien.

Religionsfreiheit

1883, als sich Korea aufgrund eines diplomatischen Ab-kommens der Welt öffnete, hörten die Verfolgungen auf. Stattdessen herrschte nun Religionsfreiheit. Aufgrund diplomatischen Drucks wurde der französische Bischof und

Missionar Félix Ridel aus der Haft entlassen, um eine ordentliche Kirche aufzubauen. Er schickte koreanische Seminaristen zur Ausbildung nach Malaysia, baute eine Kathedrale in Seoul (und Kirchen im Rest des Landes) und eröffnete 1891 in Seoul sein eigenes Priesterseminar. Nach 1885 kam eine Reihe amerikanischer Presbyterianer und Methodisten nach Korea; nach dem Zweiten Weltkrieg folgten mehrere protestantische Gruppen (siehe Teil sieben).

Mindestens zwei koreanische Familien können die Wur-zeln ihres Katholizismus bis ins 17. Jh. zurückverfolgen. Heute lenken zwei Erzdiözesen und Suffraganbistümer die südkoreanische Kirche. Nordkorea hat eine katholische Kirche in Pjöngjang, aber für die etwa 3000 Christen gibt es keine Geistlichen. Die südkoreansichen Katholiken geben eine Tages- und eine Wochenzeitung sowie mehrere Magazine heraus. Trotz der hauptsächlich katholischen Geschichte sind die meisten südkoreanischen Christen heute protestantisch. Etwa 40% der 49 Millionen Einwoh-ner sind Christen und 23% Buddhisten.

Oben: Der Gründer des korea-nischen Christentums, Lee Seung-hoon, war auf seiner Reise nach China von den Jesuiten so beeindruckt, dass er konvertierte und nach seiner Rückkehr viele Adlige taufte.

KALIFORNISCHE MISSIONEN

Der lange Arm Russlands bewegte den spanischen König Philipp V. dazu, Kontrolle über seine Gebiete in Neuspanien (die Karibik, Mexiko und das südwestliche Nordamerika) auszuüben. In den 1740er-Jahren wurde deutlich, dass die Russen über Alaska und die amerikanische Westküste langsam auf dem Weg nach Süden waren. 1812 erreichten sie Fort Ross im heutigen Sonoma County (Kalifornien). Um dieser Bedrohung entgegenzuwirken, befahl Philipp die Expansion ins nördliche Kalifornien.

El Camino Real

Das Ergebnis dieses Befehls war ein 966 km langer Missionsweg entlang der kalifornischen Küste. Der nördlichste Außenposten war San Francisco Solana (in Sonoma), der 1823 gegründet wurde. Er bildete den Abschluss einer Kette von 20 Missionen, die jeweils etwa 50 km auseinander lagen und von der 1769 gegründeten Station San Diego de Alacalá im Süden begrenzt wurden. Die Stationen befanden sich alle an der Küste, da dies das fruchtbarste Gebiet war und man schwere Gegenstände nur per Schiff transportieren konnte. Im Lauf der Zeit wurde die Missionskette als Camino Real (engl. „Mission Trail") bekannt. Ihr ausdrücklicher Zweck war es, sichere Rastplätze für Reisende über Land zu bieten – die einzelnen Missionen waren jeweils einen guten Tagesritt voneinander entfernt. Viele der heutigen kalifornischen Städte wie San Jose, Santa Cruz und Santa Barbara haben ihren Namen von den Missionen.

Mit Bibel und Schwert

Die koloniale Expansion und die Missionstätigkeit gingen Hand in Hand vonstatten. Die Aufgabe der Besiedelung Nordkaliforniens wurde den spanischen Franziskanern übertragen. Die Dominikaner erhielten dagegen die Kontrolle über die Halbinsel Baja California. Die Mönche machten sich paarweise zu Fuß auf den Weg. Dabei wurden sie von einer Kompanie Soldaten beschützt.

Wie bekehrt man eine indigene Bevölkerung? Zu predigen und die Menschen dazu zu bewegen, ihre Sünden einzugestehen und sich Gott zuzuwenden, war nicht ideal. Der Schlüssel zum Erfolg war die Taufe. Um getauft zu werden mussten Erwachsene aber den Katechismus, die Grundlage des christlichen Glaubens, lernen. Vermutlich vereinfachten die Missionare das Ganze, aber wie überredete man Menschen dazu, zu bleiben und unterrichtet zu werden? Die Lösung waren die Missionsstationen.

Das Leben in der Mission

In den Missionsstationen versammelte sich die lokale Bevölkerung an einem Ort, damit sie den Katechismus lernen konnte. Die meisten Missionsstationen hatten eine

Kapelle und getrennte Unterkünfte für Mönche, alleinstehende Männer, alleinstehende Frauen und verheiratete Paare. Sie hatten Felder, die bestellt wurden, und Vieh sowie Werkstätten, denn alles, was sie benötigten, musste vor Ort hergestellt werden. Die Missionen wurden von einer *presidio* (Garnison) beschützt, mussten diese dafür aber verpflegen. Auf den Farmen wurden Getreide und Früchte sowie Oliven, Trauben für Wein und sogar Tabak angebaut. Als Nutztiere hielt man Rinder, Schafe, Esel, Schweine und Ziegen, die aus Mexiko stammten.

Die Konvertierung bedeutete wesentlich mehr als nur sein Leben Gott zu widmen. Die Missionen waren allgemein als *reduccíones* (Reduktionen) oder *congregacíones* (Kongregationen) bekannt, und ihr Ziel war es, den „unfreien" und „unzivilisierten" Zustand der Bevölkerung zu „reduzieren" und ein zivilisiertes Volk aus ihnen zu machen. Für einen Eingeborenen bedeutete das, sich in jeder Hinsicht dem europäischem Leben anzupassen – inklusive Kleidung, Arbeitsrhythmus, Nahrungsmittel und Bräuche.

Wer einmal getauft war, verlor seine Freiheit. Man musste volle sechs Stunden am Tag ohne Lohn auf der Farm, in einer Werkstatt oder bei einem Bauprojekt arbeiten. Jeden Tag wurde eine Messe abgehalten, und der Besuch war fest vorgeschrieben. Viele waren rasch desillusioniert und ergriffen die Flucht. Die Mönche hatten kaum die Chance, sie wiederzufinden. Wer alleinstehend war und sich für einen Jungen oder Mädchen interessierte, konnte nach spanischem Vorbild um die Person werben: Unter den wachsamen Augen eines Mönchs durfte man sich durch Gitter hindurch mit dem potenziellen Partner unterhalten.

Die europäischen Lebensbedingungen brachten jedoch auch europäische Probleme und Krankheiten mit sich. 1806 starb fast ein Viertel der indianischen Missionsbevölkerung bei einer Masernepidemie. Obwohl Tausende den unhygienischen Bedingungen zum Opfer fielen, lebten auf dem Höhepunkt 20.000 Menschen in den Missionen. 1833 wurden die Missionen von der mexikanischen Regierung konfisziert und die Franziskaner hinausgeworfen.

Unten: Eine Statue der heiligen Barbara auf dem Giebel eines Adobehauses der Santa-Barbara-Mission. Heute ist die Mission die Heimat einer Gruppe von Franziskanermönchen.

Links: Die Santa-Barbara-Mission wurde 178 von spanischen Franziskanern gegründet. Das Ziel war die Bekehrung der örtlichen Chumash-Indianer.

ANGLIKANISCHE ANFÄNGE IN AUSTRALIEN

Nach Australien kam der Anglikanismus mit der neuen britischen Strafkolonie. Dass die Dienste der etablierten Kirche nicht gebraucht würden, war völlig undenkbar – nicht nur um der Gefangenen und ihrer Wärter Willen, sondern auch, weil die anglikanische Kirche damals noch ein integraler Teil des britischen Staats war.

Anglikanische Pioniere

Reverend Richard Johnson (ca. 1756–1827) wurde als Pfarrer dazu berufen, mit der ersten Flotte zu segeln. Seine genauen Aufgaben waren jedoch unklar, ebenso sein Status: Er war Militärkaplan unter Aufsicht des Gouverneurs. Obwohl Johnson einige Vorteile genoss – keine Konkurrenz, 160 ha als Pfarrland und jeden Sonntag die zwangsweise Aufmerksamkeit der Gefangenen –, blühte seine Mission nicht auf. Ein Haupthindernis war sicherlich die Gleich-

gültigkeit von offizieller Seite. Religion wurde als notwendiges Anhängsel des Staats betrachtet, das nützlich, in einer jungen, gefährdeten und oft brutalen Strafkolonie aber nicht besonders wichtig war. 1792 erbaute Johnson im Alleingang seine erste Kirche. Die Gefangenen brannten sie prompt nieder, weil sie nicht zwischen der spirituellen Funktion der Kirche und Johnsons Rolle als Verwalter unterschieden.

Im September 1795 wurde die Position der Kirche durch die Ankunft und Ernennung des anglikanischen Gouverneurs John Hunter verbessert, der bei Johnsons Rückkehr nach England den außergewöhnlichen Samuel Marsden (1765–1838) als Pfarrer einsetzte.

Der Bau einer Kirche

Johnson hat Anspruch auf den Titel des Pioniers des australischen Anglikanismus, aber Marsden beherrschte die

Unten: Die Siedlung in Parramatta wurde 1788 gegründet, um Nahrungsmittel für die neue Kolonie zu liefern. Die Kirche mit ihren Zwillingstürmen wurde mitten in der Gemeinde gebaut.

Scott und seine Kirche waren vom Staat privilegiert: Der Erzdiakon erhielt einen zivilen Rang unterhalb des Gouverneurs und Vizegouverneurs und wurde *ex officio* sowohl in die Legislativ- als auch in die Exekutivversammlung berufen. Anglikanische Geistliche erhielten das Monopol auf die Ausstellung von Geburts-, Sterbe und Heiratsurkunden und ein Vetorecht bei der Lizensierung von Schankbetrieben. 1826 schuf die Regierung die Church and Schools Corporation: Die Kirche bekam ein Siebtel aller Ländereien im Besitz der Krone zum Bau von Schulen und Kirchen.

Gleichheit

Die Nachbildung der englischen Kirchenstrukur stieß in der auf religiöser Ebene sehr vielfältigen Kolonie auf heftigen Widerstand – in New South Wales wie auch in Großbritannien. Scott selbst half der Sache mit seiner unnachgiebigen Haltung und seinem Zögern, Marsdens Politik der Kooperation mit Protestanten weiterzuführen, auch nicht. 1829 veränderte sich die Situation. Scott kehrte nach England zurück und wurde durch den sehr pragmatischen William Grant Broughton (1788–1853) ersetzt.

1829 wurde die Church and Schools Corporation ausgesetzt und 1833 schließlich aufgelöst. Obwohl Broughton versuchte, den Status seiner Kirche als Staatskirche aufrechtzuerhalten, kämpfte er auf verlorenem Posten – auch wenn er 1836 zum ersten Bischof Australiens ernannt wurde. Im gleichen Jahr beschloss die britische Regierung, alle Konfessionen in New South Wales zu unterstützen. Da die anglikanische Kirche die größte war, ging es ihr dabei recht gut, trotzdem war sie nun nur noch die Erste unter Gleichen.

Die frühe anglikanische Kirche scheiterte bei ihrem Versuch, sich als Staatskirche durchzusetzen. Ihre Geschichte ist jedoch – wie auch die der neuen Kolonie selbst – eine Geschichte des Durchhaltens im Angesicht fast unüberwindbarer Hindernisse.

Links: Der Innenraum der St. Andrew's Cathedral in Sydney weist ein harmonisches Arrangement gotischer Architektur auf. Sie ist der Sitz des anglikanischen Erzbischofs von Sydney.

Unten: Die anglikanische Kirche richtete Missionen bei verschiedenen Aborigine-Stämmen ein, um sie zum Christentum zu bekehren, was jedoch nicht gelang. Im 19. Jh. waren die Missionare erfolgreicher, und heute ist fast die Hälfte der australischen Urbevölkerung christlich.

Anfangszeit. 1788–1820 dienten nur zwölf Pfarrer der anglikanischen Kirche (Johnson und Marsden eingeschlossen) in New South Wales. Durch schiere Willenskraft schuf Marsden eine kirchliche Infrastruktur, die für die wachsende Anzahl an Gefangenen und auch für immer mehr freie Siedler sorgen konnte. Seine Sache machte Fortschritte, als sich 1798 eine Gruppe von Mitgliedern der tahitianischen Mission der London Missionary Society auf dem Heimweg entschloss, in Sydney zu bleiben. Obwohl viele von ihnen evangelikale Protestanten waren, arbeitete der Anglikaner Marsden mit ihnen zusammen. In den 1810er- und 1820er-Jahren fördete Marsden ein Maß an interdenominationaler protestantischer Kooperation, das in England zu jener Zeit undenkbar gewesen wäre.

Nachbildung der anglikanischen Kircheneinrichtung

Die anglikanische Kirche wuchs gemeinsam mit New South Wales. Bald musste eine Entscheidung gefällt werden, welche Rolle sie in der neuesten Kolonie spielen sollte. 1810 wandelte Marsden sein Militärkaplansamt in einen zivilen Auftrag um, was ihm ein wenig Unabhängigkeit vom Gouverneur sicherte. Eine hierarchische Kirche braucht jedoch eine Hierarchie – vor allem, wenn sie ein fester Bestandteil des Staats werden will. 1824 wurde mit der Ernennung Thomas Hobbes Scotts (1783–1860) zum ersten Erzdiakon Australiens ein wichtiger Schritt in diese Richtung getan.

PROTESTANTISCHE MISSIONEN IN INDIEN

Die Ankunft zweier lutherisch-pietistischer Missionare, B. Ziegenbalg und H. Plütschau, am 9. Juli 1706 war der Wendepunkt für die moderne Erziehung in Indien. Beide kannten sich gut mit den Erziehungsmodellen der Pietisten in Halle (Saale) aus. In alters- und geschlechtsspezifischen Gruppen wurde muttersprachlicher Unterricht abgehalten. Kinder aller Klassen wurden an das Studium der Kunst und Naturwissenschaften in ihrer natürlichen Umgebung herangeführt. Artefakte aus der ganzen Welt wurden kindgerecht ausgestellt, um die natürliche Neugier anzufachen.

Ziegenbalg wollte die einheimische Bevölkerung verstehen, und er schloss bald, dass die Einwohner Malabars sehr intelligent und keineswegs die Barbaren waren, für die man sie in Europa hielt.

Die missionarische Arbeit in Tranquebar

Die Missionare übertrugen das Modell aus Deutschland auf Tranquebar, einer kleinen dänischen Kolonie im südöstlichen Indien. Bei ihren Bemühungen, die Bildung der Einheimischen zu verbessern, eröffneten sie bereits 1710 die erste Mädchenschule. Dies war ein revolutionärer Schritt in der soziokulturellen Entwicklung. Sie sammelten tamilische Handschriften, die auf Palmblättern verfasst worden waren, und errichteten frei zugängliche Bibliotheken. Ihre europäischen Nachfolger und die indischen Mitarbeiter legten den Grundstein für moderne Lexika und Grammatiken in Tamil, Telugu und weiteren indischen Sprachen. Missionare wie C. F. Schwartz ermutigten die lokalen Herrscher, ein Erziehungssystem anzunehmen, das die besten Methoden aus Indien, Deutschland, Dänemark und Großbritannien miteinander kombinierte.

Konsolidierungen

Nachdem die British East India Company (EIC) 1813 zugestimmt hatte, anglikanische Bischofssitze in Kolkatta (Kalkutta), Mumbai (Bombay) und Chennai einzurichten, dienten auch diverse englische Missionare in Indien.

Indische Christen

Der Indische Aufstand von 1857 führte dazu, dass indische Erzieher der englischen Zivil- und Strafgesetze überdrüssig wurden. Diese Anführer unterschieden nicht zwischen europäischen Siedlern und europäischen Missionaren, sondern sahen alle als Teil der Kolonialpolitik an. Bald spitzten sich die Feindseligkeiten zwischen Europäern und Indern zu. Die protestantischen Missionare hatten versucht, gegen das Kastensystem vorzugehen und sozial benachteiligten Personen, insbesondere Frauen, Auftrieb zu geben. Damit machten sie sich viele Feinde.

Der wachsende Nationalismus ermutigte einige evangelische Inder, indigene Missionsbewegungen zu gründen. Von diesen waren V. S. Azariahs Indian Missionary Society (1903) und die National Missionary Society (1905) die bekanntesten. Die indischen Missionare reisten in die Dörfer, verbesserten die Gesundheit der Bewohner, eröffneten Sanatorien für Tuberkulose- und Leprapatienten, führten neue Formen der Landwirtschaft und Viehzucht ein und unterrichteten die Menschen auf ganzheitliche Weise.

In Zeiten von Naturkatastrophen sorgten Anführer wie Vedamanickam Maharajan, Ditt und Venkayya für Hilfe für die Opfer. Ihre Arbeit führte zu Massenbekehrungen von Menschen der untersten sozialen Schichten. Das Christentum war ein Weg, dem Kastensytem zu entkommen, da es die Konvertiten ermutigte, erniedrigende Arbeiten aufzugeben. Christliche Literaturgesellschaften und Sonntagsschulorganisationen verbreiteten umgangssprachliche christliche Literatur.

Einige protestantische Anführer weckten den missionarischen Eifer indischer Christen, die regelmäßig für die Erlösung Indiens, die Bekehrung ihrer Landsleute und die Ausbildung der indigenen Kinder beteten sowie Geld und Zeit in die Umsetzung dieser Ziele investierten. Missionare, die zu Missionsagenturen wie der Friends Missionary Prayer Band und der Indian Evangelical Mission bzw. zu den baptistischen oder presbyterianischen Kirchen im Nordosten gehörten, boten in Dörfern, Stammesgemeinschaften und bei den Außenseitern der Gesellschaft in den Städten eine Grund- und weiterführende Bildung an.

20 Jahre später erlaubte die EIC protestantischen Missionaren aus Westeuropa, Nordamerika, Australien und Neuseeland, sich um die pädagogischen und medizinischen Belange der Bevölkerung zu kümmern. Männer wie Alexander Duff in Kolkatta und John Wilson in Mumbai leisteten dabei bemerkenswerte Arbeit. Ihre Schüler stellten kulturelle und gesellschaftliche Annahmen infrage, die missbräuchliche Praktiken wie den Mord an weiblichen Neugeborenen und die Witwenverbrennung zuließen. Christliche Colleges und Ausbildungseinrichtungen spielten eine entscheidende Rolle bei der Gründung von Universitäten in Kolkatta, Mumbai und Chennai.

Europäische und indische Christen mit Verbindungen zur Baseler Mission errichteten Ausbildungsstätten, wo die Herstellung von Kacheln, Teppichknüpfen, Weben und Tischlerei gelehrt wurden, und trugen so zur Produktion bezahlbarer Gebrauchsgüter bei, was zur Verbesserung der Lebensqualität führte. Viele der von den Protestanten geschaffenen Schulen nutzten jedoch Wood's Educational Dispatch (1854); darin wurde dem Druck der EIC nachgegeben und festgelegt, dass nur noch in Englisch, nicht in den Landessprachen unterrichtet werden durfte.

Oben: Im 18. Jh. wuchs die britische Macht in Indien. Facharbeiter, Kaufleute und Schiffsbauer zogen nach Mumbai, das zu einem Industriezentrum geworden war.

Oben: Die Lutheraner kamen als erste evangelische Missionare in Indien an, und zwar im dänischen Hafen Fort Dansborg in Tranquebar. Kurz darauf trafen auch Missionare der Herrnhuter Brüder ein.

HERRNHUTER

In den frühen 1700er-Jahren flohen einige Menschen vor der religiösen Verfolgung in Mähren (dem südlichen Teil der Tschechischen Republik) und fanden auf den Ländereien des deutschen Grafen Nikolaus Ludwig von Zinzendorf (1700–1760) Unterschlupf. Ursprünglich gewährte Zinzendorf, der den Pietismus dieser geistigen Nachfolger Johannes Hus' teilte, zehn Flüchtlingen Schutz. Innerhalb von vier Jahren war diese Zahl auf 90 gestiegen und kletterte weiter. Zum Missfallen seiner Nachbarn schenkte er den Mährern einen Teil seines Landes, wo sie ein autarkes Dorf bauten, das sie Herrnhut nannten.

Wechsel des Schwerpunkts

Die Mähren waren auf ihrer Suche nach einem Zufluchtsort in Richtung Norden nach Sachsen gegangen. Innerhalb eines Jahrzehnts begannen sie jedoch, ihre Aufmerksamkeit vom kuturellen und religiösen Überleben auf den globalen Evengelismus zu lenken. Wie kam es dazu? Wie wurden aus einer Gruppe von Flüchtlingen Wegbereiter für die weltweite protestantische Evangelisierungswelle?

Ein entscheidender Faktor war ihr Gastgeber, Graf von Zinzendorf. Kulturell und wirtschaftlich unterschied er sich sehr von den Mährern, aber schon bald verließ sich die Herrnhuter Gemeinde auf seinen Rat.

Bei einem Besuch in Kopenhagen 1731, wo er der Krönung König Christians VI. beiwohnen wollte, lernte von Zinzendorf einen Afrikaner kennen, der in der Karibik aus der Sklaverei befreit worden war, das Evangelium gehört hatte und zum Christentum übergetreten war. Der ehemalige Sklave reiste mit dem Grafen zurück nach Sachsen, um die Herrnhuter Gemeinde zu besuchen. Er traf sich mit den Mährern und berichtete ihnen von seinen Leiden als Sklave, aber auch von seinen Freunden und seiner Familie, die noch immer Sklaven in der Karibik waren und die nie etwas vom Evangelium gehört hatten.

Dieses Zusammentreffen motivierte die Herrnhuter, etwas zu unternehmen, und so schickten sie innerhalb eines Jahres zwei ihrer Mitglieder als Missionare in die Karibik. Es dauerte nicht lang, bis 10% der Herrnhuter Gemeinde als ausländische Missionare vor allem in Amerika (inklusive Labrador in Kanada) und Indien arbeiteten.

Die Herrnhuter Strategie

Westliche Missionare wurden manchmal beschuldigt, von den kolonialistischen bzw. imperialistischen Ansichten ihres Heimatlands verdorben worden zu sein – das konnte man von den Herrnhutern nicht sagen. Einige von ihnen gingen anfangs so weit, sich selbst fast wie Sklaven behandeln zu lassen, um für die Sklaven auf den Zuckerrohrfeldern in der Karibik sorgen zu können. Viele der ersten Herrnhuter Missionare starben in den ersten Jahren, nachdem sie ihr Einsatzgebiet erreicht hatten. Als die Nachricht ihres Todes Europa erreichte, meldeten sich sogar noch mehr Freiwillige, um ihren Platz einzunehmen.

Da die Herrnhuter unternehmerisch begabt und selbstständig waren, erinnerten ihre missionarischen Tätigkeiten an die keltischen *peregrini* früherer Jahrhunderte. In Herrnhut waren die Mähren Handwerker, und wenn sie als Missionäre loszogen, bauten sie weiter auf diese Fähigkeiten, um ihre Arbeit zu unterstützen. So nannte man sie die „Zeltmacher"-Missionare (nach dem Apostel Paulus, der mit seinen Fähigkeiten als Zeltmacher zumindest teilweise seine Gruppe von Missionaren auf ihren Reisen um das nördliche Mittelmeer unterstützte).

Die Herrnhuter Bewegung hatte großen Einfluss auf John Wesley, den Gründer der Methodisten. Wesley lernte bei seinem kurzen Einsatz als Missionar in der Kolonie Georgia in den 1730er-Jahren einige Herrnhuter Missionäre kennen und hielt auch nach seiner Rückkehr nach England den Kontakt zu ihnen aufrecht. Selbst wenn man Wesleys Werke nur überfliegt, kann man gut erkennen, wie seine Denkweise durch die Begegnung mit den Herrnhutern geprägt wurde. Während Wesley selbst als Missionar erfolglos war, kann man durchaus spekulieren, ob der Herrnhuter Einfluss in gewisser Weise dazu beigetragen hat, dass aus den Methodisten später eine so einflussreiche Missionsmacht wurde.

Auch William Carey, der manchmal als „Vater der modernen Missionarsbewegung" bezeichnet wird, wurde sehr vom missionarischen Eifer der Herrnhuter beeinflusst. In seiner klassischen Schrift *An Inquiry into the Obligation of Christians to use Means for the Conversion of the Heathens* bezog sich Carey auf das Herrnhuter Modell als Vorbild dessen, was Gemeinden tun sollten, um die Welt zu evangelisieren. Etwa ein Jahrzehnt später verfasste Carey eine Vereinbarung für das christliche Gemeindeleben, den *Serampore Compact,* in dem er die Arbeit der Herrnhuter als leuchtendes Beispiel hinstellte.

Oben: Karibische Sklaven stellen Maniokmehl (Cassava) als Grundnahrungsmittel her. Die Pflanze muss eingeweicht, gekocht und fermentiert werden, damit man nicht krank wird.

Gegenüber: Innerhalb von 20 Jahren nach Beginn ihrer Missionsbewegung bekehrten Herrnhuter Freiwillige Einheimische auf der ganzen Welt, inklusive Nord- und Südamerika, der Karibik, Afrika und dem Nahen Osten.

MISSIONSGESELLSCHAFTEN

✝ Die ersten 200 Jahre, nachdem Martin Luther seine 95 Thesen angeschlagen hatte, taten die Protestanten sehr wenig in Bezug auf interkulturelle Missionsarbeit. Das ist auf den ersten Blick erstaunlich, vor allem, weil die Missionsarbeit heute ein so bedeutender Teil der evangelischen Tradition ist.

Abweisung religiöser Orden

Die Gelehrten haben spekuliert, dass dies größtenteils mit der kategorischen Ablehnung der Gründung religiöser Orden (wie in der katholischen Kirche) durch Luther und andere Reformatoren zusammenhing, obwohl Luther selbst augustinischer Mönch war. Die Orden der Westkirche, die in den 500er-Jahren mit den Benediktinern ihren Anfang nahmen, stellten lange Zeit die Strukturen, durch welche die katholische Kirche ihre weltweiten Missionierungsversuche unternahm. Als die protestantischen Anführer das

Zölibat ablehnten, schütteten sie quasi das Kind mit dem Bade aus, denn nun fehlten ihnen die Strukturen für die Missionsarbeit.

Mit der Entstehung der Missionsgesellschaften griffen dann auch die Protestanten ernsthaft in die Missionsarbeit ein. Diese einigermaßen unabhängigen Organisationen befassten sich aber nicht nur mit der Entsendung von Missionaren. Sie rührten auch die Werbetrommel, machten die Gläubigen auf die globalen Bedürfnisse aufmerksam, sammelten Spenden und erbaten Beistand durch Gebete.

Die ersten protestantischen Missionsgesellschaften wurden mit Blick auf die indigenen Völker der Neuen Welt gegründet. So entstand z. B. 1649 die Society for the Propagation of the Gospel in Neuengland – nur knapp 30 Jahre, nachdem die Pilger in Plymouth Rock an Land gegangen waren und ihre Kolonie gegründet hatten. Etwa zur gleichen Zeit schrieb Baron Justinian von Welz mehrere Abhandlungen,

Unten: Die Pilger, die Plymouth, Massachusetts, gründeten, trafen 1620 ein. Mit der Hilfe der Indianer blühte die Kolonie auf, und im Lauf der Zeit wurden afrikanische Sklaven und Missionare zu einem Teil der Bevölkerung.

in denen er die Protestanten aufforderte, auf den Missionsbefehl zu antworten. Innerhalb weniger Jahrzehnte wurden die Christian Faith Society for the West Indies und die Society for the Propagation of the Gospel in Foreign Parts errichtet. Beide konzentrierten sich auf die Bekehrung der Völker der Neuen Welt.

Inspiriert durch Captain Cooks Reiseberichte

Ungefähr ein Jahrhundert später las der Baptistenpastor William Carey Captain James Cooks grafischen Reisebericht *A Voyage Round the World* (1777). Carey war fasziniert von Cooks Beschreibungen der Kulturen, die er kennengelernt hatte und die nichts vom christlichen Evangelium wussten. Carey war der Ansicht, seine Kirche sollte etwas tun, um sie zu erreichen, aber bei seinen Kirchenführern stieß er auf taube Ohren. Also organisierten Carey und einige seiner Freunde die Particular Baptist Missionary Society for Propagating the Gospel Among the Heathen, und 1792 schickte die kleine Gruppe Carey und seine Frau als erste Missionare nach Indien.

Der Vater der modernen Missionsarbeit

Carey war ein „Macher", der sich rasch auf weit mehr als nur die Gegend konzentrierte, die ihn umgab. Careys Gesellschaft wurde zum Kanal für die Schriften und Predigten, die er veröffentlichte und die einzelne Gläubige, aber auch ganze Kirchen inspirieren sollten. Außerdem ermutigte er die Gründung weiterer Missionsgesellschaften. So wurde 1795 die London Missionary Society als Folge seiner inspirierenden Werke gegründet. In weniger als zehn Jahren entstanden auf den Britischen Inseln und dem europäischen Festland zehn weitere Missionsgesellschaften.

Einige von ihnen waren konfessionelle Ableger, andere arbeiteten völlig unabhängig. 1810 gründeten die Kongregationalisten die erste nordamerikanische Missionsgesellschaft: The American Board of Commissioners for Foreign Missions. In der Mitte der 1800er-Jahre entstanden weitere Missionsgesellschaften. Wie bereits ein halbes Jahrhundert zuvor lieferte wieder ein britischer Missionar die Inspiration für die Gründungen: J. Hudson Taylor, der Gründer der China Inland Mission, die eine zeitlang die größte Missionarorganisation des Protestantismus war. Die Gesellschaften, die sich an Taylors Vision der Missionierung des Landesinneren orientierten, folgten oftmals seinem Beispiel und verwendeten „interior" oder „inland" in ihren Namen.

Das große Jahrhundert der Missionen

Die Welle von Missionaren, die im 19. Jh. von protestantischen Missionsgesellschaften in Europa und Nordamerika ausgesandt wurde, war so gewaltig, dass der Historiker Kenneth Scott Latourette die Zeit zwischen 1793 und etwa 1914 als „großes Jahrhundert" bezeichnete. Ende des 19. Jh. hatten sich europäische Ideen und Prinzipien überall ausgebreitet, und das Christentum war ein Teil all dessen.

Ohne die engagierten Missionsgesellschaften, die Seite an Seite mit der Kirche arbeiteten, hätte das große Jahrhundert der Missionierungen nicht stattfinden können. Die meisten dieser Organisationen gibt es auch heute noch, und je nach aktueller Führung treten sie mehr oder weniger in Erscheinung.

Oben: Captain James Cook war ein englischer Entdecker, der mehrere Reiser in die Südsee unternahm. Seine Berichte trugen zum Wissen der Europäer über diese Gebiete bei.

Unten: 1778 kam Captain Cook während der Makahiki-Saison, in der alle Konflikte eingestellt werden, auf Hawaii an. Da die Einheimischen Cook als Repräsentanten des Gottes Lono ansahen, ehrten sie ihn mit Geschenken.

ORTHODOXES CHRISTENTUM IN ALASKA

✚ Als Ergebnis der russisch-orthodoxen Missionsarbeit im 18. und 19. Jh. in Alaska sind die Ureinwohner der Aleuten und weiterer Inseln sowie Westalaskas (die Unagan) bis heute überwiegend orthodox. Die Russische Mission, einer der am weitesten entfernten Außenposten der Missionstätigkeit der orthodoxen Kirche, war Höhepunkt der großen Expansion durch Sibirien hindurch nach Osten. Die Unangan, ein nahe dem Polarkreis lebendes Volk, bewohnen die Aleuten, die Pribilof-Inseln, die Shumagin-Inseln sowie die Insel Kodiak.

Herman von Alaska

Die Geschichte der russischen Missionen in Alaska beginnt mit Herman von Alaska (ca. 1756–1837). Eine robuste Gesundheit und Anspruchslosigkeit erlaubte es ihm, über 40 Jahre auf Kodiak und Spruce Island zu leben. In seiner Zeit als Mönch im Kloster Valaam – auf einer Insel im nordwestrussischen Ladogasee – hatte er bereits gelernt, unter widrigen Bedingungen zu leben. Eines Tages kam Grigori Schelichow, Leiter der Golikow-Schelichow-Gesellschaft, auf der Suche nach Mönchen, die bereit waren, ihm bei der kommerziellen Expansion nach Nordamerika zu helfen, indem sie eine Missionsreise unternahmen. Acht Mönche, darunter auch Herman, wurden ausgewählt.

Am 24. September 1794 erreichten sie per Schiff die Insel Kodiak und ließen sich bei den Unagan nieder. Aufgrund der harten Lebenbedingungen, Krankheiten, gelegentlichen Verhaftungen, Drohungen und Misshandlungen durch die Händler blieb Herman bald als Einziger übrig. Er war jedoch nicht allein, denn 1784 hatte die Gesellschaft eine Kolonie zur Jagd und dem Handel mit Robben- und Seeotterpelzen gegründet. Herman beschwerte sich fortwährend über die Ausbeutung und Versklavung der Unagan. Er gründete auf Spruce Island eine Eremitage, zusammen mit einer Schule, Kapelle und einem Gästehaus. Er selbst lebte weiter als Mönch. Seine Missionarbeit war unauffällig, und für die Meditation und seine Gebete zog er seine kleine Höhle vor.

Innozenz und seine Übersetzungen

Herman war ein einfacher, wenn auch hartnäckiger Mönch, der andere Heilige Alaskas war hingegen ein Gelehrter. Heilig gesprochen wurde er als Innozenz von Alaska (1797–1879). Sein eigentlicher Name lautete Iwan Popow, den er bei seiner Ordinierung in Ioann Weniaminow änderte. Er war ein robuster, kraftvoller Mann, der 81 Jahre alt wurde. Ursprünglich stammte er aus Irkutsk und stieg vom einfachen Diakon bis zum Metropoliten von Moskau auf. In seinem langen Leben umspannte seine Arbeit Russland in voller Ausdehnung. Dabei verbrachte er auch ein Jahrzehnt (1824–1834) als Gemeindepfarrer auf der Insel Unalaska sowie auf Pribilof und den Fox Islands. Er hatte die Angewohnheit, mit einem zerbrechlichen Kanu die raue See zwischen den Inseln seiner Gemeinde zu überqueren. Durch seine Reisen erlernte er auch die lokalen Dialekte. Schließlich wurde er zuerst Bischof und dann Erzbischof eines gewaltigen Territoriums, das Jakutsk, Kamtschatka sowie die Kurilen und Aleuten umfasste.

Innozenz' enormes Sprachtalent wurde zu seinem größten Erbe. Es gelang ihm, in Unalaska ein halbes Dutzend Dialekte zu lernen. Auf der Insel Sitka lernte er dann die komplizierte Sprache Tlingit. Er schrieb einige gelehrige

Unten: Die Unangan sind die Ureinwohner der Aleuten. Nach der Ankunft christlicher Missionare im späten 18. Jh. traten viele zur russisch-orthodoxen Kirche über.

FAKT ODER FIKTION?

Es gibt eine faszinierende Geschichte über Peter den Aleuten, der angeblich in Nordkalifornien von den Spaniern als Märtyrer hingerichtet wurde. Obwohl er offiziell sogar als Heiliger anerkannt ist, kann niemand mit Gewissheit sagen, ob er jemals wirklich existiert hat.

Werke, berühmt ist er aber vor allem für seine Teilüber-
setzung der Bibel, insbesondere des Matthäusevangeliums,
einer Auswahl aus den anderen Evangelien und Episteln
sowie von Predigten, Lehrmaterial und Hymnen ins
Unangan Tunuu (Aleutisch).

Die Bibel zu übersetzen ist schon schwer genug, wenn
man mit einer Sprache arbeitet, die man erlernt hat. Im
Fall von Innozenz wurde das Ganze noch dadurch er-
schwert, dass es keine Schriftsprache gab. Seine erste Aufgabe bestand also darin, mithilfe des kyrillischen Alphabets
ein schriftliche Form des Unagan anzufertigen. Anschließend klärte er die Grammatik und brachte den Unagan das
Lesen bei. Letztendlich konnte er die Bibel dann aus einer
Schriftsprache in eine andere übersetzen. Es war eine
unglaubliche Aufgabe, die sehr viel linguistisches Talent
erforderte, und Innozenz hatte Glück, dass ihm mit Iwan
Pankow ein Muttersprachler zur Seite stand. Zudem bekam
er Hilfe vom heiligen Jakob Netswetow, mit dem er schon
als Bischof zusammengearbeitet hatte.

Oben: Eine orthodoxe Kirche in
Karluk auf Kodiak, Alaska. Der
russische Missionar Herman von
Alaska ertrug die harten Lebensbedingungen dort und auf
Spruce Island über 40 Jahre
lang.

Links: Ein Ureinwohner
Unalaskas. Die Zwangsumsied-
lung durch den Pelzhandel sowie
eine Welle von Windpocken,
Keuchhusten und Masern
(1836–1840) reduzierten
die Bevölkerung der Insel von
über 3000 auf knapp 400.

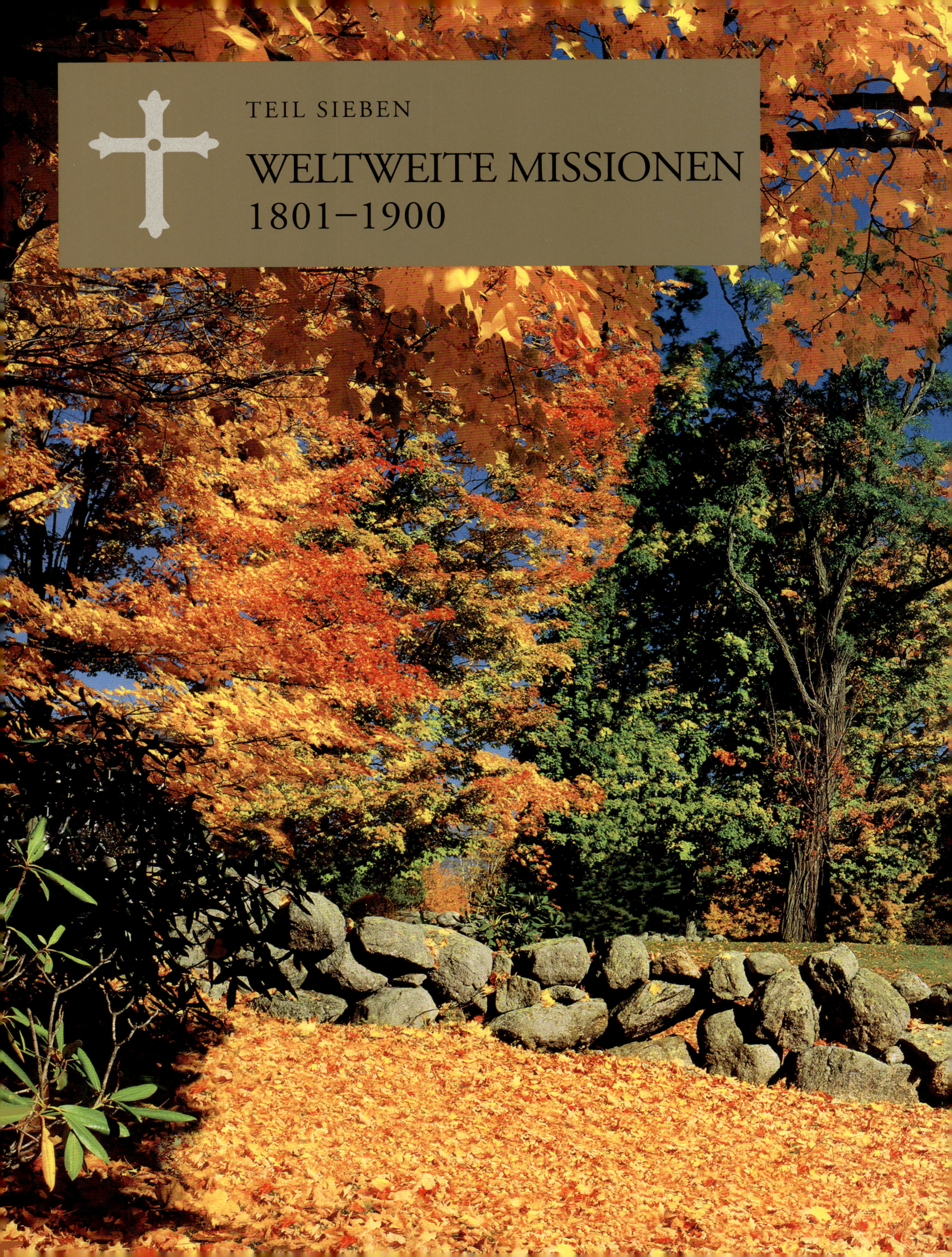

MISSIONEN NACH AFRIKA

Unten: Der im Gebiet der Yoruba (dem heutigen Nigeria) geborene Samuel Ajayi Crowther (ca. 1809–1891) war der erste anglikanische Bischof afrikanischer Herkunft. Er übersetzte die Bibel in die Sprache der Yoruba.

✝ Die protestantische Begeisterung für persönliche Bekehrung und gesellschaftlichen Wandel brachte im 19. Jh. eine selbstbewusste protestantische Missionarsbewegung hervor. Die Arbeit der katholischen Orden wurde hingegen durch eine Wiedergeburt des Missionsgedankens in den 1840er-Jahren und die Entstehung neuer religiöser Orden unterstützt.

Die Auswirkungen und die Effektivität der missionarischen Arbeit hing sehr von Ressourcen, Ideologien und Orten ab, aber auch von der Entscheidung, entweder mit den Stammeshäuptlingen zusammenzuarbeiten oder separate Konvertitendörfer zu gründen. Der vorwiegend muslimische Norden Afrikas bedeutete eine ganz andere Herausforderung als etwa die Rassentrennung in Südafrika oder der Sklavenhandel an der Ost- und Westküste.

Frühe Missionen

Die evangelikalen Protestanten des frühen 19. Jh. betonten die internationale, ökumenische Natur ihrer missionarischen Unternehmungen. Deutsche Lutheraner wie Samuel Gobat und Christian Kugler, die Anfang der 1800er-Jahre nach Äthiopien gingen, waren die ersten Missionare der

Anglican Church Missionary Society (CMS). Die Einstellung gegen die Sklaverei deutete auf weitere Aufklärungsbelange wie Fortschritt durch Befreiung, Ausbildung, Gleichheit und Zivilisierung hin. Diese mischten die Missionen mit der Überzeugung, dass das Predigen und Übersetzen der Bibel wahren Fortschritt ermöglichte.

Die meisten Missionare vermieden politische Themen – es sei denn, sie standen den christlichen Verbesserungen im Weg. Als John Philip von der London Missionary Society (LMS) die faktische Versklavung der Khoi in Südafrika sah, erklärte er, dass alle Menschen Wilde waren, die sich ändern konnten, wenn man ihnen die Freiheit gab – eine Freiheit, die nach seinem Verständnis das Christentum gewährleistete.

Selbstbestimmung

Der Voluntarismus gab den protestantischen Missionen eine Unabhängigkeit, welche die Selbstbestimmung unter den indigenen Christen förderte. Anfangs gab es nur wenige Konvertiten, aber Mitte des Jahrhunderts schlossen sie sich der Evangelisierungsaufgabe an. Einige wurden von den Missionen sogar angestellt, um zu predigen, zu unterrichten und Kirchen zu gründen. William Koyi, ein Xhosa

Vorherige Seite: Im 19. Jh. machten sich protestantische Missionare aus Kirchen wie dieser in New Hampshire, USA, aber auch aus England, Wales, Schottland, Frankreich und Deutschland auf den Weg.

Links: Charles de Foucauld (1858–1916), ein französischer Missionar in Algerien, inspirierte die Gründung der Gemeinden, die als Kleine Brüder und Kleine Schwestern Jesu bekannt sind.

aus der Livingstonia-Mission, arbeitete ab 1876 bei den Ngoni im Njassaland. Samuel Ajayi Crowthers Leben als Prediger, Übersetzer und schließlich Bischof von Niger zeigt, welchen Einfluss er auf die CMS hatte.

Obwohl die Kongregation für die Evangelisierung der Völker in Rom die katholischen Missionen kontrollierte, hatten die neuen Orden auf lokaler Ebene eine gewisse Verfügungsgewalt. 1867 gründete Daniel Comboni den Missionsverein vom Guten Hirten, der sich „die Erneuerung Afrikas durch Afrika" zum Ziel machte. Charles Lavigerie gründete die Weißen Väter, die sich auf das Studium afrikanischer Sprachen und Bräuche konzentrierten.

Imperialismus und Missionen

Ende des Jahrhunderts setzte sich der Kolonialismus auch in Afrika durch. Von Zeit zu Zeit erfüllten die Missionen die kulturellen Erwartungen der Kolonialmächte. Die Bevorzugung von belgischen oder katholischen Missionen in Belgisch-Kongo oder der Angriff auf Samuel Ajayi durch junge, übereifrige und imperialistische Missionare zeigen, welch schädliche Auswirkungen der Imperialismus auf die Missionen haben konnte.

David Livingstones Ruf nach Handel, Zivilisation und Christentum sollte eigentlich die Autonomie der afrikanischen Völker stärken, wurde aber oft dazu genutzt, den

wirtschaftlichen Einfluss weißer Siedler und Bergbauunternehmer zu untermauern. Ebenso wurde der Unterricht in Hausarbeit, den weibliche Missionare abhielten, von vielen Amerikanerinnen mit ihrer Siedlermentalität als Möglichkeit zur Selbsthilfe gesehen, während Europäer, die eher von Standesdenken durchdrungen waren, oft das Gefühl hatten, Bedienstete auszubilden. Mary Slessor aus Calabar (im heutigen Nigeria) war in ihrer Rolle als Vizekonsulin der britischen Kolonialverwaltung eine Verfechterin der Rechte der Armen.

Die Blütezeit des Kolonialismus traf mit einer wachsenden Skepsis in Bezug auf die Aufgabe der Zivilisierung zusammen, die sich ab 1878 in einer neue Welle der „Glaubensmissionen" ausdrückte. Die Livingstone Inland Mission, die Sudan Interior Mission und andere wurden von der Heiligungsbewegung und dem Student Volunteer Movement beeinflusst. Diese Missionen betonten das Verlassen auf Gott und das einfache Predigen des Evangeliums. Da sie glaubten, dass das Predigen die Wiederkunft Christi beschleunigte, wollten sie nur schnell das Evangelium in das Landesinnere bringen – unbelastet von der Verantwortung für Schulen und Krankenhäuser wie die vorherige Missionarsgenerationen.

Oben links: Ein Stich aus John Campbells *Travels in South Africa* (1822). In dem Buch wird Campbells zweite Reise ins Landesinnere Afrikas ausführlich beschrieben, die er auf Bitte der London Missionary Society unternahm.

MISSIONSBEKEHRUNGEN

Konvertiten in Afrika erhielten von den westlichen Missionaren meist Vorlagen deren eigener spiritueller Tradition. Anglikaner hielten sich an das Gebetbuch, und Methodisten wurden von den Hymnen Charles Wesleys gelenkt. Die afrikanischen Christen entwickelten – unterstützt von der Übersetzung der Bibel und weiterer christlicher Texte in afrikanische Sprachen – eine Spiritualität, die diese neuen Elemente mit ihrer eigenen religiösen Weltsicht verschmolz und schufen auf diese Weise neue indigene Ausdrucksformen des Christentums.

PROTESTANTISCHE MISSIONEN IN CHINA

Oben: Elfenbeinskulptur des buddhistischen Bodhisattva (göttliches Wesen) des Mitgefühls, Guan Yin, die in der Ching-Dynastie entstand. Christliche Missionare in China sahen eine Ähnlichkeit zwischen Guan Yin und Jesus.

Unten: Die Anzahl der Christen in China stieg vor allem zu Beginn des 20. Jh. schnell. Chinesische Pastoren trugen damals weiterhin ihre traditionelle chinesische Kleidung.

Nach China kamen die Christen in mehreren Phasen: Nestorianer in der Tang-Dynastie (618–907), Nestorianer und Katholiken in der Yuan-Dynastie (1271–1368) sowie Katholiken in den Ming- und Ching(Qing)-Dynastien (1368–1644 und 1644–1912). Die vierte Welle der christlichen Missionen in China war protestantisch.

Vorstellung des protestantischen Christentums

Das protestantische Christentum kam Anfang des 19. Jh. nach China, als der Verfall der Ching-Dynastie – Chinas letzter Dynastie – im Angesicht inländischer Revolutionen und ausländischer Einmischungen bereits begonnen hatte. Das Christentum war seit 1720 verboten gewesen, vor allem aufgrund des unglücklichen Ritenstreits über die Verehrung der Vorfahren. 1807 kam Reverend Robert Morrison (1782–1834) von der London Missionary Society als erster protestantischer Missionar über Macau, das damals unter portugiesischer Kontrolle stand, nach China. Zur Finanzierung seines Aufenthalts arbeitete Morrison ab 1809 für die East India Company, die u. a. für den Handel mit Opium berüchtigt war. Die Opiumkriege und weitere ausländische Interventionen erzwangen einige Ungleiche Verträge, die China zwar dem Westen und dem Christentum gegenüber öffneten, aber auch die unglückliche Verbindung aus Christentum und Imperialismus festigten.

In der ersten Hälfte des 19. Jh. unterlag die Missionsarbeit großen Einschränkungen, und die Missionare konnten nur mit wenigen Chinesen tatsächlich Kontakt aufnehmen. Dies war der Anfang der anhaltenden Missionskontrolle durch die chinesische Kirche. Einige Missionare, insbesondere katholische, erklärten sich zu Beschützern der nationalen Christen und beanspruchten außerstaatliche Rechte für sich und für chinesische Christen, was auf der einen Seite die Fremdheit des Christentums und auf der anderen Seite das Verlassen der Kirche auf die Missionen verstärkte. Vor dieser Kulisse stellte John L. Nevius (1829–1893) seine Nevius-Methode vor. Wie andere Befürworter der drei „Selbst-Prinzipien", z. B. Henry Venn und Rufus Anderson, betonte auch Nevius die entscheidende Wichtigkeit des Sich-selbst-Fortpflanzens, Selbsttragens und Selbstverwaltens im Kirchenleben. Diese Idee, die von Roland Allen (1868–1947) radikalisiert wurde, bedeutete den Beginn der Kontrollübernahme der lokalen Kirche, bereitete der Gründung einer vereinten Landeskirche, der Church of Christ in China, den

Weg (1927) und blühte in der Volksrepublik China auf ganz unerwartete Weise auf.

Überwindung des Stillstands

Gegen Ende des 19. Jh. waren die Hafenstädte mit westlichen Auswanderern und Missionaren überfüllt, aber ins chinesische Hinterland war bis dato noch kaum jemand vorgedrungen. J. Hudson Taylor (1832–1905), der früher bereits einen Auftrag der Chinesischen Evangelisationsgesellschaft hatte, kehrte 1866 als Anführer einer innovativen Mission, der China-Inland-Mission, nach China zurück. Sie war erst ein Jahr zuvor gegründet worden und wurde später zur Overseas Missionary Fellowship. Ihr Ziel war es, endlich den Stillstand in China zu überwinden.

Das Christentum und chinesischer Nationalismus

Neben ausländischen Übergriffen mussten sich die Herrscher der Ching-Dynastie auch ständig mit inländischen Aufständen herumschlagen. In Bezug auf die christlichen Missionen war der Taiping-Aufstand (1850–1864), angeführt von Hong Xiuquan (1814–1864), sicher der interessanteste. Dieser Aufstand war eine Mischung aus antiausländischem Nationalismus (in diesem Fall antimanchu) und pro Christianisierung. Dies ließ sich daran erkennen, dass der Name des neuen Reichs, Taiping Tienkuo (Himmlisches Reich des großen Friedens), eine Verbindung der beiden Traditionen (chinesisch: „großer Frieden", christlich: „Königreich des Himmels") sein sollte. In seiner turbulenten Entstehungsphase nahmen die ausländischen Regierungen eine neutrale Position zwischen den Taipings und dem Hof ein, während sich die Missionare fragten, ob die Bewegung wirklich christlich war. Aufgrund seiner utopischen Botschaft und der Betonung der Gleichheit der Geschlechter und Klassen sahen einige Gelehrte es als Vorbote der späteren kommunistischen Bewegung an.

Gegen Ende des 19. Jh. entstanden einige nationalistische Bewegungen, die nun klar antiwestlich und antichristlich waren. Dies behinderte das weitere Wachstum des Christentums, obwohl die Missionen viel Geld und Personal in die Sache investierten. Während des Boxeraufstands im Jahr 1900 kam es dann auch zu schweren Verlusten unter den Missionaren und den chinesischen Christen. Erst zur Jahrhundertwende begann das Christentum in China erstmals, ernsthaft zu wachsen.

DIE CHINA-INLAND-MISSION

Die China-Inland-Mission war in einigen Belangen überaus innovativ: Sie verließ sich bezüglich der finanziellen Unterstützung ganz auf Gott, forderte die Vorherrschaft des Missionsfelds über die Heimatbasis und spielte später eine Rolle als Advokat evangelikaler bzw. fundamentalistischer Gruppen im chinesischen Christentum.

Links: Der französische Jesuitenmissionar Père Auguste Chapdelaine wurde beschuldigt, mit den chinesischen Rebellen gemeinsame Sache zu machen. Aus diesem Grund wurde er 1856 von Mandarinwachen in der Provinz Guangxi zu Tode gefoltert.

Unten: Dieser chinesische Holzschnitt von ca. 1890 zeigt deutlich die antiwestliche und antichristliche Atmosphäre jener Zeit: Sowohl das Schwein (das Jesus repräsentiert) als auch die Schafe (die das Christentum symbolisieren) werden geschlachtet.

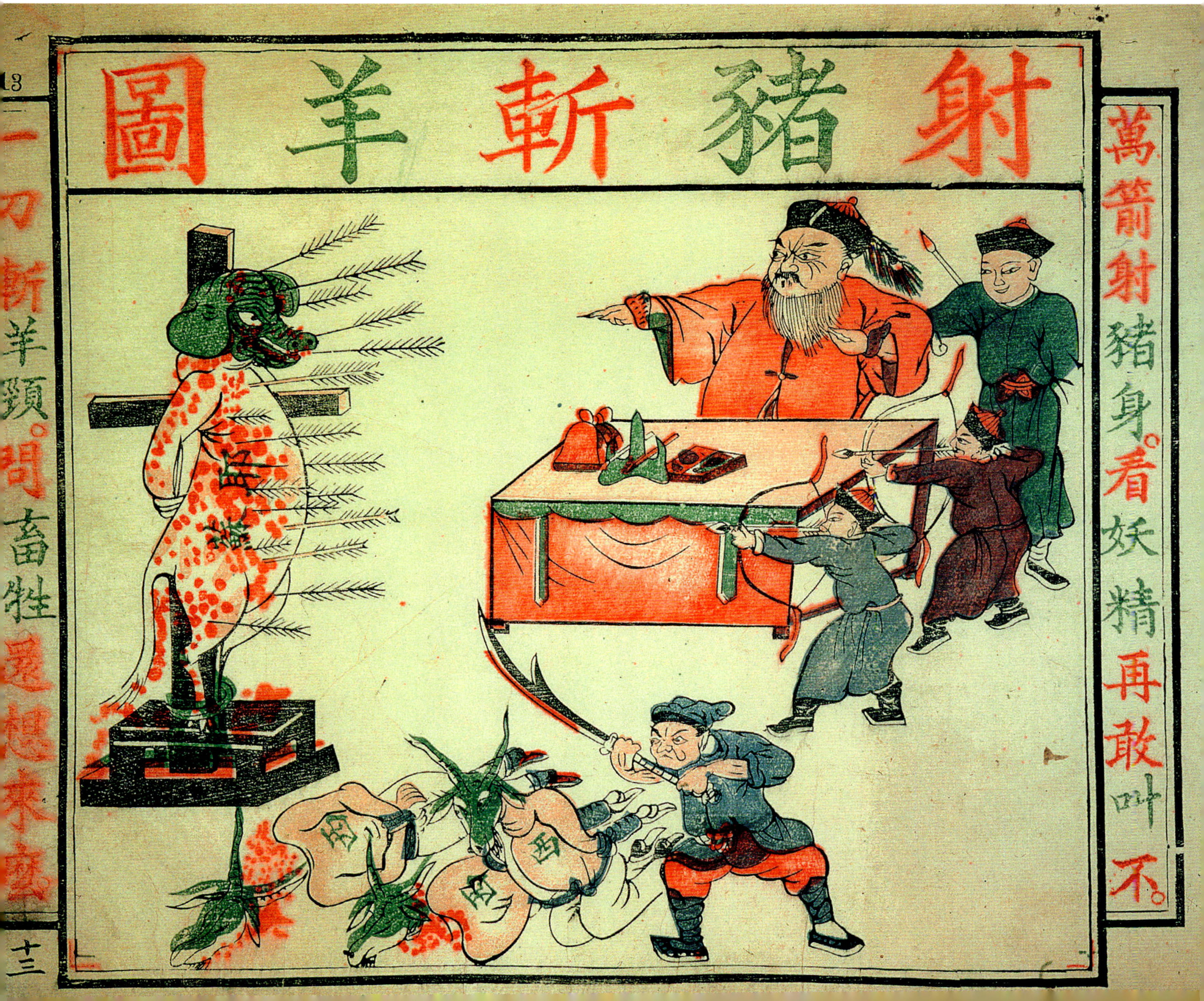

圖羊斬豬射

萬箭射豬身看妖精再敢叫不。

一刀斬羊頸。問畜牲還想來害

十三

十三

RELIGIÖSE VERFOLGUNG IN KOREA

Als die ersten protestantischen Missionare 1884 (ein Jahrhundert, nachdem der katholische Konvertit Peter aus China zurückgekehrt war und damit begann, seine Landsleute zu taufen) nach Korea kamen, hatte sich das Land kulturell vom Westen abgewendet – nicht zuletzt aufgrund seiner religiösen und kulturellen Tradition des Schamanismus, Buddhismus und Konfuzianismus. Korea, das sich als „kleines China" sah, hing der konfuzianischen Tradition viel stärker und viel länger nach als China selbst. Alle Abendländer wurden als politische Eindringlinge betrachtet. Korea hatte

sich von sämtlichen ausländischen Kontakten losgesagt und war im Westen als „Einsiedlernation" bekannt. Als letztes asiatisches Land öffnete es sich dem Westen – im Rahmen der Shufeldt-Verhandlungen zwischen den USA und Korea 1882.

Der erste protestantische Märtyrer

Protestantische Missionare hatten bereits Interesse daran gezeigt, im Land zu arbeiten. Der Waliser Robert Thomas (1839–1866), ein kongregationalistischer Missionar in China, unternahm den ersten ernsthaften Versuch, als

Unten: Im Westen wurden die christlichen Märtyrer in Asien aus dem 19. Jh. als Vorbilder an Frömmigkeit gerühmt – so wie Robert Thomas, der als erster Protestant in Korea für seinen Glauben starb.

Protestant in Korea zu arbeiten. 1863 hatte Thomas zwei christliche Flüchtlinge aus Korea kennengelernt, die zwar Rosenkränze und Kruzifixe, aber keine Bibeln besaßen. Ausgerüstet mit chinesischen Bibeln wurden sie zurückgeschickt, um eine protestantische Mission zu gründen. 1865 bereiste Thomas als Koreaner verkleidet die Westküste des Landes und lernte mithilfe dort ansässiger Katholiken die koreanische Sprache.

1866 segelte Thomas auf dem amerikanischen Schoner *General Sherman* wieder nach Korea. Im gleichen Jahr sahen sich die Katholiken in Korea schweren Verfolgungen ausgesetzt, weil sie sich weigerten, die konfuzianische Ahnenverehrung mitzumachen, und beschuldigt wurden, mit westlichen Imperialmächten zusammenzuarbeiten. Unter-

halb der Stadt Pjöngjang fuhr das Schiff in die Mündung des Taedong-gang. Auf der Fahrt den Fluss hinauf kam eine Gruppe koreanischer Katholiken an Bord, die von Thomas chinesische Bibeln erhielt. Der Gouverneur der Provinz Pyeongan-do ermahnte die Besatzung des Schiffes zur Umkehr, da er nicht mit Ausländern handeln wollte. Sie fuhren jedoch weiter, bis sie in der Nähe der Stadt waren. Dort blieb das Schiff im Schlamm stecken. Es kam zu einem Feuergefecht mit der koreanischen Armee, bei dem alle 23 Besatzungsmitglieder starben. Anschließend wurde das Schiff verbrannt. Thomas wurde am Ufer durch die Hand eines koreanischen Soldaten zum ersten protestantischen Märtyrer Koreas.

Missionspioniere

Das Abkommen zwischen Korea und den USA von 1882 enthielt eine Klausel, die Amerikanern in Korea Schutz gewährte, und so kamen 1884–1885 die ersten protestantischen Missionspioniere ins Land: Dr. Horace Allen und Reverend Horace Underwood von der Northern Presbyterian Church, Dr. und Mrs. Scranton, seine Mutter Mrs. Mary Scranton sowie Reverend und Mrs. Henry Appenzeller von der Northern Methodist Church.

Der blutige Gapsin-Putsch, der am 4. Dezember 1884 nach einem Bankett anlässlich der Feier zur Eröffnung des Postamts stattfand, bedeutete für die westlichen Missionare einen Durchbruch. Während des Putsches wurde der Neffe der Königin, Prinz Min Young-Ik, durch das Messer eines Attentäters schwer verletzt. Allen kümmerte sich drei Monate lang aufopferungsvoll um den jungen Mann und rettete ihm so das Leben. Daraufhin begann der König, der westlichen Medizin und auch einer Allianz mit den Amerikanern zu vertrauen. Als Ergebnis wurde im April 1885 das vom Hof geförderte Regierungskrankenhaus Kwang Hye Won (später als Severance Hospital bekannt) unter Allens Leitung eröffnet.

Sowohl die Behörden als auch das Volk blieben den Ausländern und ihrer Religion gegenüber aber weiter abweisend. Im Sommer 1894 ließ der Gouverneur der Provinz Pyeongan-do einen Methodistendiakon, einen presbyterianischen Prediger und weitere Christen verhaften und foltern, weil sie eine „bösartige" Doktrin verbreitet hatten. In einigen Gegenden jagten die Behörden Priester aus den Dörfern und hinderten Christen daran, Landwirtschaft zu betreiben. Christliche Frauen wurden oft von ihren eigenen Familien verprügelt und geschoren, da das Christentum vielen üblichen koreanischen Bräuchen widersprach – allen voran der konfuzianischen Ahnenverehrung.

Oben: Konfuzius (551–479 v. Chr.) erdachte das auf Tugenden basierende Glaubenssystem des Konfuzianismus, das lange Zeit in vielen asiatischen Ländern, inklusive Korea, praktiziert wurde.

DER BANN VON 1888

1888 verbot die koreanische Regierung sowohl das offene Predigen des Evangeliums als auch religiöse Zusammenkünfte. Ausgelöst wurde der Bann von dem Beharren der katholischen Kirche darauf, eine Kathedrale in der Nähe des Palastes und des Schreines Jongmyo zu bauen, der den königlichen Ahnen gewidmet ist, sowie von ihrer Weigerung, einen anderen Ort in Betracht zu ziehen. Während sich der Bann überwiegend gegen die Katholiken richtete, waren aber auch die Protestanten am Rande davon betroffen.

DIE PROTESTANTEN ERREICHEN JAPAN

Im 17. Jh. verbot Japan das Christentum, wies Europäer aus, die im Land lebten, und ließ viele Christen hinrichten. Gottesdienste wurden bis ins 19. Jh. unterdrückt.

Oben: Schwester Iwasaki überlebte den Atombombenabwurf über Nagasaki am 9. August 1945. Zu dieser Zeit arbeitete sie als Zimmermädchen im Kloster Otsugé-no-Maria, das von einer französischen Mission gegründet worden war.

Wiedereinführung des Christentums

Wie andere ostasiatische Länder öffnete sich auch Japan dem Christentum im Rahmen der Ungleichen Verträge mit den Westmächten. Der Vertrag von Kanagawa (1854), der ein Jahr nach der Ankunft Commodore M. C. Perrys unterzeichnet wurde, war der erste seiner Art. 1858 wurde das Verbot des Christentums für in Japan lebende Ausländer aufgehoben, und 1873 wurde das Verbot insgesamt beendet. In dieser Übergangszeit kamen protestantische und russisch-orthodoxe (1859) sowie katholische (1860) Missionare ins Land.

Sehr zum Erstaunen der katholischen Auswanderer tauchten nach 1865 immer mehr japanische Katholiken aus der Versenkung auf, die ihren Glauben 200 Jahre lang unter dem Deckmantel des Buddhismus oder Shintoismus ausgeübt hatten: die sogenannten *Kakure kirishitan* oder auch Kryptochristen. Diese wiedererweckten Christen hatten im Untergrund überlebt und ihren selbst weiterentwickelten Glauben weiter praktiziert.

Nach anfänglich starkem Wachstum stieß die russisch-orthodoxe Mission auf eine Reihe von Problemen wie den Russisch-Japanischen Krieg 1904 und musste sich zunächst in Bescheidenheit üben. Protestantische Missionare der Presbyterianer, der Reformierten Kirche, der Kongregationalisten und der Methodisten kamen in Scharen nach Japan und teilten sich den Löwenanteil der neuen christlichen Missionen.

Unten: Trotz ihrer kriegerischen Tradition waren viele Samurai Anhänger des Zen-Buddhismus. Als gesellschaftliche Klasse starben die Samurai Ende des 19. Jh. aus.

Das Wachstum der japanischen Kirche

Die Tatsache, dass die Wiedereinführung des Christentums ausgerechnet in einer Zeit geschah, in der sich Japan von einer mittelalterlichen Feudalgesellschaft in einen modernen Nationalstaat verwandelte, bestimmt zum Teil die Entwicklungskurve des japanischen Christentums. Obwohl sich Missionsarbeiten bis 1873 als fast unmöglich erwiesen, waren die ersten protestantischen Kirchen bereits 1872 entstanden – in erster Linie durch das Zusammentreffen von Missionaren mit anderen ausländischen Beratern, die de facto Laienmissionare waren, sowie mit den Söhnen der ehemaligen Samurai. Diese waren die größten Opfer des Untergangs des Feudalismus und hofften, durch das

Christentum einen Weg zu finden, ihre nationalistischen Bestrebungen umsetzen zu können.

In den 1880er-Jahren zeigte sich Japan dem Westen gegenüber sehr offen, und dieser Veränderung hatte die Kirche ihr erstes, beeindruckendes Wachstum zu verdanken. Die japanische Regierung war jedoch erpicht darauf, die Religionen – auch das Christentum – unter ihre Kontrolle zu bringen. So sorgte die neue Verfassung von 1889 zwar für Religionsfreiheit, aber mit der Auflage, dass die Ausübung der Religion die öffentliche Ruhe und Ordnung nicht stören dürfe. Als die Japaner zudem langsam begriffen, dass Modernisierung nicht automatisch Verwestlichung oder Christianisierung bedeuten musste, wurde die Rolle

der christlichen Missionen als Vermittler der westlichen Zivilisation neu überdacht. Als die Beziehungen Japans zum Westen in den 1890er-Jahren abkühlten – hauptsächlich wegen der Verzögerung in der Überarbeitung der Ungleichen Verträge – wurden christliche Missionen und Kirchen plötzlich als verräterisch oder zumindest als verdächtig betrachtet.

Das Erbe des japanischen Christentums aus dem 19. Jh.

Um das Gleichgewicht zwischen Nationalismus und Internationalismus in Japan aufrechtzuerhalten, gab die japanische Kirche im 19. und in der ersten Hälfte des 20. Jh. im Allgemeinen dem Nationalismus Vorrang. Die Kirche hielt sich von den ausländischen Missionen fern und forderte das missionarische Christentum auf verschiedene Weise

heraus. So entschieden sich einige Mitglieder z. B. für die Ökumene statt für den konfessionsgebundenen Glauben. Japanische Evangelisten wie Uchimura Kanzo (1861–1930) lehnten gar die institutionelle Struktur der Kirche an sich ab und gründeten die *Mukyokai*-Bewegung, eine Form des indigenen Christentums. In vielen Belangen stand die Kirche auf Seiten der Regierung, während sie gleichzeitig versuchte, sich als legitime japanische Institution zu behaupten.

Die japanische Nachkriegskirche steht nicht mehr unter dem Druck der Missionen und der Regierung. Sie ist seit Jahren ausgleichend und pazifistisch geprägt. Heutzutage bemühen sich zudem einige christliche Bewegungen an der Seite der Vereinigten Kirche Christi in Japan und weiterer traditioneller Denominationen, die japanische Spiritualität auf eine neue Weise zu formen.

Unten: Während der Osterwache haben diese Frauen in einer katholischen Kirche in Amakusa, Japan, ihre Köpfe bedeckt. Bis zum Jahr 2000 waren weniger als 1% der japanischen Bevölkerung Christen.

PROTESTANTISCHE MISSIONEN IN INDIEN

Die Ursprünge des Christentums in Indien gehen auf die vorkoloniale Zeit zurück. Traditionell soll es Thomas, der Apostel Jesu, gewesen sein, der die ersten christlichen Gemeinden in den Jahren 52–72 gründete. Später zogen syrische Christen aus Persien in verschiedene Gebiete an der Westküste und machten Indien zu ihrer neuen Heimat. Ihre Gemeinde florierte, bis 1498 portugiesische Kaufleute eintrafen. Sie brachten die Padroado-Vereinbarung mit, nach welcher der Papst dem König von Portugal das Mandat erteilte, den Katholizismus in den Überseekolonien durchzusetzen.

So ließ der König verschiedene Orden der katholischen Kirche Abgesandte nach Indien schicken. Sie eröffneten ordensspezifsche Missionen in den neuen portugiesischen Kolonien wie Goa. Nach 1663 schickte die päpstliche Kongregation für die Evangelisierung der Völker eigene Missionare, die den Padroado-Missionaren nicht zustimmten. Der langwierige Konflikt zwischen den Gruppen kostete beide wertvolle Energie und Ressourcen. Spätere Missionare setzten die Arbeit der katholischen Kirche in Orten wie Pondicherry fort.

Unten: Die leuchtend gelbe Kirche St. Sebastian in Kerala, Südindien, steht für den Kolonialismus und für die Christianisierung Indiens.

Protestanten in Sicht

Die protestantischen Missionare lernten viel von ihren katholischen Gegenstücken. Niederländische Prediger wie Abraham Roger und Philipp Baldaeus von der Dutch East India Company arbeiteten in den niederländischen Kolonien Pazhaverkadu und Nagappattinam – aber nicht sehr lang. Im Gegensatz dazu waren die deutschen lutherischen Missionare, die vom dänischen Königshaus zu den Tamilen geschickt wurden, welche in der dänischen Kolonie Tranquebar an der Koromandelküste (1619–1845) lebten, von entscheidender Bedeutung für die Entstehung eines indigenen, protestantischen Christentums. Zusammen mit den indischen Konvertiten litten sie jedoch unter den Kolonialbehörden, die Angst hatten, der Erfolg des Christentums behindere ihre wirtschaftlichen und kolonialen Unternehmungen. Dennoch war eine Folge der Missionsarbeit die Gründung einiger tamilisch-christlicher Gemeinden in und um Tranquebar. Die Bibelübersetzungen in Tamil und Telugu hatten Früchte getragen.

Auch die British East India Company beäugte die Aktivitäten der Missionare misstrauisch und stellte sich in Kolkata der Arbeit William Careys und seiner Nachfolger in den Weg. In der Kolonialpolitik der Gesellschaft war kein Platz für missionarische Tätigkeiten. Unter großem Druck aus England überarbeitete sie schließlich 1813 und noch einmal 1833 ihre Satzung. Europäische und amerikanische Protestanten durften nun Indern, solange diese frei waren, Unterricht, Berufsausbildung und medizinische Dienste zukommen lassen. Die Bekehrung der Inder lehnte die Gesellschaft zwar weiterhin ab, konzentrierte sich aber auf ihren politischen und wirtschaftlichen Gewinn. Einige Mitarbeiter wie Pfarrer Claudius Buchanan, der britische Colonel John Munro in Travancore sowie David Scott und Francis Jenkins in Assam unterstützten jedoch die Missionsarbeit voll und ganz. So entstanden anglikanische und baptistische Kirchen in vielen Gegenden Indiens.

Eine neue Missionarswelle

Nachdem Königin Viktoria 1857 Kaiserin von Indien wurde, drängten europäische und amerikanische Missionare verschiedener Denominationen nach Indien. Bald erkannten sie die Wichtigkeit der Zusammenarbeit und organisierten interkonfessionelle Treffen in Varanasi (1857) und Udagamandalam (1858). Ihre Zehn-Jahres-Treffen in Allahabad (1872), Kolkata (1882) und Mumbai (1892) sowie ihre gemeinsame Arbeit beim Theologieunterricht und beim medizinischen Dienst waren sehr erfolgreich. Die Beziehungen zu den Kolonialbehörden blieben dagegen weiterhin ungewiss. Als Bürger genossen sie ihren Schutz – als Missionare litten sie unter ihrer Diskriminierung.

Ende des Missionsjochs

Die Gründung des Indischen Nationalkongresses (1885), der Anstieg des Nationalismus, das Aufkommen des Hindu- und Muslimfundamentalismus sowie die Unfähigkeit der Regierung, eine verständliche Vision einer kommunalen und religiösen Harmonie zu formulieren, überzeugte indische Christen davon, sich nicht blind auf die europäischen oder amerikanischen Theologiemodelle und Kirchenorganisationen zu verlassen. Anführer wie V. S. Azariah wussten zwar das Engagement und die Selbstaufopferung der Missionare zu schätzen, wehrten sich jedoch gegen Bevormundung und Arroganz. Indisch-christliche Anführer wie Jesudasan waren die Pioniere der christlichen Ashrambewegung. Viele Gruppen wie die South India United Church (1908) und der Nationalrat protestantischer Kirchen (1912) arbeiteten auf kirchliche Einheit hin. Gleichzeitig wurde das indische Christentum aber vom Ersten Weltkrieg und der Weltwirtschaftskrise negativ beeinflusst.

Im August 1947 wurde Britisch-Indien in Indien und Pakistan aufgeteilt. Indische Christen gründeten daraufhin die Kirche von Südindien (September 1947), indem sie presbyterianische, anglikanische und kongregationalistische Gemeinden zu einer Kirche vereinten. Im unabhängigen Indien stellen protestantische Bewegungen weiterhin die europäischen und amerikanischen Theologien und Kirchenstrukturen infrage. Bewusst suchen sie nach alternativen Wegen, eine wahrhaft indisch-christliche Theologie und Religiosität zu entwickeln.

Oben: Auf dem Blumenmarkt von Kolkata (ehemals Kalkutta) herrscht hektische Betriebsamkeit. Der englische Baptist William Carey begann im November 1793 seine Missionsarbeit in Kolkata.

Links: Dieser Stich aus dem 19. Jh. zeigt den Missionar William Carey mit dem Brahmanen Pundit (Mritunjaya). Carey lehnte das indische Kastensystem ab.

MISSIONEN IN MYANMAR UND THAILAND

Kulturell gesehen ist die südostasiatische Region, die das heutige Myanmar (Burma) und Thailand (ehemals Siam) umfasst, mit ihren vielen Sprachen und ethnischen Gruppen sehr vielfältig. Die meisten der Ureinwohner beteten zu verschiedenen Geistern (nats) und verehrten Vorfahren. Unter den Bevölkerungsmehrheiten (den Birmanen in Myanmar und den Thai in Thailand) ist der Theravada-Buddhismus die vorherrschende Religion, die oft mit der alten nat-Anbetung vermischt wird.

Myanmar

Persische christliche Mönche, die vom 7. bis 9. Jh. in den Fernen Osten reisten, hatten die Gegend wahrscheinlich schon erreicht, aber die erste verzeichnete Missionsarbeit begann 1554 mit der Ankunft des französischen Franziskaners Pierre Bonfer.

Der burmesische Buddhismus war gegen die christlichen Avancen resistent. Bonfers Mission war kurzlebig, und die Missionare, die nach ihm kamen, mussten vom Militär geschützt werden. Selbst das portugiesische Fort, das 1600 bei Bago errichtet wurde, konnte sich nur 13 Jahre halten, und es gab mehr missionarische Märtyrer als Helden – einige Missionare wurden in Säcke eingenäht und in den Fluss geworfen. Dennoch fanden wichtige Übersetzungen von Gebetbüchern, Katechismen und Fibeln ins Burmesische statt, die später bei der Arbeit der Protestanten und Katholiken sehr hilfreich waren.

Bis zum 19. Jh. hatten sich die Briten als oberste Kolonialmacht in Südasien durchgesetzt, und so wurde die Missionsarbeit in Myanmar deutlich ungefährlicher. Felix Carey (der Sohn William Careys) kam 1807 als erster protestantischer Missionar an. Der bekannteste Pionier Myanmars war jedoch der zum Baptismus konvertierte Adoniram Jud-son. Sowohl protestantische als auch katholische Missionare wurden in die Kolonialkriege in

Myanmar verwickelt. Die anglikanischen Pfarrer leisteten einige Vorarbeit, das Meiste erreichten allerdings die amerikanischen Baptisten.

1840 wurde eine burmesische Bibel gedruckt, die für die Missionare bei ihrer Arbeit überall im Land sehr hilfreich war. Die Birmanen erwiesen sich dabei als weniger empfänglich als ethnische Minderheiten wie etwa die Karen, die begeistert waren, zum Teil auch aufgrund ihrer eigenen Mythologie vom „verlorenen Buch", das ihnen zurückgebracht werden würde. Also wurde die Bibel übersetzt und gelehrt, und die Karen konvertierten in Windeseile. 1878 kamen die Methodisten an, gefolgt von den Presbyterianern (aus Indien) Anfang des 20. Jh. Unter britischer Kolonialherrschaft weiteten auch die Baptisten und Katholiken ihre Missionsarbeit aus und errichteten ein Netzwerk aus Schulen, Krankenhäusern, Ambulanzen und Kirchen. Die größten Auswirkungen hatte das Christentum aber nach wie vor unter den ethnischen Minderheiten der Karen, Kachin, Tschin, Shan und Mon.

Thailand

Die ersten Missionare, die in Ayutthaya (Thailand) ankamen, waren die portugiesischen Dominikaner Jeronimo da Cruz und Sebastiâo da Canto im Jahr 1567. Ihnen folgten die Franziskaner und 1607 die Jesuiten. Obwohl die katholischen Missionsorden oft miteinander im Streit lagen, begann das Christentum, unter dem fortschrittlichen Thaikönig Narai (1656–1688) zu wachsen: Ein Seminar wurde eingerichtet, lokale Priester erhielten eine Ausbildung, und man baute ein Krankenhaus. Später jedoch bekamen die christlichen Missionen Probleme. Als sich der französische Kolonialismus vom Osten her (aus Annam und Cochin China) näherte, galt dies als christlich-imperialistische Bedrohung. Im 18. Jh. wuchsen die christlichen Gemeinden nur langsam, und ein Großteil dieses Wachstums fand bei den Südasiaten mit portugiesischem Blut sowie Flüchtlingen aus Annam (Vietnam) und Kambodscha statt. Im Jahr 1800 lebten weniger als 3000 Christen in Thailand.

Thailand war ein Pufferstaat zwischen den Franzosen in Indochina und den Briten in Indien und Myanmar. Unter der Führung Jean-Louis Veys (1875–1909) wuchs die katholische Kirche und baute mehrere neue Kirchen, Kapellen, Schulen und ein Krankenhaus. Die protestantische Missionsarbeit begann ernsthaft mit der Ankunft der amerikanischen Baptisten (1833) sowie Kongregationalisten und Presbyterianern (1834). Unter der Herrschaft sowohl König Mongkuts (Rama IV., 1851–1868) als auch König Chulalongkorns (Rama V., 1868–1911) wurde Thailand modernisiert, 1878 erließ Chulalongkorn ein Toleranzedikt für Christen. Baptisten, die Disciples of Christ, Presbyterianer und Katholiken – alle errichteten Kirchen und Schulen, aber den größten Erfolg hatten sie damit weiterhin bei den Minderheiten. Thailand bleibt ein buddhistischer Staat, in dem das Christentum unter Vorbehalt geduldet wurde und wird.

MISSIONEN INS OSMANISCHE REICH

Anfang des 19. Jh. kam es zu einem Wiederaufleben der missionarischen Aktivitäten im Osmanischen Reich. Mehrere katholische Orden, insbesondere die französischen Kapuziner, Jesuiten, Lazaristen, die Sisters of Charity of St. Vincent de Paul, die Sisters of St. Joseph of the Assumption und die Sisters of Nazarene bemühten sich wieder. Auch neue europäische und amerikanische protestantische Missionsgesellschaften nahmen dort die Arbeit auf.

Vom Balkan nach Bagdad

Bei den protestantischen Gesellschaften stand die in London ansässige Church Missionary Society, die im östlichen Mittelmeer arbeitete, zunächst im Vordergrund, wurde aber bald vom Bostoner American Board of Commissioners for Foreign Missions übertroffen, einer interkonfessionellen Organisation, die von Kongregationalisten und Presbyterianern geführt wurde. Nach der Teilung der Gruppe konzentrierte sich das Congregationalist American Board auf Anatolien und Südosteuropa, während sich die Presbyterianer den arabischen Provinzen und – außerhalb des Reichs – Ägypten und dem Iran zuwandten. Katholische wie protestantische Missionare gründeten Schulen, Kirchen, Konvente, Kranken- und Waisenhäuser, Übersetzungsbüros und Verlage. Ihr Einsatzgebiet zog sich vom Balkan über den Bosporus bis nach Bagdad.

Unten: Der heilige Gregor der Erleuchter war 13 Jahre lang im Kloster Khor Virap in Armenien eingesperrt. Nachdem Gregor König Tiridates III. heilte, trat dieser im Jahr 301 zum Christentum über.

Auf den Spuren des heiligen Paulus

Zwischen den katholischen und protestantischen Missionaren herrschte ein großer Wettstreit um osmanische Seelen. Die Katholiken versuchten, die Ostkirchen wieder mit Rom zu vereinen. Inspiriert von der Begeisterung der evangelikalen Erweckungswelle und der Vorstellung, auf den Spuren des heiligen Paulus zu wandeln, gingen protestantische Missionare anfangs davon aus, Muslime und Juden zu konvertieren. Bald mussten sie aber einsehen, dass diese Gruppen kein Interesse hatten. Da im Osmanischen Reich Toleranz gegenüber allen Religionen herrschte, waren diese in eigenen, selbst verwalteten Gemeinden (Millets) organisiert, und Juden und Christen weitgehend sich selbst überlassen. Dennoch, die Verbindung zwischen dem Osmanischen Reich und dem Islam erwies sich als Vorteil für die Muslime, die kaum zu einer Religion wechseln würden, die sie als minderwertig betrachteten. Außerdem stand bis zur Mitte des 19. Jh. auf den Abfall vom Glauben die Todesstrafe. So wandten sich die protestantischen Missionare den Menschen der Ostkirchen wie den armenischen Gregorianern, den griechischen und bulgarischen Orthodoxen, Nestorianern, Chaldäern, Kopten und Maroniten zu.

Christus und die Kultur

Die Arbeit aller Missionare wurde durch eine Reihe ziviler Reformen erleichtert – die Tanzimat, beginnend im Jahr

Links: In diesem bulgarischen Fresko aus dem 19. Jh. wird Gott der Vater in prächtigem Gold dargestellt. Die Missionare in Bulgarien hatten großen Erfolg bei der Konvertierung der syrisch-orthodoxen Bevölkerung

Unten: Selim III. regierte 1789–1807 als osmanischer Sultan. Unter französischem Einfluss unternahm er eine Reihe von Reformen, denen sich die Janitscharen (Infanteristen) und die Ulama (religiöse Gelehrte) widersetzten.

1839. Die Missionare beteiligten sich mit Diskussionen über Religion und Erziehung am Reformprozess. Die protestantischen Missionare konnten sich untereinander nicht auf ein Gleichgewicht zwischen Evangelisierung und Unterricht einigen; die Bedingungen vor Ort neigten die Waage aber zugunsten des Unterrichts. Die Armenier, Griechen und Bulgaren, bei denen sie vor allem arbeiteten, verlangten nach modernen Bibelübersetzungen und so viel Wissen, wie sie nur bekommen konnten. Da die Verfügbarkeit einer umgangssprachlichen Bibel für eine Reform unerlässlich war, erwies sich das Übersetzen als besonders wichtig. Einige Missionare glaubten, dass sich der Unterricht auf das Vermitteln einfacher Lesefähigkeiten beschränken sollte, während andere an der Gründung von Schulen und Universitäten arbeiteten.

Obwohl die katholischen und protestantischen Missionare überall im Osmanischen Reich kleine Gemeinden gründeten, erinnert man sich in erster Linie an ihre pädagogischen Leistungen. Im Lauf des 19. Jh. wurden etwa 100.000 Schüler in gut 500 französischen (Missions-) Schulen unterrichtet. In Anatolien besuchten allein im Jahr 1909 20.000 Schüler 300 vom American Board betriebene Schulen. Zu den bekannten Missionsinstituten gehörten das Robert College (heute Bosporus-Universität, Istanbul), das Syrian Protestant College (heute American University

in Beirut), die von Jesuiten gegründete Université St. Joseph, ebenfalls in Beirut, und das American College for Girls (umbenannt in Robert College, Istanbul).

Den größten Unterschied machten die Missionare bei Frauen. Sie ließen nichts unversucht, die Ausbildung von Frauen zu propagieren, und motivierten viele Gemeinden, ihren Mädchen bessere Möglichkeiten zu bieten. In den Hochschulen sorgten die Missionare für eine internationale Atmosphäre, die Studenten aller Religionen und Nationalitäten willkommen hieß. Anfang des 20. Jh. studierten Christen, Juden und Muslime gemeinsam in den Einrichtungen der Amerikaner und Franzosen im Nahen Osten.

PROMINENTE MISSIONARSFAMILIEN

Elias und Martha Jane Riggs arbeiteten über 50 Jahre lang im Osmanischen Reich. Elias Riggs (1810–1901) überwachte die Übersetzung der Schriften und Hymnen in verschiedene Sprachen, inklusive Armenisch und Bulgarisch. Martha Jane Riggs (1811–1887) schrieb *Letters to Mothers*, einen Ratgeber für Frauen, der ebenfalls in diverse Sprachen – darunter Armenisch, Bulgarisch, Griechisch und Türkisch – übersetzt wurde, und trug zur Diskussion über die Beiträge der Frauen zur osmanischen Gesellschaft bei.

PROTESTANTISMUS IN LATEINAMERIKA

In Lateinamerika fasste der Protestantismus nur langsam Fuß. James Thompson von der British and Foreign Bible Society verteilte 1817 einige Bibeln. Die Missionsarbeit begann in verschiedenen Gegenden: die Presbyterianer waren in Kolumbien (1856), die Baptisten und Methodisten in Argentinen (1864 und 1867) tätig. Die Baptisten engagierten sich auch in Kuba (1898). 1883 gründeten Justus Henry Nelson und seine Frau Fannie Bishop Capen Nelson die erste protestantische Kirche im Amazonasgebiet. Erst 1890 entstand eine organisierte protestantische Mission, die Central American Mission (CAM).

Vom Skandal zur Mission

Die Central American Mission war das Geistesprodukt des komplizierten Cyrus I. Scofield (1843–1921). Als junger Mann hatte er auf Seiten der Konföderierten im Amerikanischen Bürgerkrieg gekämpft und bei der Republikanischen Partei in Kansas gearbeitet. Er saß eine Haftstrafe ab, kämpfte mit dem Alkoholismus und ließ sich scheiden.

Dann trat er zum evangelikalen Christentum über, dem er den Rest seines Lebens widmete. Er gründete Bibelcolleges, hielt Gottesdienste in kongregationalistischen und presbyterianischen Kirchen und arbeitete mit missionarischen Organisationen zusammen. 1888 lernte er bei einem Treffen der Niagara Bible Conference (offiziell: Believers' Meeting for Bible Study) J. Hudson Taylor kennen, den Gründer der China-Inland-Mission. Scofield war beeindruckt und gründete innerhalb von drei Jahren mithilfe dreier Geldgeber die Central American Mission.

1909 veröffentlichte Scofield seine *Scofield Reference Bible*, eine Studienbibel mit Randnotizen. Die *Reference Bible* lieferte die ausführlichste Beschreibung des „Dispensationalismus" – einer Theorie, nach der die Welt in sieben Zeitalter unterteilt ist, von denen das Letzte dem Jüngsten Gericht vorangeht. Der Schlüssel zum letzten Zeitalter ist eine Reihe erkennbarer Zeichen über das bevorstehende Ende, etwa die Gründung des Staates Israel. Das Werk beeinflusste die Entwicklung des fundamentalistischen Christentums in den USA tiefgreifend.

Unten: Die Tilaco-Mission in Sierra Gorda, Mexiko, wurde Mitte der 1700er-Jahre von Vater Juan Crespi gegründet, einem franziskanischen Missionar aus Spanien. Bis ins 19. Jh. war der Katholizismus die vorherrschende Form des Christentums in Lateinamerika.

Nach „Samarien"

Scofields Bibelstudien veranlassten ihn dazu, eine Stelle in Apostel 1,8 auf ganz eigene Art zu interpretieren. Im Text heißt es: „... sondern ihr werdet die Kraft des Heiligen Geistes empfangen, welcher auf euch kommen wird, und werdet meine Zeugen sein zu Jerusalem und in ganz Judäa und Samarien und bis an das Ende der Erde." Scofield war der Ansicht, dass mit „Samarien" die jeweiligen Nachbarländer gemeint waren, und für die USA war das u. a. Mittelamerika. Seiner Ansicht nach war das Gebiet von protestantischen Missionaren viel zu lang ignoriert worden.

Nach Scofields anfänglicher Arbeit verselbstständigte sich die Central American Mission zu einer Organisation, die von einem evangelikalen Ideal getrieben wird. Wie J. Hudson Taylors China-Inland-Mission nimmt sie Mitglieder jeder protestantischen Kirche auf, solange diese sich an die Grundprinzipien halten.

Als erste Handlung schickte die CAM 1891 die Familie McConnell nach Costa Rica. Unterstützt wurde sie von zwei Kanadierinnen – den Ehefrauen von Kaffeeplantagenbesitzern aus San José, Costa Rica. Wie für viele Missionare war auch für die junge Familie die kulturelle und sprachliche Umstellung schwierig. Es sollte fünf Jahre dauern, bis

die CAM die nächsten Missionare „losschickte": Albert E. Bishop und seine Frau gingen nach Honduras. Sie waren so übereifrig, dass sie loszogen und sich erst nach ihrer Ankunft vor Ort bei der CAM bewarben. Innerhalb des nächsten Jahrzehnts breiteten sich die Missionare nach Guatemala (Familie Bishop zog aus gesundheitlichen Gründen dorthin) und El Salvador aus. In diesen zehn Jahren starben fünf Missionare an Tropenkrankheiten, aber 17 weitere blieben. Im 20. Jh. weitete die CAM ihre Arbeit auf Nicaragua, Panama, Mexiko und Kuba, ja sogar nach Spanien und auf hispanische Gemeinden in den USA aus.

Untern: Mexikanische Künstler aus dem 19. Jh. wurden oft von den Bibelgeschichten inspiriert, die protestantische Missionare erzählten. Dieses Gemälde Juan Urruchis aus dem Jahr 1853 zeigt Lot und seine Familie, die Sodom verlassen

MISSION NACH INDONESIEN

Oben: Ein beleuchtetes Kreuz auf einer Landzunge nahe der Stadt Jayapura, Hauptstadt der indonesischen Provinz Papua. In dieser Gegend wurde das Christentum als Teil des niederländischen Kolonialismus eingeführt.

1799 kam der Wendepunkt in der Geschichte des Christentums in Indonesien (damals als Niederländisch-Indien bekannt). Nachdem die Niederländische Ostindien-Kompanie (VOC) das Archipel 200 Jahre lang kontrolliert hatte, ging sie bankrott, und der Staat übernahm ihre Aktivposten. Als eine der ersten Handlungen erklärte die niederländische Regierung in den neuen Kolonien Religionsfreiheit.

Unter der Kontrolle der Gesellschaft

Dieser Schritt war ein großer Bruch mit der Vergangenheit. Unter der Kontrolle der VOC waren die Missionare sehr kurz gehalten worden; zudem hatte man die Überreste der katholischen Missionen übernommen, die von den Portugiesen und Spaniern im 16. und 17. Jh. errichtet worden waren. Osttimor und Flores blieben katholisch, aber die anderen Inseln gerieten unter den Einfluss des reformierten Protestantismus. Da der Klerus, die Missionen und die Kirchen vollständig vom Geld, den Ressourcen, Schiffen und Nahrungsmitteln der VOC abhängig waren, hatten sie keine Wahl, als das zu tun, was diese ihnen verlangte. Die Missionare mussten wirtschaftlich uninteressante Inseln sich selbst überlassen und sich auf die Inseln konzentrieren, die für die Interessen der VOC wichtig waren – etwa Ambon und die umliegenden Inseln.

Pfarrer mussten aus den Niederlanden stammen. Einheimische durften nicht ordiniert werden, Sakramente geben oder in der Kirchenverwaltung tätig sein. Das Ergebnis waren Ende des 18. Jh. zwar 55.000 reformierte Christen in Indonesien, aber kein einziger einheimischer Anführer.

Missionsboom

Die Veränderungen 1799 waren dramatisch. Nach 200 Jahren kehrten katholische Priester zurück, die reformierten Kirchen wurden zur Protestantischen Kirche Niederländisch-Indiens vereint, und immer mehr Missionare kamen ins Land. Die Regierung unterstützte nun sowohl die katholischen als auch die protestantischen Missionen.

der Erfolg dagegen umso größer. Bei den Batak auf Sumatra etablierte die Rheinische Missionsgesellschaft unter Führung des energischen L. I. Nommensen (1834–1918) eine große Gemeinde. Andere protestantische Gruppen waren auf Sulawesi (Celebes), den Molukken, Kalimantan, Sumba und in Niederländisch-Neuguinea sehr erfolgreich. Die Katholiken ließen ihre langjährige Präsenz in Osttimor und auf Flores wieder aufleben. Als Ergebnis sind heute 10% der indonesischen Bevölkerung von 240 Millionen christlich – mehr als die gesamte Bevölkerung Hollands.

Bekehrung und Unabhängigkeit

Die Missionare begannen rasch damit, die Bibel in die lokalen Sprachen zu übersetzen, und änderten ihre Vorgehensweise bei den Bekehrungen. Statt Massentaufen nach nur wenig Unterweisung zielten sie nun auf individuelle Taufen ab, frei nach der pietistischen Betonung der Missionsgesellschaften auf persönliche Frömmigkeit und ein christliches Leben. Einzeltaufen, so glaubten sie, zeigten, dass der Täufling seinen Glauben ernst nahm.

Unabhängigkeit gewährten sie den neuen Gemeinden jedoch nur zögerlich. Missionsgruppen beobachteten jede neue Gemeinde ganz genau und versuchten sicherzustellen, dass ausreichendes Wissen und Verständnis des christlichen Glaubens vorhanden waren, bevor sie die Leitung Einheimischen übertrugen.

Oben: Die französisch-Lithografie aus dem Jahr 1826 zeigt das Dorf Cayeli auf de Insel Buru, Indonesien. Buru war von der Niederländischen Ostindien-Kompanie besetzt und stand später unter der Kontrolle der niederländischen Regierung.

Oben: Carlos Felipe Ximenes Belo (geb. 1948) ist ein katholischer Bischof in Osttimor. Osttimor wurde in den 1500er-Jahren von Portugal kolonialisiert und gehörte von 1975 bis zu seiner Unabhängigkeit im Jahr 2002 zu Indonesien.

Bald stellte die Regierung jedoch fest, dass die Unterstützung mehr kostete als geplant, weil Missionsgesellschaften wie Pilze aus dem Boden schossen. Aus Holland kam die Netherlands Missionary Society, gefolgt von neuen Institutionen wie der Netherlands Missionary Union und der Utrecht Missionary Union, die als Ergebnis theologischer Differenzen in Holland entstanden waren. Aus Deutschland kam die Rheinische Missionsgesellschaft – die größte derartige Organisation in Deutschland – zusammen mit der Baseler Mission nach Indonesien. Sogar die niederländischen Mennoniten hielten die Hand auf, wie auch die Baptisten, Methodisten und Kongregationalisten.

Die Unterstützung durch die Regierung hatte jedoch einen Haken. Nach ihren Erfahrungen im Heimatland versuchte die Regierung klugerweise, religiöse Konflikte zu vermeiden. Jeder Missionsgruppe wurde ein bestimmtes Gebiet zugewiesen. Theoretisch war das eine gute Idee, praktisch waren aber einige Gegenden seit Langem fest in muslimischer Hand und widersetzten sich den Bekehrungsversuchen hartnäckig.

So machten beispielsweise die Missionare auf Java nur wenig Fortschritt. In den nichtmuslimischen Gebieten war

ÜBERSETZUNG DER BIBEL

Obwohl die Bibel bereits 1733 im Archipel übersetzt wurde, gab es sie nur in einer Sprache – Malaiisch. In Indonesien werden jedoch auch heute noch 737 Sprachen aktiv gesprochen. Eine der ersten Veränderungen der Missionare war aus diesem Grund der Einsatz der Lokalsprachen bei der Bekehrung. Bis heute werden bei Bibelübersetzungen zuerst die Evangelien und das Neue Testament übersetzt, bevor der Rest der Bibel in Angriff genommen wird.

MISSION ZU DEN JUDEN

✝ Das protestantische Vorhaben der Mission zu den Juden entstand bereits in den Anfangsjahren der Reformation. Martin Luther glaubte, viele Juden würden konvertieren, wenn man ihnen eine reformierte Version des Glaubens präsentieren würde. Das geschah jedoch nicht. Zwei Jahrhunderte später zeigte die Pietistenbewegung wieder großes Interesse, Juden zu bekehren. 1728 hatten deutsche Pietisten das Missionszentrum *Institutium Judaicum* zur Ausbildung von Evangelisten und Produktion von Literatur zur Bekehrung der Juden errichtet. Durch britische Missionen im späten 18. Jh. erwachte das deutsche Interesse an der Evangelisierung der Juden von Neuem. 1822 wurde die Berliner Gesellschaft zur Verbreitung des Christentums unter den Juden gegründet, die wiederum die Entstehung vieler ähnlicher Einrichtungen nach sich zog.

Britische Missionen

Sowohl England als auch Schottland zeigten den Willen, die Juden als Nation zu bekehren. Calvinisten setzten sich für die Verteidigung des protestantischen Glaubens gegen die Übel des Papismus und der osmanischen Türken ein. Gepaart mit dem Glauben, in den „letzten Tagen" zu leben, lenkte dies im frühen 17. Jh. die Aufmerksamkeit auf die Konvertierung der Juden und bereitete den späteren evangelikalen Missionen den Weg.

Auch im Britischen Empire entstand ein nie zuvor dagewesenes Interesse, die Juden zu bekehren. Die calvinistische Vorstellung, erwählt worden zu sein, um die Welt zu verbessern, spiegelte sich in den religiösen Ansichten der Menschen wider. Die Vorstellung, an den Ereignissen der „Endzeit" teilzuhaben, dafür zu kämpfen, das „böse" Osmanische Reich zu stürzen, die Rolle des Katholizismus zu untergraben und die Heiden zu bekehren waren für die evangelikalen Protestanten alles Gründe für das Missionieren der Juden. Sie glaubten fest daran, auf diese Weise die Wiederkunft Jesu zu beschleunigen und die Entstehung des tausendjährigen Reichs auszulösen. Die britischen und amerikanischen Missionen zu den Juden bezogen sich auf den vorherbestimmten Plan Gottes, die Juden zu bekehren. Während dies im Judentum oft für Ärger sorgte, regte es doch eine Reihe von Antworten auf Identitätsfragen an, die von romantischen, nationalistischen Ideen aufgeworfen wurden. Die messianischen Juden, die Zionisten, die neologen und hasidischen Juden sowie die hebräischen Christen sahen ihre Wurzeln alle im 19. Jh.

Unten: Der pietistische Graf Nikolaus Ludwig von Zinzendorf (1700–1760) war ein deutscher Theologe, der an das emotionale Erfahren einer Religion glaubte und nicht an den Intellektualismus der Luther-Kirche.

Zur gleichen Zeit wurden auch die ersten protestantischen Missionsgesellschaften gegründet: die Baptist Society for Propagating the Gospel Among the Heathen (BSPGH) 1792, die London Missionary Society (LMS) 1795 und die Church Missionary Society (CMS) 1799. Jüdische Missionen entstanden aus dem Kontext des allgemeinen Missionseifers heraus. Der britische Protestantismus brachte die fleißigsten Organisationen hervor, etwa die London Society for Promoting Christianity Among the Jews (1808) und die Mildmay Mission to the Jews (1822).

Auch in Schottland herrschte großer Missionierungseifer. Neben den kirchlichen Organisationen schickte auch die Church of Scotland ab 1839 Missionare durch Europa, Kleinasien und Palästina. Auch die Irish Presbyterian Church schloss sich der Sache an.

Amerikanische Missionen

Auf der anderen Seite des Atlantiks wurde 1816 die American Society for Meliorating the Condition of the Jews gegründet. Beeinflusst vom britischen Protestantismus

---

DIE LONDON JEWS' SOCIETY

Die 1808 gegründete London Society for Promoting Christianity Among the Jews, besser bekannt als London Jews' Society, wurde sowohl von den konformistischen als auch von den anglikanischen Gläubigen unterstützt. Sie entwickelte sich von der London Missionary Society (LMS) aus in eine separate Organisation. Im Lauf der Jahre änderte sich der Name wieder, und heute ist sie als Church's Ministry Among Jewish People bekannt.

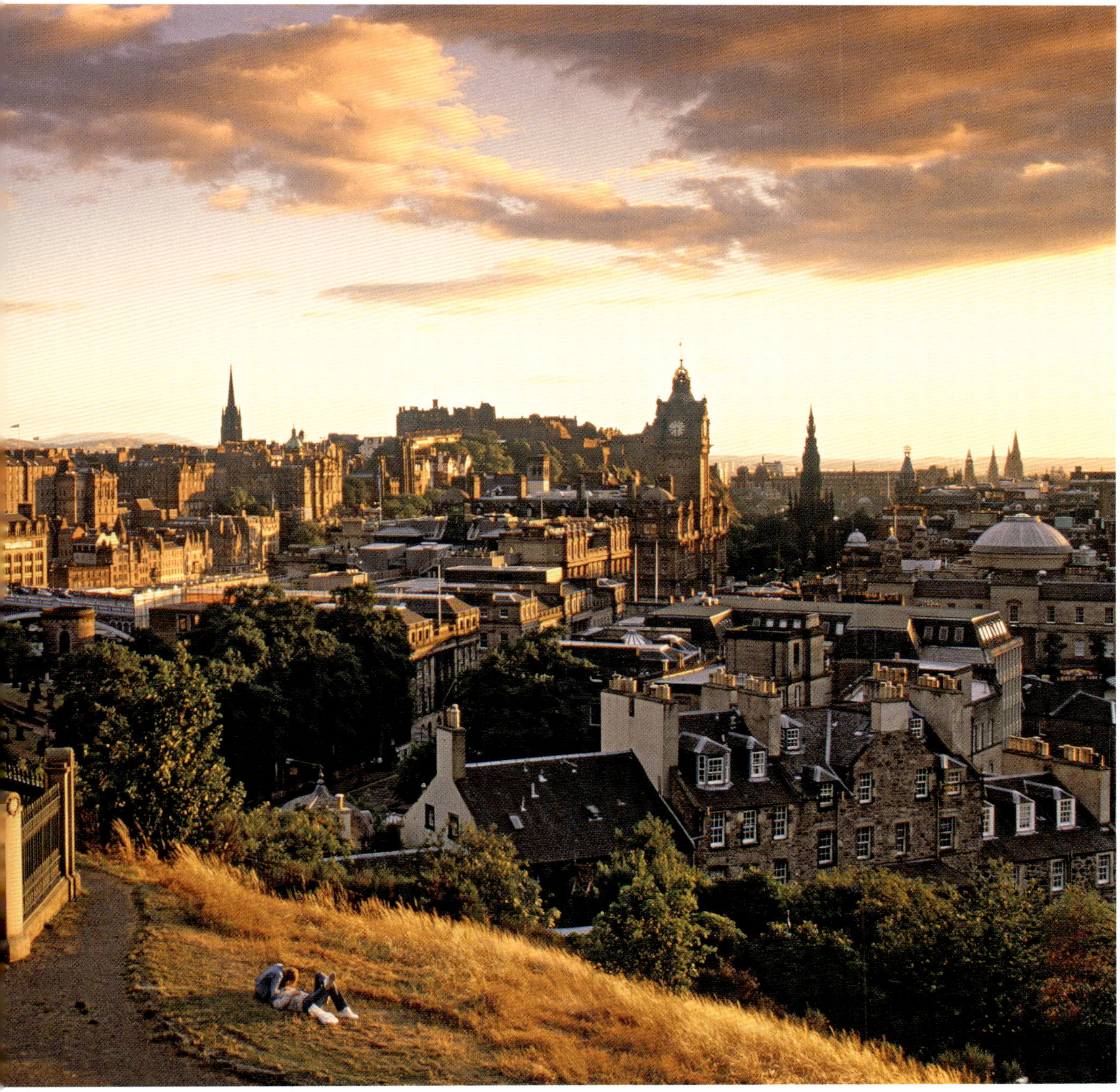

Links: Die Missionen der presbyterianischen Kirche Schottlands wurden von verschiedenen Organisationen auf den Weg gebracht, deren Sitze sich in Edinburgh befinden.

Unten: Ein hasidischer Rabbi an der Tür einer Synagoge in Safed, Israel. Das hasidische Judentum wurde von Israel ben Eliezer in den 1700er-Jahren in Osteuropa gegründet und breitete sich in der ganzen Welt aus.

drang der „Dispensationalismus“ in das religiöse Leben der Amerikaner vor, und das Interesse an der Evangelisierung der Juden blühte auf. Von den 1870er- bis in die 1920er-Jahre wurden fast 50 jüdische Missionsgesellschaften gegründet. Die wichtigsten des 20. Jh. waren die American Messianic Fellowship, die bis 1953 Chicago Hebrew Mission hieß, und das American Board of Missions to the Jews, das seinen Namen 1983 in Chosen People Ministries änderte. Ähnlich wie in Großbritannien gründeten auch viele protestantische Kirchen wie die Southern Baptist Convention und die Presbyterian Church in the USA unabhängige Missionen zur Konvertierung der Juden.

Unter den Juden führten die Evangelisierungsversuche oft zu Verärgerung, weil sie als Versuche galten, das Judentum auszurotten. Seit den 1960er-Jahren hat der überkonfessionelle Dialog bewirkt, dass einige der gemäßigten protestantischen Kirchen ihre Bemühungen aufgaben. Die konservativen evangelikalen Kirchen bleiben jedoch hartnäckig. Die bekannteste Mission der letzten 50 Jahre ist Jews for Jesus, 1973 von Moishe Rosen gegründet.

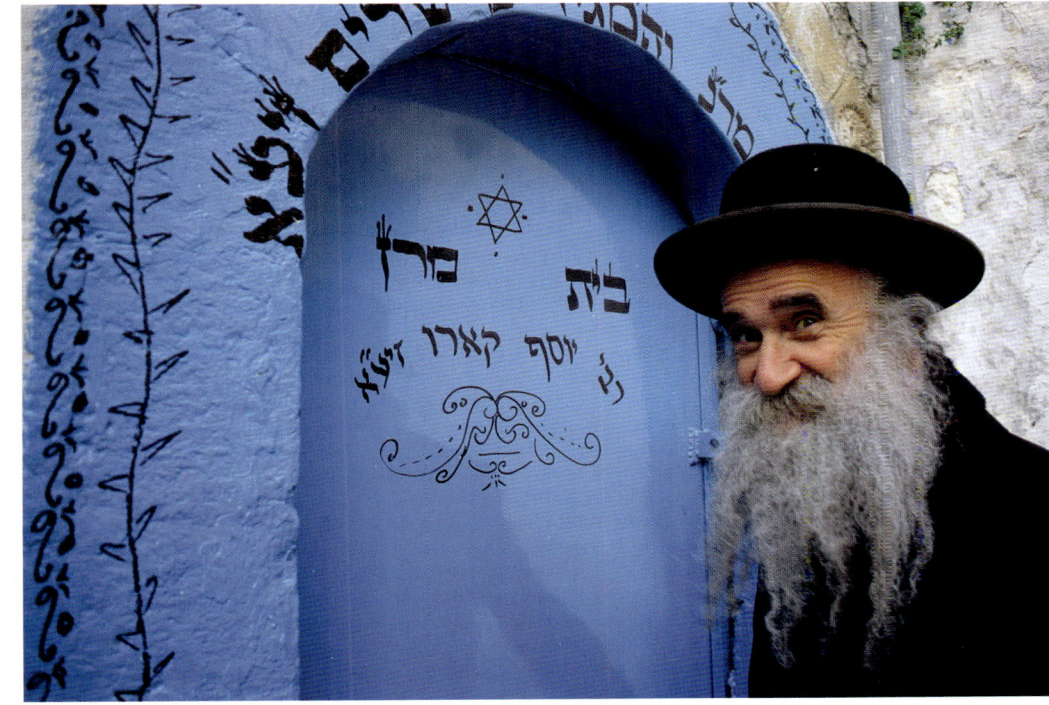

BIBELGESELLSCHAFTEN

Eine Bibelgesellschaft ist eine gemeinnützige Organisation mit dem Zweck der Übersetzung, Veröffentlichung und Verbreitung der Bibel. Die meist ökumenischen Übersetzungen der Bibelgesellschaften enthalten weder Randnotizen noch Kommentare. Das Ziel besteht vor allem darin, Bibeln in verschiedenen Sprachen zu produzieren, damit sie von möglichst vielen Menschen gelesen werden können.

Die Notwendigkeit von Übersetzungen

Bibelübersetzungen sind nötig, wenn die Menschen nicht mehr die Originalsprachen der Bibel beherrschen. Eines der ersten Beispiele ist die Septuaginta, die Übersetzung der hebräischen Bibel ins Griechische für die griechischsprachigen Juden Alexandrias. Im Weströmischen Reich wurde Griechisch bald durch Latein ersetzt, woraufhin lateinische Versionen entstanden, gipfelnd in der Ausgabe des Hieronymus (vollendet ca. 405). Auch missionarische Arbeiten regten Übersetzungen an: Wulfila übersetzte um 360 Teile der Bibel ins Gotische, und im 9. Jh. übersetzten Kyrill und Methodius die Evangelien und Teile des Alten Testamentes ins Slawische. Im 14. Jh. erschienen englische und tschechische Bibeln. In jener Zeit versuchte die Kirche erfolglos, Übersetzungen in die Umgangssprachen zu verbieten. Latein war nicht mehr die Sprache der Menschen,

deshalb war die Zeit reif für Übersetzungen in die verschiedenen europäischen Sprachen. Martin Luther selbst fertigte eine deutsche Übersetzung an; andere Reformatoren übersetzten die Heilige Schrift ins Französische, Finnische, Italienische und in weitere Sprachen. 1710 gründete eine Gruppe von Pietisten in Sachsen eine Gesellschaft zur Verbreitung der Bibel. Da sie glaubten, dass es für den Glauben unerlässlich war, die Bibel in kleinen Gruppen zu studieren, war ihr Ziel eine schnelle und umfassende Verbreitung der Lutherbibel. Bis 1722 hatten sie ihre Arbeit auch auf andere europäische Sprachen ausgedehnt.

Im England des 18. Jh. befassten sich mehrere Gruppen, die aus der evangelikalen Bewegung hervorgegangen waren, mit der Verbreitung der Schrift, darunter die Society for Promoting Christian Knowledge Among the Poor (1750) und die Society for the Support and Encouragement of Sunday Schools (1785). 1780 wurde die Bible Society gegründet, aber da die Arbeit auf Seeleute und Soldaten beschränkt blieb, änderte man ihren Namen später in Naval and Military Bible Society.

Die British and Foreign Bible Society

Auch im 19. Jh. wurden Bibelgesellschaften gegründet, um die Bibel vielen Menschen zugänglich zu machen. Die erste moderne Bibelgesellschaft, die British and Foreign Bible

Oben: Martin Luther übersetzte 1522 das Neue Testament und 1534 das Alte Testament ins Deutsche. Seine Übersetzung basierte auf der griechischen Version des Erasmus (2. Auflage, 1519).

Society, wurde 1804 gegründet, um mehr Bibeln auf Walisisch zu produzieren. Reverend Thomas Charles aus Bala hatte einen Vorschlag für die Religious Tract Society: Inspiriert von der Geschichte eines walisischen Mädchens, Mary Jones (1784–1864), das 40 km gelaufen war, um eine Bibel in ihrer Muttersprache zu bekommen, kam man überein, dass eine neue Gesellschaft gegründet werden sollte – mit dem einzigen Ziel eine „weitere Verbreitung der Heiligen Schrift in Walisisch ohne Notizen oder Kommentare zu erreichen". Später brachte man auch Bibeln in anderen Sprachen heraus.

Kontroverse um die Übersetzung

Im Lauf der Jahre erlebte die British and Foreign Bible Society mehrere Kontroversen bezüglich der Übersetzung und Verbreitung der Bibel. Obwohl die Gesellschaft eigentlich protestantisch war, war ihre Perspektive eher ökumenisch, und bis 1813 waren auch Bibeln gedruckt worden, welche die ökumenischen Apokryphen enthielten. Dies wurde von den konservativeren Protestanten und auch von der katholischen Kirche nicht unterstützt. 1831 gründeten Protestanten, die die Apokryphen nicht im Kanon der Heiligen Schrift sehen wollten, die Trinitarian Bible Society. Die katholische Kirche unterstützte offiziell bis zum Zweiten Vatikanischen Konzil (1962–1965) sowieso keine umgangssprachlichen Bibeln. Anfangs konnte die British and Foreign Bible Society nur die autorisierte King-James-Bibel von 1611 verbreiten, aber diese wurde schließlich um die überarbeitete Version erweitert.

Später weitete die British and Foreign Bible Society ihre Arbeit auf England, Indien und Europa aus. Als sich diese Nachricht verbreitete, wurden weitere Bibelgesellschaften in zahlreichen Ländern auf der ganzen Welt gegründet. Heute ist ihre Arbeit unter dem Dach der United Bible Societies (UBS) vereint, einem Verbund aus 145 individuellen Gruppen in über 200 Ländern. Bibelgesellschaften sind nicht an eine Konfession gebunden. Sie dienen allen christlichen Kirchen und haben heute ihre Arbeit auf Alphabetisierungsprogramme sowie auf Audiomaterial für Sehbehinderte ausgeweitet.

Oben: Diese Darstellung aus dem 15. Jh. zeigt einen Mönch, der Kinder mithilfe der *Bible historiale*, einer französischen Übersetzung aus dem 13. Jh. mit Kommentaren, unterrichtet.

Gegenüber: Für seine *Vulgata* verwendete der heilige Hieronymus hebräische Texte als Grundlage seiner Übersetzung des Alten Testaments ins Lateinische.

MISSIONARINNEN

Unten: Mutter Jerónima de la Fuente gründete 1621 das erste katholische Kloster auf den Philippinen. Sie hieß jede Einheimische willkommen, die ein franziskanisches Leben führen wollte.

Rechts: Obwohl die Pietisten eine der ersten Gruppen waren, die Missionare in nichtchristliche Gebiete schickten, wurden pietistische Frauen dafür nicht in Betracht gezogen.

Von Anfang an waren das Missionieren und Evangelisieren ein christliches Hauptanliegen. Sowohl Männer als auch Frauen gingen in dem Glauben in die Welt hinaus, den Auftrag erhalten zu haben, das Evangelium zu verkünden. Für Frauen blieb die Missionsarbeit aber oft auf den privaten Bereich beschränkt.

Während die Missionsarbeit schon immer ein wichtiger Teil des katholischen Lebens war, begann die protestantische Arbeit erst im 17. und 18. Jh. ernsthaft. Die Pietisten in Deutschland waren unter den Ersten, die Missionare in weit entfernte Länder entsandten, jedoch keine Frauen. In Großbritannien wurde einige Gesellschaften mit dem Ziel gegründet, die amerikanischen Kolonien zu erreichen: die Society for the Propagation of the Gospel in New England (1649), die Society for the Propagation of Christian Knowledge (1699) sowie die Society for the Propagation of the Gospel in Foreign Parts (1701). Es scheint, dass das Wachstum der Missionsbewegung in jener Zeit in der Hauptsache auf den religiösen Eifer zurückzuführen ist, der im Zuge der evangelikalen Wiedererweckung in England, Deutschland und in den nordamerikanischen Kolonien im 18. Jh. entstand.

Die moderne Missionsbewegung

1792 gab der britische Baptistenpfarrer William Carey die Abhandlung *An Enquiry into the Obligation of Christians to Use means for the Conversion of the Heathen* heraus. Als Reaktion wurde noch im gleichen Jahr die Particular Baptist Society for the Propagation of the Gospel to the Heathen – später als Baptist Missionary Society (BMS) bekannt – gegründet. Obwohl sie dem Namen nach baptistisch war, erhielt sie viel Unterstützung von allen Seiten, sogar von anglikanischen Priestern.

Die ersten Missionare, die 1793 nach Indien geschickt wurden, waren alle Männer. Auch wenn sie manchmal von ihren Ehefrauen begleitet wurden, war klar, dass die Missionary Society keine Frauen berief oder sie überhaupt als Missionare ansah.

William Carey, der als einer der ersten Missionare nach Indien gegangen war, sagte bereits 1796, dass Frauen gebraucht würden, um „das Evangelium zu verbreiten ... in Situationen, in denen der Aberglaube alle respektablen Frauen davon abhielt, die Botschaft zu vernehmen, es sei denn von ihrem eigenen Geschlecht." Die Ehefrauen von Missionaren arbeiteten an der Seite ihrer Männer und halfen beim Übersetzen, Unterrichten und auch in der Landwirtschaft. Je mehr sich die Missionsarbeit ausweitete, desto öfter wurde angemerkt, dass man Frauen als Lehrerinnen benötigte – als echte Missionare wurden sie aber dennoch nicht abgestellt. Auch als weitere Missionsgesellschaften in Großbritannien und Amerika entstanden, hielt sich das Vorurteil gegen Frauen. Nach und nach wurden

„SIE HÄTTE DEN TEUFEL DAZU GEBRACHT, IN DIE KIRCHE ZU GEHEN"

Ende des 19. Jh. bestand die Mehrheit aller Missionare weltweit aus Frauen. Mary Slessor aus Calabar lebte viele Jahre im heutigen Nigeria, inmitten von Stämmen, die von den Kolonialbehörden als „blutrünstig" beschrieben wurden. Sie wurde nicht nur in Ruhe gelassen, sondern auch zur Schlichterin bei Stammeskonflikten ernannt. Mary Collins war Missionarin bei den Lakota in Nordamerika. Sie lebte beim Stamm Sitting Bulls, und der erfahrene Krieger schätzte ihren Rat. Nachdem Sitting Bull getötet worden war, blieb Mary Collins bei seinen Leuten und begleitete sie ins Reservat. Die Unitarier und Universalisten akzeptierten weibliche Missionare früher als die meisten anderen Konfessionen. Milma Lappala und ihr Ehemann Risto arbeiteten als Missionare bei den Finnlandamerikanern im Norden Minnesotas. Milma war eine so gewandte Rednerin, dass einige sagten: „Sie hätte den Teufel dazu gebracht, in die Kirche zu gehen, wenn sie es gewollt hätte."

jedoch die ersten Witwen ins Missionsfeld geschickt, aber alleinstehende Frauen, die niemals verheiratet waren, hatten weiterhin keine Chance.

Weibliche Missionsgesellschaften

Da die etablierten Missionsgesellschaften zögerten, Frauen auszusenden, gründete eine Gruppe von Frauen 1867 in Großbritannien eine eigene Gesellschaft, um Frauen zu Missionarinnen auszubilden; im folgenden Jahr taten Frauen in Amerika es ihnen nach. Die Frauengesellschaften waren der Schlüssel, der Frauen die Tür öffnete, die als Missionarinnen dienen wollten. Die von Männern beherrschten konfessionellen Gesellschaften klammerten sich weiterhin verzweifelt an ihre Vorstellung von wahrer Weiblichkeit – vielleicht weil sie fürchteten, dass weibliche Missionare zur Durchsetzung der Frauenrechte oder des Frauenwahlrechts dienen sollten. In der Zwischenzeit machten sich die von Frauen geführten Gesellschaften an die Arbeit und schickten Lehrerinnen, Krankenschwestern, und Ärztinnen in die Welt hinaus.

Obwohl sie sich oft gegen den Widerstand ihrer Familien durchsetzen und um die nötigen Qualifikationen kämpfen mussten, bewarben sich viele alleinstehende Frauen für den Dienst. Es überrascht nicht, dass die Frauen, die Missionarinnen aussandten, im Gegensatz zu ihren männlichen Kollegen kein Problem mit unverheirateten Frauen hatten. Tatsächlich erschienen sie oft fähiger als ihre verheirateten Gegenstücke.

Obwohl viele weibliche Missionsgesellschaften bald nicht mehr unabhängig operierten, hatten sie doch verheirateten und ledigen Missionarinnen die Tür geöffnet. Insbesondere ledigen Frauen bot die Aufgabe eine neue Freiheit, und sie erhielten für ihre Arbeit große Anerkennung – sowohl im Missionsfeld als auch in der Heimat.

Oben: Dieses handkolorierte Bild zeigt die Ankunft der Suffragetten in London im September 1908. Ihre Sache wurde durch den Erfolg der ersten Missionarinnen unterstützt.

DAS CHRISTENTUM IN NEUSEELAND

Rechts: Kirchen in Neusee-
land sind oft mit indigener
Kunst dekoriert. Diese
Holzschnitzarbeit der Maori
kann man in der St. Faith's
Church bewundern, einer
anglikanischen Kirche in
Ohinemutu.

Die ersten Christen erblickten Neuseeland
(Aotearoa), als sie 1642 mit dem Schiff des
niederländischen Entdeckers Abel Tasman
eintrafen. Bei Streitigkeiten mit den einheimischen Maori gab es jedoch Tote, und es sollte 127 Jahre
dauern, bis einige Christen nach Neuseeland zurückkehrten, und noch ein paar Jahre länger, bis sie blieben.

Die frühe Religionsgeschichte Neuseelands wurde von
mehreren Faktoren geprägt – nicht zuletzt von der Frage,
welcher der plündernden und rivalisierenden europäischen
Staaten als Kolonialmacht die Oberhand gewinnen würde.
Das frühe Christentum kann man nur als eine Art religiösen „Basar" sehen. Auf dem religiös und politisch freien
Markt kümmerten sich die verschiedenen Konfessionen um
ihre eigenen Leute und stritten miteinander um die Aufmerksamkeit der Maori.

Erste Missionen

Die ersten europäischen Siedlungen wurden vom Walfang,
der Seehundjagd und dem Leinenhandel motiviert. Ab den
1790er-Jahren kamen dann Tausende Seeleute verschiedener Nationen nach Neuseeland. Ihre Kontakte zu den
Maori waren meist wirtschaftlicher oder sexueller Natur
und häufig gewalttätig. Einige waren sicher Christen, aber
es gab keine organisierte religiöse Einrichtung. 1814
gründete der anglikanische Pfarrer Samuel Marsden (mit
Sitz in Parramatta, NSW, Australien) die erste christliche
Mission in Rangihoua, Bay of Islands, auf der Nordinsel.
Die Anglican Church Mission Society (CMS) unterstützte
die Station, aber Marsden investierte viel Zeit und eigenes
Geld, wenn auch nicht ganz ohne Entschädigung. Mitte
der 1820er-Jahre unterhielt die CMS drei Missionen in der
Gegend der Bay of Islands. Die 1820er-Jahre hindurch
waren die Missionare zum größten Teil auf die Nordinsel

Unten: Die Bay of Islands an
der Ostküste der Nordinsel gilt
als die Wiege des modernen
Neuseelands. Hier kamen die
christlichen Missionare erstmals
in Kontakt mit den Maori.

beschränkt, wo sie mit begrenztem Erfolg zu Europäern und
Maori predigten. Die raubeinigen Europäer – viele waren
ehemalige Sträflinge – erwiesen sich nicht gerade als frucht-
barer Boden, und es gab nur wenige Maori-Konvertiten.

Die Maori, die Bibel und die Lesefähigkeit

Es war unvermeidlich, dass die Maori vom Zusammentreffen mit den Europäern – und den Missionaren – beeinflusst
wurden. Wie in anderen Ländern waren die Missionare
auch hier damit beschäftigt, ihren Gastgebern die frohe
Botschaft zu überbringen, und zwar durch die Übersetzung
und Verbreitung der Bibel – was in Neuseeland jedoch
bedeutete, zunächst eine Schriftsprache für die Maori zu
entwickeln und ihnen das Lesen beizubringen. Wie in
Polynesien war die Fähigkeit zu lesen entscheidend dafür,
den neuen Glauben für die Maori interessant zu machen.

Missionsexpansion

In den 1830er-Jahren wuchs sowohl die europäische Bevölkerung als auch die Missionstätigkeit rapide. In diesem

Jahrzehnt stieg die Zahl der in Neuseeland fest ansässigen Europäer von 300 auf 2000. Nun gab es auch die ersten Bekehrungserfolge, und 1834 wurde die erste Missionsdruckerei errichtet. 1837 erschien das Neue Testament auf Te Rao Maori.

Machtkämpfe und die katholische Mission

Wie auf den pazifischen Inseln wurde das frühe Christentum in Neuseeland von den europäischen Machtkämpfen geprägt – insbesondere zwischen dem protestantischen Großbritannien und dem katholischen Frankreich. 1838 wurde die erste katholische Mission eingerichtet, deren Leiter der Franzose Jean Baptiste Pompallier war, ein junges Mitglied der Maristenpatres. Er war 1836 zum apostolischen Vikar von Westozeanien geweiht worden. Pompallier machte sich sofort mit einer Gruppe französischer Maristenpatres auf den Weg und ließ sich schließlich in der Region Hokianga auf der Nordinsel nieder. In einem Anflug von Sektierertum wurden die Missionare prompt von einer Gruppe Einheimischer angegriffen, die von den örtlichen Methodisten angestachelt worden waren.

Der erste Bischof Neuseelands

Die Anwesenheit der Franzosen und der Druck aus der Heimat veranlassten die Briten, sich näher mit Neuseeland zu befassen. Am 6. Februar 1840 wurde der Vertrag von Waitangi von der britischen Krone und mehreren Maorihäuptlingen unterzeichnet. CMS-Missionsleiter Henry Williams übersetzte den Vetrag auf Te Rao Maori.

Die britische Hoheitsgewalt und die bevorstehenden Pläne der New Zealand Company, die Inseln mit Briten zu besiedeln, verlangten nach einer formelleren religiösen Einrichtung. 1841 wurde George Augustus Selwyn zum ersten Bischof Neuseelands ernannt. Sein Gehalt zahlten zu gleichen Teilen die britische Regierung und die New Zealand Company, seine Kirchen wurden von Letzterer subventioniert. Auch spätere Siedlungen wie Canterbury und Otago sollten einen ausgeprägt religiösen Charakter (anglikanisch und presbyterianisch) aufweisen.

Oben: Die Church of the Good Shepherd thront seit 1935 über dem fantastischen Lake Tekapo. Sie wurde als Erinnerung an die ersten Pakeha (europäische Siedler) im Mackenzie Basin auf der Südinsel gebaut.

CHRISTEN AUF DEN PAZIFISCHEN INSELN

✝ Die Evangelisierung der pazifischen Inseln folgte nicht notwendigerweise den expandierenden Gebieten der europäischen Mächte. Sie wurde jedoch von europäischen Entdeckern inspiriert, allen voran von Captain James Cook. Cooks Reisen und vor allem seine *Entdeckungsfahrten im Pazifik* motivierten eine ganze Generation von Missionaren, die von seinen Beschreibungen gleichzeitig fasziniert und abgestoßen waren. 1795 entschied sich die neu gegründete London Missionary Society, den Pazifik zu ihrem ersten Aufgabengebiet zu machen. Die Briten waren ohnehin bereits in der Gegend aktiv – die Erste Flotte hatte 1788 weiße Siedler nach Australien gebracht –, aber die pazifischen Inseln wurden noch von keiner europäischen Macht beansprucht.

Erste Begegnungen

1685 wurde in Manila eine katholische Präfektur für das Pazifikgebiet eingerichtet. Es waren jedoch die London Missionary Society und weitere evangelikal-protestantische Missionare, welche die ersten ernsthaften Versuche unternahmen, die vielfältigen und weit verteilten Gemeinden der pazifischen Inseln zu konvertieren. Im März 1797 trafen 29 britische Missionare auf Tahiti ein. Einige blieben dort, andere gingen nach Tonga oder auf die Marquesas-Inseln. Sie waren völlig unvorbereitet, und viele zogen sich schnell nach Sydney zurück; nur eine Handvoll blieb auf Tahiti. Die polynesische Religion beeindruckte die Missionare nicht, die in ihr nur eine primitive Naturverehrung, Zügellosigkeit und Brutalität sahen. Auf der anderen Seite ergab der christliche Gott für die Polynesier keinen Sinn. Sie waren an sichtbare, aktive Götter gewöhnt, deren Geschichten in einer reichen mündlichen Tradition und durch gemeinsame Aktivitäten wie Singen oder Tanzen, nicht durch das mysteriöse Medium eines Buches überliefert wurden. Auch die Prüderie des christlichen Gottes fanden sie weder verständlich noch akzeptabel.

Lesen lernen und bekehrt werden

Trotz Schwierigkeiten und gegenseitiger Missverständnisse hielten einige der Missionare durch. Im Lauf der Zeit begannen sie, sich an die Erfordernisse ihrer Mission anzupassen. Sie erkannten das große Interesse der Polynesier am geschriebenen Wort. Das war für die evangelikalen Protestanten mit ihrem Schwerpunkt auf der Heiligen Schrift ideal. Tatsächlich scheint das Bedürfnis, lesen zu lernen, in Polynesien und später auch Mikronesien die stärkste Verbindung zwischen den Missionaren und ihren Gastgebern dargestellt zu haben. 1801 kam ein Katechismus in Reo Tahiti heraus. Bis 1810 war ein Großteil der Bibel übersetzt und veröffentlicht worden. Es war jedoch nicht nur das Bedürfnis nach dem Lesen, das die Missionare antrieb. Im polynesischen Religionssystem haben heilige Kräfte und Tabus große Bedeutung, was den Christen die Tür öffnete: Wenn ein Missionar ungestraft ein Tabu brechen konnte, musste sein Gott doch sehr mächtig sein, oder?

Jenseits von Polynesien

Nach ihrem zögerlichen Start nutzten die britischen Missionare sowohl das polynesische Bedürfnis, lesen zu lernen, als auch die Taktik, an lokale Häuptlinge und andere Führungspersonen heranzutreten. Einer der größten Häuptlinge Tahitis, Pomare II., bat 1812 um die Taufe, die ihm 1819 gewährt wurde. In den 1820er-Jahren machten sich dann auch tahitianische Konvertiten als Missionare auf den Weg und brachten *lotu* (das Christentum) auf andere polynesische Inseln. Nun kamen auch weitere protestantische Missionsgesellschaften ins Spiel: Die Methodisten siedelten sich auf Tonga an, die Anglican Church Missionary Society

in Neuseeland und eine amerikanische Gruppe erfolgreich auf Hawaii. Die London Missionary Society expandierte nach Neukaledonien und auf die Neuen Hebriden. Aber nicht alle Missionen gingen gut aus: Die erste protestantische Mission in Mikronesien – eine Expedition nach Vanuatu (1839) – endete mit dem Tod und der möglichen Verspeisung der Missionare. Aber trotz allem waren die protestantischen Missionen in der Pazifikregion erfolgreich.

Konkurrenz durch die Katholiken

Die katholische Kirche war nicht bereit, die Insulaner einem „religiösen Fehler" zu überlassen. So wie die meisten Protestanten Briten waren, waren die meisten Katholiken Franzosen und trugen die Rivalitäten der Alten Welt nach Ozeanien. In den frühen 1830er-Jahren breiteten sich die Maristenpatres und andere französische Orden von Neuseeland über Neuguinea bis nach Samoa aus. Aber 1838 kam es zu Konflikten mit den tahitianischen Behörden (angestachelt von den Briten), woraus sich die Gründung eines französischen Protektorats auf Tahiti, auf dem Rest der Gesellschafts- und Marquesas-Inseln und in weiteren Gebieten ergab. Direkte Konflikte wurden zwar vermieden, aber die Briten antworteten mit eigenen Territorialaneignungen. Das Christentum war nun im Pazifik fest etabliert, und sowohl die katholischen als auch die protestantischen Polynesier, Mikronesier und Melanesier begannen mit dem langwierigen Prozess der Entwicklung einer eigenen religiösen Identität.

Unten: 1768–1779 unternahm Captain James Cook drei Reisen in die Südsee und bereitete damit den ersten christlichen Missionaren im späten 18. Jh. den Weg.

DIE ENTWICKLUNG IN WESTEUROPA

Oben: John Henry Newman trat 1845 vom Anglikanismus zum Katholizismus über. In der Folge schrieb er zahlreiche überzeugende theologische Werke, darunter auch *Grammar of Assent* (1870) und *Development of Religious Error* (1885).

Die Französische Revolution veränderte das religiöse Gesicht Westeuropas. Die lange christliche Tradition wurde von denjenigen, die das Christentum und die Monarchie abschaffen wollten, irreparabel geschädigt. Die Bemühungen der Ungläubigen brachten sie auf Kollisionskurs mit den Kirchen, vor allem mit der katholischen.

Das Erbe der Französischen Revolution

Im 19. Jh. waren vor allem deutsche, französische und britische Schriftsteller Befürworter des Unglaubens, und sie provozierten die Verteidiger des Christentums. Anfang des Jahrhunderts neigten die Verteidiger dazu, nicht mehr nur die Wahrheit der christlichen Lehre zu demonstrieren, sondern darauf hinzuweisen, dass diese die Bedürfnisse des Einzelnen und der Gesellschaft erfüllte. Nahm man das Bedürfnis nach Schönheit, so wurde die Schönheit des christlichen Glaubens z. B. von Chateaubriand (1768–1848) hoch gelobt. Es herrschte auch ein Bedürfnis nach Zivilisation – nach einer Gesellschaft, in der intellektueller Fortschritt und Wohltätigkeit florierten. Frédéric Ozanam (1813–1853) lobte das Christentum für diese Auswirkungen. Christliche Apologeten sprachen die Gefühle an. Friedrich Schlierermacher (1768–1834) überzeugte viele davon, dass der Glaube an Gott durch ein tiefgreifendes Gefühl der Abhängigkeit gerechtfertigt wird.

Die Französische Revolution polarisierte Gläubige und Ungläubige und zwang die Kirchen zum Handeln. Bis etwa 1870 kam es in Großbritannien und Frankreich zu einem Anstieg bei Kirchenbauten und -besuchern sowie bei der Mitgliedschaft in religiösen Orden. Das Christentum blühte auch in anderen europäischen Ländern. Die katholische Kirche setzte sich für eine wärmere, emotionalere Frömmigkeit ein, angefacht von der Marienverehrung und den Pilgerfahrten zu diesen Orten, z. B. Lourdes.

Dennoch sprachen viele einflussreiche Denker und Anführer ihre Ablehnung der fundamentalen christlichen Doktrin aus, inklusive des Glaubens an Gott. Diese Ansicht verbreitete sich überall, auch in Südamerika.

Wissenschaftliche und historische Argumente

Es gab viele Gründe, warum der Glaube an die christliche Doktrin nachließ. Zwei sind nennenswert: die große Bedeutung der wissenschaftlichen Methodik und der Mangel an historischen Beweisen für wichtige Bibelepisoden.

Die gebildete Schicht war unter den Einfluss Descartes' und Kants geraten. Vieles, was früher als gesunder Menschenverstand akzeptiert und durch die lange Tradition gerechtfertigt wurde, galt nun als zweifelhaft. Die wissenschaftlichen Entdeckungen in diesem Jahrhundert waren erstaunlich. Sie brachten den Menschen große Vorteile wie bessere Gesundheit und schnellere Kommunikation. Dem christlichen Glauben fehlte hingegen die Stichhaltigkeit. Charles Darwins *Über die Entstehung der Arten* von 1859 lieferte Erklärungen für viele Vorgänge im Universum, ohne dabei Gott zu erwähnen. Karl Marx analysierte die Geschichte „wissenschaftlich" und argumentierte, dass Religion zwar eine Illusion war, aber als kapitalistisches Werkzeug zur Ausbeutung der Arbeiter benutzt wurde. Religion war schlicht nicht mehr akzeptabel.

Was historische Argumente betraf, so kam die Unterstützung für den Ursprung des Christentums meist aus der Bibel. Die historische Zuverlässigkeit der Bibel wurde aber insbesondere von deutschen Gelehrten in Frage gestellt.

Rechts: Obwohl während der Französischen Revolution antikirchliche Gesetze verabschiedet wurden, konnte das Christentum nicht völlig ausgemerzt werden. Mit dem Konkordat von 1801 wurde der Katholizismus in Frankreich offiziell wieder eingeführt.

Vorherige Seiten: Papst Pius IX. eröffnete das Erste Vatikanische Konzil am 8. Dezember 1869. Einer der Diskussionspunkte war die Unfehlbarkeit des Papstes – eine Vorstellung, die vor allem die deutschen Bischöfe als kontrovers empfanden.

Wegen ihrer besseren Kenntnis antiker Sprachen, Schrift-
sammlungen, archäologische Entdeckungen und Studien in
vergleichender Religionswissenschaft hatten sich ihnen neue
Quellen aufgetan. In seiner Schrift *Das Leben Jesu* (1835)
untersuchte D. F. Strauss, ein deutscher Theologe und
Schriftsteller, die Evangelien und kam zu dem Schluss, dass
das Bild von Jesus darin mythisch und unglaubwürdig war.
Andere Gelehrte kamen zum gleichen Schluss wie Strauss.
Ihre Werke überzeugten auch viele Geistliche und Theologen, und so entstand das „liberale" Christentum.

Die Oxford-Bewegung

John Henry Newman (1801–1890) war sich der Herausforderung des liberalen Christentums deutlich bewusst. Als
einer der großen Prosaiker Englands argumentierte er ver-
ständnisvoll für die Rechtfertigung des Glaubens. Zusammen mit E. B. Pusey, John Keble und anderen gründete er
die Oxford-Bewegung innerhalb der anglikanischen Kirche,
was dazu führte, dass zahlreiche Anglikaner katholische
Praktiken annahmen. Trotz ihrer Bemühungen lehnten
viele die Ansprüche des Christentums ab und waren davon
überzeugt, dass es gesellschaftliche Reformen behinderte.

Papst Pius IX. reagierte darauf, indem er seine Bischöfe
zum Ersten Vatikanischen Konzil (1869–1870) zusammen-
rief, bei dem dogmatische Erlasse herausgegeben wurden,
welche die Zuverlässigkeit der Bibel bestätigten sowie die
Tatsache der göttlichen Offenbarung und die Vernunft im
Glauben an Gott. Die meisten Bischöfe glaubten, eine
Erklärung der päpstlichen Vorherrschaft und Unfehlbarkeit
stärke die Kirche, deshalb definierte das Konzil die Doktrin
als bindend. Die Kirche erlebte eine beispiellose Einigkeit,
aber die Ungläubigen übernahmen immer wieder die
Kontrolle über Regierungen, die versuchten, den Einfluss
der Religion zu unterbinden.

Oben: Ermutigt von der
katholischen Kirche unternahmen Pilger Reisen zu wichtigen
religiösen Orten in Europa, z. B.
nach Lourdes in Frankreich oder
Santiago de Compostela in
Spanien.

RELIGIÖSER STREIT IN KANADA

Bis 1754, als sich die Rangeleien zwischen den Briten und Franzosen um die Kontrolle über das Gebiet westlich der Appalachen im Franzosen- und Indianerkrieg entluden, genossen die Katholiken in Kanada 150 Jahre Ruhe. Die französischen Truppen waren von der zahlenmäßigen Überlegenheit der Briten und der amerikanischen Miliz überfordert. Nach der Kapitulation von Montreal und Quebec wurde der Frieden 1763 mit dem Vertrag von Paris wiederhergestellt und die Kolonie der britischen Krone übergeben.

Dieser Sieg der Protestanten über die Katholiken hätte zum Hinauswurf der Kanadier und zur Einführung britischen Strafrechts führen können, aber dies geschah nicht. Der britische Kommandant General James Murray wollte, dass Quebec eine sichere englische Bastion im Norden gegen den revolutionären Geist der amerikanischen Siedler im Süden werden sollte. Um sich das Wohlwollen der Kanadier zu sichern, durften sie zunächst ihre Religion ausüben, ihre Sprache sprechen und ihre Gesetze befolgen.

In der Zwischenzeit trafen anglikanische Militärpfarrer zusammen mit den Besatzungstruppen ein, und bald wurden die anglikanischen Bischöfe Samuel Seabury und Charles Inglis berufen. Die politische, militärische und religiöse Strategie der Briten bestand darin, die Kanadier zu anglisieren. Trotz dieses Plans gingen die Zugeständnisse unter Gouverneur Sir Guy Carleton weiter. Der *Quebec Act* (1774) bestätigte die Zugeständnisse und sprach den Kanadiern eine Teilnahme an der Regierung zu.

Zwei „Einsamkeiten"

Die Empire-Loyalisten ließen sich westlich der Kanadier im Tal des St.-Lorenz-Stroms nieder, was 1791 zur Entstehung der Kanadischen Verfassung führte. Darin erhielten die Briten ihre eigene Provinz Oberkanada, zusammen mit ihrer Sprache und Religion, während die Zugeständnisse, die den Kanadiern gemacht wurden, mit der Provinz Niederkanada bestätigt wurden. Es folgte die Einrichtung der „Clergy Reserves". Dabei wurde ein Siebtel des

Unten: Die St. Patrick's Basilica in Montreal wurde 1847 als Kirche gegründet und erhielt 1989 den Status einer Basilika. Sie wurde für die Katholiken gebaut, die nach Montreal ausgewandert waren, um der Hungersnot in Irland zu entkommen.

gesamten Landes der Krone zur Unterstützung der protestantischen Geistlichen abgestellt. Auch die Provinzen Nova Scotia, New Brunswick und Prince Edward Island etablierten die anglikanische Kirche in ihrer Jurisdiktion. In Niederkanada bildete die „Château Clique" die Regierung, in Oberkanada der „Family Compact". Man ging davon aus, dass das starke protestantische Establishment zusammen mit dem Militär für die öffentliche Sicherheit sorgen, die Jugend erziehen und die Elite ausbilden würde.

Der englische Protestantismus blühte in Oberkanada ebenso auf wie der Katholizismus in Niederkanada.

Konfessionelle Rivalität

Der einflussreiche kanadische Kirchenmann John Strachan wurde Rektor der anglikanischen St.-James-Kathedrale und 1839 im Lambeth Palace in England zum ersten Bischof Torontos geweiht. Es kam zur Bildung einer Reihe von Kirchenprovinzen: Kanada (atlantische Provinzen und

---

DIE CLERGY RESERVES

Im *Constitutional Act* von 1791 wurden die Clergy Reserves eingerichtet: Ländereien der Krone, die dem Unterhalt der anglikanischen Kirche dienen sollten. Im 19. Jh. kamen weitere protestantische Gruppen (Presbyterianer, Methodisten, Baptisten und Mennoniten) nach Kanada. Die Church of Scotland wehrte sich als erste (aber nicht letzte) Kirche dagegen, dass die Einkünfte der Clergy Reserves exklusiv an die anglikanische Kirche gingen. 1854 wurden die Clergy Reserves vom Parlament säkularisiert und der übrige Gewinn für Bauprojekte der Gemeinden sowie für den Eisenbahnbau verwendet.

Quebec) 1860 und Rupert's Land (die westlichen Prärieländereien der Hudson Bay Company) 1875. Ontario und British Columbia kamen später hinzu.

Die anglikanische Kirche hielt sich 75 Jahre als Staatskirche, bis der *British North America Act* dies 1867 beendete. Obwohl die anglikanische Kirche in der kanadischen Gesellschaft weiter einflussreich blieb, wurden ihre Privilegien massiv eingeschränkt, und sie musste sich zudem mit der Konkurrenz anderer Konfessionen auseinandersetzen.

Anglikanische Theologiestreitigkeiten

Im 19. Jh. kam es zu theologischen Differenzen zwischen anglo-irischen Bischöfen und traditionellen Anglikanern. Der ideologische Konflikt zwischen der High Church und der Low Church ist heute noch in der University of Toronto erkennbar, wo das High Church Trinity College dem Low Church Wycliffe College direkt gegenübersteht.

1955 nahm die Kirche den Namen Anglican Church of Canada an, und sieben Jahre später wurde das *Book of Common Prayer* überarbeitet. 1965 veröffentlichte Pierre Berton angesichts sinkender Mitgliederzahlen *The Comfortable Pew*, eine kritische Bewertung der anglikanischen Kirchenpolitik. In der Folge wurde die Theologie der Kirche erneuert. Frauen wurden ordiniert, Verhütungsmittel erlaubt, Geschiedene wiederverheiratet und auch Homosexuelle willkommen geheißen. Im späten 20. Jh. lehnten sich karibische und asiatische Anglikaner, die einen „moralischen und geschlechtlichen Konservatismus" vorschlugen, gegen diese Trends im anglikanischen Gedankengut auf. Die Kirche unterhält noch immer Schulen für die First Nations und setzt sich für die Rechte der indigenen Bevölkerung ein. Heute machen Anglikaner 6,9% der kanadischen Bevölkerung aus.

Oben: Die 1775 in Pennsylvania, USA, ausgetragene Schlacht um den Monongahela war ein früher Konflikt im Franzosen- und Indianerkrieg. Trotz des französischen Sieges eroberten die Briten bald darauf Kanada.

Unten: Sir Guy Carleton (1724–1808) wurde 1768 Gouverneur von Quebec. Der mit seiner Hilfe entwickelte *Quebec Act* von 1774 galt bei den britischen Siedlern als prokatholisch.

DAS CHRISTENTUM IN DEN USA

Oben: Thomas Jefferson (1743–1826) hatte großen Einfluss auf die Entwicklung des amerikanischen Christentums. Er befürwortete die Trennung von Kirche und Staat und verfasste 1779 das *Virginia Statute for Religious Freedom*.

Das amerikanische Christentum leitete einen Großteil seines einzigartigen Charakters von der jeweiligen politischen Atmosphäre ab, sodass es nacheinander egalitär, konkurrenzbetont und expansiv war.

Eine neue christliche Welt: 1801–1850

In einem 1802 verfassten Brief an die Danbury Baptist Association ermächtigte Präsident Thomas Jefferson den 1. Zusatzartikel der Verfassung metaphorisch, in dem es heißt: „Der Kongress darf kein Gesetz erlassen, das die Einrichtung einer Religion betrifft, die freie Religionsausübung verbietet", als er von einer „Trennwand" zwischen Kirche und Staat sprach. Die amerikanische Ablehnung einer Staatskirche und drei weitere Faktoren eröffneten den christlichen Kirchen ein beispielloses Spielfeld. Durch die Bildung einer demokratischen Regierung förderte die neue Republik eine egalitäre Kultur, vor allem in der „Jacksonian-Ära", als viele alte gesellschaftliche Unterscheidungen nicht mehr wichtig waren. Zum Zweiten galt die kapitalistische Wirtschaft als Markenzeichen des amerikanischen Unternehmertums, und zum Dritten bot der Westen („Frontier") ein gutes Versuchsgelände für die rechtlichen, wirtschaftlichen, gesellschaftlichen und religiösen Prinzipien, die sich die neue Nation auf die Fahne geschrieben hatte, sowie einen Ort, an dem die Menschen ihre eigene Identität schaffen konnten.

Die zweite Große Erweckung

Vor allem die Methodisten und Baptisten, deren steigende Mitgliederzahlen sie zu den größten protestantischen Gruppen machten, profitierten von den Veränderungen. Methodistische Geistliche und die baptistischen Farmprediger verkörperten den Inbegriff des amerikanischen Christentums im 19. Jh., indem sie meist aus dem

einfachen Volk stammten und entlang der Frontier reisten oder dort lebten. Die Evangelisierung der westlichen Staaten wurde durch eine Reihe von Treffen in Cane Ridge, Kentucky, im Jahr 1801 sowie durch Charles G. Finney, der mit seinen reproduzierbaren „Mitteln" zur Erlösung prahlte, angekurbelt. Dieses Phänomen wurde als Zweite Große Erweckung bekannt.

Auch neue Varianten des Christentums – sowohl orthodoxe als auch heterodox-sektiererische – tauchten auf. Der schottisch-irische Alexander Campbell etwa verkörperte die orthodoxe Sektiererei. 1812–1830 ging Campbell eine unbehagliche Verbindung mit den Baptisten ein, aber seine restaurationistische Theologie und seine bestimmende Persönlichkeit führten zum Bruch. Im Jahr 1832 taten sich Campbell und Barton W. Stone zusammen und gründeten die Disciples of Christ.

Joseph Smiths Kirche Jesu Christi der Heiligen der Letzten Tage veranschaulicht eine eigentümliche Art des heterodoxen Christentums. Smith behauptete, der Engel

Unten: M. Jackson Jrs. Holzschnitt von 1863 für die *Illustrated London News* zeigt eine weiße Familie aus South Carolina, die Seite an Seite mit den schwarzen Sklaven zum Gottesdienst geht.

Moroni hätte goldene Platten enthüllt, die nach ihrer Übersetzung das Buch Mormon ergaben. Nachdem Smith 1844 von einer aufgebrachten Menge erschossen wurde, zogen die Heiligen der Letzten Tage nach Utah, wo sie ihre Mormonengesellschaft gründeten.

Teilung und Wiedervereinigung: 1850–1900

Mitte des Jahrhunderts stritten sich die Nord- und Südstaaten um eine ganze Reihe von Themen, allen voran um die Sklaverei – mit Auswirkungen für die amerikanischen Christen. Aufgrund teils erbitterter Streitereien teilten sich die Methodisten (1844), Baptisten (1845), Presbyterianer (1857–1861) und Lutheraner (1861) in nördliche und südliche Körperschaften auf. Nur die Episkopalen blieben vereint. Vollständige Wiedervereinigungen ließen nach dem Krieg viele Jahre auf sich warten bzw geschahen – wie bei den Baptisten – nie. Christliche Anführer kämpften um die Sklaverei, wobei einige ihre Abschaffung forderten und andere sie biblisch und theologisch verteidigten.

Als der Bürgerkrieg 1861 begann, beanspruchten die Geistlichen auf beiden Seiten die Unterstützung Gottes für sich. Präsident Abraham Lincoln, der einen baptistischen Hintergrund hatte, war ein moralischer, sensibler Mann, der seine ganze Präsidentschaft über damit kämpfte, sich dem verborgenen Willen Gottes anzupassen. Zum Glück endete der brutale Krieg 1865, aber Lincoln wurde ermordet und die Nation seiner Führung in der Nachkriegszeit beraubt. Die Aussöhnung der nördlichen und südlichen Protestantengruppen war langwierig, und der Südstaatenprotestantismus begann, markante Formen auszubilden, die im 20. Jh. sehr einflussreich werden sollten. In der Folgezeit traten bestehende schwarze Kirchen wie die African Methodist Episcopal Church und neue Gruppen wie die National Baptist Convention in den Vordergrund.

Im letzten Viertel des Jahrhunderts wurden konfessionelle Parameter unwichtiger. Dies ließ sich an den interkirchlichen Kooperationen zur Vereinfachung des Evangelismus von Dwight L. Moody und der Einigkeit unter konservativen Christen im Widerstand gegen die Theorien von Karl Marx und insbesondere Charles Darwin erkennen. Irische, deutsche, polnische und italienische Immigranten errichteten Enklaven, in denen sie dem Katholizismus treu blieben. Die Protestanten konnten die Nation und ihre Kultur nicht mehr als ihr exklusives „Eigentum" betrachten.

Unten: Joseph Smith (1805–1844) der Gründer der Kirche Jesu Christi der Heiligen der Letzten Tage (Mormonen). Er wurde zum Teil auch aufgrund seiner Befürwortung der Polygamie mit 38 Jahren ermordet.

Links: Die Sonne wirft goldenes Licht auf den Mormonentempel in Logan, Utah. Angeführt von Brigham Young ließen sich die Mormonen in Utah nieder und gründeten 1847 die Hauptstadt Salt Lake City.

ORTHODOXER AUFSCHWUNG IN RUSSLAND

Gegenüber: Während der Amtszeit von Zar Nikolaus I. (1796–1855) herrschte die Politik der „Autokratie, Orthodoxie und Nationalität" die das Befolgen der russisch-orthodoxen Religion vorschrieb. Alle nichtrussischen Religionen wurden unterdrückt.

Im späten 17. und im 18. Jh. erlebten fast alle Bereiche des russischen Lebens einen Aufschwung – insbesondere aber Kultur, Literatur, Architektur und Religion.

Von West nach Ost

Je größer das Nationalbewusstsein der Menschen wurde, desto größer wurde auch ihr Interesse an ihrer Vergangenheit. Alte Literatur, antike religiöse Praktiken und Architektur rückten in den Fokus derjenigen, die sich mit der Erforschung der Vergangenheit beschäftigten. Geografisch gesehen war Russland nach den Reformen Peters des Großen ein riesiges, vereintes Reich geworden. Auch heute noch dauert es eine Woche, will man das Land im Zug durchqueren, bzw. zehn Stunden mit dem Flugzeug. Langsam breitete sich die russisch-orthodoxe Religion im ganzen Land aus. Anfang des 20. Jh. war sie tief nach Sibirien, in die östlichen Provinzen, über die Aleuten nach Alaska und von dort aus die Küste hinab bis nach Kanada vorgedrungen. Angeführt wurde die Expansion von Männern wie Innokenti Weniaminow (1797–1879), auch bekannt als Innozenz von Alaska, der orthodoxe Missionen in Alaska und Sibirien gründete.

Gotteshäuser

In Bezug auf die Architektur führte der Aufschwung im 19. Jh. zu einer kreativen Mischung aus byzantinischen, altrussischen, romantischen und modernen Elementen. Eine von Zar Nikolaus I. bevorzugte Richtung betonte die religiöse und architektonische Verbindung zum byzantinischen Christentum. Der Architekt Konstantin Thon war für den Bau einiger der großartigsten Kathedralen verantwortlich, darunter auch die Christ-Erlöser-Kathedrale in Moskau sowie weitere Kathedralen in Rostow am Don,

Krasnojarsk, Jelez, Sveaborg und Tomsk. Sein berühmtestes Bauwerk ist aber der Große Kremlpalast. Eine andere Baurichtung orientierte sich an Russlands einzigartigem Erbe einheimischer Baustile und wurde von einem romantischen Gefühl der slawischen Identität gefördert. Die in diesem Stil gebauten Kirchen hatten ein zeltartiges Dach. Eine weitere Richtung wandte sich ganz vom westlichen Einfluss und sogar vom Kirchendesign ab und orientierte sich an bäuerlichen Traditionen und Holzbauten.

Neue heilige Männer

Innerhalb der Kirchen wurden sowohl die Spiritualität als auch die Theologie neu belebt. Ein großer Antrieb war die Integration der ukrainischen Kirche. Millionen neue Gläubiger und Tausende Priester brachten frischen Wind mit. Die spirituelle Wiederbelebung konzentrierte sich auf die *Starez*, die Ältesten. Der Begriff beschreibt jemanden, der aufgrund seiner außergewöhnlichen Heiligkeit als geistlicher Berater aufgesucht wird. Der *Starez* ist meist ein Mönch, der sich auf das Gebet, die Selbstdisziplin und den Verzicht konzentriert. Ihm wird nachgesagt, über besondere spirituelle Fähigkeiten zu verfügen, etwa das Heilen, das Prophezeien und die Fähigkeit, in die Seele eines Menschen zu sehen. Ein *Starez* ist einzigartig, da er von keiner Behörde ernannt, sondern vom Volk erkannt wird. Die Menschen reisen große Strecken, um ihn um Rat zu bitten.

Das Wiederaufleben der *Starez* begann mit Paissi Welitschkowski (1722–1794). Er wurde in der Ukraine geboren, studierte auf dem Athos in Griechenland und ließ sich dann im russischen Kloster Optina nieder. Sein größtes Werk war die *Philokalie*, eine Anthologie von Texten der Meister der hesychastischen Tradition. Welitschkowski gilt als der Erste der „Optina-Meister", aber der größte *Starez* im Kloster war Seraphim von Sarow (1759–1833). Unter den Schriftstellern, die in Optina Rat suchten, waren auch Nikolai Gogol und Leo Tolstoi.

Auch die Theologie lebte auf. Ein Beispiel war der hochgebildete und liberale Platon II. von Moskau (1737–1812), der sich in seinen Werken auf den Rationalismus bezog, um den orthodoxen Ideen einen ausgeprägt modernen Sinn zu geben.

Laientheologen wie der Poet Alexei Chomjakow kritisierten sowohl den Kapitalismus als auch den Sozialismus als Zeichen westlicher Dekadenz und befürworteten die Idee des *Sobornost* („Gemeinsamkeit" oder „Symphonie"), welche die Notwendigkeit der Zusammenarbeit zwischen den Völkern betonte. Iwan Kirejewski, ein weiterer Befürworter dieser Idee, beschrieb es so: „*Sobornost* ist, wenn die Summe der Christen aller Zeiten – vergangener und gegenwärtiger – eine unteilbare, ewig bestehende Versammlung der Gläubigen bildet, die ebenso sehr von der Einigkeit des Bewusstseins wie von der Verbindung durch das Gebet zusammengehalten wird." Das große Vorbild war die traditionelle Bauerngemeinde, in der alles zusammengehörte.

Unten: Die Christ-Erlöser-Kathedrale in Moskau wurde 1839–1883 gebaut, 1931 aber von den Streitkräften Stalins zerstört. In den 1990er-Jahren wurde die Kathedrale an gleicher Stelle wieder aufgebaut.

INTELLEKTUELLE IN RUSSLAND

Die Kirche als Tyrann und Verräter Christi, die Erlösung als freies Geschenk Gottes an die Armen, die Leugnung der Göttlichkeit Christi und die moralischen Lehren der Bergpredigt – im zaristischen Russland wurden diese neuen religiösen Ideen von den überragenden literarischen Persönlichkeiten Fjodor Dostojewski und Leo Tolstoi ausgesprochen.

Diese Ideen waren Teil des Aufschwungs der Kultur im 18. Jh., der das russische Leben durchdrang – insbesondere in der Architektur, der missionarischen Expansion, der Wiederentdeckung der Spiritualität und neuer Richtungen der Theologie. Einige Theologen wie Platon II. von Moskau, Alexei Chomjakow und Iwan Kirejewski mit ihrem idealisierten Gemeinschaftsleben waren sehr orthodox. Andere, allen voran Dostojewski und Tolstoi, waren es weniger. Ersterer entging nur knapp der Hinrichtung wegen seiner revolutionären Aktivitäten, während Tolstoi exkommuniziert wurde.

Befreiung aus der Todeszelle

1850 wurde Fjodor Michailowitsch Dostojewski aufgrund seiner Teilnahme an der revolutionären Agitation zum Tode verurteilt. Monatelang rechnete er jeden Morgen mit der Hinrichtung, nur um in letzter Sekunde vor dem Henker gerettet und stattdessen vier Jahre in ein Arbeitslager nach Sibirien geschickt zu werden. Das Gefühl des bevorstehenden Todes hinterließ jedoch großen Eindruck bei ihm und veränderte seine religiösen Ansichten und Schriften.

Der heute als Romancier berühmte Dostojewski war zu Lebzeiten als Journalist bekannt. Er war auch bei der Armee, hatte eine unglückliche erste Ehe, liebte das Spielen und konnte nicht mit Geld umgehen. Schließlich bekam er eine Stelle als Redakteur der Zeitung *Grazhdanin* und heiratete ein zweites Mal. Zudem verfasste er einige beeindruckende Romane: *Aufzeichnungen aus dem Kellerloch* (1864), *Schuld und Sühne* (1866), *Der Idiot* (1869), *Der Spieler* (1872) und *Die Brüder Karamazow* (1880). Als Schriftsteller hatte Dostojewski das Talent, die versteckten Vorgänge im menschlichen Geist und in seinen Gefühlen offenzulegen. Seine Hauptfiguren leben nur durch ihre Emotionen, die viel stärker sind als die Vernunft; sie werden aber durch das stärkste aller Gefühle, das uneingeschränkte Mitgefühl, auch wieder rehabilitiert.

Dostjewski brachte seine Theologie in seinen Romanen zum Ausdruck. Er argumentierte: Wir können Gott nicht durch unsere Vernunft oder unseren Willen kennen, und Gott wird nicht durch den Prunk und die Zeremonien der Kirche offenbart. Da wir alle schwach, armselig und sündig sind, können wir niemals an Gott heranreichen oder für unsere Erlösung mit ihm zusammenarbeiten. Wir müssen uns völlig auf das Mitgefühl, die Liebe und die Gnade Gottes verlassen. Für die Kirche hatte Dostojewski wenig übrig. In *Die Brüder Karamazow* gibt es eine Passage mit dem Titel „Der Großinquisitor". Der Inquisitor ist niemand anderes als die Kirche selbst, welche die Lehren Christi verfälscht hat und zum Tyrannen geworden ist. Laut dieser Parabel hätte die Kirche keine Scheu, Christus zu kreuzigen, käme er wieder auf die Erde.

Verhasste Heuchler

Leo Tolstoi (1828–1910) hasste Heuchler so sehr, dass er sich stets bemühte, nach seinem Glauben zu leben. Er kämpfte sein Leben lang für Sozialreformen und eine Verbesserung der Situation der Bauern. Tolstoi unterstützte verfolgte religiöse Gruppen wie die Duchoborzen, eine kommunistisch-christliche Bauernbewegung, die in Kommunen lebte und die Verehrung der Bibel, die Rituale, Ikonen, Sakramente und das Dogma in Bezug auf die Göttlichkeit Christi ablehnten (sie retteten sich vor der Verfolgung nach Kanada). Tolstoi war viel in Europa herumgereist und hatte neue Erziehungsmethoden und Ideen der Aufklärung studiert. Als er nach Russland zurückkehrte, gründete er auf seinem Anwesen Jasnaja Poljana eine Gemeinde, einen Schutzort und eine Schule.

Das reichte ihm aber nicht. Obwohl er einige der größten Romane der Weltgeschichte schrieb – vor allem *Krieg und Frieden* (1869) und *Anna Karenina* (1877) – gab er diese Arbeit später auf und widmete sich ganz der Formulierung seiner religiösen Ideen, insbesondere in seinem Werk *Meine Beichte* (1882). Die Bergpredigt beeindruckte ihn sehr. Er gab seinen Besitz und das Glück des Familienlebens auf und wurde erklärter Pazifist. Tolstoi glaubte an die Liebe, die er als Erfüllung der Botschaft Gottes ansah.

Unten: Leo Tolstoi wurde von der Idee Jesu inspiriert, auch die andere Wange hinzuhalten (Matthäus 5,39, Lukas 6,29). Seine pazifistischen Schriften hatten großen Einfluss auf z. B. Mahatma Gandhi.

TOLSTOIS FÜNF GEBOTE

In *Was ich glaube* (1884) fasste Tolstoi die für ihn wichtigsten Lehren Jesu zusammen:

1. Unterdrücke allen Ärger, auch gerechtfertigten, und lebe in Frieden.
2. Sex gehört nur in die Ehe.
3. Alle Schwüre sind falsch.
4. Dem Bösen darf man nicht widerstehen, und man soll nicht als Polizist oder Richter handeln.
5. Mit der uneingeschränkten Liebe dem Feind gegenüber überwindet man das Böse.

Links: Tolstois religiöse Ansichten wurden von der Bergpredigt geprägt: „Liebet eure Feinde; tut denen wohl, die euch hassen" (Lukas 6,27), denn „selig sind die Friedfertigen." (Matthäus 5,9).

Unten: 1899 emigrierten die Duchoborzen, religiöse Dissenter, die den Militarismus der Regierung und die russisch-orthodoxe Kirche ablehnten, nach Kanada, um dort ein friedlicheres Leben zu führen.

DIE ENTWICKLUNG IN LATEINAMERIKA

Oben: Schmiede, Tischler und Kleinbauern wurden von Migual Hidalgo y Costilla, einem katholischen Priester, der als Vater der mexikanischen Unabhängigkeit bekannt ist, zum Protest gegen die Spanier angestachelt.

Gegenüber: Pilger in Juazeiro do Norte, Brasilien, nehmen an der Festa do Padre Cícero teil, einer alljährlichen Prozession zur Statue Vater Cíceros, der in den 1920er-Jahren die Stadt gegründet hatte.

In Lateinamerika gärte es zu Beginn des 19. Jh. In den Jahren 1810–1825 erkämpften sich die spanischen und portugiesischen Kolonien nacheinander die Unabhängigkeit. Sobald diese erreicht war, stand man vor der Frage, wie man mit der katholischen Kirche umgehen sollte, die im 16. Jh. fast ganz Lateinamerika bekehrt hatte. Die Kirche besaß gewaltige Ländereien. Sie hatte sich um die Ausbildung und die Kranken gekümmert, war die Bank für die Reichen gewesen und erwartete noch immer Loyalität.

Für viele Lateinamerikaner, insbesondere für die Liberalen, war die katholische Kirche jedoch eine Erinnerung an die alte Weltordnung. Sie wollten einen ganz neuen Anfang wagen und dafür die Funktionen der Kirche übernehmen. Als sie an die Macht kamen, schlossen die Liberalen die Klöster, errichteten staatlich finanzierte Schulen und Krankenhäuser und bemühten sich, die Macht der Kirche überall zu beschneiden. Für die Konservativen war die Kirche dagegen eine Bastion der Moral in einer veränderlichen Gesellschaft. In vielerlei Hinsicht ist die Geschichte Lateinamerikas die Geschichte dieses Kampfes.

Tod den Spaniern!

In den verschiedenen lateinamerikansichen Ländern entwickelte sich die Situation sehr unterschiedlich. In Mexiko war der Unabhängigkeitskrieg von dem Rebellenpriester und Theologen Miguel Hidalgo y Costilla (1753–1811) mit seinem inspirierten Ausruf: „Lang lebe unsere gute Frau Guadalupe, Tod der schlechten Regierung und Tod den Spaniern!" angestachelt worden. Dieser Ausruf vom Morgen des 15. Septembers 1810 an der Tür seiner Pfarrkirche war das Startsignal für den Aufstand, der zehn Jahre später zur Unabhängigkeit führen sollte.

Trotz dieses wilden Anfangs hielt die Kirche nach der Unabhängigkeit Mexikos aber weiterhin die meisten sozialen, politischen und finanziellen Fäden in der Hand.

Die Liberalen brauchten weitere 30 Jahre, um ihr Säkularisierungsprogramm durchzusetzen. 1858 wurde ein liberaler Reformer Präsident: Benito Pablo Juárez García (1806–1872) vom Stamm der Zapoteken. Die nächsten 14 Jahre überwachte er massive Reformprogramme: die Abschaffung der Kirchenländereien, Trennung von Kirche und Staat und die zivile Kontrolle über das Militär (was für die Kirche bedeutsam war, da diese mit dem Militär verbündet war). Viele von Juárez' antikirchlichen Reformen wurden in der mexikanischen Verfassung von 1917 festgeschrieben. Erst 1992 wurden wieder diplomatische Beziehungen zum Vatikan aufgenommen.

Religiöser Schmelztiegel

Brasilien folgte einem ähnlichen Weg wie Mexiko, obwohl die Säkularisierung dort etwas länger dauerte. Die Unabhängigkeit von Portugal kam 1822, aber das Land durchlief eine einzigartige Phase als Kaiserreich Brasilien, bevor 1889 die Republik gegründet wurde. Auch hier wollten die Liberalen die privilegierte Position der Kirche beenden. In der neuen Republik herrschte Trennung von Kirche und Staat, und die Kirche wurde nicht mehr finanziert.

Wichtiger noch war die Garantie der Religionsfreiheit. Dies kam zum Teil auch durch den Einfluss protestantischer Immigranten und Missionare aus Europa nach der Abschaffung der Sklaverei im Jahr 1850, es hatte aber auch mit eindeutig brasilianischen Veränderungen zu tun. Zum einen entstand eine ganz neue Religion, die eine Mischung aus afrikanischem und brasilianischem Glauben war. Die vielen afrikanischen Sklaven hatten ihre eigenen Religionen mitgebracht, die in den Schmelztiegel mit den indigenen und christlichen Elementen geworfen wurden. Auch aus dem bitterarmen Nordosten kamen neue religiöse Bewegungen. Eine wurde von Antonio Conselheiro (1828–1897) angeführt, einem Wanderprediger, der in Canudos eine neue

Stadt für die Armen errichtete. Ein weiterer war der Mystiker Padre Cícero (1844–1934), dessen Visionen zu einem Zustrom von Menschen führten.

Die alte Kirche lässt nicht locker

In Argentinien und Chile blieb die katholische Kirche auch nach der Unabhängigkeit stark. In Chile (1818) wurde sie weiterhin vom Staat geschützt und subventioniert, und zur Trennung von Kirche und Staat kam es erst 1925. Andere Religionen wurden jedoch toleriert.

In Argentinen blieb der Katholizismus trotz großen Widerstands auch nach der Unabhängigkeit 1816 Staatsreligion (bis 1994 musste der Staatspräsident Katholik sein). Mitte des 19. Jh. kamen jedoch europäische Protestanten ins Land und gründeten Kirchen. Viele Gruppen, etwa die Baptisten, Methodisten, Presbyterianer und Anglikaner, blieben sehr klein. Es gab jedoch eine Ausnahme: Ein konstanter Zustrom von Lutheranern aus Deutschland und Skandinavien sorgte für die Entstehung einer kleinen, aber bedeutenden lutherischen Gemeinde.

Unten: Die 1663 von Franziskanern gegründete Kirche San Diego in Guanajuato, Mexiko, ist ein prächtiges Beispiel der kolonialen Baukunst. Ihr gegenüber liegt der Jardín Unión, der gesellschaftliche Treffpunkt der Stadt.

KATHOLISCHE ANFÄNGE IN AUSTRALIEN

✝ Die ersten europäischen Siedler brachten das Christentum 1788 mit der Ersten Flotte nach Australien. Unter den Gefangenen und ihren Aufsehern waren viele Katholiken. Großbritannien war jedoch eine anglikanische Nation und traf in ihrer neuesten und rauesten Kolonie keinerlei Vorkehrungen für andere religiöse Bedürfnisse. In den ersten Jahren mussten die Gefangenen am anglikanischen Gottesdienst teilnehmen – gleich, welcher Konfession sie angehörten.

Den Glauben bewahren

Einige der katholischen Gefangenen bewahrten zwar ihren Glauben, hinterließen aber wenig über ihre Aktivitäten. Einige der ersten freien Siedler, allen voran der karmelitische Laie James Dempsey, taten ihr Bestes, um ihre Religion und die der anderen Katholiken zu schützen. 1803 durfte der verurteilte irische Priester James Dixon die Messe lesen – zum Teil als Zeichen des guten Willens der Behörden, zum Teil aber auch als Test der Effektivität des organisierten Katholizismus zur Kontrolle der ruhelosen (und oft irischen) katholischen Häftlinge. 1804, nachdem einige von Dixons Gemeindemitgliedern den Aufstand geprobt hatten, wurde das Experiment wieder aufgegeben.

Britische Opposition – römische Gleichgültigkeit

Zwischen 1804 und 1817 gab es keine offiziellen katholischen Einrichtungen in Australien, obwohl die Priester unter den Gefangenen sicher insgeheim die Messe zelebrierten. Dies war eine Folge der britischen Opposition, aber auch der Gleichgültigkeit Roms gegenüber den

regelmäßigen Bitten, einen Priester zu entsenden, wohl aufgrund der gefährdeten Position des Heiligen Stuhls durch die Napoleonischen Kriege.

1817 kam Vater Jeremiah O'Flynn nach New South Wales. O'Flynn hatte aus Rom, aber nicht aus London die Zustimmung zu seiner Mission, in Sydney wusste das zunächst jedoch niemand. Als sein Betrug 1818 entdeckt

wurde, musste er das Land verlassen. Als die Strafkolonien und die angeschlossenen freien Siedlungen in New South Wales und Van Diemen's Land (das heutige Tasmanien) wuchsen, mussten die Briten die katholische Kirche schließlich zulassen, denn im Jahr 1820 gab es bereits 15.000 Gläubige. Im gleichen Jahr fiel dann auch die Entscheidung, die ersten katholischen Gefangenenpfarrer einzusetzen.

Die Gründergeneration

Zur ersten Generation der australischen katholischen Priester gehörten einige bemerkenswerte Männer wie J. J. Therry und Philip Connolly, die große Entfernungen zurücklegten und sich um eine Gemeinde kümmerten, wie sie vielfältiger nicht hätte sein können – vom reichen, freien Siedler bis zum erniedrigten, misshandelten Gefangenen. Gleichzeitig versuchten sie, eine minimale Infrastruktur ihrer Kirche in den Kolonien aufzubauen. Unkontrolliert errichteten diese Männer ihre eigenen Imperien, und einige wie Therry, dessen Interessen weit über das Geistliche hinausgingen, wurden äußerst mächtig. Erst als 1832 der englische Benediktiner William Bernard Ullathorne eintraf, wurde Kirchendisziplin eingeführt. Ullathornes Status als Generalvikar gab ihm zwar eine gewisse Macht, die jedoch nicht ausreichte. Die hierarchische katholische Kirche brauchte einen Bischof. 1834 wurde ein weiterer englischer Benediktiner, John Bede Polding, zum Bischof von Sydney ernannt, einer Diözese, die zu diesem Zeitpunkt faktisch ganz Australien umfasste.

John Bede Polding

Poldings lange Dienstzeit (er starb 1877) markierte den tatsächlichen Anfang des institutionellen Katholizismus in Australien. Oft war er von den sturen Priestern und aufsässigen Iren frustriert, und letztendlich unterband man den Versuch, in Sydney eine Benediktinerabtei zu errichten. Aber trotz wenig Aussicht auf Erfolg organisierte Polding die Infrastruktur der katholischen Kirche in Australien, gründete viele Pfarrgemeinden und Schulen und führte religiöse Orden ein, um beides zu leiten. Als Bischof legte er große Distanzen zurück und betreute sowohl die freie als auch die inhaftierte Bevölkerung. Seine Aktivitäten trugen zur Schließung des berüchtigten Gefängnisses auf Norfolk Island bei, und er ermutigte Passionistenväter, mit der Bekehrung der indigenen Bevölkerung zu beginnen.

Wachstum und Konsolidierung

Australien war zu groß und wuchs viel zu rasch, um nur eine Diözese zu bleiben. 1842 wurde Polding zum Erzbischof von Sydney ernannt, und Bischofssitze entstanden in Hobart und Adelaide. 1845 wurde Perth zur Diözese, gefolgt von Melbourne 1847. Trotz des Wachstums waren die ersten Jahre der Australian Catholic Church schwierig und von einem Mangel an Geistlichen geprägt. In Tasmanien las Philip Connolly 1821 die erste Messe, aber als der englische Bischof Robert Willson 1844 dort eintraf, fand er nur drei Priester für 5000 Gläubige vor. Als Polding 1877 starb, war die katholische Kirche auf elf Diözesen angewachsen und umfasste Hunderte Pfarrgemeinden.

Unten: Im März 1788 traf eine kleine Gruppe Gefangener und freier Männer auf Norfolk Island ein. Als die Strafkolonie 1855 aufgelöst wurde, galt sie als brutalste Siedlung Großbritanniens.

WELTMISSIONSKONFERENZ 1910

Oben: Im Juni 1910 kamen 1200 Repräsentanten verschiedener protestantischer Gruppen für zehn Tage nach Edinburgh, Schottland, um die Zukunft der Missionen zu diskutieren.

Vorherige Seite: Papst Benedikt XVI. (links) 2006 bei seinem Besuch in Istanbul, Türkei, der den Katholizismus und die orthodoxe Kirche einander wieder näherbringen sollte, mit dem ökumenischen Patriarchen Bartholomäus I.

Nach vier vorausgegangenen Konferenzen in Europa und den USA sollte Edinburgh der Eckpfeiler der modernen missionarischen und ökumenischen Bewegungen werden. Unter der Führung ihres Vorsitzenden, des Methodisten John Raleigh Mott, und dank der weisen theologischen Diplomatie ihres Sekretärs Scot John Oldham hob die Weltmissionskonferenz in Edinburgh (1910) die Missionsdiskussionen auf eine neue Ebene.

„Die Evangelisierung der ganzen Welt in dieser Generation"

Bei der Konferenz in Edinburgh, die viele als Höhepunkt des protestantischen Christentums im 19. Jh. und als formalen Beginn der protestantisch-christlichen Bewegung sahen, wurden acht verschiedene Themen in Diskussionen über Berichte aus missionarischen Kreisen auf der ganzen Welt angesprochen. Die Berichte befassten sich mit der Verbreitung des Evangeliums unter Nichtchristen, der Kirche im Missionsfeld, der Erziehung in Bezug auf die Christianisierung des nationalen Lebens, mit der missionarischen Botschaft und ihrer Beziehung zu nichtchristlichen Religionen, der Aus- und Weiterbildung von Missionaren, der

Heimatbasis der Missionsarbeit, mit der Beziehung zwischen der Missionsarbeit und dem Staat sowie mit der dringenden Notwendigkeit der Zusammenarbeit und Einheit unter den Missionaren und Missionen.

Die frühe Vorbereitung der Berichte und die gute Logistik der Konferenz sorgten für ein dynamisches Zusammenspiel aller Beteiligten. Die Konferenz von Edinburgh spiegelte das damalige missionarische Bedürfnis wider, „die Evangelisierung der ganzen Welt in dieser Generation" zu erleben. Sie war sowohl eine detaillierte Bestandsaufnahme der Missionsarbeit im Großteil der nichtchristlichen Welt als auch ein Ereignis, das den Beginn der Lebendigkeit der christlichen Religion in den „Missionsländern" signalisierte. Edinburgh war die Konferenz, bei der der Begriff „jüngere Kirchen" langsam Fuß fasste, der sich auf die Lebendigkeit der christlichen Gemeinden in der nichtchristlichen Welt bezog.

Es wurde deutlich, dass alle missionarischen Unternehmungen den gleichen Zweck hatten: die Entwicklung selbstverwalteter, sich weiterentwickelnder und selbsttragender Kirchen in jedem Missionsgebiet. Aus der globalen Perspektive heraus stellte Edinburgh den Anspruch, dass die Mission das Herz der Kirche sein muss.

Trotz dieser Leistungen war Edinburgh in erster Linie eine westliche Konferenz. Es waren nur wenige christliche Anführer aus Indien, China und Japan sowie überhaupt keine aus Afrika und Lateinamerika anwesend, ebenso wenig wie Beobachter der orthodoxen oder katholischen Missionsorganisationen. Die komplexe missionarische Terminologie der „christlichen Länder", „vollständig missionierten Länder" und „neuen missionarischen Territorien" wurde in Edinburgh gar nicht angesprochen. Tatsächlich war Lateinamerika von der Konferenz ausgeschlossen worden, um theologische und kirchliche Dispute über die Frage, was „christliche Länder" sind, und die geopolitischen und kirchlichen Diskussionen über rechtmäßige missionarische Arbeit in „vollständig missionierten Ländern" so gering wie möglich zu halten. US-amerikanische Missionsführer hielten jedoch inoffizielle Treffen ab, die später in den lateinamerikanischen Missionskonferenzen von Panama 1916, Montevideo 1925 und Havanna 1929 enden sollten.

Die missionswissenschaftlichen Diskussionen warfen auch Fragen darüber auf, was der Charakter und Zweck der Missionsarbeit ist. Gelehrte merkten an, dass die missionswissenschaftliche Sprache in Edinburgh voller imperialistischer und militaristischer Metaphern und Bilder war. Eine der eloquentesten Antworten auf diese Ausdrucksweise kam von dem indischen Christenführer V. S. Azariah, der die

Missionsgremien aufforderte, „Freunde" ins Missionsfeld zu entsenden. Obwohl er das Engagement der Missionare zu schätzen wusste, erkannte er aber auch die ethnische und religiöse Arroganz, die der Missionsarbeit so sehr schadete.

Zusammenarbeit und Einigkeit

In Edinburgh wurde auch das dringende Thema der Zusammenarbeit und Einigkeit im Missionsfeld und in den Missionsgremien angesprochen. Mit theologischer und kirchlicher Weisheit gelang es den Organisatoren, eine große Vielfalt von Strategien, Berichten, theologischen Positionen und Interpretationen zusammenzutragen Als Ergebnis dieses Kooperationsgeistes wurde das Continuation Committee gegründet, aus dem später der International Missionary Council (IMC) wurde. Aus der Arbeit des IMC entstanden weitere Missionskonferenzen, bis er in die Abteilung Mission und Evangelisation des Weltkirchenrats integriert wurde.

Die Missionskonferenz in Edinburgh stellte die Weichen für einige ökumenische Kirchenführer, welche die späteren Weltkirchenkonferenzen über „Glaube und Ordnung" (Lausanne, 1927) sowie über „Leben und Arbeit" (Oxford, 1937) leiteten. Und nicht zuletzt war die Konferenz in Edinburgh auch der Wendepunkt, ab dem man den wahrhaft globalen Charakter der christlichen Gemeinde erkannte.

Oben: Im Juni 1929 fand in Havanna, Kuba, die Latin American Missionary Conference statt. Dieses von Lateinamerikanern organisierte Treffen war ein wichtiger Schritt in Richtung einer protestantischen, lateinamerikanischen Identität.

Oben: John Raleigh Mott leitete nicht nur die Weltmissionskonferenz 1910 in Edinburgh, sondern er erhielt 1946 auch den Friedensnobelpreis für seine Leitung des YMCA.

DAS ZWEITE VATIKANISCHE KONZIL

 Das Zweite Vatikanische Konzil war eines der wichtigsten Ereignisse im Christentum des 20. Jh. Es rüttelte die katholische Kirche wach und hallte in vielen Christen nach.

Die Agenda

Im Januar 1959 erklärte Papst Johannes XXIII. völlig überraschend die Einberufung eines Zweiten Vatikanischen Konzils (das Erste hatte 1868 stattgefunden). Als Grund gab er an, es sei an der Zeit, „die Fenster der Kirche zu öffnen und frischen Wind hineinzulassen". Es schien keine aktuelle Krise innerhalb der katholischen Kirche zu geben, obwohl der Papst die Meinung teilte, dass die Kirche ihre Verbindung zur modernen Welt verloren hatte.

Kirchenväter wurden aufgefordert, Themen für die Agenda einzureichen. Viele beteiligten sich gar nicht, andere schlugen unbedeutende Änderungen des Kirchenrechts vor. Es schien, dass viele keine großen Erwartungen hatten. Sie waren mit der Kirche zufrieden, wie sie war. Die Anführer der „Rheingruppe" (Deutschland, die Niederlande, die Schweiz, Belgien und Frankreich) hingegen machten detaillierte Vorschläge, die sich auf moderne theologische Untersuchungen stützten, und wollten Veränderungen. Bald schon beherrschten sie die Vorgänge. Verschiedene Kommissionen, die meist aus Mitgliedern der römischen Kurie (das Verwaltungsorgan der katholischen Kirche) bestanden, begannen, eine Agenda und Dokumente zur Prüfung und Annahme zusammenzustellen.

Das Konzil traf sich in vier Sitzungen im Petersdom, jeweils von September bis Dezember der Jahre 1962–1965. Seine Mitglieder, „Väter" genannt, waren Bischöfe oder die Leiter männlicher religiöser Orden. Fast jeder, der teilnehmen konnte, tat das auch, und so waren bei der Eröffnung 2540 Mitglieder anwesend. Alle Dokumente und Reden wurden in Latein verfasst.

Bei dem Konzil wurden die andauernden Spannungen zwischen denjenigen deutlich, die alle Entscheidungsgewalt beim Papst und der römischen Kurie belassen wollten, und denjenigen, die eine stärkere Rolle der Konzile wollten – die Konziliarbewegung. Papst Johannes neigte eher zur Konziliarseite und ermutigte das Konzil, größtenteils frei und ohne seine Kontrolle zu agieren. Er lud auch andere Kirchen ein, Beobachter abzustellen. Gleich nach Eröffnung des Konzils ergriff die energische Rheingruppe – mit starken konziliarischen Tendenzen – erfolgreich die Chance, die Dominanz der Kurie zu überwerfen und die Vorherrschaft über das Konzil zu ergreifen. Papst Johannes starb zwischen der ersten und zweiten Sitzung und wurde von Papst Paul VI. ersetzt, der deutlich mehr Kontrolle ausübte. Bedeutenderweise zog er das Thema der Verhütung zurück und behielt sich die Entscheidung über die Moral dieses Themas vor, was noch Konsequenzen haben sollte.

Die Entscheidungen des Konzils

Das Erste Vatikanische Konzil hatte sich vor allem mit der Autorität des Bischofs von Rom (des Papstes) befasst. Das Zweite Vatikanische Konzil verfasste dagegen die ersten konziliarischen Lehren über die Natur der Kirche, gewährte den Bischöfen mehr Macht und formulierte ihre Beziehung zum Papst aus. In einem Dokument über die göttliche Offenbarung wurden Grundlagen der katholischen Theologie geklärt, der Bibel die oberste Autorität zugesprochen und ihr Studium befürwortet.

Die Entscheidungen des Konzils sind vor allem in den 16 offiziellen Dokumenten enthalten. Die Pastoralkonstitution *(Gaudium et Spes)* – bei Weitem das längste Dokument – brachte etwa die Tradition der „katholischen Gesellschaftslehre", die sich mit den Themen Kapitalismus, Sozialismus, Familie, soziale Angelegenheiten und Anrecht der Arbeiter auf faire Arbeitsbedingungen befasste, ein gutes Stück voran. Viel Beachtung fand auch eine Deklaration über Religionsfreiheit, die Regierungen abmahnte, die sich der religiösen Freiheit widersetzen. Zwei der wichtigsten Dokumente – über die Kirche *(Lumen Gentium)* und über die göttliche Offenbarung *(Dei Verbum)* – lassen durch die Niederlage der Theologie, die von der Kurie befürwortet wurde, deutlich erkennen, wie erfolgreich die Rheingruppe die Zustimmung der Mehrheit der Väter gewann.

Die Dynamik dieses Konzils faszinierte Historiker. Die Bischöfe hatten sich daran

gewöhnt, in Bezug auf die Lehre oder disziplinarische Entscheidungen der Päpste und der Kurie nicht mitreden zu dürfen. Sobald sie aber als Konzil zusammenkamen, spielten sie ihre Autorität aus.

Die Nachwirkungen

Die Katholiken waren vor allem von den Veränderungen in der Liturgie betroffen, aber sie entdeckten auch, dass sie eine Stimme hatten. Während des Konzils prasselte eine Vielfalt neuer Ideen auf die Kirche ein. Katholische Theologen begannen, sich an normalen theologischen Diskussionen zu beteiligen. Die Konservativen waren weniger begeistert, denn sie hatten das Gefühl, die Autorität des Papstes und der Kurie sei untergraben worden. Seit dem Konzil versuchen sie, die ursprüngliche Autorität der Kurie wiederherzustellen.

Oben: Papst Johannes XXIII. wird zur Eröffnung des Zweiten Vatikanischen Konzils durch die Straßen Roms zum Petersdom getragen. Dieses 21. Ökumenische Konzil befürwortete die Wiedervereinigung aller Christen unter der Führung Roms.

EXPANSION DER ERWECKUNGSBEWEGUNG

Das Christentum verläuft nach zwei vorhersehbaren Mustern. Es bewegt sich vom Aufschwung zur Stagnation und wieder zum Aufschwung. Die genauen Gründe können sich unterscheiden, aber die Natur des Aufschwungs ist stets ähnlich – die Erneuerung des Glaubens. Die beiden bedeutendsten Formen des Aufschwungs im 20. Jh. waren der Evangelikalismus und die Pfingstbewegung (oder Charismatische Erneuerung). Beide betonen den persönlichen Weg mit Gott, insbesondere durch die Zeit, die man sich jeden Tag zum Beten und zum Bibelstudium nimmt.

Was steckt in dem Namen?

„Evangelikal" stammt vom griechischen Wort *eu-angelion*, „gute Nachricht". Die Evangelikalen führen ihr Leben nach der Bibel, insbesondere nach dem Evangelium über Jesus. Das Wort „evangelikal" bzw. „evangelisch" wird seit der Reformation vor über 500 Jahren verwendet und unterschied damals die lutherischen Protestanten von den Reformierten (oder Calvinisten). Schließlich wurden mit dem Wort „evangelisch" alle protestantischen Kirchen Deutschlands bezeichnet. In England hatte das Wort jedoch eine andere Bedeutung: Im 18. Jh. betonten die Evangelikalen die persönliche Frömmigkeit und versuchten, die anglikanische Kirche von innen heraus zu reformieren.

Die ersten englischen Evangelikalen waren Sozialreformer. William Wilberforce (1759–1833) z. B. führte eine Gruppe im Parlament an, der es gelang, die Sklaverei abzuschaffen. Er und viele andere waren sehr an der Missionsarbeit interessiert, und tatsächlich stecken die Evangelikalen hinter vielen Missionsbewegungen. Im 19. Jh. kombinierten auch die Evangelikalen in den USA ihren Eifer für das Missionieren mit gesellschaftlichen Reformen. So waren sie an der Abolitionisten-, der Feministen- und der Abstinenzbewegung beteiligt.

Hier kommen die Amerikaner!

Zu Beginn des 20. Jh. gab es einen Richtungswechsel bei den Evangelikalen. Sie wurden vom Aufstieg des amerikanischen Fundamentalismus beeinflusst – einer Bewegung, die versuchte, die Grundlagen des christlichen Glaubens im Angesicht neuer Strömungen in Wissenschaft und Erziehung zu bewahren. Von Anfang an hielt der Evangelikalismus an fünf Punkten fest: an der Unfehlbarkeit der Bibel, der körperlichen Wiederauferstehung Jesu, der jungfräulichen Geburt Christi, dem Tod Jesu als Sühne für unsere Sünden und der körperlichen Rückkehr Christi am Tag des Jüngsten Gerichts. Der amerikanische Fundamentalismus beeinflusste auch ältere Bewegungen in England, Australien, Kanada und anderen Ländern und gab den bestehenden Missionsbewegungen neuen Antrieb.

Das Geschenk des Heiligen Geistes

Obwohl Evangelikale und Fundamentalisten der Pfingstbewegung gegenüber oft misstrauisch waren, gehören sie doch alle dem gleichen Erneuerungsmodell an. Ausprägungen der Pfingstbewegung konnte man die Geschichte hindurch immer wieder erkennen, wobei ihr Schwerpunkt auf der direkten Rolle des Heiligen Geistes, der Zungensprache, Prophezeiungen, Wunderheilungen und dem Exorzismus liegt. Der Name selbst bezieht sich auf die Pfingstgeschichte in der Bibel und auf das Geschenk des Heiligen Geistes an die ersten Anhänger Jesu, die auf diese Weise wundersame Taten vollbringen konnten. Die erste Welle der modernen Pfingstbewegung entstand in den USA zu Beginn des 20. Jh. Ihr Schwerpunkt lag auf dem persönlichen

Erleben Gottes und der „Taufe im Geist". Die Bewegung entwickelte sich rasch in einzelnen Gruppen weiter, von denen die Assemblies of God mit über 280.000 Gemeinden und Außenstationen in 110 Ländern sowie die Church of God in Christ, eine afro-amerikanische Pfingstbewegung mit Gemeinden, Schulen und Missionen in fast 60 Nationen die größten sind. Andere Gruppen blieben innerhalb ihrer Kirchen und nannten sich „Charismatiker".

Bis ans Ende der Welt

Sowohl die Evangelikalen als auch die Pfingstler legten großen Wert auf persönliche Bekehrungen und die Realität von Himmel und Hölle, was zu dem Bedürfnis führte, so viele Menschen wie möglich „retten" zu wollen. Da viele ihrer Mitglieder glauben, dass dass Ende der Welt kurz bevorsteht, ist die Bekehrung dringend. Aus diesem Grund arbeiten viele Evangelikale und Pfingstler in Missionsbewegungen – ob in einer medizinischen oder pädagogischen Funktion oder als Übersetzer der Bibel.

In vielen Gegenden mit religiösen Traditionen, die auf der Anbetung von „Geistern" basieren, übt die Pfingstbewegung große Anziehungskraft aus. Afrika, Südamerika sowie die Ureinwohner Australiens und Nordamerikas waren z. B. äußerst empfänglich. Oft ergriffen diese Menschen selbst die Initiative, hörten den Heiligen Geist zu sich sprechen und gründeten eigene Missionsbewegungen.

Unten links: Der Dom von Helsinki ist eine evangelisch-lutherische Kathedrale in Helsinki, Finnland, auf deren Dach Statuen der Apostel stehen. 2008 bekannten sich über 80% aller Finnen zum evangelisch-lutherischen Glauben.

Unten: Detail aus Rogier van der Weydens Triptychon *Jüngstes Gericht*. Die Realität und die Bedeutung des Jüngsten Gerichts ist ein wichtiges Thema bei Evangelikalen, Fundamentalisten und Pfingstlern.

HERAUSFORDERUNGEN FÜR WESTEUROPA

Säkularismus, Sozialismus, zwei Weltkriegs, Faschismus, der Holocaust und der Aufstieg des Islams waren die größten Herausforderungen für das europäische Christentum im 20. Jh.

Oben: Die Roma (Zigeuner) wurden von den Nationalsozialisten verfolgt. Im Lauf des Zweiten Weltkriegs starben in Europa bis zu einer halben Million Roma.

Gegenüber: Am 9. November 1989 feierten die Deutschen den Fall der Berliner Mauer, die das sozialistische Ostdeutschland seit 1961 von Westdeutschland getrennt hatte.

Unten: Auschwitz-Birkenau war das berüchtigtste Konzentrationslager der Nationalsozialisten Die Schrecken des Krieges führten zu einer Veränderung in der Beziehung zwischen Kirche und Staat in Westeuropa.

Von Säkularismus zum Sozialismus

1850 prägte George Holyoake, der gerade eine Gefängnisstrafe wegen Blasphemie abgesessen hatte, das Wort „Säkularismus" für eine neue Bewegung in England. Abgeleitet vom lateinischen *saeculum* („dieses Zeitalter" oder „diese Welt") bedeutete Säkularismus für ihn, dass wir unser Leben ausschließlich in Bezug auf diese Zeit und Welt leben, nicht hinsichtlich einer höheren Welt oder eines kommenden Zeitalters. Bald teilte sich die neue Bewegung. Holyoake argumentierte, dass der Säkularismus der Religion nicht notwendigerweise feindlich gegenüberstand, sondern dass es einfach wichtigere Dinge gab wie Erziehung, Medizin, Moral und Regierung. Andere waren der Ansicht, dass der Säkularismus eine antireligiöse Position einnehmen sollte – und diese zweite Bedeutung bürgerte sich schließlich ein.

Im Lauf der folgenden Jahrhunderte zogen sich die Kirchen in Europa langsam aus dem Alltag zurück, und die Besucherzahlen der Gottesdienste sanken daramtisch. Eine nach der anderen wurden traditionelle Kirchenaufgaben vom Staat übernommen. Der Säkularismus führte überall zur Trennung von Kirche und Staat. Diese Entwicklungen führten dazu, dass die Kirche eine zunehmend prophetische und kritische Stimme annahm.

Zudem konnte der Sozialismus, angespornt durch die Prinzipien aus dem kommunistischen Osten, in Westeuropa viel Boden gewinnen. Der Sozialismus war stark antikirchlich – er lehnte die Einmischung der Kirche in den herrschenden Schichten ab –, aber nicht immer antireligiös, da seine Grundaussage die Religionsfreiheit war. Als sich radikale Traditionen innerhalb des Christentums neue Geltung verschafften, wurde die Position des Sozialismus weiter gestärkt, und so schlossen sich christliche Sozialisten und Kommunisten mit säkularen Bewegungen zusammen.

Faschismus und Völkermord

Als das Grauen des versuchten Völkermords an Juden, Roma (Zigeunern) und Kommunisten in den Konzentrationslagern bekannt wurde, reagierte Europa ungläubig und schockiert. Wie konnte so etwas im angeblich zivilisierten, säkularen Europa geschehen? Die Tatsache, dass einige Kirchen die Faschisten anfangs unterstützt hatten, machte alles noch schlimmer. Das christliche Gedankengut, das sich diesen Entwicklungen widersetzte – zunächst angeführt von der Bekennenden Kirche unter der Führung Dietrich Bonhoeffers, Karl Barths und Martin Niemöllers –, überzeugte viele Menschen davon, dass die Kirche nie zu enge Bindungen zu politischen Bewegungen haben sollte.

Mit Gott auf ihrer Seite

Diese kritische Haltung wurde durch die Erfahrungen zweier Weltkriege noch verstärkt. Traditionell segnete die Kirche eines Landes die eigenen Streitkräfte und betete für deren Sieg. Wenn sich Feinde jedoch gegenseitig abschlachteten und beide behaupteten, Gott auf ihrer Seite zu haben, wurde man entweder zum Zyniker oder entwickelte eine kritische Distanz zu ihnen. Die Zyniker sagten, Gott sei immer auf der Seite der größten Armeen, während die Kritker, den Krieg an sich angriffen. Sogar die alte Theorie des „gerechten Kriegs" verblasste im Angesicht zweier Weltkriege und der Atombombe. Während der Kriege waren die Kirchen voll, weil die Menschen glaubten, jeden Augenblick sterben zu können. Nach Kriegsende beteten immer mehr Menschen für das Ende aller Kriege.

Ein christlicher Westen?

Eine weitere Auswirkung des Zweiten Weltkriegs war die Teilung in den kommunistischen Osten und den kapitalistischen Westen. Auch das Christentum war hier geteilt. Während die konservativen Flügel der westlichen Kirchen nach dem Ende des „gottlosen Kommunismus" riefen, eröffneten andere den christlich-marxistischen Dialog, der in den 1970er-Jahren seinen Höhepunkt erreichte.

Mit dem Zurückdrängen des Kommunismus nach 1989 und dem Fall der Berliner Mauer verblasste dieser Antagonismus. Für viele nahm eine neue Bedrohung seinen Platz ein: der Islam. In den 1970er- und 1980er-Jahren förderten viele westeuropäische Länder gern die billigen Arbeitskräfte aus dem Nahen Osten und Nordafrika. Dann realisierten sie plötzlich, dass mitten unter ihnen muslimische Gemeinden lebten. Wieder waren die Kirchen geteilt – einige argumentierten, dass es für den Islam im Westen keinen Platz gab, während andere die Gemeinsamkeiten zwischen den beiden Religionen erkannten und versuchten, den Graben zu überbrücken. Die lange Koexistenz von Islam und Christentum in Osteuropa lieferte ein Modell für diejenigen, die Harmonie suchten.

VERÄNDERUNGEN IN DEN USA

✝ Die katholische Kirche und die USA haben eine komplexe, historische Verbindung. Obwohl katholische Missionare lang vor den protestantischen Siedlern amerikanischen Boden betreten hatten, wirkte der Katholizismus oft wie eine fremdartige Ideologie, die so gar nicht zu den traditionellen Werten und Institutionen des Landes passte.

Gegenreaktionen: 1900–1950

Mit Beginn des 20. Jh. reagierte die Kirche vielen ihrer amerikanischen Schäfchen gegenüber immer gereizter. In seiner Enzyklika von 1895 kritisierte Papst Leo XIII. die Trennung von Kirche und Staat sowie die Behandlung der Indianer und Schwarzen in den USA, lobte die Nation aber gleichzeitig. Kurz nach dieser Enzyklika hätte Leo aber wohl Schwierigkeiten gehabt, seine positive Meinung aufrechtzuerhalten, da ihm der sogenannte „Amerikanismus" immer mehr Kummer bereitete. Wie die parallel verlaufende liberale Bewegung des Modernismus verlangte der Amerikanismus, dass die katholische Kirche ihr Dogma angesichts der modernen intellektuellen und kulturellen Entwicklungen neu überdachte. Leos folgende Verurteilung

des Amerikanismus zeigte die Verhärtung der katholischen Position. Obwohl sein Nachfolger, Pius X., der American Church 1909 volle Anerkennung anbot, bedeutete der neue Konservatismus, dass der amerikanische Katholizismus zu Beginn des Jahrhunderts auf dem Rückzug war.

Zwei protestantische Bewegungen – die Pfingstbewegung und der Fundamentalismus – boten zu Beginn des 20. Jh. Randgruppen spirituelle und biblische Kraft. Die Pfingstbewegung entsprang der Arbeit des Evangelisten Charles Parham, der 1901 das erste Mal die Zungenrede miterlebte. Nach einem Treffen mit Parham ging William Seymour nach Los Angeles, wo er 1906 eine dreijährige Wiederbelebung der Azusa Street Mission einleitete, die als Beginn der modernen Pfingsbewegung gilt. Der Fundamentalismus kam auf, als sich konservative Christen, die von der modernen Welt frustriert waren, in einer militanten Bewegung zusammentaten. *The Fundamentals* – eine Reihe von Heften, die zwischen 1910 und 1915 erschienen waren – gaben der Bewegung ihren Namen. Eine Liste unwiderruflicher Wahrheiten – die Unfehlbarkeit der Bibel, die jungfräuliche Geburt, die Stellvertreterbuße (Jesus starb, um für unsere Sünden zu büßen), die körperliche Wiederauferstehung Jesu und die tatsächliche Wiederkunft Jesu – war ihr „Kampfauftrag". Die Fundamentalisten waren der Ansicht, dass ihre Nation und ihre Religion versagt hatten, und attackierten Trends wie die Social-Gospel-Bewegung. Sowohl die Pfingstler als auch die Fundamentalisten mussten sich von ihren Gegnern einiges an Kritik bis hin zu Beschimpfungen gefallen lassen, sollten aber für die Geschichte des amerikanischen Christentums von großer Bedeutung sein.

Neue Macht: 1950–2000

Nach einer langen Zeit, in der es für weiße Christen unsichtbar war, zeigte das schwarze Christentum Mitte des Jahrhunderts bemerkenswerte Stärke, vor allem in der Bürgerrechtsbewegung. 1955–1956 tat sich der Baptistenprediger Martin Luther King, Jr. als Anführer der Bewegung hervor, nachdem Rosa Parks sich in Montgomery, Alabama, geweigert hatte, ihren Sitz im Bus für einen weißen Fahrgast aufzugeben. Kings Organisationstalent und seine außergewöhnlichen Fähigkeiten als Redner machten aus ihm eine Berühmtheit. Seine bekannte „Ich habe einen Traum"-Rede vom März 1963 in Washington inspirierte viele Menschen, sich gegen Rassismus stark zu machen. Seine Ermordung 1968 kann man durchaus als amerikanisches Märtyrertum betrachten.

Als die Fundamentalisten nach der Peinlichkeit des Scopes-Prozesses 1925 von der Bildfläche verschwanden, kam der Evangelikalismus auf. Eine Gruppe von Intellektuellen tauchte auf – der wichtigste von ihnen war der Theologe Carl F. H. Henry, dessen Gelehrsamkeit der Bewegung Ansehen verschaffte. Als Herausgeber von *Christianity Today* bewies er ein vereinendes und vernünftiges Naturell. Der Radioprediger Charles E. Fuller wollte eine

Unten: 1889 weihte der apostolische Brief *Magni Nobis Gaudii* Papst Leos XIII. die Catholic University of America offiziell ein. Der Standort in Washington, DC, wurde aufgrund der politischen Bedeutung ausgewählt.

Bildungsstätte, die besser war als die normalen Bibelcolleges. So begann er, ein Team zusammenzustellen, und als das Fuller Seminary 1947 eröffnete, machte es sich durch die Qualität der angebotenen Ausbildung rasch einen Namen. Evangelist Billy Graham, der bei seinem „Predigtkreuzzug" die Methoden George Whitefields, Charles Finneys und D. L. Moodys anwendete, bekehrte unzählige Menschen und wurde zur führenden Persönlichkeit des Evangelikalismus.

In der zweiten Hälfte des 20. Jh. mussten die Episkopalen, Methodisten, Presbyterianer und Lutheraner zusehen, wie ihre Mitgliederzahlen alarmierend schwanden und sie von anderen Gruppen überholt wurden. Für viele Beobachter wirkten diese Protestanten träge, verglich man sie mit den überkonfessionellen Charismatikern. Einige innovative protestantische Pastoren stellten sich einen modernen Gottesdienst vor – in Kirchen mit vielen Annehmlichkeiten, die zum Mittelpunkt des Lebens der Gläubigen werden sollten. Die zukunftsweisenden „Megakirchen", die aus dieser Vision heraus entstanden – z. B. die Willow Creek Community Church (Illinois), die Saddleback Church (California) und die Lakewood Church (Texas) – veränderten den amerikanischen Protestantismus auf bedeutende Weise.

Links: Billy Graham (geb. 1918) wurde 1939 als Pfarrer der Southern Baptist ordiniert. Er gründete 1950 die Billy Graham Evangelistic Association (BGEA), die sich verschiedene Medien bei ihrem Pfarramt zunutze macht.

Unten: Martin Luther King, Jr. beendete seine „Ich habe einen Traum"-Rede mit den Worten eines alten Spirituals: „Free at last! Free at last! Thank God Almighty, we are free at last!"

DIE VEREINIGTEN KIRCHEN KANADAS

Bei der Presbyterian General Assembly in Winnipeg im Jahr 1902 grüßte William Patrick, Direktor des Manitoba Colleges, die Methodist General Conference, die in der gleichen Stadt stattfand, und sprach sich spontan für eine Vereinigung der beiden Kirchen aus. Die Methodisten antworteten, dass Presbyterianer, Methodisten und Kongregationalisten ja ohnehin schon eine spirituelle Einheit seien, aus diesem Grund wäre eine organische Vereinigung nur sinnvoll. 1908 wurde ein gemeinsamer Ausschuss gebildet, der die Grundlagen der Einheit vorbereiten sollte. Die Anglikaner und Baptisten wurden eingeladen, sich dem Ausschuss anzuschließen, lehnten jedoch ab.

Die Kongregationalisten segneten das Dokument 1910 ab, auch die Methodisten akzeptierten es und erhielten dabei viel Unterstützung ihrer Gemeinde. Bei den Presbyterianern verlief es nicht so friedlich: Ursprünglich hatte die Generalversammlung der Kirche das Dokument mit einem Mehrheitsvotum 1910 angenommen, aber eine Urabstimmung in der Gemeinde offenbarte nur eine 67%-ige Zustimmung bei 32% Gegenstimmen. Die Diskussionen gingen im Ersten Weltkrieg weiter, eine Einigung erreichte man jedoch nicht. Erst 1921 reagierte die Generalversammlung, um ein Schisma zu vermeiden. Eine solide Mehrheit sprach sich für die Vereinigung aus, und ein Ausschuss sollte die rechtlichen Vorbereitungen erledigen. 1925 verabschiedete die Generalversammlung der Presbyterianer den Entschluss.

Erzielte Einheit

Am 10. Juni 1925 stimmten die Methodisten, Kongregationalisten und 70% der Presbyterianer zu, die United Church of Canada (Vereinigte Kirchen Kanadas) zu gründen. Die neue Kirche glaubte, durch die Teilung ihrer Ressourcen besser den sozialen und spirituellen Bedarf der Fabrikarbeiter in den Städten decken zu können. Die Zusammenlegung der Pfarrämter in den ländlichen Gegenden führte dazu, dass weniger Kirchen mehr Gläubige bei geringeren Kosten bedienen konnten. Mehr Missionare und eine

bessere Finanzierung erlaubte es der Kirche, bei der Verbreitung des Evangeliums im Norden Kanadas und an fremden Ufern mehr bewirken zu können.

Das Gründungsdokument von 1925 lieferte den Kongregationsmitgliedern Informationen, und 1940 wurde die ursprüngliche Theologie durch das Statement of Faith ausgeweitet. Die United Church glaubte, dass die Bibel der Grundpfeiler des christlichen Glaubens war, und betonte die Nützlichkeit der christlichen Überlieferung. Innerhalb dieser Grundparameter gab es aber viel Raum für die persönliche Interpretation der Heiligen Schrift und auch der Bräuche. Durch die Annahme des Social Gospel hoffte man, eine soziale Gleichstellung, die Abschaffung des Kapitalismus und das Ende der konfessionellen Disharmonie zu erreichen. Redner wie J. S. Woodsworth, Salem Bland, Ralph Connor und Nellie McClung predigten optimistisch für eine bessere christliche Zukunft. Die United Church setzte sich für die Beachtung des Sonntags, die christliche Abstinenz, die Kinderfürsorge, das Gesundheitswesen und für die Verschönerung der Städte ein.

Die Generalversammlung der United Church trifft sich alle zwei Jahre, und für diese Zeit wird ein Moderator gewählt. 1968 wurde der erste Laienmoderator gewählt, 1980 die erste Frau. Hierarchisch unter dem Generalrat sind elf Territorialkonferenzen mit je 300–400 Pfarrern und einer ebenso großen Anzahl Laien angesiedelt. Unterhalb der Konferenzen befinden sich die Presbyterien, die seelsorgerische Aufträge überwachen, Lizenzen an Pfarrerkandidaten abgeben und deren Ausbildung betreuen. Die Kirche versucht, ein Gleichgewicht aus lokaler Autonomie und zentraler Autorität aufrechtzuerhalten und steht theologisch zwischen dem Calvinismus und dem Arminianismus. Diejenigen, die zur Ordinierung zugelassen werden, müssen ihren Glauben an Christus, ihre göttliche Berufung und die Heilige Schrift bestätigen. 1936 wurde die erste Frau ordiniert, aber erst seit 1970 ist dies zur Normalität geworden. In letzter Zeit kam es zu Kontroversen um die Ordinierung von Homosexuellen. Die United Church ist die größte protestantische Kirche Kanadas.

Die Presbyterianer machen weiter

Während die United Church 1925 an einer Theologie und einem Pfarrprogramm arbeitete, bat die Presbyterian Association vor Gericht um die Blockierung der Kirchenvereinigung. Trotz ihrer Bemühungen erhielt der Gesetzesentwurf zur Gründung der United Church of Canada im Juli 1924 die königliche Zustimmung. Die Presbyterian Association forderte die Gemeinden auf, für die Fortsetzung der presbyterianischen Tradition zu stimmen. Die Aktiva der Kirche wurden zwischen der United Church und den 30% der Gläubigen, die Presbyterianer bleiben wollten, aufgeteilt.

Links: Die christlichen Gemeinden Kanadas mussten sich nicht nur mit den Fragen der Einigkeit untereinander, sondern auch mit den religiösen Bräuchen der einheimischen Bevölkerung auseinandersetzen.

DAS CHRISTENTUM IN AUSTRALIEN

Oben: Zur Feier des hundertjährigen Jubiläums der australischen Verfassung im Jahr 2000 nahmen der anglikanische Erzbischof von Brisbane, Peter Hollingworth, und ein Didgeridoospieler der Aborigines, Richard Walley, an einem Gottesdienst in der Londoner Westminster Abbey teil.

✝ Das australische Christentum begann das 20. Jh., indem es sich allmählich als „australisch" identifizierte. Es war ein langsamer Prozess, und die Verbindungen zu den verschiedenen nationalen Ursprüngen der Kirchen blieben stark. So unterstützten z. B. die anglikanische Kirche, die Methodisten, Presbyterianer und Kongregationalisten im Ersten Weltkrieg das britische Empire und sahen den Krieg als Kampf um die Zivilisation und das Christentum an. Im Gegensatz dazu hinterfragten einige irische Katholiken die Unterstützung, die das Empire erhielt, und Erzbischof Mannix aus Melbourne war ein erklärter Gegner der Wehrpflicht. Gleichzeitig gab es immer mehr in Australien geborene Geistliche, und die Kirchen gründeten ihre eigenen theologischen Colleges, um sie auszubilden. 1977 wurde die Uniting Church in Australia gegründet, und zwar durch einen Bund von Methodisten, den meisten Kongregationalisten und Presbyterianern. 1981 änderte die anglikanische Kirche ihren Namen offiziell in Anglican Church of Australia um.

Blick ins Outback

Ein weiteres Zeichen für das wachsende Interesse an australischen Angelegenheiten war eine veränderte Perspektive. Die Kirchen blickten seltener zurück zu ihren Anfängen in Übersee, sondern richteten ihren Blick ins Inland. Von ihren Basen an der Küste aus überlegten sie, wie ein effektives Pfarramt im Outback aussehen könnte. Die Anglican Bush Brothers – insbesondere die Brotherhood of the Good Shepherd (1903–1972) – betrieben Langstreckenseelsorge zu Pferd, mit dem Auto und dem Flugzeug. Das bekannteste Pfarramt ist die Australian Inland Mission (AIM), die 1912 von der presbyterianischen Kirche gegründet wurde. Der Pfarrer und Pilot John Flynn (1880–1951) richtete ein Netzwerk aus Seelsorge und Medizin ein, das bald zur Gründung der Fliegenden Ärzte führte.

Die Kirche errichtete auch Aboriginemissionen, und bald kam es zu ersten Diskussionen über die gesellschaftlichen und wirtschaftlichen Nachteile, unter denen die Ureinwohner zu leiden hatten. Flynns eigene Ansichten spiegelten diejenigen der Kirche wider – er glaubte, es sei nicht die Aufgabe der AIM, diese Probleme zu lösen, aber

ihm war auch klar, dass die Kirche noch viel über die Bedürfnisse der Aborigines lernen musste. Erst im späten 20. Jh. waren indigene Pfarrer zahlreicher vertreten, und als unabhängige Kircheneinrichtungen wie die Uniting Aboriginal and Islander Christian Congress gegründet wurden, realisierte die Kirche die Bedeutung von Landrechten, Selbstbestimmung und sozialer Gerechtigkeit.

Vom Konflikt zur Kooperation

Die Rivalität, die das australische Christentum im 19. Jh. charakterisiert hatte, ließ langsam nach. Im 20. Jh. brachten zwei Weltkriege und die Weltwirtschaftskrise die großen sozialen Probleme ans Tageslicht. Die Kirchen gründeten Abteilungen für soziale Gerechtigkeit, die aktiv praktische Hilfe leisteten und politische Aussagen zu Themen wie Arbeitslosigkeit, Gesundheit, Arbeitsbedingungen und

Unten: Der presbyterianische Pfarrer John Flynn gründete 1928 den AIM Aerial Medical Service, der heute als Royal Flying Doctor Service bekannt ist und im Outback noch immer eine lebenswichtige Rolle spielt.

Einwanderung machten. Die Kirchen kooperierten und bildeten in jedem Staat Kirchenräte, die sich mit den wichtigen Fragen der öffentlichen Moral und der sozialen Bedürfnisse befassten. Auf lokaler Ebene führte diese Zusammenarbeit zu gemeinsamen Gottesdiensten bei bedeutenden Ereignissen wie Anzac Day und Carols by Candlelight. 1977 produzierten sie gemeinsam ein *Australian Hymn Book*.

In der Folge des Zweiten Weltkriegs kam es zu einer großen Einwanderungswelle aus Europa. Neue Kirchen wurden gegründet, z. B. orthodoxe durch Einwanderer aus Griechenland, Russland und dem Nahen Osten – heute bezeichnen sich 3% der Australier als orthodox. Die meisten Einwanderer kamen aus Italien. Zusammen mit den Menschen aus anderen katholischen Ländern wie den Philippinen verwandelte die Kirche ihr irisches Erbe in ein internationaleres. Gegen Ende des Jahrhunderts waren 26% der Bevölkerung katholisch und machten die Kirche so zur größten Australiens. Gleichzeitig ließ die konfessionelle Loyalität nach. Viele junge Leute suchen nach einer Kirche, die wirklich zu ihnen passt. In diesem Zusammenhang ziehen auch die charismatischen und Pfingstkirchen viele neue Mitglieder an.

Interne Kämpfe

Während die Konflikte zwischen den Konfessionen abnahmen, stiegen die internen Konflikte an. Es gab politische Diskussionen, z. B. vom antikommunistischen Flügel der Kirche bezüglich der Gewerkschaften, aber auch den Versuch, die australische Labour-Partei mehr christ- als sozialdemokratisch zu machen. Ab den 1970er-Jahren war die Ordinierung von Frauen ein wichtiges Thema; einige (Uniting, anglikanisch, Churches of Christ und lutherisch) beschlossen, Frauen zu ordinieren, während sich andere (Katholiken, Presbyterianer und Pfingstler) dagegen entschieden. Ende des 20. und bis ins 21. Jh. hinein betrafen die größten internen Probleme indigene, ökologische und homosexuelle Fragen.

Unten: Ungefähr eine halbe Million Katholiken aus der ganzen Welt kam zum Randwick Racecourse in Sydney, um an der Abschlussmesse des Weltjugendtags im Juli 2008 teilzunehmen.

DAS CHRISTENUM IN NEUSEELAND

Unten rechts: Raetihi Whare Whakamoemiti ist eine kleinere Version des Ratana-Tempels, der 1927 bei Wanganui errichtet wurde. Die Ratana-Bewegung kombiniert *Ture Wairua* (spirituelle Arbeit) mit *Ture Tangata* (säkularer Arbeit).

Zu Beginn des 20. Jh. waren die verschiedenen Kirchen Neuseelands im Grunde noch immer Immigrantenkirchen. Es gab keine Staatskirche, und in den Gemeinden herrschte Sektiererei vor. Heute ist das Christentum in Neuseeland jedoch eine sehr vielfältige Realität.

Sinkende Zahlen

Auch die sinkenden Mitgliederzahlen trugen nicht dazu bei, die Sektiererei vor dem Zweiten Weltkrieg zu verringern. Diese hing zum Großteil mit der Antipathie zwischen Protestanten und Katholiken über deren Identifizierung mit dem Kampf der Iren um Unabhängigkeit oder dem Mangel an finanzieller Unterstützung für katholische Gemeindeschulen seitens der Regierung zusammen. Theologisch bezogen die meisten Pakeha-Kirchen (Pakeha ist der Maori-Begriff für Neuseeländer europäischer Abstammung) konservative Positionen. Es wurde wenig Wert auf den Social Gospel gelegt, obwohl sich Frauen aus den meisten Kirchen um ärmere Gruppen der Gesellschaft kümmerten. Einige jüngere Protestanten schoben die sinkenden Besucherzahlen auf die Tatsache, dass sich die Kirche nicht

Unten: Die Christ Church Cathedral steht seit 1904 im Mittelpunkt des anglikanischen Pfarramts.

ausreichend um aktuelle Belange kümmerte, und waren der Ansicht, dass man dieses Problem durch die Tolerierung größerer theologischer Vielfalt lösen könnte. Das wiederum führte zwischen den Weltkriegen zur Überarbeitung einiger theologischer Schwerpunkte insbesondere durch die Student Christian Movement (SCM).

Die Zahl der Maori-Christen wuchs und sank über die Jahre. Die Ratana-Kirche, die 1925 offiziell gegründet wurde, war eine wichtige politische und religiöse Macht. Bei anderen religiösen Gruppen der Maori – den Ringatu, Pai Marire und Wairua Tapu – sanken die Zahlen zwischen den 1930er- und 1950er-Jahren.

Entwicklungen nach dem Zweiten Weltkrieg

Nach dem Zweiten Weltkrieg gab es viele Veränderungen in den Kirchen. Bei den Protestanten wurden sie durch die Gründung des Weltkirchenrats im Jahr 1948 und später durch das Aufkommen der Pfingstgemeinden ausgelöst, in der katholischen Kirche durch das Zweite Vatikanische Konzil (1962–1965). Gesellschaftliche Veränderungen wie der Weg zur politischen Unabhängigkeit in den ehemaligen Kolonien, die Auswirkungen der Weltdekade „Bildung für

eine nachhaltige Entwicklung" der Vereinten Nationen in den 1960er-Jahren und die zunehmend säkulare Natur der neuseeländischen Gesellschaft trugen ebenfalls dazu bei. Die Besucherzahlen der großen Kirchen sanken weiter, obwohl dies durch den Zuwachs an polynesischen Katholiken in der Paheka-Gemeinde nicht so offensichtlich war.

Das Ganze hatte jedoch nichts mit dem Verlust des religiösen Bewusstseins zu tun. Die seelsorgerischen Anweisungen des Weltkirchenrats und des Zweiten Vatikanischen Konzils boten positive Antworten auf die gesellschaftlichen Veränderungen. Dazu gehörte z. B. die völlige Solidarität mit den Maori bei ihrem Kampf um ökonomische und kulturelle Gerechtigkeit. Auch die Auswirkungen der Frauenbewegung beeinflussten das Kirchenleben. 1989 ordinierte die anglikanische Kirche Dr. Penny Jamieson als Bischöfin von Dunedin. Sie war weltweit die erste Frau an der Spitze einer anglikanischen Diözese. Die Mitglieder der großen Kirchen waren und sind aktiv in Friedens- und Umweltbewegungen auf persönlicher und institutioneller Ebene tätig.

Das veränderliche Gesicht der Kirchen

Die Pakeha-Kirchen reagierten auf sehr unterschiedliche Weise auf die Einwanderung polynesischer Christen nach dem Zweiten Weltkrieg. Die Anglikaner setzten sich für Strukturen ein, die kulturellen Partikularismus ermöglichten, was die Dreifachstruktur aus Tikanga Maori, Tikanga Pakeha und Tikanga Pasifika (*tikanga* bedeutet „Brauch" oder „Konvention") erklärt. Die Katholiken bevorzugten die Integration der Polynesier in die bestehende Pfarrstruktur. Dann kamen unabhängige kongregationalistisch- und methodistisch-polynesische Kirchen, und 1971 gründeten Pazifikinsulaner aus der Presbyterian Church of Aotearoa New Zealand die Pacific Islanders' Synod.

Laut einer Erhebung von 2006 gab ein Drittel der Neuseeländer keine religiöse Zugehörigkeit an. Zudem hatten die Besucherzahlen der katholischen Kirche die der anglikanischen fast übertroffen. Am überraschendsten war aber der Anstieg an religiösen Gemeinden von zehn Ende des 19. Jh. auf 127 zum Zeitpunkt der Erhebung.

Die wichtigsten Entwicklungen hingegen waren das Wachstum der Pfingstkirchen wie der Assembly of God und der kleineren, unabhängigen Pfingstgemeinden, die Auswirkungen der Pazifikinsulaner auf die Hauptkirchen und das Entstehen von religiösen Bewegungen der Maori, z. B. die Rastafari-Bewegung oder die fundamentalistische Destiny Church. 1998 von Brian Tamaki gegründet, fand die unmissverständliche Herangehensweise an moralische und theologische Fragen ein offenes Ohr bei den Maori, bei den Polynesiern und einer kleineren Anzahl Pakeha.

Unten: Um den Maori das Christentum schmackhaft zu machen, ordinierten die anglikanische und katholische Kirche Älteste der Maori. Bei Versammlungen der Maori hört man oft das christliche Gebet (*karakia*).

DIE KIRCHEN DER PAZIFISCHEN INSELN

Oben: Missionare der Mormonen beim Evangelisieren in Funafuti, Tuvalu. Obwohl etwa 90% der Tuvaluer zu der größtenteils kongregationalistischen Church of Tuvalu gehören, werben die Mormonen dort aktiv neue Mitglieder für ihre Kirche.

✝ Um die Nachkriegsgeschichte der Kirchen auf den Pazifischen Inseln zu verstehen, muss man zunächst die anhaltenden Auswirkungen ihrer Geschichte im 19. Jh. betrachten, insbesondere das Erbe der konfessionellen Aufspaltungen und der Sektiererei. Die erste Kirche, die in einer bestimmten Nation oder Gegend etabliert wird, bleibt die dominante Kirche.

Ökumenische Initiativen

Kirchen, die von der London Missionary Society (LMS) gegründet wurden, sind auf Tahiti, den Cook-Inseln, Samoa und im südlichen Teil Papuas noch immer vorherrschend. Die Methodisten sind zahlenmäßig am stärksten auf den Fidschi-Inseln, Tonga und den westlichen Salomonen vertreten, die Presbyterianer in Vanuatu und die Lutheraner im ehemals von den Deutschen kontrollierten Neuguinea. Die Katholiken sind im Pazifik nur eine kleine Minderheit – mit Ausnahme Neukaledoniens, wo sie aufgrund der Geschichte der Insel als ehemaliges französisches Überseeterritorium die Mehrheit ausmachen.

Die konfessionellen Aufteilungen, die vor allem vor dem Zweiten Weltkrieg sichtbar waren, veränderten sich im Zweiten Weltkrieg. Die Christen in Papua-Neuguinea und auf den Salomonen entdeckten auf einmal Gemeinsamkeiten in ihrem Kampf gegen die Japaner. Beeinflusst durch die europäische Ökumene – ebenfalls eine Hinterlassenschaft des Krieges – kam es nicht überraschend, dass 1966 die Pacific Conference of Churches – bestehend aus melanesischen, mikronesischen und polynesischen Kirchen – gegründet wurde. Kirchen, die erst später eintrafen wie die Mormonen und einige unabhängige Pfingstlergruppen, wurden dabei nicht berücksichtigt.

Der Zweite Weltkrieg brachte weitere wichtige Änderungen mit sich. Die Kirchenführung lag nun in der Verantwortung der örtlichen Kirche, und nicht mehr bei fremden Missionsorganisationen. Interessanterweise kämpften die Kirchenführer bei den Unabhängigkeitsbewegungen an vorderster Front. Das traf vor allem auf Vanuatu zu, wo die Bewegung von Walter Lini, einem anglikanischen Priester, und Fred Timakata, einem presbyterianischen Pfarrer angeführt wurde.

In der vorchristlichen Kultur blieben Frauen meist von religiösen Aktivitäten ausgeschlossen, aber die ökumenische Bewegung ermutigte sie, in Kirche und Gesellschaft ins Rampenlicht zu treten. Ihre Beteiligung als ordinierte Geistliche ist aber noch gering.

Missionsaktivitäten in der Nachkriegszeit

Bereits vor dem Zweiten Weltkrieg wurden einheimische Missionare von einer Insel oft zusammen mit europäischen Missionaren auf eine andere entsandt – ein Brauch, der seit der Mitte des 20. Jh. noch beschleunigt wurde. Die älteren Missionsgesellschaften in Europa – protestantische wie katholische – greifen heute bei ihren Missionstätigkeiten

Rechts: White Sunday wird in Samoa in der zweiten Oktoberwoche gefeiert. Die Kinder kleiden sich weiß und sagen für ihre Familien in der Kirche Bibelverse *(tauloto)* auf.

THEOLOGIECOLLEGES AUF DEN INSELN

Eine der interessanteren Entwicklungen auf den Pazifischen Inseln ist der Versuch, den christlichen Glauben mit den vielen verschiedenen Kulturen in Einklang zu bringen. Dieser Prozess hängt jedoch sehr von der Fähigkeit einer Kirche ab, potenzielle Pfarrer in einer eigenen Schule auszubilden. Das ökumenische Pacific Theological College (gegründet 1966) und das Catholic Pacific Regional Seminary (1972), beide in Suva, Fidschi, sowie das Catholic Holy Spirit Seminary (1963) in Bomana, Papua-Neuguinea, ermutigen ihre Studenten, ihre Theologie und ihre liturgischen Praktiken in den kulturellen Zusammenhang ihrer Heimat zu setzen.

gern auf Pazifikchristen zurück. Grundsätzlich halten sich ihre missionarischen Tätigkeiten streng an den Stil des Social Gospel (christliche Moral auf soziale Probleme anwenden, statt einfach nur zu bekehren).

Offene Evangelisation wird meist von den neueren Kirchen und Sekten praktiziert. Da die meisten Pazifiknationen mit Ausnahme Fidschis, das eine große Hindu- und muslimisch-indische Bevölkerung hat, christlich sind, richten sich die Neuankömmlinge mit ihren Missionierungsversuchen direkt an Mitglieder bestehender Kirchen. Den Mormonen etwa hilft bei ihrer Mission ihre starke Beteiligung an der Grund- und weiterführenden Schulbildung. Studenten werden ermutigt, ihre Familien mit zur Andacht zu bringen, und diese Vorgehensweise hat der

Kirche ein kräftiges Wachstum beschert. 25% aller Samoaner sind heute Mormonen, und auf Tonga, wo die Methodisten nach wie vor die religiöse Mehrheit ausmachen, sind sie die zweitstärkste Kraft.

Mehrere Umweltthemen führten zur Förderung einer ökumenischen Vorgehensweise, z. B. der Widerstand der Kirchen gegen die französischen Atomtests in der Pazifikregion 1966–1996. Heute erfordern zunehmende ökologische Probleme ein noch geschlosseneres Vorgehen der Kirchen, denn die kleinen Pazifikstaaten leiden unter der Überfischung der Meere, der Abholzung der Wälder und der Entsorgung des nuklearen Abfalls, vor allem aber unter dem Klimawandel, der sich bereits auf die tief liegenden Inseln auswirkt.

Oben: Ein Offizier der britischen Royal Marines begrüßt Mitte Juli 1980 Vater Walter Lini. Über 200 Marines waren nach Port Vila, Vanuatu entsandt worden, um dort vor der Unabhängigkeit am 30. Juli für Ordnung zu sorgen.

PACIFIC CONFERENCE OF CHURCHES

1961 erkundeten die protestantischen Kirchen der Pazifikregion – ermutigt durch den Weltkirchenrat – Möglichkeiten, wie sie sich ökumenisch aufeinander einlassen könnten. 1966 wurde die Pacific Conference of Churches (PCC) offiziell gegründet, die seitdem in Fünfjahresintervallen zusammentritt. Die Basisökumene der Kriegsjahre wurde nun durch Strukturen ergänzt, die ein formelleres Herangehen an die Ökumene vereinfachten. 1976 wurde die Catholic Episcopal Conference of the Pacific Vollmitglied der PCC, die momentan über 40 Mitgliedskirchen hat.

Das Mandat der PCC

Obwohl finanzielle Engpässe die PCC immer wieder beeinflusst haben, schränkten sie ihre Aktivitäten nicht ein. 1981 wurden die Aktivitäten der PCC in drei Gruppen zusammengefasst: Mission, Einheit, Erneuerung und Dialog; Gerechtigkeit und Entwicklung sowie ökumenische Beziehungen.

Die theologische Ausbildung mit einem ökumenischen Schwerpunkt erhielt Priorität und führte 1966 zur Gründung des Pacific Theological College in Suva, finanziert durch den theologischen Ausbildungsfonds des Weltkirchenrats. Katholische Seminaristen werden in großen Seminaren in Port Moresby und Suva ausgebildet. Die Beziehungen zwischen den protestantischen und katholischen Schulen sind ausgezeichnet – insbesondere bei den beiden in Suva ansässigen Einrichtungen –, was sich auf das Dorfleben überträgt, in das dem die Pfarrer nach ihrer Ausbildung zurückkehren. In Teilen des Pazifiks steckte die ökumenische Kooperation hinter der erfolgreichen Übersetzung der Bibel in die Umgangssprache und der größeren Beteiligung der Frauen am öffentlichen Leben der christlichen Gemeinde.

Seit 2004 nimmt die PCC an einer Kampagne gegen HIV bzw. AIDS teil und versucht vor allem, über die Krankheit aufzuklären. Das führte bei den Kirchenmitgliedern zu einem besseren Verständnis der seelsorgerischen, sozialen und wirtschaftlichen Probleme im Zusammenhang mit HIV/AIDS sowie zur Bestimmung richtiger seelsorgerischer Antworten.

Die Beteiligung der PCC an rechtlichen und ökologischen Belangen

Die Pazifikkirchen stellten sicher, dass ihre Liturgien in kulturell akzeptabler Weise ausgedrückt wurden. Zusätzlich waren die Kirchenführer dem Mandat unterstellt, Konflikte in verschiedenen Teilen des Pazifiks auszuräumen. So bat die PCC etwa den katholischen Bischof von Tonga und den Bischof der United Church der Salomonen um Hilfe bei der Klärung gewalttätiger Auseinandersetzungen um die Ländereien der in australischer Hand befindlichen Kupfermine in Panguna auf Bougainville. Obwohl ihre Bemühungen von den Kirchen Bougainvilles unterstützt wurden, wurde den Männern die Einreise nach Bougainville

verweigert. Und weder der Fidschianische Kirchenrat noch die PCC konnten eingreifen, als Lieutenant Colonel Sitiveni Rabuka, ein methodistischer Laienprediger, 1987 die gewählte Regierung Fidschis stürzte. Die methodistische Kirche, der 90% der Christen des Landes angehören, war bei dem Thema zwiegespalten, während andere Kirchen, allen voran die katholische, den Coup offen verurteilten.

Die enge präkoloniale Beziehung zwischen politischer und religiöser Führung blieb auch in der postkolonialen Ära erhalten. Kirchenführer standen auch oft an der Spitze politischer Unabhängigkeitsbewegungen, wie der anglikanische Priester Vater Walter Lini in Vanuatu bewies. Für die Zukunft der Region werden sich aber vor allem ökologische Belange als entscheidend erweisen, und die PCC steht oftmals in der ersten Reihe, wenn es darum geht, auf die Bedrohungen für die Menschen im Pazifik aufmerksam zu machen.

Oben: Colonel Sitiveni Rabuka (geb. 1948) führte 1987 zwei Militärrevolten auf Fidschi an. Sein Ziel war es, die indischstämmige Regierung abzusetzen und durch eine einheimische zu ersetzen.

Auf institutioneller Ebene trug die ökumenische Arbeit der PCC dazu bei, die sektiererische und konfessionelle Rivalität zu überwinden, die für die Pazifikkirchen in der Zeit vor dem Zweiten Weltkrieg charakteristisch war. Heute sieht sich die PCC vor allem mit vier Problemen konfrontiert: 1. Der Zustrom „neuer" Kirchen mit ihrer aggressiven Missionsarbeit sorgt in bestehenden Kirchen seit Anfang der 1960er-Jahre für Spannungen. 2. Wichtige theologische und doktrinelle Differenzen könnten ignoriert werden. 3. Die PCC wird manchmal einer allzu exzessiven Beschäftigung mit Rechts- und Friedensangelegenheiten, Menschenrechten und ökologischen Bedenken beschuldigt, was zur Entfremdung von Politkern führen kann. 4. Die meisten Kirchen kämpfen um ihre finanzielle Autonomie.

Der wichtigste Beitrag, denn die PCC für die Pazifikinsulaner geleistet hat, besteht jedoch darin, dass die Kirchen im Fall einer regionalen oder nationalen Krise mit einer vereinten Stimme sprechen können. Dass dies beim Militärputsch auf Fidschi nicht passierte, gilt als Ausnahme von der Regel.

Oben: Bei diesem Gottesdienst in Fare, Huahine, ist die Nationalfarbe nicht zu übersehen. Die Pacific Conference of Churches sorgt dafür, dass die Bedürfnisse aller Christen in der Region gedeckt werden.

Links: Der Bergbau durch eine Niederlassung der Rio Tinto Company auf Bougainville Island – einem Teil Papua-Neuguineas – wurde 1989 eingestellt, aber die Streitigkeiten um die Ländereien zogen sich bis in die 1990er-Jahre. Die PCC versuchte, zu vermitteln.

ENTWICKLUNG IN LATEINAMERIKA

Oben: Bis 2001 waren fast 80% der bolivianischen Bevölkerung katholisch, obwohl es keine offizielle Staatsreligion gab. Die zweitgrößte Gruppe sind die evangelikalen Methodisten.

Unten: Vor der Revolution erklärte der mexikanische Präsident Porfirio Díaz: „Ohne seine Religion ist Mexiko unwiderruflich verloren." Die Revolutionäre widersprachen, und bald kühlten die Beziehungen zwischen Mexiko und dem Vatikan ab.

✝ Angespannte Pattsituationen zwischen Kirche und Staat, revolutionäres Christentum, ein finster dreinblickender Vatikan und eine gewaltige Zunahme von Missionen der Pfingstbewegung – dies waren einige der Merkmale des Christentums in Lateinamerika im 20. Jh.

Die Kirche, die herrschende Klasse und die Liberalen

Zur Jahrhundertwende war Lateinamerika mit überwältigender Mehrheit katholisch; das hieß aber nicht, dass die Kirche es immer leicht hatte. Viele Menschen – vor allem die politisch liberalen – sahen sie als konservative Bastion. Die Kirchenhierarchie war oft eng in die herrschende Klasse eingebunden, von der die Kirche glaubte, sie würde für Ordnung sorgen und ihr Privilegien gewähren.

So funktionierte es auch in Chile, wo die Trennung zwischen Kirche und Staat erst 1925 vollzogen wurde. In Argentinen war die katholische Kirche noch enger mit dem Staat verbunden und unterhielt von ihm Unterstützung und Schutz. Einen Mittelweg zwischen exklusiver Unterstützung der Kirche und einem säkularen Staat mit Religionsfreiheit zu finden, erwies sich als schwierig. In der Realität ist die Kirche noch immer eng mit dem Staat verknüpft – und zwar so sehr, dass das Arrangement den Status eines Konkordates bzw. internationalen Abkommens mit dem Vatikan hat. Am anderen Ende der Skala stehen Brasilien mit seiner strengen Trennung von Kirche und Staat, und Mexiko, wo der Kirche in der Verfassung von 1917 verboten wurde, Land zu besitzen und den Staat in irgendeiner Weise zu beeinflussen. Klar, dass die Beziehung zwischen Mexiko und dem Vatikan seit Langem unterkühlt ist. Erst in den 1990er-Jahren wurden wieder offizielle diplomatische Beziehungen aufgenommen.

Der Wind dreht sich: Marxismus und Christentum

In Rom drehte sich in den 1960er-Jahren der Wind. Papst Johannes XXIII. überraschte alle, als er das Zweite Vatikanische Konzil (1962–1965) einberief. Dessen Öffnung gegenüber der säkularen Welt sollte noch tiefgreifende Auswirkungen haben.

In Lateinamerika hinterließen die 1960er-Jahre ihre eigene Wirkung, vor allem mit den Stimmen der Armen. Priester, die bei den Armen gearbeitet hatten, wurden vom Zweiten Vatikanischen Konzil inspiriert, die Heuchelei herauszufordern, die von Erzbischof Dom Hélder Câmara aus Brasilien in seinem berühmten Zitat angesprochen wurde: „Gebe ich den Armen zu essen, nennt man mich einen Heiligen. Frage ich, warum die Armen kein Essen haben, nennt man mich einen Kommunisten."

Die Antwort war die Befreiungstheologie, die ab den 1970er-Jahren aufblühte. Durch die Analyse der Gesellschaft und der Wirtschaft mithilfe marxistischer Methoden argumentierten Befreiungstheologen, dass Armut durch ausbeuterische ökonomische Verhältnisse entsteht. Hier

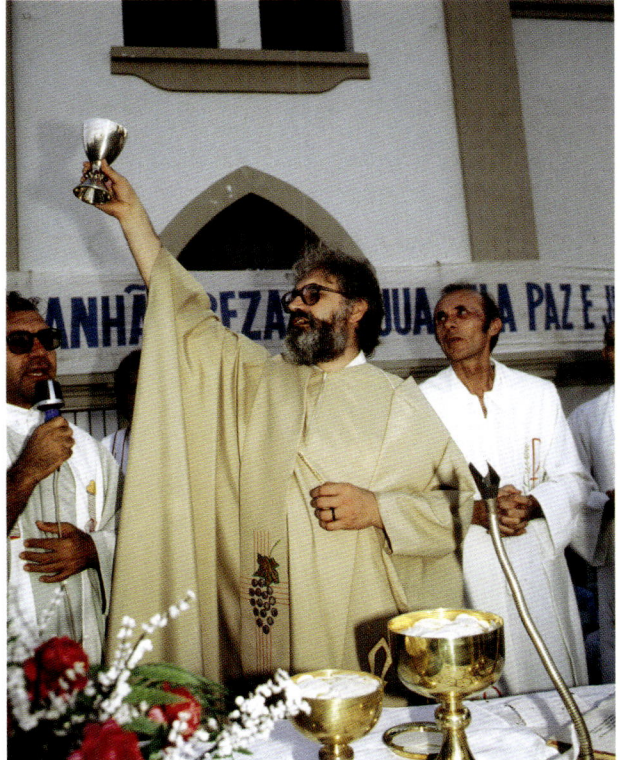

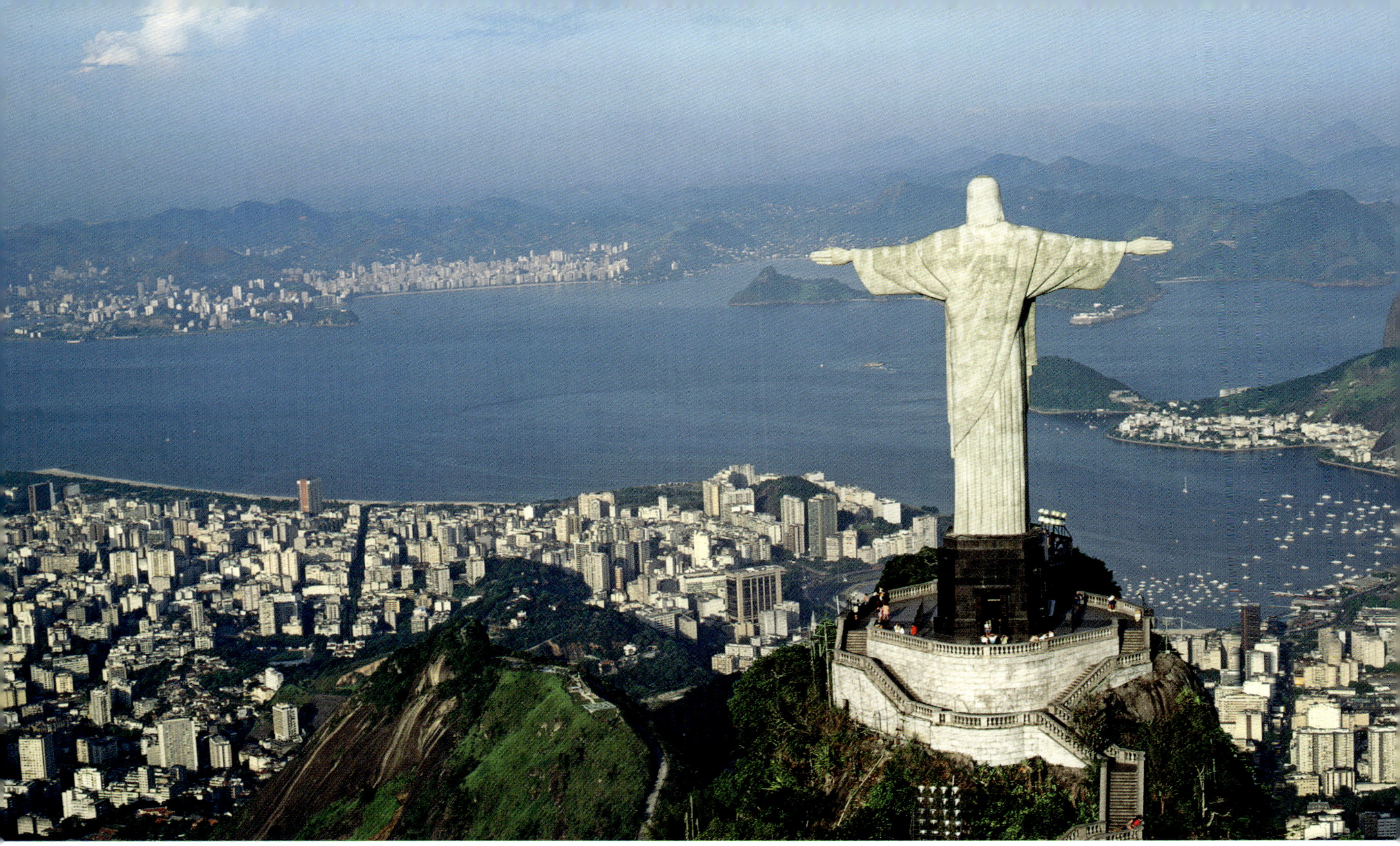

endete die marxistische Analyse jedoch. Die Lösung konnte nicht durch bewaffnete Revolution, sondern nur durch die Gnade Gottes, welche die Befreiung als Teil der Erlösung mit sich brachte, gefunden werden.

Die Befreiungstheologie bezog ihre Kraft aus aus ihrer Basis: Zehntausender kleiner Gruppen armer Menschen, die gemeinsam die Bibel lasen und einander halfen. Diese Gemeinden hatten großen Einfluss auf die lateinamerikanische Politik und waren das Geheimnis hinter dem Erfolg, den linksgerichtete Parteien zu Beginn des 21. Jh. in Brasilien, Venezuela und Bolivien verzeichnen konnten.

Dieses zarte Band mit dem Marxismus war zu viel für den Vatikan. Dieser begann, die Theologen zur Verantwortung zu ziehen, die Tradition der katholischen Gesellschaftslehre zu betonen und allzu radikale Bischöfe durch konservative zu ersetzen. Das Problem war jedoch, dass auch die radikalen Bischöfe zu Anfang konservativ gewesen waren – ihre Erfahrungen bei der Arbeit mit den Armen hatten sie radikalisiert. Nach einem Einbruch in den 1990er-Jahren ist die Befreiungstheologie heute in Lateinamerika wieder auf dem Vormarsch.

Ein Flächenbrand

In den 1980er-Jahren hatte sich eine weitere Form des Christentums wie ein Flächenbrand in Lateinamerika ausgebreitet: die Pfingstbewegung. Anfangs kamen die Missionare der Pfingstler aus den USA, aber bald entwickelte die Bewegung ein Eigenleben. Ein Grund für den Erfolg war die geringe Beachtung der religiösen Vorgaben unter Katholiken. Die Basisgemeinden machten nur einen kleinen Teil der Bevölkerung aus, nicht zuletzt aus Priestermangel. 2001 gab es in den USA statisisch gesehen für 1325 Katholiken einen Priester, während sich ein Priester in Lateinamerika um 7176 Katholiken kümmern musste. Das Wachstum der Pfingstbewegung wird auch durch das „Reichtumsevangelium" gefördert (die Überzeugung, dass Gott denjenigen, die er bevorzugt, materiellen Wohlstand zukommen lässt) sowie durch die Bereitschaft, Laienpriester einzusetzen.

Oben: Der von Heitor da Silva Costa entworfene und geformte *Christus der Erlöser* ist eine 37 m hohe Statue, die seit 1931 über Rio de Janeiro, Brasilien, thront.

Links: Leonardo Boff, ein führender Prediger der lateinamerikanischen Befreiungstheologie, hält 1986 einen Gottesdienst in Bacabal, Brasilien, ab. Die Förderung der direkten sozialen Hilfe für die Armen ist der Kern der Befreiungstheologie.

AUFSCHWUNG IN AFRIKA

✝ Obwohl das Christentum seit der Frühkirche in Afrika zugegen war, erreichte es erst im letzten Viertel des 19. Jh. das Landesinnere. Seitdem fand ein phänomenales Wachstum statt: Im Jahr 1900 gab es 8,8 Millionen Christen; bis 2004 waren es fast 383 Millionen, die meisten davon im Süden des Kontinents. Ausgelöst wurde dieses Wachstum durch eine Reihe von Faktoren.

Abschied von den Missionaren

Auf das „Gerangel um Afrika" der europäischen Kolonialmächte folgte ein Zustrom von Missionaren. Schulen im Busch, Katechismen und Übersetzungen der Bibel hatten anfangs Einfluss, aber in den 1890er-Jahren begannen die Menschen, sich von der Kontrolle durch die Missionare zu befreien und unabhängige Kirchen zu gründen. Manchmal entstanden sie durch charismatische Anführer oder „Propheten", darunter „Prophet Harris" (William Wadé Harris, ca. 1860–1929) und Simon Kimbangu (ca. 1889–1951).

Die unabhängigen Kirchen wuchsen weiter, teilten sich und breiteten sich aus. Sie legten meist ihren Schwerpunkt auf das geistige Heilen und akzeptierten die traditionelle Sichtweise von Krankheit als Besessenheit durch Dämonen. Gleichzeitig machten die protestantischen Hauptkirchen – Methodisten, Baptisten, Kongregationalisten und Anglikaner – Aufspaltungen durch, die Kirchen mit lokalen Anführern hervorbrachten.

Abschied von den Kolonialmächten

Der größte Anstoß für das Kirchenwachstum war jedoch eine Welle von Antikolonialbewegungen in den 1960er- und 1970er-Jahren, durch die ein Staat nach dem anderen unabhängig wurde. Gleichzeitig durchliefen die Kirchen eine Veränderung von weißen Missionaren zu schwarzen Einheimischen als Anführer, und ihre Mitgliederzahlen explodierten. Bis 1990 gab es über 350 afrikanisch-katholische und über 150 afrikanisch-anglikanische Bischöfe. In vielen Ländern stellen die Katholiken die Mehrheit. In Südafrika existiert eine Vielzahl von Konfessionen, von denen keine dominant ist. Im Norden – insbesondere in

den traditionellen Zentren wie Ägypten – herrscht dagegen das orthodoxe Christentum vor.

Ein weiteres Zeichen der Unabhängigkeit war die Entstehung einer markant afrikanischen Theologie mit Anführern wie John Mbiti, Bolaji Idowu, Kwesi Dickson und John Pobee, welche die Verunglimpfung der traditionellen afrikanischen Religionen in der Arbeit der Missionare anfochten. Sie versuchten, den afrikanischen Glauben an die Geister der Vorfahren mit der christlichen Doktrin in Einklang zu bringen. 1989 gründete Mercy Amba Oduyoye den Circle of Concerned African Women Theologians. Mit Fokus auf feministische Belange zog die Gruppe Hunderte Theologinnen an, darunter Musimbi Kanyoro, Isabel Phiri und Fulata Moyo. Eine weitere wichtige Entwicklung war die Entstehung des Institute for the Study of the Bible, das von Gerald West an der Universität von Kwazulu-Natal in Pietermaritzburg geleitet wurde.

Der Kampf gegen die Apartheid

Im langen Kampf um das Ende der Rassentrennung (Apartheid), der 1994 endlich gewonnen wurde, waren die Kirchen in Südafrika jahrzehntelang gespalten. Die verschiedenen Zweige der niederländisch-reformierten Kirche unterstützten – wenn auch nicht ohne Missfallen – die „separate Entwicklung" für weiße und schwarze Südafrikaner. Alle anderen Kirchen widersetzten sich der Politik des Staates, und ihre Anführer landeten dafür oft im Gefängnis oder wurden ausgewiesen. Zentrum der Opposition war das Christian Institute in Johannesburg, das 1963 von Beyers Naudé gegründet wurde. Mitglieder waren z. B. Basil Moore, Allan Boesak und der Bibelgelehrte Itumeleng Mosala. Auch heute noch ist das Institut Schwerpunkt der progressiven Theologie in Südafrika.

Oben: Seitdem William Wade Harris in den frühen 1900er-Jahren durch Ghana reiste und eine große Anzahl Menschen bekehrte, ist die christliche Bevölkerung im Land auf fast 14 Millionen angewachsen.

Unten: Die zwischen 1948 und 1994 in Südafrika vorherrschende Apartheidspolitik führte zu zahlreichen gewalttätigen Protesten in den schwarzen Townships. Die meisten Kirchen lehnten die Rassentrennung ab.

AFRIKANISCHE PROPHETEN

Der Liberianer William Wadé Harris wurde durch eine Vision des Erzengels Gabriel zum „Propheten". Er zog eine weiße Robe an und versammelte eine Gruppe von Sängerinnen um sich. Mit ihnen bereiste er Liberia, die Elfenbeinküste und Ghana, bekehrte Zehntausende und drängte sie, sich ihm in der Missionskirche anzuschließen. Falls es keine Kirchen gab, gründete er mithilfe örtlicher Anführer neue. Er legte stets Wert auf sofortige Bekehrung, glaubte an das bevorstehende Ende der Welt und an den Kampf gegen spirituelle Mächte. Auch Simon Kimbangu fühlte sich zum Propheten berufen. Er begann, in Belgisch-Kongo zu predigen. Sechs Monate später wurde er wegen Aufwiegelung verhaftet und verbrachte den Rest seines Lebens im Gefängnis. Die Bewegung wuchs jedoch weiter und wurde zur Church of Jesus Christ on Earth by His Special Envoy Simon Kimbangu, die heute fast zwei Millionen Mitglieder hat.

Oben: Jedes Jahr versammeln sich äthiopische Orthodoxe in Dörfern im ganzen Land, um zu beten und um das Timkat-Festival, Äthiopiens Epiphanienfest, zu feiern.

Links: Nach seiner Freilassung aus dem Gefängnis im Jahr 1990 traf sich der Antiapartheid-Aktivist und Führer des Afrikanischen Nationalkongresses Nelson Mandela (Mitte) mit Erzbischof Desmond Tutu (links), dem ersten schwarzen anglikanischen Erzbischof Kapstadts.

DIE ORTHODOXE WELT

Die politischen Veränderungen der letzten zwei
Jahrhunderte in Osteuropa – darunter die Be-
freiung Griechenlands von den Osmanen, der
Zusammenbruch des Osmanischen Reichs,
Aufstieg und Niedergang des Kommunismus in Russland
und seinen Satellitenstaaten – beeinflussten die orthodoxe
Kirche auf vielfältige Weise.

Zusammenbruch von Imperien

Im 19. und frühen 20. Jh. entstanden einige orthodoxe
Staatskirchen – zu einer Zeit, als ihr spirituelles Zentrum
(Konstantinopel) noch in den Händen der Türken war.
Nach der Befreiung Griechenlands erklärte die Kirche von
Griechenland 1833 ihre Autokephalie und verwaltungstech-
nische Unabhängigkeit vom Patriarchat in Konstantinopel.

Die rumänisch-orthodoxe Kirche erreichte die Autokephalie 1872–1885. Das serbische Patriarchat wurde 1920
eingerichtet, die bulgarisch-orthodoxe Kirche wurde 1945
autokephal, und die anderen Kirchen des Balkans folgten.

Die orthodoxe Welt sah plötzlich ihren ehemals ökumenischen Charakter durch die Entstehung von Kirchen ge-
fährdet, die von nationalen und ethnischen Faktoren
geprägt waren. Später wurde das Schicksal der Kirche im
Balkan oft von nationalen Interessen beeinflusst, etwa im
Fall der mazedonisch-orthodoxen Kirche, die sich 1959 von
der serbischen Kirche trennte und die von den anderen
orthodoxen Kirchen nicht anerkannt wird.

Im Kommunismus

Auch das Überleben der russisch-orthodoxen Kirche war
schwierig. Nach der Machtergreifung der Kommunisten
flohen viele russische Intellektuelle in den Westen, vor
allem nach Paris und New York. Der Versuch der Sowjets,
die Kirche zu unterwerfen und zu kontrollieren, führte
1927 zu einem Schisma zwischen der Kirche in Russland
und einem Großteil der Kirche im Ausland, die danach als
russisch-orthodoxe Kirche im Ausland (ROKA) bekannt
wurde und sich erst 2007 wieder mit dem Patriarchat in
Moskau vereinigte. Unter der Sowjetherrschaft wurde Religion nicht gern gesehen. Viele Kirchen wurden geschlossen,
und viele Geistliche gingen ins Exil.
Aber sogar in den Gulags von Siberien
überlebte das Christentum. Es war eine
schwere Zeit, ähnlich den Christenverfolgungen der Frühchristen, sodass
viele in den Sowjetjahren von einer
„Katakombenkirche" sprachen. Die
Sowjets verschärften auch das Problem
der Unierten Kirchen (Kirchen, die der
orthodoxen Tradition folgen, jedoch
mit der katholischen Kirche vereint
sind), indem sie einige der Kirchen
zwangsweise dem Moskauer Patriarchat
unterstellten. Nach dem Zusammenbruch des Kommunismus kehrten diese

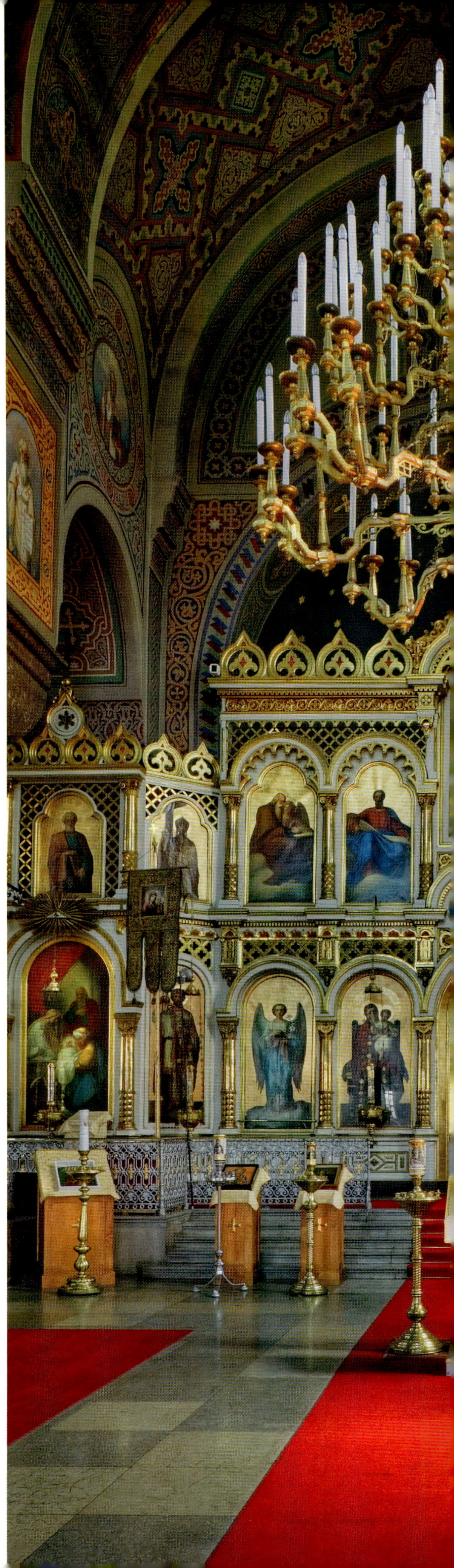

Kirchen zu ihrer Bindung an Rom zurück und fachten damit die uralten Spannungen zwischen der orthodoxen und der katholischen Kirche weiter an.

In den Ländern unter Sowjetherrschaft stieß das Christentum auf unterschiedlichen Widerstand. In Ländern wie Bulgarien und der Sowjetunion war der Staat der Religion gegenüber feindselig eingestellt und versuchte, sie politisch auszunutzen, betrieb aber keine offenen Verfolgungen. In Rumänien durfte die Kirche scheinbar normal weitermachen, war aber auf jeder Ebene vom Staat infiltriert. Albanien erklärte sich dagegen offiziell zum atheistischen Staat und duldete keinerlei Religion.

Die orthodoxe Kirche im Westen

Durch den Exodus russischer Theologen nach der kommunistischen Revolution kam es in Westeuropa und Amerika zur Gründung vieler orthodoxer Gemeinden. Ein großes Problem dabei ist, dass es anstelle einer alles überspannenden Infrastruktur viele kleine „Parallelstrukturen" gibt, die verwaltungstechnisch unabhängig (aber dennoch alle miteinander vereint) sind und die sich durch ihre Herkunft, nicht durch ihren Glauben identifizieren. Dieses vieldiskutierte Problem konnte bis heute nicht gelöst werden.

Dennoch konnte sich das orthodoxe Christentum durch die Gründung theologischer Einrichtungen wie St. Sergius in Paris, St. Vladimir's Seminary in New York, Holy Cross in Boston (und vieler anderer) sowie durch die zunehmende Einbindung von Immigrantengruppen in die Kultur ihrer Gastgeberländer weit über ihre traditionellen ethischen Grenzen hinaus ausweiten.

Die orthodoxe Kirche in den ehemals kommunistischen Ländern

Nach dem Zusammenbruch des Ostblocks tauchten die orthodoxen Kirchen wieder aus der Versenkung auf – mit mehr oder weniger großen Problemen. In Albanien musste die Kirche z. B. vollkommen neu gegründet werden und erhielt eine ganz neue Generation von Priestern und Bischöfen. In den meisten dieser Länder war die Kirche jedoch eine der wenigen Institutionen, denen die Menschen in den schwierigen Zeiten noch vertrauen konnten, und ihre Wiedergeburt gestaltete sich aus diesem Grund dynamisch und beeindruckend.

Oben: Metropolit Kirill von Smolensk und Kaliningrad hält nach seiner Wahl zum Patriarchen am 27. Januar 2009 einen Gottesdienst in der Moskauer Christ-Erlöser-Kathedrale.

Links: Die in den 1860er-Jahren von Zar Alexander II., der gleichzeitig Großfürst von Finnland war, erbaute orthodoxe Uspenski-Kathedrale in Helsinki ist der *Theotokos* gewidmet.

DAS CHRISTENTUM IN CHINA

Nach einem Stillstand von fast einem Jahrhundert zeigte das chinesische Christentum zu Beginn des 20. Jh., als sich ein prowestlicher Geist durchsetzte, ein beachtliches Wachstum.

Vor 1949

In der Zeit von 1900 bis etwa 1920 verdreifachten sich die Mitgliederzahlen der christlichen Kirchen auf nahezu 300.000 Gläubige. Dieses Wachstum endete jedoch bald. Zuerst kam es in den 1920er-Jahren zu einer Verstärkung der ausländerfeindlichen Stimmung, sodass sich das chinesische Christentum von nationalistischen und antichristlichen Bewegungen bedroht fühlte. Zudem gab es immer mehr einheimische Kirchenführer, die den ausländischen Missionaren die Leitung von Kirchen und Schulen aus der Hand nahmen. Chinesische Christen nahmen an der Weltmissionskonferenz 1910 in Edinburgh teil und signalisierten dadurch das Aufkommen einer nichtwestlichen Generation von Kirchenführern. Schließlich spielten chinesische Christen auch eine große Rolle in der Ökumene. Als 1927 eine vereinte Landeskirche, Chung-hua Chi-tu Chiao-hui, gegründet wurde, waren 66 ihrer 86 Kommissionsmitglieder Chinesen; nur 22 kamen aus dem Westen. Im gleichen Zeitraum entstanden auch weitere einheimische Gemeinden, viele von ihnen mit pfingstlerischen Ansichten.

Eine weitere bedeutende Herausforderung für das chinesische Christentum war die Tatsache, dass viele Missionen in Fragen der Theologie geteilter Ansicht waren, insbesondere in den 1920er- und zu Beginn der 1930er-Jahre. Theologische Streitigkeiten in ihren Heimatländern, vor allem in den USA – etwa die Modernisten-Fundamentalisten-Kontroverse – spiegelten sich in ihren Missionsfeldern wider. Umgekehrt spürte man die Differenzen in China auch in den Heimatkirchen, wie man an der Veröffentlichung des kontroversen Laienreports *Re-Thinking Missions* (1932) und der Kehrtwendung der ehemaligen Missionarin Pearl S. Buck sieht, die die traditionelle Arbeitsweise der Missionen anfocht.

Kirchenerneuerung

Unmittelbar nach dem Sieg der Kommunistischen Partei 1949 begann die neue Regierung, das Christentum und andere Religionen rigoros umzustrukturieren und ihre Abgrenzung von fremden Einflüssen zu verstärken. So entwickelte sich das „Drei-Selbst-Prinzip" von einer Missionsstrategie, welche die kirchliche Unabhängigkeit sichern sollte, zu einer politischen Strategie, die religiöse und nationalistische Loyalitäten in Einklang bringen sollte. Protestantische Kirchenführer entwarfen das „christliche Manifest", das 1950 von Premierminister Zhou Enlai abgesegnet wurde. Noch im gleichen Jahr folgte ein ähnliches katholisches Manifest. Protestanten gründeten 1951 die Patriotische Drei-Selbst-Bewegung, und die Katholiken zogen 1950 mit der Patriotischen Vereinigung der katholischen Kirche nach. Viele Christen, sowohl protestantische als auch katholische, blieben aber lieber im Untergrund. Im Zuge der Kulturrevolution 1966–1976 wurden dann auch die staatlich geförderten christlichen Organisationen aufgelöst.

Erst unter der offenen Politik Deng Xiaopings im späten 20. Jh. wurde das Christentum wiederbelebt, insbesondere das protestantische. 1980 gründeten Protestanten und Katholiken neue Dachverbände für alle Kirchen, die sich mit interkirchlichen Belangen befassen sollten: das China Christian Council und die Chinese Catholic Bishops' Conference. Das phänomenale Wachstum der Kirche seit 1980 – sowohl offiziell als auch im Untergrund – wirft zunehmend Fragen über die Effektivität der Missionarsarbeit vor 1949 sowie über die Hartnäckigkeit von Religion an sich auf.

Die Kirche unter kommunistischer Herrschaft: ein Oxymoron?

In Bezug auf die chinesische Kirche, die heute hinsichtlich absoluter Zahlen die größte Landeskirche ist, kam immer wieder die Frage auf, ob eine christliche Kirche im Kommunismus existieren kann. Bis heute ist die Antwort ein vorsichtiges „Vielleicht".

Nach der Kulturrevolution ging die Macht in China auf gemäßigtere Politiker über. Die Verfassung von 1978 erlaubt die Religionsfreiheit. Fünf Religionen – Buddhismus, Daoismus, Katholizismus, Protestantismus und der Islam – werden vom Staat anerkannt; einige andere wie Falun Gong sind jedoch weiterhin verboten. Während ein religiöser Glaube heute gesellschaftlich akzeptabler ist, schließt er jedoch eine Mitgliedschaft in der Kommunistischen Partei Chinas (KPCh) weiterhin aus. Diese ist jedoch für das Vorankommen in vielen Berufen und politischen Ämtern in China nach wie vor unerlässlich.

In der Zwischenzeit kämpfen die chinesischen Christen nach wie vor damit, sich an den veränderten Kontext der Gesellschaft anzupassen. Obwohl die Katholiken Mitte des 20. Jh. als Antagonisten des kommunistischen Staates galten, versucht der Vatikan in letzter Zeit, die Beziehungen zur aktuellen Regierung zu normalisieren. Die Protestanten, die immer verhältnismäßig frei von ausländischen Einflüssen gewesen waren, arbeiten bereits aktiver mit der Regierung zusammen. Theologen wie Bischof K. H. Ting (Ding Guangxun), Vorsitzender der CCC, versuchen, eine überkonfessionelle Theologie im kommunistischen Kontext zu erarbeiten.

DAS CHRISTENTUM IN KOREA

Gegenüber: Gläubige an der Yoido Full Gospel Church in Seoul. Beim allerersten Gottesdienst dieser Kirche, der am 18. Mai 1968 am Fuß eines Bergs abgehalten wurde, waren nur Pastor David Yonggi Cho und fünf Gläubige anwesend.

Gegenüber unten: Die Presbyterian Church of Korea hat mehr Mitglieder als jede andere presbyterianische Gruppe weltweit. Suh Sang Ryun gründete 1884 die erste presbyterianische Kirche Koreas in der Provinz Hwanghae.

Unten: Ein Priester und eine Nonne mit Kindern des Maryknoll-Kindergartens in Seoul, Korea. Die Erziehung war einer der Schwerpunkte der christlichen Mission in Korea 1946.

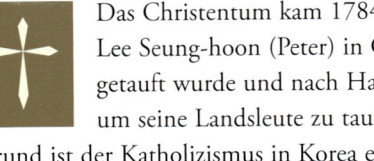

Das Christentum kam 1784 nach Korea, als Lee Seung-hoon (Peter) in China als Katholik getauft wurde und nach Hause zurückkehrte, um seine Landsleute zu taufen. Aus diesem Grund ist der Katholizismus in Korea etwa 100 Jahre älter als der Protestantismus. Die ersten protestantischen Missionare kamen 1884–1885 ins Land.

Missionarische Aktivitäten

Methodistische und presbyterianische Missionsgesellschaften spielten eine entscheidende Rolle bei der Entwicklung des modernen koreanischen Christentums. Ihre Schwerpunkte lagen in der Evangelisierung und in der Erziehung. Christen sollten die Bibel lesen können, deshalb wurden neben Kirchen auch Grundschulen gebaut. Diese Schulen entwickelten sich zu Oberschulen und Colleges weiter, an denen moderne westliche Fächer gelehrt wurden. Die Missionare halfen auch bei der Verbreitung des *han'gul* (koreanische Schrift) indem sie die Bibel übersetzten, druckten und verbreiteten.

Medizinische Missionare bauten Krankenhäuser, medizinische Hochschulen und Schulen für Krankenschwestern. Die Vorteile der modernen Ausbildung und Medizin brachten dem Christentum viel Respekt ein. Die Missionare lehrten Bauern moderne Anbaumethoden und gründeten Sozialeinrichtungen für Frauen und Kinder. Daraus wurden bedeutende Institutionen wie das Severance Hospital, die Yonsei University, die Ewha und Baewha Woman's Universities sowie die Tai Wha Social Welfare Foundation.

Christlicher Widerstand gegen die Japaner

1910–1945 stand Korea unter japanischer Herrschaft. Die Kolonialregierung ließ Kirchen von der Polizei überwachen, verhaftete christliche Anführer und zwang ihre Einrichtungen, sich an ihre Regeln anzupassen. Insbesondere Protestanten waren in der Nationalismusbewegung aktiv, und fast die Hälfte derjenigen, die 1919 die Unabhängigkeitserklärung von Japan unterschrieben, waren Christen. Zwischen den frühen 1930er-Jahren und dem Zweiten Weltkrieg kam es zu vielen Zusammenstößen zwischen der Regierung und den Christen, weil diese sich weigerten, in den Shinto-Schreinen zu beten. Bis 1940 waren die meisten ausländischen Missionare evakuiert worden, und die Anzahl der Christen sank dramatisch.

Nordkorea

Vor 1940 war das Christentum im Norden stärker vertreten als im Süden, aber nach dem Zweiten Weltkrieg und der Teilung des Landes flohen viele Christen aus Nordkorea in den Süden, um der Verfolgung zu entgehen. Diejenigen, die blieben, wurden völlig unterdrückt. 1983 erlaubte die kommunistische Regierung Nordkoreas eingeschränkte Religionsfreiheit; dennoch bleiben eine Handvoll staatlich anerkannter Kirchen unter Beobachtung. Die tatsächliche Anzahl von Christen und Hauskirchen ist unbekannt.

Südkorea

Nach dem Koreakrieg (1950–1953) strömten ausländische Hilfsorganisationen ins Land, darunter auch christliche Missionsgesellschaften. Die Kirchen spielten eine wichtige Rolle bei den Hilfsprogrammen, boten den Armen spirituelle Unterstützung und wurden zu einer demokratischen Macht. Programme zur Ausbildung von Kaplanen, die in den 1950er-Jahren von Protestanten und Katholiken begonnen wurden, sind weiterhin wichtige Werkzeuge bei der Evangelisierungsarbeit. Durch effektive Verbreitung und gute Sozialprogramme konnte die Kirche seit den 1960er-Jahren ein gewaltiges Wachstum verzeichnen. In den 1970er-Jahren übersetzte die Kirche die Bibel für den Allgemeingebrauch und begann, die Massenkommunikation als Mittel zur Bekehrung zu nutzen. Gegen Ende des 20. Jh. machten Christen ein Drittel der koreanischen

DIE MINJUNG-THEOLOGIE

Obwohl das koreanische Christentum von schamanischen, buddhistischen und konfuzianischen Elementen beeinflusst wurde, sind die meisten Protestanten evangelikal-konservativ. Unter dem Militärregime in den 1970ern und 1980ern entwickelten fortschrittliche Theologen eine koreanische Version der lateinamerikanischen Befreiungstheologie, bei der sie auch kulturelle Elemente des Schamanismus verwendeten. Diese Minjung-Theologie ist im Ausland allerdings bekannter als in Korea selbst.

Bevölkerung aus. Es gab 230 protestantische Denominationen im Land, darunter Presbyterianer (die Mehrheit), Methodisten, Baptisten, Pfingstler, die Heilsarmee, Nazarener, Siebenten-Tags-Adventisten, Lutheraner und Anglikaner. Fast 10.000 koreanische Missionare waren in 119 Ländern aktiv und bildeten die zweitgrößte missionarische Kraft weltweit. Eine der am schnellsten wachsenden Gruppen sind die Pfingstler mit über 750.000 Mitgliedern.

Das Wachstum der Katholiken hinkte dem der Protestanten hinterher, nicht zuletzt aufgrund der Erinnerung an die langjährigen Verfolgungen der Kirche 1801–1867 und der Tatsache, dass die Messen bis in die 1960er-Jahren von ausländischen Priestern auf Latein gelesen wurden. Durch die Erhebung eines koreanischen Erzbischofs in das Amt eines Kardinals, immer mehr koreanische Priester, die aktive Beteiligung katholischer Anführer in Menschenrechts- und Demokratiebewegungen und die Wahl des Katholiken Kim Dae-Jung – „Koreas Mandela" – zum Präsidenten im Jahr 1997 konnte die katholische Kirche starken Zuwachs vermelden. 1984 feierten die koreanischen Katholiken ihr 200-jähriges Bestehen in Anwesenheit von Papst Johannes Paul II., der zu diesem Zeitpunkt 103 koreanische Märtyrer heilig sprach.

DAS POSTKOLONIALE SÜDOSTASIEN

Unten: Cao-Dai-Priester beten im Tempel. Der Caodaismus ist eine vietnamesische Religion, die Elemente aus dem Hinduismus, Buddhismus, Konfuzianismus, Daoismus, Judentum und dem Christentum miteinander kombiniert.

Die Kolonialzeit in Südostasien umfasste rund vier Jahrhunderte, von der Ankunft der Portugiesen in Malakka 1511 bis Britisch-Burma 1885. Zwischen diesen beiden Daten finden wir Kolonisierungen durch die Niederländer (Ostindien), Franzosen (Indochina), Spanier (Philippinen), Portugiesen (Timor, Malakka, Macau), Briten (Burma, Malaya, Nord-Borneo) und im 20. Jh. durch die Japaner.

Die Kolonialpolitik lieferte den Kontext für die Natur der Religion in der postkolonialen Ära nach der Unabhängigkeit. Die Briten waren überwiegend pragmatisch und unterstützten die Missionen, wenn diese dafür Schulen zur Ausbildung der Bediensteten errichteten, schränkte die Missionsarbeit unter Muslimen jedoch ein (Vertrag von Pangkor, 1874). Die Franzosen unterstützten die katholische Kirche und widersetzten sich protestantischen Missionen in Vietnam. In der Kolonialzeit erreichten die europäischen Regierungen die Errichtung von Nationalstaaten, die Tolerierung von Religionen und die Zusammenarbeit der Regierungen mit Missionen und Kirchen.

Freiheit, Befreiung und neue Ausrichtung

Die postkoloniale Ära in Südostasien begann für die Philippinen mit einer Enttäuschung: Sie hatten lediglich eine Kolonialmacht – Spanien – gegen eine andere ausgetauscht – die USA. Philippinische Gelehrte, die im 19. Jh. in Europa studiert hatten, nahmen sich der Themen wie Freiheit und Unabhängigkeit an. Die Unabhängigkeitsbewegung konnte die Unterstützung der USA gewinnen, und 1898 wurde die Macht Spaniens gebrochen. Die Amerikaner blieben jedoch und regierten bis zur japanischen Invasion als moderne Kolonialmacht weiter (und förderten protestantische Missionen). Nach 333 Jahren spanisch-katholischer Kolonialherrschaft ist es keine Überraschung, dass das Christentum auf den Philippinen

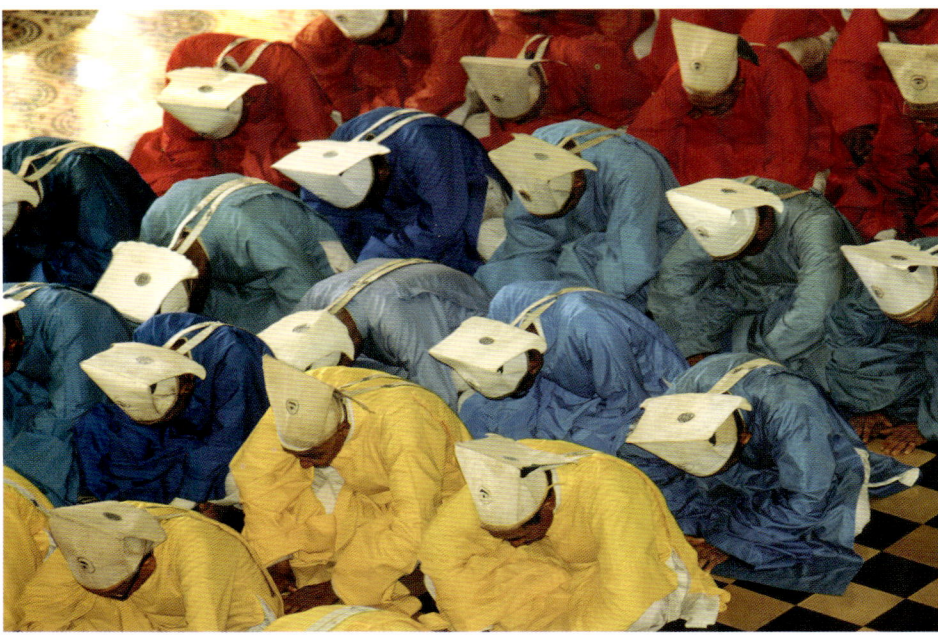

Gegenüber: Beim Ati-Atihan-Fest, das im Januar gefeiert wird, nehmen die Katholiken auf den Philippinen fröhlich an Paraden und Tänzen teil.

Links: Nach einer langen Prozession stellen Katholiken in Teilen Indonesiens die Kreuzigung Christi nach. Sie nennen dieses Passionsspiel Jalan Salib.

Oben: Bereits um 1660 brachten katholische Missionare das Christentum nach Kambodscha. Der Protestantismus folgte erst 1923. Heute sind fast alle Kambodschaner Buddhisten, aber christliche Missionare leisten weiterhin Wohltätigkeitsarbeit.

weiterhin zu 81% aus Katholiken besteht, wenn auch die Protestanten langsam Fuß fassen können (6%).

Indonesien konnte sich ebenfalls seiner niederländischen (und japanischen) Kolonialherren entledigen, aber man musste rasch eine nationale Identität finden. Indonesien war ein Konglomerat aus 13.000 Inseln, 300 ethnischen Gruppen und 250 Sprachen, das von den Niederländern zusammengebracht worden war. Nach der Unabhängigkeitserklärung 1945 schuf die neue Regierung fünf Prinzipien (Pancasila) zur Leitung des Landes. Zu diesen gehören der Glaube an Gott, an die Menschheit, die nationale Identität, konsultative Demokratie und soziale Gerechtigkeit. Obwohl Indonesien überwiegend muslimisch ist, hat es sich zu einem toleranten, pluralistischen Land entwickelt.

Religiöse Erneuerung, säkulare Ideologie und asiatische Missionen

Drei große Leitmotive haben die postkoloniale Ära geprägt. Zum einen kam es in der Region zu einer religiösen Erneuerung des Islams (Indonesien, Malaysia, südliche Philippinen) und des Buddhismus (Taiwan, Singapur und Malaysia). Zeitweise wurden diese Religionen von den Regierungen unterstützt, was das christliche Leben einschränkte. Es gab jedoch auch säkuläre Ideologien, die um das Herz der Menschen und um den Verstand der Herrschenden kämpften. Die Ausbreitung des Kommunismus aus China und Nordkorea hatte enorme Auswirkungen auf die Entwicklung des Christentums. Die Niederschlagung eines kommunistischen Putsches in Indonesien 1965 wird

von einigen als Anstoß zum Wachstum des Christentums angesehen. Etwas Ähnliches geschah in Malaysia nach dem Guerillakrieg, der 1948 begann und bis 1960 andauerte. Menschen wurden entwurzelt und umgesiedelt, um den Einfluss der chinesischen Kommunisten zu verringern. In dieser unsicheren Zeit wurden die neuen Dörfer zu Orten, an denen christliche Missionare Bekehrungswillige fanden.

In Vietnam spiegelte der kommunistische Widerstand gegen das Christentum das Misstrauen vor der engen Verbindung zwischen christlichen Missionen und europäischem Kolonialismus wider. Nach der Wiedervereinigung Vietnams und dem Sieg der Kommunisten 1975 wurden Kirchen geschlossen, Seminare abgeschafft und christliche Anführer verhaftet. Als sich Vietnam in den 1990er-Jahren stabilisierte, gewährte die Regierung mehr Freiheiten, u. a. eine eingeschränkte Religionsfreiheit. In dieser neuen Atmosphäre konnte sich das Christentum ausbreiten.

In Kambodscha ist das Christentum rapide gewachsen, vor allem durch die Missionsarbeit aus anderen südostasiatischen Nationen (Malaysia, Singapur, Indonesien und Korea). Und das ist das dritte Leitmotiv der postkolonialen Ära: Die überwiegende Mehrheit aller missionarischen Tätigkeiten in Südostasien wird von den Asiaten selbst durchgeführt. Malaysier, die in Vietnam, Thailand oder Kambodscha arbeiten, scheinen den kulturellen Kontext leichter zu verstehen, und sie lernen auch die Sprachen schneller als die westlichen Missionare. Das Christentum in Südostasien ist eine Mischung aus aisatisch-religiöser Vitalität inmitten wachsender Wirtschaft und gesunder religiöser Gemeinden des Islams und Buddhismus.

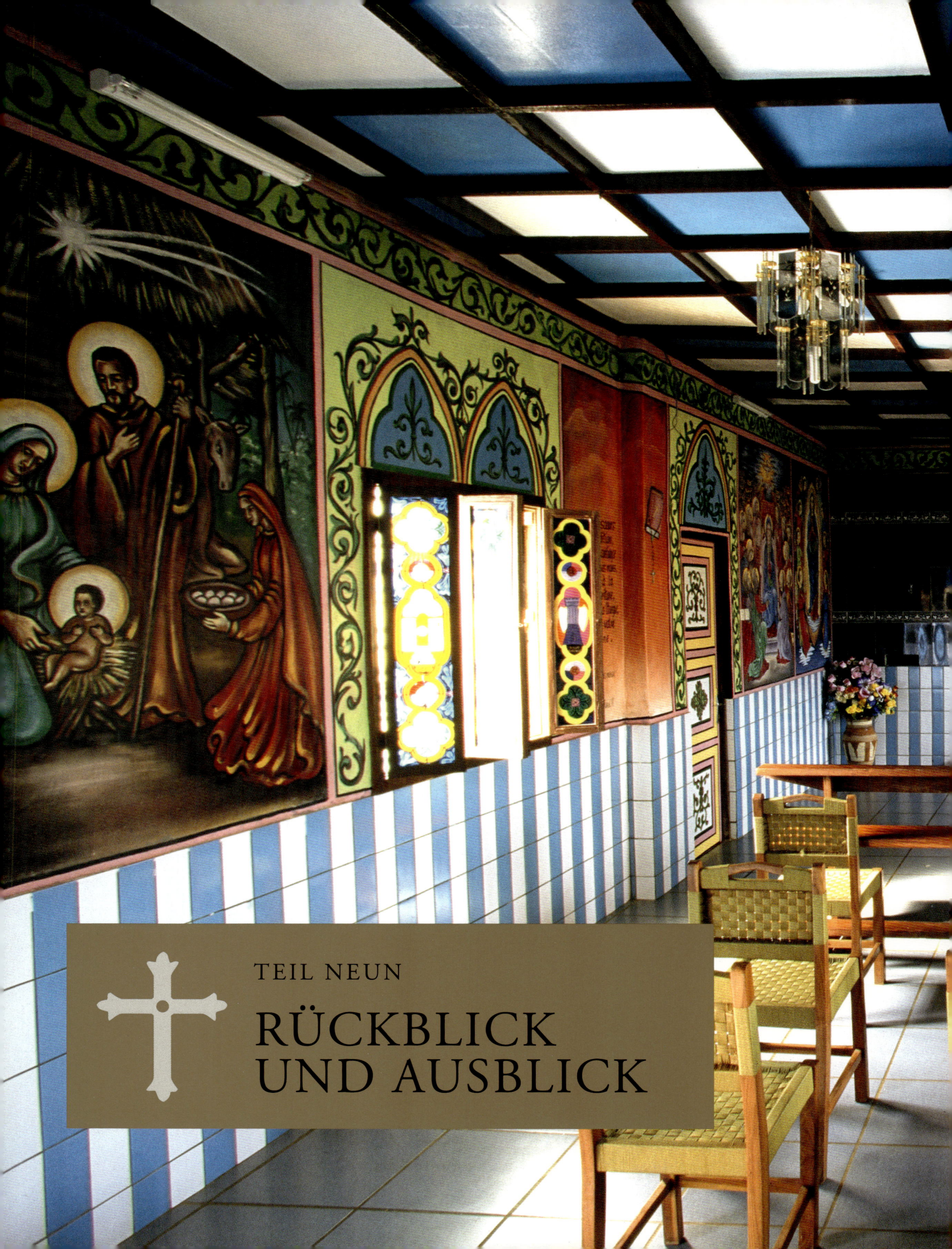

TEIL NEUN

RÜCKBLICK
UND AUSBLICK

CHRISTEN UND ANDERE RELIGIONEN

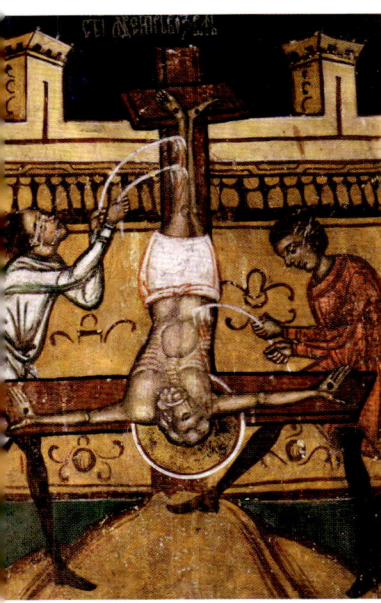

Oben: Der Apostel Andreas soll um das Jahr 60 von den Römern gekreuzigt worden sein. Wie viele andere Frühchristen starb er für seinen Glauben.

Unten: Ein: Ausschnitt aus *Kampf des Konstantin und Maxentius* von Peter Paul Rubens. Konstantin verbesserte das Leben der Frühchristen, als er ihren Glauben im Römischen Reich für legal erklärte.

✝ Wie andere Religionen weist auch das Christentum auf eine universale Wahrheit hin. Wie sollte eine Beziehung zwischen verschiedenen Religionen aussehen, die alle behaupten, im Besitz der universalen Wahrheit zu sein? Es gibt mindestens drei Möglichlichkeiten: Konfrontation, Koexistenz oder die Suche nach Gemeinsamkeiten. In diesem Kapitel sehen wir uns die verschiedenen historischen und zeitgenössischen Antworten des Christentums auf religiöse Pluralität an.

Die ersten Jahrhunderte

Das Christentum begann als kleine jüdische Sekte. Die ersten Christen sahen sich nicht als Gründer einer neuen Religion. In ihren Augen waren sie gläubige Juden, für die Jesus Christus der versprochene Messias war. Nachdem sie jedoch um das Jahr 90 aus den Synagogen verbannt worden waren, mussten sich die Christen entscheiden, ob sie das Judentum als „falsche Religion" betrachten sollten. Obwohl die Christen glaubten, dass diejenigen, die Jesus ablehnten, den Messias abgelehnt hatten, beschloss die christliche Kirche, die jüdischen heiligen Schriften zu behalten. Mit dieser Handlung lehnte die Frühkirche es also ab, das Judentum als „falsch" zu bezeichnen.

Die Trennung vom Judentum traf mit der Entscheidung zusammen, das Evangelium über Israel hinaus zu verbreiten. Die Christen sahen sich plötzlich Juden, Griechen, Römern und anderen Mittelmeervölkern gegenüber, die für verschiedene religiöse Systeme eintraten. Wie reagierten sie darauf? Die Frühchristen glaubten, dass ihre Botschaft überlegen war, sahen andere Traditionen aber nicht automatisch als negativ an. Die Botschaft, die Weisheit und der Geist Gottes waren in der Schöpfung, in den Worten der Propheten, in der Weisheitsliteratur und in den Nationen klar erkennbar. Der Apostel Paulus lobte beispielsweise den religiösen Geist der Athener.

In den ersten Jahrhunderten waren die Christen eine Randgruppe im griechisch-römischen Reich. Häufig wurden sie für ihren Glauben verfolgt und hingerichtet. Sie waren in der Defensive.

Wie verhielten sich Christen anderen Religionen gegenüber?

All das änderte sich im 4. Jh., als Kaiser Konstantin das Christentum in der römischen Welt legalisierte (ca. 312–313). Es wuchs schnell, und bis zum Ende des 4. Jh. war es zur Staatsreligion geworden. Diese neue, dominante

Rolle des Christentums deutet manchmal eine negativere Haltung anderen Religionen gegenüber an. Das wurde insbesondere nach dem Zusammenstoß mit dem Islam im 8. Jh. und durch die wachsende Abwertung des Judentums deutlich. Dennoch war nicht jeder Christ im mittelalterlichen Europa anderen gegenüber feindselig: Hildegard, von Aquin, Eckhart und Francis sowie viele andere gingen einen positiven Dialog mit Muslimen und Juden ein. Ein weiteres Beispiel ist Spanien, wo Juden, Christen und Muslime jahrhundertelang friedlich nebeneinander lebten. Nach Kolumbus und der Kolonialisierung der Neuen Welt sah sich das Christentum als oberste zivilisatorische Macht der Welt an. Nichteuropäische Kulturen und Religionen galten als exotisch, minderwertig und vorübergehend.

Bedeutende Ereignisse im 20. Jh. – zwei Weltkriege, eine Milliarde Tote und postkoloniale Unabhängigkeitsbewegungen – forderten den europäischen Imperialismus und den christlichen Anspruch auf Vorherrschaft heraus. Religionen aus dem Osten und indigene Traditionen gewannen immer mehr Autorität und Selbstbewusstsein. Die Christen mussten ihre Identität und ihre Einstellung anderen Religionen gegenüber neu bewerten.

Das Christentum und religiöser Pluralismus

Die Mehrheit der Christen lebt nicht mehr in Europa, sondern in Asien, Afrika und Lateinamerika. Wie andere Religionen ist auch das Christentum mit internen Spaltungen und dem Aufkommen fundamentalistischer

Vorherige Seiten: Der Innenraum dieser Kirche in Togo zeigt das westafrikanische Erbe des Landes. Traditionelle christliche Szenen wie Christi Geburt wurden „afrikanisiert".

Unten: Diese Statue Thomas von Aquins schmückt eine Basilika in Mittelitalien. Von Aquin respektierte die Ansichten jüdischer und muslimischer Gelehrter und zitierte sie in seinen Schriften.

Bewegungen konfrontiert. Die entscheidende Frage ist also nicht mehr, wie das Christentum anderen Religionen gegenüber eingestellt ist, sondern wer im Kontext religiöser Pluralität die Stimme des Christentums ist.

Zu den Mitgliedsorganisationen des Weltkirchenrats gehören orthodoxe, katholische, „normale" protestantische und einige evangelikale Kirchen. Sie haben sich dem Dialog der Völker und Religionen der Welt verschrieben. Ihr Ziel ist es, Spaltungen und Vorurteile zu überwinden, gegenseitiges Verständnis zu fördern und gemeinsam auf Frieden, soziale Gerechtigkeit und moralische Werte hinzuarbeiten. Die Kirchen lehnen inzwischen den Ansatz ab, der Gnade und Erlösung auf christliche Religionen beschränkt. Zuzustimmen, dass andere Religionen ebenfalls die Bewahrer von Wahrheit und Güte sind, ist nicht gleichbedeutend mit der Anerkennung der Gleichwertigkeit von Religionen. Einige Christen geben ihren Traditionen nach wie vor Vorrang, während sie akzeptieren, dass jede Religion ihre eigenen spirituellen Einsichten und Visionen hat.

Religiöser Dialog findet nicht in einem Vakuum statt. Es gibt wenig Hoffnung auf einen echten Dialog, ohne vergangene Schuld anzuerkennen. Viele Christenführer haben wiederholt um die Vergebung der Juden, Muslime, indigener Völker und anderer für vergangenen Ungerechtigkeiten gebeten. Mehrfach trafen sich die religiösen Führer dieser Welt in Assisi (Italien), um für den Weltfrieden zu beten. Diese Initiativen beweisen, dass es tatsächlich ein interreligiöses Verständnis geben kann.

Zu den Früchten des Dialogs mit Muslimen und Juden gehört die wachsende Erkenntnis, dass alle Anhänger Abrahams sind und an den einen, gleichen Gott glauben. Von den klassischen asiatischen Religionen konnten die Christen Meditationstechniken, moralische Grundsätze und spirituelle Wahrheiten lernen, die unser menschliches Erfahren des göttlichen Mysteriums verstärken. Indigene Traditionen gaben den Christen ein größeres Gespür für die Heiligkeit der Schöpfung. Durch den Dialog mit anderen Religionen entdeckten sie, dass sie nicht allein sind:

Der großzügige Gott zeigt sich in der gesamten Schöpfung und in allen spirituellen Traditionen der Menschheit.

Nicht alle Christen sind jedoch der Ansicht, dass der Dialog die beste Art ist, mit anderen Religionen umzugehen. Viele konservative Theologen und Geistliche nehmen in Bezug auf die religiöse Wahrheit eine ausschließende Haltung ein und bestehen darauf, dass das Christentum die einzig wahre Religion ist. Sie glauben, dass sich die Lehren der verschiedenen Religionen gegenseitig ausschließen und wir uns entscheiden müssen, an welche wir glauben wollen. Es sei nicht möglich, an sich gegenseitig ausschließende Wahrheitsansprüche zu glauben. In ihren Augen ist Diskussion und Argumentation die angemessene Art, mit anderen Religionen umzugehen.

Die Zukunft der Beziehungen zu anderen Religionen

Welche Form der Interaktion zwischen dem Christentum und anderen Religionen wird sich in der Zukunft durchsetzen? Wird der Dialog erblühen oder werden immer mehr Christen darauf bestehen, dass nur das Christentum Anspruch auf die absolute Wahrheit hat? Diese Frage ist schwer zu beantworten, da die Christen untereinander bei diesem Thema geteilter Meinung sind.

Links: Der spirituelle Anführer des tibetanischen Buddhismus, seine Heiligkeit der vierzehnte Dalai Lama von Tibet.

Unten: Papst Johannes Paul II. spricht mit einem jüdischen Anführer – einem der Repräsentanten von zwölf Religionen, die 1986 zum ersten Weltgebet für Frieden in Assisi, Italien, zusammenkamen.

INDIGENE CHRISTEN

Oben: Die Kirche der Mission San Xavier del Bac, südlich von Tucson, Arizona, wurde 1700 von einem Jesuitenpater gegründet. Sie ist eine Mischung aus byzantinischen, maurischen und mexikanischen Baustilen.

Gegenüber: Katholiken in Antigua, Guatemala, nehmen jedes Jahr zu Ostern an der *Semana Santa* teil. Zu ihrer Feier der heiligen Woche gehören das Nachstellen der Passion Christi, der Kreuzigung und der Wiederauferstehung.

Unten: Stammeshäuptlinge von der Elfenbeinküste nehmen 1990 an der Weihe der Basilika Our Lady of Peace in Yamoussoukro, Elfenbeinküste, durch Papst Johannes Paul II. teil.

✝ Fragen der kulturellen Anpassung begleiteten die Expansion des Christentums von Anfang an. Die ersten Anhänger Jesu waren Juden, aber schon bald brachten sie das Evangelium zu den Heiden. Inwieweit würden die Heiden die jüdischen Gesetze und Sitten annehmen müssen? Man war sich schnell einig, dass sie auf die Götzenanbetung und den Besuch bei Prostituierten verzichten müssten, aber was war mit dem Rahmen des Mosaischen Gesetzes, der das Alltagsleben der Juden prägte? Paulus von Tarsus argumentierte dagegen, die Heiden dazu zu zwingen, und setzte sich durch.

Kolonialmissionen

Als im 15. und 16. Jh. die europäische Kolonialexpansion begann, war Paulus' Argument vergessen. Wie zuvor die Griechen und Römer identifizierten die Europäer das Christentum nun mit ihrer Kultur und Zivilisation. Als die Christen also während der spanischen und portugiesischen Reiche und später mit den Niederländern, Deutschen, Franzosen, Italienern, Dänen, Russen und Engländern zu so weit entfernten Ländern wie Brasilien, Südafrika, Neuseeland und Grönland reisten, gingen sie davon aus, dass es ihre Mission sei, neben dem Evangelium auch die europäische Zivilisation zu verbreiten.

Missionare in der Zwickmühle

Die Ureinwohner wurden gezwungen, in europäisch anmutenden Siedlungen zu leben, europäische Kleidung zu tragen, sich europäischen Gesetzen zu unterwerfen, europäische Manieren zu lernen und nur noch die Sprache der Kolonialmacht zu sprechen. „Erst zivilisieren, dann konvertieren" war das Motto der katholischen Missionen in Südamerika und Kalifornien, der orthodoxen Missionen in Sibirien und Alaska und der protestantischen Missionen in Grönland, dem Pazifik oder Australien.

Einige Missionare sahen jedoch die Widersprüche. Lancelot Threlkeld (1788–1859) etwa schützte in Australien das Volk der Awabakal vor der Ausnutzung durch Siedler, während er die Bibel übersetzte. Hermann von Alaska (ca.

1756–1837) protestierte gegen die Misshandlung der Aleuten auf Kodiak und Spruce Island. Matteo Ricci (1552–1610) entwickelte in China die Idee der Anpassung, lernte geduldig die chinesische Kultur kennen und passte das Christentum an. Sie und andere glaubten, dass das Christentum Kulturen nur verwandeln konnte, wenn es zum Teil von ihnen wurde, und nicht, indem man eine Kultur gegen eine andere austauschte.

Wiedergutmachung der Vergangenheit

Trotz aller Bemühungen zerstörten allzu viele Missionare die alten Lebensmodelle der Einheimschen, griffen ihren Glauben als vom Teufel gesandt an und arbeiteten zu eng mit den Kolonialmächten und ihren Truppen zusammen. Gleichzeitig wurden viele Einheimische zu Christen. Ein Sprichwort besagte: „Als die Missionare kamen, hatten wir das Land, und sie hatten die Bibel. Sie forderten uns auf, zum Himmel zu blicken und Gott zu finden. Als wir wieder nach unten sahen, hatten sie unser Land und wir hatten dafür die Bibel."

Das Aufkommen eines politischen Bewusstseins unter indigenen Völkern in den 1960er- und 1970er-Jahren läutete eine neue Ära ein. Indigene Christen begannen, Fragen über die schlechte Behandlung zu stellen, und viele Kirchen hatten Probleme, diese zu beantworten. Nach und nach entschuldigten sie sich und boten eine Wiedergutmachung für die Ereignisse der Vergangenheit an. Kirchen mit kolonialem Ursprung in Kanada, in den USA, Australien, Südamerika, Afrika und Asien suchten ebenfalls Wiedergutmachung für die Vergangenheit.

Der Blick in die Zukunft

Indigene Völker sind heute mit überwältigender Mehrheit christlich. Sie haben das Christentum jedoch weiterentwickelt. Dies wird deutlich in der indigenen Kunst, in Tänzen beim Gottesdienst, in einzigartigen Liedern oder durch ganz neue Wege, den Glauben zum Ausdruck zu bringen.

Das World Christian Gathering of Indigenous People (WCGIP) trifft sich alle zwei Jahre zum Gottesdienst mit indigenen Tänzen, Musik und Kunst sowie zur Teilnahme an Arbeitsgruppen und Diskussionsrunden zu Themen, die die indigenen Völer der Welt betreffen. Die Gründer des WCGIP, Monte und Linda Ohia, sind Maori aus Neuseeland. Das erste Treffen fand 1996 in Rotorua, Neuseeland, statt. 1998 traf sich das WCGIP in Rapid City, South Dakota (USA), am Fuß der Paha Sapa (den Black Hills), die dem Volk der Lakota heilig sind. Im Jahr 2000 waren australische Aborigines in Sydney die Gastgeber. 2002 kam die Konferenz auf Hawaii zusammen. Das Treffen in Kiruna, Schweden, im Jahr 2004 wurde von den skandinavischen Samen organisiert. 2006 war Mindanao auf den Philippinen Konferenzort. Das siebte TWCGIP kam 2008 in Israel zusammen, und die Delegierten konnten die Orte zu besuchen, an denen Jesus gelebt hatte. Das nächste Treffen findet 2011 in Neuseeland statt.

FRAUEN IM CHRISTENTUM

Oben: 1989 wurde Barbara Harris von der Episcopal Church, USA, zur zweiten Bischöfin der anglikanischen Kirche ernannt. Penny Jameison, die ehemalige Bischöfin von Dunedin, Neuseeland, war die erste gewesen.

✝ „Und Gott schuf den Menschen ihm zum Bilde, zum Bilde Gottes schuf er ihn; und er schuf einen Mann und ein Weib." Dieser Vers aus 1. Mose 1,27 verkörpert eine Spannung innerhalb des Christentums um die Geschlechterfrage. Hier finden wir „er" in einer Weise verwendet, die anzeigt, dass Gott männlich ist. Dennoch wird ausgesagt, dass sowohl der Mann als auch die Frau nach seinem Bild erschaffen sind. Ersteres entspricht der Richtung, die das Christentum seit Jahrhunderten vertritt: ein männlicher Gott und männliche Kirchenführer. Zweiteres wurde erst im späten 18. Jh. als Argument dafür angenommen, dass beide Geschlechter die gleiche Rolle in der Kirche spielen sollten.

Nur Männer in der Kutte?

Die offensichtlichsten Kämpfe gab es darum, dass Frauen Führungsrollen übernehmen wollten, vor allem als Priesterinnen oder Pfarrerinnen. In der Frühkirche finden sich Hinweise, dass wichtige Frauen (meist aus der oberen Gesellschaftsschicht) durchaus Führungspositionen innehatten. Als sich aber im 2. Jh. das dreigeteilte Amt aus Bischof, Priester und Diakon entwickelte, waren Frauen zusehends abwesend. Bis zum 19. Jh. wurden Frauen am Rand gehalten und erhielten Sonderaufgaben als Diakonissen (Sorge für Frauen und Kranke) oder gelegentlich als Äbtissinnen. Immer, wenn sie zu einflussreich wurden, schaffte man ihre Ämter kurzerhand ab. Ab dem 11. Jh. gab es gar keine Diakonissen mehr (das Amt wurde später wiederbelebt).

1848 wurde in Seneca Falls, New York, USA, die erste Frauenrechtskonferenz abgehalten. Als Sprungbrett bei dieser Frühform des modernen Feminismus dienten der Abolitionismus und der Evangelikalismus. Während sich Frauen für die Rechte von Sklaven einsetzten, begannen sie, über ihre eigenen Rechte nachzudenken. Evangelikale Organisationen gaben Frauen die Gelegenheit, außerhalb ihrs Hauses zu arbeiten und zu predigen, und manchmal bekamen sie Führungspositionen in diesen Organisationen.

In den letzten Jahren des 19. Jh. setzten sich die Suffragetten für das Frauenwahlrecht ein, Elizabeth Cady Stanton veröffentlichte *The Woman's Bible* (1895), und in Einzelfällen wurden Frauen in kongregationalistischen, baptistischen, methodistischen oder lutherischen Kirchen ordiniert. Erst in den 1960er- und 1970er-Jahren kam das Thema der Ordination von Frauen aber ernsthaft auf den Tisch. Die meisten protestantischen Gemeinden diskutierten über das Thema und stimmten zu. Bischöfinnen sind trotzdem noch selten, und die katholischen, orthodoxen und altorientalischen Kirchen weigern sich mit Hinweis auf die Tradition und biblische Vorschriften nach wie vor.

Die Zeichen der Zeit

In vielen Fällen erkannten die Kirchen, die Frauen ordinierten, die Tatsache an, dass Frauen ohnehin bereits viele informelle geistliche Ämter erfüllten. In jeder abgelegenen Gemeinde fand man Frauen, die predigten, neue Kirchen bauten, den Katechismus unterrichteten, in den Schulen Religionsunterricht erteilten und Organisationen vorstanden. Diese begabten Frauen waren bereit, geistliche Ämter ohne formelle Anerkennung auszufüllen. Langsam, aber sicher erkannten einige Kirchen die Zeichen der Zeit.

Diese informellen Ämter spiegelten die Realität der Mitgliederzahlen in vielen Gemeinden wider, bei denen die Frauen den Männern oft weit überlegen waren. Auch in der traditionellen Familie war die Religion Aufgabe der Frau: Sie war dafür verantwortlich, die Kinder aufzuziehen, und dazu gehörte auch die Unterweisung in Religion. Zudem wurde Religion als etwas Privates, dem inneren Leben Zugehöriges gesehen, und die Rolle vieler Männer lag in der Öffentlichkeit. Während sich die gesellschaftlichen Strukturen veränderten, begannen die Kirchen, die öffentlichen Rollen der Frauen anzuerkennen.

Eine neue Theologie

Eine deutliche Veränderung seit den 1960er-Jahren war die Entwicklung feministischer Theologie und Bibelstudien.

Eine Generation von Pionierinnen wie Elisabeth Schussler Fiorenza (geb. 1938), Rosemary Radford Ruether (geb. 1936) und Dorothy Soelle (1929–2003) lieferte die Grundlagen für Tausende feministischer Theologen und Bibelgelehrten. Ihre Arbeit hat die Auffassung der Geschichte des Christentums verändert. Sie lenkten die Aufmerksamkeit auf die Anwesenheit von Frauen in der Bibel, auf die Widersprüche der Patriarchie und auf die Art, wie die Bibel dazu benutzt wurde, Frauen seit zwei Jahrtausenden auszugrenzen. Die feministische Theologie interagiert mittlerweile mit wichtigen Strömungen. Dazu gehören z. B. die Schwulen- und Lesbentheologie oder die postkoloniale und die Befreiungstheologie. Die christliche Theologie hat sich verändert und wird durch diese Zusammenarbeit erheblich bereichert.

Vorherige Seiten: Der Soweto Gospel Choir singt 2007 beim Live-Earth-Konzert in Johannesburg, Südafrika, um auf die Umweltprobleme aufmerksam zu machen.

Gegenüber: 1926 ordinierte Rev. Robert Watson in Boston, Massachusetts, USA, die ersten Diakonissen der presbyterianischen Kirchen. Von links nach rechts: Mrs. A. MacPherson, Lily Johnathon, Martha Smerer und Mrs. Jenni Miller.

Oben: Ein Geistlicher begrüßt ein Gemeindemitglied in Los Angeles, Kalifornien, USA. Frauen haben heute mehr Zugriff auf Führungsrollen in der Kirche, obwohl sie sowohl auf institutioneller als auch auf Gemeindeebene nach wie vor auf Widerstand stoßen.

Links: 2006 wurde Katharine Jefferts Schori (Mitte) als 26. Bischöfin der Episcopal Church, Washington, DC, USA, eingesetzt. Die meisten anglikanischen Gemeinden ordinieren Frauen als Priesterinnen, aber keine hat jemals zuvor eine Frau in ihr höchstes Amt gewählt.

ZEITLEISTE

ca. 4 v. Chr.	Geburt Jesu.
ca. 27	Jesus beginnt sein Predigtamt.
ca. 30	Kreuzigung Jesu.
ca. 36	Erster Gebrauch des Namens „Christen" in Antiochia.
ca. 46–64	Erste christliche Dokumente: die Paulusbriefe.
ca. 47	Thomas gründet die Kirche des Ostens in Persien.
64–68	Christenverfolgung in Rom unter Nero; Tod des Paulus und Petrus.
ca. 67–78	Linus ist Bischof von Rom.
70–90	Entstehung des Markus-, Lukas- und Matthäusevangeliums sowie der Apostelgeschichte.
90–100	Entstehung des Johannesevangliums. Die ersten bekannten Teile stammen von 117.
c. 100:	Epistel des Barnabas entsteht; erste christliche Literatur, die nicht im Kanon enthalten ist.
100–150	Restliche Dokumente des Neuen Testaments werden verfasst.
107	Ignatius, der dritte Bischof Antiochias, spricht als Erster von Katholiken und befürwortet den Gottesdienst am Sonntag.
135	Bischof Telesphorus führt Weihnachten als Feiertag ein.
136	Hyginus, Bischof von Rom, nimmt den Titel „Papst" an.
166–174	Papst Soterus verlegt Ostern vom 14. Nisan (jüd. Kalender) auf den folgenden Sonntag. Eine Kluft zu den Ostkirchen tut sich auf.
202–210	Verfolgungen unter Kaiser Septimius Severus (reg. 193–211).
249–275	Christenverfolgung durch Decius, Valerian und Aurelian.
285	Der hl. Antonius von Ägypten zieht sich als Einsiedler in die Wüste zurück.
285	Das Römische Reich wird in ein West- und Ostreich geteilt.
303	Tod des hl. Georg; er wird später Schutzpatron Englands und einiger anderer Länder.
310	Armenien wird zum ersten christlichen Staat; Christenverfolgung unter dem persischen König Schapur II. (reg. 310–379).
312	Konstantin konvertiert vor der entscheidenden Schlacht zur Kontrolle des Weströmischen Reichs zum Christentum.
325	Erstes Konzil von Nicäa wird von Konstantin einberufen, um die göttliche Natur Jesu zu klären.
380	Kaiser Theodosius I. erklärt das Christentum zur Staatsreligion des wiedervereinigten Römischen Reichs.
397	Das Konzil von Karthago (das achte in einer Reihe von 251–424) ratifiziert den

	Kanon des Neuen Testaments, wie wir ihn kennen.
400	Hieronymus übersetzt die Bibel ins Lateinische. Sie wird als *Vulgata* bekannt.
425	Augustinus schreibt *Vom Gottesstaat*, einen der wichtigsten Texte im Christentum.
530	Cassiodor, ein Benediktinermönch, ermutigt Mönche, die klassischen Handschriften zu kopieren.
533	Mercurius wird zum Papst gewählt und nimmt als Erster einen neuen Namen an: Johannes II.
563	Columban gründet das Kloster Iona vor der Küste Schottlands.
600	Papst Gregor I. reformiert die Liturgie, fördert die Doktrin von Fegefeuer und Buße und popularisiert die Lehren Pseudo-Dionysios'.
636	Muslimische Araber erobern Jerusalem; 638 dürfen die Juden zurückkehren.
680	Beim 6. Ökumenischen Konzil in Konstantinopel wird der Papst zum Oberhaupt des Christentums erklärt.
711–718	Muslime erobern Südspanien.
726–843	Ikonenkontroverse in der orthodoxen Kirche.
800	Papst Leo III. krönt Karl den Großen zum Kaiser und gründet das Heilige Römische Reich (HRR).
988	Wladimir von Kiew konvertiert zum orthodoxen Christentum.
1000	Island entscheidet beim *Thing*, christlich zu werden.
1009	Kalif al-Hakim plündert die Grabeskirche und zerstört das angebliche Grab Christi.
1054	Der Patriarch von Konstantinopel und der Papst exkommunizieren sich gegenseitig – der Beginn des Großen Schismas.
1071	Die Türken erobern Jerusalem.
1073	Hildebrand wird Papst Gregor VII. und beginnt eine Reform: zölibate Geistliche, päpstliche Vorherrschaft sowie die Unfehlbarkeit des Papstes.
1095	Papst Urban II. sendet einen Kreuzzug gegen die Muslime aus.
1098–1099	Kreuzfahrer erobern Antiocha und Jerusalem.
1187	Saladin erobert Jerusalem zurück.
1206	Franz von Assisi zieht sich in ein Leben absoluter Armut zurück.
ca. 1207–1282	Die Mystikerin Mechthild von Magdeburg, einer der ersten christlichen Autorinnen, schreibt *Das fließende Licht der Gottheit*.
1210	Der Papst erkennt die Franziskaner als Bettelorden an.
1215	Im Languedoc wird der Orden der Dominikaner (Bettelorden) gegründet.

ca. 1250	Hadewijch von Brabant verfasst faszinierende Poesie und schreibt ihre Vision auf.
ca. 1263	Thomas von Aquin veröffentlicht *Summa Contra Gentiles* und formt mit aristotelischer Philosophie die Theologie um.
1396	John Wyclif (auch Wycliffe) erstellt die erste englische Übersetzung der Bibel, wird dafür aber zum Ketzer erklärt.
1439	Beim Konzil von Florenz wird ein Abkommen unterzeichnet, das die katholische und die orthodoxe Kirche zu römischen Bedingungen vereint. Sieben Sakramente werden darin definiert.
1453	Konstantinopel fällt an die Osmanen und wird in Istanbul umbenannt.
1484	Papst Innozenz VIII. ordnet die Hinrichtung von Zauberern und Hexen an.
1492	Granada wird von christlichen Truppen erobert; Juden und Muslime müssen Spanien verlassen.
1492	Christoph Kolumbus bricht von Spanien zu seiner Atlantiküberquerung auf.
1498	Vasco da Gama kommt in Indien an und findet Thomaschristen vor, die dort seit über tausend Jahren leben.
1516	Erasmus veröffentlicht eine griechische Ausgabe des Neuen Testaments.
1517	Martin Luther schlägt seine 95 Thesen, in denen er gegen den katholischen Ablasshandel protestiert, an die Kirchentür in Wittenberg.
1519	Ulrich Zwingli bricht mit Rom und wird Anführer der Schweizer Reformation.
1526	Martin Luther veröffentlicht eine deutsche Übersetzung der Bibel.
1534	Mit der *Suprematsakte* wird König Heinrich VIII. zum Oberhaupt der anglikanischen Kirche.
1536	Die Erstausgabe von Johannes Calvins *Institutio Christianae Religionis* wird veröffentlicht. Sie wird zu einer der wichtigsten theologischen Aussagen der Reformation.
1540	Ignatius von Loyola gründet die Jesuiten.
1542	Der Missionar Francisco de Xavier macht Goa zu seiner Basis für die Missionsarbeit im Fernen Osten.
1547	Als Reaktion auf die protestantische Reformation kommt das Konzil von Trient zusammen und beginnt mit der Gegenreformation.
1582	Papst Gregor XIII. stellt den Gregorianischen Kalender vor.
1589	Moskau wird zum Patriarchat.
1611	Die autorisierte King-James-Bibel wird auf Englisch veröffentlicht.
1618–1648	Dreißigjähriger Krieg zwischen Katholiken und Protestanten im HRR.
1620	Englische Puritaner landen mit der *Mayflower* bei Plymouth Rock auf Cape Cod, Massachusetts, Nordamerika.

1622	Papst Gregor VI. gründet die Kongregation für die Evangelisierung der Völker, um die Missionstätigkeit besser zu koordinieren.
1641–1651	Englischer Bürgerkrieg.
1708	Peter der Große versäumt es, einen neuen Patriarchen für das Patriarchat Moskau zu bestimmen.
1710	Gründung der ersten britischen Missionsgesellschaft, der Society for the Propagation of the Gospel.
1726	Beginn der „Großen Erweckung" in Nordamerika.
1738	John Wesley beginnt mit dem Predigen unter freiem Himmel, das später zur Gründung der Methodisten führen sollte.
1775–1783	Amerikanischer Unabhängigkeitskrieg.
1789–1799	Französische Revolution und Angriff auf die katholische Kirche.
1791	Der 1. Zusatzartikel zur amerikanischen Verfassung untersagt der Regierung die Förderung von Religion sowie die Einschränkung der Religionsfreiheit.
1793	William Carey kommt als erster englischer Missionar nach Indien.
1794	Hermann von Alaska kommt auf Kodiak Island an und gründet eine russische Mission in Alaska.

1848	Pius IX. fordert in einem apostolischen Brief an die orthodoxen Kirchen die Vereinigung mit Rom. Die orthodoxen Patriarchen weisen auf die theologischen Differenzen hin.
1869–1870	Beim Ersten Vatikanischen Konzil wird das Dogma der Unfehlbarkeit des Papstes verkündet.
1905	Das französische Parlament verabschiedet ein Gesetz zur Trennung von Kirche und Staat.
1910	Erste Weltmissionskonferenz (protestantisch) in Edinburgh.
1910	William Wade Harris gründet die erste unabhängige afrikanische Kirche in Liberia.
1910–1915	*The Fundamentals* des Bible Institute of Los Angeles signalisiert den Beginn des protestantischen Fundamentalismus.
1917	Russische Revolution und Wiedereinsetzung der russischen Patriarchate.
1929	Italien und der Heilige Stuhl unterzeichnen des Lateranabkommen, das den Vatikan gründet und nach 60 Jahren Spannungen die Hoheitsgewalt des Papstes wiederherstellt.
1948	Gründung des Weltkirchenrats.
1962	Papst Johannes XXIII. eröffnet das Zweite Vatikanische Konzil.

1971	In lateinamerikanischen Ländern kommt die Befreiungstheologie auf.
1978	Karol Wojtyla aus Polen wird nach 400 Jahren zum ersten nichtitalienischen Papst (Johannes Paul II.) gewählt.
1988	Barbara C. Harris wird erste Bischöfin der Episcopal Church der USA.
1997	Der Weltkirchenrat veröffentlicht *Towards a Common Date for Easter.*
2005	Die Beerdigung Johannes Pauls II. wird zur größten Versammlung von Weltpolitikern in der Geschichte.
2007	Wiedervereinigung der russisch-orthodoxen Kirche nach 80 Jahren Schisma.

Nächste Seite: Der Berg der Kreuze ist einer der wichtigsten Pilgerorte Litauens. Seit Jahrhunderten symbolisiert er den friedlichen Widerstand der litauischen Katholiken gegen die Unterdrückung.

Unten: Diese Ikone der „Schlafenden Jungfrau" steht im Museum der orthodoxen Kirche Finnlands. Am 17. Mai 2007 unterzeichnet Patriarch Alexius II. von Moskau und ganz Russland und Metropolit Laurus der russisch-orthodoxen Auslandskirche die Wiedervereinigungserklärung.

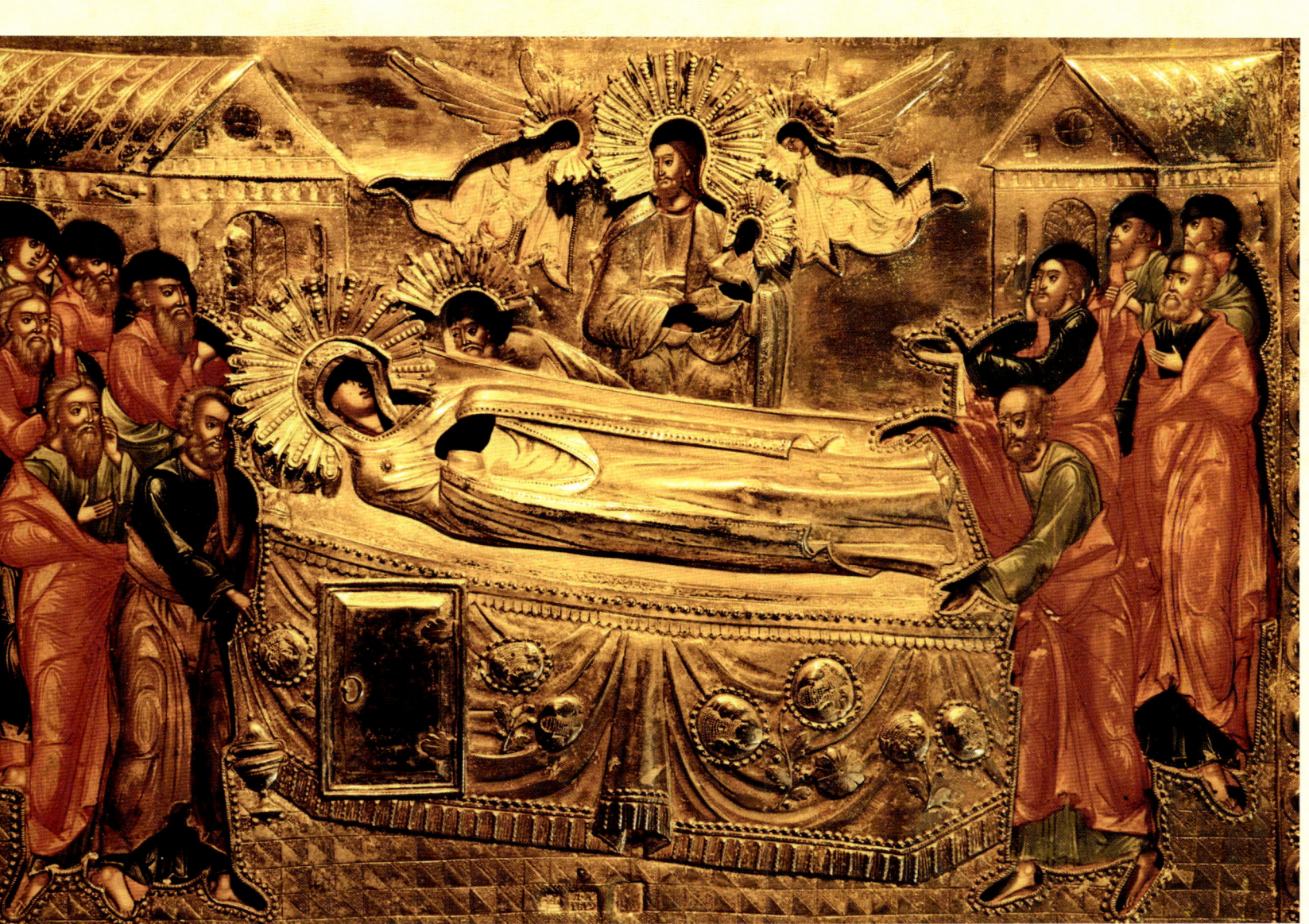

GLOSSAR

A

Abendmahl *oder* **Eucharistie** Die Feier des letzten Abendmahls, das Christus mit seinen Jüngern geteilt hat.

Ablass Die Verringerung oder der vollständige Erlass von Strafen für begangene Sünden, entweder auf Erden oder im Fegefeuer.

Abt Offizieller Titel des Klostervorstehers in der Westkirche.

Absolution Der formelle Erlass oder die Vergebung der Sünden durch einen Priester.

Advent Vom lateinischen *adventus*, „Ankunft", abgeleitet. Die Zeit der Vorbereitung auf Weihnachten.

Allegorie Methode zur Interpretation der Bibel, die sich auf vier Bedeutungsebenen bezieht.

Andachtsraum Im Katholizismus und in der anglikanischen Kirche ein Raum zum Beten, der sich nicht in der Pfarrkirche befindet.

Antinomianismus Glaube, dass wir kein moralisches Gesetz befolgen müssen, weil wir durch Gnade befreit wurden.

Aquin, Thomas von (1225–1274) Einflussreicher Theologe, der mithilfe der aristotelischen Philosophie den christlichen Glauben neu formte.

Arianismus Eine Häresie, nach der Christus von Gott geschaffen und erst dann in den Status des Gottessohns erhoben wurde.

Askese Strenge Selbstdisziplin und Selbstverleugnung, um sich ganz auf Gott zu konzentrieren.

Assisi, heiliger Franz von (1181–1226) Gründer des Franziskanerordens (1209).

Athos Heiliger Berg in Griechenland, der das Klosterzentrum der Orthodoxie darstellt.

Augustinus von Hippo (354–430) Einer der einflussreichsten Theologen der Welt, der sich für die Erbsünde, die Prädestination und die vollkommene Abhängigkeit von der Gnade Gottes aussprach.

B

Bärte, geistliche Die Geistlichen der Ostkirchen tragen seit der Zeit der Apostel Bärte.

Baptisten Eine große protestantische Gemeinde, die 1609 von John Smyth gegründet wurde und die Gläubigentaufe praktiziert.

Beda (Venerabilis) (673–735) Vater der englischen Kirchengeschichte und einflussreicher Bibelgelehrter.

Begießen Bei der Taufe Wasser über den Kopf einer Person träufeln (siehe auch **Untertauchen**).

Benedikt, heiliger (480–550) Gründer des westlichen Mönchtums; nach ihm wurde der Benediktinerorden benannt.

Bewegung, ökumenische Eine Kampagne aus dem 20. und 21. Jh., die darauf abzielt, eine Zusammenarbeit aller Gläubigen zu erreichen.

Bibel Vom griechischen *biblia*, „Buch", abgeleitet. Die Sammlung der heiligen Schriften des Christentums.

Bischof Vom griechischen *episcopos*, „Aufseher", abgeleitet: Der Bischof hat das höchste Amt in Kirchen mit einer Priesterschaft inne.

Bogomilen Eine mittelalterliche Sekte auf dem Balkan, welche die materielle Welt und den Körper als vom Teufel gesandt ansahen.

Buße Eine Reihe von Handlungen, die man absolvieren muss, um Vergebung für seine Sünden zu erhalten.

C

Calvin, Johannes (1509–1564) Einer der bedeutendsten Theologen der protestantischen Reformation.

Canterbury Das älteste Zentrum des christlichen Glaubens in England (ab 597).

Chalkedon, Konzil von (451) Entscheidende Versammlung von Kirchenvertretern, die festlegte, dass Christus zwei Naturen in einer Person vereinigt.

Christologie Das Studium der Natur Christi mit dem Fokus auf der Einheit seiner göttlichen und menschlichen Natur.

D

Deismus Glaube, der im 17. Jh. entstand und nach dem Gott die Welt geschaffen, sich seitdem aber nicht mehr eingemischt hat.

Diakonie Kirchenamt unterhalb von Bischof und Priester, das sich um die seelsorgerischen Belange kümmert.

Dispensation Erlaubnis der Kirche, etwas zu tun, was sonst unter Kirchenrecht illegal wäre.

Dissenter Diejenigen, die sich von der Staatskirche eines Landes abspalten, etwa die Baptisten, Presbyterianer und Kongregationalisten.

Doketismus Glaube in der Frühkirche, dass die Menschlichkeit und das Leiden Christi nur eine Illusion, keine Realität sind.

Donatisten Eine Gruppe von Dissentern in Afrika aus dem 4. Jh., die strenge Strafen für diejenigen forderten, die bei den Christenverfolgungen vom Glauben abfielen.

Dreifaltigkeit Die Doktrin, dass Gott aus drei Personen besteht – Vater, Sohn und Heiliger Geist –, aber dennoch ein Gott ist.

E

Ekklesiologie Vom griechischen *ekklesia*, „Kirche", abgeleitet; bezieht sich auf die Theologie der Kirche.

Epiphanias Bei diesem Fest wird am 6. Januar der Besuch der Weisen aus dem Morgenland beim Jesuskind gefeiert.

Eremit Ein christlicher Einsiedler.

Erlösung Ein Konzept, das vielen Religionen gemein ist; im Christentum bezeichnet es das Bedürfnis, frei von Sünde und Tod sowie mit Gott vereint zu sein.

Eschatologie Die theologische Doktrin, die sich auf das Ende der Welt und die Wiederkunft Christi bezieht.

Evangelikalismus Theologische Strömung innerhalb des Protestantismus, deren zentraler Glaube die Irrtumsfreiheit der Bibel ist.

Exkommunikation Maßnahme, mit der eine Person aus der Kirche ausgeschlossen wird. Sie verhindert jedoch nicht die persönliche Einheit mit Gott.

Exegese Die Praxis der Bibelinterpretation.

Exorzismus Das Austreiben böser Geister bzw. Dämonen durch Gebete und bestimmte Formulierungen.

F

Fasten Sich Nahrung, Schlaf und andere Annehmlichkeiten versagen, um sich ganz auf Gott zu konzentrieren.

Fegefeuer In der katholischen Doktrin ein Ort, an dem diejenigen, die im Zustand der Gnade gestorben sind, auf die letzte Erlösung von ihren Sünden und den Zutritt zum Himmel warten.

Feiertage Neben dem Sonntag die wichtigsten Tage (z. B. Ostern oder Weihnachten) im Kirchenkalender.

Fleischwerdung Glaube, dass Jesus Christus eine Einheit aus einem menschlichen Wesen und Gott darstellt.

Florenz–Ferrara, Konzil von (1438–1445) Eine Versammlung von Kirchenvertretern, die zu einer kurzen Vereinigung der griechischen und der Westkirche führte. Die Union brach 1453 auseinander.

Friedenskuss Ursprünglich ein Kuss, den man sich beim Abendmahl gab; wird heute meist durch einen Handschlag ersetzt.

Fundamentalismus Eine protestantische Bewegung aus dem 20. Jh., die als Reaktion auf die Evolutionstheorie und die moderne Bibelkritik gegründet wurde.

G

Gallikanismus Eine Doktrin, welche die Unabhängigkeit der katholischen Kirche vom Papst in Frankreich bestätigt.

Gegenreformation Eine Erneuerung der katholischen Kirche im 16. Jh. als Reaktion auf die protestantische Reformation.

Geist, Heiliger Die dritte Person der Dreifaltigkeit, eins und gleich mit Vater und Sohn.

Glaubensbekenntnis Eine präzise Formulierung der für die Christen bindenden Doktrin.

Glaubensbekenntnis, apostolisches Ein wichtiger Ausdruck des christlichen Glaubens aus dem 4. Jh.; wurde nicht von den Aposteln Christi verfasst.

Glaubensbekenntnis, Augsburger Von 1530 stammende, grundlegende Bekenntnisschrift der lutherischen Kirchen.

Glaubensbekenntnis, nikäisches Bezeichnet sowohl das ursprüngliche Glaubensbekenntnis des Konzils von Nicäa als auch die längere Version, die bei Gottesdiensten eingesetzt wird.

Gnostizismus Eine komplexe Bewegung der Frühkirche, die darauf bestand, dass man zur Erlösung geheimes Wissen (*gnosis*) haben musste.

Gnade Doktrin bezüglich des göttlichen Geschenks der Erlösung.

H

Hebräisch Die semitische Sprache, in der fast das gesamte Alte Testament verfasst ist.

Heiligenschein Ein Kreis aus Licht um den Kopf, seltener um den ganzen Körper.

Heiliger Ein Mensch, der aufgrund seiner außerordentlichen Heiligkeit im Leben nach seinem Tod heilig gesprochen wurde.

Hermeneutik Die Theorie oder Wissenschaft der Bibelinterpretation.

Hesychasmus Die Praxis des inneren, mystischen Gebets der Ostkirche.

Hölle Eine Übertragung entweder des hebräischen *Sheol* oder des griechischen *gehenna*; traditionell ein Ort des Leidens für diejenigen, deren Seelen vor ihrem Tod errettet wurden.

Hugenotten Französische Protestanten, die der Lehre Johannes Calvins folgten.

Hymnen Heilige Lieder, die beim Gottesdienst gesungen werden

I

Ikonografie Christliche Kunstform der orthodoxen Kirche, bei der meist Christus auf stilisierte Art dargestellt wird.

Inquisition Ein Kirchengericht, das die Aufgabe hatte, Ketzer aufzuspüren und zu verurteilen.

J

Jahwe Auch Jehova, mit El und Elohim der wichtigste Name Gottes in der hebräischen Bibel.

Jansenismus Eine katholische Bewegung aus dem 17. und 18. Jh., welche die Sündigkeit des Menschen und seine völlige Abhängigkeit von der Gnade Gottes lehrte.

Jesus Christus Vom griechischen *Iesous Christos*, ursprünglich hebräisch *Jeschua Messiah* – Jeschua der Gesalbte.

K

Kanon Vom griechischen Wort für „Messstab" abgeleitet; eine Liste von Büchern, die als Bestandteil der Bibel festgelegt wurde; Teil des Kirchengesetzes.

Kanonisierung Die letzte Aussage der katholischen oder orthodoxen Kirche, mit der eine verstorbene Person zum Heiligen erklärt wird.

Kardinal Ursprünglich die Geistlichen Roms, sind die Kardinäle heute die Berater und Wahlmänner des Papstes.

Karfreitag Der Freitag vor Ostern an dem – meist mit Fasten und Gebeten – des Todes Jesu gedacht wird.

Katakomben Frühchristliche unterirdische Begräbnisorte, die während der Verfolgungen als Zufluchtsstätten genutzt wurden, weil Römer Grabstätten als unantastbar ansahen.

Katechismus Ein Handbuch zum Vermitteln der Glaubensgrundlagen.

Kathedrale Eine Kirche, die über eine *Cathedra*, den Thron eines Bischofs, verfügt.

Katholizismus *oder* **römischer Katholizismus** Teil der christlichen Kirche, der sich die Kontinuität mit der frühen, ungeteilten Kirche bewahrt hat und dem Papst, dem Bischof von Rom, treu ist.

Ketzerei *oder* **Häresie** Eine Abweichung von der vorgeschriebenen Kirchendoktrin.

Kirche Ein religiöses Gebäude, in dem Gottesdienste abgehalten werden; auch die Bezeichnung für die Gesamtheit der Christen.

Kirchen, altorientalische Kirchen, die einer mia- bzw. monophysitischen Christologie folgen und die Entscheidungen des Konzils von Chalkedon (451) ablehnen. Dazu gehören u. a. Kirchen in Ägypten, Äthiopien, im Libanon, in Armenien, Syrien und Indien.

Kirchen, syrisch-orthodoxe Eine Reihe von unabhängigen Kirchen in Osteuropa und im Nahen Osten, die den gleichen Glauben teilen und miteinander in Gemeinschaft sind.

Klausur Ein abgeschlossener Ort, meist in der Mitte eines Klosters.

Koinobitentum Auch Zönobitentum; ein religiöser Orden, der ein Gemeinschaftsleben führt.

Konfirmation Die Vervollständigung des Taufschwurs und die endgültige Aufnahme als erwachsenes Mitglied in die Kirche.

Konzil, ökumenisches Vom griechischen *ecumenon*, „Welt", abgeleitet; eine Versammlung von Bischöfen und anderen Kirchenführern, welche die ganze Welt repräsentieren.

Kurie Verwaltungsorgane des Vatikans, die sich um die Leitung der katholischen Kirche kümmern.

L

Lambeth Conferences Ein Treffen aller Bischöfe der anglikanischen Kirche, das alle zehn Jahre unter der Leitung des Erzbischofs von Canterbury stattfindet.

Liturgie Die festgelegte, niedergeschriebene Reihenfolge des öffentlichen Gottesdienstes und (im Osten) der Eucharistiefeier.

Luther, Martin (1483–1546) Die erste und eine der bedeutendsten Persönlichkeiten der protestantischen Reformation.

M

Magnifikat Nach dem ersten Wort der lateinischen Version der Bibel benannt, sind dies die Worte, die Maria sprach, als sie erfuhr, dass sie mit Jesus schwanger war (Lukas 1,39–55).

Manichäismus Gnostisches Glaubenssystem, das von dem persischen Religionsführer Mani (216–276) gelehrt wurde. Er wollte Teilchen göttlichen Lichts befreien, die im menschlichen Geist gefangen waren.

Märtyrer Vom griechischen *martys*, „Zeuge", abgeleitet; eine Person, die für ihren Glauben verfolgt wird und bewusst den Tod in Kauf nimmt.

Mennoniten Anhänger Menno Simons (1496–1561) aus Friesland in den Niederlanden, der Pazifismus predigte und sich für die Gläubigentaufe aussprach.

Messias Hebräisches Wort, das „Gesalbter" bedeutet (wie das griechische *Christos*); bezieht sich auf eine Person,

die eine besondere Aufgabe von Gott erhalten hat.

Miaphysitismus/Monophysitismus Glaube, dass Christus eine göttliche Natur hat, in die seine menschliche Natur absorbiert wird.

Millenarismus Glaube, dass Christus am Ende der Tage wiederkehren und über das tausendjährige Reich auf Erden herrschen wird.

Mystizismus Die Erkenntnis und Erfahrung Gottes zumeist durch Gebete, Trancen, Visionen und Extasen.

N

Naturtheologie Wissen über Gott, das man durch Vernunft und nicht durch die Offenbarung erfährt.

Nestorianismus Die Doktrin, dass Christus aus zwei Persönlichkeiten bestand – einer göttlichen und einer menschlichen –, nicht aus einer Person mit zwei Naturen.

Nicäa, Konzil von (325) Die erste ökumenische (weltweite) Versammlung von Kirchenführern, einberufen von Kaiser Konstantin zur Festlegung einer einheitlichen Doktrin.

O

Offenbarung Sowohl Gottes Kommunikation mit den Menschen als auch die niedergeschriebenen Berichte dieser Lehren.

Opfer Die Übergabe eines Geschenks an Gott.

Ordinierung Berufung zu einer Aufgabe oder in ein bestimmtes Amt innerhalb der Kirche.

Origenes (185–254) Einer der einflussreichsten Theologen der Frühkirche, der ein Pionier der Nutzung der Allegorie zur Interpretation der Bibel war.

Ostern Ursprünglich ein heidnisches Fruchtbarkeitsfest; es ist das älteste Fest der Kirche und ehrt heute die Wiederauferstehung Christi.

P

Palmsonntag Der Sonntag vor Ostern, an dem des Einzugs Jesu in Jerusalem gedacht wird.

Papst Vom griechischen *pappas*, „Vater", abgeleitet; ursprünglich jeder westliche Bischof, heute nur noch der Bischof von Rom.

Parabel Vom griechischen *parabole*, „Kurzgeschichte", abgeleitet; eine kurze Erzählung, die ein Beispiel aus der Natur oder dem Alltag benutzt.

Paradies Ein Wort persischen Ursprungs, das sich auf einen sehr angenehmen Ort bezieht.

Passahfest Ein jüdisches Fest, bei dem der Ausmarsch aus Ägypten gefeiert wird; dabei wird ein Lamm geschlachtet und gegessen – eine Praxis, die von den Christen für Ostern übernommen wurde, um Jesu Opfer zu symbolisieren.

Patriarch Ab dem 6. Jh. der Titel des Bischofs der Zentren des Christentums; wird heute für die Leiter der nationalen orthodoxen Kirchen verwendet.

Patriarch, ökumenischer Seit dem 6. Jh. der Titel des Patriarchen von Konstantinopel.

Paulus, heiliger Erster christlicher Theologe und Missionar, dessen Briefe im Neuen Testament gesammelt wurden.

Pfarramt Das Gebiet unter der spirituellen Leitung eines Geistlichen.

Pfingsten Feier der Ankunft des Heiligen Geists bei den zwölf Aposteln 50 Tage nach der Kreuzigung Christi.

Pfingstbewegung Eine moderne Bewegung, in der man glaubt, dass Christen das gleiche Geschenk des Heiligen Geists wie die Apostel an Pfingsten erfahren können.

Pietismus Eine Bewegung innerhalb der deutschen lutherischen Kirche im 17. Jh., die spirituelle Erneuerung durch Gebete und Bibelstudium predigte.

Prädestination Die Doktrin, dass Gott bewusst wählt, welche Menschen erlöst werden, und dass Christus nur für diese gestorben ist.

Presbyter Vom griechischen *presbyteros*, „Älterer", abgeleitet; bezieht sich auf eine Gruppe von Anführern innerhalb einer Kirche.

Presbyterianismus Ein System, in dem Presbyter und nicht Bischöfe die Kirche führen.

Priester Vielen Religionen gemein; im Christentum ist ein Priester der Leiter einer orthodoxen, katholischen, anglikanischen oder lutherischen Gemeinde.

Prophet Vom griechischen *prophetes*; bezieht sich im Christentum auf eine Person, die das Wort Gottes empfängt und es an die Menschen weitergibt.

Protestantismus Abgeleitet von *protestatio* (Protest) gegen die katholische Dominanz; eine Form des Christentums, die auf der Reformation basiert.

Psalm Vom griechischen *psalmoi*, „Saitenspiel", abgeleitet; bezog sich ursprünglich auf Lieder, die von Saiteninstrumenten begleitet wurden.

Puritaner Calvinistische Protestanten in England und Nordamerika, die die Kirche von Korruption und unbiblischen Praktiken reinigen wollten.

R

Reformation Eine umfassende Reform und Rückkehr zum Modell des frühen Christentums, die im 15.–17. Jh. zur Entstehung des Protestantismus führte.

S

Sakrament Ein äußeres Zeichen der Gnade Gottes.

Schenkung, Konstantinische Eine Fälschung aus dem 8. oder 9. Jh., der zufolge Kaiser Konstantin dem Papst alle Macht übertrug.

Scholastik Die Nutzung der menschlichen Vernunft, um die offenbarte Wahrheit zu verstehen.

Seele Obwohl seit Langem geglaubt wird, dass die Seele der Teil von uns ist, der in den Himmel aufsteigt, lehrt die christliche Doktrin keine Trennung von Körper und Seele.

Sozialismus, christlicher Eine Bewegung aus dem 19. Jh., die die Gesellschaft mit christlichen Prinzipien reformieren wollte.

Sünde Die freiwillige Missachtung von Gottes Willen.

Synode Ein Kirchenrat.

T

Täufer Verschiedene christliche Gruppen, die ausschließlich die Gläubigentaufe praktizieren.

Taufe Zentraler Ritus zur Aufnahme in die christliche Kirche. Kann durch Begießen mit Wasser oder Untertauchen absolviert werden.

Teufel Traditionell der Anführer der Engel, die sich versündigt haben und aus dem Himmel verbannt wurden.

Theodizee Der Versuch, die Güte und Macht Gottes mit der Existenz des Bösen in der Welt in Einklang zu bringen.

Theologie, liberale Die Bevorzugung von Freiheit und Offenheit in der Theologie anstelle der Beschränkungen der traditionellen Doktrin.

Thomaschristen Eine uralte Gemeinde von Christen in Indien, die mindestens bis auf das 5. Jh. zurückgeht.

Toleranz Andere Glaubensrichtungen zu akzeptieren, ohne sie zu verurteilen.

U

Unfehlbarkeit, päpstliche Die Doktrin, nach welcher der Papst durch göttliche Anleitung davor bewahrt wird, Fehler zu machen, wenn er über den Glauben oder die Moral spricht.

Untertauchen Eine Person bei der Taufe vollkommen unter Wasser tauchen (siehe auch **Begießen**).

Unsterblichkeit Kernaussage der christlichen Hoffnung auf ewiges Leben, jedoch nicht auf das Christentum beschränkt.

V

Vatikan Der Hauptsitz des Papstes in Rom.

Versuchung Der Anreiz, eine Sünde oder eine unchristliche Handlung zu begehen.

Vulgata Vom lateinischen *vulgatus*, „allgemein verbreitet", abgeleitet; die lateinische Übersetzung der Bibel, vom heiligen Hieronymus (345–420) angefertigt wurde.

W

Weihnachten Ursprünglich das heidnische Fest der Wintersonnenwende; wird heute als Fest der Geburt Christi gefeiert.

Weltmissionskonferenz (1910) Der Vorläufer der ökumenischen Bewegung und Anstoß für die weltweite protestantische Missionsarbeit.

Wesley, John (1703–1791) Englischer Gründer der Methodistenbewegung.

Wiederauferstehung Die Auferstehung Christi von den Toten und später auch all jener, die an ihn glauben.

Z

Zwingli, Ulrich (1484–1531) Anführer der Schweizer Reformation.

REGISTER

BILDNACHWEIS

S. 1–9 Copyright Corbis Australia
10–11 Steven Weinberg/Stone/Getty Images
12–13 The Art Archive/Musée de l'Hospice Villeneuve-les-Avignon
14 unten links Copyright Corbis Australia
15 unten links Copyright Corbis Australia
16 unten links Copyright Corbis Australia
17 oben rechts Copyright Corbis Australia
17 unten rechts Copyright Corbis Australia
18 oben links Copyright Corbis Australia
18 unten links Copyright Corbis Australia
18–19 Mitte Copyright Corbis Australia
19 oben rechts Copyright Corbis Australia
20 oben Copyright Corbis Australia
21 unten rechts Copyright Corbis Australia
21 oben links Copyright Corbis Australia
21 oben rechts Copyright Corbis Australia
22 unten The Art Archive/Musée du Louvre Paris/Alfredo Dagli Orti
22–23 Mitte Copyright Corbis Australia
23 oben rechts Copyright Corbis Australia
24 oben links Copyright Corbis Australia
24 unten links Copyright Corbis Australia
24–25 Mitte Copyright Corbis Australia
25 Mitte rechts Copyright Corbis Australia
26 oben links Copyright Corbis Australia
26 unten Copyright Corbis Australia
27 oben Copyright Corbis Australia
28–29 Photo Scala, Florence
30–31 The Art Archive/University Library Messina Sicily/Gianni Dagli Orti
32 The Art Archive/Museo della Civilta Romana Rome/Gianni Dagli Orti
33 unten rechts Copyright Corbis Australia
33 oben The Art Archive/Culver Pictures
34 oben Copyright Corbis Australia
34 unten links Copyright Corbis Australia
34 unten rechts Photo Scala, Florence
35 unten Copyright Corbis Australia
36 unten links The Art Archive/Musée des Beaux Arts Nantes/Gianni Dagli Orti
36–37 Mitte The Art Archive/Queretaro Museum Mexico/Gianni Dagli Orti
37 oben rechts Copyright Corbis Australia
37 Mitte rechts Copyright Corbis Australia
38 unten Photo Scala, Florence
39 unten rechts Copyright Corbis Australia
39 oben rechts Photo Scala, Florence
40 unten links Photo Scala, Florence
41 oben Photo Scala, Florence
41 unten The Art Archive/Museo San Marco Florence/Gianni Dagli Orti
42 unten links Photo Scala, Florence
43 The Art Archive/Museo del Prado Madrid/Gianni Dagli Orti
44 oben The Art Archive/Musée des Beaux Arts Tours/Alfredo Dagli Orti
45 oben rechts Photo Scala, Florence/Fondo Edifici di Culto, Min. dell'Interno
45 unten links The Art Archive/Galleria degli Uffizi Florence/Alfredo Dagli Orti
46 unten White Images/Scala, Florence
47 oben The Art Archive/National Museum La Valletta Malta/Gianni Dagli Orti
47 unten rechts The Art Archive/Saint Sebastian Chapel Lanslevillard Savoy/Gianni Dagli Orti
48–49 Mitte The Art Archive/Museo di Castelvecchio Verona/Alfredo Dagli Orti
50 unten Copyright Corbis Australia
50 oben rechts Photo Scala, Florence, courtesy of the Ministero Beni e Att. Culturali
51 oben rechts The Art Archive/Cathedral Treasury Aachen/Alfredo Dagli Orti
51 unten rechts The Art Archive/Gianni Dagli Orti
52 oben rechts Photo Ann Ronan/HIP/Scala, Florence
52 unten links The Art Archive/Cathedral of Monreale Sicily/Gianni Dagli Orti
53 The Art Archive/Museo Diocesano Bressanone/Gianni Dagli Orti
54 unten links The Art Archive/Gianni Dagli Orti
54 oben rechts The Art Archive/Museo Tridentino Arte Sacra Trento/Alfredo Dagli Orti
55 The Art Archive/Galleria d'Arte Moderna Venice/Alfredo Dagli Orti
56–57 Copyright Corbis Australia
58 unten rechts Photo Scala, Florence, courtesy of the Ministero Beni e Att. Culturali
59 oben Photo Scala, Florence
59 unten links The Art Archive/Palazzo Leoni-Montanari Vicenza/Gianni Dagli Orti
60 oben The Art Archive/Gianni Dagli Orti
61 oben rechts Photo Scala, Florence
61 unten rechts The Art Archive/Gianni Dagli Orti
62 unten rechts The Art Archive/Tempio di Canova Possagno/Alfredo Dagli Orti
62–63 Mitte Photo Austrian Archive/Scala, Florence
63 oben rechts Copyright Corbis Australia
64 unten links Copyright Corbis Australia
65 oben links The Art Archive/National Gallery London/Eileen Tweedy
65 Mitte rechts Photo Scala, Florence
66–67 Photo Scala, Florence/Mauro Ranzani
68 unten The Art Archive/Gianni Dagli Orti
69 oben links Copyright Corbis Australia
69 Mitte rechts The Art Archive/Goreme Cappadoccia Turkey/Alfredo Dagli Orti
70 oben Photo Scala, Florence/HIP
71 oben rechts The Art Archive/Sant Agostino Gubbio/Gianni Dagli Orti
72 unten links The Art Archive/British Library
73 Mitte rechts Copyright Corbis Australia
73 unten Copyright Corbis Australia
74 oben Photo Werner Forman Archive/Scala, Florence
75 unten rechts The Art Archive/Monastery of Saint Catherine Sinai Egypt/Gianni Dagli Orti
76 unten Copyright Corbis Australia
77 oben The Art Archive/Armenian Museum Isfahan/Gianni Dagli Orti
78 unten rechts White Images/Scala, Florence
79 oben Copyright Corbis Australia
79 unten rechts Photo Scala, Florence/HIP
80 oben rechts Photo Scala, Florence/HIP
80 unten Copyright Corbis Australia
81 oben links Photo Ann Ronan/HIP/Scala, Florence
81 Mitte rechts The Art Archive/Suermondt Museum Aachen/Alfredo Dagli Orti
82 unten links Photo Scala, Florence
83 oben links Photo Scala, Florence
83 Mitte rechts Photo Scala, Florence, courtesy of the Ministero Beni e Att. Culturali
83 unten links The Art Archive/Pinacoteca Nazionale di Siena/Gianni Dagli Orti
84 oben rechts Photo Scala, Florence
84 unten links Photo Scala, Florence, courtesy of the Ministero Beni e Att. Culturali
85 Photo Scala, Florence/HIP
86 unten links Copyright Corbis Australia
87 oben rechts Photo Scala, Florence
87 unten Photo Scala, Florence, courtesy of the Ministero Beni e Att. Culturali
88 unten Photo Scala, Florence
89 oben links Photo Scala, Florence
89 Mitte rechts The Art Archive/Musée Baron Martin Gray France/Gianni Dagli Orti
90 unten links Photo Scala, Florence, courtesy of the Ministero Beni e Att. Culturali
91 oben Copyright Corbis Australia
91 unten links White Images/Scala, Florence
92 unten links Photo Ann Ronan/HIP/Scala, Florence
93 oben The Art Archive/Private Collection/Alfredo Dagli Orti
93 unten Mitte The Art Archive/Roger Cabal Collection/Gianni Dagli Orti
94 unten Photo Scala, Florence
95 unten rechts Copyright Corbis Australia
95 oben links The Art Archive/Diozesanmuseum Trier/Alfredo Dagli Orti
96 unten Mitte Photo Scala, Florence/HIP
96–97 Mitte Photo Scala, Florence
97 oben rechts Photo Scala, Florence
98–99 Photo Scala, Florence, courtesy of the Ministero Beni e Att. Culturali
100 oben Copyright Corbis Australia
101 unten rechts Copyright Corbis Australia
101 oben links The Art Archive/Unterlinden Museum Colmar/Gianni Dagli Orti
102 oben links Photo Scala, Florence
102 unten links Photo Scala, Florence/BPK, Bildagentur fuer Kunst, Kultur und Geschichte, Berlin
103 Photo Scala, Florence
104–105 Copyright Corbis Australia
106–107 Mitte White Images/Scala, Florence
108 unten links The Art Archive/Cathedral Treasury Aachen/Alfredo Dagli Orti
108 unten rechts The Art Archive/Château de la Verrerie/Gianni Dagli Orti
109 oben Photo Scala, Florence
110 oben links Copyright Corbis Australia
110–111 Mitte Copyright Corbis Australia
111 Mitte rechts The Art Archive/National Gallery Budapest/Alfredo Dagli Orti
112 unten links The Art Archive/Gianni Dagli Orti
112–113 oben Mitte Copyright Corbis Australia
113 oben The Art Archive/Museo del Prado Madrid/Gianni Dagli Orti
114 unten links Copyright Corbis Australia
114–115 unten Mitte Photo Scala, Florence
115 Mitte rechts The Art Archive/Chapelle Royale St Louis Dreux/Gianni Dagli Orti
116–117 oben Mitte Copyright Corbis Australia
117 oben rechts Photo Ann Ronan/HIP/Scala, Florence
117 unten rechts Photo Werner Forman Archive/Scala, Florence
118 oben links Copyright Corbis Australia
118 unten links The Art Archive
119 unten rechts The Art Archive/Bibliothèque de l'Arsenal Paris/Marc Charmet
120–121 Copyright Corbis Australia
122 Photo Scala, Florence
123 oben rechts Copyright Corbis Australia
123 Mitte rechts Copyright Corbis Australia
124 unten links Copyright Corbis Australia
124–125 oben Copyright Corbis Australia
125 unten rechts Copyright Corbis Australia
126 unten links Copyright Corbis Australia
126 oben rechts DeAgostini Picture Library/Scala, Florence
127 The Art Archive/Palazzo Leoni-Montanari Vicenza/Gianni Dagli Orti
128–129 Photo Scala, Florence
129 Mitte rechts Copyright Corbis Australia
129 oben rechts Copyright Corbis Australia
130 unten links Copyright Corbis Australia
131 oben links Copyright Corbis Australia
131 unten rechts Copyright Corbis Australia
132 unten links Copyright Corbis Australia
132–133 Mitte Copyright Corbis Australia
133 unten rechts Copyright Corbis Australia
133 Mitte rechts Copyright Corbis Australia
134 oben links Copyright Corbis Australia
134 unten links The Art Archive/Gianni Dagli Orti
134–135 unten Copyright Corbis Australia
136 unten Copyright Corbis Australia
137 unten rechts The Art Archive/Palazzo Leoni-Montanari Vicenza/Gianni Dagli Orti
138–139 Copyright Corbis Australia
140 oben links The Art Archive/Turkish and Islamic Art Museum Istanbul/Alfredo Dagli Orti
141 oben Copyright Corbis Australia
142 oben Copyright Corbis Australia
142 unten Mitte Copyright Corbis Australia
143 oben rechts Copyright Corbis Australia
143 unten Photo Spectrum/HIP/Scala, Florence
144 unten Copyright Corbis Australia
144 oben rechts The Art Archive/Bardo Museum Tunis/Gianni Dagli Orti
145 oben Photo Scala, Florence
145 unten Mitte Copyright Corbis Australia
146–147 Copyright Corbis Australia
148 unten Copyright Corbis Australia
149 Mitte The Art Archive/National Palace Museum Taiwan
150–151 Leandro da Ponte Bassano/The Bridgeman Art Library/Getty Images
152–153 The Art Archive/Thyssen-Bornemisza Collection Madrid/Kharbine-Tapabor/Coll. Bouquig.
154–155 oben Copyright Corbis Australia
155 oben rechts Copyright Corbis Australia
155 unten rechts Photo Scala, Florence
156 unten links Photo Scala, Florence
157 unten rechts Copyright Corbis Australia
157 oben rechts Photo Scala, Florence
158 unten Mitte Copyright Corbis Australia
158 Mitte links Photo Scala, Florence
159 The Art Archive/Galleria Sabauda Turin/Gianni Dagli Orti
160 unten links Photo Scala, Florence, courtesy of the Ministero Beni e Att. Culturali
160–161 Mitte Copyright Corbis Australia
161 rechts The Art Archive/National Gallery London/Eileen Tweedy
162 oben The Art Archive/Kharbine-Tapabor/Avant-Demain
162 unten rechts The Art Archive/San Gennaro Catacombs Naples Italy/Gianni Dagli Orti
163 oben rechts Photo Scala, Florence/HIP
163 oben links Photo Scala, Florence/HIP
164 unten links The Art Archive/Cathedral Treasury Aachen/Gianni Dagli Orti
164 oben rechts The Art Archive/Museo Civico Bologna/Gianni Dagli Orti
165 Photo Scala, Florence, courtesy of the Ministero Beni e Att. Culturali
166 oben The Art Archive/Musée du Château de Versailles/Gianni Dagli Orti
167 oben rechts Copyright Corbis Australia
167 unten rechts Photo Scala, Florence, courtesy of the Ministero Beni e Att. Culturali
168 unten links Photo Scala, Florence
169 oben rechts Copyright Corbis Australia
169 unten links The Art Archive/Museo di Castelvecchio Verona/Gianni Dagli Orti
170 oben The Art Archive/Musée du Louvre Paris/Alfredo Dagli Orti
171 oben rechts Copyright Corbis Australia
171 unten rechts The Art Archive/Musée du Louvre Paris/Alfredo Dagli Orti
172 unten rechts Photo Scala, Florence
172 Mitte left Photo Scala, Florence
173 oben rechts Photo Scala, Florence
173 oben links The Art Archive/Biblioteca Nazionale Palermo/Gianni Dagli Orti
174 unten Copyright Corbis Australia
174 oben links The Art Archive/Museo Civico Sartorio Trieste/Alfredo Dagli Orti
175 oben links The Art Archive/National Museum Damascus Syria/Gianni Dagli Orti
176 unten Copyright Corbis Australia
176–177 oben Mitte Copyright Corbis Australia
177 unten Photo Ann Ronan/HIP/Scala, Florence
178 oben links Photo Ann Ronan/HIP/Scala, Florence
178 unten rechts Photo Scala, Florence/HIP
179 unten rechts Photo Scala, Florence
179 oben rechts The Art Archive/University Library Istanbul/Gianni Dagli Orti
180 oben links Photo Ann Ronan/HIP/Scala, Florence
180 unten links The Art Archive/Obenkapi Museum Istanbul/Gianni Dagli Orti
181 The Art Archive/Musée du Louvre Paris/Gianni Dagli Orti
182 left Mitte The Art Archive/Nicholas J. Saunders
182–183 unten Photo Scala, Florence
183 oben rechts The Art Archive/Alfredo Dagli Orti
184–185 Photo Scala, Florence
186 unten links White Images/Scala, Florence
187 The Art Archive/Museo di Capodimonte Naples/Gianni Dagli Orti
188 oben links Photo Scala, Florence/HIP
188 unten links The Art Archive/Musée des Arts Décoratifs Paris/Alfredo Dagli Orti
189 unten links Copyright Corbis Australia
189 oben Photo Scala, Florence
190 oben Copyright Corbis Australia
191 unten links Copyright Corbis Australia
191 oben rechts The Art Archive/Bodleian Library Oxford
192 oben links Photo Ann Ronan/HIP/Scala, Florence
192–193 Mitte The Art Archive/Museo del Prado Madrid/Gianni Dagli Orti
193 oben Copyright Corbis Australia
193 unten rechts The Art Archive/Real Collegiata San Isidoro Leon/Alfredo Dagli Orti
194 unten Copyright Corbis Australia
195 unten rechts Copyright Corbis Australia
195 oben rechts Photo Ann Ronan/HIP/Scala, Florence
196 oben links The Art Archive/Private Collection/Philip Mould
196 unten links Photo Ann Ronan/HIP/Scala, Florence
197 unten rechts Photo Scala, Florence/HIP
197 oben The Art Archive/Musée Eucharistique du Hiéron/Gianni Dagli Orti
198 oben links Copyright Corbis Australia
198 unten links The Art Archive/University Library Heidelberg/Gianni Dagli Orti
199 Copyright Corbis Australia
200 unten links Photo Scala, Florence, courtesy of the Ministero Beni e Att. Culturali
201 Mitte rechts Copyright Corbis Australia
201 oben links Copyright Corbis Australia
202 oben links The Art Archive/Gianni Dagli Orti
202–203 oben The Art Archive/Gianni Dagli Orti
203 unten rechts Photo Scala, Florence, courtesy of the Ministero Beni e Att. Culturali
204–205 oben Photo Scala, Florence
205 Mitte rechts Photo Scala, Florence
205 oben Mitte Photo Scala, Florence, courtesy of the Ministero Beni e Att. Culturali
206 unten links The Art Archive/Carmelite Convent Beaune/Gianni Dagli Orti
206–207 oben Mitte Photo Austrian Archive/Scala, Florence
207 oben rechts Photo Scala, Florence
208–209 Copyright Corbis Australia
210–211 oben Copyright Corbis Australia
211 Mitte unten Photo Scala, Florence
211 oben rechts Photo Scala, Florence
212 oben Copyright Corbis Australia
213 rechts Copyright Corbis Australia
213 unten links Photo Scala, Florence/HIP
214 unten links The Art Archive/Kharbine/Cheuva